◎ 西南政法大学诉讼法与司法改革研究中心

刑事司法论丛·第7卷

闫召华／主编

CRIMINAL JUSTICE REVIEW (VOL.7)

中国检察出版社

图书在版编目（CIP）数据

刑事司法论丛．第7卷／闫召华主编．—北京：中国检察出版社，2021.11

ISBN 978－7－5102－2629－8

Ⅰ.①刑… Ⅱ.①闫… Ⅲ.①刑事诉讼法－中国－文集
Ⅳ.①D925.204－53

中国版本图书馆CIP数据核字(2021)第182409号

刑事司法论丛（第7卷）

闫召华 主编

责任编辑：俞 骊
技术编辑：王英英
美术编辑：曹 晓

出版发行：中国检察出版社
社 址：北京市石景山区香山南路109号（100144）
网 址：中国检察出版社（www.zgjccbs.com）
编辑电话：（010）86423751
发行电话：（010）86423726 86423727 86423728
（010）86423730 86423732
经 销：新华书店
印 刷：保定市中画美凯印刷有限公司
开 本：710 mm×960 mm 16开
印 张：32.75
字 数：454千字
版 次：2021年11月第一版 2021年11月第一次印刷
书 号：ISBN 978－7－5102－2629－8
定 价：110.00元

《刑事司法论丛》编辑委员会

裴　炜（北京航空航天大学法学院）
兰荣杰（西南财经大学法学院）
肖沛权（中国政法大学）
王晓华（华东政法大学）
魏化鹏（上海政法学院）
郭　航（中南财经政法大学）
步洋洋（西北政法大学）
纵　博（安徽财经大学法学院）
孔令勇（安徽大学法学院）
自正法（重庆大学法学院）
蒋　勇（兰州大学法学院）
吴常青（天津商业大学法学院）
赵长江（重庆邮电大学法学院）
陈苏豪（南京审计大学法学院）

卷首语

时光荏苒，日月如梭。倏忽之间，《刑事司法论丛》已走过了7个年头。在充满希望的2021年，新一卷《刑事司法论丛》又和大家见面了！虽然本卷自征稿到出版经历了大半年时间，但其实真正的组稿时间尚不足两个月。而之所以组稿能如此高效，与持续关注论丛的广大刑事诉讼学人的踊跃投稿有关，与兄弟院校特邀编辑积极负责的荐稿有关，与编辑部成员的共同努力有关，也与西南政法大学刑事诉讼法学科的鼎力支持有关。当然，本卷《刑事司法论丛》能顺利付梓，也离不开中国检察出版社编辑的辛勤付出。在此，一并表示由衷感谢！

本卷《刑事司法论丛》从众多来稿中精选了25篇论文，作者分别来自中国人民大学、吉林大学、中国政法大学、西南政法大学、华东政法大学、西北政法大学、山东大学、南京大学、上海交通大学、上海政法学院、北京航空航天大学、厦门大学、北京交通大学、河南财经政法大学、兰州大学、四川师范大学、广西大学、三峡大学，还有四位是来自实务部门的理论人才。本卷在选稿时依然坚持“不重作者身份，不限论文篇幅，唯重学术质量；立足刑事司法，服务青年师生，培育科研新秀，促进学术交流”的宗旨，33位作者中，教授4人，副教授6人，讲师1人，博士研究生6人，硕士研究生12人，检察官1人，法官2人，律师1人，平均年龄在30岁。这些作者或只是刚入学途，或已成为青年骨干，或者是师生组合、以老带新，但他们都凭着一份执着和热爱，在刑事司法领域或宏观、或微观的问题上研精致思、求是求真，充分展现出刑事诉讼研究队伍中青年才俊的智识和力量。值得一提的是，本卷至少有5篇论文是在校生的处女作，这些文章在文笔、观点上可能会略显稚嫩，但论文中的某些闪光点足以显示作者在科研之路上迅速成长的潜力和希望。

《刑事司法论丛》是我国刑事诉讼领域即使不敢妄称唯一、也可谓为数极少的连续出版物之一。她顽强的生命力既来自刑事诉讼学人的信任和厚爱，也源于背后强大的团队支撑。西南政法大学刑事诉讼法学科是国家重点学科，1979 年开始招收硕士研究生，1995 年招收博士研究生。而西南政法大学刑事诉讼法学教学团队也是国家级教学团队。主办论丛的西南政法大学诉讼法与司法改革研究中心则是重庆市人文社科重点研究基地。而更为重要的，我们的编辑部中还有来自二十多个兄弟院校学养深厚、尽心尽责的特邀编辑。但即便如此，我们并未把办成核心集刊作为首要目标，也并不奢望通过发表名家大作提振影响，而是不驰于空想、不骛于虚声，致力于办出自己的特色，为刑事诉讼专业有学术潜力的研究生提供发表机会，为热衷研究刑事司法问题的青年才俊提供交流平台。我们期望通过《刑事司法论丛》这个纽带，发挥多校合力，促进刑事司法的学术交流和人才培养。

从第一卷到第六卷，我有幸以学术秘书、责任编辑的身份参与了筹划和编辑工作，《刑事司法论丛》陪伴了我的成长，而我也见证了《刑事司法论丛》的成长，这对于我而言，是值得珍藏一生的经历。本卷《刑事司法论丛》是我接任主编后出版的第一卷，感谢孙长永教授、李昌盛教授两位前任主编辛苦打造的良好基础。我与编辑部诸位同仁在本卷选稿及审校中虽殚思极虑，但因时间仓促，能力有限，仍不免心怀忐忑，对于书中的不足与疏漏，敬请批评指正。

闫召华

于西南政法大学敬业楼

目　录

新形势下的庭审实质化

名师荐稿

刑法研究

刑诉散论

域外法制

新形势下的
庭审实质化

死刑案件庭审实质化研究*

陈海平**

刑事审判是解决被告人刑事责任、实现国家刑罚权的核心程序，是落实刑事诉讼法打击犯罪、保障人权双重目的之中心环节，是整个刑事诉讼的重心，是谓“审判中心主义”。但我国刑事审判实践中存在不少法庭审判流于形式、审判规范形同虚设的问题。在生死攸关的死刑案件审判中，庭审形式化问题尤其突出，法庭审判不是对控辩主张的中立裁决，而是对侦诉成果的司法确认。正如马克思所言：“如果审判程序只归纳为一种毫无内容的形式，那么这种空洞的形式就没有任何独立的价值了。”①

关注我国的死刑问题，不仅要关注适用死刑的数量，更要关注适用死刑的质量，尤其要关注死刑案件审判程序本身的公正性，必须通过正当法律程序确保死刑案件经过公正审判②。庭审程序的形式化已成为制约我国死刑案件公正审判的程序瓶颈，甚至成为影响我国刑事审判公正性的关键难题。笔者不揣浅陋，以死刑案件庭审为考察对象，分析其现状、研讨其成因、探求其对策。

一、死刑案件庭审形式化的现状分析

庭审形式化在整个刑事诉讼中都有表现，在大多数比较轻微的刑事

* 本文系司法部2017年度国家法治与法学理论研究项目“死刑的司法控制：日本经验与中国实践”（17SFB3025）的阶段性成果。

** 兰州大学法学院副教授，硕士生导师，华东师范大学法学博士后研究人员。

① 《马克思恩格斯全集》（第1卷），人民出版社1995年版，第178页。

② 孙长永：《中国死刑案件的司法程序——基于国际准则的分析》，载陈泽宪主编：《死刑——中外关注的焦点》，中国人民公安大学出版社2005年版，第326页。

案件中，案件处理基本能够做到以庭审为中心，法官一般不愿也很难在庭审前后耗费更多心力。而在备受社会关注和涉及法益重大的刑事案件中，庭审往往沦为过场，案件的处理更多依赖于法官在庭审前后的幕后行为，尤其在死刑案件审判中，庭审程序经常被架空，成为过场化行为，其典型表现主要集中于以下三个方面：

（一）合议庭有形无实

根据我国刑事诉讼法的规定，合议庭是法院审理死刑案件的最基本组织形式，中级法院审理死刑案件的合议庭由审判员或审判员与陪审员3人组成，二审合议庭应由审判员3至5人组成。笔者观察的8166例一审、二审死刑案例[①]显示：6135例一审案件中，341个中级法院中有136个的1373例死刑案件有陪审员参与，2016年以来，越来越多的中级法院在死刑案件审判中试行陪审员参审的（3审判员+2陪审员）五人合议庭、（3审判员+4陪审员）七人合议庭；60.1%的案件有助理审判员（代理审判员）参与审理，2448例（39.9%）案件排除助理审判员的参与。

合议庭审判应该是审判长主持、全体合议庭成员共同参与审理、评议、裁判的过程，合议庭成员共同负责案件的事实认定和法律适用。但在刑事司法实践中普遍存在案件承办人包案负责的制度，衍生出审判组织“真公开、假合议”[②]问题，虽然合议庭成员均参加庭审，但并不参加或不实质性参加案件合议，案件审理往往主要由承办人决定，其他成员只需知道结果、签字确认即可。在案件承办人制度之下，非承办人在庭审中往往无心听案，短信聊天者有之、读书看报写材料者有之、陪坐闭目养神者亦有之。这也正是在助理审判员作为承办人的案件中，审判

① 基于学术兴趣，笔者长期收集死刑裁判文书，研读分析、挖掘信息，积十年之功自建了“死刑案例数据库”，一直保持更新，入库案例超1万例。“一审死刑案件”指一审程序的裁判结果有“死刑”（含死缓）者，“二审死刑案件”指二审程序的入口或出口有“死刑”（含死缓）者。本数据库也是笔者承担的国家社科基金项目“中国死刑控制实证研究”的研究基础和成果。

② 江西省高级人民法院课题组：《公开审判制度调查报告》，载《法律适用》2007年第7期。

长往往难以流畅主持庭审的原因之一。可以说，案件承办人制度严重妨碍了合议庭的审判职能，造成合议庭有形无实、形合实独的现象。有些法院已经开始反思并改良这一制度，如实施由老中青三代法官组成相对固定的合议庭并集体负责的办案模式。

法院内部权力主体会对死刑案件合议庭的裁判权产生影响。由于死刑案件涉及利益极为巨大、社会影响极为广泛，法院在作出死刑裁判时往往慎之又慎，庭长、主管副院长、院长、审委会都可能介入死刑案件的裁判过程。在这种审、判分离的制度下，熟知庭审与裁判规则的检察官和辩护人，自然也不重视庭审的作用，不会尽力论辩，多是匆匆走走过场而已。有学者对刑事法官的问卷调研[①]显示：院长、庭长的意见对定罪量刑具有绝对的影响力，只要是领导的意见都接受的占13%，如果认为领导的意见正确就接受的占100%，如果认为领导的意见不对就不接受的只占22%[②]。聂树斌冤案主审法官在接受采访时说："当时调查证据比较充分、比较扎实。我现在不能说这个案子错了，也不能说对了。按领导说的算，领导怎么说，我就怎么定。"[③] 笔者对法官的问卷调研也验证了法院内权力主体对死刑案件审判的巨大影响力：合议庭意见一致时，合议庭对案件裁判的影响力不大，承办人、院庭长、审委会对案件处理具有绝对的影响力；在合议庭意见不一致时，大多数情况下即案件承办人成为少数派的情况，往往要征求院庭长意见，合议庭会因孤立了承办人、得到院庭长支持才对案件处理有一定影响力，而如果合议庭意见与院庭长意见相悖，其对案件处理的影响力也将荡然无存（见图1、图2）。

① 为弥补死刑问题实证研究资料，笔者在2009年、2017年对死刑案件主审法官两度开展书面问卷调研。

② 汪明亮：《定罪量刑社会学模式》，中国人民公安大学出版社2007年版，第263页。

③ 赵凌：《"聂树斌冤杀案"悬而未决防"勾兑" 公众呼吁异地调查》，载《南方周末》2005年3月24日，第8版。

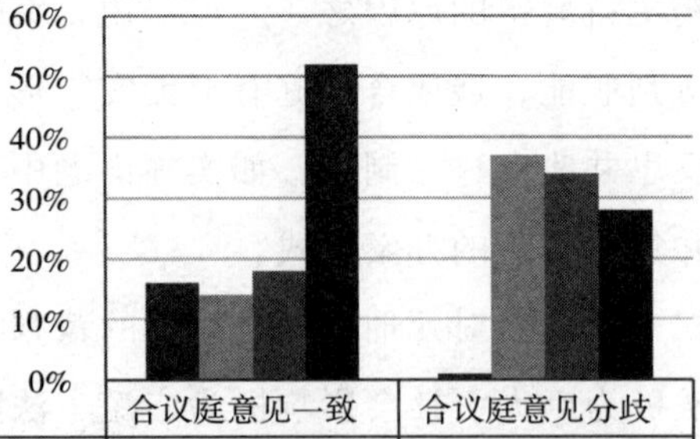

	合议庭意见一致	合议庭意见分歧
■承办人	16%	1%
■合议庭	14%	37%
■院庭长	18%	34%
■审委会	52%	28%

图 1　死刑案件主审法官眼中死刑裁判影响力来源（2009 年）

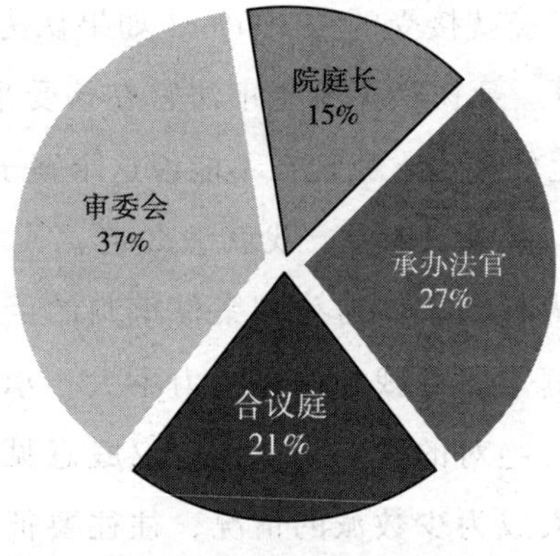

图 2　死刑案件主审法官眼中死刑裁判影响力来源（2017 年）

死刑案件审判中陪审员的参与有限。虽然法官群体并不排除陪审员参与死刑案件审判（见图 3、图 4），但实践中不仅参与数量相对有限，对其参与质量亦不敢抱持乐观期待，也有法官表示从未有过与陪审员共同审判死刑案件的经历。可见，在合议庭本身有名无实的情况下，陪审员“陪”与“不陪”均无彰显司法民主之实质意义。越是严重的犯罪案件，民众越是应当有效参与审判，这一方面是人民司法传统的内在要求，另一方面也是增强司法公信力的必要措施。① 对一个人是否判处死

① 孙长永、王彪：《论刑事庭审实质化的理念、制度和技术》，载《现代法学》2017 年第 2 期。

刑，绝非单纯的法律问题，这个过程需要考量一个社会的主流价值观，还需要考虑社会、文化、宗教、伦理、民意等多方面因素，而这恰恰是陪审员的作用能够发挥得较好的领域。①

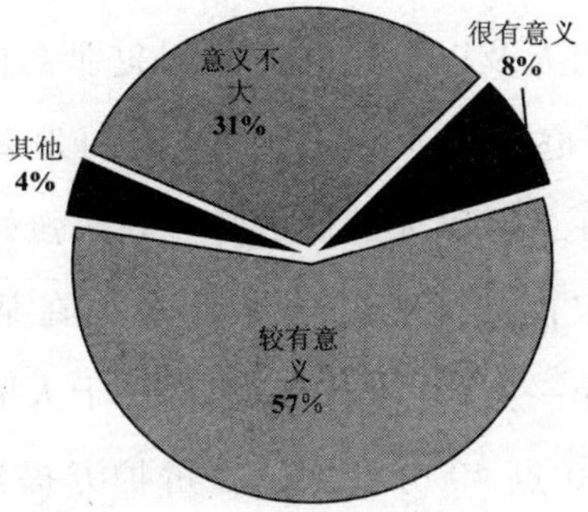

图 3　死刑案件主审法官眼中陪审员参审的意义（2009 年）

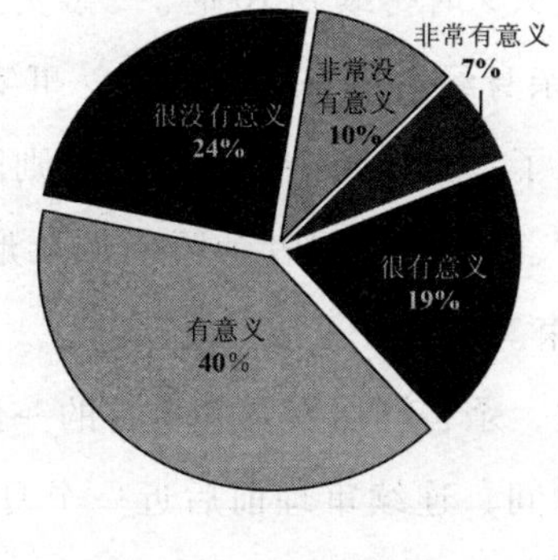

图 4　死刑案件主审法官眼中陪审员参审的意义（2017 年）

（二）过场化快速审理

我国死刑案件的开庭审理在同一程序中很少有超过两次的，每次开庭基本都是一上午/下午了结，很少有超过一日的，这是笔者研读裁判文书、法庭旁听的最感性判断。笔者自建的“死刑案例数据库”收录一审死刑案件 6135 例，其中至少 490 例系一案判处两人及以上死刑的

① 魏晓娜：《刑事审判中的事实问题与法律问题——从审判权限分工的视角展开》，载《中外法学》2019 年第 6 期。

共同犯罪案件，2494 例采集到了开庭时间，根据裁判文书所记载的开庭日期[①]，开庭时间超过 2 日的仅有 266 例，其中，开庭时间为 2 日的有 239 例，开庭时间为 3 日的有 22 例，开庭时间为 4 日有 4 例，开庭时间为 5 日的 1 例；二审死刑案件 2031 例，开庭审理的有 948 例，其中 207 例系一案判处两人及以上死刑的共同犯罪案件，409 例采集到了开庭时间，406 例的开庭时间为 1 日，开庭时间为 2 日仅 2 例，开庭时间为 3 日的仅 1 例。在备受国人关注的身负 6 宗强奸杀人被判死刑的王书金案中，一审开庭仅仅进行了两个小时[②]；而在某高级法院法官自述的死刑案件二审开庭第一案中，合议庭成员一干人驱车千里到被告人羁押地法院开庭审理，10 点 40 分开庭，在辩护方提出本案同案犯在逃、事实不清、证据不足等主张的情况下，庭审历时 45 分钟即告审结[③]。而四川省高级法院审理的“死刑二审开庭第一案”，涉及被控故意杀人的 7 名被告人，庭审从 9 时持续到 16 时。[④] 事实上，也有二审法院法官就明言：“常看到或亲身经历过一些简单的、事实清楚的二审案件经过很短时间庭审就结束了，而较复杂案件的庭审则因时间有限，法官不得不匆匆忙忙走完程序。”[⑤] 某位记者旁听一例死刑案件二审开庭，前后历时 50 分钟即告结束。[⑥]

以美国为例来说，杀害同居女友并自首的一例简单谋杀案件，选定陪审团就用了两周时间，连续审理前后近一个月。[⑦] “通常情况下，死

---

① 凡是裁判文书载明的开庭日期，均计算为 1 个工作日，实践中很可能是一上午/下午，半个工作日。

② 江雪文：《聂树斌案难以打破的僵局》，载《华商报》2009 年 1 月 5 日，第 A9 版。

③ 吴金鹏：《我主审的死刑二审开庭“第一案”》，载《中国审判》2006 年第 9 期。

④ 聂敏宁：《四川高院公开审理死刑二审“第一案”》，载《人民法院报》2006 年 8 月 2 日，第 1 版。

⑤ 杜开林：《书面审理向何处去——由死刑二审案件全面开庭审理引发的思考》，载《法律适用》2007 年第 5 期。

⑥ 张宽明、刘俊：《记者旁听死刑案件二审开庭》，载《人民法院报》2006 年 6 月 22 日，第 1 版。

⑦ 杨宇冠：《耶鲁法学院纪事》，载《法律与生活》2004 年第 18 期。

刑案件陪审员的选择常常要花上好几个星期。”[①] 而日本裁判员制度审判的第一案——“藤井杀人案”，判刑15年，审判时长4日。[②] 近日备受关注的中国留学生江歌在日本被害案，被告人仅陈世峰一人，而一审法院东京地方裁判所安排的预期庭审为5日。[③]

庭审的高效率背后是程序运行的高度简易，在前述极为短暂的庭审中，除了对被告人的简单讯问外，基本都是“一读到底”，先是宣读起诉书或一审判决书，之后宣读证人证言、被害人陈述、鉴定意见，然后宣读公诉词、辩护词。庭审完全不实行直接言词原则，如果被告人坚称无罪或直陈刑讯逼供，检察官便以宣读侦查机关出具的（没有刑讯逼供的）“情况说明”的方式予以驳斥；即便辩护人当庭比对证人证言发现矛盾并提出异议，法官也往往只是一句“合议庭会考虑”终结异议，既不传唤证人，也不允许进一步辩论。庭审完全演变为侦控成果展示、确认的简单过场，辩护人除了“认罪态度好”外很难有话可说。对此，有学者发出“中国一下子倒向了效率的怀抱，……恨不得把程序都简化掉，把我们的法庭干脆缩减到无”的感叹，并提出既然一部分案件程序简化了，另一部分就应该在程序上更加公正的主张。[④] 太过迅速的庭审必然影响举证、质证的细致程度和控辩双方意见发表的充分性，进而影响法官心证的当庭形成，当然也就不利于庭审实质化的实现。[⑤] 如果我们认识到当前法院对死刑案件习惯于非司法处理、合议庭有形无实等现实，就不会对死刑案件庭审过程的快捷高效和高度简易太过惊诧了，在合议庭对案件无实质裁判权的情况下，要求冗长的庭审过程，不仅是不必要的，也是不可能的。

---

① ［美］克莱·S. 康拉德：《死刑、陪审与偏见——美国死刑案件的陪审员选择程序》，徐小平编译，载《国外社会科学文摘》2002年第6期。

② 但木敬一、山田秀雄，「裁判員裁判第1号判決と今後の課題」『商事法務』（912）［2009. 9. 1］，42頁。

③ 裁判員裁判開廷期日情報（東京地方裁判所本庁），载 http：//www. courts. go. jp/tokyo/，2018年5月8日最后访问。

④ 陈兴良等：《从“枪下留人”到“法下留人”》，载陈兴良主编：《中国死刑检讨——以“枪下留人案”为视角》，中国检察出版社2003年版，第34页。

⑤ 肖仕卫：《庭审实质化目标下庭审指挥之改进》，载《江汉论坛》2019年第4期。

（三）审委会包揽裁判

在最高人民法院的司法解释中，审委会对死刑案件的裁判权经历了一个逐渐强化的过程。最高人民法院《关于适用〈中华人民共和国刑事诉讼法〉的解释》（以下简称《高法解释》）虽然屡经修改，但对于“拟判处死刑的案件”，始终坚持要求“合议庭应当提请院长决定提交审判委员会讨论决定”[①]，并赋予审委会决定以强制效力。最高人民法院、最高人民检察院、公安部、司法部联合下发《关于进一步严格依法办案确保办理死刑案件质量的意见》（以下简称《确保死刑质量意见》）第34条规定，第一审人民法院和第二审人民法院审理死刑案件，合议庭应当提请院长决定提交审判委员会讨论。将审委会讨论死刑案件的授权性规定变更为义务性规定。笔者对法官的问卷调研显示：死刑案件主审法官普遍认同审委会讨论死刑案件的必要性（见图5、图6），对审委会普遍存在依赖心理。因此，从死刑案件一审程序到实行复核，几乎所有死刑裁判均由审委会作出。

审委会在作出死刑裁判前没有亲自聆听案件的机会，而且有不少委员对于刑事审判完全外行，却行使着对死刑案件的实质裁判权。从程序正义的角度来看，审委会以及任何庭外审判组织对个案的实体决定，都缺乏法理合理性根据。[②] 在这种审、判分离的不合理格局下，除了听取承办法官的汇报外，审委会基本是在对案件一无所知的状态下“讨论”并“决定”的。有学者调查发现：由于实行少数服从多数原则，在审委会讨论过程中，主张不杀的人常是少数派，审委会的讨论欠缺专业性。[③] 承办法官向审委会汇报案件，其个人意见很大程度上能够影响审委会的决定。有些审委会委员会主动宣读事先准备的材料，以影响其他

---

① 《高法解释》（2021）有所修改，将合议庭应当提请院长决定提交审判委员会讨论决定的死刑案件，从拟判处死刑的案件调整为高级法院、中级法院拟判处死刑立即执行和中级法院拟判死缓的案件。

② 龙宗智：《相对合理主义》，中国政法大学出版社1999年版，第14页。

③ 高维俭等：《中国死刑问题的社会学研究》，中国人民公安大学出版社2007年版，第218—219页。

委员的判断。[①]

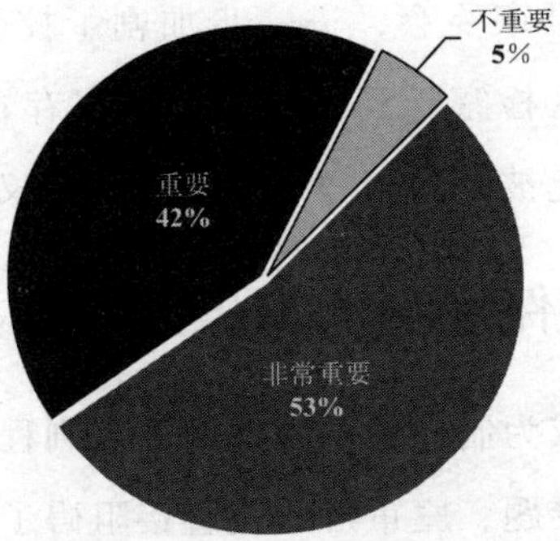

图 5　死刑案件主审法官对审委会参与死刑案件的态度（2009 年）

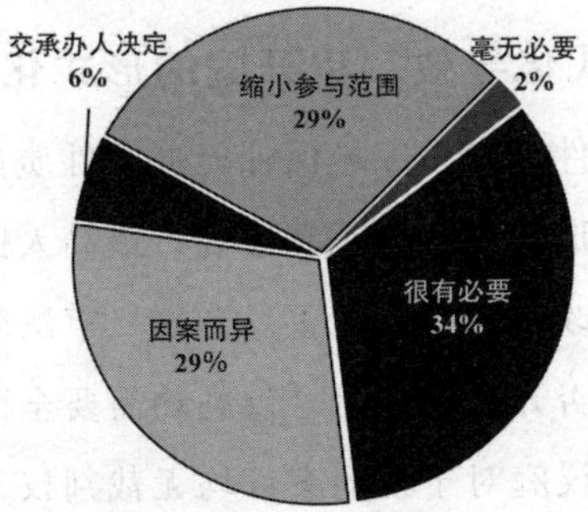

图 6　死刑案件主审法官对审委会参与死刑案件的态度（2017 年）

根据人民法院组织法的规定，审委会讨论案件时，本级检察院检察长可以列席。《确保死刑质量意见》第 34 条对列席人员有扩大解释，审委会讨论死刑案件时，同级检察院检察长、受检察长委托的副检察长均可列席。死刑案件审判实践中也确实存在检察长委托案件公诉人列席审委会的情形，甚至有些地方司法机关进一步扩大解释并将其制度化[②]，这为审委会讨论死刑案件过程中及时听取控诉方意见提供了便

① 死刑案件辩护调查课题组：《死刑案件辩护访谈分析报告》，载陈泽宪主编：《死刑案件的辩护》，中国社会科学出版社 2006 年版，第 14 页。

② 例如山西省高级法院、山西省检察院、山西省公安厅联合会签的《关于进一步加强办理死刑案件工作座谈会纪要》即规定：各级法院在召开审委会研究死刑案件时，应当及时通知同级检察院，检察机关应派员列席。参见郭建珍、王文：《审理审委会研究死刑案检察院派员列席》，载《法制日报》2007 年 5 月 14 日，第 5 版。

利。由于审委会吸收公诉方列席，却将被告方排斥在外，辩护方意见很难全面准确地传达至审委会，进一步加剧了控强辩弱的不平等诉讼格局。当前，部分地区检察长列席审委会会议存在再次“强势公诉”的倾向，检察机关因此被诟病为“既是裁判员，又是运动员”①。

二、死刑案件庭审形式化的积弊揭示

庭审形式化已成为制约我国死刑案件审判程序乃至整个刑事审判程序改革深入推进的难题，庭审形式化直接阻碍了死刑案件审判程序改革措施的实际落实，消弭着改革产生的实际效果，损害着法院的形象和司法的权威。具体而言：

（一）庭审形式化导致二审开庭的形式化

为了完善死刑案件审判程序、保证死刑案件质量、加强司法人权保障、从制度上保证死刑裁判的公正和准确，最高人民法院将死刑案件二审开庭审理作为死刑改革的重中之重。考察二审法院办理死刑二审案件的实践可知：不论是否开庭审理，合议庭均需要全面研读案件卷宗；不论是否开庭审理，合议庭对于死刑案件均无裁判权，都需要经过院内审批程序，最终都要由审委会作出裁判。在法官庭前预断难免、审理与裁判分离没有任何改变的情况下，二审开庭审理在提高死刑案件质量、加强司法人权保障方面实质意义不大，二审开庭审理这一改革最重要的意义只在于表明法院对死刑案件更为慎重的形式意义。总之，一审庭审形式化导致了死刑案件二审开庭审理的形式化，只要一审庭审形式化问题依然存在，二审开庭审理的改革就难以收到实效。

（二）庭审形式化排斥关键证人出庭作证

“公诉事实证明在法庭”是庭审实质化改革的关键要求②，最高人民法院也要求，死刑案件不论一审还是二审，关键证人均须出庭作证，

① 刘雅男：《法院外部人员参加审判委员会案件讨论程序问题探析》，载《法律适用》2020年第13期。

② 郭航：《刑事庭审实质化的权利推进模式研究》，载《政治与法律》2020年第10期。

各地办案机关也纷纷出台相应的规范性文件，在关键证人出庭作证方面，形成上下高度强调的良好局面。但是实际落实的情况如何？前文对此的实证考察结果很让人泄气，关键证人出庭作证的情形依然极为罕见。有学者曾对A市庭审进行数据统计：所有出庭证人中仅有49.18%属于法条界定中的有必要出庭证人，而争议案件中关键证人的出庭比仅为37.5%①。究其原因，笔者认为证人不愿出庭绝非主要原因，最根本原因在于办案机关的消极应对。在证人出庭制度下，证人一旦出庭，其所带来的“新的不确定信息”就可能暴露案卷笔录中的漏洞与破绽，由此带来的心证压力是裁判者的认知力难以应对的。因此，裁判者为主动避免此类心证压力，就会当然地“选择”单方提供的证言笔录②。庭审形式化正是促成办案机关普遍不希望甚至排斥证人出庭作证的内在动因，无论证人是否出庭，合议庭意见的形成基础都是对案件卷宗的研读，案件裁判均不可能由合议庭在法庭上当庭作出，对合议庭而言，此种情况下证人出庭作证没有“收益”，只有“麻烦”。总之，庭审形式化促使办案机关排斥关键证人出庭作证，只要庭审形式化问题依然存在，关键证人出庭作证问题就不可能得到根本解决。

（三）庭审形式化加大死刑辩护保障难度

在死刑案件审判程序改革中，最高人民法院一再强调重视辩护意见、提高指定辩护的质量，地方办案机关对此也表现出积极支持的态度。能否对审判过程和裁判结果产生影响，是判断死刑辩护是否有效的标准。党的十八届四中全会提出“推进以审判为中心的诉讼制度的改革”，尽管理论上关于何谓以审判为中心的诉讼制度尚有不同认识，但就已经达成的基本共识来看，完全可以说以审判为中心的诉讼制度实质上是充分保障犯罪嫌疑人、被告人及其辩护律师辩护权的诉讼制度③。文件上的高调宣传只有具体落实才有意义，前文对死刑辩护的实证考察

---

① 左卫民：《地方法院庭审实质化改革实证研究》，载《中国社会科学》2018年第6期。

② 元轶：《庭审实质化压力下的制度异化及裁判者认知偏差》，载《政法论坛》2019年第4期。

③ 顾永忠：《以审判为中心背景下的刑事辩护突出问题研究》，载《中国法学》2016年第2期。

得出的结论是：形式上的强制辩护基本落实，但就辩护的有效性而言，无论是指定辩护还是委托辩护，其对死刑案件审判过程和裁判结果的影响均极为有限。辩护准备不足、辩护意见不受重视、指定辩护保障不力、律师参与热情不高等是直接诱因。进一步分析，庭审形式化正是这些原因背后的原因：刑事庭审实质化要求控辩双方的专业对抗，因此，辩护律师也是以审判为中心的诉讼制度的重要组成部分①。庭审形式化使辩护人很难对审判过程产生影响，审理和裁判的分离使辩护人的意见更难以对裁判结果产生影响，并最终招致律师对死刑辩护心灰意冷、不愿参与。庭审形式化使有关死刑辩护保障的努力收效甚微，只要庭审形式化问题依然存在，死刑辩护的有效性就难以保障，律师不愿参与死刑辩护的现实就很难改变。

（四）庭审形式化导致法院深陷矛盾旋涡

虽然我国死刑适用数量已有了大幅度下降，而且法院也在竭力确保死刑的慎重适用，但却始终难逃理论界的诟病。笔者以为，其深层原因即在于法庭审判形式化，通过非司法手段大包大揽解决并非与案件直接相关的问题。例如在斟酌是否判处死刑时，努力斡旋当事双方达成民事赔偿协议、多方揣测被害方对非死刑裁判可能采取激烈行为，并据此调整裁判方向，由此授人“花钱买刑”之口实，也诱使被害方选择向法院施压以实现其利益诉求。此外，非司法手段的频频动用，难免“厚此薄彼”，这又将案件审理法院置于矛盾中心，招致被害方向法院而非向被告人主张权利的独特现象，并最终影响到法院的实体裁判②。与此形成鲜明对比的是日本近几年颇为知名的“光市母女杀害案件”，在被害方和民众的一片喊杀声中，两级裁判所相继作出不判死刑（无期惩

① 胡婧：《刑事普通程序庭审实质化的强化路径》，载《甘肃社会科学》2021年第2期。

② 例如死刑案件的附带民事赔偿问题，法院往往采取“以判（死刑）压调”的行为，力促被告人同意赔偿，而在被判民事赔偿不能得到履行或充分履行时，被害方往往迁怒于法院；并会向法院施加压力。因此，导致实践中出现一种非常奇特的处理：一旦民事调解失败，法院在下判时首先会考量被告人的赔偿能力，往往会以被告人无赔偿能力为由作出毫无法律依据的“免于民事赔偿”裁判，连“空判”也不给被害方。

役）的裁判，虽然被害方表示“对司法很绝望”，甚至公开声称“请判被告人无罪，让我来复仇，请判我死刑”，但是被害方和社会公众并没有将批判的矛头指向具体法院，更没有指向具体的办案法官，而是直指国家司法，并通过社会活动谋求对被告人的死刑裁判。据此可见，只有从根本上解决庭审形式化问题，确保法官安坐于法庭，将庭审作为审判之重心，通过规范的庭审程序裁判案件，才能给民众以看得见的司法公正，才能赢得民众对司法的尊重，也才能培塑日渐尺微的司法权威。

三、死刑案件庭审形式化的根源解读

笔者认为，死刑案件庭审形式化，是多因素综合作用的结果：既有社会宏观环境的影响，如行政权干预、被害人施压等，也有“卷宗主义”庭审模式的影响，如证据调查的书面化、庭后阅卷的制度化等；还有法院内部制度的因素，如案件审批的过度依赖、内部请示的积习难改、考评机制的奖惩失当等。

（一）案外因素的交互影响

死刑案件，一般都是社会影响较大的案件，容易引起社会舆论的高度关注，往往民愤极大，法官需要综合考虑社会、政策、治安以及被害方等多种因素（见图 7、图 8），要想通过庭审独立裁判死刑案件，其难度较一般刑事案件要大得多。“上级过问、民情和上访是三个影响案件判决的因素”[①]，有学者甚至认为“我国死刑的适用状况长期受到刑事政策的重要影响，几乎不存在纯粹依法判决的情况”[②]。对于案外因素介入死刑案件，有法官直言：审判中最为难的莫过于法外过问，其对案件具有严重影响。有时法官认为不应判处死刑，经过领导的一再过问，就很难依法办理了。有时还会出现有关部门直接干预的情况，影响

① 死刑案件辩护调查课题组：《死刑案件辩护访谈分析报告》，载陈泽宪主编：《死刑案件的辩护》，中国社会科学出版社 2006 年版，第 10 页。

② 秦宗文：《中国控制死刑的博弈论分析——以最高人民法院行使死刑复核权为背景》，载《法商研究》2009 年第 1 期。

较大的案子，有些领导不但直接定调，甚至把律师找来，干涉辩护意见①。法官不受其理性的支配和程序的制约而服从于外来的干涉和压力，庭审程序流于形式，公正将无法实现②。

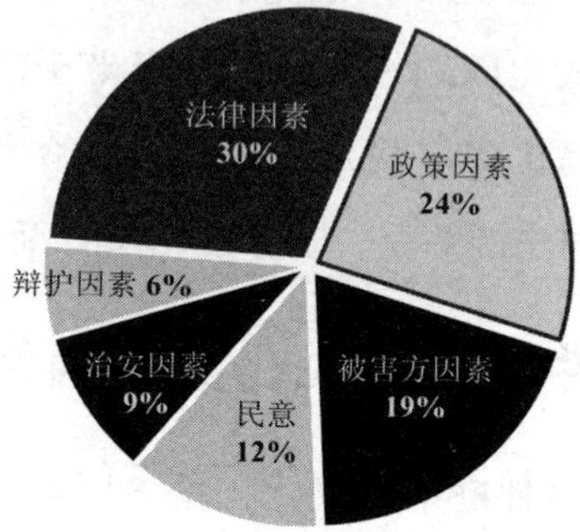

图 7　死刑案件主审法官眼中死刑裁判的影响因素（2009 年）

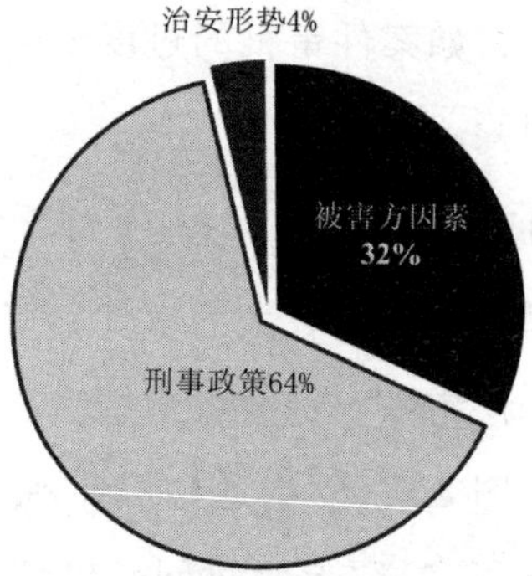

图 8　死刑案件主审法官眼中死刑裁判的影响因素（2017 年）

死刑问题既是一个法律问题，又是一个政治问题和社会问题。在死刑问题尚未完全作为法律技术问题处理的当今，在高度重视治安秩序的情况下，法院将会承受很大的压力③。在死刑案件审判实践中，如果公、检、法意见不一致，或者案件的社会影响重大，可能就需要有关部

① 高维俭等：《中国死刑问题的社会学研究》，中国人民公安大学出版社 2007 年版，第 219 页。
② 龙宗智：《刑事庭审制度研究》，中国政法大学出版社 2001 年版，第 32 页。
③ 龙宗智：《收回死刑复核权面临的难题及其破解》，载《中国法学》2006 年第 1 期。

门出面"协调"，甚至经过地方核心领导成员的集体研究"批示"[①]，实践中也存在高级法院为控制当年死刑执行数量而改判死缓的情况[②]。

审判具有中立性和亲历性等特征，但是普通民众对案件的判断有时具有间接性、情感性、非理性等特征[③]。"欠债还钱、杀人偿命"一直是国人朴素的法律观念，直接承受犯罪严重侵害的被害方，往往会强烈要求判处被告人死刑，甚至拒绝被告人以高额赔偿求得谅解的努力。不判死刑，有时可能刺激被害方采取极端行为，法院往往要在下判前竭力安抚。慑于被害方坚决要求死刑、不断上访的压力，法院有时可能会违心判处死刑。

（二）"卷宗主义"庭审模式

为了革除审前预断、先定后审的弊病，刑事诉讼法在公诉方式上尝试过"复印件主义"，2012 年刑事诉讼法修改又回到了"全案移送制度"。从我国目前司法改革的现状和发展趋势来看，今后改革的重点目标，不应当仅仅是作为司法权运行结果的裁判文书的全部公开，而应当是全部的审判卷宗材料的公开。[④]

证据调查依然书面化。虽然刑事诉讼法规定了证人应当出庭作证，证人证言必须经过庭审质证，只有确保真实性才能作为定案证据的制度，但欠缺具体可操作的制度安排，《高法解释》又对免予出庭作证的范围进行了扩大解释。在证人出庭对诉讼效率及事实认定均存在"负面"影响的情况下，法官对于促使证人出庭抱有十分消极的态度[⑤]。由此造成了刑事审判实践中证人出庭作证极为罕见的现实，法庭上当面质证和当庭认证这一法定要求不得不被省略[⑥]，法定的当庭言词质证转化

---

① 孙长永：《中国死刑案件的司法程序——基于国际准则的分析》，载陈泽宪主编：《死刑——中外关注的焦点》，中国人民公安大学出版社 2005 年版，第 316 页。

② 王利荣：《限制死刑适用的司法途径——对内地某中等城市死刑裁量的考察分析》，载陈泽宪主编：《死刑——中外关注的焦点》，中国人民公安大学出版社 2005 年版，第 125 页。

③ 汪海燕：《论刑事庭审实质化》，载《中国社会科学》2015 年第 2 期。

④ 于志刚：《全面公开审判卷宗的建议与制度设计》，载《中共中央党校学报》2016 年第 4 期。

⑤ 尹泠然：《刑事证人出庭作证与庭审实质化》，载《华东政法大学学报》2018 年第 1 期。

⑥ 崔敏：《死刑考论——历史现实未来》，中国人民公安大学出版社 2008 年版，第 250 页。

为对侦查笔录的书面调查。证据调查的书面进行，被告人便无法与证人进行“面对面”的辩论，难以实现有效的质证和对抗①，辩护方无法有效对抗公诉指控，必然导致法庭审判变为确认侦查结论的过程，庭审形式化在所难免。

在公诉方主导的法庭证据书面调查环节，检察官往往选择最有利于控诉的部分，通过“节录式宣读”和“概括说明式解读”②的方式出示有关证言笔录。这使得庭审证据调查极为快速。笔者对法官的问卷调研显示：近10年里，法庭审理对死刑裁判的影响力有了显著提升，即便如此，庭审依然不是死刑适用的最关键环节。这也直接导致了作为整个程序中心环节的庭审趋向“形式化”③。随着以审判为中心的刑事诉讼制度改革的推进，庭审的重要性日渐凸显，法庭审理、庭后合议对死刑适用的影响显著提升。

二审书面审理制度化。长期以来，刑事二审主要以书面审理为之，即便近年来最高人民法院力推死刑案件二审开庭审理，实践中也确实做到了充分落实，但二审法官庭前全面阅卷的制度并未有明显改变，法官先定后审的情况较为普遍，二审开庭的实质功能大打折扣。

（三）内部制度的强力制约

理论界关注不多、事实上也不易了解的法院内部制度，其本身的科学与否，对于程序法设定的宏观制度有意想不到的重大影响力。很多成文的、不成文的内部制度事实上扩充甚至于取代了立法层面的诉讼程序，死刑案件庭审形式化，正是法官在内部审批、内部请示、考评奖惩等法院内部制度的强势逼压之下逐渐适应的典型结果。

死刑案件的内部审批机制削弱庭审的作用。笔者在实证调研中了解到，法院普遍重视死刑案件的办理质量，很注重案件质量的内部控制。

① 施鹏鹏：《庭审实质化改革的核心争议及后续完善——以“三项规程”及其适用报告为主要分析对象》，载《法律适用》2018年第1期。

② 李昌盛：《论对抗式刑事审判》，中国人民公安大学出版社2009年版，第263页。

③ 孙长永：《中国死刑案件的司法程序——基于国际准则的分析》，载陈泽宪主编：《死刑——中外关注的焦点》，中国人民公安大学出版社2005年版，第314页。

这就造成审判主要以书面报告与审批的内部程序运行，庭审仅仅被作为办理死刑案件的众多环节之一，甚至是不太重要的环节之一。除极个别法院院长领衔的合议庭、院庭长主持的示范庭开庭审理的死刑案件可能当庭宣判外，其他死刑案件在开庭审判之后，几乎都要经历一个极为冗长繁复的内部审批程序：主审法官先提出审理报告，经合议庭评议，再经业务庭庭长、主管副院长、院长的审批，之后提交审委会讨论并作出决议，最后宣判。如河南高级法院为落实死刑案件二审开庭审理、提高死刑案件的审判质量，专门设立了承办人、合议庭、院庭长、审委会的“五级审核机制”①。在这众多的处理程序中，法官精力投放主要在内部报告的撰写和报批，庭审只是“走个程序”（某法官语）。在这样一个院内权力多重介入的程序格局中，办案法官疲于应付层层审查，死刑案件庭审形式化几乎是必然结果。

我国法院上下级关系是指导与监督，但实际上其中除了有着司法制度中安排的常规审级关系之外，还带有浓厚的行政色彩。② 法院系统内部的案件请示制度仍然存在，并在死刑案件中频繁动用。如果合议庭在死刑案件的事实认定、证据认证方面存在争议，审委会讨论后仍然分歧严重，惯常的做法便是向上级法院请示，下判前的内部请示几乎成为一种法无明文规定的经常性程序。虽然最高人民法院前院长肖扬就曾在全国高级法院院长座谈会上要求“各高级法院要依法独立公正地审理案件，除法律适用问题外，一律不得请示最高法院”，事实上，死刑案件审判所面临的难题往往就是要不要判死刑的“法律适用问题”。下判前内部请示的消极后果是显而易见的：其一，上级法院在回复请示时，只能依据案件请示材料提供的相关信息，不可能全面了解案情，在这种信息掌握不全面的情况下，虽然作出错误答复的可能性很大，但却代表着上级法院对具体个案的基本态度，下级法院自然会尊重执行。其二，如

① 《中国审判》编辑部：《切实落实死刑二审开庭审理工作确保死刑案件审判质量》，载《中国审判》2006 年第 5 期。

② 高童非：《我国刑事司法制度中的卸责机制——以法院和法官为中心》，载《浙江工商大学学报》2019 年第 5 期。

果中级法院在作出死刑裁判前请示过高级法院，案件上诉、抗诉后很可能会由之前参与答复请示的法官审理，即便可能避开前述参与答复的法官，但下级法院有着太多的办法足以使二审法官确知该案已经过内部请示的信息。面对一审法院遵照答复作出的死刑裁判，二审法院即便发现裁判不当，也很难“自食其言”。因此，在审理此类经过内部请示的案件时，裁判结论基本上是毫无悬念的，庭审自然就变得可有可无了。如此一来，必然会影响两审终审制功能的发挥，进而不当限缩当事人寻求上级法院诉讼救济①，许多死刑案件的两审终审实质上就变成了一审终审。

大到法院系统，小到特定法院，都有相应的绩效考评与奖惩机制，上级法院据此评价下级法院，法院据此评价法官。表面看来，这种考评与奖惩机制本属法院内部制度，似乎与死刑案件庭审形式化风马牛不相及。其实不然，正是这类不被关注的法院内部制度，通过其背后利益驱动法官乃至法院的特定行为，进而促成或强化了死刑案件庭审的形式化。笔者在此试举二例。

其一，重视“发改率”（发回重审、改判率）诱使一审法院积极游说二审法院。实践中，“发改率”是法院考核的重要指标之一，直接关系着一审法院的声誉、法院领导的升迁。因为死刑案件基本都是审委会作出的决定，死刑裁判可以说是一审法院集全院之力所做的裁判，发回重审、改判都是对其先前审判行为的一种否定。因此，在二审程序中，一审法院往往会积极与二审法院沟通，力免被“发改”，甚至有的一审法院为了让二审法院维护其不甚准确的死刑判决而主动到二审法院“疏通做工作”②。一审法院之所以易于游说成功，这又与司法实践中的两项司法惯例相关：二审法官负责片区相对固定、二审法官前往羁押地开庭审理。前一惯例使得上下级法官之间彼此相熟，易于“沟通”，后一惯例为一审法官及法院“热情接待”③ 二审法官提供了极大便利，二

① 李文军：《庭审实质化改革案件适用范围研究——基于案件类型和审级制度的分析》，载《交大法学》2018 年第 4 期。

② 陈华杰：《论死刑适用的标准》，人民法院出版社 2005 年版，第 21 页。

③ 陈瑞华：《刑事诉讼的中国模式》，法律出版社 2008 年版，第 188 页。

审法院在实践中事实上也遵循“严改判、慎发回”原则，给足了一审法院面子，这在某种程度也加剧了二审的庭审形式化问题。

其二，错案追究制加剧庭审形式化。死刑案件往往是备受关注的大案要案，一旦办错，法官便要“吃不了兜着走”，基于趋利避害的考虑，法官裁判前往往会竭力分散风险，如将案件裁判权转交审委会、发回重审时“将错就错”，将“错案”变成“铁案”①，便导致错案难纠甚至无“错案”可纠②，即便迫不得已被确认为错案，承办法官也不会受到实质性追究。总之，错案追究是一种落后的结果责任，存在以不公正报复不公正的嫌疑，预防错案再发的作用有限。死刑执行10年后因真凶出现面临转折的聂树斌案，即便最高人民法院出面干预，历时近5年仍难翻案，其原因正在于此。笔者在死刑案件主审法官对审委会态度的问卷调研中，原以为大多数受调查法官会基于死刑裁判权长期旁落而对审委会心存抵制，当得出大多数③法官支持审委会分享死刑裁判权的结论时，确实大大出乎预料，甚至一度怀疑问卷结果的真实性，经过向几位法官确认并与之交流后，得出的结论是审委会裁判死刑满足了法官抵制案外压力、避免错案追究的需要。

四、死刑案件庭审实质化的实现路径

以审判为中心，则对控辩双方的平等性和审判的程序性要求更严，与其说是“以审判为中心”，不如说“在法庭明真伪”。也就是说，要求证明限于法庭之上，只有在审判时，通过控辩双方对事实与证据的不断提出和反驳，裁判真伪才具有科学性，这一结果的前提，是做到事实证据调查在法庭、定罪量刑辩论在法庭、裁判结果形成于法庭。最直观

---

① 贾宇主编：《死刑研究》，法律出版社2006年版，第123—124页。

② 康伟：《“错案追究”与“严打”制度设计下的理性与情绪——“枪下留人案”的司法困境与心理倾向分析》，载陈兴良主编：《中国死刑检讨——以“枪下留人案”为视角》，中国检察出版社2003年版，第147页。

③ 对于审委会讨论死刑案件的必要性，两次法官问卷调研均有涉及。2009年有必要合计95%；2017年毫无必要2.14%、很有必要33.57%、因案而异29.29%、交承办法官决定5.71%、缩小审委会参与范围29.29%。

的改变，就是要绝对无疑地坚持庭审公开正义是光明的，要在庭审程序中最大程度地做到公正，首先就是让大家，至少让法官看到被告人的自我辩护，看到被害人的激愤，看到切实的证据，看到证人真诚或是虚伪的脸，看到鉴定人负责任的说明，看到他所裁判的一切，这正是直接言词原则所要求的。

解决死刑案件庭审形式化、实现庭审实质化需要确保法院在死刑适用上的独立地位，尽量避免案外因素的不当介入、改革刑事审判程序、理顺法院内部制度。例如，通过适当的法律程序保障被害方参与死刑案件的审判过程，为其利益诉求提供主张空间。案外因素的影响并不涉及大多数死刑案件的决断，此类案件都可以通过程序改革解决。笔者在此主要探讨与此相关的刑事审判程序改革和法院内部制度调整问题。

（一）优化审判组织

1. 设立专业性审委会

从审委会讨论死刑案件的运作实务来看，能够从法律上严格把关，在案件处理上提出实际意见的往往是长期从事刑事审判的委员，特别是刑事方面的主管副院长，而其他一些委员则可能由于欠缺刑事审判经验及处理死刑案件的责任心[①]，不可避免地存在凭感觉、随大流投票的问题。有实务部门的学者在强调审委会有利于死刑案件事实认定和刑罚裁量的同时，也认为审委会的改革方向应该是委员专业化、业务范围明确化[②]。对于审委会的专业化改革，国内法学界已基本达成共识，也为最高人民法院2004年发布的“二五纲要”所肯定，明确提出设立刑事专业委员会、将审委会活动由会议制改为审理制、改革审委会表决机制等改革措施。5年多过去了，就笔者搜集的资料来看，除了最高人民法院和少数地方法院响应外，大多数法院似乎并不热衷此项改革。在最高人民法院2009年发布的“三五纲要”中，对此未有进一步的表态，仅强调完善审委会讨论案件的范围和程序，规范审委会的职责和管理工作。

---

① 龙宗智：《收回死刑复核权面临的难题及其破解》，载《中国法学》2006年第1期。

② 陈华杰：《论死刑适用的标准》，人民法院出版社2005年版，第216—218页。

笔者以为，设立刑事专业委员会仍然应该是审委会改革的主要方向，这一改革的落实尚需最高人民法院的强力推动。基于死刑案件的特殊性，实践中已有法院推动审委会参与死刑案件的改革，如河北高级法院曾在审委会设立“死刑案件审查小组”①，专司死刑案件讨论，这在一定程度上避免了审委会讨论死刑案件时专业性不足的问题。

2. 还权合议庭，限制提交审委会讨论的案件范围，规范审委会对死刑案件的参与方式

审委会设立刑事专业委员会，只是改革的第一步，如果不还权合议庭、不限制提交审委会讨论的案件范围、不改革审委会参与案件的方式，庭审虚置的现状是不会有实质改观的。从最高人民法院的立场来看，无论是“二五纲要”“三五纲要”，还是“四五纲要”“五五纲要”，都无一例外地强调合议庭依法独立判案的审判职责。从规范合议庭外案管决策的角度，当前的主要措施就是清理并限缩审委会讨论决定的案件范围，将其严格限制于立法规定的“疑难、复杂”的案件范围，进一步还权合议庭，并严格禁止审委会“揽案扩权”②。笔者以为，对于大多数合议庭意见一致、案外干预不多、社会影响较小的死刑案件，应该完全交由合议庭独立审判；对于案外干预多、社会影响较大的案件，可以由院庭长、审委会委员领衔组成合议庭进行审理；只有那些业已审理结束、合议庭意见分歧严重、案外因素介入、社会影响变大的案件才可以提交审委会讨论决定；除提交审委会讨论的死刑案件之外，“法院院长、副院长、庭长、审判委员会对于自己没有参与审理的案件不得干预”③。另外，在公诉方列席审委会讨论的死刑案件中，应该确保辩护方也有陈述意见的机会。同时，也要确保议事过程公开透明。在对审委会会议实行全程录音录像的同时，应事先将参加案件讨论的审委会委员姓名、职务等相关信息，以特定方式告知当事人，以提高

① 《中国审判》编辑部：《切实落实死刑二审开庭审理工作确保死刑案件审判质量》，载《中国审判》2006 年第 5 期。

② 陈实：《刑事庭审实质化的维度与机制探讨》，载《中国法学》2018 年第 1 期。

③ 樊崇义、叶肖华：《死刑的实体和程序控制》，载《中国司法》2006 年第 8 期。

决策透明度，增强审委会委员责任感。当然，在公开的同时，依法应当保密的要严格保密①。而且，需要同时向当事人送达申请审委会委员回避权利告知书，以及针对法律适用问题提交书面诉辩意见权利告知书②。

3. 扩大死刑案件合议庭

比较法研究的结论告诉我们，域外死刑案件审判程序，在审判组织上多会有特殊设计，如配备资深法官、增加法官人数、扩大陪审团、适用更严格的合议规则等。在还权合议庭、限制审委会参与范围的情况下，大多数案件要完全依靠合议庭在法庭上的听审进行事实认定和法律适用，目前的 3 人、5 人合议庭组织过于简单，有必要增加合议庭成员人数。笔者对法官的问卷调研显示（见图 9、图 10），近半数法官认为死刑案件理想的合议庭人数应为 5 人。有学者提出：在死刑案件一律适用人民陪审制度的前提下，死刑案件的初审法庭审理中可以实行 7 人制或 9 人制合议庭制度，其中 7 人制合议庭中人民陪审员人数可以设定为 4 人，9 人制合议庭中人民陪审员人数则可以考虑为 6 人③。笔者以为，死刑案件的一审可以考虑由审判员与陪审员 5 至 9 人组成合议庭，并应要求审判员 3 人以上，死刑案件的二审可以考虑由审判员 5 至 7 人组成合议庭。在死刑数量已经大幅下降而且很可能进一步下降的背景下，将原来合议庭、审委会前后两次审理合并为一次审理，事实上避免了部分司法资源的重复投入，其可行性上应该不会有多大麻烦。

---

① 冯之东：《司法体制改革背景下的审判委员会制度》，载《广西大学学报（哲学社会科学版）》2016 年第 2 期。

② 马荣、王小曼：《合议庭与审判委员会衔接问题探析》，载《人民司法》2015 年第 21 期。

③ 陈群：《死刑量刑程序的现状反思与模式重塑——基于实证的分析》，载《江西社会科学》2017 年第 8 期。

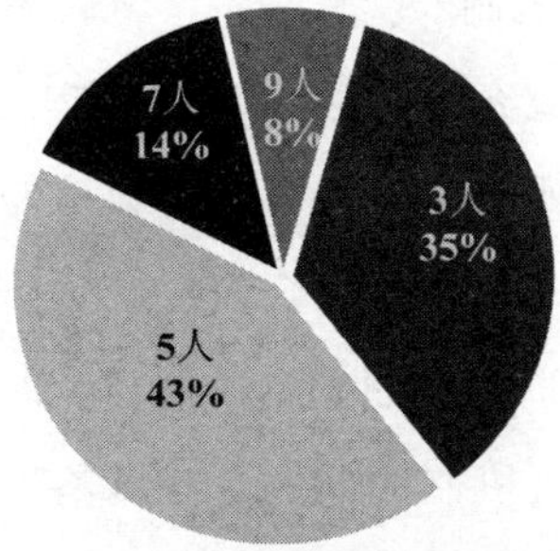

图 9　死刑案件主审法官眼中理想的死刑案件合议庭人数（2009 年）

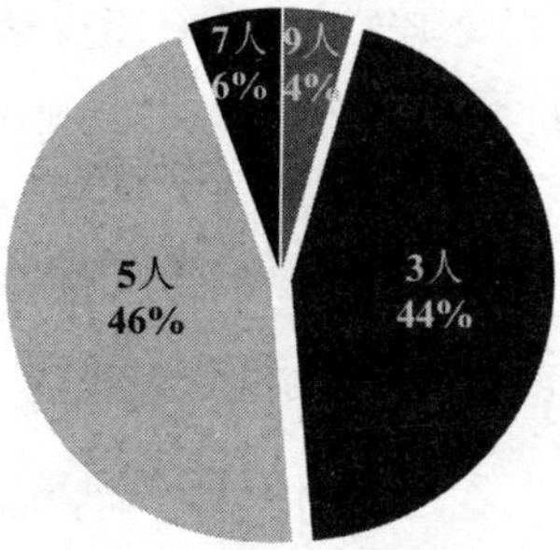

图 10　死刑案件主审法官眼中理想的死刑案件合议庭人数（2017 年）

4. 完善意见表态机制

在我国，合议庭、审委会在讨论案件时，似乎并不关注意见发表先后次序的问题，也没有这方面的相关制度。这种意见表态机制的缺位导致行政级别和法官资历很大程度上成为发言顺序的决定性因素①，造成实践中领导、资历深的法官往往先表态定调，后续的人员附和应承的情形。对此，笔者认为，合议庭和审委会在意见表态时，应该确立依据法官资历确定表态顺序的机制，即由资历较浅的法官先表态，资深法官、有关领导后表态的机制，这样就可以使各种意见得到最充分的表达，可以避免一些法官听审时身心分离、表态时滥竽充数的情况，也利于对年轻法官的培养。

① 王延延：《论法院案件集体讨论机制的变迁——从审判委员会到法官会议》，载《北京理工大学学报（社会科学版）》2020 年第 3 期。

5. 改革合议庭表决机制

合议庭成员意见经过充分表达和交流切磋之后，即应表决产生裁判结论。在目前绝大多数死刑案件由 3 人合议庭审理、审委会裁决的体制下，其表决机制都是简单多数。在合议庭扩大到 5 人以上的情况下，就会产生涉及适用与一般刑事案件相同的“简单多数”原则还是确立适用于死刑案件的特殊表决机制的问题。正如有学者指出的那般：死刑案件如果经受不了现实的检验，是没有资格奢谈所谓的“历史检验”，为避免出现不可饶恕的错误，在死刑案件的合议中，必须建立与一般刑事案件“简单多数”不同的规则[①]。虽然有不少学者主张死刑案件应该采取“绝对一致”的表决机制，国外陪审团审判中也确实存在这种做法，但笔者以为，我国死刑案件的表决机制应适用“绝对多数”规则，不能适用“完全一致”规则。理由主要有：考察国外的成熟经验可知，实行参审制的法国和日本都强调重罪案件在审判组织上的差异，但均未实行“完全一致”的表决机制。在没有如美国严格遴选并隔离陪审团的制度保障的情况下，合议庭成员难免会受到案外影响，甚至可能出现被收买进而徇私枉法的情形，要求完全一致无异于给少数人将其意见强加于多数人打开了方便之门，更可能催生并加剧新的司法腐败。而且，笔者就此问题对法官的问卷调研显示：在合议庭人数增加至 5 人以上的情况下，绝大多数法官赞同死刑案件实行“绝对多数”的表决规则，支持“完全一致”的法官为数极少，主张沿用现行“简单多数”的法官也不多（见图 11、图 12）。这说明法官群体也在反思当前表决机制存在的问题，并已形成基本共识。经年累月适用此类规则的法官对此应该最有发言权，我们提出新的改革措施，不能不听取其声音，不能不求得其认同。实践中已有法院在这方面进行了大胆的尝试，如上海高级法院即规定：经审委会三分之二以上通过，才能作出判处死刑（立即执行）的决定[②]。

---

① 王敏远：《死刑案件的证明“标准”及〈刑事诉讼法〉的修改》，载《法学》2008 年第 7 期。

②.《中国审判》编辑部：《切实落实死刑二审开庭审理工作确保死刑案件审判质量》，载《中国审判》2006 年第5 期。

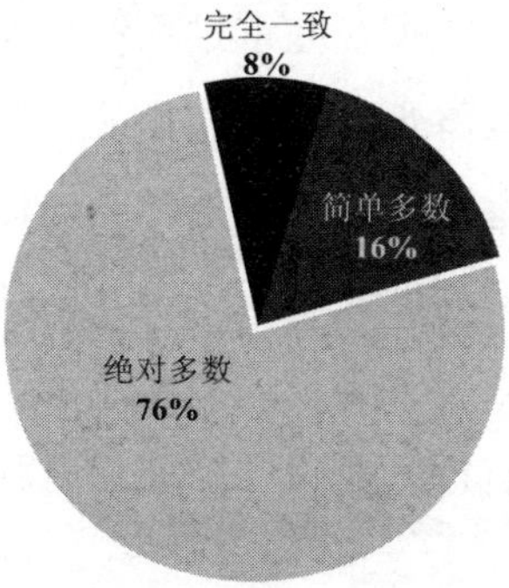

图 11　死刑案件主审法官眼中理想的死刑案件表决规则（2009 年）

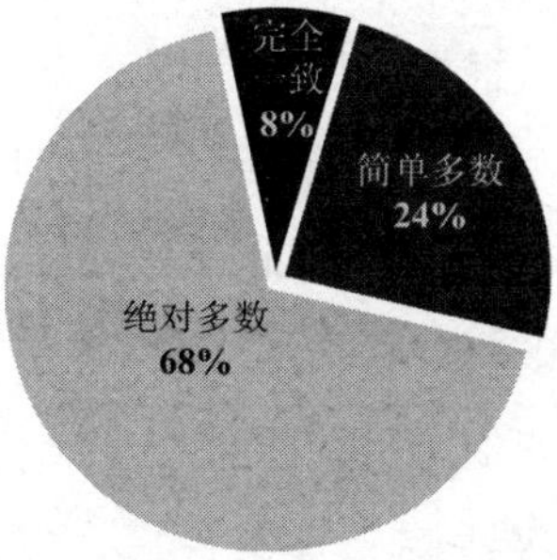

图 12　死刑案件主审法官眼中理想的死刑案件表决规则（2017 年）

（二）改革庭审程序

破解死刑案件庭审形式化难题，除了优化审判组织以外，庭审制度方面的改革还需跟进。庭审实质化的参照系是法院内部诉讼环节，庭审程序应当是整个审判阶段的核心，庭前程序、庭后程序不能替代庭审程序的作用和地位，这是庭审实质化的内在应有之义。[①] 我们主张死刑案件要由专门的审判组织审理，并适用较一般刑事案件更为严格的程序，这就涉及案件受理后审理前的程序选择问题；如果不改变证据调查书面化的现状，优化审判组织的努力同样难以收到实质性效果；如果辩护方还是一如既往的无话可说，针对公诉方的指控提不出有力的辩护，庭审还是会沦为确认侦查结论的流水作业过程；如果继续保持现行庭后案卷

① 褚福民：《案卷笔录与庭审实质化改革》，载《法学论坛》2020 年第 4 期。

移送制度，法官就不会真正重视庭审过程；如果不改变二审法官庭前全面阅卷的制度，二审开庭将难改变形式化的问题。因此，要解决死刑案件庭审形式化的问题，庭审前的程序选择、确保证人出庭作证、保障辩护权、废除庭后案卷移送制度、改革二审开庭准备制度等多个方面都是亟待解决的。对于死刑案件关键证人出庭作证、辩护保障、二审开庭审理这三个问题，前文已有深入研讨，在此仅就程序选择和庭前案卷移送两个问题展开说明。

一审死刑案件的庭审程序选择，应该以检察院的死刑量刑建议为主要标准，对于检察院未提出死刑量刑建议的案件，法院认为有必要时也可以作为死刑案件审理。根据我国刑事诉讼法的规定，死刑一审案件一般都由中级法院管辖。死刑案件包括“可能判处死刑”的案件和经过审判“判处死刑”的案件。对于何谓“可能判处死刑”的案件，笔者的观点前文已有交待：该判断权应赋予检察院，并赋予法院对检察官重罪轻诉的修正权。对于死刑案件应该经由特殊的审判组织适用更严格的审判程序审理，那么中级法院受理案件后，应该将哪些案件当作“死刑案件”？这就涉及庭审前的程序选择问题：由谁选择？以什么标准进行选择？在美国，死刑案件与一般刑事案件的差别主要在于量刑程序上，其通过实体法上的重罪规定和程序上的检察官明示死刑指控，解决了死刑案件程序选择的问题；在日本，死刑案件与一般刑事案件在审判程序上的区别，涉及程序选择者主要在于国选辩护、裁判员参审等方面，其选择标准是法定刑（死刑或无期）和犯罪结果（故意犯罪致人死亡）。我国刑法规定的法定刑幅度很宽、死刑罪名很多，在刑法未修改的情况下显然不能以法定刑或罪名作为程序选择标准。笔者以为，对于死刑案件的庭审程序的选择，可以参照我国刑事诉讼法在简易程序选择上的制度设计。作为前提，应该确立检察院的量刑建议制度，提起公诉的检察院在提起公诉之时即应选择是否提出死刑量刑建议。以检察院的死刑量刑建议为基础，死刑案件庭审程序的选择问题就迎刃而解了：在检察院提出死刑量刑建议的情况下，法院在庭审前对此无须再做审查，即应按照死刑案件审理；当然，为了避免检察机关以不提出死刑量刑建议的方式实施重罪起诉，应赋予法院一定的修正权，即在检察院未提出死刑量刑建议的情况下，法院经过庭前审查认为“可能判处死刑”的，可以作为死刑案件审理。就笔者的了解而言，这种制度安排具有可行性，司法实践中不少检察官已在法庭上进行死刑量刑建议的尝试，有为寻求死刑而提出“积极”量刑建议的，也有主张不判死刑而为“消极”量刑建议的。

改变公诉方主导的证据调查方式，通过庭审产生裁判结论。2012年修正的刑事诉讼法，以案卷移送制度取代“复印件主义”，事实上废除了备受诟病的庭后阅卷制度。案卷移送制度的确立，强化了法官阅卷在诉讼中的地位，进一步加深了书面证据、案卷笔录对我国刑事审判的影响。陈瑞华教授在考察我国“案卷笔录中心主义”裁判方式后得出惊人结论：在“法庭审理流于形式”问题仍然没有得到解决的情况下，任何旨在推进法庭审理程序现代化的立法努力，对于解决我国刑事审判制度的问题注定是没有实质意义的。而要彻底解决庭审形式化的问题，就必须考虑于“重建审判制度”的问题，即构建通过庭审产生裁判结论的制度和司法文化。只有在庭审具有产生裁判结论之能力的情况下，审判才具有最低限度的公正。[①] 随着庭审实质化的推进，检察官在法庭上不再宣读被告人在侦查和公诉环节的笔录，同时要求证人出庭作证，庭审将成为公诉人的主战场，控辩博弈将进一步聚焦于法庭上，庭审对抗性增强[②]。案卷笔录中心主义是导致庭审形式化的制度性根源。[③] 案卷的传递效应在进入庭审前戛然而止。法官对于案情的评估固然可以参考案卷信息，但是却不能将之作为裁判依据，并体现于最终的诉讼文书中。[④] 身处审判一线的学者也有类似主张：侦查笔录不能移送至法院，侦查笔录到检察院为止，只具有起诉根据的作用，开庭后笔录即应丧失

① 陈瑞华：《案卷笔录中心主义——对中国刑事审判方式的重新考察》，载《法学研究》2006年第4期。

② 韦亚力：《论我国刑事诉讼中的新型诉审关系》，载《人民检察》2016年第11期。

③ 陈卫东：《以审判为中心：当代中国刑事司法改革的基点》，载《法学家》2016年第4期。

④ 李奋飞：《论刑事庭审实质化的制约要素》，载《法学论坛》2020年第4期。

作用，绝对不能交给法官。①

（三）理顺内部制度

寻求死刑案件庭审形式化的解决对策，如果仅仅立足于庭审程序本身而忽视法院内部制度的影响，就容易将法院内部机制运行不顺引发的问题归因于庭审程序甚至整个刑事诉讼制度的层面，从而可能造成庭审形式化解决路径上的偏差。在强调审判组织优化、庭审程序改革的同时，我们不能忽视法院内部制度在审判实践中事实上的重大影响力，必须认真审视其存在的问题，及时化解其可能带来的不利影响。如不然，即便着力推进审判组织优化、庭审程序改革，也难免陷入“穿新鞋蹚旧步”之怪圈。从破解死刑案件庭审形式化难题的立场而言，笔者以为至少下列几项内部制度是必须认真反思的。

1. 防止法院内部权力的过度参与

死刑案件的审判实践中，普遍存在院内权力多层次介入的问题，如审判人员主动向院庭长请示汇报，或被动接受院庭长的过问，有些院庭长习惯于“指导”审判，甚至直接拍板定案，有时因为不同领导的看法分歧，导致办案法官夹在中间“很难做人”。要想实现庭审的实质化，就必须面对和解决院内权力过度介入的问题，既要鼓励法官坚持其独立办案的权力，也要呼吁法院有关领导以身作则，尊重并保障办案法官依法审判的权力。《中共中央关于全面深化改革若干重大问题的决定》要求：“改革审判委员会制度，完善主审法官、合议庭办案责任制，让审理者裁判，由裁判者负责。”

2. 逐步取消内部个案请示制度

请示是司法实践中自发形成的毫无法律依据的法院系统潜规则，虽然屡屡遭到理论界的严厉批评，但实践中上下级法院之间请示依然频繁。最高人民法院的“二五纲要”和“三五纲要”都有改革规范内部请示的提法，并已多次重申禁止个案请示。10 年前，就有一些地方法

---

① 吴情树、李明：《论死刑案件二审开庭的意义及应对——一个生与死的程序运作》，载《刑事法评论》2006 年第 2 期。

院作出内部规定，自己不就个案向上级法院请示，也不答复下级法院就个案的请示。[①] 时至今日，实践中仍不乏将个案判不判死刑的问题解释为“法律适用”问题进而向上级法院请示的情形，上级法院也很少拒绝答复，尤其是重大刑事案件办理过程中，上下级法院间的交流沟通更是频繁，架空了法庭审理、严重损害审级的预期功能。针对这一情况，有学者曾提出：将个案请示的诉讼化改造与管辖权转移进行衔接，完善提级管辖制度，明确一审案件管辖权从下级法院向上级法院转移的条件、范围和程序，借此来尽可能地压缩个案请示存在的空间。[②] 此外，在法官员额制改革已落地生根的今天，还要根除法院内部向院庭长请示的习惯。有学者业已提出建议：明确以任何方式干预法官裁判都将导致不利后果甚至辞职[③]。

3. 司法错误惩戒适当

考察西方国家的法官惩戒可知，在司法独立的体制之下，并不存在“错案”的概念，法官应受惩戒的行为主要限定于违反职业操守或重大过错上。法官对案件的判定是一种自由裁量，只强调追责缺乏保护，会增加法官判案时法外因素的影响，使其不能真正地做到“独立断案”。欲要真正保护法官判案的“独立人格”，必须建立终身责任和豁免的二元机制。[④] 因此，建议探索建立司法豁免制度，明确法官和人民陪审员的正当职务行为不受追究，并不是所有案件一经被认定为错案，就可以不顾错误的大小和产生错误的原因，直接追究法官的责任。[⑤] 我国实施多年的错案追究制，本意在于防止错案，但在实践中往往成为冤狱制造的制度陷阱。在现有的评价体系下，一个错案可能会使一个法院的所有成绩被一票否决，严厉处罚的初衷加剧了错案纠正的难度。这与我国法

① 朱立毅：《涉个案：浙高院禁内部请示》，载《新华每日电讯》2006 年 7 月 23 日，第 2 版。

② 孙海波：《疑难案件裁判的中国特点：经验与实证》，载《东方法学》2017 年第 4 期。

③ 徐昕、黄艳好、汪小棠：《中国司法改革年度报告（2013）》，载《政法论坛》2014 年第 2 期。

④ 陈敏、张晓玲：《刑事错案语境下我国法官责任追究制度探究》，载《法律适用》2020 年第 15 期。

⑤ 徐枭雄：《让审理者裁判　由裁判者负责》，载《湖北警官学院学报》2015 年第 3 期。

官惩戒机制中只看结果、不看过程的错案界定直接相关——结果好一切皆好，结果差一切皆为罪过。趋利避害的心理使办案人员想方设法规避风险，甚至放逐其赖以安身立命的法律职业操守也在所不惜，即使意识到可能存在司法错误，也不愿面对，而会千方百计将错就错。有学者通过对死刑错案生成机制的研究，得出“不恰当的办案奖惩机制也是死刑案件错误裁判的原因之一”的结论。① 法院内部对司法错误的惩戒不当，不但迫使法官漠视程序正义而完全陷入对实体公正的不懈追求，还可能直接影响死刑案件实体裁判的准确性。司法错误的惩戒机制亟待改革，惩戒应以存在过错为先决条件，对于审判人员因能力不足所致的错案，以及完全遵循法定程序审慎处理仍未能避免的错案，在处理上要特别慎重。对于有些因制度设计不良、院内权力干预造成的错案，更不应该将办案法官当成“替罪羊”。

4. 合理设计司法考评机制

当前对法官的考评往往与庭审行为没有关系，更多与裁判结果的变更挂钩，个案尤其是死刑案件的裁判变更直接关系到对相关法院、办案法官的绩效考评。例如，法院内部考评中，案件被二审法院“发改”，办案法官甚至所在的业务庭都会承受否定性评价，遭受行政（扣分）乃至经济制裁（扣钱），所在法院也会在上级法院的考核评比中处于不利局势。因此，法官为了个人利益、法院为了维护自身面子②，在一审法院判处死刑（立即执行）后，一审法官、法院千方百计“靠关系”甚至“拉关系”以影响二审裁判，想方设法避免二审改判（哪怕是死缓），这也被法官戏称为“审完一审忙二审”“跟踪”二审。笔者在实证调研中了解到：因为死刑案件的改判牵涉面广，有些法官乃至法院甚至为了避免死刑案件的二审改判而尽量不判死刑。因此，亟须改变案件质量管理方式和法官评价指标，将发回重审率或改判率从法官考核评价

① 李建明：《死刑案件错误裁判问题研究——以杀人案件为视角的分析》，载《法商研究》2005年第1期。

② 汪明亮：《定罪量刑社会学模式》，中国人民公安大学出版社2007年版，第212页。

指标中剔除，弱化一审、二审法院之间的科层性[①]。笔者对2031例二审死刑案件观察后发现：死刑案件的二审改判往往是将死刑改为死缓，将死刑（含死缓）改判无期徒刑或者有期徒刑的极为罕见，并且都要在改判判决书中宣布“原审裁判事实认定清楚、适用法律正确、量刑适当、审判程序合法”，并表明考虑到“本案实际情况”或者“新情况”才改判，字里行间似乎流露着对一审法院的“抱歉”与“遗憾”。笔者没有刑事审判经验，难以评判司法考评这一内部制度对整个庭审程序的消极影响，也不具备提出具体完善方案的经验储备和智识积累。但前述事例应该足以提醒我们在关注宏观制度完善的同时，也应关注法院内部制度可能带来的种种影响，及时清理障碍、消解冲突。如不然，此类内部制度日积月累，必有其一会成为“压死”宏观制度这头“骆驼”的“稻草”。在此类问题上，理论研究者作为旁观者或许只应该提出问题，不必笨拙地提出更加笨拙的所谓“对策”，因为实务界的精英们一旦跳出当局者迷的窘境，自会拿出合理可行的解决方案。

（责任编辑：闫召华）

① 陈雪珍：《论审判权的独立行使——“让审理者裁判、由裁判者负责”的制约因素与完善》，载《政法学刊》2014年第6期。

论存疑判决的正当性及其在我国的完善

纪　虎*

公检法三机关在刑事诉讼中经常会面临“案件事实不清、证据不足”的困局。在我国，不同的程序阶段有不同的处理方式：在侦查阶段，会发生补充侦查的问题；在审查起诉阶段，检察机关会作出退回补充侦查或存疑不起诉的决定；在一审阶段，检察机关会以此为由撤回起诉，法院也可以疑罪从无作出无罪判决；在二审阶段，二审法院会以此为由发回重审或在查清事实后改判。相较于“案件事实清楚，证据确实、充分”情形下的案件处理，事实存疑情形下的案件处理要复杂许多，既涉及无罪推定、罪疑唯轻，也涉及一事不再理、既判力等刑事诉讼基本原则的适用。不同程序阶段的诉讼目的和规则要求不同，上述原则在适用上也会存在差异，本文仅研究一审中的存疑判决。

本文中的“存疑判决”，指的是初审法院在“案件事实不清、证据不足，罪与非罪难以判定”情形下作出的终局判决。在我国，存疑判决是指一审“证据不足、指控的犯罪不能成立”的无罪判决。学界多将其称为“证据不足的无罪判决”。① 由于涉及古今中外相关制度的论述，法律文化的差异导致同一制度的内涵不同，因此本文将使用“存疑判决”这一相对具有概括性的术语。

---

* 西南政法大学法学院副教授，硕士生导师。

① 相关论述可参见范培根：《证据不足的无罪判决之评析》，载《上海大学学报（社会科学版）》2002 年第 3 期；黄再再：《略论证据不足的无罪判决》，载《华东政法大学学报》2003 年第 4 期；徐阳：《证据不足无罪判决浅析》，载《辽宁大学学报（哲学社会科学版）》2003 年第 3 期。

据最高人民法院的相关数据反映：从 1998 年至 2011 年，我国各级法院的无罪判决人数呈下降趋势，从 1998 年 2.59 万人到 2011 年 891 人，已不足千人。[①] 但是无罪判决中的存疑判决却占很大比例，有的地方甚至达到了 85%。[②] 即使有时在法定无罪高于存疑无罪的情形下，存疑无罪的比例也有 41%。[③] 可见，实践中存疑判决的适用率很高，研究价值大。目前，国内关于存疑判决制度正当性方面的研究相对较少，本文将从中外历史和比较法视角，探究存疑判决制度存在的合理性及其在我国存在的问题。

一、欧洲古代及中世纪中后期的存疑判决制度：古罗马和法国

存疑判决制度早在罗马法时期就已经出现。欧洲大陆法在中世纪中后期基于现实的需要，在实践中创造了相对独特的存疑判决制度。这一时期的存疑判决制度是一种折中判决，是对“犯罪嫌疑”的有罪推定，它既有发现真实的功能，也有惩罚的功能。

（一）古罗马共和国时期的存疑判决制度

公元前 2 世纪，古罗马共和国后期出现了常设刑事法庭这种新的审判方式。常设刑事法庭的审判组织由裁判官与陪审团组成。诉讼程序分为两个阶段：预审听证阶段和正式庭审阶段。预审听证阶段主要是裁判官审查起诉是否符合法律规定，并决定是否将案件移交陪审团审理。正式庭审阶段是在裁判官的主持下，由陪审团对案件进行听审，并对案件作出裁决。[④]

---

① 参见高通：《论无罪判决及其消解程序——基于无罪判决率低的实证分析》，载《法制与社会发展》2013 年第 4 期。

② 参见高通：《论无罪判决及其消解程序——基于无罪判决率低的实证分析》，载《法制与社会发展》2013 年第 4 期。

③ 参见李扬：《论影响我国无罪判决的关键性因素——对百例无罪判决的实证分析》，载《政法论坛》2013 年第 4 期。

④ 参见［意］马里奥·塔拉曼卡：《罗马法史纲·上卷》（第 2 版），周杰译，北京大学出版社 2019 年版，第 324—336 页。

经过法庭辩论和证据调查，陪审团会对案件进行投票表决，最终判定被告人的行为是否构成指控的犯罪。早期，陪审团可以作出三种判决：有罪判决、无罪判决和存疑判决。有罪判决和无罪判决必须有三分之二以上的陪审员投票赞成，赞成票不足三分之一的则可能构成存疑判决。存疑判决会直接导致案件延期重新审理，直到陪审团最终作出有罪或无罪的判决。重新审理意味着审判要从头开始，裁判官要重新确定庭审时间，旧证据和新证据都可以在法庭上出示，原先出过庭的证人可以不再出庭，只需要宣读先前证言。重新审理通常为两次。[①]

实践中这种存疑判决的案件较少出现。因为出现了一种新的制度——强制延期审理制度，法庭审判被分成两次听审，每次听审都要持续几天，两次听审之间也有时间间隔，有的案件间隔的时间可以达到40天。第一次听审会限制控辩双方的辩论时间，但是出庭证人的人数则没有限制。第一次听审后，陪审团不会作出裁决，案件会进行第二次听审。第二次听审主要是控辩双方进行辩论，辩论技术要比第一次要求高。至于在第二次听审结束后，陪审团是否还能够作出存疑判决，尚无证据证明。[②] 根据司法实践，强制延期审理制度一般适用于敲诈勒索等案情复杂、证据繁多的案件。强制延期审理制度通过两次听审客观上会提高陪审团发现案件真实的能力，提高定罪率。[③]

古罗马共和国的存疑判决是否与绝对的无罪判决一样具有既判力，尚无文献记载。但罪疑唯轻原则和一事不再理原则已经在这一时期的刑事案件中适用。根据《优士丁尼法典汇编》，刑事案件必须在两年内审结；超过这一期限，诉讼应当终结，对被告人应作出无罪判决。[④] 这表明，法官在法定期限内仍无法查清案件事实的，应作出有利于被告人的

---

① See A. H. J. Greenidge, The Legal Procedure of Cicero's Time, Oxford at the Clarendon Press, 1901, p. 498 - 499.

② See A. H. J. Greenidge, The Legal Procedure of Cicero's Time, Oxford at the Clarendon Press, 1901, p. 498 - 499.

③ See A. H. J. Greenidge, The Legal Procedure of Cicero's Time, Oxford at the Clarendon Press, 1901, p. 500 - 502.

④ See Codex Justiniani, C. 9, 44, 3.

无罪判决。这体现了罪疑唯轻原则的精神。关于一事不再理原则，《优士丁尼学说汇编》和《优士丁尼法典汇编》都有相关内容。《优士丁尼法典汇编》规定：任何人不得因同一犯罪行为受到再次指控。[①] 在《优士丁尼学说汇编》中，法学家乌尔比安也认为，总督不得允许任何人就同一罪行对已宣告无罪的人再次提出指控。[②] 可见，古罗马时期的无罪判决具有一事不再理的效力。

（二）欧洲中世纪中后期纠问式诉讼中的存疑判决制度

欧洲中世纪纠问式诉讼中除了绝对的有罪判决和绝对的无罪判决，还有第三种判决即中间判决。在中世纪的法国，中间判决包括辩护理由的证明、预备性刑讯和存疑判决三种。[③] 其中，存疑判决是指证据不足，不符合法定证据制度所要求的完全证明标准，无法确定有罪，但法官仍然认为犯罪嫌疑存在而作出的判决。中世纪法国的存疑判决制度产生于习惯法，成文法对此没有明确规定。这一时期的存疑判决主要有两大类：一类是无须进一步侦查的存疑判决，这类判决也可称为“不完全的无罪判决”。法官在判决时认为被告人犯罪的可能性比较大，只是由于缺乏有罪证据，而将被告人释放。这种判决与绝对的无罪判决不同：这种判决作出后，被告人可以向附带民事原告人索赔，而绝对的无罪判决不行。而且这种判决仅在最高法院适用，适用率较低。另一类是需要进一步侦查的存疑判决，这类判决也可称为“暂时的无罪判决”。在判决时，法官如果认为有罪证据不足，但又不能完全证明被告人无罪，可以作出此判决。这种判决仅在犯罪性质比较严重，需要时间继续侦查的案件中适用。需要进一步侦查的存疑判决与无须进一步侦查的存疑判决之间的主要区别：一是前者适用于更严重的犯罪，后者则适用于犯罪性质较轻的案件；二是在前者涉及的案件中只有检察官没有附带民

① See Codex Justiniani, C. 9, 2, 9.

② See Digest of Justinian, D. 48, 2, 7, 2. 相关内容也可参见《学说汇编》（第48卷罗马刑事法），薛军译，中国政法大学出版社2005年版，第17页。

③ 相关内容可参见 Richard Mowery Andrews, Law, Magistracy, and Crime in Old Regime Paris, 1735－1798, Cambridge: Cambridge University Press, 1994, p. 436。

事当事人，如果有附带民事当事人则适用后者；三是在犯罪的可能性上，前者被告人犯罪的可能性要更大，已经收集到的证据能够证明被告人有罪的程度要高于后者；四是在前者涉及的案件中，被告人的犯罪嫌疑并没有完全被消除，如果发现了新的证据，检察官可以再次提出指控。[①]

需要进一步侦查的存疑判决又可分为两种情况：有期限限制进一步侦查的存疑判决和无期限限制进一步侦查的存疑判决。有期限限制的进一步侦查存疑判决的期限通常是一个月、两个月、三个月或一年。在上述期间，被告人可以被羁押，也可以在有人担保其随传随到的情况下被释放。[②] 被告人被羁押的，期满后会被释放。但是，法官根据案件的具体情况，在没有发现新证据的情况下也可再次作出有期限限制进一步侦查的存疑判决。如果仍然没有发现新证据，法官最后可以选择对被告人作出无期限限制进一步侦查的存疑判决。[③]

综上所述，欧洲中世纪的存疑判决是在没有完全证据证明其有罪，但根据现有的有罪证据又不能完全排除其无罪的情形下适用。这类判决作出后，被告人会一直背负"犯罪嫌疑"的污名，不能从事公职，也不能以"诬告"为由向告发者提出索赔。所以，存疑判决除了具有进一步侦查，发现实体真实的功能外，还具有一定的惩罚功能，本质上就是对"犯罪嫌疑"的一种惩罚。[④] 但是，存疑判决制度也具有一定的时代理性：一方面，它能够使被告人免受死刑等极刑的处罚。实践中通过进一步侦查获取有罪证据的概率非常小，即使被告人被宣告的是无期限限制的存疑判决，但也可免于死刑宣判。另一方面，改变了法定证据制

---

① See A. Esmein, A History of Continental Criminal Procedure—with Special Reference to France, Little Brown and Company, 1913, p. 238 – 239.

② See Richard Mowery Andrews, Law, Magistracy, and Crime in Old Regime Paris, 1735 – 1798, Cambridge: Cambridge University Press, 1994, p. 436.

③ See Richard Mowery Andrews, Law, Magistracy, and Crime in Old Regime Paris, 1735 – 1798, Cambridge: Cambridge University Press, 1994, p. 436.

④ See Richard Mowery Andrews, Law, Magistracy, and Crime in Old Regime Paris, 1735 – 1798, Cambridge: Cambridge University Press, 1994, p. 437 – 439.

度的证明模式。在最初的法定证据制度中，给被告人定罪必须要有完全证明力的证据（被告人的自白和两个目击证人的证言），在存疑判决制度下，法官在没有收集到有完全证明力的证据时，也可根据有说服力的间接证据对被告人处以较轻缓的处罚。[①] 尽管如此，从现代的视角看，欧洲中世纪的存疑判决制度不符合无罪推定原则的精神，同时表明这一时期的存疑判决不具有既判力。

二、当代欧洲的存疑判决制度：苏格兰和意大利

在当代欧洲有极个别国家和地区还保留有存疑判决。存疑判决作为欧洲大陆法纠问式诉讼有罪推定的标杆制度，因与职权主义倡导的无罪推定理念背离，在18世纪法国大革命时期就已经被绝大多数国家废止。目前，英国的苏格兰和意大利还保留有相对独特的存疑判决，但相较于欧洲中世纪，理念上已经发生了重大改变。

（一）苏格兰的存疑判决制度

苏格兰具有独特的司法传统，刑事诉讼既有英美法也有大陆法的因素。其存疑判决制度有较鲜明的大陆法特色。[②] 但它是否来自古罗马法或大陆法，尚没有确实充分的证据佐证。存疑判决制度在苏格兰已有300多年的历史，早在16世纪陪审团审判中就出现了。17世纪又出现了一种特别裁决制度，陪审团的裁决只需要表明被告人被指控的犯罪是否已被证明，而有罪或无罪的判断则由法官作出。到了19世纪，特别裁决制度被废止，但不能证明有罪的裁决却被保留下来。该裁决在“没有确实充分的证据证明被告人有罪，但又不能排除被告人无罪”的情况下适用。[③] 这就是苏格兰早期的存疑判决制度。

---

① See John H. Langbein, Torture and the Law of Proof, Chicago: The University of Chicago Press, 2006, p. 54 –55.

② See Mirjan Damaska, Book Review: Criminal Procedure in Scotland and France, 24 American Journal of Comparative Law 779, 782 (1976).

③ See Joseph M. Barbato, Scotland's Bastard Verdict: Intermediacy and the Unique Three – verdict System, 15 Indiana International & Comparative Law Review 543, 547 –549 (2004 –2005).

苏格兰存疑判决制度是普通法实践的成果，1887 年、1975 年、1995 年《苏格兰刑事诉讼法》都没有关于存疑判决制度的规定。在苏格兰的普通法中，陪审团的终局裁决主要三种：有罪判决、存疑判决和无罪判决。有罪判决和无罪判决需要陪审团表决意见形成简单多数，即 15 个陪审员中必须有 8 人意见一致。① 存疑判决是有罪判决和无罪判决之间的第三种判决。从形式上看，存疑判决就是不能形成简单多数的判决。在法律效力上，它与无罪判决一样，被告人也会被宣布无罪开释；不同的是无罪判决非常明确地表明被告人是无辜的，没有实施犯罪；而存疑判决仅仅表明被告人被指控的犯罪没有确实充分的证据予以证实。② 苏格兰的存疑判决制度在刑事诉讼上具有无罪判决的既判力效力，被告人不会因同一犯罪事实再次受到审判。但在民事诉讼中，毕竟被告人的行为是违法行为，被害人可以向法院提出损害赔偿诉讼。③ 实践中，陪审团宣布无罪开释的案件有三分之一是存疑判决。④

在苏格兰，关于存疑判决制度的合理性一直存在争议。1975 年，苏格兰法律委员会专门就此问题发布了论证报告。有人主张废除存疑判决制度，理由是：一方面，存疑判决制度缺乏逻辑理性，因为根据排除合理怀疑的证明标准，如果能够证明被告人有罪就应该作出有罪判决，如果不能证明被告人有罪就应该作出无罪判决，因此不存在第三种判决。存疑判决不符合排除合理怀疑这一证明标准的内在要求。另一方面，存疑判决有“污名化”的特性。对被告人作出此判决意味着他并不是完全的无罪，还有“犯罪嫌疑”。⑤ 支持保留存疑判决的人则认为：

---

① See Peter Duff, The Scottish Criminal Jury: a Very Peculiar Institution, 62 Law and Contemporary Problems 173, 190 – 191 (1999).

② See Peter Duff, The Scottish Criminal Jury: a Very Peculiar Institution, 62 Law and Contemporary Problems 173, 193 (1999).

③ See G. C. Gebbie, S. E. Jebens and A. Mura, “Not Proven” as a Juridical Fact in Scotland, Norway and Italy, 7 European Journal of Crime, Criminal Law and Criminal Justice 262, 263 – 264 (1999).

④ See Peter Duff, The Scottish Criminal Jury: a Very Peculiar Institution, 62 Law and Contemporary Problems 173, 194 (1999).

⑤ See Joseph M. Barbato, Scotland's Bastard Verdict: Intermediacy and the Unique Three – verdict System, 15 Indiana International & Comparative Law Review 543, 552 (2004 – 2005).

从逻辑上讲，存疑判决并不意味着被告人一定有犯罪嫌疑，也可能完全是无罪的；如果存疑判决制度被废止，那么因证据不足导致的绝对无罪判决，实际上也就具有了“污名化”的特性；最后，如果陪审团在裁决的时候只有“有罪”或“无罪”两种选择，那么本来属于存疑判决的情形就会被陪审团纳入“有罪”的选项中，这无疑会增加有罪判决率。[①] 苏格兰法律委员会在综合各方观点的基础上，最终还是主张保留存疑判决制度。

（二）意大利的存疑判决制度

意大利关于存疑判决制度的观念可以追溯到13世纪。当时的意大利城市法官在审理案件时经常会遇到“法定证据无法证明被告人有罪，而法官内心又认为其行为确实构成犯罪，该如何处理”这种比较尴尬的问题。这种困惑随着纠问式诉讼在欧洲大陆法国家确立，也引起了法学家的普遍关注。法学家们认为在那些未达到完全证明要求的案件中，法官可以基于“可能有罪的怀疑”对被告人处以较轻缓的刑罚。这是基于有罪怀疑而处以的刑罚。[②] 可见，不像法国、德国、荷兰等其他国家，欧洲中世纪的意大利没有出现过独立的存疑判决制度。现代意义上的存疑判决制度于1913年引入。这或许与意大利犯罪学研究有一定联系。20世纪的意大利犯罪法学家菲利教授认为：“恢复罗马人以‘案情不清’形式所承认的‘证据不足’的裁决作为‘有罪’和‘无罪’裁决的替代形式更为合理。在苏格兰，陪审团可以作出这种裁决。每一个受审的人，如果其无罪已被证实，都有权要求宣告无罪。不过，如果证据不足，他唯一的权利是不被定罪，因为有罪尚未证明。但是，当嫌疑还存在的时候，社会没有义务宣告他绝对无罪。在这种情况下，一个‘证据不足’的裁决是唯一合乎逻辑的公正裁决。”[③] 可见，现代意大利

---

① See Joseph M. Barbato, Scotland's Bastard Verdict: Intermediacy and the Unique Three - verdict System, 15 Indiana International & Comparative Law Review 543, 553 (2004 - 2005).

② See Mirjan Damaska, Book Review: Criminal Procedure in Scotland and France, 24 American Journal of Comparative Law 779, 782 (1976).

③ ［意］恩里科·菲利：《犯罪社会学》，郭建安译，商务印书馆2018年版，第121页。

的存疑判决制度受到罗马法和苏格兰法的影响。

1930年和1988年《意大利刑事诉讼法典》中都规定有存疑判决制度。1930年《意大利刑事诉讼法典》[①] 第479条规定的无罪开释判决主要有三种情形：一是法律上认为不是犯罪的。该条第1款规定：被告人属于法律规定不得追诉或不得处罚的情形，法官应当作出无罪判决；二是事实上无罪的情形。该条第2款前半句规定：如果犯罪事实不存在或被告人没有犯罪，或者有证据认定犯罪事实不存在或被告人没有犯罪，法官应当作出无罪判决。这种判决是事实清楚、证据确实充分下的无罪判决。三是证据不足情形下的无罪判决。该条第2款后半句规定：如果案件中欠缺犯罪事实存在或欠缺被告人犯罪的证据，或者判处有罪的证据不充分，法官应当作出无罪判决。这类判决是因为证据不确实、不充分导致的无罪判决，属于存疑判决。产生这种存疑判决有两个方面的原因：一是由于在案的各种证据之间存在冲突；二是由于控方的证据不确实、不充分而无法定罪。[②] 这类存疑判决虽然不会给被告人带来刑法上的处罚，但会对被告人的声誉产生影响，而且也有一定的消极后果即在被告人档案“犯罪记录”一栏中会记载：曾被法官宣告过此类判决。[③]

1988年意大利颁布了新的刑事诉讼法，改良当事人主义诉讼模式得以确立，1930年的存疑判决制度基本上被保留。1988年《意大利刑事诉讼法典》第530条关于各种无罪判决形式的规定与1930年刑事诉讼法基本相同。当前意大利的无罪判决主要适用于四种情形：（1）没有犯罪；（2）有犯罪但不是被告人实施的；（3）证明被告人有罪的在案证据不确实、不充分；（4）被告人有法定的不负刑事责任的正当理由。其中第（3）项就是意大利刑事诉讼法第530条第2款的内容。该

---

① 参见1930年《意大利刑事诉讼法》，程家瑞译，中国台湾地区法务主管部门1985年印。

② See G. C. Gebbie, S. E. Jebens and A. Mura, “Not Proven” as a Juridical Fact in Scotland, Norway and Italy, 7 European Journal of Crime, Criminal Law and Criminal Justice 262, 272 (1999).

③ See G. C. Gebbie, S. E. Jebens and A. Mura, “Not Proven” as a Juridical Fact in Scotland, Norway and Italy, 7 European Journal of Crime, Criminal Law and Criminal Justice 262, 272 (1999).

款规定：当没有证据证明犯罪事实成立，或者没有证据证明是被告人实施了犯罪，或者在案证据不充分、相互矛盾，法官均应作出无罪判决。前两种情况是因为指控证据不足导致的无罪判决；第三种情况是因控方证据与辩方证据相互矛盾，且控方证据无法到达排除合理怀疑的标准，基于《宪法》第27条无罪推定原则而作出的无罪判决。[①]

1988年意大利刑事诉讼法中的存疑判决制度发生了重大变化。它与证据确实充分下的无罪判决和没有任何证据证实下的无罪判决具有同样的法律效力。无论是在刑事部分还是在附带民事部分，存疑判决也不会对被告人产生任何消极影响。被告人不会再因证据不足导致的无罪判决而承担刑事附带民事赔偿责任，但在某些情况下，被害人可以单独提起民事诉讼。而且，因宣告无罪，被告人可以对不当羁押提出国家赔偿。[②] 从证明责任的角度看，意大利现行法中的存疑判决制度强化了检察官证明被告人有罪的责任，更加彻底地贯彻了宪法无罪推定原则条款的要求；同时，该判决具有一事不再理效力。

三、我国存疑判决制度的产生与特点

1996年，我国《刑事诉讼法》第162条增修了第3项内容："证据不足，不能认定被告人有罪的，应当作出证据不足、指控的犯罪不能成立的无罪判决。"这是在该条第1项"有罪判决"和第2项"无罪判决"之外增加的第三种判决，即存疑判决。早在存疑判决入法之前，1989年11月4日，最高人民法院在《关于一审判决宣告无罪的公诉案件如何适用法律问题的批复》中就指出，"对于因主要事实不清、证据不足，经多次退查后，检察院仍未查清犯罪事实，法院自己调查也无法查证清楚，不能认定被告人有罪的，可在判决书中说明情况后，直接宣

---

① 《意大利宪法》第27条第2款规定："在终局裁判定罪之前，被告人应被视为无罪。"参见朱福惠、邵自红：《世界各国宪法文本汇编》（欧洲卷），厦门大学出版社2013年版，第612页。

② See G. C. Gebbie, S. E. Jebens and A. Mura, "Not Proven" as a Juridical Fact in Scotland, Norway and Italy, 7 European Journal of Crime, Criminal Law and Criminal Justice 262, 271 (1999).

告无罪”。1994年最高人民法院《关于审理刑事案件程序的具体规定》吸收了上述内容。其中第127条第2项规定：“案件的主要事实不清、证据不充分，而又确实无法查证清楚，不能证明被告人有罪的，判决宣告被告人无罪。”1998年和2012年，最高人民法院在司法解释中列举重申了刑事诉讼法中的存疑判决条文。[①] 存疑判决进入刑事诉讼法，“对于防止和避免对被告人、犯罪嫌疑人久押不决，既掌握不了充分的证据定被告人有罪，又长期羁押被告人予以释放的情况，是很有必要的，这体现了我国刑事诉讼法重证据，重调查研究，保障无罪的人不受追究的原则”[②]。可见，存疑判决的立法目的是防止因案件事实不清，法院过度羁押被告人，主要解决的是审判阶段的羁押问题。它的重大历史意义表现在：在以往的刑事审判中有的案件有罪证据和无罪证据势均力敌，定也定不了，否也否不了，往往采用“挂起来”的办法。实践证明，这种做法于国于民都是不利的。存疑判决制度从保护人权的高度认识到这一现象，解决这一问题。这是我国民主与法制的进步。这一规定同外国解决这一问题的立法，也基本协调一致了。[③]

关于存疑判决的法律效力，立法机关权威人士认为这种判决在性质上是无罪判决，与案件事实清楚、证据确实充分下的无罪判决在法律后果上完全相同。但是，法院判决后，如果侦查机关、检察机关后来又取得了犯罪的证据，可以另行起诉。[④] 通过上述观点可以看出，我国的存疑判决只具有临时无罪开释的功能，不具有一事不再理效力。对此，最高人民法院还专门为此作出解释：一方面，存疑判决作出后，如果人民

---

① 参见1998年最高人民法院《关于执行〈中华人民共和国刑事诉讼法〉若干问题的解释》第176条第4项，2012年最高人民法院《关于适用〈中华人民共和国刑事诉讼法〉的解释》第241条第4项。

② 郎胜：《中华人民共和国刑事诉讼法的修改与完善：关于修改刑事诉讼法的决定释义》，中国法制出版社1996年版，第199页。

③ 参见陈光中、严端：《中华人民共和国刑事诉讼法释义与应用》，吉林人民出版社1996年版，第221页。

④ 参见胡康生、李福成：《中华人民共和国刑事诉讼法释义》，法律出版社1996年版，第189页。

检察院依据新的事实、证据材料重新起诉的，人民法院应当依法受理。[①] 根据最高人民检察院的解释，“新的事实是指原起诉书中未指控的犯罪事实。该犯罪事实触犯的罪名既可以是原指控罪名的同一罪名，也可以是其他罪名。新的证据是指撤回起诉后收集、调取的足以证明原指控犯罪事实的证据”。[②] 可见，检察机关重新起诉的犯罪事实可以与存疑判决审理的犯罪事实是同一事实，那么被告人就会因同一犯罪事实要接受初审法院的两次审判。另一方面，人民法院应当在判决中写明被告人曾被人民检察院提起公诉，因证据不足，指控的犯罪不能成立，被人民法院依法判决宣告无罪的情况；存疑判决不予撤销。[③] 在这类案件中，初审法院就同一犯罪事实的审理结果可能会出现两个终局判决；而且，存疑判决“不予撤销”表明两个判决均具有法律效力。这种做法十分少见。

综上所述，我国的存疑判决制度与现代其他大陆法国家和地区有很大不同，主要表现在：第一，在立法模式上，我国刑事诉讼法用独立的法律条款以独立判决形式来规定存疑判决制度。而其他国家初审法院的终局判决一般有有罪判决和无罪判决两大类。因证据不足而作出的终局判决，通常都被包含在无罪判决中。比如，《日本刑事诉讼法》第 336 条“无罪判决”规定：被指控的案件不构成犯罪或者不能证明有罪时，应宣告无罪判决。《俄罗斯联邦刑事诉讼法》第 302 条“判决的种类”规定：法院的无罪判决可以是无罪判决或有罪判决，犯罪事件没有得到确定，应作出无罪判决。日本法中的“不能证明有罪”和俄罗斯法中的“犯罪事件没有得到确定”的表述，都包含有“证据不足”的意思。

① 参见 1998 年最高人民法院《关于执行〈中华人民共和国刑事诉讼法〉若干问题的解释》第 117 条第 3 项，2012 年最高人民法院《关于适用〈中华人民共和国刑事诉讼法〉的解释》第 181 条第 4 项。

② 参见 2012 年《人民检察院刑事诉讼规则（试行）》第 459 条第 4 款、第 5 款，2019 年《人民检察院刑事诉讼规则》第 424 条第 4 款、第 5 款。

③ 参见 1998 年最高人民法院《关于执行〈中华人民共和国刑事诉讼法〉若干问题的解释》第 179 条第 3 项，2012 年最高人民法院《关于适用〈中华人民共和国刑事诉讼法〉的解释》第 244 条第 4 项。

第二，在立法动机上，我国存疑判决制度的产生更倾向于人权保障，是为了防止法院因事实不清、证据不足，导致判决久拖不决，在审判阶段长期羁押被告人。这在客观上贯彻了疑罪从无原则，保障了被告人的人权。而欧洲的存疑判决制度是“案件事实不清”这一法官对案件事实认知能力的局限性在终局判决上的客观反映，价值判断的意味较少。第三，在法律效力上，我国的存疑判决不具有既判力，也不具有一事不再理的法律效果。这一点与欧洲中世纪纠问式下的存疑判决制度相似。而在现代大陆法国家，只要是无罪判决，无论是以证据不足作出的无罪判决，还是以事实清楚或是无事实根据作出的无罪判决，效力都一样，均会产生既判力和一事不再理效力，对检察机关的再次起诉、法院的再次审判有严格的限制。

四、既判力规则与我国存疑判决制度的完善

从历史发展的视角看，存疑判决制度从古罗马到当代，两千多年的历史足以说明它存在的合理性。特别是在今天的苏格兰、意大利和中国，在法治文明空前发达的现代社会依然保留相对独立的存疑判决制度，就足见其具有一定的正当性。从认识论的视角看，从神示裁判证据制度到欧洲中世纪积极的法定证据制度，从法国大革命时期绝对的自由心证主义到当代中国新法定证据主义，[①] 人类对案件事实的认知从蒙昧逐步走向理性。但是，一直困扰着人类的一个问题是：“我们对每一个案件事实是否都能够查明？”目前来看，人类对社会历史事实的认知还是有限的，无法杜绝冤假错案的发生就足以说明这一点。因此，对案件终局判决的认知存在案件“事实清楚”和“事实不清”两种不同判断，是符合客观实际的，存疑判决作为独立的判决形式存在具有正当性和合理性。

唯一存在的问题是在终局裁判时对“事实不清”的态度和处理方

---

① 关于我国新法定证据主义的论述，可参见陈瑞华：《以限制证据证明力为核心的新法定证据主义》，载《法学研究》2012 年第 2 期。

式。对“事实不清”，古罗马人首先认可“事实不清”这类终局裁判的存在，这是一种务实的态度；在处理时采用两次庭审的方式来尽可能地化解“事实不清”所面临的裁判危机，这是一种相对朴素的处理方式。欧洲中世纪的纠问式诉讼中存疑判决实质上是一种有罪判决，是对“犯罪嫌疑”的惩罚，是不放纵一个犯罪人的、有罪推定的必然逻辑结果。法国大革命之后，由于欧洲各国在宪法和刑事诉讼法中纷纷确立了无罪推定原则，中世纪盛行的存疑判决制度在18—19世纪被陆续废止。现代刑事诉讼对“事实不清”的处理方式有两种：一是将其纳入绝对的无罪判决中，其效力与“事实清楚”的无罪判决一样；二是像苏格兰、意大利，将“事实不清”的存疑判决作为一种独立的第三种判决，与“事实清楚”的无罪判决具有相同的效力。无论是哪一种处理方式都要彻底贯彻无罪推定原则和罪疑唯轻原则；无论是“事实清楚”还是“事实不清”的终局裁判都应有既判力，受一事不再理原则的约束。

（一）赋予我国存疑判决既判力的理由

我国的存疑判决制度充分体现了疑罪从无原则的要求，对此，理论界和实务界已有充分认识。[①] 目前，关于我国存疑判决制度的争议主要是它的法律效力问题，即存疑判决是否应具备既判力和一事不再理效力。如果存疑判决不具有既判力，则是一种有罪推定，类似于欧洲中世纪的存疑判决；如果存疑判决具有既判力，则是对无罪推定原则的彻底贯彻，是现代欧洲各国的普遍做法。可见，法律在存疑判决既判力问题上的两种不同的处理方式，体现出两种不同诉讼理念的截然对立。就我国而言，司法实践采取的是第一种做法。但学界多数学者认为应当赋予

① 相关内容可参见樊崇义：《简论“证据不足、指控的犯罪不能成立的无罪判决”之适用》，载《政法论坛》1997年第3期；范培根：《证据不足的无罪判决之评析》，载《上海大学学报（社会科学版）》2002年第3期。

存疑判决既判力。[①] 也有少数学者不认可这种做法，认为虽然这一规定突破了一事不再理原则，但是其有利之处是：通过一审程序变更存疑判决，较之启动再审程序，更有利于保障被告人的上诉权，使被告人获得更多的救济机会。[②] 这一观点值得商榷。从立法机关权威人士的学理解释和司法实践的状况看，针对存疑判决案件的再次受理和审理，主要是保障控方的救济权，而不是辩方。因此，笔者赞同学界的主流观点。

从判决的性质看，我国的存疑判决是一种实体判决，既然是实体判决，根据现代刑事诉讼理念，它当然具有既判力（一事不再理效力）。在大陆法国家，刑事案件的终局判决根据判决的内容可以分为实体判决和形式判决。实体判决是关于实体法上的事项作出的判决，比如有罪判决、无罪判决、免刑判决等；形式判决是关于程序法上的事项作出的判决，比如免诉判决、不受理判决、管辖权错误判决等。[③] 我国刑事诉讼法规定的终局判决只有实体判决没有形式判决。大陆法国家的免诉判决事项，在我国通常以裁定的方式处理。比如，终止诉讼的情形在日本构成免诉判决的事由，在我国则构成裁定终止审理的事由。[④] 从刑事诉讼法的规定来看，证据不足，不能认定被告人有罪的，应当作出证据不足、指控的犯罪不能成立的无罪判决，这是一个涉及检察机关公诉理由不成立的实体法问题，因此是一个实体判决。

终局性实体判决最显著的特征就是具有一事不再理的效力。田口守

---

① 相关内容可参见樊崇义：《简论“证据不足、指控的犯罪不能成立的无罪判决”之适用》，载《政法论坛》1997 年第 3 期；陈瑞华：《刑事诉讼中的重复追诉问题》，载《政法论坛》2002 年第 5 期；孙长永：《探索正当程序——比较刑事诉讼法专论》，中国法制出版社 2005 年版，第 779—780 页；李哲：《刑事裁判的既判力研究》，北京大学出版社 2008 年版，第 98 页。

② 参见秦宗文：《“一事不再理”的法理与立法选择》，载《现代法学》2004 年第 5 期。

③ 相关内容可参见林钰雄：《刑事诉讼法》（上册 · 总论编），中国人民大学出版社 2005 年版，第 455 页；李哲：《刑事裁判的既判力研究》，北京大学出版社 2008 年版，第 72 页；［日］田口守一：《刑事诉讼法》（第七版），张凌、于秀峰译，法律出版社 2019 年版，第 539 页。

④ 参见《日本刑事诉讼法》第 337 条，我国 2018 年《刑事诉讼法》第 16 条。

一教授认为“实体裁判一经确定，就有一事不再理的效力”；[①] 林钰雄教授认为，实体裁判“系针对实体刑罚权存否及其范围（即本案诉讼目的）而发，故有一事不再理之实体确定力，形式裁判则否”。[②] “一事不再理原则，是指一个案件已经作出裁判后，不得对同一案件再次进行实体审理和裁判。在刑事诉讼中，在法院作出的有罪判决或无罪判决确定后，对于已经裁判的同一行为不得再次进行追诉或审判。”[③] 简言之，一事不再理就是“一案不二诉”“一案不两判”。一事不再理原则是现代刑事诉讼的标杆制度。很多欧洲大陆法国家在宪法或刑事诉讼法中都有一事不再理原则的规定。比如，《德国基本法》第 103 条第 3 款规定：“任何人都不得因同一行为根据一般刑法受到一次以上的惩罚。”《法国刑事诉讼法典》第 368 条规定：“依法宣告无罪的任何人，不得因相同事实受到追诉或控告。”一事不再理原则也是国际人权法的一项重要内容。联合国《公民权利和政治权利国际公约》第 14 条第 7 款规定：“任何人不得因为已经依据一国的法律和刑事程序最终宣告有罪或者无罪的犯罪而再次受到审判和惩罚。”综上，既然既判力规则是现代刑事诉讼终局性实体判决的本质属性，那么我国的存疑判决也应当具有“一案不二诉”“一案不两判”的一事不再理效力。

（二）完善我国存疑判决制度的路径

在明确了存疑判决应当具有既判力效力后，改革和完善我国存疑判决的主要路径首先要从法律规范的技术层面来解决。单从法典的角度看，刑事诉讼法将存疑判决与有罪判决、无罪判决并列，作为第三种形式的判决，这本身就说明这三种判决之间不是包含与被包含的关系，而是并列关系，其他两种判决所具有的“判决”属性，存疑判决也应当具有。在法典条文没有明确限制存疑判决既判力效力的情形下，存疑判决也应当有其他两种判决的既判力属性。从前文可以看出，司法实务界

---

① ［日］田口守一：《刑事诉讼法》（第七版），张凌、于秀峰译，法律出版社 2019 年版，第 539 页。

② 林钰雄：《刑事诉讼法》（上册 · 总论编），中国人民大学出版社 2005 年版，第 455 页。

③ 孙长永：《探索正当程序——比较刑事诉讼法专论》，中国法制出版社 2005 年版，第 670 页。

和学界对我国存疑判决没有既判力效力的解读，主要是受立法机关权威人士关于存疑判决的学理解释和最高人民法院司法解释的影响。

在二者的逻辑关系上，司法解释是在立法机关权威人士学理解释的基础上做的是一种扩张解释，突破了刑事诉讼法的规定。根据《立法法》第45条规定，法律解释权属于全国人民代表大会常务委员会。法律的规定需要进一步明确具体含义的，由全国人民代表大会常务委员会解释。立法机关权威人士对刑事诉讼法的学理解释，虽然可以在一定程度上反映立法机关制定法律时的动机和目的，但终究不是全国人大及其常委会通过法定程序制定发布的立法解释，所以该学理解释不具有法律效力。最高人民法院根据该学理解释对刑事诉讼法适用作出的司法解释，解释的基础缺乏正当性。另外，最高人民法院关于存疑判决可以再次受理审判的司法解释不是一种法律适用行为，而是一种立法行为。因为对既判力这一重要问题，在刑事诉讼法没有明确排除存疑判决的既判力时，最高人民法院是没有权力直接轻易否定它的既判力的。实际上，最高人民法院的做法是通过存疑判决的程序适用解释，变相否定存疑判决的既判力。综上所述，要确认我国存疑判决的既判力，应当首先废止最高人民法院司法解释中关于存疑判决再次受理和审判的相关条款。

对法院错误作出存疑无罪判决的纠正，应当通过再审程序解决。再审是纠正错误终局裁判的唯一方式，是既判力规则和一事不再理原则的内在要求。为了维护法的安定性，世界各国对再审程序的适用都有严格的限制，但为了保障法的公正性，大陆法国家通常允许对生效判决加以纠正。再审程序体现的是既判力对司法公正价值的让步。[①] 基于此，部分大陆法国家通常只允许启动对受刑人有利的再审。比如，《意大利刑事诉讼法典》第629条规定，在法律规定的情况下，对已经生效的处罚判决作出有利于受刑人的改判。即使有的大陆法国家允许启动对受刑

---

① 参见孙长永：《探索正当程序——比较刑事诉讼法专论》，中国法制出版社2005年版，第731—732页。

人不利的再审，法律对此也有严格的限制。如《德国刑事诉讼法典》第362条规定，对受刑人不利的再审仅限于以下情形：（1）在法庭审理时作为真实证据使用的书证是伪造或变造的；（2）证人或鉴定人违反宣誓义务陈述，或故意做未经宣誓的虚伪陈述，且该陈述有利于被告人的；（3）法官或陪审员在审理中实施了与案件有关的应受处罚的职务行为；（4）被告人被宣告无罪后，在庭审中或庭审外作出可信性供认的。长期以来，由于我国一直坚持“有错必纠”原则，[①] 刑事诉讼法没有区分有利于受刑人的再审和不利于受刑人的再审，凡是发现确有错误的判决均可启动再审。[②] 但是，2001年最高人民法院《关于刑事再审案件开庭审理程序的具体规定（试行）》第8条第1款规定：“除人民检察院抗诉的以外，再审一般不得加重原审被告人（原审上诉人）的刑罚。”这一规定是不利益变更禁止原则的体现，意味着人民法院启动的再审不得加重受刑人的刑罚。虽不够彻底，但在一定程度限制了不利于受刑人的再审。

目前，在我国现行再审法律框架下，检察机关如果发现新的事实或新的证据证明存疑判决确有错误，是可以提出再审抗诉的。但是，基于法的安定性、人权保障、诉讼效率等价值的考量，也基于严格限制不利于受刑人再审这一国际惯例，笔者认为，检察机关也可以适当行使自由裁量权，对非重罪（有期徒刑10年以下）案件和没有重大社会影响的错误存疑判决放弃再审抗诉。

（责任编辑：陈真楠）

① 关于有错必纠原则的论述，可参见陈瑞华：《刑事诉讼中的重复追诉问题》，载《政法论坛》2012年第5期。

② 参见2018年《刑事诉讼法》第254条。

刑事审判中断的适用及其规制*

高一飞　王　浩**

一、问题的提出

2014年10月23日，党的十八届四中全会通过的《中共中央关于全面推进依法治国若干重大问题的决定》提出推进以审判为中心的诉讼制度改革。最高人民法院于2017年2月印发了《关于全面推进以审判为中心的刑事诉讼制度改革的实施意见》，首次在规范性文件中出现"集中审理"一词，标志着集中审理的理念已经转化为实实在在的改革目标以及未来司法实践必须坚持的原则。

日本学者田口守一认为："集中审理原则也谓之持续审理原则，是指法院必须持续集中时间审理案件，它是实现迅速、公正审判的原则，审判应当尽可能连续开庭、持续审理。诉讼关系人必须严格遵守时间，不得给审理带来阻碍。"① 德国学者克劳思·罗科信把集中审理原则称为审判密集原则，他认为："审判程序应尽可能一口气完成，亦即直到

---

* 本文为高一飞教授主持的2014年度国家社科基金重点项目"司法公开实施机制研究"（立项号14AFX013）、2017年度司法部重点课题"优化司法机关职权配置研究"（17SFB1006）、2017年度重庆市"研究阐释党的十九大精神"委托项目"习近平司法思想研究"的阶段性成果。

** 高一飞，广西大学君武学者，法学院教授，博士生导师；王浩，天津市红桥区人民检察院检察官助理。

① ［日］田口守一：《刑事诉讼法》，张凌、于秀峰译，中国政法大学出版社2010年版，第196—197页。

宣示判决均不中断。”[①] 我国学者樊崇义概括出集中审理原则的定义，即将庭审作为刑事案件整个审判流程的中心，全部涉案事实和证据的提起、调查、认证，控诉与辩护双方意见的提出，法官适用法律作出裁量等主要行为，不得分散进行，都需在庭审过程中完成。[②] 因此，集中审理就是指审判一气呵成、持续不间断进行，除必要的休息时间外，庭审一般不能有所间隔或停歇，以保持庭审活动的连贯性与完整性。

英国最早采用集中审理原则，最初原因是组织陪审团进行审理时，其成员由当地民众组成，这些民众往往都来源于不同的职业，有着自己本身的分内工作。[③] 为了防止多次重复召集人员到庭而增加法律成本，也为了减少诸多不必要的麻烦，因此在进行审判时，就必须不间断的进行。另外，“即使可以将他们召集起来——这可能是个代价颇高的提议——仍然存在一个难题，即如何防止外界对审判间歇期间的陪审员产生有害的影响”[④]。而且，审判者不得不考虑司法成本的问题，为了尽可能地节约司法成本，需要集中审理。审判不中断，是集中审理原则的关键组成部分。

集中审理原则要求庭审法官不更换、不间断的审理案件，有利于法官保持对案件情节深刻的记忆，有助于法官发现真相。而集中审理原则所包含的法官不更换、庭审不中断、法官审理的集中、及时作出裁决，又都符合对审判效率的追求。集中审理原则要求法官能够在相对独立的环境中进行思考和裁量，自由地形成心证，减少了外界因素的不必要干扰，有助于实现独立审判。

审理不集中主要表现为审判中断。法院应使审判活动保持“在过于急速和过于迟缓这两个极端之间的一种中间状态，避免因过于急速或

---

① ［德］克劳思·罗科信：《德国刑事诉讼法》，吴丽琪译，法律出版社 2003 年版，第 393 页。

② 参见樊崇义：《刑事诉讼法学》（修订版），中国政法大学出版社 1999 年版，第 334 页。

③ 参见李祖军、贾欢：《论民事诉讼中的集中审理原则（一）》，载《昆明理工大学学报》2008 年第 3 期。

④ ［美］米尔建·R. 达马斯卡：《漂移的证据法》，李学军等译，中国政法大学出版社 2003 年版，第 83 页。

者过于迟缓而使各方受到不公正的对待”[①]。审判中断是遇到不可避免的情况后而产生的，应基于合理的理由，是集中审理原则的例外。在我国审判中断主要表现为“中止审理”“延期审理”“定期宣判”三种情形。

有学者认为，刑事诉讼的中止是指“在诉讼过程中，由于发生某种情况或某种障碍影响诉讼的正常进行而将诉讼暂时停止，待有关情况或障碍消失后，再恢复诉讼的制度”。[②] 结合2018年《刑事诉讼法》第206条的规定，笔者将中止审理归纳为：人民法院在受理案件后，作出判决前，由于发生某种不可抗拒的情形，影响审判的正常进行而将审判暂时停止，待有关情形消失后，再恢复审判的制度。

延期审理是指“在法庭审判过程中，遇有不能抗拒的原因或者由于公诉人、诉讼参与人提出了其他理由，使审判无法进行，合议庭决定延展审理期限，待影响审理进行的原因消失后再行开庭审理”。[③] 根据2018年《刑事诉讼法》第204条的规定，笔者将延期审理定义为：人民法院在开庭审理时，由于出现特殊情况，令法院审判无法进行，审理法官决定另定日期对案件进行审理的制度。

“定期宣判”也是审判中断的一种，审判中断包含审理结束后等候判决的时间的中断。刑事定期宣判是人民法院在刑事案件庭审结束后择期宣告判决的制度，它是我国刑事诉讼法所规定的两种宣判方式之一。宣判是审判的一部分，是一个案件的终点部分，还未到达终点时中断，当然属于审判中断。

虽然中止审理与延期审理的结果一样，都会导致审判活动的暂停，但配套制度却与延期审理有区别，这是因为：中止审理的原因是诉讼外的障碍，如被告人本人的身体健康状况、在案状况等，该障碍的消除不能通过诉讼上的努力而实现；而延期审理的原因是诉讼内的障碍，如证据的调取以及庭审程序的再恢复，该障碍的消除是可以通过诉讼上的努

① 陈瑞华：《程序正义理论》，中国法制出版社2010年版，第107页。
② 陈光中主编：《刑事诉讼法学》，北京大学出版社2005年版，第228页。
③ 陈光中主编：《刑事诉讼法学》，北京大学出版社2005年版，第310页。

力而实现的。

虽然我国在刑事诉讼法中规定了中止审理、延期审理、定期宣判等审理中断的情形，但没有严格规定审判中断的期限以及中断的后果。在司法实践中，庭审中断的现象屡见不鲜，往往导致案件审理延宕，正义得不到及时实现。

二、审判中断的适用及其后果的域外考察

集中审理原则作为案件审判的原则，与直接言词原则、独立审判原则、公开审理原则同等重要，在各个国家越来越受到重视。各国在规定了集中审理原则的同时，也设置了防止审判中断的条件和防止其过度使用的规则。

对集中审理原则，英美法国家在其判例中都有所涉及，并对审判中断适用的情形和违法后果有明确描述。

在英国，讨论延期审判必须探讨诉讼期限的问题。在英国的刑事诉讼中，根据《1980 年治安法院法令》第 127 条[①]的规定，简易程序有 6 个月的诉讼期限，一般的诉讼程序是没有时间限制的。虽然英国没有规定具体的诉讼期限，但并不意味着可以一直拖延。为了防止检察院滥用权力，达到公正审判的目的，英国也对延期审判进行约束。欧洲人权法院在 2009 年的“布伦与索尼基诉英国”[②] 一案中也提出：“诉讼时长是否合理，应考虑案件的具体情况，注意案件的复杂性、申诉人及有关国家机关的行为，以及申诉人受威胁的利益是否重大等。”

英国对刑事案件延期审判的适用规定了严格的条件，即延期不得损害被告人的合法权益，并且不影响审判公正。1985 年德比皇家法院在审理“布鲁克斯案”[③] 判决中，提出了审判迟延构成程序滥用的一般判断标准：迟延必须对被告人造成损害，且该迟延是不正当的。此外，在

① David Ormerod, Peter Murphy, John Phillips (eds.), Blackstone's Criminal Practice 2012, London: Oxford University Press, 2012, p. 1312 - 1315.

② Bullen and Soneji v. UK [2009] ECHR 28.

③ Derby Crown Court, ex parte Brooks (1985) 80 Cr App R 164.

1985年枢密院审理“贝尔诉牙买加”[1]一案中，枢密院确立了判断审判迟延是否剥夺了被告人公正审判权的准则，相关考虑因素为：（1）审判迟延的长短；（2）控方为迟延提出的解释理由；（3）被告人对所主张权利应当承担的义务；（4）被告人受到的损害。在1991年中央刑事法院审判“朗多案件”[2]以及“布扎克案件”[3]中，法院认为：由于案件存有足够书面证据，能够唤醒证人和当事人的记忆，延期审判并不会影响被告人的利益，不会导致审判不公，符合适用延期审判的条件。在英国，只有在符合严格标准的情况下，才能进行延期审判。

不当进行延期审判可能导致诉讼终止的结果。如在布伦特福德大法官审理“翁的案件”[4]中，在1980年裁判法院法令所规定的简易程序允许的6个月期间内，启动了诉讼程序，但传票直到3个月后才送达。检察官辩论称，拖延是因为他没有决定是否对该案件提起诉讼。但分区法院却将该案件视为诉讼终止的案件，在该案件中，检察官蓄意拖延、企图争取更多时间影响裁决，破坏了《1980年治安法院法令》第127条所规定的时限。因为拖延是故意的，所以法院认为检察机关的行为是在滥用程序。

当然，延期审判导致诉讼终止的情形也是少数，毕竟终止诉讼的惩罚很严重。实践中，也有制约终止诉讼的先例。如英国在1990年总检察长第1号意见[5]中提出，以审判迟延或任何其他原因而实施的终止诉讼裁定只能在极其例外的情况下作出；原则上，即使迟延审判无正当依据，永久性地终止诉讼也只能作为例外情况而非普遍规则看待。在“布伦与索尼基诉英国案”[6]中，欧洲人权法院也指出：（1）即使在延期不合理的情况下，永久终止诉讼也应该是例外而不是规则；（2）如检控方面没有过错，批准终止诉讼的情况将非常少见；（3）在没有严

① Bell v. DPP of Jamaica［1985］AC 937.

② Central Criminal Court, ex parte Randle［1991］1 WLR 1087.

③ Buzalek［1991］Crim LR 115.

④ Brentford Justices, ex parte Wong［1981］QB 445.

⑤ Attorney General's Reference（No. 1 of 1990）［1992］QB 630（at p. 643 - 4）.

⑥ Bullen and Soneji v. UK［2009］ECHR 28.

重损害被告人权利的情况下，不允许诉讼终止，而应当给予公平审判的机会；（4）在评估可能存在的严重偏见时，法官应当考虑到他有权管理证据的可接受性，审判过程本身应确保将由于延期而产生的所有相关事实问题提交陪审团，供其审议；（5）如果法官的评估结果是可以进行公正的审判，则不应该终止诉讼。可见，终止诉讼只是例外情况，而不能普遍适用。

在美国，集中审理的立法体现在联邦宪法中对迅速审判权的规定。《联邦宪法第六修正案》规定，在一切刑事案件中，被告人有权由公正的法庭予以迅速和公开的审理。[①] 关于迅速审判权，在各州宪法中也有类似于联邦宪法的规定。根据 1967 年联邦最高法院的判例，这一权利通过第十四修正案适用于各州的刑事案件中。[②] 公民享有获得迅速审判的宪法权利，是美国严格限制延期审理适用的原因之一。

美国当然也存在延迟审判。美国法官拥有很大的程序性权力，可以在特定情形下决定诉讼延期，尤其是当法官认为只有采取延期审理才能实现司法公正时。当然，延期审理有其适用的具体标准：法官根据被告人及其律师或检控方的请求而给予的审判延期，应当符合“通过采取这种行动得到的利益超过公众和被告人在迅速审判中获得的最大利益”的要求。其具体考虑的因素为：被告人是否获得合理的辩护时间；公诉方是否尽职调查；是否为被告人或政府律师提供有效准备的合理时间。美国还对不能进行延期审判的情况进行了反面列举：如果是因为法院案件的普遍繁多，或者政府律师缺乏勤勉的准备或检控方缺乏有效的证人等情况，不得批准延期审理。[③] 由此可见，美国延期审理很大程度上是为了准备新证据或新证人出庭、保护被告人的有效辩护权而设定的。

① 参见《世界各国刑事诉讼法》编辑委员会编译：《世界各国刑事诉讼法（美洲卷）》，中国检察出版社 2016 年版，第 600 页。

② Klopfer v. North Carolina，386 U. S. 213，（1967）.

③ 18 U. S. Code § 3161 – Time limits and exclusions.

不当地进行延期审判会造成驳回案件的后果。在“美国诉斯特克案”① 中，美国联邦最高法院认为：迅速审判权不同于宪法规定的“受公开审判的权利”，此权利经过重新审判的事后救济可以挽回。但是，如果由于延期审判使被告人和家属受到极大的精神痛苦与压力，不能通过重新审判而得到救济，联邦最高法院认为，在这种情况下，“驳回起诉”是唯一的救济渠道。但由于该后果是极其严厉的，法官为了防止犯罪者逍遥法外，很少愿意判定被告人的迅速审判权得到侵害。② 此外，各司法区对不当的延期审判，有着不同的救济方式，有些司法区倾向于彻底驳回，有些司法区则倾向于不彻底驳回，③ 还有的如联邦成文法把这两种制裁的选择权交付给初审法庭自由裁量。④ 由于美国法官拥有极大的自由裁量权，所以当发生不当的审判延期时，所采用的救济程序也不尽相同。

除了英美两国之外，其他国家也设立类似的审判中断制度，笔者将这些国家或地区的情况制作表 1 如下：

表 1　部分国家刑事审判中断的相关规定⑤

相关内容	法国	德国	意大利	日本
法条	第 246、307、251、366、462 条	第 145、141、217、226、228、229、268 条	第 252、477 条	第 282、284、285、291、314、315 条

① the United States v. Strunk 412 U. S. 434 (1973).

② 参见［美］约书亚·德雷斯勒：《美国刑事诉讼法精解》（第 2 卷），魏晓娜译，北京大学出版社 2009 年版，第 126 页。

③ 彻底驳回为“不可再诉的驳回起诉”（dismiss with prejudice），不彻底驳回为“可再诉的驳回起诉”（dismiss without prejudice）。前一种驳回指控是绝对的，即检方不能再一次起诉；而后者允许检方再次起诉。参见华秋英：《刑事迅速审判权研究》，广东财经大学 2014 级硕士学位论文，第 18 页。

④ See United States v. Taylor, 487 U. S. 326, 334 – 35, (1988).

⑤ 表 1 中的法条引自《世界各国刑事诉讼法》编辑委员会编译：《世界各国刑事诉讼法（欧洲卷）》《世界各国刑事诉讼法（亚洲卷）》，中国检察出版社 2016 年版。

续表

相关内容	法国	德国	意大利	日本
是否允许中断	审理不得中断并且应当持续进行至重罪法庭作出判决	法庭审理的进行需召集裁判人员、检察人员和书记员不间断地在场	在一次庭审不可能完成法庭审理时，在下一个非假期日继续审理	对于需要审理2日以上的案件，法院应当尽可能连日开庭，进行连续审理
中断原因列举	法官和被告人必要的休息	此前法庭审理至少已经进行了10日；辩护人不能出席法庭审理，且影响第145条保障被告人辩护权的适用；未遵守传唤送达和法庭审理日期的时间间隔至少为1周的规定	法官只能根据绝对的必要性中断法庭审理	被告人心神丧失；被告人因病不能到场；在犯罪事实存在与否的证明上不可缺少的证人，因病不能到场时，除在庭外进行调查为适当的以外
允许中断的最长期间及超过该期间的后果	在法官和被告人所必要的休息时间内	一般最长允许中断3周；此前审理至少进行10日的，最长中断1个月；审判至少进行10日时被告人因病不能到庭的，阻碍期间停止不计，但停止不计时间最长为6周；至迟未在最长中断期间届满后的第二日继续进行审判的，法庭审理应当重新开始	在任何情况下不得超过10日，其中包括所有的延期，但假日不计算在内	直到被告人心神丧失状态停止时；被告人、不可缺少的证人因病不能到场时，直到其能够到场为止

续表

相关内容	法国	德国	意大利	日本
法官更换		在法官不能继续参与庭审的情况下，庭长可以任命一个候补法官代替其参与庭审		在开庭后更换法官时，应当更新公审程序，但在宣告判决的场合不在此限
宣告判决时间	在重罪法庭，评议后宣告判决。	判决在审理结束时予以宣告，至迟在审理结束后的第 11 日宣告	判决在法庭审理结束后立即经评议作出	判决在公审庭通过宣告予以告知

遇到意外情形时，法院庭审是可以中断的，但后果不同，有些国家没有规定后果，有些国家规定了更新程序。

上述国家中，英国、美国的共同之处在于，都规定了审判中断制度，但在归属原则的表述上，英美两国归入迅速审判原则中，而其他国家则直接表述为“集中审理原则”或者“审理应当持续进行”。

上述各国规定的审判中断的适用情形，可归纳为以下两种：第一，发现新证人、发现新证物；第二，被告人心神丧失，缺乏判断力和决策力。各国对审判中断的时限进行了明确规定，短则几日，长则几个月。审判中断带来的后果包括终止诉讼、驳回起诉、重新开庭进行审判、缺席审判等。此外，上述国家没有明确设定“中止审理”“延期审理”制度，主要原因在于其法官具有很大的自由裁量权，当发生审判中断时，可以根据是否属于“不可抗力因素”有针对性地处理。

三、我国审判中断的适用现状

笔者根据地域划分以及经济发展程度（经济发达、经济较发达、经济欠发达），选取了五个地区的法院进行了调研，通过电话采访、申请公开、座谈会、网络查询等方式收集了 2016 年普通程序中审理中断情况的数据。[1] 这五个地区分别为东部地区的W市中级人民法院、南部地区的G市N区人民法院、西部地区的C市J区人民法院、北部地区的Y市Y区人民法院、中部地区的Z市E区人民法院（下文分别简称为W法院、N法院、J法院、Y法院、E法院）。应当说明的是，搜集的关于W法院的数据中也涉及二审案件的情况。事实上，在中级人民法院审理的案件中，二审案件占总案件量的绝大多数，为了凸显实证研究的代表性和准确性，将二审案件审判中断的情况纳入其中是必要的，也是重要的。

（一）审判中断的案件占比过高

2016年，五个法院刑事普通程序的案件总量和审判中断的案件量及比率体现在表2中。

表2　2016年五个法院刑事审判中断基本情况

法院	刑事普通程序案件总量	中止审理案件量	延期审理案件量	中止、延期审理占比/%	当庭宣判案件量	定期宣判案件量	定期宣判案件占比/%
W法院	一审230（二审1988）	一审12（二审34）	一审7（二审103）	一审8.2（二审6.9）	一审10（二审8）	一审201（二审1843）	一审87（二审92.7）
N法院	846	46	20	7.8	13	767	91
J法院	1341	59	18	5.7	8	1256	93.6
Y法院	137	4	21	18	7	105	76.6
E法院	571	39	40	14	9	483	84.6

根据上述数据可知，经济发达地区（W市、C市J区），法治水平较高，法律意识较强，法官素质相对较高，中断审理的情况相对较少；

① 不包括简易程序与速裁程序。由于简易程序与速裁程序为短时间内快速连续审判，时间节点不明显，问题不突出，于本文中不具典型性。下文中所述的“审判程序”皆为“普通程序”。

经济欠发达地区，如Y市Y区法院，适用中止审理与延期审理的案件数较多，占2016年刑事普通一审案件总数的18%；而定期宣判率普遍较高，经济发达的地区，如W法院二审达到92.7%，N法院达到91%，J法院达到93.6%。相反，虽然经济欠发达地区的Y法院和E法院定期宣判率也较高，但是相对于上述三个法院是偏低的。同时应当指出的是，上述所有案件，无论因何种原因中断，都仍然由原审判组织审理，不存在更新审判的情况。

对于案件审理中断的情形，如表2提到的Y法院，2016年全年的刑事一审普通程序案件总数为137件，存有中止、延期审理情形的共25件，占总案件的18%；E法院，2016年一年的刑事一审普通程序案件总数为571件，存有中止、延期审理情形的共79件，也达到了总案件的14%。审判中断现象的大量存在，给刑事案件的当事人尤其是被告人的身心带来了不必要的负担。

（二）中止审理的适用

笔者依据2012年《刑事诉讼法》第200条[①]的规定，梳理了中止审理的原因，对五个地区基于各种原因而中止的案件量进行了汇总。

表3　2016年五个法院中止审理的情形及案件量　　单位：件

法院	中止审理案件量	中止审理的原因			
		严重疾病	逃脱	下落不明	其他原因
W法院	一审12（二审34）	一审0（二审0）	一审1（二审0）	一审2（二审0）	一审9（二审34）
N法院	46	3	12	8	23
J法院	59	3	18	13	25
Y法院	4	0	1	0	3
E法院	39	4	2	3	30

① 因为调查的数据是2016年，当时适用的仍然是2012年刑事诉讼法，这里没有将2018年刑事诉讼法的规定作为分析调研结果的标准，下同。

表3的数据表明，五个地区法院因严重疾病、被告人逃脱、下落不明而中止审理的案件量较少，大多数还是以“其他原因”而决定中止审理，最为明显的是E法院，由于“其他原因”而中止审理的案件共有30件。以上数据表明，中止审理现象较为普遍。中止审理的法定原因是不可抗力，它的中断期限不计入办案期限，因此对适用“中止审理”的决定应慎重，应该受到严格的诉讼监督和救济程序的保障。

（三）延期审理的适用

表4　2016年五个法院延期审理的情形及案件量　　单位：件

法院	延期审理的案件量	延期审理的原因			
		新证据	补充侦查	回避	其他原因
W法院	一审7 （二审103）	一审3 （二审5）	一审2 （二审1）	一审1 （二审0）	一审1 （二审97）
N法院	20	5	5	2	8
J法院	18	2	3	0	13
Y法院	21	6	5	1	9
E法院	40	7	8	0	25

由表4可知，延期审理的情形较少，多数是由于其他原因而决定延期审理。在司法实务中，检察院、律师都能够向法庭呈交延期审理申请书，有时法院会要求检察院提交延期审理申请书，而不是法官自己主动适用延期审理，因为启动延期审理会扣除法官绩效分数。适用延期审理的案件真实数量可能远远超过笔者调研所发现的数量。

表5　延期审理的时间间隔

法院	新证据	补充侦查	回避	其他原因
W法院	14—30日	1—2个月	3—6日	30日以内
N法院	30日以内	同上	3—8日	一审期限内自由裁量
J法院	7—14日	同上	8日以内	30日以内
Y法院	一审期限内自由裁量	同上	6日以内	一审期限内自由裁量
E法院	一个月以内	同上	3—6日	一个月以内

表5表明，五个地区法院根据延期审理原因的不同，中断期限也不同。有的法院是根据法官自己手头案件的数量，对延期审理的中断期限进行安排。如W法院审理一审刑事案件，由于新证据原因延期审理的间隔为14—30日，N法院为30日以内，J法院为7—14日，Y法院为一审期限内自由裁量，E法院为一个月以内。

表6　延期审理不同间隔时间比率①　　单位：%

法院	中断1—6日的比率	中断7—14日的比率	中断15—30日的比率	中断31—60日的比率
W法院一审	14.3	14.3	42.9	28.5
W法院二审	—	82	17.1	0.9
N法院	10	54	21	15
J法院	—	23	70	7
Y法院	4.8	10	71.4	13.8
E法院	—	66	21	13

表6表明，五个地区法院在延期审理情形发生后，开庭审理的间隔时间不同，法官的自由裁量差异巨大。从纵向来看，各个法院适用的时间区间存在重大差异；从横向来看，法院内部根据延期审理的原因不同，对中断期限也会有着不同的选择。

笔者调研到五个法院2011—2015年旧存的案件量，以及到2016年底经过一次开庭审理、但是没有再次进行开庭宣判的案件量（具体见表7）。

① 该表收集的是案件审理的时间间隔区间，而不是案件中断总时长。在该表格中，笔者根据调研所得数据，对每个延期审理案件，从决定延期审理至法官进行开庭时间的间隔进行了归纳，并以1—6日、7—14日、15—30日、31—60日这四个时间段来进行统计。

表 7　2011—2016 年五个法院的积压案件量　　　　**单位：件**

法院	2011—2015 年旧存案件量	2016 年未结案件量
W 法院	58	43
N 法院	13	9
J 法院	19	17
Y 法院	8	3
E 法院	15	6

在问到是因为何种原因导致案件积压时，有些法官只说到“因为一些比较特殊、复杂的原因”，并没有直接回答问题，有些法官提到“由于法官的调动导致交接不力，就把案件压到底下了”；有些法官则干脆表明“反正在审限内结案就好咯，这种情况难免的嘛！毕竟经常加班案子都处理不完”。由于各方面因素的影响，笔者只调研到 W 法院的两件案例（以下称为 A 案件、B 案件）、Y 法院的一件案例（以下称为 C 案件）、E 法院的一件案例（以下称为 D 案件）的拖延时间长度。具体见表 8。

表 8　A、B、C、D 四个案件审判时长

<table>
<tr><th>法院</th><th>案例</th><th>审判时长</th><th>申请延长审限的具体计算</th></tr>
<tr><td rowspan="2">W 法院</td><td>A 案件</td><td>10 个月 8 天（2016 年 6 月 12 日—2017 年 4 月 20 日）</td><td>3 个月 +1 个月 +3 个月 +1 个月 +3 个月 =11 个月</td></tr>
<tr><td>B 案件</td><td>14 个月 12 天（2016 年 8 月 13 日—2017 年 10 月 25 日）</td><td>3 个月 +1 个月 +1 个月 +3 个月 +1 个月 +3 个月 +3 个月 =15 个月</td></tr>
<tr><td>Y 法院</td><td>C 案件</td><td>6 个月 6 天（2016 年 4 月 9 日—2016 年 10 月 15 日）</td><td>3 个月 +1 个月 +3 个月 =7 个月</td></tr>
<tr><td>E 法院</td><td>D 案件</td><td>20 个月零 19 天（2016 年 4 月 27 日—2018 年 1 月 16 日）</td><td>以“其他原因”申请中止审理</td></tr>
</table>

从表 8 可见，B 案件的审判时间长度达到 14 个月 12 天，D 案件审判期限达到了 20 个月 19 天，时间是相当长的。根据法律规定，人民法

院审理公诉案件，一般应当在两个月以内宣判，最长不能超过3个月，但是为什么B案件的审判却能够达到这么长时间呢？调研时一位庭长说道：是由于审判期限可以申请延长。立案时适用简易程序的案件，最长可延长一个半月；转为普通程序，最长可延长3个月；当事人自己可以申请延长1个月；还可以两次商请公诉机关补充侦查，各延长1个月；补充侦查完毕后恢复审理，又各有延长3个月的期限；报上一级法院批准延长期限，又有3个月的审判期限；最后，审判期限如果仍不够用，报最高人民法院批准延长期限，最长又有3个月的审判期限。期限届满仍不能审结的，可继续向最高人民法院申请。

表8“申请延长审限的具体计算”是笔者根据申请理由得出的。只要延期审理的案件尚在审判期限内，延长审限就是合法的。再加上延期审理的期限不计入审判期限，有的法官为了减轻审判压力，可能适用延期审理，由此造成案件积压、审判中断。

综上，由于未结案件等审理中断情形的存在以及我国法律规范中一审期限的弹性过大，审判长时间中断成为司法常态。

（四）定期宣判的适用

分析五个地区法院的调研数据可以发现，定期宣判的案件占绝对多数，当庭宣判的案件为数不多，而且即使当庭宣判，也都是挑选对社会影响不大、案情简单、量刑较轻的案件。

表9　2016年五个法院刑事案件宣判情况①

法院	刑事案件总量	定期宣判案件量	当庭宣判案件量	定期宣判案件占比/%	当庭宣判案件占比/%	定期宣判时间
W法院	一审230（二审1988）	一审201（二审1843）	一审10（二审8）	一审87（二审92.7）	一审4.3（二审0.4）	审判期限内
N法院	846	767	13	91	1.5	审判后7—14日内

① 表中定期宣判时间，是基于已审结案件进行的统计，未审结案件不包括在内。

续表

法院	刑事案件总量	定期宣判案件量	当庭宣判案件量	定期宣判案件占比/%	当庭宣判案件占比/%	定期宣判时间
J 法院	1341	1256	8	93.6	0.6	审判后20日内
Y 法院	137	105	7	76.6	5.1	一审期限到期前3日内
E 法院	571	483	9	84.6	1.6	一审期限内自由裁量

根据表9，W 法院定期宣判时间一般都在审判期限内，N 法院定期宣判时间为审判后7—14 日内，J 法院定期宣判时间为审判后 20 日内，Y 法院定期宣判时间为一审期限到期前 3 日内，E 法院定期宣判时间为一审期限内。由此可知，定期宣判的案件通常都是法官在一审期限内自由裁量进而宣判的案件。但有的经过申请延长审判期限，长达数月之久。同时，当庭宣判率极低，当庭宣判的案件数量极少。

四、我国审判中断的不当适用

根据上文对中断情况的考察和分析，笔者认为，我国审判中断的不当适用表现在以下几个方面。

（一）用审判中断应对案多人少

案多人少是目前人民法院还没有完全解决的问题。2013 年至 2017 年，最高人民法院受理案件 82383 件，审结 79692 件，分别比前五年上升 60.6% 和 58.8%；地方各级人民法院受理案件 8896.7 万件，审结、执结 8598.4 万件，结案标的额 20.2 万亿元，同比分别上升 58.6%、55.6% 和 144.6%。与此同时，全国法院从 211990 名法官中遴选产生 120138 名员额法官，上海、广东、海南法官人均办案数量同比分别增长21.9%、22.3%、34.8%。[①] 2018年，最高人民法院受理案件34794件，审结31883件，同比分别上升22.1%和23.5%；地方各级人民法院受理案件2800万件，审结、执结2516.8万件，结案标的额5.5万亿元，同比分别上升8.8%、10.6%和7.6%。[②] 员额制改革虽然集中了人民法院政法编制内85%的力量在一线办案，但是，由于司法责任制还没有完全落实到位，综合配套制度改革刚刚开始，案多人少的矛盾依然严峻，严重影响办案效率和质量。在调研的法院中，大部分法院法官感到案件压力太大，任务太重，"5+2""白加黑"成为常态。

案多人少的矛盾以及对审理期限的要求，导致庭审中断后，审理案件的法官运用审限制度，适用中止审理和延期审理的规定，抽出时间和精力去处理其他审限即将到期的案件。

（二）用审判中断防止外部压力和错案风险

法院面临着巨大的外部压力。有些当事人尤其是被害人对裁判结果不满意，就会频繁地寻找承办法官，或者通过律师表达想法，甚至频繁上访，抹黑法官形象。此外，由于新闻媒体的报道和社会舆论对某些案件的关注，合议庭在评议和决定案件时，也会考虑到审判结果对社会的影响。公众关注度高、社会影响极大的案件，法官基本上不会采用当庭宣判的方式进行裁决。

2017年2月17日，最高人民法院印发《关于全面推进以审判为中心的刑事诉讼制度改革的实施意见》的通知，要求"坚持严格司法原则，树立依法裁判理念""不得因舆论炒作、上访闹访等压力作出违反法律的裁判"。但在实践中，面对前述压力，有的法官不得不运用中国文化中"拖"的智慧，通过时间来淡化当事人和社会的情绪，以达到公正审判。这种拖延从动机和效果来看，也不乏有积极的一面。Y法院审理郭某某非法吸收公众存款案（涉案金额1.8亿元），从受理到判决，长达两年。其根本的原因是，此案在审理过程中，100多位拿不到

---

① 参见《2018年最高人民法院工作报告》（2018年3月20日）。

② 参见《2019年最高人民法院工作报告》（2019年3月12日）。

赔偿款的受害人多次到法院门口表达意见。由于被告人有自首情节，依法只能判处6年有期徒刑，但一旦如此判决，被害人有可能采取一系列影响社会稳定的行为。若能在判决前逐步落实部分赔偿，有助于平息被害人情绪，因此，该案在等待民事处理的过程中，一延期就接近两年。

此外，调研中发现，法官面对复杂的、合议庭意见存在分歧的案件，往往不考虑当庭宣判的方式，而是告知当事人“择期宣判”，目的就是在庭下充分讨论研究，以求在审理结束到定期宣判的这一期间，及时发现证据瑕疵等可能导致案件错误的问题或者听取律师提议，防止审判错误发生。

（三）行政化的程序影响法官及时判决

调研中笔者发现，案件的内部审批消耗了大量时间，造成当庭宣判率低。庭审法官在遇到疑难、复杂案件时，会将案件提交给院庭长“变相审批”或者审判委员会进行讨论决定。

第一，司法行政化导致院庭长审批案件。虽然最高人民法院《关于落实司法责任制完善审判监督管理机制的意见（试行）》禁止院庭长审核案件，签发裁决文书。但是，在我国司法实践中，行政体制化操作在法院仍是普遍存在。结合笔者调研发现，经济欠发达的地区法院，刑事案件的决策依然会受到“庭务会”决定的牵制，影响庭审法官独立性，因其审批而拖延了审判的时间。

第二，审判委员会仍然对一些案件有决定权。我国的审判委员会是人民法院内部的一种集体审判组织，在审判委员会的问题上，我国刑事诉讼法规定，合议庭开庭审理并且评议后，应当作出判决。对于疑难、复杂、重大的案件，合议庭认为难以作出决定的，由合议庭提请院长决定提交审判委员会讨论决定。审判委员会的决定，合议庭应当执行。2015年9月21日最高人民法院发布的《关于完善人民法院司法责任制的若干意见》规定，审判委员会只讨论涉及国家外交、安全和社会稳定的重大复杂案件，以及重大、疑难、复杂案件的法律适用问题。2018年《人民法院组织法》第37条将审判委员会的案件讨论职能限制在“讨论决定重大、疑难、复杂案件的法律适用”，不再讨论任何案件的事实问题。以上规定，意在缩小审判委员会审理案件的范围。

2017 年 11 月 1 日周强院长在《最高人民法院关于人民法院全面深化司法改革情况的报告》中阐明了“全国法院由独任法官、合议庭直接签发裁判文书的案件数量占到案件总数 98% 以上”，① 意即现在审判委员会审理的案件已经下降到了 2%，审判委员会审理的案件比例不大，但是总量仍然不小。在我国刑事司法实务当中，审判委员会研究分析的案件具有很大的随意性。② 在笔者调研的法院中，审判委员会讨论案件是造成当庭宣判难的重要原因。

五、从制度上防止审判中断不当适用的建议

我国要建立以集中审理原则为基础的审判中断制度，必须立足我国国情，采取有针对性的措施。在立法上，要将司法改革的成果用法律的形式固定下来，刑事诉讼法中应正式将“集中审理原则”作为刑事诉讼法基本原则之一，同时，要在制度和程序中将这一原则具体化，规定法官不可更换规则和连续审理制度。受本文主题的限制，笔者在此就防止审判中断的保障机制提出以下几点建议：

（一）设立更新审判制度

更新审判制度是指在法院庭审过程中，基于特殊原因使得已经过的审理归于无效，重新进行庭前准备，重新进行开庭审理的制度。③ 更新审判制度有其重大意义：一是实现庭审法官亲历性。开庭后，庭审法官因为生病或者因事不能继续参加审判的，更新审判制度能够让替换法官再次参加庭审，亲自全程参与审判。二是解决法官记忆模糊问题。启动重审制度时，可以对案件证据和法庭流程重新进行梳理，法官不依赖之前的庭审笔录和模糊记忆，更有利于保障被告人权利。

英美法系并没有采用更新审判制度，其原因有二：一是英美法系采

---

① http://www.court.gov.cn/zixun-xiangqing-66802.html，2018 年 2 月 2 日最后访问。

② 参见高一飞、梅俊广：《专业法官会议制度实施情况的实证研究》，载《四川理工学院学报》2017 年第 5 期。

③ 参见曾婷：《论集中型刑事审判》，西南政法大学 2011 年硕士学位论文，第 23 页。

取了更为严厉的惩罚性措施来保护被告人的权利，即本文开头所述的英国的诉讼终止或美国的驳回起诉。二是英美法系陪审制下，对于陪审员采取了候补制，一般情况下不会因陪审员更换而导致诉讼中断，大大减少了诉讼中断的情形。在美国，陪审团在审判案件的过程中因故不能履行职务时，则由自始亲历审判的候补陪审员代替。当需替换的陪审员人数超过在场的候补陪审员时，法官需要另行组成陪审团重新审判。[①] 英国没有候补陪审员参与审判的制度，陪审员因生病或不能继续履行职责需要退出陪审团时，不会影响审判的继续进行，但最终的在场的陪审员人数不能低于 9 人，否则之前的审判无效。[②] 基于诉讼文化的原因，英美法系国家并没有建立更新重审制度。但是更新重审制度存在于大陆法系国家。这些国家不存在候补法官制度，又为了保证庭审法官的亲历性，保障“审判合一”，发现真相，采取了较为温和的更新重审制度。审判超过法定中断期限后，适用终止诉讼或驳回起诉制度，不符合大陆法国家发现真实的价值追求。

由于传统观念的影响，我国更加注重发现“实体真实”，强调“惩罚犯罪”，不能引入英美法系国家的终止诉讼或者驳回起诉制度，鉴于我国诉讼模式与大陆法系的渊源及相似度，可吸纳更新重审制度作为审判中断的后果。

更新重审制度可适用于审判中更换法官、中止审理、延期审理三种情形。除了更换法官势必会导致更新重审外，中止与延期审理一般只有在超过一定期限的情况下才会引发该制度的适用。审判中更换法官的，应当更新重审程序。当庭审法官更换后，由其他法官接替审判的，若继续之前的审判流程，这无疑违背了审判者的亲历性，也违反了庭审实质化的要求。为了达到“让审理者裁判”的目的，法官当庭参与审判是最基本的要求。一旦在庭上发生了更换法官的现象，无论是主审法官或陪审员，都应当更新审判程序。中止审理和延期审理超过一定的时间，

① 参见高一飞：《上帝的声音：陪审团法理》，中国民主法制出版社 2017 年版，第 212 页。

② See Juries Act, 1974, 16 (Eng.).

也应当启动更新重审制度。

导致更新审理的中断时间到底多长为宜，可以参照因延期审理中断而启动更新重审制度的域外法律规定。如表 1 所示，德国的最长中断时间为 6 周，日本为 15 日。因此，适用更新重审程序的中断时间为 10 日至 2 个月。但是以上国家和地区面积小，基础设施健全。相较之下，我国面积广大，当下仍然存在大面积的基础设施不健全的区域。因为取证而需到达此类地方或者偏远地方时，势必需要耗费大量时间。案件的重要性对法官的影响也是决定最长中断期限的一个原因。因为重大案件，法官的关注度相对更大，思考时间更多，记忆更深，加之不能耽误新证据的补充，所以，中断时间可以相对较长。

同时，设置最长中断期限，也可以参考审判期限的规定。我国审判的最长期限一般是 3 个月。如果超过 3 个月，法官的记忆也会因相似案情的缠绕产生混淆。基于以上原因，笔者建议增加规定："人民法院审理公诉案件，因延期审理、中止审理中断 3 个月以上的，应当启动更新重审程序。"在此，没有区分延期审理、中止审理，只要中断 3 个月以上的，都应当启动更新重审程序，理由是：虽然二者的中断原因不同，但是在造成法官印象的模糊这一点上是相同的，都符合更新重审的目的和根据。

我国法律对于延期审理、中止审理规定的内容是明确的，但是，对于中断审理后审判工作的要求没有明确规定，对此，笔者建议增加规定："延期审理期间，诉讼参与人应当勤勉工作以尽快恢复审判。"同时将 2018 年《刑事诉讼法》第 206 条中的"中止审理的原因消失后，应当恢复审理"，修改为"中止审理的原因消失后，应当于原因消失的第二日恢复审理"。但这都不影响中断 3 个月以上的应当启动更新重审程序的要求。

（二）严格限定中止审理的审批程序

2018 年《刑事诉讼法》第 206 条规定了中止审理的几种情形，具体包括被告人脱逃、患有严重疾病及其他不能抗拒的事由。证据的调查与认定是确认被告人是否犯罪的中心环节，而被告人的供述或辩解是刑事诉讼中证据的重要组成部分。法律规定刑事案件的中止审理情形，目的在于保障被告人的“审判在场权”，保障其在具有诉讼能力的基础上进行法庭审理和宣判，最终有利于保障审判机关正确调查和认定证据、保障被告人的正当程序权利。关于中止审理，法律规范虽然没有对“其他不能抗拒的原因”进行穷尽列举，但该情形的内容是明确的，即只能是“不能抗拒的原因”。在实践中法院肆意滥用“其他不能抗拒的原因”而中止审理，这并不是因为法律规定的不科学，程序不严谨、审批程序不严格才是中止审理被滥用的根本原因。

实践中，对于是否适用中止审理制度，法官是采用“裁定”的形式来决定的，“裁定”是可以上诉的，因为它涉及公民重要诉讼权利。但在现实中，法官有权自由裁量是否适用中止审理，对此没有严格的诉讼监督和制约程序。笔者建议增加规定：“中止审理的裁定由院长作出。”

（三）将延期审理期间计入审理期限

根据上文笔者调研的实际情况可以发现，有的法官会利用一审期限的弹性规定拖延审理，“延期审理的情形消失后重新计算审理期限”的规定不够科学。因为延期审理与中止审理不同，并不必然导致案件长时间无法继续审判。将中止审理的期间计入审理期限，会造成案件超过审判期限的违法行为；延期审理则不同，可在短时间内将阻碍审判的情形消除，并不必然超过审判期限。这是一个两难的问题，如补充侦查材料较多，不进行重新计算，无法完成证据审查；如果要更新审判，又将导致司法资源的浪费和诉讼效率的降低。对此，需要立法在两者之间进行平衡，办法是对确实需要补充侦查的案件，适当增加审判的总期限。

同时，为了消除利用审限制度拖延案件审判的现象，应该将延期审理期间计入审理期限，将法律中的“因补充侦查和当事人、诉讼代理人、辩护人申请延期审理的不计入审理期限”的内容去除。但考虑到延期审理事由抵消了审理期限，可能会影响案件审理的质量，为了兼顾效率与公正，应在《刑事诉讼法》第 208 条“人民法院审理公诉案件，应当在受理后二个月以内宣判，至迟不得超过三个月”的基础上，再增加一个月审理期限。这样既解决了因为重新计算审理期限而导致的时间过度拉长之问题，也给予了法官充分审理案件的时间。笔者建议立法作出以下修改："申请延期审理的期限应当计入诉讼期限。适用延期审理的公诉案件，应当在受理后三个月以内宣判，至迟不得超过四个月。"同时，删除《刑事诉讼法》第208条第1款中的以下内容："对于可能判处死刑的案件或者附带民事诉讼的案件，以及有本法第一百五十八条规定情形之一的，经上一级人民法院批准，可以延长三个月；因特殊情况还需要延长的，报请最高人民法院批准。"实际上，附带民事诉讼可以在刑事案件裁判后单独处理，判处死刑的案件的后续死刑复核期没有期限的限制，后续程序足以解决特殊情况和特殊问题。

（四）确立定期宣判的情形和最长期限

为了平衡公正与效率这两大价值，既保证案件审判的质量，又提升法院的工作效率，及时审结案件，应当确立定期宣判的情形和最长日期。笔者建议，除了适用速裁程序外，适用简易程序审理的案件也应当纳入当庭宣判的范围。同时，对于适用普通程序审理的案件，也要求一般应当当庭宣判。理由是，简易程序审理的案件都是被告人认罪的，案情简单，完全可以作出当庭宣判；对于普通程序审理的案件，由于我国审判中心诉讼制度的推行、法官独立审判环境的逐渐形成，"裁判形成于法庭"的条件逐渐成熟，也可以适用当庭宣判。所以，立法应当规定：适用速裁程序和简易程序审理的案件，一律当庭宣判；适用普通程序审理的案件一般应当当庭宣判，重大、疑难、复杂案件，可以适用定期宣判。

那么定期宣判的期限为多久呢？针对定期宣判率高，定期宣判中断时间不定的现象，笔者建议在我国法律中明确定期宣判的具体日期，以解决案件久拖不判的问题。定期宣判的间隔时间应当是多长比较合适呢？由于定期宣判的本质是审判中断，与延期审理没有本质区别，因此可以与延期审理、中止审理中断的最长期限相同，即："定期宣判的案件，应当在结束法庭审理、进入合议后的三个月之内进行宣判。逾期没有进行宣判的，启动更新审理程序。"

（五）落实“让审理者裁判”的制度

由法官个人裁判，有利于节约时间，提高审判速度，实现迅速审判，更有利于树立法官权威，体现司法公正。为了实现“以审判为中心”，实现庭审实质化，消除行政色彩的干预，就必须限制庭外力量干预裁判。

第一，落实院庭长监督管理改革方式。2015 年 9 月 21 日，最高人民法院发布的《关于完善人民法院司法责任制的若干意见》第 6 条规定，独任法官审理案件形成的裁判文书，由独任法官直接签署；院长、副院长、庭长对其未直接参加审理案件的裁判文书不再进行审核签发。在此基础上，2017 年 4 月 12 日发布并于 5 月 1 日实行的最高人民法院《关于落实司法责任制完善审判监督管理机制的意见（试行）》进一步要求，院庭长对未直接参加审理的裁判文书不再进行审核签发，也不得以口头指示、旁听合议、文书送阅等方式变相审批案件。以上文件废止了人民法院行经多年的院庭长审签裁判文书制度，要求不能变相审批案件，同时也对院庭长审判管理监督权的基本前提、职责内容、主要机制、行使方式等问题作出了明确规定。规定的内容已经非常完备，如果能够得到落实，那么“裁判形成于法庭”就不再存在院庭长批案的障碍。在调研中笔者了解到，该意见的实施有一定效果。在被调研的法院中，院庭长“签发”裁判文书已经不存在，而是由合议庭的审判长、独任法官或者专业法官进行签字，院庭长并没有“签字”的行为。

但是，院庭长“审核”裁判文书的情况仍然存在，即变相审批案件影响独立审判，比如针对具有重大社会影响、疑难复杂、上级法院交办的案件等，他们依然会对裁判文书的事实认定、证据采信、法律适用和最终裁判进行“把关”，仍旧会介入案件的裁判过程，对案件的判决结果发挥实质上的影响。为了解决这个问题，应当严格禁止院庭长变相审核案件，对个案裁判发挥实质影响力。要使法官根据自由心证，对案件进行独立审判，尊重其判断权、决定权，院庭长的监督方式应该限制在“流程监督”和“廉政监督”中。

第二，废除审委会决定案件制度。这不是本文重点研究的问题，但是最近已经有学者提出了与我们相同的“废除论”观点。[①] 审判委员会不参与当庭审判，而是在庭后根据庭审法官的笔录和说明对案件进行决定，这违反了“审判合一”的原则，造成了审判分离，违背了法官的亲历性，违背直接言词原则。为了使得裁判结果形成于法庭，就应该废除审判委员会决定案件的制度。笔者建议在2018年修改的人民法院组织法的基础上进行再修改，规定审判委员会对具体案件的意见仅作为庭审法官判决案件的参考，没有强制力。废除审委会决定案件制度之后，要完善专业法官会议制度，充分发挥专业法官会议的指导与咨询功能，真正实现裁判形成于法庭。

（责任编辑：陈真楠）

① 参见徐向华课题组：《审判委员会制度改革路径实证研究》，载《中国法学》2018年第2期。

公诉审查与庭前会议制度的错位与回归

——以《高法解释》第232条为视角

张志攀*

2017年12月27日最高人民法院发布《人民法院办理刑事案件庭前会议规程（试行）》（以下简称《庭前会议规程》），对庭前会议制度进行了相当程度上的完善，为实现庭审实质化，推进“以审判为中心”的诉讼制度改革发挥了重要作用。与庭前会议制度不断完善相比，我国公诉审查制度似乎受到了理论界和实务界的忽视。目前的公诉审查制度未充分发挥制约公诉、保障审判的功能。2021年最高人民法院将《庭前会议规程》条款之一纳入《最高人民法院关于适用〈中华人民共和国刑事诉讼法〉的解释》（以下简称《高法解释》）（第232条），将该条款背后的制度常态化，以指导庭审会议的运行。仔细检视《高法解释》中涉及庭前会议的新增条款，我们发现第232条①的存在略显突兀，除语言较为模糊，可操作性较低外，其还混淆了公诉审查与庭前会议的应有职能。本文拟通过梳理我国现行立法，借鉴域外实践经验，对完善我国的公诉审查与庭前会议的关系定位提出一些初步意见。

---

* 西南政法大学法学院2020级诉讼法学硕士研究生。

① 《高法解释》第232条规定：人民法院在庭前会议中听取控辩双方对案件事实、证据材料的意见后，对明显事实不清、证据不足的案件，可以建议人民检察院补充材料或者撤回起诉。建议撤回起诉的案件，人民检察院不同意的，开庭审理后，没有新的事实和理由，一般不准许撤回起诉。

一、司法现实与解释目的：公诉实质审查的缺省与弥补

（一）司法现实：公诉形式审查无法限制起诉权的滥用

刑事诉讼中的案卷移送方式与公诉审查模式经历了三次改革。1979年刑事诉讼法采取的是全案移送主义加实质审查的模式。在开庭之前，法官不仅能够审阅检察院移送的所有案卷材料，提讯被告人，核实案件证据，还能对案件作出实质处分，即对于主要事实不清、证据不足的案件可以退回检察院补充侦查；对于不需要判刑的，可以要求人民检察院撤回起诉。[①] 在这种模式下，法官在开庭之前不仅能够接触全部的卷宗材料，还拥有在法庭之外提讯被告人的权力，在一定程度上可以对案件事实进行调查取证。虽然这种实质审查的方式能有效地过滤大多数不符合审判标准的案件，但也易产生被告人有罪的预断，这种案卷移送方式和审查模式一直饱受学界诟病。所以1996年刑事诉讼法将案卷移送及公诉审查方式改成复印移送主义加形式审查[②]的模式。检察院只需要将案件中的"主要证据"复印件和起诉书移送给法院，法院仅需要审查起诉书中是否有明确的犯罪事实以及相关的复印件材料，不必审查案件是否达到"犯罪事实清楚，证据确实、充分"。同时，法院可将案件退回检察院补充侦查的权力也被取消。但改革后的效果并没有像立法者想象得那样显著，并且由于法官接触案件材料较少，在庭审中对案件驾驭能力下降，庭审节奏停滞不前，增加了被告人的诉累，更严重的是控辩双方权利失衡，在法庭上很难进行有效辩论，法官也无法在法庭上查清案件事实，只能在庭后延长阅卷时间作出判决。2012年立法者将案卷

---

① 1979年《刑事诉讼法》第108条规定：人民法院对提起公诉的案件进行审查后，对于犯罪事实清楚、证据充分的，应当决定开庭审判；对于主要事实不清、证据不足的，可以退回人民检察院补充侦查；对于不需要判刑的，可以要求人民检察院撤回起诉。

② 一般认为，"形式审查"与"实体审查"的区分关键在于审查内容。实体审查的审查内容是犯罪与刑罚，即被告人是否构成犯罪和应受处罚的问题；形式审查的内容是追究和惩罚犯罪的方式、方法、程序及手段的问题。我国目前的公诉审查内容仅仅针对程序，可以认为我国公诉审查为形式审查。

移送方式恢复到全案移送主义，只不过依然只允许法院对案件进行形式审查。从《高法解释》第 218 条来看，法院不对案件进行实质审查，只要起诉书有明确的犯罪事实，法院就应当受理并开庭审判。

没有赋予法官在庭前对公诉案件实质审查权的出发点是为了防止法官对案件形成预断，影响法官的中立性。立法者也坚信法庭才是解决案件实体问题的唯一场所，庭前准备程序只能处理案件的程序性问题，不得僭越属于法庭的实体处理范围。[①] 但是这种权力配置所带来的影响超出了立法者预料，没有了公诉审查对于公诉案件的过滤，凡是有明确指控事实的案件，便可以直接进入法庭接受审判，这使得原本不必进入法庭审判的案件进入法庭，浪费了司法资源。另外，检察院在庭审中拥有撤回案件的权力。对比《人民检察院刑事诉讼规则》（以下简称《高检规则》）与《高法解释》中有关撤回起诉的条款，检察院显然处于强势地位，《高法解释》只规定面对检察院撤回起诉，法院审查理由后作出是否准许撤回的裁定，而问题在于《高法解释》并没有明确规定何种情况下允许检察院撤回、何种情况下不允许检察院撤回起诉，法官往往依据《高检规则》所规定的撤诉理由被动审查，并且在实践中出现检察院以撤回起诉来避免无罪审判的做法，其可能会削弱司法公信力，侵犯被追诉人的合法权益。检察院滥用撤回起诉权的行为，如同“打游击”，不符合当前“以审判为中心”的改革方向。

（二）解释目的：强化审判权对起诉权的制约

党的十八大以来进行的刑事司法改革主要是围绕推进以审判为中心的刑事诉讼制度改革展开的。最高人民法院出台的《庭前会议规程》是聚焦于审判制度的“三项规程”之一。在此文件中，赋予了法官可以对“明显”案件事实不清、证据不足的案件建议检察院补充材料或撤回起诉的权力，后最高人民法院也将此条纳入新《高法解释》，仅作

① 庭前会议具有整理争点、审查非法证据问题等功能。这些功能的实现就必然涉及案件的事实、证据，但是，庭前会议对这些问题只能止步于审查，无法对这些问题作出实质性的处理。

出措辞上的修改[①]。为何将应当属于公诉审查的内容纳入庭前会议的范畴，笔者尝试分析增设该条文的动机。

其一，用庭前审查权限制起诉权，发挥“司法漏斗效应”。

案件进入刑事诉讼程序后，由于部分未能达到法定的证明标准，就在起诉和审判阶段相继被排除到刑事诉讼程序之外，这种过滤处理被形象地称为“司法漏斗效应”[②]。在审判阶段，对公诉案件发挥“司法漏斗”作用的往往是公诉审查程序，但是我国公诉审查程序并不能审查案件的实体问题，刑事诉讼中也不存在类似大陆法系独立且中立的预审程序，只能将这种对案件的实质审查功能“嫁接”到庭前会议程序之中。而这种“司法漏斗效应”与目前以审判为中心的诉讼制度改革精神不谋而合，通过赋予法官一定的案件实质审查权，限制检察院对起诉权的滥用，并且在庭前过滤掉不符合审判要求的案件，保障案件的庭审质量，实现检法机关“相互制约”的目标。

其二，维持改革成果，避免回到1979年实质审查的旧路。

将1979年庭前审查条款与《高法解释》第232条对比，我们可以发现二者存在根本的不同。首先，1979年法官可以主动审查案件实体问题，没有任何前置的程序要求，而现在法官必须在庭前会议听取控辩双方的意见之后才可能提出建议；其次，之前法院只要在审查时遇到主要犯罪事实不清、证据不足的即可要求检察院退回补充侦查，而对于不需要判刑的，可以要求撤回起诉。而现在必须存在“明显”事实不清、证据不足的情况才可以建议撤回起诉，并且法院要求补充侦查的权力也被改为建议补充材料的权力；最后，之前法院是可以“要求”检察院退回，“要求”带有强制性色彩，但是现在仅仅是“建议”，检察院是否采纳法院的意见是具有自由裁量权的，只不过案件进入庭审之后检察

---

① 《庭前会议规程》第22条规定：人民法院在庭前会议中听取控辩双方对案件事实证据的意见后，对于明显事实不清、证据不足的案件，可以建议人民检察院补充材料或者撤回起诉。建议撤回起诉的案件，人民检察院不同意的，人民法院开庭审理后，没有新的事实和理由，一般不准许撤回起诉。此条与《高法解释》唯一的不同在于，后者将案件事实证据改为“案件事实、证据材料”。

② Watson, Criminal Justice, Pearson Education, 2003, p. 59.

院主动撤回起诉的，在没有新事实或理由的情况下，法官一般不准许撤回。经过比较可以发现，最高人民法院《高法解释》第232条是考虑到应当区别于1979年的硬性实体审查权，仅仅赋予了法官“柔性”的撤回起诉建议权。事实上，最高人民法院是希望赋予公诉审查以实质审查权的，在2012年刑事诉讼法修正案向社会征求意见之时，最高人民法院曾向人大法工委提出完善庭前公诉审查程序的建议，建议增设：法院对主要案件事实不清，主要证据不足的案件可以提出撤回起诉建议，检察院不同意的可以直接撤销案件。[①] 但最终立法机关并没有认同此建议，故公诉审查也没有像案卷移送方式那样幸运地“回归”1979年的道路。

其三，庭前会议兜底条款似乎能够开辟此条存在的“合法”空间。

最高人民法院的确希望赋予公诉审查程序一定的实体审查权，但是根据程序法定之原则，其不能突破刑事诉讼法公诉形式审查的规定去额外创设权力。现实的考量不得不让司法解释者去寻找其他可以容纳实质审查权的空间。刑事诉讼法规定审判人员在庭前会议中可以就与审判相关问题了解情况、听取意见，并且《高法解释》也并没有对“与审判相关的问题”穷尽式地列举，所以这一兜底性条款为第232条存在开辟了形式合法性的空间。但是，形式合法并不等于实质合法，即使该条文被置于庭前会议中，也难以逃避合法性的质疑，笔者将在下文进行讨论。

二、制度审视：四个矛盾的浮现

《高法解释》第232条的出发点源于在庭前过滤不当的案件，又囿于程序法定原则，所以将应当在公诉审查环节进行的审查放到了庭前会议。

（一）公诉审查与庭前会议职能的混淆：“司法漏斗”效应的错位

准确定位庭前会议制度，既有赖于制度自身内部构成要素的合理构

① 参见张军主编：《新刑事诉讼法法官培训教材》，法律出版社2012年版，第257页。

建，同时更为需要将其置于审判程序的纵向结构之中整体考察。① 在我国刑事诉讼构造之下，庭前审查及准备程序是与审判程序相关联的，三者呈现出流水线式的构造，即“公诉审查—审前会议—审判程序”，三者相互联系又相互区别，各司其职。作为专司解决程序性问题的庭前会议不得逾越行使其他程序的职能，同时，又因为其位置处于程序中端，应当发挥起承上启下的作用。而公诉审查不同于庭前会议，从程序运行的目的以及时序上看，其是庭前会议的先前程序和逻辑前提。庭前会议的开启必须在法院通过公诉审查确定应当启动庭审程序之后才有可能。所以，作为一种庭前准备程序，庭前会议不得再次涉及公诉审查的内容，否则有浪费司法资源、混淆制度职能之嫌。

检察院将案件移送法院并不必然引起庭前会议和审判程序，但是必然引起公诉审查，公诉审查是案件进入庭审的开端，前文所说的“司法漏斗效应”应当是属于公诉审查应有职能。但在我国刑事诉讼语境之下，公诉审查仅仅审查案件的形式要件，过滤案件的作用被移到了庭前会议上，而庭前会议的应有职能则是对经过公诉审查过滤的案件清除程序障碍、整理案件争点等。司法者显然“被迫”将二者的应然职能混淆了。此外，庭前会议本身的特殊性也难以承担公诉案件“看门者”的角色，因其针对的主要是一些重大复杂或者社会影响重大的案件，无法涵盖所有的公诉案件，故其过滤效果十分有限。

（二）庭前会议审查程序性问题与实质性问题处理的矛盾：庭前会议制度的越位

庭前会议的任务是确保法庭集中持续审理，提高庭审质量和效率。学界主流观点认为庭前会议应当主要审查程序性问题，不得僭越庭审处理实体性问题的职能。由于庭前会议规定较为粗疏，一些程序有待完善，而且庭前会议并没有形成严格意义上的控辩审三方结构，庭前会议内容不公开等，不可能作为决定被追诉人刑事责任的环节。在实践中，

① 魏晓娜：《庭前会议制度若干问题研究——以“审判中心”为视角》，载《中国政法大学学报》2016年第5期。

庭前会议可以就案件的程序性问题作出处理，也可以承担整理争点的功能，但不能处理案件的实体问题，实体问题只可留至庭审时解决。①

刑事诉讼法规定庭前会议可以审查管辖、回避、出庭证人名单以及非法证据排除等与审判相关的问题，《高法解释》对内容也进行了细化，且以“与审判相关的问题”作为兜底条款。何为“与审判相关的问题”？应当认为，其应当与管辖、回避、出庭证人名单等程序性事项存在内部一致性，即应当是与审判相关的程序性问题，而不是与审判相关的任何问题。如此界定与审判相关的问题不仅符合体系解释的原则，还符合庭前会议应有的功能和定位。但在第 232 条之下的法官可以对“明显事实不清、证据不足”的案件建议检察院撤回起诉，这实际上就相当于赋予了法官在庭前会议处理实体性问题的权力。这便是庭前会议审查程序性问题的职能与实践中却处理实体问题之间的矛盾。

（三）“相互制约”的目的与“相互配合”的现实之间的矛盾：制度的异化

最高人民法院本着诉讼经济原则规定第 232 条，就是将不符合审判条件的案件在开庭之前拒之门外，以实现节约司法资源的目的。同时，本条也规定检察院拒绝撤回起诉的建议，在开庭之后主动提出撤回起诉的请求的，人民法院有权拒绝。这种否定的程序性后果使得检察院面对法院一方的撤回起诉建议必须谨慎考量，否则进入审判之后可能承受案件无罪判决之后果，影响检察院的有效起诉率。

但我们不应忽视已经存在的庭审中撤回起诉制度的缺陷。法院在审理案件的过程中并没有有效的措施，防止检察院以事实不清或者需要补充新证据为由撤回起诉。面对检察院提起的撤回起诉请求，法官往往处于被动的地位。有学者经调研得出虽然实践中撤回起诉的案件数量并不多，但是其中不当撤诉比例却很高。② 只要检察院在庭审中提起撤回起

① 叶青：《审判中心模式下庭前会议程序的再造研究》，载《贵州民族大学学报（哲学社会科学版）》2016 年第 5 期。

② 参见高平、张能全：《撤回起诉规制研究——对“控诉中心主义”的扭转》，载《南海法学》2019 年第 6 期。

诉的请求，可能导致诉讼的拖延，此外如果法院出于妥协而同意撤诉，不仅有损于法庭的权威，也难以实现庭审实质化的目标。

庭前会议撤回起诉实质上是将庭审阶段撤回起诉的时间节点提前了。如果说在庭审阶段检察院提出撤回起诉请求而法院准许是法院不得已而为之，那么在庭前会议中法官提出撤回起诉的建议权却是审判权积极地将部分权力过渡给公诉权。有学者断言道："'建议撤回起诉'的处理方式，意味着法官主动将司法裁判权让渡于控诉机关，成为'互相配合'凌驾于'互相制约'的生动注脚，与诉讼基本原则背道而驰。"①

无论是检察院庭审中主动撤回起诉还是庭前会议中听取法院意见后撤回起诉，都存在潜在的被滥用的风险（事实上前者已经出现滥用的倾向）。从刑事诉讼原理上来说，检察院移送的明显事实不清、证据不足的案件，不应当停滞于审前准备阶段，应当进入庭审由法院作出无罪判决，而检察院应当承担无罪判决所带来的不利后果。但是，撤回起诉有时成为检察机关避免错案追究和维护"脸面"的选择。②

（四）《六机关规定》第25条与《高法解释》第232条之间的矛盾：司法解释的紊乱

"只要不同的法律规范对于相同的问题作出了异样的规定，而其所予的法律后果又非同一，冲突便有可能会发生。"③ 2012年出台的最高人民法院、最高人民检察院、公安部等《关于实施刑事诉讼法若干问题的规定》（以下简称为《六机关规定》）第25条④明确要求人民法院

---

① 魏晓娜：《庭前会议制度若干问题研究——以"审判中心"为视角》，载《中国政法大学学报》2016年第5期。

② 顾永忠、刘莹：《论撤回公诉的司法误区与立法重构》，载《法律科学（西北政法大学学报）》2007年第2期。

③ 赵震江主编：《法律社会学》，北京大学出版社1998年版，第366页。

④ 最高人民法院、最高人民检察院、公安部等《关于实施刑事诉讼法若干问题的规定》第25条规定："刑事诉讼法第一百八十一条规定：'人民法院对提起公诉的案件进行审查后，对于起诉书中有明确的指控犯罪事实的，应当决定开庭审判。'对于人民检察院提起公诉的案件，人民法院都应当受理。人民法院对提起公诉的案件进行审查后，对于起诉书中有明确的指控犯罪事实并且附有案卷材料、证据的，应当决定开庭审判，不得以上述材料不充足为由而不开庭审判。如果人民检察院移送的材料中缺少上述材料的，人民法院可以通知人民检察院补充材料，人民检察院应当自收到通知之日起三日内补送。"

对公诉案件进行审查后，对于起诉书中有明确的犯罪事实指控和案卷材料、证据的，应当开庭审判，不得以上述材料不充足为由而不开庭审判。

《六机关规定》第 25 条进一步细化了刑事诉讼法关于公诉审查的相关内容，再次肯定了法院应当对公诉案件进行形式审查，强调只要公诉案件符合形式要件，便没有阻碍地进入庭审接受审判。《高法解释》第 232 条虽然被规定在庭前会议阶段，但是其实质上阻碍了公诉案件顺利进入庭审，为公诉案件的流程设置了阻力。“把不清楚的法律说清楚，把相互矛盾的法律解释成逻辑一致的法律，这是法律解释的任务。”① 最高人民法院在具有同等法律效力的文件中展现出来的不同的态度，便是该法条所带来的又一矛盾。

三、运行推演：法条本身所带来的影响

与审判中撤回起诉制度横向相比，庭前会议所构建的撤回起诉制度相当粗疏，法条只规定，在“明显事实不清、证据不足”的情况下法官可以提出撤回起诉的建议，并没有以列举式的规定明确该制度的适用范围，且对于检察院撤回起诉之后的法律效力也没有作出明确说明，这种情况可能会阻碍该程序的有效运行。

（一）立法语言的抽象性降低了制度的可操作性

一定程度、一定限度上使用模糊语言，可以增加法官的自由裁量权，弥补立法方面的不足。然而，法律文本过于模糊，会导致法官无所适从。这种法律文本的模糊性会导致两个极端：第一，由于可操作性较低，法官不愿适用模糊性的法律条文；第二，自由裁量权较大，会产生脱离立法原意、滥用条文的风险。

1. “明显”事实不清、证据不足忽视了检察院的起诉审查作用

在庭前会议中，法官只有发现“明显”事实不清、证据不足的，才可以建议检察官补充证据或者撤回起诉。但何为“明显”，目前并没

① 陈金钊：《法律解释：克制抑或能动》，载《北方法学》2010 年第 1 期。

有明确的标准，而且检察院移送的案件满足“明显事实不清、证据不足”的情况似乎在实践中并不常见。中国的刑事诉讼在纵向上可以说具有一种“流水作业式”的构造。[①] 侦查机关，公诉机关和审判机关相互配合，相互制约共同实现刑事诉讼法的任务，并且三者对案件的审查标准也呈现出一种阶梯式的样态，只有符合下一阶段的事实和证据的标准，前一阶段的机关才能将案件顺利送到下一程序。我国《刑事诉讼法》第171条明确规定检察院审查案件时必须查明案件犯罪事实、情节是否清楚，证据是否确实、充分，犯罪性质和罪名的认定是否正确，是否有遗漏犯罪嫌疑人和遗漏罪行等情况，检察院对案件必须进行实质审查，实践中也少见在案件明显事实不清、证据不足的情况下就贸然提起公诉的情况。因此，《高法解释》第232条所规定的案件适用余地较小。

2. 庭前会议的适用范围进一步限缩了《高法解释》第232条的适用空间

《高法解释》第226条规定了可以召开庭前会议的四种情况，但是实践中庭前会议适用的案件数量并不多，有学者曾对我国某市2013—2015年庭前会议使用率进行调研，发现庭前会议总体适用率不高，召开庭前会议的案件数占全部公诉案件数量最高的为0.6%，占以普通程序审理的案件数量最高的为2.2%，并且呈逐年下降之势。[②] 综上可知，庭前会议案件的范围较小且实践中法院适用率不高，在这种情况下，《高法解释》第232条的适用空间进一步缩小。

综上，在最高人民法院没有进一步明确《高法解释》第232条的适用情形的情况下，本条较大可能沦为“僵尸条款”，其节约司法资源的目的也难以实现。

---

① 陈瑞华：《从“流水作业”走向“以裁判为中心”——对中国刑事司法改革的一种思考》，载《法学》2000年第3期。

② 秦宗文、鲍书华：《刑事庭前会议运行实证研究》，载《法律科学（西北政法大学学报）》2018年第2期。

3. “一般不予准许”下的自由裁量权

对于明显事实不清、证据不足的案件，法官可以在庭前会议建议检察院撤回起诉，法官对案件撤回起诉有建议权。此外，《高法解释》第232条也规定了程序性后果，即检察院不接受庭前的法官的建议却在庭上提出撤回的请求，人民法院一般不得准许。《高法解释》第232条程序性后果的存在可能会使检察官谨慎考量庭前会议法官提出的撤回起诉建议，尽管建议“柔性”，但如果检察官不采纳，案件进入庭审阶段，“明显事实不清，证据不足”的最终结果乃是无罪判决。问题在于《高法解释》并没有对“一般”进行解释，在实践中“一般”的拘束力有多强，我们无从知晓，且有“一般”也必然有“特殊”的情况，正如《刑事诉讼法》第201条规定的在认罪认罚案件中，法院一般应当采纳检察院提出的罪名与量刑建议，在五种情形下存在例外，这种列举式的规定大大增加了法条的可操作性。但是《高法解释》第232条的例外情形没有得到明确，法官在具体实践中完全自行裁量。

（二）对被追诉人一方的双面效应

理论上说，在庭前会议撤回起诉制度得到有效适用的情形下，审判权对起诉权的制约得到一定的提升，检察院不当起诉的情形可能有所减少。但是，不能仅从公权力角度去评价一种刑事诉讼制度是否行之有效，我们还应当看到该制度是否能够给被追诉人带来利益。从被追诉人的视角来看，庭前会议撤回制度具有双重面孔：一方面，庭前会议撤回起诉适用不当，往往会导致案件回流、程序重复、延长被追诉人的羁押期限；另一方面，由于该制度处于庭前会议阶段，法官须听取控辩双方意见之后才能作出建议，增加了被追诉人一方的实质辩护机会。

1. 不当的撤回起诉存在侵犯被追诉人合法权益的可能

诚然，如果庭前会议中法官确实发现存在“明显事实不清、证据不足”的情况，建议检察机关补充材料或者撤回起诉，在不侵犯被追诉人合法权益之下，这种做法既能够保障案件的质量，减少或者防止不当起诉，又能在审判开始之前增加一项纠错措施，为检察机关及时纠正错误提供了机会，维护了司法公信力。如果检察机关和审判机关将撤回起诉制度作为一种避免无罪判决的手段，可能会侵害被告人的权益。我国刑事诉讼法明确规定对于证据不足，不能认定被告人有罪的，应当作出证据不足、指控的犯罪不能成立的无罪判决。但是，在庭前会议中法官不当地提出撤回起诉的建议，使得被追诉人无法正式进入庭审接受公正的审判，这种程序倒流的行为便让被追诉人的命运一直处于不确定的状态。此外，检察院接受撤回起诉建议之后，也没有给予被追诉人权利救济的途径，更没有类似《高检规则》规定在庭审中撤回起诉后须在30日之内作出不起诉的决定的程序制约[①]，在这种情况下，被告人遭受着不当羁押，侵犯其合法权益。

2. 庭审会议中实质审查增加了被追诉人的辩护机会

庭前会议由法官主持，由辩护人和检察官就案件相关问题商议讨论。庭前会议制度建立起一整套控辩双方有效参与的诉讼化解决争议的机制。无论是庭前会议的启动，还是控辩双方充分参与下具体问题的解决模式，庭前会议的制度设计均凸显了控辩双方的参与性，对当事人的诉权予以了积极的回应和关照。[②] 在庭前会议中，控辩双方不仅能对管辖、回避的程序性问题协商达成合意，而且能在庭前就证据合法性进行论证。《庭前会议规程》规定被告人一方提出排除非法证据的申请并提出相关线索后，人民检察院应当对证据收集的合法性作有针对性的说明，法官也可对证据进行核实，并且该规程也间接说明了庭前会议商议结果会对证据问题产生一定的拘束力，即检察院主动撤回非法证据，没有新的理由的，不得在庭审中再次出示，被告人一方撤回排除非法证据申请，没有新事实与理由的，也不得再次在庭审中提出。虽然并没有赋予法官排除非法证据的决定权，但是如果证据确实通过非法方式获得的，检察院可以主动排除，这也可称为非法证据的“柔性排除”。

辩护人可以在庭前会议提出排除非法证据的申请，检察院一方认可

① 《人民检察院刑事诉讼规则》第424条第2款规定：对于撤回起诉的案件，人民检察院应当在撤回起诉后30日以内作出不起诉决定。此款适用于庭审中撤回起诉的案件，是否适用于庭前会议撤回起诉的案件，并没有明确说明。

② 闵春雷、贾志强：《刑事庭前会议制度探析》，载《中国刑事法杂志》2013年第3期。

辩护人的理由且主动撤回相关证据后，案件证据链出现断裂，导致案件事实明显不清、证据明显不足的情况下，法院便可援引《高法解释》第232条的规定建议检察院撤回起诉或者补充材料。因此，第232条的存在鼓励被追诉一方在在辩护时可以从非法证据排除方面出发，既可以在庭前会议时迫使控方主动撤回证据，又可以在庭审时使得法官不采纳相关证据，从而改变案件的结果。

四、制度归位：由独立的庭前法官负责公诉审查及准备程序

立法者如果真正想发挥公诉审查过滤案件以提高案件质量，庭前会议在庭前解决程序性问题为庭审扫清障碍的功能，就应当重构公诉审查程序、维持庭前会议的定位。

（一）两大法系代表国家的公诉审查及庭前准备程序

“他山之石，可以攻玉。”由于历史传统、价值观念以及诉讼文化等多因素的影响，两大法系在公诉审查及准备程序的具体设置上存在很大的不同，但综合来看，两大法系都希望通过公诉审查及准备程序保障庭审的公正与高效。

英国的刑事案件分为重罪案件和轻罪案件，轻罪案件由基层的治安法庭审理，若是重罪案件，应当先由治安法庭进行预审之后，确定案件有明确的指控以及存在移交移送给刑事法院审判的必要性，进而交由刑事法院审理。虽然治安法庭书面审理只需核实证据材料以及案件是否符合起诉标准，但是如果存在检察官滥用普通程序的情形，其有权撤回起诉。另外，1995年设置的“答辩和指导的庭审”发挥着与我国庭前会议类似的作用，法官在此程序中除了听取被告人是否认罪的答辩，也可以了解案件材料以制订合理的审理计划，以及解决证据可采性等争议事项。这种庭前法官和庭审法官分离的做法，既实现了审判权对公诉权有效的制约，又防止了法官通过庭前的实质审查产生预断。

在德国，刑事案件往往经过侦查程序、中间程序以及审判程序。侦查程序结束后，除简易案件外，案件进入中间程序，此时由庭审的独任

法官或职业法官组成的审判委员会审查案件材料的合法性。但与英国预审程序不同的是，中间程序的法官是审判程序的主审法官。但德国直接言词原则贯穿庭前及庭审程序以及法官在庭前可依职权调查取证等设置能一定程度上减轻预断影响。另外，在适用参审制的案件，平民法官拥有与职业法官相同的权力，且平民法官不参与中间程序。即使这样，德国学界仍对中间程序发出猛烈批判，即针对“中间程序法官与主审程序法官的同一性所造成的预断问题”[①]。

比较来说，无论是英国的预审程序，还是德国的中间程序，其都赋予了公诉审查的法官实体审查权，将不符合审判标准的案件提前过滤。虽然德国仍然允许主审法官主持庭前会议，但因无法防止预断一直受学界质疑，因此，从长远来看，设置独立的庭前法官仍然是庭前审查的发展趋势。

（二）取消《高法解释》第232条，赋予公诉审查对案件的实质审查权

公诉审查方式并没有随着案卷移送主义改革而重新变为实质审查，立法者是为了防止法官产生预断，而放弃了对进入审判程序案件质量的把控和对公诉权的制约。笔者认为，首先应当取消《高法解释》第232条，明确公诉审查制度与庭前会议制度的界限，进而赋予公诉审查以实质审查权。

完善我国公诉审查制度，学界大体上提出了三条路径：其一，部分学者主张应当借鉴英美法系的做法，建立相对独立的预审程序。[②] 具体设置为预审程序启动权由检察官掌握，即对重大复杂的案件，检察官应当提起预审程序；对于较为简单的案件是否提起预审，检察官有自由裁量权。在预审程序中，预审法官不仅能够对案件程序问题进行审查，并且也能审查证据的合法性、关联性、法律适用问题等实体性问题。其

① 林钰雄：《论中间程序——德国起诉审查制的目的、运作及立法论》，载《月旦法学》2002年第9期。

② 参见龙宗智：《刑事诉讼庭前审查程序研究》，载《法学研究》1999年第3期。

二，也有学者主张应当回归1979年刑事诉讼法的做法，即由主审法官对案件进行实质审查，对不符合审判质量的案件进行处理。[①] 其三，大部分学者还是主张采取折中的做法，将庭审法官与庭前法官主体分离，且出于节约司法资源的考虑允许法官助理或者立案庭法官承担实质审查的任务。

笔者认为，建立英美法系语境下的预审程序显然是不具备可行性的。英美法系下预审制度是各种具体制度的综合体，其不仅有过滤案件的功能，也能发挥庭审准备的能效，更为重要的是，庭前法官的权力也触及侦查阶段，能够对侦查机关的侦查活动进行合法性审查。所以，若想建立完整的预审制度，必须对我国整个刑事诉讼制度进行重构，这种做法是不现实的。至于主审法官公诉审查制的做法，显然强化了法官的预断，且将庭审法官有限的工作精力分散给庭前的公诉审查，也不符合我国目前“以审判为中心”的改革方向。笔者认为在现有司法体制下，可以着眼于法院内部机构职能的重新分配，将目前的大立案庭部分分离为针对刑事案件的公诉审查庭，负责对检察院起诉的案件以实质审查，对于不符合审判标准的案件，要求检察院补充材料或者撤回起诉。此外，为了防止法官产生预断，应当将公诉审查法官（笔者称之为“庭前法官”）与审判法官主体分离，即庭前法官只负责审查公诉案件，并不参加正式的庭审程序，也不得以任何方式影响庭审法官独立审判案件。

具体而言，庭前法官可以由立案庭法官负责，而出于节约司法资源的考量，公诉审查的范围应当限定于适用普通程序的案件。审查方式则以书面审查为主、言词审查为辅，如果案件存在事实不清、证据不足的情况，应当要求检察机关说明或补充材料，检察机关理由不成立或者补充材料后仍不符合进入庭审标准的，可以要求检察机关撤回起诉。为了加强被告人在公诉审查程序的话语权，法官认为需要撤回起诉的，可以

---

① 参见李昌林：《论对公诉的司法审查》，载《西南民族大学学报（人文社科版）》2007年第1期。

听取被告人及其律师的建议，被告人及其律师也可以针对起诉书和相关证据提出异议。检察院收到退回的案件后，如果没有新事实和证据的，应当在撤回起诉后30日以内作出不起诉决定。

此外，为了加强公诉审查与庭前会议制度的衔接，充分发挥庭前会议服务于审判的职能，如果庭前法官在审查案件时发现案情复杂，证据较多或者辩护律师作无罪辩护的情况，可以建议召开庭前会议制度，以提高庭前会议的适用率。

（三）庭前会议制度的回归：解决程序性问题

由主审法官主持庭前会议的做法一直受到学界批判，原因在于法官在庭前会议中无法完全避免对案件的实质审查，难免产生预断，并且实践中也出现法官在庭前会议过分涉及案件实体问题，庭前会议异化成为“小庭审”的情况。因此，笔者认为，庭前会议应当回归到解决案件的程序问题上来。而为了公诉审查与庭审制度的协调性，庭前会议的主持者可以由庭前法官担任。首先，庭前法官在公诉审查之前就已经对案件进行了实质审查，对于案件有了大致的了解，对于庭前会议审理的事项做到心中有数。其次，庭前会议仅限于解决程序性事项，即使庭前法官替代了主审法官作为庭前会议主持者的角色，也不会影响主审法官对案件的了解，因为在我国诉讼制度之下，主审法官了解案件的来源主要是通过案卷以及控辩双方的辩论，而不是庭前程序。最后，由合议庭以外的人员主持庭前准备工作，才能更好地发挥庭前程序清除程序性阻碍的效用，所谓“术业有专攻”，这种做法不会分散主审法官审理案件的精力，反而能让其精力集中于审判。

在庭前法官主持庭前会议的制度下，应当着重构建庭前与庭审的制度衔接。庭前法官准备将案件交付给正式庭审之前，应当制作庭前会议报告书。报告书主要记载管辖、回避、证人出庭名单等程序性事项，以及非法证据排除、案件争议焦点归纳等问题的结论。在控辩双方对程序事项达成一致的情况下，报告书具有法律效力。控辩双方在庭审中再次提出相关问题的，没有新理由的，法庭当庭予以驳回。其次，庭前法官不得在庭前会议中向控辩双方说明涉及案件实体问题的结论，避免损害审判的权威，也不得在报告书中作出案件实体问题的结论性意见，以免影响庭审法官的独立思维。

长远来看，独立庭前程序是我国刑事诉讼发展的方向，但当前该程序构建在具体实施过程势必会存在较大的困难。一是当前司法资源并不宽裕，尤其是部分基层法院，很难调配额外的刑事法官专门负责庭前工作；二是我国强调法院独立，而不是法官独立，庭前法官可能会遭受来自庭长、院长或者审判委员会的压力，而对于一些法官较少的基层法院，如果完全杜绝庭前法官与庭审法官交流，是很不现实的。因此，完善庭前程序的同时需要加强司法资源投入、提高法官素质以及改革法院机构设置。庭前程序尤其是公诉审查程序关系到刑事诉讼整体，只有将其置于整个刑事诉讼制度中看待，加之各个制度改革配套进行，才能真正推进“以审判为中心”的实现。

（责任编辑：闫召华）

审判委员会讨论决定案件与庭审实质化的冲突

——三个维度的观察

陈桂珠[*]

2014 年 10 月 23 日，党的十八届四中全会通过《中共中央关于全面推进依法治国若干重大问题的决定》，明确提出推进以审判为中心的诉讼制度改革，其基本目标之一是“保证庭审在查明事实、认定证据、保护诉权、公正裁判中发挥决定性作用”，即实现庭审实质化。就庭审实质化的实现，最高人民法院出台一系列司法解释以及工作文件①，推进审前准备程序与庭审程序的规范化，完善证据认定规则、排除非法证据以及证人鉴定人出庭作证制度等。尽管如此，现行审判制度中仍然存在与庭审实质化相违背的制度，根据 2019 年最高人民法院《关于健全完善人民法院审判委员会工作机制的意见》（以下简称 2019 年《审委会工作意见》）的规定，审判委员会的主要职能之一为讨论决定重大、疑难、复杂案件的法律适用，并且，审判委员会讨论案件的决定，合议庭、独任法官应当执行②。未参与案件审理的审判委员会拥有对重大、疑难、复杂案件的法律适用问题的讨论决定权，这仍然是与庭

---

* 西南政法大学法学院 2019 级诉讼法学硕士研究生。

① 包括但不限于最高人民法院《关于全面推进以审判为中心的刑事诉讼制度改革的实施意见》《人民法院办理刑事案件庭前会议规程（试行）》《人民法院办理刑事案件排除非法证据规程（试行）》《人民法院办理刑事案件第一审普通程序法庭调查规程（试行）》《最高人民法院关于加强刑事审判工作情况的报告》。

② 最高人民法院《关于健全完善人民法院审判委员会工作机制的意见》第 7 条规定，审判委员会的主要职能是：（1）总结审判工作经验；（2）讨论决定重大、疑难、复杂案件的法律适用；（3）讨论决定本院已经发生法律效力的判决、裁定、调解书是否应当再审；（4）讨论决定其他有关审判工作的重大问题。

审实质化相冲突的[1]。就近几年学界的研究而言，学者多在审判委员会或审判权制度研究中部分提及庭审实质化[2]，而针对庭审实质化的研究基本在着眼于“庭审之中”的同时顺带提及审判委员会讨论决定案件的问题[3]，并未专门就二者的冲突在理论、规范以及司法实践中呈现何种状态以及变化趋势单独成文进行研究。然而，只有厘清审判委员会讨论决定个案与庭审实质化在理论层面的冲突如何，了解在规范层面以及司法现状层面冲突趋势如何才能够为审判委员会制度的完善提供正确的指引。以下，笔者将就理论、规范以及司法实践三个层面对审判委员会与庭审实质化的冲突展开研究。

一、何以冲突：审判委员会讨论决定个案制度的理论透视

欲分析审判委员会讨论决定个案与庭审实质化在理论上存在怎样的冲突，首先需要厘清的是审判委员会讨论决定个案所可能违背庭审实质化的内涵与要求何在，笔者经过梳理发现，审判委员会讨论决定个案的法律适用可能违背庭审实质化要求的有以下两点：

（一）庭审实质化的两点要求

“佘祥林案”“赵作海案”“杜培武案”“张氏叔侄案”“呼格吉勒图案”等一系列重大冤错案件的曝光使得中央极为重视冤假错案的防范问题，正是在这一背景下中央出台一系列文件要求对刑事案件进行实

① 尽管审判委员会就个案的讨论决定也包括决定是否再审，但是否开启再审程序的讨论决定不直接涉及个案的裁判结果，与庭审实质化的关联程度低，不在本文的讨论范围内。

② 参见刘振会：《论审判委员会研究案件机制的诉讼化构建——以刑事诉讼为视角》，载《法律适用》2017 年第 7 期；方乐：《审判委员会制度改革的类型化方案》，载《法学》2018 年第 4 期；山西省晋城市中级人民法院课题组：《司法亲历性视角下的审委会听证制度改革》，载《人民司法》2020 年第 22 期。

③ 参见卫跃宁：《论庭审实质化》，载《国家检察官学院学报》2015 年第 6 期；孙长永、王彪：《论刑事庭审实质化的理念、制度和技术》，载《现代法学》2017 年第 2 期；王强之：《论刑事庭审实质化的庭外制度保障》，载《政治与法律》2016 年第 9 期；陈实：《刑事庭审实质化的维度与机制探讨》，载《中国法学》2018 年第 1 期；褚福民：《案卷笔录与庭审实质化改革》，载《法学论坛》2020 年第 4 期；郭航：《刑事庭审实质化的权利推进模式研究》，载《政治与法律》2020 年第 10 期。

质化的庭审审理，从2013年《中央政法委关于切实防止冤假错案的规定》《关于建立健全防范刑事冤假错案工作机制的意见》再到2015年《关于完善人民法院司法责任制的若干意见》（以下简称2015年《司法责任制意见》）以及“两高三部”《关于推进以审判为中心的刑事诉讼制度改革的意见》（以下简称2016年《以审判为中心的制度意见》）和《关于全面推进以审判为中心的刑事诉讼制度改革的实施意见》（以下简称2017年《以审判为中心的实施意见》）。与此相对应的是，庭审实质化自2015年开始逐渐成为学界研究的热点问题[①]，学界对如何实现庭审实质化的路径或举措可归纳为以下几点：完善证人及鉴定人出庭作证制度、非法证据排除制度及程序、改革或废除现有的案卷移送制度、贯彻直接言词原则、完善辩护制度以达到有效辩护之效果等。[②] 由于庭审实质化是一项司法改革举措，因此笔者下面将要梳理的庭审实质化的内涵及要求也主要立足于上述文件，并参考学界有关庭审实质化的理论要求。需要说明的是，学者所倡导的庭审实质化与我国司法改革中的庭审实质化存在一定的差异，如有学者认为要实现庭审实质化，需要实行起诉状一本主义、贯彻直接言词原则[③]，但司法改革中的庭审实质化并未改变我国目前刑事案件的卷宗全案移送方式；虽然也规定了完善证人、鉴定人出庭制度，但对于证人与鉴定人的出庭并未作普遍强制性规定。由于本文聚焦于审判委员会与庭审实质化的冲突，因此在此所梳理的庭审实质化的要求并非全集式概括，而是选择性梳理。

1. 庭审在裁判结果中的决定性作用

2016年《以审判为中心的制度意见》第14条虽规定“裁判结果形

---

① 笔者以“庭审实质化”为关键词在中国知网平台上搜索，将结果限定为“学术期刊”后显示在2014年及在此之前的学术文章共16篇，2015年共28篇，2016年共104篇，2017年共108篇，2018年共80篇，2019年共68篇，2020年共52篇。

② 参见龙宗智：《庭审实质化的路径和方法》，载《法学研究》2015年第5期；张建伟：《审判中心主义的实质内涵与实现途径》，载《中外法学》2015年第4期；汪海燕：《论刑事庭审实质化》，载《中国社会科学》2015年第2期；熊秋红：《刑事庭审实质化与审判方式改革》，载《比较法研究》2016年第5期；史立梅：《庭审实质化背景下证人庭前证言的运用及其限制》，载《环球法律评论》2017年第6期。

③ 参见张建伟：《审判中心主义的实质内涵与实现途径》，载《中外法学》2015年第4期。

成于法庭”，但该条的主要目的是完善当庭宣判制度。从表面上看，“裁判结果形成于法庭”意指裁判结果形成于庭审之上，甚至并未禁止在庭审之前即形成裁判结果的心证。但笔者认为这应作深层次的理解，当庭宣判是一种督促裁判结果形成于法庭的方式，而非终极目标。同时，《中共中央关于全面推进依法治国若干重大问题的决定》也明确应当让庭审在查明事实、认定证据、保护诉权、公正裁判中发挥决定性作用。就学界的理论研究而言，有学者认为庭审实质化要求裁判结果形成于法庭意指“确保案件裁判不受法庭外因素的影响”①；也有学者认为这是指“不能在庭审之前形成裁决结果”②；更有学者进一步主张裁判结果形成于法庭“并不意味着证据审查、事实认定应当在开庭的现场完成，有关定罪量刑的意见应当在开庭的现场完成，而是指裁判结果必须以庭审查明的事实和说明的理由为依据”③。结合现行规范与当前学界理论研究，笔者认为裁判结果形成于法庭的内涵及要求如下：从时间上看，不得未审先定；从庭审对裁判结果的影响作用来看，庭审进行的事实查明和证据审查活动要能够决定案件的事实认定和定罪量刑，裁判结果依据庭审产生，不得以案外的舆论或者未参与案件审理的领导来决定案件的事实认定和定罪量刑。当出现法庭查明的事实与侦查卷宗证据存在矛盾时，应通过整个证据体系分析并决定采纳何者，不能抛弃庭审而仅以检察机关提起公诉时移送的侦查卷宗为定案根据。

上文所列的各学者对如何理解“裁判结果形成于法庭”观点略有不同，但这种差异仅仅是不同学者从不同角度与侧重点理解和诠释“裁判结果形成于法庭”，而并非观点存在根本性冲突。如持“确保案件裁判不受法庭外因素的影响”的学者所强调的是裁判结果只能根据在案证据和现行法律规定作出，不得根据舆论或者领导的意志来作出案件的认定；而认为“裁判结果形成于法庭，并不意味着证据审查、事实认定应当在开庭的现场完成，有关定罪量刑的意见应当在开庭的现场

① 张吉喜：《论以审判为中心的诉讼制度》，载《法律科学》2015年第3期。
② 陈卫东：《以审判为中心：当代中国刑事司法改革的基点》，载《法学家》2016年第4期。
③ 范登峰：《论庭审的公开》，载《湖南警察学院学报》2017年第4期。

完成”的学者强调的是心证的过程是连续的，不完全以庭审限定的时间段，承办法官有可能在庭审前后通过阅卷的方式结合庭审审理完成事实认定及决定案件的定罪量刑。需要注意的是，庭审对裁判结果发挥决定性作用，并非意指裁判结果仅由庭审决定，裁判结果形成于法庭所反对的是庭审的虚置化和未审先定，但承办法官是通过庭审加阅卷的方式来审判案件，阅卷仍然对形成裁判结果的心证存在一定作用，阅卷是调查证据、查明事实以作出案件的事实认定及定罪量刑决定的补充方式。因此，对“裁判结果形成于法庭”不能作过于绝对和武断的理解。

2. 审理者裁判、裁判者负责

“审理者裁判、裁判者负责”属于司法责任制的要求范畴。但司法责任制与庭审实质化在逻辑关系上相互交叉，又相互作用。司法责任制的落实能够促进庭审实质化，庭审往实质化方向发展是落实司法责任的条件。因此，笔者将“审理者裁判、裁判者负责”视为由庭审实质化所延伸出的要求。

“审理者裁判”即审与判不得分离，这属于司法的亲历性要求。有学者提出“审理者裁判”的理论内涵及要求包括司法独立与司法亲历性。① 也有学者认为这是指法官拥有审理、裁判案件的完整权力，对自己审理的案件享有审与判的“全权”②，这种完整的审判权表现为阅卷权、庭审权、评议权以及定案权。③ 理解审理者裁判可以分为两个层面：首先，审理者对案件进行审理，这种审理应当符合“审理”的本质要求，即裁判者在各方到场并且公开的场所，听取各方的陈述，通过证据规则调查案件事实④。亲历性表现为“亲身经历案件审理的全过程，直接接触和审查各种证据，特别是直接听取诉讼双方的主张、理

① 参见范再峰：《司法责任制的基本问题探析》，载《研究生法学》2016年第6期。

② 刘方勇、刘菁：《司法改革背景下现代法官职位体系之构建——兼论法官制度改革顶层设计的再设计》，载《中南大学学报（社会科学版）》2016年第1期。

③ 参见高权、周纹婷：《三维理论视角下的司法责任制》，载张卫平、齐树洁主编：《司法改革论评》2018年第1辑。

④ 陈瑞华：《刑事诉讼中的问题与主义》，中国人民大学出版社2011年版，第103页。

由、依据和质辩，直接听取其他诉讼参与人的言词陈述"[1]。其次，由对案件进行审理的"审理者"根据审理情况以及法律规定来认定案件事实以及定罪量刑，作出裁判。这所体现的是"审"与"判"应当由同一审判组织来完成，即使是因法定事由如回避事项出现导致审判组织的重组，重组的审判组织也应当对案件重新进行审理并作出案件的裁判结果，不得以程序续接的方式审理、定案。当案件的"审理者"与"裁判者"出现分离，即是对"审理者裁判"之要求的背离。

"裁判者负责"体现的是由行使裁判权的司法人员承担案件的审判责任，即司法人员需要对事实认定和法律适用的"正确性"负责。有学者将"裁判者负责"延伸为法官对审判工作尽职尽责、对案件事实认定和法律正确适用负责、对案件全体当事人负责、对司法公正和社会公正负责、有司法能力和职业良知以及对办案质量终身负责五个方面。[2] 笔者认为，"裁判者负责"可以从两个层面进行理解：在行为上，司法人员在审理案件时应当尽职尽责；就结果而言，当司法人员因故意或重大过失导致案件的事实认定及法律适用错误或重大程序违法，应当追究其审判责任，概括而言即办案质量终身负责制和错案责任倒查问责制。2015 年《司法责任制意见》在明晰审判权运行机制的情况下对司法人员的职责权限以及审判责任的追究加以明确规定。"裁判者负责"体现的是权责应当统一，裁判权的行使与审判责任的承担对等，只要行使了案件的裁判权即应对案件承担审判责任，未对案件行使裁判权的相关人员则不应承担案件的审判责任。

（二）行使个案讨论决定权的审判委员会之性质：半个审判组织

2018 年刑事诉讼法规定合议庭对于难以作出决定的重大、疑难、复杂案件可以提交审判委员会讨论决定，但其只规定了提交审判委员会讨论决定的案件范围，并没有对审判委员会讨论决定的职能范畴予以限

---

① 朱孝清：《司法的亲历性》，载《中外法学》2015 年第 4 期。

② 参见张文显：《论司法责任制》，载《中州学刊》2017 年第 1 期。

定。2018 年人民法院组织法则将审判委员会对于个案裁判结果讨论决定的范畴限定在“重大、疑难、复杂案件的法律适用”，2019 年《审委会工作意见》延续这一规定，将“讨论决定重大、疑难、复杂案件的法律适用”规定为审判委员会主要职能之一。[①]

同时，2018 年人民法院组织法将审判委员会放在第三章“人民法院的审判组织”之下，但在第 29 条规定案件由合议庭或者法官一人独任审理，2018 年刑事诉讼法的规定与此类似。因此，不同学者在讨论司法责任制中“由审理者裁判，由裁判者负责”的内涵要求时针对审判委员会是否属于审理者产生不同的观点。有学者认为法律已经规定审判委员会是人民法院最高审判组织，因此不能违宪违法地将其排除在审判组织的范围外。[②] 但也有学者认为审判委员会所进行的秘密、非参与性、非科学性调查不符合司法的亲历性要求，通过讨论的方式决定案件的裁判结果不能被视为现代意义上的“审”，因此其不属于审理者。[③] 笔者更为赞同后者的观点，尽管在法律层面，审判委员会可以被定性为审判组织，但却不是案件的直接审理者。最高人民法院《关于改革和完善人民法院审判委员会制度的实施意见》（以下简称 2010 年《审委会实施意见》）确实明确将审判委员会定性为最高审判组织，但这属于在法律规定尚不明确的情况下最高人民法院通过司法文件所实现的“自我赋权”，并不能等同于审判委员会在法律上被明确定性为审判组织。因此，审判委员会或可成为形式上的“审判组织”，但法律规定不足以论证其属于“审理者”。而就案件的审判过程而言，具体案件提交审判委员会讨论的流程如下：首先，承办案件的合议庭或独任庭通过开庭审理或书面审查的方式对案件证据进行分析判断，并以证据为基础作出本案的事实认定。然后，将案件提请院长提交审判委员会，由审判委员会讨论决定本案的法律适用。但审判委员会据以得出案件处理结果的方式是“讨论、决定”，而不是进行审理，这一程序是内部的、秘密

① 详见最高人民法院《关于健全完善人民法院审判委员会工作机制的意见》第 7 条第 1 款。
② 参见张文显：《论司法责任制》，载《中州学刊》2017 年第 1 期。
③ 参见陈卫东：《司法责任制改革研究》，载《法学杂志》2017 年第 8 期。

的，当事人[1]无权参与的，当事人甚至对于决定其案件结果的审判委员会的成员名单无从知晓，也无渠道申请可能与案件存在利害关系的审判委员会委员回避。同时，当事人也无法通过当面或书面方式向审判委员会举示证据、陈述诉求或进行抗辩。审判委员会并不直接接触案卷材料，其作出决定的是基于承办人对案件的汇报。合议庭或独任庭必须通过证据来认定案件事实、得出裁判结论，但审判委员会讨论决定案件不以证据为基础，甚至是以“传闻的传闻证据（事实）版本”。概言之，审判委员会是以非司法的方式决定案件裁判结果。

综上，审判委员会是案件的裁判者，但不是审理者；审判委员会仅决定案件的法律适用，但不对案件事实进行认定；审判委员会据以作出案件裁判的基础是合议庭及承办人的案件汇报，而不是基于阅卷、开庭审理或听取当事人意见等“审理”方式。就此而言，审判委员会是“半个审判组织”，而非完全的审判组织。

（三）审判委员会制度与庭审实质化之理论冲突

如上所述，庭审实质化要求裁判结果形成于法庭以及由审理者裁判、由裁判者负责。而提交审判委员会讨论决定案件的审理者是承办案件的合议庭或独任庭，审判委员会并未对案件进行“审理”，既未调查证据，也未在公开场合以法定方式听取当事人的陈述，甚至可能并未阅卷，仅通过“讨论”的方式即决定案件的法律适用，这使得裁判结果并未形成于法庭，而是形成于法庭之外的“讨论”；虽然案件的事实认定由审理案件的合议庭或独任庭作出，但案件的法律适用却由未审理案件的审判委员会加以决定。案件的裁判结果由事实认定和法律适用组成，审判委员会决定案件的法律适用使得案件的裁判权并未由审理者完全且独立地行使，“审”与“判”不相统一。总之，审判委员会未参与案件的审理，径直对案件法律适用问题作出决定，这与庭审实质化所要

---

① 由于审判委员会讨论决定刑事、民事、行政重大、疑难、复杂案件的法律适用，而刑事公诉案件审判程序中公诉机关属于专门机关而不能纳入刑事诉讼意义上的当事人，但为论述简洁便利，笔者在广义层面上使用“当事人”一词。

求的“裁判结果形成于法庭”以及“审理者裁判”相冲突，而这种冲突本质上体现的是审理权与裁判权的割裂。

部分学者提出审判委员会行使个案的讨论决定权并不违反庭审实质化。如开庭审理只是“审”的一种而非唯一状态，存在案件二审不开庭审理，同时，“审”还包括阅卷调查取证合议（讨论）等，审判委员会讨论案件属于评议程序，并没有出现“审与判分离”的问题①。笔者认为，该学者并未厘清评议程序与审理程序之间的关系，评议是根据（开庭）审理得出结论的程序，无法与审理程序相分离。而阅卷、评议等工作都是“审”前或“审”后的程序，是服务于“审”的，评议并不能成为独立于“开庭审理”的一种“审”的形式。在现行规范下，审判委员会讨论决定个案的是秘密进行的，当事人没有参与权，因此审判委员会讨论决定案件确实更接近于评议程序。但未存在如回避的法定事由的情况下，应当由同一审判组织完成案件的“审理”与“评议”，而审判委员会未审理案件即进入“评议”阶段，是审理程序的缺失。因此，即使审判委员会讨论案件属于评议程序，其未参与案件审理径直决定案件的法律适用也违背了庭审实质化的要求。合议庭或独任庭审理案件，而审判委员会通过“讨论”的方式决定案件的法律适用的这种方式恰恰是审与判的分离。上述学者所提出的审判委员会与庭审实质化不相冲突的论述，混淆了概念之间的逻辑关系，有掩耳盗铃式辩解的嫌疑。

二、审判委员会讨论决定个案制度的规范及其演变分析

（一）审判委员会讨论决定个案制度的有益变化

自1951年《人民法院暂行组织条例》规定审判委员会拥有个案的“处理权”开始，审判委员会讨论决定个案裁判结果的相关规定一直较为粗疏，基本以寥寥几条规定散见于人民法院组织法和刑事诉讼法，1982年颁布的《民事诉讼法（试行）》曾规定“重大、疑难的民事案

① 参见岩皓：《审判委员会功能的异化与重构》，载《西南政法大学学报》2005年第6期。

件的处理，由院长提交审判委员会讨论决定”，但在1991年正式颁布的民事诉讼法及此后三次修订文本中删除了这一规定。2010年《审委会实施意见》首次较为详细地对于各级法院审判委员会的职能、应当和可以提交审判委员会讨论的案件范围以及审判委员会讨论、决议的程序加以规定。参照前述庭审实质化的要求以及审判委员会与庭审实质化，笔者选取审判委员会讨论决定案件的职能范围、效力以及司法责任为指标，同时为更好地呈现对比，笔者从2006年人民法院组织法开始梳理了法律规范中就审判委员会讨论决定案件的上述三项内容的规定，以分析审判委员会与庭审实质化的冲突在规范层面上是否出现变化以及变化呈现何种趋势。具体见表1。

表1　审判委员会讨论决定案件的职能范围、效力以及司法责任的相关规定

<table>
<tr><th>文件内容</th><th>职能范围</th><th>效力</th><th>司法责任</th></tr>
<tr><td>2006年人民法院组织法</td><td>讨论重大的或者疑难的案件</td><td>无</td><td>无</td></tr>
<tr><td>2010年《审委会实施意见》</td><td>在总结审判经验，审理疑难、复杂、重大案件中具有重要的作用</td><td>无</td><td>审判委员会委员发表意见不受追究</td></tr>
<tr><td>2012年、2018年刑事诉讼法①</td><td>讨论决定合议庭认为难以作出决定的疑难、复杂、重大的案件</td><td rowspan="4">审判委员会的决定，合议庭应当执行</td><td>无</td></tr>
<tr><td>2015年《司法责任制意见》</td><td>只讨论涉及国家外交、安全和社会稳定的重大复杂案件，以及重大、疑难、复杂案件的法律适用问题</td><td rowspan="3">审判委员会委员对其本人发表的意见及最终表决负责</td></tr>
<tr><td>2018年人民法院组织法</td><td rowspan="2">讨论决定重大、疑难、复杂案件的法律适用</td></tr>
<tr><td>2019年《审委会工作意见》</td></tr>
</table>

① 2012年与2021年最高人民法院《关于适用〈中华人民共和国刑事诉讼法〉的解释》只是细化了刑事诉讼法的规定，但就上述三部分内容而言并无本质差异，因此笔者在表格中未加以统计，特此说明。

从表1可以看出，就职能范围而言，在2012年刑事诉讼法之前的法律规范并未对审判委员会的职能范围加以明确规定，只是模糊地指出审判委员会“讨论”重大疑难案件或审判委员会在审理疑难、复杂、重大案件中具有重要作用，但对于审判委员会何以发挥作用则语焉不详。这种相当于没有解释的解释也使得学界与实务界对于审判委员会的职能范围倾向于最大化理解，即审判委员会讨论/审理案件的事实认定和法律适用问题。2012年刑事诉讼法虽明确规定合议庭是以“讨论决定”的方式对提交审判委员会的案件作出处理，但仍未明确审判委员会讨论决定案件的职能范围，对于审判委员会的职能范围所能够推论的范围依旧是案件的事实认定和法律适用问题。而2015年《司法责任制意见》将审判委员会的职能范围限缩在涉及国家外交、安全和社会稳定的重大复杂案件，以及重大、疑难、复杂案件的法律适用。对于涉及国家外交、案件和社会稳定的重大案件，审判委员会仍然是决定案件的事实认定和法律适用问题，因此2015年《司法责任制意见》并未完全取消审判委员会对于案件的事实认定权。直至2018年人民法院组织法以及2019年《审委会工作意见》才明确将审判委员会的职能范围限缩为重大、疑难、复杂案件的法律适用问题。从上述梳理来看，审判委员会讨论决定个案的范围由原来的“事实认定+法律适用”限缩为“案件的法律适用”。由于审判委员会未参与案件审理而以讨论方式决定案件的裁判结果与庭审实质化存在理论上的冲突，因此，审判委员会讨论案件的职能范围限缩使得审判委员会制度与庭审实质化的冲突范围缩小了，冲突范围的缩小使得二者的冲突在一定程度上趋于缓和。

就审判委员会讨论决定案件的效力而言，2006年人民法院组织法与2010年《审委会实施意见》并未对审判委员会讨论决定案件的效力进行规定，即法律规范并未要求合议庭必须执行审判委员会就案件的讨论决定，但由于审判委员会的成员包括法院院长、副院长以及各庭室领导，合议庭受到审判委员会成员的领导、管理和监督，因此审判委员会的讨论决定虽不具有“法律上的显性效力”，却具有“事实上的隐性效力“，合议庭往往不得不遵从、执行审判委员会的决定。自2012年刑事诉讼法开始，2015 年《司法责任制意见》等多部法律规范均规定合议庭应执行审判委员会的决定，审判委员会的决定具有明确的法律效力，其讨论决定个案的效力从“幕后”走向了“台前”。

就审判委员会讨论决定案件的司法责任而言，2006 年人民法院组织法并未对审判委员会讨论决定案件是否需要承担相应司法责任作出规定，而 2010 年《审委会实施意见》则是明确规定审判委员会委员发表意见不受追究，对于审判委员会讨论决定案件的司法责任予以豁免。2012 年以及 2018 年刑事诉讼法复归于规定空白的状态。直至 2015 年《司法责任制意见》才开始明确规定审判委员会委员须对其本人发表的意见及表决负责，而 2018 年人民法院组织法和 2019 年《审委会工作意见》沿袭了这一规定。

综上所述，审判委员会讨论决定案件职能范围的限缩缩小了其与庭审实质化的冲突范围。而效力和司法责任的双重规定，使得审判委员会讨论决定案件由“权责不明”趋于“权责统一”，实现了“让裁判者负责”。因此，审判委员会讨论决定案件的规范演变从两个层面缓和了审判委员会与庭审实质化的冲突。

（二）审判委员会讨论决定个案制度改革的局限性

1. “重大、疑难、复杂案件”之“按需解释”

就普遍性规范层面而言，有关何为“重大、疑难、复杂案件”仍是一个尚待明确的问题。2012 年最高人民法院《关于适用〈中华人民共和国刑事诉讼法〉的解释》（以下简称 2012《高法刑诉解释》）[①] 从正面对“重大、疑难、复杂案件”进行细化，即对合议庭成员意见有重大分歧的案件、新类型案件、社会影响重大的案件以及其他疑难、复杂、重大的案件。也有司法文件从侧面对“重大、疑难、复杂”案件作出细化，如 2002 年《最高人民法院关于人民法院合议庭工作的若干规定》将“合议庭在适用法律方面有重大分歧”纳入合议庭应当提交

---

① 2021 年最高人民法院《关于适用〈中华人民共和国刑事诉讼法〉的解释》第 216 条第 3 款。

审判委员会讨论的案件范围。2015 年《司法责任制意见》将下列案件规定为院长、副院长、庭长可以决定将案件提交审判委员会讨论的案件范畴：涉及群体性纠纷，可能影响社会稳定的；疑难、复杂且在社会上有重大影响的；与本院或者上级法院的类案判决可能发生冲突的。而 2017 年《最高人民法院司法责任制实施意见（试行）》进一步细化了提交审判委员会讨论决定的案件范围，具体包括：涉及国家利益、社会稳定的重大、复杂案件；合议庭意见有重大分歧，经专业法官会议讨论仍难以作出决定的案件；法律规定不明确，存在法律适用疑难问题的案件；处理结果可能产生重大社会影响的案件；对审判工作具有指导意义的新类型案件。

从上述规定可以看出以下几点：首先，并没有对“重大、疑难、复杂”这三个词语进行独立的细化解释，也即重大、疑难、复杂这三个词语在内涵和外延并非完全独立，而是呈现出交叉逻辑关系；其次，对于“重大、疑难、复杂”的案件的解释幅度较大，以“重大”一词为例，“对合议庭成员意见有重大分歧的案件”与“社会影响重大的案件”中的“重大”程度不处于相当水平，况且，对于合议庭成员评议遵从少数服从多数来作出决定，实际上对于案件处理结果的影响并不大；另外，“重大、疑难、复杂”产生的时间点可能出现在案件发生以及侦查过程中（如事实与证据产生的问题），也有可能出现在法院对案件的处理过程中（合议庭成员意见出现重大分歧、涉及群体性纠纷），甚至有可能是案件处理后（如案件处理结果可能产生重大影响、与本院或者上级法院的类案判决可能发生冲突）；再次，由于审判委员会决定案件的范围以及职责限于“法律适用的统一”，因此对于“重大、疑难、复杂案件”的解释偏重法律适用问题，但未对案件事实、证据可能存在何种“重大、复杂、疑难”加以规定；最后，上述法律规范只是以不完全列举的方式部分地细化了“重大、疑难、复杂案件”，但对于何为“重大、疑难、复杂”案件作出普遍性解释，具体个案中的“重大、疑难、复杂案件”的判断解释权归法院院长。

除此之外，2010 年《审委会实施意见》和 2019 年《审委会工作意见》还将下列案件规定为“应当提交审判委员会讨论决定”的案件范围，具体包括：同级人民检察院依照审判监督程序提出抗诉的刑事案件；拟宣告被告人无罪的案件；拟在法定刑以下判处刑罚或者免予刑事处罚的案件；拟判处死刑的案件。以“讨论决定重大、疑难、复杂案件的法律适用”为审判委员会的职能之一来看，上述五类案件当然地属于“重大、疑难、复杂”的案件范畴。这种“一刀切”的方式使得上述五类案件不论具体案件实际的影响范围和复杂、疑难程度如何，统统归为“重大、疑难、复杂”的案件且应当提交审判委员会讨论决定。

立法原欲通过“重大、疑难、复杂”来限定审判委员会讨论决定案件的范畴，以最大限度地避免案件中合议庭和独任庭审判案件的完整审判权遭受“分割”的同时兼顾讨论决定案件以抵御法院外部干预案件独立审判、统一法律适用等需求。但司法解释以及司法文件对法律上所规定的重大、疑难、复杂案件进行极具扩张性的解释。这种“扩张性”表现为以下几点：首先，为了使得审判委员会“合法”地解决合议庭成员意见出现重大分歧的问题，将其解释进“重大、疑难、复杂”，但实际上，少数服从多数的评议原则使得即使合议庭成员对案件的意见存在重大分歧也并未影响案件的处理。其次，在个案中，法院院长不仅对合议庭或独任法官将案件提交审判委员会的申请拥有批准权，甚至可以在其认为有必要而合议庭或独任法官未提出申请时将案件提交审判委员会讨论。由此，院长对重大、疑难、复杂案件进行消极性和积极性解释来决定案件是否提交审判委员会讨论，其实际拥有对于个案是否属于“重大、疑难、复杂”的判断解释权。最后，以一刀切的方式将人民检察院依照审判监督程序提出抗诉的刑事案件、拟宣告被告人无罪的案件、拟在法定刑以下判处刑罚或者免予刑事处罚的案件以及拟判处死刑的案件这五类案件纳入“重大、疑难、复杂”的案件范畴。

应当承认，由于重大、疑难、复杂案件是由于司法实践的发展而其内涵处于动态变化的一组词，因此给予法院在审判中适度解释权是合理的。同时，法院通过司法解释与司法文件对重大、疑难、复杂案件作出扩张性解释亦有其合理考虑，如将上述五类案件“当然解释”成“重大、疑难、复杂案件”是审判委员会通过控制法官裁判权的方式以实现法律适用的统一，既是因为这类案件发生法律效果、社会效果与政治效果不统一的概率更高，也是为了防止法官滥用裁判权；而让院长有权在其认为有必要时主动将案件提交审判委员会讨论决定，是为了给院长监督案件的审理提供“法定”的场域，以实现透明化的监督管理和权责统一。

但最高人民法院对于重大、疑难、复杂案件的解释逻辑是“按需解释”——如何统一法律适用、监管法官的审判权以及让领导监督案件的场域和方式“法定化”，然而在其按需求去解释时却忽视了“重大、疑难、复杂”是立法者原欲最大程度减少审判委员会对合议庭及独任法官审判权的“分割”专门作出的限定，且这是立法者将审判委员会讨论决定案件范围限定在“重大、疑难、复杂”的第一位也是最重要的考虑。这种扩张性的“按需解释”实际上并未起到限制审判委员会讨论决定案件范围的作用，难以避免审判委员会客观上“过度分割”合议庭和独任法官就案件的审判权。在法律规范逐渐将审判委员会讨论决定案件的职能范畴从“事实认定＋法律适用”限缩为“法律适用”的同时，最高人民法院又以司法解释和司法文件的形式对重大、疑难、复杂案件作出扩张性解释，实现法院内部的自我赋权。因此，虽然审判委员会讨论决定个案的职能范畴限缩了，但审判委员会讨论决定的案件范围却在“隐形扩大”。

2. 审判委员会个案讨论决定程序：行政逻辑而非司法逻辑

尽管法律规范逐步将审判委员会讨论决定案件的职能范畴限定为个案的法律适用，但始终未对审判委员会就个案法律适用问题的讨论决定程序作出大幅度的修改，审判委员会讨论决定个案法律适用的程序和顺序依旧是听取汇报、询问、发表意见以及表决。这是讨论决定的行政化思维逻辑。当事人对于审判委员会讨论决定案件无参与权，甚至在法律规范未要求审判委员会委员名单需告知当事人的情况下，当事人申请回避权利亦受到实际限制。同时，审判委员会根据的是承办人的汇报，既未调查证据，也未听取当事人的意见，审判委员会实际并未对案件进行

“审理”，不符合司法亲历性的要求，审判委员会讨论决定个案的程序缺乏司法逻辑。尽管审判委员会讨论决定个案范围的限缩以及司法责任制的落实使得其与庭审实质化的冲突在一定程度上趋于缓和，但其未“审理”而径直作出裁判的方式仍不符合庭审实质化的核心要求，讨论案件范围的限缩是“表面上的修补”，但讨论决定案件程序的行政化而非司法化才是审判委员会讨论决定案件的根本缺陷，且这一缺陷在审判委员会讨论决定个案的制度演变中始终未予弥补。因此，审判委员会讨论决定个案制度的改革有着“只改表皮，而未动筋骨”的局限性。

三、审判委员会讨论决定案件的复杂司法现状：基于数据的间接观察

学界已有诸多学者针对审判委员会讨论决定案件进行实证研究，如从压力决策、审级法院差异、审判委员会讨论主体、意见及效果等对审判委员会讨论决定个案等方面的实践情况进行调研，也有从审判委员会委员的任职、审判年限、学位教育等方面对审判委员会进行实证分析[①]，但鲜有学者针对具体“应当提交审判委员会的案件”的司法现状以及司法现状是否呈现类型化差异加以实证研究。

审判委员会讨论决定案件的范围较为广泛，但只有当审判委员会就个案所作出的讨论决定直接影响案件的裁判结果，其与庭审实质化才有可能产生冲突，如审判委员会“讨论决定本院已经发生法律效力的判决、裁定、调解书是否应当再审”属于审判委员会决定是否开启审判监督程序，这与庭审实质化并不冲突。以此为标准，2010 年《审委会实施意见》和 2019 年《审委会工作意见》所规定的以下五类“应当提

① 参见洪浩、操旭辉：《基层法院审判委员会功能的实证分析》，载《法学评论》2011 年第 5 期；左卫民：《审判委员会运行状况的实证研究》，载《法学研究》2016 年第 3 期；王伦刚、刘思达：《基层法院审判委员会压力案件决策的实证研究》，载《法学研究》2017 年第 1 期；方乐：《审判委员会制度改革的类型化方案》，载《法学》2018 年第 4 期；李雪平：《废除审判委员会刑事裁判权的必要性》，载《天津法学》2018 年第 1 期；徐向华课题组：《审判委员会制度改革路径实证研究》，载《中国法学》2018 年第 2 期；邵六益：《审委会与合议庭：司法判决中的隐匿对话》，载《中外法学》2019 年第 3 期。

交审判委员会讨论决定”属于审判委员会讨论决定个案裁判结果的案件，与庭审实质化存在冲突：（1）人民检察院依照再审程序提出抗诉的刑事案件；（2）拟在法定刑以下判处刑罚的案件；（3）免予刑事处罚的案件；（4）拟判处死刑的案件；（5）拟宣告被告人无罪的案件。由于法定刑以下判处刑罚的案件数或人数、判处死刑案件的相关数据官方未予公布，因此笔者通过公开渠道收集统计了人民检察院依照再审程序提出抗诉的刑事案件、免予刑事处罚案件以及宣告被告人无罪案件相关数据资料以观察审判委员会讨论决定案件的情况，并分析其与庭审实质化的冲突程度及趋势。

（一）刑事再审抗诉案件：趋于激烈的冲突状况

2010年《审委会实施意见》和2019年《审委会工作意见》就抗诉案件是否属于应当提交审判委员会讨论决定的范围的规定基本一致，即刑事抗诉应当提交审判委员会讨论决定，而民事、行政案件属于可以提交审判委员会讨论决定的案件范围。为了使数据更为接近司法实践真实情况，笔者仅统计规范上应当提交审判委员会讨论的2010—2020年人民检察院刑事再审提请抗诉案件。由于公开官方渠道未能搜寻到2019—2020年的人民检察院刑事案件再审提出抗诉案件数，因此笔者以年度为单位统计2010—2018年人民检察院刑事案件再审提出抗诉案件数。若仅统计人民检察院刑事再审提出抗诉案件数，并得出刑事再审抗诉案件与庭审实质化冲突趋势的相应结论过于武断，因此笔者同时收集了人民法院同年刑事再审案件结案数，以年度刑事再审抗诉案件数所占法院刑事再审案件结案数的比重来分析相对值层面上，审判委员会讨论决定刑事再审抗诉案件与庭审实质化的冲突情况及趋势。详见表2。

表2　2010—2018年刑事再审抗诉案件情况

年份	刑事再审抗诉案件数	法院刑事再审案件结案数①	再审抗诉案件占比/%
2010	873	3305	26.41
2011	728	3080	23.63

① 数据来源于《全国法院司法统计公报》。

续表

年份	刑事再审抗诉案件数	法院刑事再审案件结案数①	再审抗诉案件占比/%
2012	824	2853	28.88
2013	729	2785	26.17
2014	772	2906	26.56
2015	783	2844	27.53
2016	922	2713	33.98
2017	996	2769	35.96
2018	1236	3299	37.46

需要说明的是检察院可能在提请抗诉后又撤回抗诉，因此经过审判委员会讨论决定的刑事再审抗诉案件数量可能略少于人民检察院刑事案件再审提出抗诉案件数，但由于笔者无法从公开渠道收集撤回抗诉数据，为避免分析错误，不得已假设人民检察院刑事再审撤回抗诉的案件数是一个大致呈年度平均分布的数值，暂时剔除该因素对审判委员会讨论决定的抗诉案件数量的影响。

笔者已经就审判委员会行使个案讨论决定权与庭审实质化在理论上所存在的冲突进行相应论述，所得到的明确结论是审判委员会行使个案讨论决定权，决定案件的法律适用与庭审实质化存在冲突。那么，笔者以审判委员会讨论决定案件的数量及相应所占比例为指标，当审判委员会讨论决定案件的数量越多、所占案件比例越大，其与庭审实质化的冲突则越激烈，如表 2 所示，不论是人民检察院刑事再审提出抗诉案件数，还是刑事再审抗诉案件数所占法院刑事再审案件结案数的比重，自 2010 年到 2018 年都以年为单位大致呈上升趋势。因此，就人民检察院刑事再审提出抗诉案件而言，审判委员会对于该类案件的讨论决定的案件数量以年为单位大致呈上升趋势，也即就刑事再审抗诉案件而言，审判委员会与庭审实质化的冲突呈上升趋势。

① 数据来源于《全国法院司法统计公报》。

（二）宣告无罪案件：绝对值与相对值的差异

1. 绝对值意义上的冲突加剧

2010 年《审委会实施意见》首次将无罪案件明确规定为应当提交审委会讨论的案件范畴，因此笔者选择 2010 年作为这一组数据的起点，同时为使得变化趋势更为直观、显著并能够了解审判委员会讨论决定无罪案件的新近情况，笔者选择 2020 年作为这一组数据的截点，统计分析 2010—2020 年全国法院宣告无罪案件的数量以及变化趋势，通过折线图形式做可视化展示以观察审判委员会与庭审实质化的冲突情况，如图 1 所示。

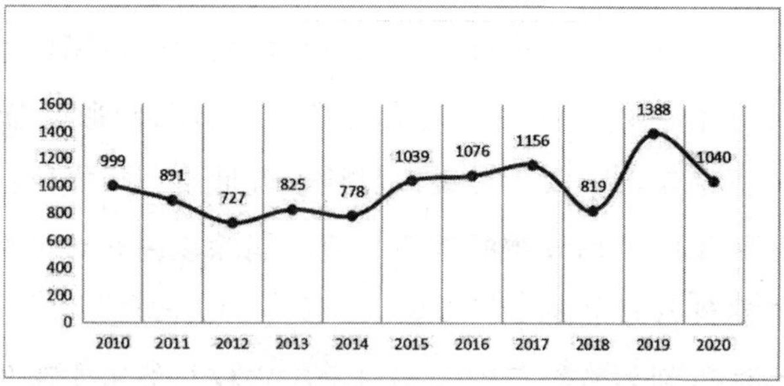

图 1　2010—2020 年全国法院宣告无罪人数①

（1）数据使用说明

笔者欲分析的数据是 2010—2020 年全国法院宣判无罪案件，但由于存在共同犯罪，因此宣告无罪的案件小于宣告无罪人数。② 笔者本欲通过“年度宣告无罪人数/年度宣告无罪案件数（X）＝同一年度刑事案件判决生效人数/同一年度刑事案件判决生效案件数”这一公式来大致推算出每年的宣告无罪案件数，但由于《全国法院司法统计公报》只在 2012 年以前公布过刑事案件判决生效案件数，在公式中有两个未知数 X 的情况下无法得出结论。笔者又尝试通过“刑事案件一审审结案件数”来替代“刑事案件判决生效案件数”，但经过对比发现，前者

---

① 图中数据来源于最高人民法院官方网站的历年最高人民法院工作报告、《中国法律年鉴》。

② 这一点可以通过最高人民法院官网所载的 2012 年之前的《全国法院司法统计公报》公布刑事案件生效人数总是多于刑事案件生效案件数加以证实。

与后者的年差额无法构成等比例，无法进行换算。同时，刑事案件生效案件的外延包括一审生效案件、二审以及再审改判案件，与此相同，宣告无罪案件也包括一审宣告无罪并生效案件、二审改判无罪案件及再审改判无罪案件，因此宣告无罪案件能够在逻辑关系上被刑事案件判决生效案件数所包含。而一审审结案件只包括一审生效以及尚在二审阶段导致一审未生效案件，二者的逻辑外延关系不具有包含与被包含的关系，其在外延上不能涵盖二审和再审改判无罪的案件，因此在数据上不具备可对比参考意义。在现有的条件下，笔者无法通过公式较为准确地换算出 2010—2010 年全国法院年度宣告无罪案件的数量，为避免在背离真实情况的错误道路上越走越远，笔者退而求其次，将共同犯罪假设为平均分布在每年宣告无罪案件中的因素并予以忽略，以全国法院宣告无罪人数来说明全国法院宣告无罪案件数。

（2）衡量标准及暂时性结论

从图 1 可以看出，全国法院每年宣告无罪的人数呈波动上升趋势，由于宣判无罪案件必须经过审判委员会讨论[①]，也即全国法院审判委员会就被告人可能宣判无罪案件的讨论案件数量处于上升趋势。审判委员会未参与案件审理直接讨论决定案件的法律适用，从而决定了案件的部分裁判结果，因此以审判委员会讨论决定案件的范围和数量为衡量标准，其与庭审实质化的冲突程度呈正相关关系。审判委员会讨论决定案件的范围越大、讨论决定案件的数量越多，与庭审实质化的冲突即越激烈。以此为判断标准，所得出的结论是：审判委员会就无罪案件的讨论决定与庭审实质化的冲突呈上升趋势。

2. 修正性结论：相对值意义上的冲突缓和

尽管全国法院提交审判委员会讨论的宣告无罪案件数量呈上升趋

① 虽然法律并未明文规定合议庭对宣告无罪案件必须提交审判委员会讨论，也未将此类情形纳入程序违法的范畴，但最高人民法院发布的 2010 年《审委会实施意见》与 2019 年《审委会工作意见》都将无罪案件纳入应当提交审判委员会讨论的案件范围，该意见对法院内部有法律拘束力，同时，合议庭若未将拟宣告无罪案件提交审判委员会讨论，将面临责任追究。因此，笔者合理假设所统计的 2010—2020 年全国法院宣告无罪案件都经过审判委员会讨论。

势，但仅考察绝对值意义上的宣告无罪案件数量并得出审判委员会就无罪案件的讨论决定与庭审实质化的冲突呈上升趋势失之偏颇，需要对审判委员会讨论宣告无罪案件所占同年度刑事案件生效判决案件数的比重来进行相对层面上二者冲突状况及趋势如何的观察。

表 3　2010—2020 年宣告无罪情况①

年份	宣告无罪人数	刑事案件生效判决人数/万人	无罪率/%
2010	999	100.7	0.0992
2011	891	105.1	0.0847
2012	727	117.4	0.0619
2013	825	115.8	0.0713
2014	778	118.4	0.0657
2015	1039	123.2	0.0844
2016	1076	122	0.0881
2017	1156	127	0.0911
2018	819	143	0.0643
2019	1388	166	0.0836
2020	1040	152.8	0.0680

从表 3 可以看出，2010—2020 年宣告无罪人数在刑事案件生效判决人数中的比例大致呈下降趋势，笔者在此与上一部分所分析宣告无罪案件数量绝对值相同，也假设共同犯罪假设为平均分布在每年宣告无罪案件中的因素并予以忽略。因此，2010—2020 年年度宣告无罪案件数在刑事案件生效判决案件数中的比例大致呈下降趋势，虽然 2010—2020 年宣告无罪案件数在绝对值上大致呈上升趋势，但具体宣告无罪案件数量的涨幅远低于同年度刑事案件生效判决案件数的涨幅，也即虽然审判委员会讨论决定宣告无罪案件数量在增长，但审判委员会所讨论决定的宣告无罪案件在同年度所生效的刑事案件中占比则是下降的。因

① “刑事案件生效判决人数”相关数据来源于最高人民法院工作报告以及《全国法院司法统计公报》，由于最高人民法院工作报告中的数据只统计到千位数，因此为保持统一，笔者将来源于《全国法院司法统计公报》中载明精确到个位数的 2010—2018 年刑事案件生效判决人数保留至千位数加以使用，特此说明。

此，就相对值而言，宣告无罪案件中审判委员会讨论决定该类案件与庭审实质化的冲突趋于缓和。

（三）免予刑事处罚案件：冲突的缓和

与上述两类案件相同，2010 年《审委会实施意见》和 2019 年《审委会工作意见》都将免予刑事处罚的案件纳入应当提交审判委员会讨论决定的案件范畴，因此笔者以年度为单位统计 2010—2020 年人民法院宣判免予刑事处罚的人数，为使得所得出的结论更为客观科学，同时收集了同年度人民法院刑事案件生效判决人数，以年度免予刑事处罚人数所占的同年度人民法院刑事案件生效判决人数比重来分析相对值层面上，审判委员会讨论决定免予刑事处罚案件与庭审实质化的冲突情况及趋势，详见表 4。

表 4　2010—2020 年免予刑事处罚情况①

年份	免予刑事处罚人数	刑事案件生效判决人数/万人	免予刑事处罚率/%
2010	17957	100.7	1.78
2011	18281	105.1	1.73
2012	18974	117.4	1.61
2013	19231	115.8	1.66
2014	19253	118.4	1.62
2015	18020	123.2	1.46
2016	19966	122	1.63
2017	20684	127	1.62
2018	16711	143	1.16
2019	21593	166	1.30
2020	12000（非精确）	152.8	0.078

① 2010—2018 年免予刑事处罚人数来源于最高人民法院官方网站所载的《全国法院司法统计公报》，2019 年免予处罚人数来源于维普期刊平台，2020 年免予刑事处罚人数来源于最高人民法院 2020 年工作报告，工作报告中原文载明“对 1.2 万人免予刑事处罚”，数据未能精确到个位数。特此说明。

需要说明的是，由于存在共同犯罪，因此免予刑事处罚人数应略多于免予刑事处罚案件数量，但在无法获取免予刑事处罚案件数量的情况下，笔者将共同犯罪假设为平均分布于各年度免予刑事处罚案件的因素并予以忽略，以年度免予刑事处罚人数来说明年度免予刑事处罚案件数量。由上，笔者已经分析审判委员会行使个案讨论决定权，决定案件的法律适用与庭审实质化存在冲突。那么，笔者以审判委员会讨论决定案件的数量及相应所占比例为指标，当审判委员会讨论决定案件的数量越多、所占案件比例越大，其与庭审实质化的冲突则越激烈，如表 4 所示，不论是免予刑事处罚人数，还是免予刑事处罚人数所占同年度刑事案件生效判决人数的比例即刑事案件免予刑事处罚率而言，自 2010 年到 2020 年以年为单位大致呈下降趋势。因此，就免予刑事处罚案件而言，审判委员会对于该类案件的讨论决定的案件数量以年为单位大致呈下降趋势，也即就免予刑事处罚案件而言，审判委员会与庭审实质化的冲突呈下降趋势。

（四）总体结论以及结论的局限性

1. 审判委员会讨论决定个案的复杂现状：呈类型化的差异

由上述三类案件的数据及分析可以看出，审判委员会讨论决定案件的数量变化呈现了类型化的差异，即人民检察院刑事再审抗诉案件、宣告无罪案件以及免予刑事处罚案件所体现的审判委员会与庭审实质化的冲突趋势都有所不同。人民检察院刑事再审抗诉案件数量在绝对值与相对值都呈年增长趋势，就刑事再审抗诉案件而言审判委员会与庭审实质化的冲突趋势趋于激烈；而宣告无罪案件数量则是在绝对值层面呈年增长趋势，但在相对值层面却呈下降趋势，这所体现的是就宣告无罪案件而言审判委员会与庭审实质化的冲突相对趋于缓和；免予刑事处罚案件数量在绝对值与相对值层面都以年为单位呈下降趋势，这意味着就免予处罚刑事案件，审判委员会与庭审实质化的冲突更趋缓和。若未区分案件类型将审判委员会所讨论决定的案件一并统计，并就此得出相应冲突趋势的结论则略有不严谨之处，司法现状的统计与描述是为制度的改革及完善提供方向与基础，“囫囵吞枣”式的统计方式可能会影响统计结论的科学性从而导致制度的完善方向出现偏差。

2. 结论的局限性

当然，尽管笔者区分案件类型对数据加以统计，但仍应承认，数据距离真实的司法实践仍有一定距离。这种“数据”与“司法现状”之间的距离可以通过统计指标、方法、渠道等方面的改进和完善加以缩短，但统计者更应在以统计数据说明问题、作出结论时避免过于绝对化或是“不留余地”。同时，统计者也应当注意，数据本身只反映结果，但无法反映过程和程序，因此笔者需要对上述所得出的结论做进一步的说明。

虽然审判委员会讨论决定人民检察院在刑事再审提请抗诉案件的数量在绝对值与相对值都呈上升趋势，但就刑事案件而言，检察院抗诉必然引起再审且属于应当提交审判委员会讨论的案件，因此，刑事再审抗诉案件进入审判委员会讨论的案件数量不受审判委员会的控制，故审判委员会讨论与庭审实质化就人民检察院刑事再审抗诉案件冲突的加剧是更趋客观化的情况。

与此类似，以理想状态而言，被告人是否被宣告无罪由在案证据证明犯罪事实是否能够达到排除合理怀疑的程度所决定，具体关涉到在案证据与法律规范。从这一层面来说，审判委员会不能违背证据规则和证明标准作出与事实和法律相悖的裁判结果，因此，法院宣告无罪人数的增长趋势并非审判委员会主观上意欲加剧与庭审实质化的冲突，冲突是客观描述。尽管可能存在背离上述理想状态的导致宣告无罪人数（案件）的增长背后的原因，但笔者无意在此深入探讨。

免予刑事处罚属于量刑情节，审判委员会需要把握被告人的犯罪情节是否轻微以至于不需要判处刑罚，因此虽然可能免予刑事处罚案件属于应当提交审判委员会讨论决定的案件范畴，但由于案件的法律适用最终由审判委员会决定，因此免予刑事处罚的案件数或人数属于审判委员会可以控制的，在此，免予刑事处罚案件与人民检察院再审提出抗诉案件及宣告无罪案件存在的差异是，免予刑事处罚案件的数量变化能够更主观化地呈现审判委员会讨论决定个案与庭审实质化的冲突趋势。

四、结语

就理论层面而言，审判委员会行使个案的讨论决定权与“裁判结果形成于法庭”以及“由审理者裁判，让裁判者复杂”不符，其与庭审实质化存在理论冲突；在就规范层面而言，将审判委员会的讨论决定范畴限定为案件的法律适用问题，以及审判委员会讨论决定案件趋于权责统一在一定程度上缓和了二者的冲突，但讨论决定案件程序的行政化这一根本缺陷在审判委员会讨论决定个案的制度演变中始终未予弥补；就司法实践而言，审判委员会与庭审实质化的冲突呈现类型化的差异。审判委员会与庭审实质化的冲突在理论、规范、实践这三个不同层面呈现不一样的冲突状况及趋势，无法以任何其中一种分析来替代另一种，也只有在理论、规范以及司法实践中分析、观察，才能够较为充分地描述、论证审判委员会与庭审实质化的冲突究竟是何局面。

本文仅分析了审判委员会与庭审实质化的冲突状态，尚未解决以何种方案来协调审判委员会与庭审实质化的冲突，使得审判委员会能够在理论上符合庭审实质化的要求，在规范上这种协调方案能够与现行制度相衔接以实现制度的贯彻落实，在实践中这种协调方案能够恰如其分地满足司法实践对审判委员会的需求。兼顾理论要求、规则合理性以及满足司法实践需求的方案选择及构建仍是一项“大型而又艰难的工程”，因此，本文在某种程度上属于“未竟的事业”。

（责任编辑：闫召华）

名师荐稿

推荐人语：

2018年刑事诉讼法修改的重点之一是规定了认罪认罚从宽制度。作为配套规定，对《刑事诉讼法》第201条“一般应当采纳”条款的解释成为学界研究的重点。现阶段理论界对于“一般应当采纳”条款的理解大多囿于诉讼法领域，鲜有从刑事实体法规范的角度界分该条款中的控审界限。本文探讨了认罪认罚从宽制度中量刑建议的双重面向——“效力确证”和“规范指引”，并从责任刑预防刑区分的刑罚原理出发，探索量刑建议效力确证属性的应然边界。该研究角度新颖，有助于启发我们采用刑事一体化的逻辑重新思考《刑事诉讼法》第201条的法旨。

郭烁　中国政法大学教授、博士生导师

“效力确证”与“规范指引”：“一般应当采纳”条款的双重面向*

任禹行**

一、问题的提出：《刑事诉讼法》第201条的司法困惑

在总结近两年各试点经验基础之上，2018年刑事诉讼法正式确立了认罪认罚从宽制度。同时，为了促成控辩合意，保障制度的适用与稳

* 本文系北京交通大学基本科研业务员经费研究生创新项目“认罪认罚从宽制度上诉权问题研究”的阶段性成果。

** 中国政法大学刑事司法学院2020级博士研究生。

定性程度，《刑事诉讼法》第201条规定了“一般应当采纳”条款，[①]即要求法院在办理认罪认罚案件，除特殊情形外，“一般应当采纳”人民检察院指控的罪名和量刑建议。字面上，该条款似乎有要求法官对检察官“言听计从”之意蕴，故当初征求意见稿公布之时，此条即招致诸多质疑。2020年初，北京市发生的一起“余某某交通肇事案”将学界对此条款的争论推至高潮。[②]

“余某某案”并非检法两家在“一般应当采纳”条款上的初次“交锋”，更耐人寻味的是，就连最高司法机关也罕见地出现对同一条文作口径相左的解读：“《试点办法》和修改后的刑事诉讼法第201条对量刑建议的效力规定为除法定情形外，人民法院‘一般应当’采纳，这里的‘一般应当’体现了对‘合意’的尊重，但不是‘照单全收’”[③]；“对于认罪认罚的案件，法律要求检察机关要明确提出量刑建议，检察机关应当提出量刑建议，人民法院一般应当采纳检察机关提出的量刑建议，即除了法律规定的几种情况以外，原则上均应采纳检察机关的量刑建议”[④]。

2019年10月“两高三部”印发的《关于适用认罪认罚从宽制度的

---

① 量刑建议的效力条款即《刑事诉讼法》第201条。该条第1款规定：“对于认罪认罚案件，人民法院依法作出判决时，一般应当采纳人民检察院指控的罪名和量刑建议，但有下列情形的除外：（一）被告人的行为不构成犯罪或者不应当追究其刑事责任的；（二）被告人违背意愿认罪认罚的；（三）被告人否认指控的犯罪事实的；（四）起诉指控的罪名与审理认定的罪名不一致的；（五）其他可能影响公正审判的情形。”第2款规定：“人民法院经审理认为量刑建议明显不当，或者被告人、辩护人对量刑建议提出异议的，人民检察院可以调整量刑建议。人民检察院不调整量刑建议或者调整量刑建议后仍然明显不当的，人民法院应当依法作出判决。”

② 该案中，一审法院未接受检察机关给出的缓刑量刑建议，检察机关以判决畸重为由提出抗诉、被告人余某某提出上诉，二审法院经审理认为一审法院认定的自首有误，予以纠正并加重了上诉人的刑罚。参见《一审未采纳检察院缓刑建议被抗诉后，二审改判更重刑罚》，载https：//mp. weixin. qq. com/s/QO21Ov5yU02jokx5D8eGDQ，2020年8月30日最后访问。

③ 胡云腾：《正确把握认罪认罚从宽　保证严格公正高效司法》，载《人民法院报》2019年10月24日，第5版。

④ 陈国庆：《量刑建议的若干问题》，载《中国刑事法杂志》2019年第5期。

指导意见》（以下简称《指导意见》）在“量刑建议的采纳”部分，[①]只简单说明“量刑建议适当的，人民法院应当采纳”，但回避了刑事诉讼法中“一般应当”的具体含义，更未对《刑事诉讼法》第201条第2款量刑建议的“明显不当”进行具体阐释。尽管规范性文件持观望态度，但随着认罪认罚从宽制度的全面铺开，理论界对“一般应当采纳”条款阐释努力却从未停歇。概言之，争点主要集中于以下层面：

其一，“一般应当采纳”条款究竟是“立法失误”还是“应时之需”。有论者主张“一般应当采纳”条款因模糊控审界限而有悖控审分离原则，[②]但另有论者则认为认罪认罚从宽是刑事诉讼“第四范式”兴起的典型表现，若仍以传统诉讼观解构之，难免不得其所。[③]

其二，“一般应当”作何理解？文义上，将“一般”“应当”这两个词义相悖但词性相同的词语并列导致此条款语义含糊不清，并招致诸多司法困惑，例如能否认为除法定特殊情形外，法院不接受检察机关量刑建议即为不合法；量刑建议是否存在介于“明显不当”与“适当”之间的第三种形态（如“基本适当”等）。

其三，《刑事诉讼法》第201条第1款和第2款的关系应作何理解？该条第2款规定了量刑建议“明显不当”的处理规则，但“明显不当”的判断标准以及“明显不当”与该条第1款的法定例外情形之间的关系并不明晰，多数论者认为第2款是第1款的补充规定，[④]但也有论者主张第2款是量刑建议效力的实体性基础，对第1款“一般应当采纳”

---

① 有学者持不同观点，例如林喜芬教授认为，《指导意见》中“量刑建议的采纳”部分规定使得量刑建议实现从“推定接受型”到“审查接受型”转变。参见林喜芬：《论量刑建议制度的规范结构与模式——从〈刑事诉讼法〉到〈指导意见〉》，载《中国刑事法杂志》2020年第1期。对此，笔者并不认同，详见本文第三部分。

② 参见孙远：《“一般应当采纳”条款的立法失误及解释论应对》，载《法学杂志》2020年第6期。

③ 参见郭烁：《控辩主导下的“一般应当”：量刑建议的效力转型》，载《国家检察官学院学报》2020年第3期。

④ 参见朱孝清：《刑事诉讼法第201条规定的合理性》，载《检察日报》2019年11月7日，第3版；苗生明、周颖：《〈关于适用认罪认罚从宽制度的指导意见〉的理解和适用》，载《中国刑事法杂志》2019年第6期。

的适用应当受符合第 2 款隐含的实体性要求。[①]

其四，“一般应当采纳”条款的实体法边界如何？我国《刑法》第 5 条规定了“罪责刑相适应原则”，第 61 条规定了“量刑的一般原则”，根据上述条款，法官将如何同时回应实体与程序的双重要求，等等。

对上述争点的不同解答直接影响量刑建议“刚性效力”的射程范围，进而影响认罪认罚从宽制度价值功能的发挥。据此，本文拟在全面考察“一般应当采纳”条款的基础上，合理界定量刑建议的效力范围，使之契合立法原意，符合司法规律。具言之，本文依以下逻辑展开研究：第一，结合比较法经验研判赋予量刑建议以刚性效力有无必要；第二，如必要，如何划定认罪认罚从宽程序中量刑建议效力的射程范围；第三，如何结合上述研究理论对“一般应当采纳”条款予以教义学诠释。

二、“原则接受”与“法官主导”：“认罪合意”效力的比较法模式

或许称我国认罪认罚从宽程序中的量刑建议为“控辩协议”不甚准确：一方面，相关规范性文件多回避“协商”“交易”等平等对话的字眼；另一方面，量刑建议也并非具结书的唯一内容，除此之外还有“是否认罪悔罪”“是否退赃退赔”等，但毋庸讳言，检察机关在被追诉人认罪认罚基础上作出的“量刑建议”始终是“控辩合意”的核心。[②] 职是之故，可将认罪认罚从宽中的“量刑协商”，与其他国家或地区认罪协商程序中的“认罪合意”进行比较研究，探究“认罪合意”规则的比较法模式。

---

① 黄京平：《幅度刑量刑建议的相对合理性——〈刑事诉讼法〉第 201 条的刑法意涵》，载《法学杂志》2020 年第 6 期。

② 例如，陈瑞华教授称“认罪认罚从宽就是量刑协商制度”。参见陈瑞华：《刑事诉讼的公力合作模式——量刑协商制度在中国的兴起》，载《法学论坛》2019 年第 4 期。

（一）美国：习惯意义上的“原则接受”

有学者曾形容英美法系对抗制的基本特征之一是“消极的法官”——在审判中他们的职责仅仅是监督双方当事人及其律师遵守程序的规则。[①] 这一点在辩诉交易程序中体现得更为淋漓尽致：绝大多数情况下，法官都会接受控方基于辩诉交易作出的指控。[②] 甚至，为了保障被告人有罪答辩之效力，联邦最高法院在 Tollett v. Henderson 案中指出：“当被告人在公开法庭上郑重承认他确实犯了被指控的罪行时，他此后不得就在认罪之前发生的剥夺宪法权利的行为提出独立的主张。”[③] 只要有罪答辩系出于被告人明知自愿，“即使该有罪答辩被作出的动机是为了避免更重的刑罚，而被告人又发自内心不承认控方的指控”，也不得认为该有罪答辩无效。[④] 这一点也集中体现于《联邦刑事诉讼规则》之中，《联邦刑事诉讼规则》仅就被告人答辩自愿性作出要求，在第 11 条 b 款（2）项中规定：“保证答辩自愿。法庭在接受有罪答辩、不辩护也不认罪的答辩前，首先要在公开法庭亲自询问被告人，确认答辩是自愿的，不是强迫，也不是威胁的结果，也不是脱离答辩协议中许诺的结果。”[⑤]

但需要强调的是，尽管美国绝大多数法官在辩诉交易中只发挥“橡皮图章”作用，但这只是习惯而非成文规范。[⑥] 相反，《联邦刑事诉讼规则》在第 11 条 c 款“答辩协议程序”中专门规定了“答辩协议的

① 易延友：《对抗式刑事诉讼的形成与特色——兼论我国刑事司法中的对抗制改革》，载《清华法学》2010 年第 2 期。

② 王兆鹏：《美国刑事诉讼法》，北京大学出版社 2005 年版，第 538 页。

③ See Tollett v. Henderson，411 U. S. 258，（1973）.

④ See Bordenkircher v. Hayes，434 U. S. 364，（1978）.

⑤ 《世界各国刑事诉讼法》编辑委员会编译：《世界各国刑事诉讼法（美洲卷）》，中国检察出版社 2016 年版，第 621 页。

⑥ 关于这一问题的详细论述，见孙远：《“一般应当采纳”条款的立法失误及解释论应对》，载《法学杂志》2020 年第 6 期。

司法审议"。[1] 质言之，在规范上，美国允许法庭拒绝答辩协议，但应履行"忠告""说理"等义务，只不过在实务中，既然控辩双方达成了协议，法官普遍认为没有必要再"节外生枝"。

当然，美国法官于辩诉交易程序中的消极态度有着深层次的法律文化与司法制度的原因。一方面，在英美法系，当事人主义传统强调"刑事诉讼与民事诉讼并无二致，其本质均在于纠纷解决"，[2] 故而合逻辑的结论即刑事诉讼也应允许控辩双方基于自由意志协议处分，而司法审议的重点，也不在于被告人认的罪是否真实，而在于被告人是否自愿，答辩协议作出的过程是否合乎宪法正当程序要求。例如，在 United States v. Ruiz 案中，联邦最高法院便指出"被告人主动放弃证明无罪的证据，因其作为与控方交易的条件而不会丧失自愿性""因为这仅仅关乎审判的公正性，而无涉有罪答辩的自愿性"。[3] 显然，美国辩诉交易语境下的"自愿性"更具当事人主义色彩——"自愿"并非认罪的"自愿"，而是达成协议的"自愿"。[4] 另一方面，起诉便宜主义为原则的检察制度也是法官习惯接受控辩协议的诱因之一。在美国，检察官享有较为宽泛的起诉裁量权[5]，"决定是否起诉以及提起什么样的公诉或

---

① 《联邦刑事诉讼规则》第 11 条 c 款（3）规定，"（A）如果协议属于本规则第 11 条（c）款（1）项（A）或（C）规定的类型，法庭可以接受也可以拒绝该协议，或者在有机会考虑提交的报告前推迟作出决定；（B）如果协议属本规则第 11 条（c）款（1）项（B）规定的类型，法庭应忠告被告人，如果法庭不接受有关建议或请求，被告人也无权撤回答辩"。本规则第 11 条（c）款（1）项（A）（B）（C）系《联邦刑事诉讼规则》中"答辩协议程序"的一般规定，根据第 11 条（1）项，如被告人作有罪答辩，检察官应当："（A）不会提出或提议撤销其他指控；（B）建议法庭判处或者同意不反对被告人请求判处被告人一定量刑或量刑范围是适当的、某一量刑准则的条款、政策或者量刑因素是适用或是不适用（上述检察官的建议或被告人的请求对法庭均没有约束力）；（C）同意对本案判处一定量刑或量刑范围是适当的处理，或者同意某一量刑准则的条款、政策或者量刑因素是适用或是不适用（上述检察官的建议或被告人的请求一经法庭接受则对法庭产生约束力）。"参见《世界各国刑事诉讼法》编辑委员会编译：《世界各国刑事诉讼法（美洲卷）》，中国检察出版社 2016 年版，第 622 页。

② 参见魏晓娜：《辩诉交易：对抗制的"特洛伊木马"?》，载《比较法研究》2011 年第 2 期。

③ See United States v. Ruiz 536 U. S. 622，（2002）.

④ 赵飞龙：《美、德辩诉交易中自愿性的审查及启示》，载《重庆理工大学学报（社会科学）》2019 年第 7 期。

⑤ 除却一般意义上的不起诉，检察官还有污点证人的责任豁免、起诉替代性措施等裁量性权力。

者将什么样的案情提交大陪审团审查，通常完全取决于检察官的裁量”[1]。[2] 甚至可以说，除却证据和公共利益因素[3]，美国检察官拥有几乎没有任何制约的起诉裁量权。据统计，在美国，1998 年检察官共起诉 4 万余个案件，而终结的案件数量与之大致相当。[4] 较为彻底的起诉便宜主义为辩诉交易的广泛适用提供了制度的平台，而对于控辩协议效力，法官通常也不愿进行实质调查。当然，美国的起诉便宜主义也并非没有审查制约环节，如“大陪审团”“预审程序”等被用来防止“专横的正义”[5]，但现实却是，大陪审团“剑与盾牌”的作用发挥已呈颓势，不仅职能很难准确界定[6]，适用比例愈来愈低[7]；而且，在预审程序中，大多数法官都会尊重检察官的决定，有研究显示预审程序中典型的驳回指控比例仅为 5%—10%。[8]

（二）德国：法官主导的认罪协商

与其他国家或地区的认罪协商、辩诉交易程序具有显著不同，德国认罪协商程序的一大特点在于法院成为协商程序的一极，主导协商进程。其《刑事诉讼法》第 257 条 c 第 1 款规定：“适宜情况下，法院可以依据下列规定与诉讼参与人就程序的进一步发展和程序的结果进行协商。”相应的，德国法意义上的“认罪协议”效力则主要指上述协议的约束力问题。《刑事诉讼法》第 257 条 c 第 3 款规定：“如果忽视或者

---

① See Bordenkircher v. Hayes，434 U. S. 364，（1978）.

② 参见周长军：《检察起诉裁量权的国际发展趋势与中国改革》，载《东方法学》2009 年第 3 期。

③ 参见郭烁：《酌定不起诉制度的再考查》，载《中国法学》2018 年第 3 期。

④ See Bureau of Justice Statistics，Sourcebook of Criminal Justice Statistics—1998，at 387，Table. 5. 6（1999）.

⑤ 参见［美］吉安娜·J. 戴维斯：《专横的正义：美国检察官的权力》，李昌林、陈川陵译，中国法制出版社 2012 年版，第 8 页。

⑥ 虽然承认大陪审团的合法地位，但联邦最高法院从未选择从单一视角回应大陪审团的功能定位。参见潘侠：《美国大陪审团功能问题再思索》，载《河南社会科学》2014 年第 11 期。

⑦ See Ronald Rpesch，et al.，Forensic Psychology and Law，at 182（Wiley Dec2009）. 转引自郭烁：《酌定不起诉制度的再考查》，载《中国法学》2018 年第 3 期。

⑧ 潘金贵：《美国刑事预审程序考察与评价》，载《西南民族大学学报（人文社科版）》2007 年第 12 期。

出现新的法律上或者事实上的关键情况，且法院确信原先的量刑幅度与行为或者罪责不匹配的，则法院不受该协议的约束。如果被告人采取的进一步的诉讼行为与法院预测所依据的行为不一致的，此规定同样适用。这些情形下，被告人的认罪不予适用。法院应当就此背离毫不迟疑地进行通知。”[①]

法官在认罪协商程序的主导地位与德国对实质真实的追求密不可分。与英美法系不同，以德国为代表的大陆法系国家始终秉持对实质真实的执着追求：发现案件的事实真相是刑事诉讼的目的，法官自行对犯罪事实加以调查，不受诉讼参与人申请或陈述之拘束。[②] 在实质真实主义之下，辩诉交易一度被认为是对案件事实的扭曲，有违刑事诉讼基本理念而无法立足于大陆法系。[③] 但21世纪以来，出于诉讼爆炸等原因，认罪协商制度在受到一系列宪法判决承认后，于2009年正式被写入了德国刑事诉讼法。

认罪协商制度被引入德国，首要问题即解决其与实质真实主义的冲突。德国《刑事诉讼法》第257条c第1款专门规定“（适用认罪协商程序）第244条第2款[④]的规定不受影响”，也即，在德国，（明知自愿的）认罪答辩并不必然获得英美法系国家“有罪”的法律后果——有罪答辩将会同其他证据一道接受法官审查检验，法院的职权调查仍然在刑事诉讼程序中发挥主导作用，而法官主导协商程序，既有利于审查被告人认罪的自愿性，防止具有入罪倾向的检察，又能促进德国刑事诉讼中被人诟病已久的“缺乏交流”的问题之改善。[⑤]

---

① 《世界各国刑事诉讼法》编辑委员会编译：《世界各国刑事诉讼法（欧洲卷·上）》，中国检察出版社2016年版，第295—296页。

② 王天民：《实质真实主义：两种认知理论下的模式推演》，载《法制与社会发展》2018年第1期。

③ See，Andrew Hammel，The Difficult Birth of the Criminal Plea Bargain in Germany，https：//hammeltranslations. com/2019/05/22/the - difficult - birth - of - the - criminal - plea - bargain - in - germany/，last visited 3 - 15 - 2020.

④ 德国《刑事诉讼法》第244条第2款规定了法院的“职权调查原则”：“为了调查事实真相，法院应当依职权将证据调查延伸到所有的对裁判具有意义的事实、证据上。”

⑤ 参见卞建林、谢澍：《职权主义诉讼模式中的认罪认罚从宽——以中德刑事司法理论与实践为线索》，载《比较法研究》2018年第3期。

（三）我国台湾地区：规范意义上的“原则接受”

2004年，我国台湾地区“刑事诉讼法”增订第七编之一协商程序（第455条之二至第455条之十一），正式确立了认罪协商制度。[①]

就控辩协商之效力问题，我国台湾地区的规定与大陆地区尤为类似，即“原则+例外”式。台湾地区“刑事诉讼法”第455条之四规定“有下列情形之一的，法院不得为协商判决：‘一、有前条第二项之撤销合意或撤回协商声请者；二、被告协商之意思非出于自由意志者；三、协商之合意显有不当改以显失公平者；四、被告所犯之罪非第四百五十五条之二第一项[②]所定得以声请协商判决者；五、法院认定之事实显与协商合意之事实不符者；六、被告有其他较重之裁判上一罪之犯罪事实者；七、法院认应谕知免刑或免诉、不受理者’”，“除有前项所定情形之一者外，法院应不经言词辩论，于协商合意范围内为判决。法院为协商判决所科之刑，以宣告缓刑、二年以下有期徒刑、拘役或罚金为限”。质言之，除却事实、罪名、被告人不自愿、合意显属不当等情况，法官上“原则上”应于合意范围内为判决，这和大陆地区《刑事诉讼法》第201条的立法体例尤为类似。

但有所区别的是，我国台湾地区对“控辩协议”效力的确证规定，是建立在认罪协商程序适用范围的“审慎”划定基础之上的。在立“法”之初，对于认罪协商制度，学者褒贬不一，争议主要集中于“是否违反公平正义”“是否将造成被告不当获利”“是否有可能产生法官、检察官与被告人勾结的弊端”等方面。[③] 相应的，在认罪协商程序的适用问题上，台湾地区“刑事诉讼法”显得尤为克制：一方面，事实和

① 本文所引用的我国台湾地区“刑事诉讼法”的条文均出自台湾地区高点文化事业有限公司出版的《新简明六法实用小法典》2013年版。

② 台湾地区“刑事诉讼法”第455条之二第1项即认罪协商程序的案件范围，主要指不包括“所犯为死刑、无期徒刑、最轻本刑三年以上有期徒刑之罪或高等法院管辖第一审案件”。

③ 参见张汉荣：《台湾辩诉交易制度的生成及争论》，载《国家检察官学院学报》2009年第2期。

罪名问题，无协商之空间；[①] 另一方面，即便量刑问题，也并非所有案件得以适用——第 455 条之二“所犯为死刑、无期徒刑、最轻本刑三年以上有期徒刑之罪或高等法院管辖第一审案件”不适用协商程序。这也造就了第 455 条之四“法院为协商判决所科之刑，以宣告缓刑、二年以下有期徒刑、拘役或罚金为限”。换言之，台湾地区的认罪协商程序并非一个普适性的程序，只在较为轻微的案件中得以适用，故而在“立法”上，可以适当放宽对控辩协议效力的审查要求，在规范上要求法官“原则上”接受即可。[②]

（四）小结

通过上述比较研究，大致可以初步得出以下结论：

其一，赋予认罪协议以刚性效力，是确保辩诉交易或认罪协商从文本走向实践的关键。例如，在美国，起诉便宜主义被视为滋生辩诉交易实践的制度“温床”，检察官唯享有在事实上终结诉讼的权利，才能拥有同被告人进行罪责交易的“筹码”；控方的“许诺”在大多数情况下能在法庭上实现，才会有被告人愿意以有罪答辩为代价换取有利境遇。否则，所谓的认罪协商只能是纸面上的法律，无法在实践中焕发如此生机。甚至可以说，认罪协议的刚性效力之于认罪协商制度，如同上诉不加刑之于上诉审制度一样，前者是后者得以实际运转的命脉所在。

其二，凡以规范形式课以法院接受认罪协议义务者，当谨慎为之。对比美国习惯意义上“原则接受”控辩协议的做法，我国台湾地区将法官“原则上”接受认罪协议写入“刑事诉讼法”，这虽能在一定程度上保障了被告人认罪的动力，但同时也引发了学界对于法官放松审查的担忧：“可能出现以虚伪自白为他人顶罪，或者被告人为图较轻处罚，

---

① 参见杨云骅：《刑事诉讼法新增“协商程序”之探讨（上）》，载《月旦法学教室》2004 年第 20 期。

② 值得一提的是，即便“法院为协商判决所科之刑，以宣告缓刑、二年以下有期徒刑、拘役或罚金为限”，但为了保障被告人的权利，我国台湾地区“刑事诉讼法”第 455 条之五规定协商程序中的公设辩护人制度“协商之案件，被告表示所愿受科之刑逾有期徒刑六月，且未受缓刑宣告，其未选任辩护人者，法院应指定公设辩护人或律师为辩护人，协助进行协商”，防止协商程序成为强迫自白的工具。

而为虚伪之自白认罪”以致“公平正义荡然无存”。[①] 因此，在立“法”之初，严格的案件范围和以公设辩护人为代表的权利保障机制便成为制度设计的重点。在进行比较法借鉴时，不仅要看到我国台湾地区以规范形式科以法官“原则接受”控辩协议义务，更应注意到其认罪协商制度适用范围和权利保护机制方面的特殊性。[②]

其三，于大陆法系而言，对辩诉交易的移植改造，尤要注意诉讼理念与价值取向的兼容问题。德国在确立认罪协商制度的同时并未改变职权主义传统对实质真实的追求，德国式法官主导下的“协商”本质上仍是法官在履行“职权调查”义务，无须再考虑协商之于法官效力问题，但其代价也显而易见——法官理应恪守中立义务，由其主导协商程序势必造成角色冲突，甚至产生入罪倾向。

三、立法论：效力确证有余，规范指引不足

在借鉴比较法经验的基础上，本文拟在立法层面对我国大陆地区《刑事诉讼法》第201条“一般应当采纳”条款进行检讨，集中讨论以下问题：其一，“一般应当采纳”条款背后体现何种立法定位？其二，在立法技术上，“一般应当采纳”条款是否很好地体现了立法精神，并给予实务部门以规范指引。

（一）立法定位：效力确证条款

笔者认为，《刑事诉讼法》第201条在认罪认罚从宽制度体系中的定位应当是“效力确证”条款。所谓“效力确证”，包含正反两方面含义。

正向含义即赋予量刑建议以刚性效力。通过比较法经验可以得知，

---

① 参见张汉荣：《台湾辩诉交易制度的生成及争论》，载《国家检察官学院学报》2009年第2期。

② 我国台湾地区认罪协商程序的特殊性方面，还有一项背景值得注意：其羁押制度的适用条件之一为“所犯为死刑、无期徒刑或最轻本刑为五年以上有期徒刑之罪者”。因此，适用认罪协商程序的被追诉人在审判前是未被羁押的，这也在一定程度上防止了侦诉机关借认罪协商程序以威胁被告人获取有罪供述的情况发生。

无论是辩诉交易、认罪协商抑或是认罪认罚从宽，“认罪合意”的刚性效力均是难以绕过的环节。从这个意义上说，《刑事诉讼法》第201条至少完整表达出了量刑建议刚性效力这一意蕴，完成了其承载的“制度使命”。反向含义则是，在立法精神上，《刑事诉讼法》第201条也仅仅是“效力确证”条款，不能被过分解读使之承载过多功能——这一条款既不意在重新划定“检察权与审判权的界限”，也不旨在挑战“控审分离”这一基石性原则。首先，“赋予量刑建议刚性效力”不意味着量刑建议的“建议”属性丧失而成为一项之于法官的强制性规范，更不意味着公诉“求刑权”的根本扭转。有上述误解者，显未正确理解《刑事诉讼法》第201条“一般”与“应当”两词各自的深层次意涵（本文第四部分将详细论述）。其次，笔者也不主张从刑事诉讼控审构造的角度评判“一般应当采纳”条款。一方面，正如有学者提出：“认罪认罚从宽制度已趋向于刑事诉讼之‘第四范式’，不应以传统刑事司法理念与要求来观察、评价与解读新制度框架下的量刑建议”①；另一方面，即便认为《刑事诉讼法》第201条有“检察权染指审判权”之虞，也要认识到——应被“责难”的并非“一般应当采纳”条款，而是认罪认罚从宽制度——在这种（类）协商制度中，检察裁量权的膨胀似乎不可避免。故笔者看来，《刑事诉讼法》第201条“一般应当采纳”条款，至少在立法精神上不应得到指摘。

（二）立法技术：应实现规范指引功能

理想状态下，认罪认罚语境下的“一般应当采纳”条款应当兼具“效力确证”属性与“规范指引”功能：既体现认罪认罚从宽制度对量刑建议的刚性需求，又不至于改变量刑建议的“建议权”属性，并能指引司法机关在不逾越立法精神的前提下探索量刑建议效力所及之自在范围。

在这个意义上，《刑事诉讼法》第201条在立法技术上有待商榷，可以说是“效力确证有余而规范指引不足”。第1款的“一般应当”用

---

① 参见熊秋红：《认罪认罚从宽制度中的量刑建议》，载《中外法学》2020年第5期。

语中，“应当”一词使得量刑建议效力得到高度确证，即便有“一般”一词的缓冲，也使得这一条款有强制义务设定之意蕴，这极大束缚了实务部门尤其是法院对认罪认罚案件的审查把握，加之检察机关以抗诉等手段宣示其在认罪认罚中的“主权”，使“一般应当采纳”条款在司法实践难免滑向“法院妥协”。

笔者认为，认罪认罚语境下的“一般应当采纳”条款应当秉持“宜粗不宜细”的制定原则，即仅表达出效力确证精神即可，无须过于详尽以至限制其规范指引属性，例如仅在《刑事诉讼法》第176条第2款“量刑建议要素”之后增设一款规定“对于上述量刑建议，人民法院应当尊重”云云。同时，将更为细致的操作规范以及“法院在多大程度上尊重”问题交予其他规范性文件及指导性案例回答。如此设计考虑到以下因素。

其一，量刑建议的效力与刑罚制度有关，并非一成不变，所以精密的立法预设这一范围几不可能。1978年美国联邦量刑指南生效之际，有人便担心：“固定的刑罚规定意味着检察官可以通过操纵指控范围来制约法官的量刑选择，如果检察官拒绝撤销或者变更指控，法官只有有限的权力去避免法律要求判处的刑罚。可能的后果是在任何辩诉协商中，检察官为了换取有罪答辩而向被告人承诺特定刑罚的权力比以前更大了——而法官作出类似承诺的权力却更小了。”[①] 而中国，2008年最高人民法院拉开了量刑规范化改革的序幕，历经十余年探索，相继颁行了《人民法院量刑指导意见（试行）》《关于规范量刑程序若干问题的意见（试行）》《关于常见犯罪的量刑指导意见》等规范性文件，提升了法院量刑的精密化和个别化程度，相应的，审判机关对量刑建议的接受程度也势必“世异时移”。另外，刑事政策对刑罚制度的影响也不容忽视，如在“宽严相济”的刑事政策影响之下，刑罚裁量将向预防刑方面倾斜[②]，自然也将影响法院对量刑建议的司法审查内容。也正因如

---

① ［美］乔治·费希尔：《辩诉交易的胜利——美国辩诉交易史》，郭志媛译，中国政法大学出版社2012年版，第211页。

② 参见卢建平：《刑事政策视野中的认罪认罚从宽》，载《中外法学》2017年第4期。

此，欲以立法预设量刑建议的效力射程几乎不可能。

其二，认罪认罚从宽制度尚处草创时期，量刑建议的效力边界有待司法探索，此时理念宣示型立法更能指引实践、减少误解。《刑事诉讼法》第201条虽能很好诠释“效力确证”理念，但极易引发实务部门误解，甚至出现“矫枉过正”的局面。因此，笔者主张以理念宣示型的方式体现出立法对量刑建议的确证态度，但其具体效力范围及个案适用限度应在实践中逐步探索。这类似于刑法正当防卫限度问题的讨论，不同违法观将指引得出不同的实质性标准，而我国司法实践正式“激活”正当防卫制度，则是在引入德日犯罪论体系后，尤其在包括“于欢案”“于海明案”① 等一系列指导性案例的影响下，正当防卫的认定相较之前日趋明朗。②

其三，规范性文件已经印证了这一判断。如本文开头所言，《指导意见》第40条“量刑建议的采纳”部分几乎整体重复了《刑事诉讼法》第201条，这一方面体现了司法指导性文件的观望态度，另一方面又说明了《刑事诉讼法》第201条中“非理念的具体操作部分”可由位阶更低的规范性文件予以释明。而这种方法在刑事诉讼领域的立法中屡见不鲜，例如《刑事诉讼法》第237条仅构架了“上诉不加刑”原则的基本精神，而具体的操作规则及适用边界由最高人民法院《关于适用〈中华人民共和国刑事诉讼法〉的解释》及相关指导案例③予以释明。

值得注意的是，有学者对《指导意见》中“量刑建议的采纳”部分作如下评价：“在量刑建议的采纳上，《指导意见》与《刑事诉讼法》的表述有所不同，学理解释上可以概括为不同的制度模式（即《指导意见》实现量刑建议从“审查接受型”到“推定接受型”的转变）。”④

---

① 参见最高人民检察院发布的第12批指导性案例。

② 参见劳东燕：《正当防卫的异化与刑法系统的功能》，载《法学家》2018年第5期。

③ 参见《刑事审判参考》第100集第1023号指导案例“李某故意杀人、故意伤害案”、第114集第1263号指导案例“费明强、何刚抢劫案”等。

④ 林喜芬：《论量刑建议制度的规范结构与模式——从〈刑事诉讼法〉到〈指导意见〉》，载《中国刑事法杂志》2020年第1期。

对此，笔者表示怀疑。

“推定”一词在刑事法领域有特殊含义，虽然学界对其界定仍较为混乱，[①] 但至少可以总结为适用于下列情形：在实体法上，“推定”主要适用于在实现犯罪构成要件之符合性的判定过程之中，尤其在有责性要件的认定上。最为典型之例证即刑法强奸罪中奸淫幼女情形的认定，“两高两部”《关于依法惩治性侵害未成年人犯罪的意见》第19条第2款规定：“对于不满十二周岁的被害人实施奸淫等性侵害行为的，应当认定行为人‘明知’对方是幼女”，即在犯罪故意上推定施害人为“明知”；而程序法上，“推定”主要体现在“无罪推定”原则，且与证据法意义上的证明责任等内容有关。但无论如何，“推定”都不得用于刑罚裁量领域。刑法第四章“刑罚的具体运用”开篇即规定了第61条“量刑的一般原则”：“对于犯罪分子决定刑罚的时候，应当根据犯罪的事实、犯罪的性质、情节和对于社会的危害程度，依照本法的有关规定判处。”法官进行刑罚的裁量只能按照《刑法》第61条的规定，别无他途。量刑只能基于查明的事实作出，这是法官主动地自证过程，绝不能理解为被动地“推定接受”。

因此，无论刑事诉讼法还是《指导意见》，量刑建议的采纳都只能是“审查接受型”，这既源自宪法的要求，也受制于刑法的实体法规范——只不过《刑事诉讼法》第201条的“一般应当”中，“一般”背后的审查意蕴，被“应当”背后的效力确证意蕴给掩盖了而已，这也从另一个角度成为上文对《刑事诉讼法》第201条“顾此失彼”的技术性批评的证成。

四、解释论：“一般应当采纳”条款之教义学重构

在对刑事诉讼法进行立法检讨之余，依科学理念正确解读规范同样

---

① “刑事推定”的相关概念及其界定，参见李恩慈：《刑法中的推定责任制度》，载《法学研究》2004年第4期；劳东燕：《认真对待刑事推定》，载《法学研究》2007年第2期；张云鹏：《刑事推定与无罪推定之契合》，载《法学》2013年第11期；窦璐：《刑事推定辨正》，载《政治与法律》2017年第11期。

重要。本部分将从立法论走向解释论，并对“一般应当采纳”条款进行教义学重构。

（一）应从实体规范划定“一般应当采纳”条款的边界

仅从诉讼法角度解释“一般应当”“明显不当”等规范用语，恐难得出明确而有说服力的结论。这是因为，量刑建议的采纳问题，归根结底仍是法官如何裁量宣告刑的问题。量刑是一个应对犯罪这种人类最为复杂社会现象的智力活动过程①，在这一过程中，法官的审查判断无疑仍以实体法为基准，这尤其体现在对各种法定、酌定量刑情节功能的裁断方面。例如，在《刑法修正案（八）》颁行之前，未考虑“坦白”这一情节能否被认为裁判“明显不当”或许还存争议；但在修正案颁布后使坦白成为法定量刑情节之后，不考虑这一情节的判罚就显然属于裁判“明显不当”了。因此，对《刑事诉讼法》第201条第1款“一般应当”与第2款“明显不当”的判断，均应从实体法的角度予以释明。

从实体法角度，刑罚的裁量应区分责任刑和预防刑。责任刑基于报应主义，是犯罪的违法和责任事实的集中体现，表现在犯罪社会危害性大小、情节、性质，犯罪人的刑事责任能力、违法性认识程度等情节；预防刑则基于预防目的，集中体现了被追诉人的人身危险性大小，表现在自首、立功、累犯、认罪认罚等情节。如果从量刑理论来看认罪认罚从宽制度，“认罪认罚”之所以“从宽”，主要体现了刑罚特殊预防目的；认罪认罚从宽的实体法核心内容，即在于“责任刑基础上的预防刑判断”。

例如，《指导意见》第1条明显体现了责任刑对预防刑的限定作用：“可能判处三年有期徒刑以下刑罚”的判断主要基于犯罪性质、情节等责任刑因素，在此基础上探索相适应的繁简分流办案方式；“因民间矛盾引发”“认罪悔罪”“取得谅解”“达成和解”“初犯”“偶犯”“过失犯”“未成年犯”等情节均体现了被追诉人人身危险性大小，是

---

① 周光权：《量刑程序改革的实体法支撑》，载《法学家》2010年第2期。

"从宽"的主要依据，但"尚未严重影响人民群众安全""社会危害不大"等体现犯罪情节的描述，则被用作"从宽"的限定性、基础性因素而存在。

再如，学界关于认罪认罚从宽制度的价值讨论，从实体法角度也体现了责任刑基础上的预防刑判断。目前，学界对认罪认罚从宽制度的价值讨论一般围绕"司法效率"与"宽严相济"刑事政策法律化的角度进行，虽然尚未出现通说，但均绕不开对"实体优待"根据的探讨，而从实体法角度考察，这一问题也是刑罚正当化的依据问题——核心仍在于"报应的正当性与预防犯罪目的的合理性"。①

引申而言，认罪认罚从宽制度中，预防刑是"从宽"裁量的主战场，而责任刑是"从宽"裁量的实体法边界。这种观点亦能通过刑法等实体法规范的有效检验。首先，《刑法》第5条规定了"罪责刑相适应"原则，而在现代刑事理念下，责任刑是上限，预防刑仅起调节作用；② 其次，《刑法》第61条规定的"量刑的一般原则"是以责任刑判断为基础的，将责任刑视为"从宽"裁量的实体法边界符合刑法关于量刑规则的基本精神；最后，量刑规范化改革的经验业已证明，在量刑情节的裁量中，不区分责任刑与预防刑将严重影响量刑规范的科学性。③

（二）对《刑事诉讼法》第201条第1款"一般应当"及五种法定例外情形的解读

"一般应当采纳"条款中的"应当"体现了量刑建议的刚性效力，承载了立法的确证功能，是"一般应当采纳"条款的核心所在，集中体现了认罪认罚从宽制度对"认罪合意"效力的确证，这一点几无争议。

关键是如何理解"一般"。笔者认为，"一般"体现的是法官对量

---

① 参见张明楷：《论预防刑的裁量》，载《现代法学》2015年第1期。
② 周光权：《量刑程序改革的实体法支撑》，载《法学家》2010年第2期。
③ 张明楷：《责任刑与预防刑》，北京大学出版社2015年版，第310页。

刑建议的司法审查义务，这既是对“量刑建议”“建议权”属性的宣示，又是实体法中法官量刑规则的凝练。如果说单纯为了效力确证，“应当”一词足矣。但鉴于宣告刑依然要求法官基于事实作出，法官的司法审查义务便不可避免，而且，这一审查义务绝非简单的形式审查，而是基于刑法量刑规则进行的检验工作。在这个意义上，“一般”是对“应当”的限定，唯有“一般”基础上的“应当”，才是合法的量刑过程。这种阐释路径也符合本文第二部分的比较法研究经验。上文提到，大陆法系对实质真实的追求极大地影响了（类）协商制度的具体样态，例如德国的协商程序是由法官主导，且被告人认罪也不必然获得英美法系国家“有罪”的法律后果等。我国“一般应当采纳”条款中，“一般”一词的上述解读，也将体现我们称之为“事实求是”的实质真实主义内涵，而这一内涵也大量散见于认罪认罚从宽制度的规范性文件中，如《指导意见》第5条第2款、第8条第1款等。

或有论者提出，如对“一般”作上述解释，那么“一般”与“应当”之间就存在不可调和的矛盾——法官的实质审查义务将极大减损量刑建议的刚性效力，《刑事诉讼法》第201条名存实亡。笔者认为大可不必担心：量刑建议的刚性效力是有针对范畴的，而这一范畴应当是“预防刑的调节”；而法官的审查义务则主要受制于刑法的量刑规范，针对的主要是“责任刑基础”。下文将结合对“明显不当”的阐释详细论证。

如此，我们也就不难理解《刑事诉讼法》第201条第1款的“五种法定例外情形”与“一般应当”之间的关系。有论者指出，除《刑事诉讼法》第201条第1款的五种法定例外情形，法院都应当接受量刑建议。[①] 这种观点实质上忽视了量刑建议形式合法与实质合法之间的关系。实质合法，是指量刑建议是否符合实体法量刑规范，这是《刑事诉讼法》第201条中“一般”所体现的法官进行审查的内容；形式合

① “除了法律规定的几种情况以外，原则上均应采纳检察机关的量刑建议。”参见陈国庆：《量刑建议的若干问题》，载《中国刑事法杂志》2019年第5期。

法，是指作出量刑建议基于的认罪认罚程序前提的合法程度，这是《刑事诉讼法》第201条“五种法定例外情形”所规制的。举例说明，如一起认罪认罚案件中，检察机关提出5年有期徒刑的量刑建议，其中，5年有期徒刑的刑期刑种是否合适，属于量刑建议的实质合法内容；而被告人的认罪是否真实合法、是否又反悔认罪等，则属于量刑建议的形式合法内容。

因此，《刑事诉讼法》第201条第1款的五种法定例外情形，与“一般应当”之间，没有交叉范围。只有形式合法的量刑建议，才有被法官“一般应当”接受的可能，如存在虚假认罪等形式违法的情形，即便存在量刑建议，法官亦无须审查，而应当径直不接受上述量刑建议。

另外，需要指出的是，此时亦不得适用《刑事诉讼法》第201条第2款的程序处理规则（检察机关调整量刑建议等），因为此时认罪认罚的合法性已被证伪，而第2款是法官在进行“实质审查”后拒绝适用量刑建议的处理规则（下文将详细论述），但在五种法定例外情形之下，法官根本无须对量刑建议的实质合法性进行审查，自然不存在第2款的适用空间。但值得讨论的是，此时将如何重启认罪认罚程序——探索审判阶段的认罪认罚程序将是未来完善认罪认罚从宽制度的重要问题，但囿于篇幅笔者不再展开论述。

（三）对《刑事诉讼法》第201条第2款“明显不当”的解读

上文提到，预防刑是“从宽”裁量的主战场，而责任刑是“从宽”裁量的实体法边界。《刑事诉讼法》第201条第2款“明显不当”，则是对这一边界的规范诠释。笔者亦知上述内容过于繁杂抽象，恐不能对实践产生有益指导，故下文将对认罪认罚案件中量刑建议的各种情形予以类型化区分。

对认罪认罚案件，量刑建议的实质合法程度有以下四种情形。

（1）明显不当——“责任刑不当”，或“责任刑适当、预防刑严重不当”。此即《刑事诉讼法》第201条第2款的“明显不当”，它包含两种情形：第一，“责任刑不当”，即量刑建议违反了刑法等实体法规范，如某一罪名对应法定刑适用错误等，此时无须再考虑预防刑是否适当。第二，“责任刑适当、预防刑严重不当”。此处“预防刑严重不当”是指预防刑的裁量严重违法，例如自首、累犯等法定量刑情节未予考虑、某些量刑情节的适用错误（“从轻”错当成“减轻”等）等。这涉及定性问题。

（2）略显不当——“责任刑适当但预防刑略显不当”。“预防刑略显不当”，是指预防刑的裁量虽未违法，但不合理的情形，如对“从轻”的刑量上把握不当等。这涉及定量问题。

（3）基本适当——“责任刑适当，预防刑基本适当”。所谓“预防刑基本适当”，即预防刑裁量上，量刑建议虽未和法官心目中的量刑意愿完全契合，但两者差距不大，谈不上某一家对某些情节把握不当，完全在可接受范围内。

（4）完全适当——责任刑与预防刑的完全适当。此即量刑建议同法官心目中的量刑意愿完全契合的情形。

对上述不同情形，法官应有不同应对措施。对于第（1）（4）种情形，答案显而易见：“明显不当”的，依照《刑事诉讼法》第 201 条第 2 款处理；“完全适当”的，法官当然采纳。对于第（3）种情形，应集中体现量刑建议的刚性效力，法官当采纳之。而较为棘手的则是第（2）种情形，即“责任刑适当但预防刑略显不当”的处理。此种情形下“一般”一词背后的法官审查义务同“应当”一词背后的效力确证功能才真正出现了正面的交锋。笔者以为，应以“接受为原则，不接受为例外”，所谓“例外”即如果量刑建议的“略显不当”是“过重”（如应判 5 年，量刑建议提出的刑罚为 6 年）时，法院应当拒绝采纳，后续规则依照第 201 条第 2 款的“明显不当”处理（由检察机关调整量刑建议等）即可。这一做法基于以下理由。其一，“预防刑略显不当”意味着“调节刑略显不当”，法官接受该量刑建议并不违反实体法量刑规范，至多属于不合理而已。此时，应当尊重《刑事诉讼法》第 201 条的效力确证功能，要求法官接受之。其二，作为例外，当量刑建议的“略显不当”是“过重”，则被告人实体权利保障要优先于《刑事诉讼法》第201条的效力确证功能，法官应当拒绝采纳之。其三，《刑事诉讼法》第201条第2款规定的量刑建议“明显不当”的处理规则，应作如下理解：一方面，程序创设规范。该款创设了法院拒绝接受量刑建议的程序规则，但需注意，并非只有量刑建议“明显不当”才能触发第201条第2款，其他如被告人、辩护人对量刑建议提出异议等情形均可适用这一规则；另一方面，提示性规范。鉴于量刑建议“明显不当”会对公平正义提出严峻挑战，《刑事诉讼法》第201条第2款提示性地表明，量刑建议“明显不当”时，法院应拒绝，并按照这一程序规则处理。其实，这一结论根据第201条第1款即能得出，第2款又予以提示而已。但切勿认为，只有量刑建议“明显不当”，方可触发第2款的程序规则——第2款不是量刑建议“明显不当”的程序规则，而是法官拒绝接受量刑建议的程序规则。

总结而言，认罪认罚案件中量刑建议的采纳规则如下：

（1）当量刑建议具有《刑事诉讼法》第201条第1款规定的五种法定例外情形即“形式不合法”时，法院不必进行实质审查，径直不采纳，且不得触发《刑事诉讼法》第201条第2款的程序规则。

（2）当量刑建议“形式合法”时，法官将对量刑建议进行“实质合法性”判断，根据不同情形分别处理。

<table>
<tr><th>具体情形</th><th>责任刑状况</th><th>预防刑状况</th><th>采纳情况</th><th>后续程序</th></tr>
<tr><td rowspan="2">明显不当</td><td>不适当</td><td>—</td><td>不采纳</td><td>第201条第2款</td></tr>
<tr><td>适当</td><td>严重不当</td><td>不采纳</td><td>第201条第2款</td></tr>
<tr><td rowspan="2">略显不当</td><td rowspan="2">适当</td><td rowspan="2">略显不当</td><td>原则：采纳</td><td>—</td></tr>
<tr><td>例外：不采纳（略显不当系基于量刑建议“过重”）</td><td>第201条第2款</td></tr>
<tr><td>基本适当</td><td>适当</td><td>基本适当</td><td>采纳</td><td>—</td></tr>
<tr><td>完全适当</td><td>适当</td><td>完全适当</td><td>采纳</td><td>—</td></tr>
</table>

（四）对《刑事诉讼法》第201条第2款“量刑建议调整规则”的解读

结合上文论述，认罪认罚程序中量刑建议无法被法院最终接受包含以下情况：其一，量刑建议形式不合法，即五种法定例外情形；其二，被告人、辩护人对量刑建议提出异议；其三，法院进行实质审查后，认为量刑建议“明显不当”，或者因刑罚过重而“略显不当”。

但这三种情形并非都属于《刑事诉讼法》第201条第2款的量刑建议调整规则规制的范围。对于第一种量刑建议形式不合法的情形，法院应当根据情况径直作出判决（如被告人无罪的情形），或者在审判阶段重新开启认罪认罚程序（如被告人审前非自愿认罪，在审判阶段又自愿认罪的情形）。而对于第二、三种量刑建议应被调整的情况，属于《刑事诉讼法》第201条第2款“量刑建议调整规则”的规制范畴。

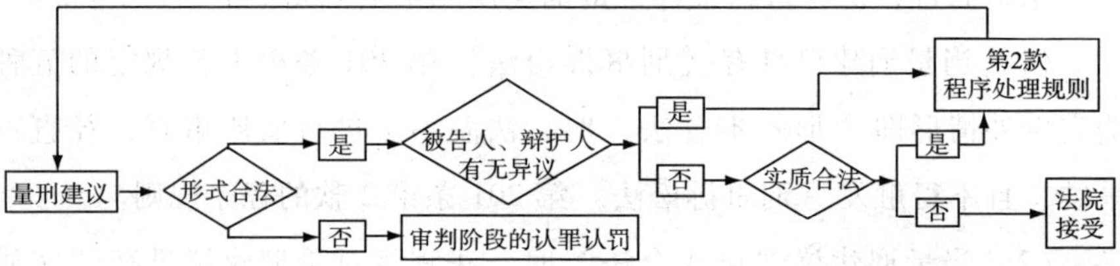

图1

首先，在“量刑建议调整规则”的启动上，应当明确法院有权通知检察机关调整，而非自行调整。在认罪认罚从宽制度中，量刑建议是具结书的核心部分，是控辩合意的集中体现，其本质仍然是检察机关行使求刑权的一种形态。因此，即便法院经实质审查发现量刑建议不当需要调整，也应当通知检察机关调整而非自行与被告方协商调整。

其次，调整量刑建议时，司法机关应当履行说理告知义务，并充分保障被告人的辩护权。《指导意见》第40条第3款规定，人民法院不采纳人民检察院量刑建议的，应当说明理由和依据。认罪认罚从宽制度中量刑建议的基础是被告人认罪，司法机关否定量刑建议，意味着被告人“从宽预期”可能落空，因此这一过程中司法机关的说理告知义务和辩护权保障措施不容忽视。依据《指导意见》第41条第2款，适用速裁程序审理的，人民检察院调整量刑建议应当在庭前或者当庭提出，对于当庭提出调整的，如何保障辩护权行使《指导意见》未予明确。笔者认为，对于普通程序审理的，检察机关调整量刑建议尽量应在庭前提出，给予辩护人充足应对时间。如果当庭提出，法庭应当给足被告人及其辩护人商讨、思忖时间，必要时可以决定延期审理；对于速裁程序，检察机关当庭提出调整量刑建议的，法庭不得省略询问被告人及其辩护人意见阶段，尽可能保障被追诉方合法权益。

最后，调整后的量刑建议，也应当经过被告人及其辩护人的同意，法院形式、实质双重审查后方可被采纳。《刑事诉讼法》第 201 条第 2 款规定："人民检察院不调整量刑建议或者调整量刑建议后仍然明显不当的，人民法院应当依法作出判决。"其中"仍然明显不当"暗含法官仍要履行形式和实质双重审查义务的意蕴。而依据量刑建议的"合意"属性，调整后的量刑建议仍然要经被告人及其辩护人同意方可被法官最终采纳。需要讨论的是，检察机关调整后量刑建议仍然不当，法院能否再次要求检察机关调整量刑建议？依照该条款的规定，法院应当径直判决，而非再次要求调整。对此，笔者认为既是诉讼效率的考量，也是对法院审判权的宣示，这印证了上文法院实质审查义务的论述。但需要注意，此时法院直接作出判决时需要兼顾以下内容：一方面，判决应当充分考量、体现"被告人认罪认罚"这一情节；另一方面，法院应当充分保障被告人的辩护权。法院自为判决意味着打破了控辩双方的量刑预期，因此在作出判决前应当告知被追诉方，听取被告人及其辩护人对拟宣告刑罚的意见，保障其辩护权的充分行使。

五、评价与启示

"正确的法律理念，是否已为人所知，这实在大可质疑：以我全部的意念看，似乎事实一直不然。这就是说：两可之事，难以为科学之事。"①

---

① ［德］拉德布鲁赫：《法学导论》，米健、朱林译，中国大百科全书出版社 1997 年版，第 169 页；相关解释参见陈兴良：《刑法教义学方法论》，载《法学研究》2005 年第 2 期。

这是德国著名法学家拉德布鲁赫的名言。其中的怀疑主义虽难为我们认同，但仍值得我们警省：我们一直奉为圭臬的理念是否正确？我们对规范的理解是否科学？

笔者亦不讳言，本文的解读方法在一些细枝末节的问题上仍尚有争议，如法院基于五种法定例外情形而拒绝接受量刑建议后，将如何重启审判阶段的认罪认罚程序等。但上述教义学论证方法至少能有效体现立法理念，能为司法实践提供明确规范指引。正如朱苏力教授所言："在我看来，究竟是什么主义并不重要，重要的是一个学派、一个研究成果、一个学者在一个具体的研究问题上的研究是否出色，论证是否令人心悦诚服，是否给我启发，令我激动，使得我可以在其他问题上借助类似的进路和论证，推进我对世界的理解和我在世界上的行动。"[①] 笔者亦相信，在理论阐释与实践探索的双重驱动下，认罪认罚从宽制度的深层理念与规则模式将"越辩越明"，最终构筑起符合法律逻辑与司法规律的"中国范式"。

（责任编辑：武小琳）

---

① 朱苏力：《可别成了"等待戈多"——关于中国"后现代主义法学研究"的一点感想或提醒》，载《南京大学法律评论》2000 年第 2 期。

推荐人语：

民法典的颁布与《刑法修正案（十一）》的生效实施使对高空抛物行为的惩戒有了更明确、严格的法律保障。文章通过对近年来相关司法判决的全面梳理、提炼，用表格方式清晰展现了高空抛物行为定罪量刑的司法实践样态，并以案释法，通过各类影响因素的横向、纵向比较，对行为要素、结果要素与行为人主观心态三大方面进行法教义学解构，辨析相关罪名适用争论难点，以实现对高空抛物行为进行精准、精确的刑法规制，具有较强的理论与实践意义。

裴炜　北京航空航天大学副教授、博士生导师

高空抛物行为罪名适用的实践探究与要素分析

肖皓文*

在高层社区兴起与普及的现代社会，近年来接连发生的高空抛物致伤致死的案件，一次次地敲打着人们的神经，成了“头顶炸弹”和“悬在城市上空的痛”①，再次引发了人们对于“头顶上的安全”的热议，也促使现有法律制度对此作出调整与回应。为满足公众迫切需求，有效预防和依法惩治高空抛物、坠物行为，最高人民法院于 2019 年 10 月 21 日出台了《关于依法妥善审理高空抛物、坠物案件的意见》（以下简称《意见》）。《意见》提出了 16 条具体措施，其中对高空抛物、

* 北京航空航天大学法学院刑法学专业博士研究生。

① 据最高人民法院研究室公布的数据显示，2016 年到 2018 年，全国法院受理的高空抛物案件达 1200 多件，其中近三成造成了人身损伤。

坠物行为的审判工作，对相关行为主体民事、刑事责任的追究给出了具体的司法指导意见。2019 年 11 月 29 日，上海闵行区人民法院宣判了一起高空抛物入刑案件，被告人蒋某因以危险方法危害公共安全罪，被判处有期徒刑一年，此案成为《意见》发布以来，上海首起涉高空抛物刑事案件。[①] 继民法典对高空抛物行为有了明确规定后，[②] 2020 年《刑法修正案（十一）》草案一审稿拟增加“从高空抛掷物品，危及公共安全的，处拘役或者管制，并处或者单处罚金”，以及“有前款行为，致人伤亡或者造成其他严重后果，同时构成其他犯罪的，依照处罚较重的规定定罪处罚”的规定，并作为第 114 条的第 2 款、第 3 款。《刑法修正案（十一）》草案二审稿调整了条款位置，即在原《刑法》第 291 条之一后增加一条，作为第 291 条之二，并修改了具体行为方式和法定刑，规定：“从建筑物或者其他高空抛掷物品，情节严重的，处一年以下有期徒刑、拘役或者管制，并处或者单处罚金。有前款行为，同时构成其他犯罪的，依照处罚较重的规定定罪处罚。”最终《刑法修正案（十一）》确定了高空抛物独立成罪。2021 年 3 月 1 日《刑法修正案（十一）》生效之日，江苏常州溧阳市人民法院宣判了全国首例高空抛物罪案件。[③] 除司法实践外，理论界对于高空抛物行为涉及的相关问

① 详见上海市闵行区人民法院（2019）沪 0112 刑初 2501 号刑事判决书，此案已入选上海市高级人民法院参考性案例。

② 民法典规定，经调查难以确定具体侵权人的，除能够证明自己不是侵权人外，由可能加害的建筑物使用人给予补偿。如果物业服务企业未采取必要的安全保障措施的，应当依法承担未履行安全保障义务的侵权责任。

③ 2020 年，徐某某因与王某某发生争执，从家中先后扔下两把菜刀抛掷到楼下公共租赁房附近。2021 年 3 月 1 日，江苏常州溧阳市人民法院经审理后认为，被告人徐某某从建筑物抛掷物品行为已经构成高空抛物罪，依据刑法判决被告人徐某某犯高空抛物罪，判处有期徒刑 6 个月，并处罚金 2000 元。

题也一直存在讨论。[①] 对于该类具有较大社会危害性的行为，如何在现有刑法体系下进行规制，如何辨析行为、准确适用罪名、处理罪名竞合关系、把握行为人应承担的刑事责任，具有较大的研究价值。

一、高空抛物行为定罪量刑的司法实践样态

笔者以"高空抛物"为关键词，在威科先行法律信息库和北大法宝法律数据库中进行搜索，显示相关刑事判决 61 份[②]，剔除掉其中无关或重复的 15 份判决[③]，获得判处因高空抛物行为直接致死、致伤或致公私财产损毁的刑事判决 23 份。为更清楚地体现判决的相关信息，对高空抛物行为定性影响较大的行为方式、案发时间、抛物楼层、周边环境、抛掷物种类、性质、危害后果等因素进行梳理，比较此类行为定罪量刑的实践样态，笔者将 23 份判决有关信息整理如下：

编号	案件号	主要案情	危害结果	行为定性	量刑
1	(2015) 魏刑初字第250号	7时，被告人董某从13米高的除尘器上向楼下抛掷建筑垃圾，砸中被害人致其死亡	1人死亡	过失致人死亡罪	有期徒刑3年，缓刑3年

① 对于高空抛物，以往更多的是从民事责任的角度对高空抛物责任分配进行讨论。在 2019 年之前，相关学术文章中近 9 成都集中在对民事责任的分配上，例如安全行为、共同危险行为、加害人不明时的连带责任、过错推定等。涉及刑事责任，尤其是对于行为性质、具体罪名的适用与竞合等定罪量刑讨论的文章较少。2020 年，随着相关司法解释的发布以及《刑法修正案（十一）》将高空抛物行为明确入刑，掀起了刑法学界对于该行为的热议。尤其关于高空抛物行为是否应该独立成罪，独立成罪后是否会导致条款内容和罪名之间的冲突，引发了学界的争论。参见夏勇：《高空抛物的刑法定位——关于〈刑法修正案（十一）（草案）〉第一条的理解和改进》，载《法治研究》2020 年第 5 期；赵香如：《论高空抛物犯罪的罪刑规范构造——以〈刑法修正案（十一）（草案）〉为背景》，载《法治研究》2020 年第 6 期；张蔚伟、高立萍：《"高空抛物"的司法认定与立法反思》，载《河北工程大学学报（社会科学版）》2020 年第 4 期。

② 尽管网络上对高空抛物行为致人伤亡且被判刑的新闻报道较多，但报道中内容真实度、翔实度和重复度无法保证。为了数据真实、准确、翔实、有效，笔者选择截至目前已公开的判决书进行研究。

③ 剔除的无关判决，虽然判决书中出现了"高空抛物"的词语，但主要是对行为人在民警处置高空抛物案件时不予配合，殴打民警的妨害公务行为的处置，或行为人在因高空抛物事件发生口角纠纷时实行的故意伤害、寻衅滋事行为等，并非对于高空抛物行为的直接处罚。

续表

编号	案件号	主要案情	危害结果	行为定性	量刑
2	（2016）皖1524刑初69号	12时，被告人段某在小区工地将建筑垃圾从7层楼上抛下，砸中被害人致其死亡	1人死亡	过失致人死亡罪	有期徒刑1年，缓刑2年
3	（2016）鲁1725刑初217号	13时许，被告人樊某将装有石膏块的白色编织袋从小区11楼楼顶抛下，砸中被害人致其死亡	1人死亡	过失致人死亡罪	有期徒刑2年2个月
4	（2016）黔0502刑初552号	9时，被告人胡某某在小区7楼装修房屋，不慎将一水泥块铲出窗外，砸中被害人致其死亡	1人死亡	过失致人死亡罪	有期徒刑1年，缓刑1年
5	（2015）石刑初字第287号	20时许，被告人任某在监狱工地，未经观察，将一根长约一米的钢管扔下，砸中被害人致其死亡	1人死亡	过失致人死亡罪	有期徒刑1年
6	（2016）鲁1481刑初33号	17时，被告人张某某在某小区建筑工地将一吊篮铁管从6楼楼顶扔下，砸中被害人致其死亡	1人死亡	过失致人死亡罪	有期徒刑2年，缓刑3年
7	（2016）赣0703刑初397号	17时20分，被告人郑某某将垃圾杂物从9楼往下倾倒，砸中被害人致其死亡	1人死亡	过失致人死亡罪	有期徒刑1年5个月
8	（2016）沪01刑终629号	13时，被告人石某乙在店铺2楼将布卷从窗口扔下，砸中被害人致其重伤	1人重伤	过失致人重伤	有期徒刑1年6个月

续表

编号	案件号	主要案情	危害结果	行为定性	量刑
9	(2019)赣0733刑初119号	下午3时，被告人郭某某将一根4米钢管从拆迁房楼顶扔下，致被害人重伤	1人重伤	过失致人重伤罪	拘役4个月
10	(2013)永刑初字第55号	被告人唐某某从家属楼6楼往下扔钢窗，钢窗落地时弹起致被害人脾脏破裂	1人重伤	过失致人重伤罪	有期徒刑1年，缓刑1年6个月
11	(2012)深罗法刑一初字第204号	0时，被告人李某心情不佳，多次将天台上花盆等物品从小区楼顶天台砸向楼下公共通道，导致公私财物损坏	损毁价值2764元的财物	以危险方法危害公共安全罪（第114条）	有期徒刑3年，缓刑4年
12	(2018)黑0110刑初679号	20时，被告人王某酒后将汽车轮胎、铁锹、木板等杂物通过楼道窗口及楼顶天台向外抛出，造成小区停放的车辆受损	毁损价值19433元的财物	以危险方法危害公共安全罪（第114条）	有期徒刑3年6个月
13	(2015)大东刑初字第00472号	8月末至9月1日期间，被告人刘某某在室内随意向窗外抛扔酒瓶、罐头瓶子等物品，造成楼下路边的6辆车辆受损	毁损价值33395元的财物	以危险方法危害公共安全罪（第114条）	有期徒刑3年，缓刑3年
14	(2015)高新刑初字第169号	9日至20日期间，被告人张某为发泄情绪，在家中阳台及4楼楼梯处，多次朝楼下抛掷花盆、玻璃罐、灭火器等物品。造成楼下多辆汽车受损	毁损价值12000元的财物	以危险方法危害公共安全罪（第114条）	有期徒刑2年

续表

编号	案件号	主要案情	危害结果	行为定性	量刑
15	（2017）粤01刑终441号	23时许，被告人李某在小区8楼房间，将煤气罐、铁锤、曲线锯、戒纸刀等物随意扔向楼下，致楼下车辆受损	毁损价值7971元的财物	以危险方法危害公共安全罪（第114条）	有期徒刑3年
16	（2017）渝0106刑初1343号	18时许，被告人李某某在小区21楼喝酒，在阳台处先后往楼下学校操场扔啤酒瓶和玻璃杯，其中玻璃杯砸中站在楼下操场上的学生，致其死亡	1人死亡	以危险方法危害公共安全罪（第115条第1款）	有期徒刑10年
17	（2018）鄂刑终375号	22时许，被告人刘某因与人吵架情绪不佳，将花盆从7楼天台扔下，致被害人死亡	1人死亡	以危险方法危害公共安全罪（第115条第1款）	有期徒刑10年
18	（2017）川15刑终155号	9时许，被告人杜某因情绪不佳，在家中向马路街面陆续扔掷数个瓷碗、木质椅子等物，致公私财物受损	毁损价值5130元的财物	以危险方法危害公共安全罪（第115条第1款）	有期徒刑5年
19	（2014）连刑初字第00017号	16时许，被告人丁某某因情绪不佳，在小区楼顶将两块红砖朝小区东侧市区公共道路扔下，砸中正在路边行走的被害人头部，致其死亡	1人死亡	以危险方法危害公共安全罪（第115条第1款）	有期徒刑12年

续表

编号	案件号	主要案情	危害结果	行为定性	量刑
20	（2018）鲁02刑初86号	14时30分许，被告人徐某为发泄内心的郁闷和不快，在居民楼7楼至8楼的楼梯间将砖头抛向某小学公交车站候车的人群，造成1人死亡	1人死亡	以危险方法危害公共安全罪（第115条第1款）	有期徒刑15年
21	（2015）库垦刑初字第00021号	16时，被告人黄某在小区工地3楼楼顶清理废料时，违反工地安全施工规定，将一混凝土废料扔下，砸中被害人致其死亡	1人死亡	重大责任事故罪	拘役2个月
22	（2018）鲁0811刑初1021号	14时至16时，被告人李某酒后情绪不佳，从小区7楼家中向楼下抛掷衣服、花盆、锅碗、石块等物品，造成公私财物损坏	毁损价值3207元的财物	寻衅滋事罪	有期徒刑6个月
23	（2019）粤0309刑初1690号	21时许，黄某酒后将楼道的凉席、婴儿钢琴等物品从29楼扔向楼下公共活动区域	毁损价值5806元的财物	故意毁坏财物罪	有期徒刑6个月

在23例高空抛物案件中，以以危险方法危害公共安全罪定罪的有10例，罪名适用占比最大。其中，5例为行为未造成严重后果的，以《刑法》第114条定罪；5例为行为造成了致人重伤、死亡等严重后果的，以第115条第1款实害犯定罪。不存在适用《刑法》第115条第2款过失以危险方法危害公共安全罪的案件。占比次重的为过失致人死亡罪，共7例。其余依次为过失致人重伤罪3例，重大责任事故罪1例、

寻衅滋事罪1例、故意毁坏财物罪1例。以行为人的主观为判断标准，被司法机关认定主观为故意的有12例，主观为过失的有11例。在行为人主观为故意的案件中，有7例在抛物时，明知楼下抛物地有人或公私财物，因情绪不佳泄愤，对抛物行为可能带来的损害结果的发生持追求或希望的态度，为直接故意。有5起对结果的发生持放任态度，即结果发生与否都在行为人的主观默许范围之内，为间接故意。在量刑处罚上，23例判决中，有2例判处了拘役，7例判处了缓刑，其余均为有期徒刑实刑。刑罚最重的为以《刑法》第115条第1款以危险方法危害公共安全罪定性的5例案例，除1例被判处5年有期徒刑外，其余4例均在10年以上有期徒刑的起点刑上量刑。在量刑的从宽情节的认定上，9成以上的案例都有自首或坦白的情节，并积极赔偿了被害人的损失，获得了被害人或亲属的谅解，律师关于此点的从轻辩护意见也多被法院采纳。

二、高空抛物案件行为定性的司法实践检视

从公开的23份刑事裁判的可以看出，高空抛物在“热”话语与“冷”适用之间有较大落差。虽然高空抛物行为的危害性有较高的社会关注度和讨论度，但在司法实践中，尤其是在行为人刑事责任的追究上，在处理面上似乎显得有些不足。导致这一点的原因不难分析。首先，高空抛物在大部分情况下很难找到具体行为人，在未造成实际损害时常不了了之。在造成损害的情况下，此前通常通过适用《侵权责任法》第85条或第87条来分担民事责任。在民事损害赔偿得到解决的情况下，公安机关基于各种原因不再将其作为刑事案件立案侦查，并找寻具体的加害人。侵权责任法作为具有同等效力的、明文正当的法律依据，淡化甚至“削弱”了刑法在高空抛物行为中的适用力度。其次，在找到具体行为人的情况下，会根据行为后果进行判断。没有造成损害后果的行为，大部分只是路人、邻居的口头提醒或警察的口头警告，造成轻微损害后果的，一般以民事侵权调解解决，至多为行政处罚。只有行为危险性程度高且造成了严重的实际损害后果时，才会以刑事犯罪定

性。这种注重实害结果，忽略已存在的危险结果的思维方式，也影响了行为定性。但从法规范设置来看，损害后果的发生与否不应影响罪与非罪的判定，因为当行为人具有了主观故意，并付诸行动，实行了高空抛物的行为，且由于该行为造成了他人人身安全、公共安全、公私财物损害或处于危险状态，则该行为已具有了社会危害性，符合入罪条件，只是对适用何具体罪名需再进行规范分析。在有行为危险性，但没有造成实害结果时，如在人流量大的地方进行高空抛物，虽因为偶然原因没有砸中，未造成任何实际的人身与财产损害，但此时的抛掷物落地范围内的不特定人的人身安全与公私财产已存在具体危险，此时已具备了行为危险性和结果危险两个要素，在危险程度达到刑事犯罪时，已构成犯罪。至于行为是否造成损害、造成何种损害、是否超出行为人的预料和控制、行为人主观恶性程度，并不影响犯罪的成立，而是区分此罪与彼罪、既遂与未遂、危险犯与实害犯以及影响量刑程度的因素。如实施了针对特定少数的危险行为，即便没有造成伤亡结果，也可能涉及故意杀人或故意伤害罪，只是既遂与未遂的差别。如果行为使不特定或多数人的生命健康财产安全处于现实的紧迫的威胁中，即便没有造成严重后果，也应适用《刑法》第 114 条具体危险犯的规定；如果造成了严重后果，则应以第 115 条第 1 款的实害犯定罪，再根据损害结果的严重程度来进行具体的量刑。否则仅依最后发生的实害结果进行判定，而忽略对特定对象或公共安全造成的具体危险，架空了未遂犯和危险犯的适用，也有悖于立法初衷。

在行为构成犯罪的基础上，进行具体定罪量刑时，要充分考虑高空抛物行为的特殊性，全面考量案件中的具体情况，准确适用罪名。对行为性质和危害结果的理解不一，一方面可能导致对同一类案件同案不同判。例如案例 21 与案例 2、案例 5，抛掷地点均为小区工地，主要案情都是在未注意观察楼下是否有人的情况下，因疏忽大意的过失，将建筑材料扔下，造成 1 人死亡。其中，案例 2 与案例 5 公检法机关认定为过失致人死亡罪，而在案例 21 中，公安机关虽以过失致人死亡罪采取拘留措施，但检察院与法院认为“被告人黄某在生产、作业中违反规章制度和建设工程基本操作程序，从楼顶抛掷混凝土块，造成被害人刘某重伤死亡的重大事故，其行为构成重大责任事故罪”。[①] 在案例22、案例23与案例11至案例15中，都属于行为人为泄愤在小区内从高处多次抛掷各种杂物，造成公私财产损毁，未出现人员伤亡。在行为方式和危害结果都类似的情况下，前两例被判处寻衅滋事罪和故意毁损财物罪，而后4例被判处以危险方法危害公共安全罪，在定性和量刑上都有较大区别。另一方面，在判断同一具体案件时，公检法三个部门也会有对行为定性不一的情况。例如在案例13刘某某一案中，公安机关以涉嫌故意毁坏财物罪抓获并拘留被告人，但检察院起诉和法院审判时，都是以以危险方法危害公共安全罪定性。在案例19丁某某一案中，公安机关和检察院以故意伤害罪抓获并起诉被告人，但法院将行为定性为以危险方法危害公共安全罪。在案例14、案例17等多个案件中，辩护律师除在坦白、自首、积极赔偿损失、取得被害人或家属谅解等量刑情节上提出辩护意见外，也在被告人的行为定性上提出无罪或罪轻辩护。如案例4中辩护律师认为“被告人不构成过失致人死亡罪，也不构成其他犯罪。从作为的法律性质上，萧某死亡一案应定性为意外事件，被告人胡某的行为不符合过失致人死亡犯罪的主客观构成要件”[②]，案例14中辩护人主张“被告人没有该罪的主观目的，也没有造成不特定多数人的危险，只是一般的高空抛物行为，可定性为故意毁坏财物罪”[③]。

三、高空抛物案件具体要素的考量与分析

高空抛物案件的表现形式多种多样，其中行为方式的危险性、危害结果（包括危险结果与实害结果）、行为人的主观动机等构成要件要素为重要的考量要素，同时结合高空抛物案件的特殊性，还需综合考量抛物行为发生场所、抛掷时间、抛掷物种类、性质、抛掷时的建筑物楼层、建筑物周边环境、抛掷方向的环境、车流量大小、人流量大小、行

① 详见新疆生产建设兵团库尔勒垦区人民法院（2015）库垦刑初字第00021号刑事判决书。
② 详见贵州省毕节市七星关区人民法院（2016）黔0502刑初552号刑事判决书。
③ 详见四川省成都高新技术产业开发区人民法院（2015）高新刑初字第169号刑事判决书。

为人主观动机等具体因素，这些要素之间的差别，也会影响具体罪名的选择与适用。《意见》第5条也指出，对于高空抛物行为，应当根据行为人的动机、抛物场所、抛掷物的情况以及造成的后果等因素，全面考量行为的社会危害程度，准确判断行为性质，正确适用罪名，准确裁量刑罚。

（一）行为要素的判断

对高空抛物行为要素危险性的判断，包括行为方式本身以及行为发生时的客观环境。其中行为方式主要包括抛掷行为、抛掷楼层高度、抛掷物的种类、性质、抛掷次数。以占比最大的以危险方法危害公共安全罪为例，该罪在刑法中的位置与放火罪、爆炸罪等并列，可知成立该罪要求行为的危险方法需要具有与放火、爆炸等相当的危险性。结合放火、爆炸等行为的共同特征，要求行为危险具有以下要素：具有一次性导致重伤、死亡伤亡可能性的行为杀伤力，具有扩张性和失控性的伤害范围，且行为与结果之间具有直接的、紧迫的关联性，结果的发生不需要行为之外的其他因素介入，行为后会立即发生结果，不可能补救或来不及补救。[①] 即此处的危险方法应放在具体的法律条文与特定的规范语境中进行理解，不能做一般的生活意义上的理解，否则该罪将包括各式各样的具有社会危害性的方法，导致该罪的适用范围无限扩大。这种行为危险的相当性判断实际上是对行为的抽象危险性的判断，即先不去关注实际的侵害结果，而将行为抽象出来进行单独评价。在23起高空抛物案例中，抛掷物均为建筑垃圾、生活杂物等固体物，固体物的性质决定了，在周围环境较为封闭的情况下，单次抛掷行为可能的侵犯对象为不特定的1人至2人，行为没有类似于放火、爆炸一样的扩张性，没有威胁多数人的可能性。那能否据此认为当抛掷物种类为固体的情况下，所有高空抛掷行为都不属于以危险方法危害公共安全罪中的“危险方法”呢？显然是不能的。虽然单次的、在特定环境下的对固体物的抛

① 江珞伊、徐宇翔：《以危险方法危害公共安全犯罪认定的规范与完善——基于对1124份相关判决的考察》，载《山东法官培训学院学报》2019年第1期。

掷行为不具有侵害不特定多数人的可能性，但是当抛掷行为为多次时，行为的危险性并非简单的次数相加，而是经历了由量变到质变的过程，可能侵害的对象也会由单一变多数。例如，在案例 11 至案例 20 中，有 7 例案例属于多次抛掷花盆、酒瓶、罐头等杂物，虽然每一个物品可能砸中的对象是单一的，但多次抛掷会使行为的危险性产生质变，影响不特定的多数人，危害公共安全。

除抛掷行为方式、行为次数之外，抛掷方向、周围环境、人流量的大小也会直接影响行为的危险性。如果周围环境属于较为开放的居民区或公共道路，因车流量和人流量密集，行为的危险性也会相应增加。如案例 16 至案例 20，抛掷方向分别为学校操场、临街路面、路边公共道路以及公交车候车亭，这些均为人员密集且存在来往车辆的地方，此时的抛掷行为不仅会危害到特定个体的人身安全，还具有危及公共安全的危险。[①] 在案例 18 杜某案和 19 丁某某案中，虽然实际的侵害结果为价值 5000 余元公私财物和 1 人死亡，但将行为抽象出来进行单独评价可以发现，行为人砸向的区域是市区公共道路，案发时正处于白天人流量密集和车流量密集的时候，且案例 18 的行为人杜某还是多次抛掷瓷碗、木质椅子等，此时有可能砸到路上正常行驶的车辆，当被害车辆因受到撞击或紧急避让失去控制，又会危及车内人员与道路上其他车辆的安全。即使最终没有造成类似的严重后果，但是行为人的行为已经使得不确定第三人的合法权益和公共安全处于具体的、直接的、紧迫的危险状态下，有危及不特定或多数人的现实可能性，此时也应认定其危害了公共安全。反之，在周围环境较为封闭时，行为的危险性则会相应降低。

① 多个判决中都对抛掷物地点的周边地理环境进行了详细的勘验与分析。例如湖北省高级人民法院（2018）鄂刑终 375 号刑事判决书中载明：“经现场勘验，恩施市大桥路一巷 74 号房屋为 7 层砖混结构楼房，地上为临街门面房，门前为巷道（可通行车辆），巷道往北通往民族路，往南通往体育馆路，公路东侧为怡和大酒店院墙，南侧、西侧、东侧均为私宅。周边居民区密集，来往行人及车辆较多。”江苏省连云港市中级人民法院（2014）连刑初字第 00017 号刑事判决书中认为，“3 号楼位于小区东南角，地上一层为临街门面房，东侧、南侧门面房前均为市区公共道路，周边居民区密集，来往行人及车辆较多”。可见抛掷物周边环境为影响行为危险性的重要因素之一。

如在案例1至案例10中，大部分是因被告人在小区建筑工地或室内装修时，在未经观察或观察后认为无人后，将钢筋混凝土等建筑物或建筑垃圾扔下砸中被害人致其重伤或死亡的情形。抛掷地点为建筑工地、拆迁楼房或建筑物后方，案发时人流量较少，有些地处偏僻，“正常情况下无人经过，在这里做了一年多了，从没看到有人在房子下面做事，只有边上的阿姨在靠外一侧的菜地里做事”①，且行为人持疏忽大意或过于自信的主观心态抛掷一次一物，并未反复抛掷杂物，结合人流量、车流量稀少的周边环境，行为人可能的侵害对象和实际的侵害对象都为单一被害人，不具有危害公共安全的可能性，故而应认定为过失致人死亡或过失致人重伤罪，而非过失以危险方法危害公共安全罪。在判决书中也可以发现，抛掷场所、抛掷物性质、抛掷次数等都是审判机关在定性时的重要考虑因素。例如，在案例14中，面对辩护律师关于行为人只构成故意毁坏财物罪，不构成以危险方法危害公共安全罪的辩护意见，法院认为：“被告人高空抛物行为是否构成以危险方法危害公共安全罪需要从以下三个方面进行综合考虑。其一为场所，案发地系人员及车辆密集的小区。其二为次数，被告人一而再、再而三地高空抛物。其三为物体的种类、体积及重量，从灭火器等物体砸凹汽车的照片便可见端倪。这三个方面所呈现状态的集合，使得公共场所的人身安全及财产安全面临现实危险，且达到以危险方法危害公共安全罪的足量性，亦非一般的违法或侵权行为能够评价，故定性为以危险方法危害公共安全罪。”② 在上海首例高空抛物入刑案中，法院的裁判认为：“一是从时间段上来看，事发时为夏季下班时间（17点），小区进出人员较为频繁，楼下公共区域人员走动较为频繁；二是从小区布局看，案发地为两栋建筑间的一个小型停车场，前后各有一条公共道路，属于人员可以随时经过的公共场所，案发时停车场实际也已停驻多辆轿车；三是从抛物的具体情况看，蒋某抛掷的多件危险物品存在着落点不确定性，是具有在一

① 详见江西省赣州市南康区人民法院（2016）赣0703刑初397号刑事判决书。
② 四川省成都高新技术产业开发区人民法院（2015）高新刑初字第169号刑事判决书。

定范围内随机损害的特点。结合实际落点的覆盖范围，完全可以判断该高空抛物行为对公共安全危害的程度。”①

（二）结果要素的判断

高空抛物行为社会危害性包含行为方式的危险性与危害结果的危险性，其中危害结果包括实害结果与危险结果。本文23例案件都造成了2000元以上公私财产损害或人员重伤、死亡的实害结果，但比较行为要素相似案件的定性与量刑结果，可以发现相较于危险结果，实害结果对于案件定性的影响因素较大。例如，案例22李某案和案例23黄某案的行为方式均为多次从小区家中或楼顶向楼下抛掷杂物，在实害结果上造成了3000元以上的公私财物毁损，李某被判处寻衅滋事罪，黄某被判处故意毁坏财物罪，刑期均为有期徒刑6个月。在案例17刘某案中，被告人也是为发泄不良情绪，在小区单元楼顶将花盆扔下，造成了1人死亡，被认定为以危险方法危害公共安全罪，判处有期徒刑10年。从行为次数上看，李某和黄某实行了多次抛掷多物的行为，行为危险性高于刘某，但因为只造成了财物损毁，未造成人员伤亡，相比造成人员伤亡实害结果的刘某案，在定性和量刑上都非常轻。在这一点上，刑事案件程序的顺序也有影响。刑事案件一般是由发现结果开始向前追溯，案件发生后，实害结果已经确定，无须预测，以案件发生后所有损害已确定时的情况来进行特定与否的判断有事后诸葛亮之嫌。“如果只局限于结果，人是死、是伤、伤害多大，都是确定的。尽管如此，结果的现实性也不排除不特定的存在。不特定在于特定的结果（现实性）是由行为的不特定可能性发展的结果。”② 因此不能忽略存在的不特定的可能危险。在对具体危险和危险的可罚性判断上，一方面要判断危险的“质”，例如以危险方法危害公共安全罪的危险性是否具有和放火罪、爆炸罪等相当的“质”可罚性；另一方面，还需要从“量”的角度进

① 《首例高空抛物案宣判，入选上海高院参考性案例》，载 https：//mp. weixin. qq. com/s/CdE40eB4PN4vesRfOfj－yw，2020年2月5日最后访问。

② 陈兴良、黄振中：《论危害公共安全罪中的不特定性》，载《河北法学》1992年第5期。

行把握，判定何种程度的危险才具有可罚性。即不仅需要考虑危险的有无，还需要考虑危险可能导致法益损害的盖然性，考虑从单纯可能性到高度盖然性的各种不同程度的危险状态。[①] 通常的高空抛物行为，不具有导致不特定或者多数人伤亡的具体危险，不能认定为以危险方法危害公共安全罪；在人员密集的场所实施高空抛物行为，虽然可能侵犯多数人的生命、身体，但由于不具有危险的不特定扩大的特点，也不应认定为以危险方法危害公共安全罪。[②] 对于危险的可罚性，学界有客观说与主观说等理论。笔者赞成客观说，对于危险的判断，应当以事后查明的行为时所存在的各种客观事实为基础，以行为发生时为标准，结合行为时的周围环境，从一般人的立场出发综合判断。尤其是行为时的现场环境，例如行为可能侵犯的范围、侵犯范围中的人员流动量、人群密集度、危险回避可能性等因素，在侵犯特定对象安全的同时，如果发生危及不特定或多数人安全这一结果的可能性极大，具有高度盖然性时，就可以认定为具有危害公共安全的具体危险，而不局限于已发生的损害结果或根据自身事后的主观感受进行推断。哪怕最后并无人员伤亡，但是行为在当时的情况下，具有向不特定人侵害发展的可能性，足以危害公共安全，也应认为其存在需要刑法评价的危险结果。

（三）行为人主观心态辨析

高空抛物行为人在实施高空抛物行为时的主观心态大多是一种放任，但在结果犯中也存在疏忽大意的过失或者过于自信的过失。行为人在实施抛物行为时，存在对行为对象、危害结果的不特定性以及对受损害对象的直接故意或放任、容许的间接故意。“不特定性”包括行为对象的不特定性以及危害结果的不特定。其中侵害对象的不特定性包含两类：第一类是行为人对行为对象整体上处于一种模糊或笼统的认识，具

---

① 于同志：《驾车“碰瓷”案件的司法考量——兼论具体危险犯的可罚性判断》，载《法学》2008 年第 1 期。

② 张明楷：《高空抛物案的刑法学分析》，载《法学评论》2020 年第 3 期。

有很大的随意性和不确定性。[①] 行为人一般基于“砸中哪个算哪个”的泄愤心态，与受害者一般互不认识。例如，在案例 20 徐某案中，被告人徐某因情绪不佳，将红砖砸向楼下某公交车站候车亭，此时被告人对于可能受损的行为对象有一个大概的认识，知道击中的对象是当时在公共道路上行走的路人和在候车的人群，但是具体砸到等候的张三还是李四是不确定的。第二类指行为人实施的行为超出了自己事先所预想的、具体锁定的犯罪对象。如行为人看到自己的仇人王五在楼下，将砖头抛向王五，但是由于王五的移动或行为人手法不准，砸到了旁边的钱六。此种情况类似刑法中的打击错误，根据法定符合说，应以故意杀人罪或故意伤害罪既遂进行判处。在主观为故意的 12 起样本案例中也可以看出，因行为人在实施抛物行为时并没有特定的侵害对象，故而均没有以故意杀人、故意伤害罪定罪处罚。危害结果的不特定性，是指犯罪对象虽然是明确的，但是实际造成的结果已经超出了行为人原本意向的特定对象范围，现实地对公共安全造成了危害。例如，行为人以砸中路边行人的故意实施高空抛物行为，路上行驶的车辆为躲避倒地的被害人，猛打方向盘从而引发了一系列交通事故，造成重大人员伤亡，事件的发展结果超出了行为人的预想。如果在当时的客观环境下，一般的理性人在认识因素上，能预见自己的抛物行为可能会影响路边的交通状况，导致正在行驶的车辆失控，放任结果的发生，也应以故意伤害罪和以危险方法危害公共安全罪的想象竞合犯，择一重罪处罚。被告人对行为造成的后果的具体认识，不会影响犯罪的成立与否，那种认为发生的危害结果超出行为人的预料和控制范围之内，结果就不应归责于行为人的观点是不可取的。如果行为人的侵犯对象特定，即有确定的伤害目标，客观也因为抛物行为造成该特定人的死亡。此时如果抛物行为不存在造成其他人员或财物伤亡的可能性时，即为以抛物手段实施的故意杀人或故意伤害行为。对于此类针对特定对象的行为，《意见》第 5 条指出为伤害、

① 于同志：《驾车“碰瓷”案件的司法考量——兼论具体危险犯的可罚性判断》，载《法学》2008 年第 1 期。

杀害特定人员实施上述行为的，依照故意伤害罪、故意杀人罪定罪处罚。在行为人主观心态为过失的案件中，一般依照实害结果进行定性。例如在案例 8 和案例 9 中，被告人在明知地面有行人路过的情况下，已经预见到行为可能发生损害后果，为防止有人被砸到，特意嘱咐友人在楼下看着过路行人，行为人为防止结果的发生采取了一定避免措施，为过于自信的过失。在案例 4 胡某案中，行为人因为疏忽大意，没有关紧窗户导致水泥块掉落；在案例 2 段某案中，未观察楼下情况而直接抛掷建筑垃圾，为疏忽大意的过失。以上案件中，被告人对实害结果的发生持反对态度，结果的发生违背了行为人的意愿，如造成人员伤亡，应以过失致人死亡罪或过失致人重伤罪定性。如造成公私财物损坏，因刑法只处罚故意毁坏财物的行为，对过失毁坏财物的行为不予处罚，故行为人无须承担刑事责任，只需要承担相应的民事责任。且根据判决书样本可发现，主观心态为过失的行为人在事后的认罪态度、自首情节、认罪认罚及赔偿上表现的更加主动。加之高空抛物案件中直接证据较少，对行为人主观罪过的证明高度依赖行为人的口供，此时除非加害人如实供述，否则也只能运用推定规则，通过对基础事实的证明合乎逻辑地推导出推定事实的存在与否，以此来缓解主观罪过证明的困难。①

四、结语

在将高空抛物行为纳入刑法视野进行评价时，我们需要遵循罪刑法定原则、责任主义原则，坚持个人责任，禁止连带责任。在综合包含高空抛物罪、以危险方法危害公共安全罪等现行刑法的罪名体系下，准确分析行为性质，通过对行为要素、结果要素以及行为人主观心态的具体辨析，综合考量行为方式的危险性、案发时的客观环境、实害结果与危险结果等具体要素，准确判断行为性质，寻找事实与规范之间的连接点，以正确适用罪名，维护社会公平正义。

（责任编辑：武小琳）

① 韩旭：《高空抛物犯罪案件司法证明之难题》，载《法治研究》2020 年第 6 期。

推荐人语：

由于鉴定意见内含的专门知识，法官如何有效审查鉴定意见，理论和实务上都面临不少争议。本文系统分析了法官审查鉴定意见难的根源所在，尝试利用专家参与，从宏观和微观两个层面，助力法官走出鉴定意见审查面临的困局。

秦宗文　南京大学教授、博士生导师

论鉴定意见审查中的专家参与

刘宇琪*

一、问题的提出

随着 DNA 和其他科学鉴定技术的推广，以鉴定意见为代表的科学证据正逐渐取代口供，成为新的“证据之王”。鉴定意见不仅是司法机关认定专门性事实的工具，也是查明案件事实的重要方法，辅助法官自由心证，延伸其认知能力。① 2018—2020 年 3 月 18 日，我国共计有 4727446 份刑事判决书，其中含有司法鉴定的判决书共 2737514 份，占比 57.9%。另有调研显示，2006—2011 年某基层检察院共受理审查起诉案件近 2500 件，其中约 2250 件包含鉴定意见，占比 90%。②

---

* 南京大学法学院 2019 级诉讼法专业硕士研究生。

① 张芳芳、林北征：《论司法鉴定救助制度再完善——以〈民事诉讼法〉解释为视角》，载《中国司法鉴定》2015 年第 6 期。

② 刘晓农、彭志刚：《关于刑事鉴定的几个问题》，载《法学论坛》2013 年第 1 期。

但问题在于法官普遍未接受过系统的科学训练，缺乏必要的专业知识，无法根据固有经验常识判断鉴定意见的真伪，也无从对鉴定意见提出有效质疑。“法官应当如何准确评估科学证据的证明力，是近三百年来科学技术高速发展带给法庭的一个司法难题，是科学技术的发展对法学领域所提出的最有力和最持久的挑战。”①

对于该挑战，现有研究提供了两条解决路径：第一条路径是加强对鉴定系统内部的管理。此种思路下，学者或从顶层设计入手，要求建立统一性、强制性、具体性的鉴定规范和标准，引入动态评价机制规范鉴定行业②；或从鉴定过程进行规范，要求加强对鉴定实施程序的管理监督，并对鉴定标准进行实体性解读与划分③，改革鉴定体制、程序、现场勘验④，以确保鉴定意见源头的可靠性。但加强管理的目的是降低法官的评价难度，并不能替代法官作出评价。第二条路径是增强裁判者对专家证据进行实质审查的能力，要求法官全面、系统地分析鉴定意见书的规则并运用对鉴定意见所依据的原理与方法的科学可靠性进行实质审查，以确认鉴定意见具有证明能力。⑤ 那么，单凭法官一己之力足以进行实质审查吗？立法和实践中的专家辅助人、专家陪审员，在鉴定意见的审查中居于何种地位？有没有介入的必要？能否有效帮助法官认定鉴定意见？如果有，该如何最大程度发挥他们的作用？本文拟通过分析法官对鉴定意见审查的实践现状，探究专家介入的必要性以及存在的不足，对上述问题作出回答。

二、鉴定意见审查的实践样态

为考察鉴定意见的实践现状，笔者以北大法宝类案检索为工具，以

① 张斌：《论科学证据的概念》，载《中国刑事法杂志》2006 年第 6 期。

② 陈如超：《司法鉴定管理体制改革的方向与逻辑》，载《法学研究》2016 年第 1 期。

③ 邹明理：《健全统一司法鉴定管理体制研究》，载《中国司法鉴定》2017 年第 1 期。

④ 稂志诚、陈如超：《中国刑事错案中的鉴定问题——基于 50 例案件的实证研究》，载《中国司法鉴定》2016 年第 3 期。

⑤ 马陈骏、杜志淳：《民事诉讼中鉴定意见的表述与适用研究》，载《证据科学》2019 年第 5 期；樊金英、杜志淳：《跨学科视野下对科学证据的审查认定》，载《证据科学》2019 年第 3 期。

“鉴定意见”为关键词，得到2565481例刑事案件。进一步限缩筛选条件为2013—2020年，得到2496985篇案例作为整体研究对象，采用分层抽样的方式，以完整的自然年度为节点将案例分为8层，在每一层内采用随机抽样方式抽取5例，整体共40例作为研究样本，整理如下：

表1　鉴定意见审查采纳情况

统计项	与其他证据印证	鉴定主体合法、程序合法、无相反证据推翻	直接采信	引用国家标准	照搬鉴定意见内容	符合通说
数量/例	6	16	7	1	3	1
占比/%	17.6	47.1	20.6	2.9	8.8	2.9

表2　鉴定意见审查不采纳情况

统计项	现有技术无法验证	与其他证据不能印证	没有鉴定资质	计算错误	程序违法
数量/例	2	1	1	1	1
占比/%	33.3	16.6	16.6	16.6	16.6

（一）鉴定意见成为罪或非罪的关键证据

在个案中，鉴定意见对于法官心证形成的重要性不言而喻。在搜索案例的过程中，笔者发现在很多情况下，因缺失鉴定意见法官认定案件事实不清、证据不足。如庞某某故意杀人案①和葛某乙失火案。② 前案法官认为，公诉机关认定庞美甲死亡时间仅凭其家属陈述庞美甲失踪的时间来推断，没有任何科学证据来确定，事实不清、证据不足。后案法官指出，综合所有证据，虽然有大量的证人证言描述死者郭某乙系火灾当日下午在西坳村“强某”山上取夹动物的夹子时被火烧死，但缺乏最为关键的尸体检验报告作为支撑，根据刑事案件证据规则的唯一性和排他性要求，仅能认定死者郭某乙死于火灾现场的事实，对控方关于死

① 参见海南省海南中级人民法院（2001）海南刑初字第40号刑事判决书。

② 参见湖北省通城县人民法院（2014）鄂通城刑初字第00079号刑事判决书。

者郭某乙被火烧死的主张不予支持。

（二）整体呈自由审查态势

1. 鉴定意见适用标准不明晰

司法部发布的《司法鉴定程序通则》第 23 条规定，司法鉴定人进行鉴定，应当依下列顺序遵守和采用该专业领域的技术标准、技术规范和技术方法：（1）国家标准；（2）行业标准和技术规范；（3）该专业领域多数专家认可的技术方法。如在甄某某故意杀人案中，关于被告作案时的精神状态，在案共有 3 份鉴定意见，法院最终采纳了由法大法庭科学技术鉴定研究所出具的意见。① 因为和其他两份相比，此份引用了国家标准。但实践中法官普遍未严格遵守该规定。如白某某故意伤害罪一案，法官认为“汕大司鉴（2014）病检字 484 号死因鉴定符合现代生物医学和法医学基本原理和公理常识”，予以采信。但是，这个公理具体是什么、有多少专家对此予以认可均语焉不详。②

此外，技术标准应由谁来决定适用？根据文义解释，答案显而易见——应由鉴定人自己来决定。但有司法鉴定人出庭作证时表述：“我们鉴定时如何鉴定和适用什么标准是由法院作决定的，不是我们决定的，当时法院明确告知我们适用……”③ 关于技术标准的规范和实践的错位，也是导致法官自由审查的原因之一。

2. 缺少统一的审查规范

由表 1 和表 2 可知，法官采纳鉴定意见的 34 例案件中，有 7 例没有说明具体理由直接予以采信，其中还包括两则指导案例；④ 有 16 例从“鉴定主体、程序合法，无相反证据推翻”的角度予以认定；6 例中鉴定意见被看作是完整证据锁链上的一环，可以与其他证据相互印证；另有 3 例裁判文书直接照搬鉴定意见的内容。仅有 1 例认定理由是鉴定

---

① 参见北京市高级人民法院（2017）京刑核 25235740 号刑事判决书。

② 参见广东省汕头市中级人民法院（2014）汕中法刑一初字第 46 号刑事判决书。

③ 参见内蒙古自治区高级人民法院（2018）内民申 55 号刑事判决书。

④ 参见江苏省扬州市中级人民法院（2014）扬刑二终字第 0032 号判决书、四川省成都市武侯区人民法院（2013）武侯刑强初字第 1 号判决书。

意见引用了国家标准，还有1例认为鉴定意见符合通说从而予以采纳。相比之下，不采纳的理由因案而异较为分散。以现有技术无法验证为由不予采纳占比最多，共2例；与其他证据不能印证、没有鉴定资质、计算错误、程序违法各1例。

整体来看，实践中法官各行其是，对鉴定意见自由审查，没有形成统一的审查规范。

（三）法官倾向于书面审查、形式审查

1. 鉴定人、有专门知识的人出庭较为少见

在万孝某故意伤害罪一案中，辩护人申请具有专门知识的人出庭，但法院认为鉴定人出庭足以对本案涉及的专业知识进行解释，没有通知具有专门知识的人到庭的必要性，因此对该申请未予批准。[①] 无独有偶，在展红某以危险方法危害公共安全罪一案中，辩护人提出鉴定人出庭的申请。法官经审查认为，该鉴定机构、鉴定人具备法定资质，不存在应当回避的情形，鉴定事项未超出其业务范围、技术条件，鉴定文书形式要件完备、意见明确、程序合法，并且本次鉴定系对被告人展红某的第二次司法鉴定，二次的鉴定意见均认为展红某在本案中具有完全刑事责任能力，故没有必要通知鉴定人出庭。[②] 上述40个样本中，仅1例涉及鉴定人出庭，1例提到有专门知识的人参与。总体来看，法官更倾向于书面审查鉴定意见和专家意见。

2. 法官多进行形式审查

由表1和表2可见，法官直接认定或仅审查鉴定人资质、程序是否合法的案件占比超过50%。在王振某、赵某1故意伤害案中，辩护人对鉴定结论的客观知识性提出疑问，鉴定人出庭接受质证，最终法院认为，鉴定机构、鉴定人均具备鉴定资质，鉴定程序符合法律规定，且被告人未提出相反证据予以证明，该意见不予采纳。[③] 在武某某等故意伤

① 参见湖南省衡阳市中级人民法院（2020）湘04刑终151号刑事判决书。

② 参见山东省邹城市人民法院（2017）鲁0883刑初436号刑事判决书。

③ 参见河北省石家庄市中级人民法院（2018）冀01刑终18号刑事判决书。

害案，辩护人分别提出详细的辩护意见："三份法医鉴定相互矛盾，后两份鉴定意见认定王某某构成轻伤的法律依据不足；本案存在程序问题，案后未及时询问王某某对其进行鉴定，公安机关先入为主；对王某某的轻伤鉴定意见因其参考朱广友《法医临床司法鉴定实务》一书，对程序违法，人名不一致以及其受伤结果是否与王某某的行为有明确的因果关系有异议。"相比之下，法院的回应略显单薄："辩方并未提供足以推翻王某某的损伤程度达不到轻伤标准的医学科学证据，也未提供王某某的蛛网膜下腔出血是其本人跌倒所致，因此，对辩方的上述异议不予支持。"①

再以法官不予认定的鉴定意见样本为例。通说将鉴定意见分为法医病理鉴定、法医临床鉴定、法医精神病鉴定、法医物证鉴定、法医毒物鉴定、司法会计鉴定、文书司法鉴定、痕迹司法鉴定、微量物证鉴定、计算机司法鉴定、建筑工程司法鉴定、声像资料司法鉴定、知识产权司法鉴定、一般司法鉴定。理论上讲，法官对鉴定意见的理解和认知能力可能会随鉴定意见类型的不同而有所波动。比如对于较为常见的司法会计鉴定，法官可较多依赖常识常理判断。但面对涉及DNA的微量物证鉴定等，因专业性过强，法官可能会心有余而力不足。为了验证这种假设是否成立，笔者将6例不予采纳的样本整理如下：

表3　鉴定意见不予采纳的类型与理由

案件名称	鉴定意见类型	不予认定的原因
韩某某盗窃案	法医临床鉴定	从鉴定意见看，在跨越年龄区间内，韩某某作案时，既有已满16周岁、未满18周岁一段，也有已满18周岁、未满19周岁一段，跨度较大，难以择一独立认定，需要结合其他有效证据才能加以综合认定。但本案涉及年龄的部分证据难以采信，致骨龄鉴定意见的认定基础较为薄弱
张海某交通肇事案	一般司法鉴定	公诉机关出示的鉴定意见及证人张某的证言与上述证据相矛盾，不能形成证实从饭店到肇事地点韩某与张海某之间存在换乘事实的完整证据链条

① 参见陕西省洛南县人民法院（2014）南法刑初字第132号刑事判决书。

续表

案件名称	鉴定意见类型	不予认定的原因
周玉某被控故意杀人宣告无罪案	法医物证鉴定	南充市公安局物证鉴定所关于周玉某投毒案的有关说明，证实周玉某供述其投放的农药由两种农药混合而成，两种农药在混合过程中以及混合后进入人的胃内是否会产生新的成分，经查文献资料无相关记载，实验室也没法做相关实验来验证
赵甲、赵乙交通肇事一审刑事判决书	法医临床鉴定	护理费提出按鉴定的 120 天计算，本院不予采纳鉴定意见
赖海某等制造毒品案	微量物证鉴定	关于提取的 66.2 克液体送检程序，侦查机关存在重大瑕疵，出具的情况说明不能解释颜色变化、不能证实检材同一，对该定性、定量鉴定意见本院不予采信
李某某等非法收购、运输国家珍贵、濒危野生动物案	法医物证鉴定	经查，鉴定人王某林业高级工程师，不具备动物物种的鉴定资格，且鉴定程序确有瑕疵

从表 3 可知，法官对鉴定意见不予认定与意见本身的内容和类别并无直接关联。多数情况下由辩护人先提出鉴定程序或鉴定人资质不合法的线索或主张，法官予以核实；或是涉及简单的计算问题，法官发现明显漏洞时将其排除。基本上都是易识别的程序问题，像周玉某案这种详细从文献资料和相关实验无法检验的角度论证的属于少数。①

形式审查除了体现在法官只关注程序要件，还体现在强调印证，忽视内省性上。在陈明甲、陈庆乙故意伤害案中，法院指出，本案虽无证人目睹被告人陈明甲、陈庆乙等故意伤害被害人的具体情节和过程，但被告人的有罪供述和证人证言、现场勘查笔录、法医鉴定之间环环相扣。② 在郑某盗窃案中，法院同样认为，被害人张某某的报案陈述经过

① 参见四川省南充市中级人民法院（2013）南中刑初字第 13 号刑事判决书。

② 参见广东湛江市中级人民法院（2015）湛中法刑一初字第 56 号刑事判决书。

和公安机关现场勘验笔录及提取的鞋印，与物证鞋印鉴定书，已形成一个完整的科学证据锁链，现场提取的鞋印和被告人郑某所穿的鞋印相吻合一致，完全能证实被告人郑某实施了盗窃行为，故不予采信其辩解。[①] 在强调从整体出发的印证模式下，鉴定意见只是证据链上的一环，如果恰好严丝合缝，则可采性强；反之，则不予采纳。这种做法忽视了鉴定意见本身的科学性和独立性。而且法官除了鉴定意见出现明显之矛盾或谬误外，甚少过问鉴定基础的科学技术或专门知识，亦甚少了解其实验或判断所援用之原则及方法是否在该领域内被普遍采用，存在不重视鉴定过程、只重视鉴定结果之倾向。[②]

三、鉴定意见审查问题的原因分析

已有学者观察到形式审查的现状，即法官对鉴定意见科学性审查较少，质证也多集中于鉴定人的资质等问题。[③] 还有学者用数量法学理论和应用研究方法，对审判人员的决策行为进行统计分析，发现法官对鉴定意见可靠性的认定受两个不合理的前见影响：（1）意见提供者可信度越高，证据可靠性越高；（2）由于我国鉴定机构和审判人员直接接触，尤其是鉴定人不出庭时，提供者的可信度——更多表现为鉴定机构的可信程度，机构年龄、平均鉴定人数、机构认证认可以及司法机关委托业务比例均是潜在衡量指标。[④] 虽然该研究是对民事案件的实证分析，但在刑事案件中法官同样会运用个人经验弥补专业性缺失的漏洞，当事人提出异议但又提不出反证或不足以推翻的，鉴定意见往往被直接作为认定事实、责任分配的依据。那么，进行形式审查是法官怠懒磨洋工之策还是无奈之举，抑或另有隐情？

---

① 参见上海市浦东新区人民法院（2016）沪 0115 刑初 1423 号判决书。

② 陈如超：《刑事程序中法官与鉴定人事实认知的冲突》，载《法律科学》2007 年第 6 期。

③ 樊金英、杜志淳：《跨学科视野下对科学证据的审查认定》，载《证据科学》2019 年第 3 期。

④ 屈茂辉、王中：《民事科学证据可靠性认定中的司法前见——基于民事诉讼中鉴定意见的实证分析》，载《华东政法大学学报》2020 年第 5 期。

（一）法官欠缺实体审查能力

理想的审查状态当然是法官通过运用某种标准，对形成专家意见所依据的技术方法的可靠性加以评判，以确保同一方法的反复运用能够产生一致的结果，也确保专家能够利用此种技术方法形成事实推理并形成结论。刑事案件中探求事实真相才是最终目的，程序只是达致目标的手段。虽然真相可能会导致仇恨或加剧一场冲突，因为说出真相时常意味着严重的冒犯，这是一项古老的洞见[①]，但这种情况更常见于民事案件。对于刑事案件而言，惩罚犯罪又不牵连无辜的目标促使裁判者不断探求真相，这已在现代国家间形成共识。即使是声称“刑事司法目的是解决政府和市民社会中的一位自治成员之间的纠纷”的英美法系，对于被告人的认罪表示法官仍可以拒绝。因此，再精巧的程序设计都无法保证鉴定意见还原真相，实体性审查实属必需。但由于鉴定意见固有的不确定性以及知识壁垒的存在，法官欠缺实体审查能力，易陷入审查困境。

1. 鉴定意见具有双重不确定性

自然科学技术往往要经历一个“肯定—否定—否定之否定”的过程，一项现在被认为是科学、客观、公正的技术，经过一段时间的检验之后，有可能就被证明是错误的，这也就意味着基于之前技术的原科学证据存在错误的可能。更何况鉴定意见不等于科学本身，无论技术本身多么先进、可靠，运用科学手段得出一定结论的运作过程可能需要官僚机构官员、文员、货车司机等无数微小个体的维护和支持，只要存在人工操作，就有可能发生错误，1995 年的“世纪审判”O. J. 辛普森案就印证了这一点。即使是专业性极强的 DNA 技术，理论上虽未受到太多质疑，但因推理过程、取材准确、清晰程度、实验条件、实验过程等各种因素制约，仍饱受争议。[②]

---

① 参见［美］米尔伊安·达玛什卡：《司法和国家权力的多种面孔》，郑戈译，中国政法大学出版社 2004 年版，第 183 页。

② 董秀婕：《刑事技术鉴定证据价值司法现状分析》，载《东北农业大学学报（社会科学版）》2007 年第 1 期。

相关实证数据更是骇人听闻。美国"洗冤工程"包括联邦调查局法庭科学实验室在内的多家实验室，已经就某些法庭科学方法的错误率开展实证研究。① 在通过 DNA 检测得以昭雪的冤案中，超过 50% 的案件中都存在无效的、不当的科学证据。② 有学者对 2011 年之前洗冤成功的250 起错案进行分析研究发现，185 个案件（占74%）在庭审中有法庭科学证据呈现，在 169 起案件中，分析专家作为控方证人出庭作证，出庭案件中，61% 案件中的专家给出了不准确的结论。其中血液检验结论出错的占 58%，头发比对出错的占 39%，咬痕比对错误的占 71%，鞋印比对错误的占 17%，指纹比对错误的占 5%。③ 德国学者 Syeffert 也指出：在海德堡医院中的第二次精神病鉴定中显示，与第一次鉴定意见相同者只有 45.7%，不同意见达到 54.3% 之多。Heinz 在 1977 年指出，在 67 个再审程序中的精神鉴定案件，有错误诊断结果的，第 1 次有 48%，第 2 次有 4%。在第 1 次鉴定中，有一半以上的鉴定人对被鉴定人存有偏见，因而倾向于对其不利的判断。④ 我国亦如是，魏某非法经营罪一案，会计师事务所受办案机关委托出具《专项审计报告》，显示犯罪嫌疑人购进货物的数额是 305 万，但辩护律师在对鉴定意见的计算过程进行核算时，发现存在错误，应为 287 万而非 305 万；2003 年轰动一时的"黄静案"，被害人黄静裸死在宿舍，其男友成为重要嫌疑人，但由湘潭市公安局、湖南省公安厅、公安部和中山大学先后作出的四次尸检均存在相互矛盾之处，加剧了法官困惑，使其陷入认定障碍。可见，科学未必都可靠，经过科学加工的鉴定意见更是如此。

---

① 夏菲：《刑事诉讼中法庭科学证据之科学性发展——以美国法庭科学最新发展为视角》，载《中国司法鉴定》2020 年第 4 期。

② ［美］吉姆·佩特罗：《冤案何以发生——导致冤假错案的八大司法迷信》，苑宁宁，陈效译，北京大学出版社 2012 年版，第 170 页。

③ Brandon L. Garrett, Convicting the Innocent, Where criminal Prosecutions Go Wrong, Harvard University Press, 2011, p. 89 – 90.

④ 张丽卿：《刑事诉讼制度与刑事证据》，元照出版有限公司 2003 年版，第 394 页。

2. 法官存在认知悖论

科学活动和司法活动本身的性质、目标都不同。科学探究旨在对现象分析形成系统知识，而司法活动旨在有限期限内对真相问题进行裁决。科学性的鉴定意见本身是不确定的，但作为认定案件事实的证据必须是确定的，这就造成了司法权威面对技术权威时认定事实的困惑。东京大学副教授成瀬刚指出，由事实认定者评价作为科学证据的基础原理和方法的信用性非常困难；在检查案件过程的适当性时因需要专业知识，其判断也很困难，[①] 因为这里存在 Gary Edmond 所说的信息空洞。[②]

案件涉及专门性问题，需要专家鉴定，鉴定意见只是证据材料，必须由法官审核判断，但鉴定意见本就超越经验、常识，法官何从判断？这种认知悖论使得现代裁判成为新的“神意裁判”。[③] 同时，这种认知悖论也决定了单凭法官一己之力难以进行有效的实体审查。毕竟技术瞬息万变，在任何真正的专业领域中，只有通过长期的学习研究和努力才能成为专家。现代社会存在专业分工，实际上就无人愿意获取全部知识，人们更愿意通过自己与他人的交往，获取、利用他人的知识。法官没有必要亦不可能获得司法裁判需要的所有专业知识。法官主要任务是认定事实，在科学证据的审查中其扮演的是守门人的角色，而非事无巨细大包大揽的管家。防止垃圾科学进入法庭对科学方面的专家内行人来讲是最低限度的要求，但对“门外汉”法官来讲可能是蚍蜉撼树。

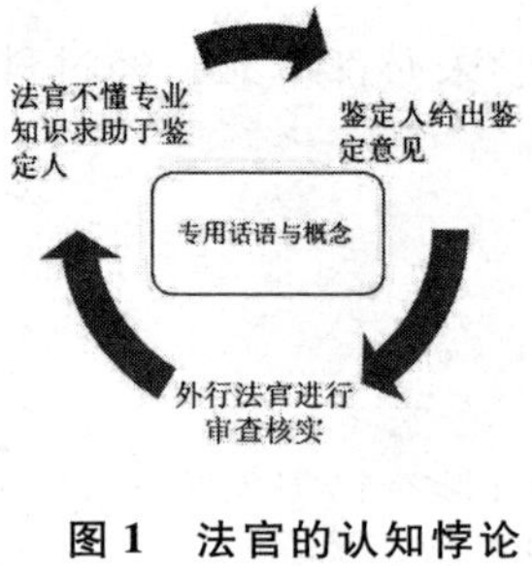

图 1　法官的认知悖论

---

① 成瀬剛「科学的証拠の許容性（五）」，法学協会雑誌 2013 年第 5 期。

② Gary Edmond，Forensic Science Evidence and the Conditions for Rational（Jury）Evaluation，39 Melb. U. L. Rev. 77（2015），p. 77 – 127.

③ 陈如超：《专家参与刑事司法的多元功能及其体系化》，载《法学研究》2020 年第 2 期。

因此，对法官强加实体审查义务属强人所难，其进行形式审查也是无奈之举。

（二）低要求的立法导致更低标准的实践

立法者或许考虑到了法官实体审查能力不足，无论是2019年新修改的最高人民法院《关于民事诉讼证据的若干规定》（以下简称《证据规定》，还是2021年新出台的最高人民法院《关于适用〈中华人民共和国刑事诉讼法〉的解释》（以下简称新《刑诉法解释》），都对审查标准放得很宽。《证据规定》第36条仅要求对鉴定书中必要内容的“有无”做形式审查，至于如何评价内容的“对错”或“好坏”，则语焉不详。同样，新《刑诉法解释》第84条明确了应当着重审查的十项内容，但基本仍是围绕鉴定意见的形式要件是否完备展开，如鉴定机构和鉴定人是否具有法定资质、送检程序是否符合法律规定，仅第六项提到“鉴定的过程和方法是否符合相关专业的规范要求”。立法的低要求导致实务中更低的操作标准。

（三）卷宗中心主义的影响

我国目前是流水线式的纵向刑事诉讼构造，法官对鉴定意见的形式审查模式与该构造相一致。长期以来公检法三机关配合有余、制约不足。以侦查机关常见的物证鉴定书面报告为例，通常是经由检察院“搬运”，未经充分质证法院就照单全收，最多予以书面审查。实际上起终局性作用的是侦查阶段的结论，之后的审查起诉和审判只是对之进行小修小补。再加上2012年刑事诉讼法回归卷宗全案移送，法官在审判中常为预断所左右，在依然存在大量可能的调查手段时，便过早地终止了法庭调查。[①] 当被告人申请鉴定人出庭时，法官基于阅卷产生的预断，以及担心出庭带来使庭审秩序混乱等不可控的因素，不愿节外生枝，通常直接拒绝。

① 孙远：《全案移送背景下控方卷宗笔录在审判阶段的使用》，载《法学研究》2016年第6期。

据调研显示，2003 年 1 月至 2013 年 1 月，涉及鉴定的刑事案件有 213635 件，鉴定人出庭的仅有 96 件；2013 年 1 月至 2014 年 3 月，涉及鉴定的刑事案件有 46832 件，鉴定人出庭的仅有 18 件。① 以 2016—2018 年山东法院审结的刑事案件为例，证人、鉴定人出庭率仅为 0.32%，出庭申请率、法院同意出庭率、实际到庭占申请出庭的比例都较低。② 前涉 40 个案例也仅有一案中鉴定人出庭。法院较低的同意率大大挫伤了律师申请出庭的积极性，据调查 39.9% 的律师表示办理案件中从未申请鉴定人出庭。

鉴定人在场本可以提供多样丰富的信息，若不出庭，只剩下对简单的文字表述的外部性印证。当事人对鉴定意见不服只能申请重新鉴定导致案件久拖不决。如此，庭审沦为单纯针对侦查卷宗的质证和辩论，使得庭审虚化，违背了“司法最终裁决原则”和“控审分离”原则。十八届四中全会制定的司法改革方略要求建立以法庭审判为中心的刑事诉讼构造，对于此构造之形成，直接审理原则发挥着举足轻重的作用，而直接审理原则第一位的要求便是“卷宗之内容原则上不得用为裁判之依据”。卷宗中心主义严重制约了“审判中心主义”的良好诉讼制度格局的形成。

（四）专家没有发挥应有的作用

和鉴定意见相关的主体，除了控辩审以及出具该意见的鉴定人，还包括《刑事诉讼法》第 197 条规定的“有专门知识的人”，实务中通常又称专家辅助人，以及近年来在金融、证券领域大放异彩的专家陪审员。鉴定人、有专门知识的人、专家陪审员分别在举证、质证、认证环节发挥重要作用。他们的选任方式和作用均不同，鉴定人是由公安司法机关聘任的，运用专门知识对案件中专门性问题作出判断的人；根据《刑事诉讼法》第 129 条以及《人民法院办理刑事案件第一审普通程序

---

① 胡铭：《鉴定人出庭与专家辅助人角色定位之实证研究》，载《法学研究》2014 年第 4 期。

② 山东省高级人民法院课题组：《刑事案件证人、鉴定人出庭实证分析》，载《山东法官培训学院学报（山东审判）》2019 年第 3 期。

法庭调查规程（试行）》第26条规定，有专门知识的人主要提供技术帮助，巩固己方或反驳对方的证据能力和证明力。其由控辩双方委托聘请，就鉴定人作出的鉴定意见提出意见，在控辩双方对鉴定意见进行质证时起辅助作用。而专家陪审员则是具有专业知识的人民陪审员，参与审判并帮助审判员认定事实。其肇始于知识产权案件的审理，1991年最高人民法院在《关于审理第一审专利案件聘请专家担任陪审员的复函》中指出，“人民法院在审理第一审专利案件时，可以根据案件所涉及的技术领域，聘请有关技术专家担任陪审员。近期在金融、证券、环境领域得到进一步的支持与发展。但目前专家并没有发挥应有的作用。

1. 专家的参与度不够

截至2021年3月18日，笔者以“鉴定意见”为关键词在北大法宝上检索，共得到2571446例刑事案件，以“专家”为关键词有10425例，“专门知识的人”为1042例，而“专家辅助人”仅有122例。前述40例样本中也仅有一例提到有专门知识的人。

实践中，有的案件在鉴定人不出庭只提交书面鉴定意见的情况下，专家辅助人也只提交书面意见而不出庭，或者虽然出庭但以递纸条、私下交流等方式提示辩护人，再由辩护人询问鉴定人。[①] 即使专家辅助人出庭，也往往自说自话，不会使专门性问题越辩越明，而是蜕变为早已屡见不鲜的多头鉴定意见相互冲突的翻版。[②] 法庭本应最大限度排除专家辅助人陈述中的倾向性成分，这就需要中立的专家陪审员的积极参与，也符合我国当下重视发现真实的职权主义诉讼模式，但当前我国专家陪审员制度还未完全铺展，整体上专家陪审员参与度不高。

2. 专家的准入资格不明

我国对鉴定人采取专家备案制，即鉴定人需要具有相关执业证书，经过审核登记。2018年《刑事诉讼法》第197条第4款“有专门知识的人出庭，适用鉴定人的有关规定”。那么，“有专门知识的人”是否

---

① 韩旭、罗维鹏：《刑事诉讼中“有专门知识的人”争议问题的实践反思》，载《证据科学》2020年第5期。

② 陈如超：《专家参与刑事司法的多元功能及其体系化》，载《法学研究》2020年第2期。

应具备鉴定人资质呢？

学界有两种认识：一种是严格资质说，主张“有专门知识的人”应当具备鉴定人资质，并且应对相关的专家登记造册，由专门的管理部门负责管理。[①] 另一种是最低资质要求说，主张凡是有相关理论知识或者实践经验的人都可成为“有专门知识的人”；[②] 出于保险起见，法官通常会将专业资质等同于出庭资格，将相关执业证书、备案记录作为专家辅助人能否参与庭审的决定因素。但实际上资质备案并非一劳永逸，更不应成为法官迷信权威的理由。如果法官仅对专家进行所谓的专业资质审查，很难真正发现鉴定意见的问题所在。

3. 控辩双方专家资源不平衡

我国尚未对聘请专家辅助人的费用问题进行系统的规范。实务中一般由双方自行与专家辅助人协商约定。多数情况下，和辩方相比，控方有机会接触更多的专家资源。专家辅助人制度建立的初衷是通过利用科学知识协助司法认知的局限性，使得审判能够建立在案件事实清楚的基础上，绝不能因控辩双方贫富之分而丧失诉讼利益，给资源影响公正的危险提供可能的机会。请不起专家辅助人的被告人，面对控方专家辅助人，无法形成有效对抗，这必然对法官自由心证产生影响，不利于实质公正的实现。

4. 法官偏爱私下咨询

有资深法官提到，他们其实并不是很反感专家辅助人或鉴定人出庭，因为从法官的角度，在审理这类案件中能学到很多法律之外的知识，这也是长期以来他们愿意办理案件的原动力所在。但不可否认，实务中法官普遍对单方聘请的专家辅助人抱有偏见，如复旦大学投毒案中，辩护方的专家辅助人认定被害人死于“乙型肝炎暴发”，但由于该

① 参见汪建成：《司法鉴定模式与专家证人模式的融合——中国刑事司法鉴定制度改革的方向》，载《国家检察官学院学报》2011 年第 4 期；朱华、王绩伟：《赋予“有专门知识的人”独立诉讼地位》，载《检察日报》2013 年 1 月 16 日，第 3 版。

② 参见孙谦主编：《〈人民检察院刑事诉讼规则（试行）〉理解与适用》，中国检察出版社 2012 年版，第 307 页。

专家由当事人重金聘请，法官认为该专家辅助人不具有中立性，又无法接触案件鉴定检材，最终对专家辅助人的质证意见不予采纳。再加上专家参与度不高，常出现仅有一方的专家意见或双方专家意见不一致的情况，法官必须另寻帮助，于是便捷高效的私下咨询的方式颇受法官青睐。但这种咨询缺乏法律规制，缺失对专家资质、咨询程序等的规定，操作随意，科学性存疑。专家隐于庭后，法官私下获得的意见未经庭审质证，实际上却在左右法官裁决，剥夺了当事人的辩论权，违背了直接言词原则及程序公开公正的要求。此外，专家也易受法官表述中潜在倾向的影响而偏听偏信，作出不科学的意见。

鉴于专家没有发挥应有作用，即使法官在审查鉴定意见时有意识地想借鉴弗莱伊规则以增强说服力，也是有心无力。如在白某某故意伤害罪一案中，法官指出，“所有死因鉴定，都是根据尽可能全面、真实、确定的客观证据，结合现场案情和临床病历，最主要的是依据法医病理学系统尸检所见的致死……客观证据，辅以毒物分析等，根据基本医学原理、现代医疗技术水平，进行充分的逻辑推断、判断，综合分析作出的事后推理性意见。这已是生物医学界辩证唯物主义的公理，也是司法审判量刑所倚重的和毋庸置疑的科学证据之一”。并因此认为汕大司鉴（2014）病检字484号的原鉴定意见符合法律规定，符合现代生物医学和法医学基本原理和公理常识，不存在任何疏漏和过错之处。① 该案也是前述40个案例中对于采纳理由论证较为全面者，但符不符合现代生物医学和法医学基本原理和公理常识，至少要有科学共同体内其他专家的认可，单凭法官一家之言，如何认定？

四、专家助力鉴定意见审查的必要性

（一）形式审查易诱发冤假错案

未事先审查专家意见证据的可靠性即赋予其可采性的做法，可能导

① 参见广东省汕头市中级人民法院（2014）汕中法刑一初字第46号判决书。

致许多具有偏向性甚至“不实”的伪科学涌入法庭。[①] 调查研究表明，一些刑事冤案就是在鉴定方面出了问题。[②] “念斌案”等都与法官轻信鉴定意见有关。

“杜培武案”判决书中的鉴定情况载明：（1）根据被告人杜培武所穿戴的警式衬衣右手袖口处所检测出军用枪支射击后残余附着的火药物质，以此认定被告人杜培武曾经有穿此衬衣进行军用枪支射击的事实。（2）对云OA0455号昌河牌微型面包车中驾驶室离合器、油门踏板上所遗留的足迹泥土气味及杜培武所穿袜子气味进行鉴别，经警犬气味鉴别（多只多次）均为同一性认定，结论为肯定证实杜培武曾经驾驶过该车。[③] 案件的现场勘查笔录和现场拍摄的照片中记载的是“车内离合器踏板”上附有足迹遗留的泥土，后来现场勘查笔录中却并不存在刹车踏板和油门踏板上附着的泥土的记录；作为嗅源进行警犬气味鉴定，并得出警犬反应一致的结论，这种明显不属于认定案件事实的记述反而成为侦查鉴定的对象，法官据此作为强有力的证据来定案。此外，侦查机关还对杜培武进行了测谎仪测试，得出的模棱两可的结论也成为日后定罪证据之一。

2006年的“念斌投毒案”中，福州市公安局首先从呕吐物中检验出氟乙酸盐，同时在念斌食杂店外面靠近卫生间的门把上检出“疑似”氟乙酸盐毒物的物质，便出具了门把上“倾向于认定”存在氟乙酸盐的分析意见书。该分析意见书令平潭县公安局将视线转移到念斌身上，公安局在检验了数十件物品之后，从被洗刷干干净净的炒菜铁锅里检验出氟乙酸盐毒物。据此，念斌被平潭县公安局认定具有投毒作案的重大嫌疑。在鉴定意见存疑的情况下法院径直采信，以致念斌含冤入狱。

因此，法官对于鉴定意见仅形式上走过场甚至直接予以认定，对于

---

① 周晗隽：《外行何以评价内行？——专家意见证据的评价原理》，载《太原理工大学学报》2020年第6期。

② 陈永生：《我国刑事误判问题透视——以20起震惊全国的刑事冤案为样本的分析》，载《中国法学》2007年第3期。

③ 参见云南省昆明市中级人民法院（1998）昆刑初字第394号判决书。

科学证据的使用方法、材料来源、程序规范等内容不进行任何实质性审查和说理，易诱发冤假错案。

（二）专家为法官形成心证提供逻辑链接

专家的主要功能在于为法官心证形成和排除合理怀疑提供逻辑链接和路径支持。[①] 当事实和裁判者的经验和知识已经无法成为证据资料与事实之间的连接点，他们只能依靠具有这方面知识与经验的人将空白的连接点填充起来。[②] 通过专家参与庭审质证，往来交锋，使晦涩难懂的专业技术问题变得更为平易，使法官更易理解。专家通过庭外、庭上的释疑、澄清，间接增强了裁判者的实质审查能力。如专家辅助人主要帮助辩方对鉴定意见提出合理异议，避免因当事人缺乏专业知识把握不住技术要点，使质证流于形式。出庭者则可以在整个庭审阶段参与证据调查，为当事人提供技术咨询，在大数据、电子数据涌入法庭的背景下，这种作用尤为重要。专家辅助人的专业性意见使法官在自由心证主义支配下对鉴定意见的真实性的审查判断由单级思辨走向多级思辨成为一种可能。[③]

同时，根据《司法鉴定程序通则》第 23 条第 3 项的规定，"该专业领域多数专家认可的技术方法"是审查鉴定意见科学原理的标准之一。如果专家辅助人对鉴定意见的科学原理及结论表示肯定，专家陪审员也在审议时予以认可，将会增强案涉鉴定意见在法官心中的可靠度。背后的原理与美国的弗莱伊规则相通。为了应对证据的"专门性"，美国法院形成弗莱伊案中的"普遍接受原则"，以及多伯特案中的"可验证性、误差率"等标准。其中的原理和医疗诊断中的推理模式相近。如一个病人全身起满红点，医生通过对此类症状的观察，便会在内心形成"病人可能患有麻疹"的判断，"红点"不意味着病人必然患有麻疹，但这并不妨碍医生在诊断初期通过症状来判断病因。同理，"普遍

---

① 王戬：《"专家"参与诉讼问题研究》，载《华东政法大学学报》2012 年第 5 期。

② 徐继军：《专家证人研究》，中国人民公安大学出版社 2004 年版，第 12 页。

③ 毕玉谦：《专家辅助人制度的机能定位与立法性疏漏之检讨》，载《法治研究》2019 年第 5 期。

接受”也无法保证理论和方法一定是正确的，但仍具有统计学上的意义。“普遍接受”的或然性不影响法官将其作为评价专门知识的“可靠性指征”。①

（三）防止鉴定人成为“白衣法官”

法官和鉴定人之间就科学知识存在“量差”，可能导致鉴定人挟持科学知识的话语权，使得事实认定者对其趋向遵从。虽然2005年全国人民代表大会常务委员会《关于司法鉴定管理问题的决定》将鉴定结果的称谓由“鉴定结论”改为“鉴定意见”，刑事诉讼法也随后进行了修改，鉴定意见不再是神圣不可推翻的证据，但现实中有些法官对于鉴定意见的认定还是属于“遵从模式”。②

据北京市司法局统计，5年来出具鉴定意见10万份，95%以上为司法机关所采信。③ 由表2亦可知，40个案件仅有6例鉴定意见未被采纳，占比15%。尤其是法官面对像黄静案这种多头鉴定、鉴定不一的局面，无法在相互冲突的多份鉴定中作出准确有效的选择，最后只能将鉴定机构的行政级别作为决定依据，难以做到兼听则明。在科技权力的干预、生产和造就下，法官成了被动的、他律的、笨拙而呆滞的客体。④ 达玛什卡早年在评价大陆法系法官审查鉴定意见时就曾指出：“正在蔓延的担心是，法庭正暗地里将作出裁决的权力托付给没有政治合法性的外人。难道法庭名义上的助手成了它背后的主宰吗?”⑤ 这种担心至今仍未过时，鉴定人可能成为白衣法官，法官沦为鉴定人的影子与喉舌。在法庭上面对辩护方的质疑，法官常以鉴定意见作为挡箭牌：“这个事实的认定我是根据鉴定意见作出的，都是专家作出的，他们都

① 周晗隽：《外行何以评价内行？——专家意见证据的评价原理》，载《太原理工大学学报》2020年第6期。

② 邱国侠、薛世：《科学证据在检察机关公益诉讼中的运用——以环境公益诉讼为例》，载《广西警察学院学报》2020年第1期。

③ 周一颜：《民事专家证据司法采信的困境与路径选择》，载《政法学刊》2019年第3期。

④ 陈如超：《刑事程序中法官与鉴定人事实认知的冲突》，载《法律科学》2007年第6期。

⑤ ［美］米尔建·达玛什卡：《漂移的证据法》，李学军等译，中国政法大学出版社2003年版，第210页。

是科学家，他们作出的意见比较权威。”而其他专家的适时介入可以及时发现鉴定意见存在的潜在问题，制衡鉴定人，防止其只手遮天成为实际的事实裁判者。

（四）符合以审判为中心的诉讼制度改革的要求

党的十八届四中全会明确提出，要“推进以审判为中心的诉讼制度改革，确保侦查、起诉的案件事实证据经得起法律的检验。全面贯彻证据裁判规则，严格依法收集、固定、保存、审查、运用证据，完善证人、鉴定人出庭制度，保证庭审在查明事实、认定证据、保护诉权、公正裁判中发挥决定性作用”。为顺应改革趋势，《刑事诉讼法》第192条明确规定，公诉人、当事人或者辩护人、诉讼代理人对鉴定意见有异议，人民法院认为鉴定人有必要出庭的，鉴定人应当出庭作证。经人民法院通知，鉴定人拒不出庭作证的，鉴定意见不得作为定案的根据。

鉴定人出庭接受鉴定意见的质证，能够确保质证效果，帮助检验鉴定意见的正确性，从而有效地实现司法公正。[①] 专家辅助人的参与可以有效提高鉴定人的出庭率。通过对当事人的“辅导”，使当事人提出合理有效的质疑，倒逼鉴定人出庭，通过庭上的专业交锋，确保鉴定意见经得起法律检验，有利于辨明专家证言的合理性与可靠性。[②] 更何况专家在特定的理论领域深耕，也希望可以有实践平台发声，将自己的观点辐射出去，形成一定的影响力。

五、完善专家参与刑事诉讼制度之路径

学界也已察觉到法官实体审查能力的不足以及专家的用武之地，[③] 并尝试从现有的专家角色之外发掘完善路径。如有学者认为在交通事故诉讼中引入法官技术顾问制度可以有效帮助法官认定与事故认定书相关

---

① 岳军要：《专家辅助人出庭及专家意见的采信规则》，载《郑州大学学报》2015年第5期。

② 龙宗智：《证据分类制度及其改革》，载《法学研究》2005年第5期。

③ 陈如超：《新〈民事证据规定〉对法官权责的制度改造——基于司法鉴定的视角》，载《证据科学》2020年第2期。

的事实判断，也可以解决形式审查而无法实质判断的问题[①]；也有学者提出借鉴域外诉讼辅助人制度[②]，如借助技术人员进行文证审查，确保鉴定意见准确[③]。甚者提出为法官提供一套一般认证机制，利用贝叶斯法则的似然率，使法官直观感受一个能通过量化而得出数据的鉴定意见所能发挥的证明价值。[④] 但现实是，原供职于法官鉴定部门的技术人员继续留任者少见，多缺乏法律与专业背景，且未能与审判部门形成对鉴定意见采信和考评的联动机制，司法技术人员的积极性普遍不高，甘愿沦为“传声筒”。而技术辅助工作沦为法庭和鉴定机构的交互平台，作用越来越有限。此外，现有研究视角过于微观，只聚焦于单个专家角色，缺乏宏观性，也没有最大限度利用现有的专家制度。

（一）明确专家的角色定位

首先明确专家应然的角色定位，才能保证各自能动而不越位。

1. 专家辅助人需要承担揭示客观真实的义务，但不能要求其保持绝对中立

关于专家辅助人的立场倾向，有学者认为，其介入诉讼时必须保持中立，不应带有任何倾向性。这主要是考虑到美国专家证人的前车之鉴：美国当事人为获得对己方有利的专家证言，通常事先听取几位专家的意见，从中聘请有利于己方诉讼结果的专家，专家证人因此被嘲讽为“律师的萨克斯乐器”。近年来美国也注意到了专家证人存在的问题并进行纠偏改革，强调专家要对法庭负责，要帮助法庭认知而非仅仅帮助当事人打赢官司。

为了防止专家辅助人和控辩双方私下利益勾连，赋予其客观真实义务是必要的，一旦违反，不仅要承担违约责任，还要被给予纪律处分及

---

① 宋汉林：《鉴定意见司法运用实证研究——以 W 法院 180 起道路交通损害赔偿案件为样本的考察》，载《甘肃政法学院学报》2014 年第 2 期。

② 刘鹏飞：《非讼鉴定的类型界定与制度完善》，载《山东社会科学》2019 年第 12 期。

③ 苏清涛、张胜利：《对鉴定意见的审查不能流于形式》，载《检察日报》2015 年 6 月 7 日，第 3 版。

④ 汤维建、徐枭雄：《民事司法鉴定意见的评价机制论纲》，载《中国司法鉴定》2018 年第 3 期。

程序上的处罚。但完全中立性的要求有违专家辅助人设置的初衷及职业属性。从利益关系上讲，专家受聘于一方当事人，费用应由该方当事人支付，自然理应为雇主的利益而行为，不能像法官和鉴定人那样必须保持中立，相反，应积极主动地根据自己的专门知识去寻找和发现对方在诉讼主张和证据上的专业瑕疵，从而协助一方当事人攻击另一方。因此，专家辅助人主要以当事人的利益为己任，这点不应被苛责，更不能以报酬的高低决定专家意见的价值。

2. 鼓励和规范专家陪审员参审专业性案件

关于专家作为陪审员。反对者认为根据陪审员的相关立法，随机抽取意味着选择参加庭审的陪审员是任意的，具有不确定性。而刻意挑选专家型陪审员与立法精神相违背，还存在物伤其类的问题[①]；支持者则认为专家陪审员可以弥补法官知识盲区，有利于公正裁判的作出。

首先，2018 年《人民陪审员法》第 22 条规定："人民陪审员参加七人合议庭审判案件，对事实认定，独立发表意见，并与法官共同表决；对法律适用，可以发表意见，但不参加表决。"人民陪审员的范围是符合条件的"人民"，具有专业性知识的专家当然也在此列。专家陪审员是按照一定条件在专家库中随机挑选，仍属于随机抽样，符合相关法律法规的要求。

其次，专家陪审员可以与法官形成思维互补，利于查清案件事实。专家陪审员在庭审中运用专业知识的方式繁多，如参与涉及专门知识的现场勘验、介绍专业或行业知识背景、对科学证据进行分析判断。就参与质证过程而言，鉴定人可以就鉴定意见及相关专业问题向有关人员发问，作为中立的事实裁判者适当纠偏专家辅助人；就专业知识的供给而言，其可以就相关专业问题进行释明；就裁判来说，其和法官作为一个裁判整体给出判决结论，弥补法官专业知识的短缺。

最后，专家陪审员可以为已陷入瓶颈期的陪审员制度注入新的活力。

---

① 普嘉：《质疑专家型陪审员》，载中国青年报，http：//zqb. cyol. com/content/2005 –05/19/content_ 1117922. htm，2021 年 3 月 19 日最后访问。

落实陪审员实质参审，专业人员参审是目前我们可以倚重的路径。应鼓励和规范专家陪审员参审专业性案件，以提升此类案件判决的公正性和公信力。如河南省舞阳县人民法院就充分发挥陪审员特定的专业特长、知识结构、群众基础厚重、工作经验丰富的优势和司法亲民纽带的作用，将陪审员安排到对口的审判业务部门，尤其是医患纠纷、审计、金融等专业性较强的行业，提高了陪审质量。①

（二）层级化建构专家准入资格

相较而言，刑事诉讼中的鉴定人具有一定的官方性，是权力主导型下的产物。他们由公安司法机关指派或聘请，且其书面分析意见是法定种类之一。为了便于统一管理和调遣，通常有专门的鉴定人名单供公检法选取。但对专家辅助人的准入资格相关规范语焉不详。有论者提出通过设置“专家库”的方式来完成对专家辅助人的资质审查和管理，② 即将鉴定人和具有专门知识的人的来源范围等同。因为专家库实际上属于诉前审查，可以适当减轻法官在审查专家辅助人出庭资质上的负担。但问题在于，划分专家库会不会忽略掉一些小众领域的专家？而且，仅将专家意见的可采性与一纸证书、资格评定挂钩的合理性在哪里？长期种植某种农作物但没有高学历的农民，和熟悉种植原理的大学教授，哪个算是专家，谁的意见更具有参考价值？从加强庭审实质化的角度讲，适当放宽专家辅助人的资质要求更符合立法初衷和实践需求，有助于区分有专门知识的人和鉴定人。

因此，为了防止市场上专家良莠不齐，专家库确需建立，并对专家的学历、职称、教育及实践背景、相关研究成果、出庭作证情况、作为专家的诚信情况、违法违纪处理情况等信息进行公开展示，但专家辅助人并不是只能在专家库的范围内挑选。专业知识有三个指标可以参考：

---

① 蔡强、左新涛：《专家型陪审员以专业能力促化解》，载大河网，http：//newpaper. dahe. cn/jrab/html/2015 - 11/19/content_ 1334673. htm? div = - 1，2021 年 3 月 20 日最后访问。

② 参见王跃：《刑事诉讼中的鉴定意见质证制度研究》，法律出版社 2017 年版，第 243—244 页。

一是在特定领域、特定问题上适用的知识；二是为特定主体享有的知识；三是具有稳定性，不容易被推翻的知识。① 因此，除了有明确准入限制的行业应以该行业最低标准为底线之外②，无论是通过正规教育还是长期实践获得的，只要他的理论知识、技能知识或相关经验高于一般人，可以为当事人所用，即可认定其出庭资质。总之，对此问题不宜采取过度的法律家长主义，应采广义的专家概念，适当放宽专家辅助人的准入门槛。因为每个人都有趋利避害的本能，被告人作为一般理性人，通常不会冒着身陷囹圄的风险，随随便便找一个专家辅助己方。至于这份专业意见的证明力大小，则由法官具体在庭上综合其出庭表现、专业水平，进行综合判断。

至于专家陪审员的资质，全国人大常委会《关于完善人民陪审员制度的决定》也并未对专家陪审员的选任作相应的规定。实践先行，如成都市中级人民法院在陪审员选任前与相关单位如科委或高校联系，提出对专家陪审员不同领域专业技术的要求，以便其推荐适当人选。过于严苛的标准限制可能会抑制陪审员的积极性，对专家陪审员的专业性标准也可以适当放宽，由单位推荐或本人申请，专家库名单可供参考，法院根据个案具体情况予以调整。日常可以加强法院和高校及一些科研单位间的交流与沟通，建设互助合作平台。

最终，构建从鉴定人到具有专门知识的人再到专家陪审员，由严到宽的层级化准入门槛。

图 2　各类专家资格门槛

① 韩旭、罗维鹏：《刑事诉讼中“有专门知识的人”争议问题的实践反思》，载《证据科学》2020 年第 5 期。

② 参见江必新主编：《最高人民法院关于适用〈中华人民共和国刑事诉讼法〉的解释理解与适用》，中国法制出版社 2013 年版，第 214 页。

（三）建立专家援助制度

鉴定人的聘请往往是由公安司法机关指定或者双方协商决定，一般不存在因为经济状况而无法聘请。同样，专家陪审员也是经法定程序挑选出来的，无需当事人负担费用。相反，专家辅助人代表各方利益，由控辩双方各自聘请，费用由单方负担，不菲的价格增加了诉讼负担。以浙江省建筑行业《关于专家辅助人及争议评审专家参考性收费标准》为例，出庭提供专家意见而不出具专家报告费为3万元，出庭并提供书面专家报告收费5万元。评审专家不低于3万元，有争议金额的，按照比例分段累计，10万元以下6%—7%，10万—50万元5%—6%，50万—100万元4%—5%。

检察官在刑事案件中本就代表国家利益，在刑事诉讼中占据优势地位，要想实现控辩之间的程序权利的对称很难。因为检察官不会受到羁押和处罚的威胁，他的身份也不可能转变为证人，无须承担普通当事人不得不承担的其他一些类似要求，再加上被告人的经济实力无法与检察院匹敌，可能会丧失一次通过聘请专家辅助人扭转诉讼局面的机会，有违公平原则。因此可以适当放松严格对等的要求，使天平适当向被告倾斜。①

此外，专家辅助人有着越来越广阔的发展空间，考虑建立专家援助制度具有现实意义。专家辅助人设立的初衷是为了解决当事人对专业性证据的有效质证问题，使当事人能够更好地行使辩论权，避免形成鉴定意见控制、垄断法官心证的局面。通常他们不针对专门性问题提供原生性专家意见。但如果控方没有提出鉴定意见或辩方的鉴定申请被驳回，辩方实际上失去了就专门知识请求专家协助质证的机会，对辩方是不公平的。可见，鉴定意见在先并不应该成为专家辅助人出庭的前提。只要有专门问题的存在，即可请求“具有专门知识的人”协助。

域内域外都有相关经验可供参考。意大利的技术顾问与我国专家辅

---

① ［美］米尔伊安·达玛什卡：《司法和国家权力的多种面孔》，郑戈译，中国政法大学出版社2004年版，第160页。

助人相似，意大利《刑事诉讼法典》第225条中规定了技术顾问选任机制：决定进行鉴定起，公诉人、当事人均取得任命自己的技术顾问的权利，各方任命的技术顾问的人数须小于或等同于鉴定人的人数；当事人有权在符合国家救助法规定的条件时，获取技术顾问的帮助，该法律救助由国家财政予以支持。[①] 我国现行民事领域的司法鉴定救助机制和法律援助机制，与专家援助的使命和任务是一致的，出发点都是服务于诉讼活动，为弱者在诉讼中提供专业的帮助和服务，以实现其合法诉求。因此，如果当事人确有经济困难，且专家意见对案件事实的认定具有关键作用时，应当予以专家援助。具体制度的设立运行可参照律师法律援助模式，由当事人申请，由法律援助机构为当事人联系专家进行援助。需要把握好经费的上限和下限，既不能挫伤专家参与的积极性，也不能追求理想主义而弃成本于不顾。各地法院可因地制宜，根据具体情况制定相应的费用明细与标准。以山东省高级人民法院制定的《关于侦查人员、鉴定人、有专门知识的人出庭的规定（试行）》为例，其中规定：（1）院士、全国知名专家的交通费、住宿费、伙食补助费参照部级标准，报酬按照12000元/人·日；（2）具有正高级技术职称的，或在本省范围内一定专业领域具有影响的专家、学者的交通费、住宿费、伙食补助费参照司局级标准，报酬按照8000元/人·日；（3）具有副高级及以下技术职称的，或在本市范围内一定专业领域具有影响的专家、学者的交通费、住宿费、伙食补助费参照其他人员标准，报酬按照4000元/人·日。不足半日的按照半日计算，超过半日不满1日的按1日计算。最后，适当增加国家和地方财政资助，并结合其他资金来源，抽取部分社会福利彩票的资金成立专门资金，并监管资金的流向。

（四）构建“教育－共享”的专家参与模式

我国传统上是由鉴定人单向输出科学信息（如图3），辩方律师无力有效质疑并挑战鉴定意见，“门外汉”法官也无法有效接收科学信息。而鉴定人、专家辅助人又不积极参与庭审质证，法官只能被迫私下

① 《意大利刑事诉讼法典》，黄风译，中国政法大学出版社1994年版，第77—78页。

寻求其他专家的帮助。在这种传统模式下既不利于司法公开公正，也有违效率原则。

图 3　传统单向输出模式

哈佛大学科学技术社会论的教授希拉·贾萨诺夫曾指出，科学主张的权威性不是“科学主张的逻辑性”所固有的，而是间接来源于“通过在相关领域成员间展开的各种讨论而进行的主张的确认”。某种科学主张要确立为真实的存在，“必须与由人、方法论、被称为铭刻的视觉记录，以及各种各样的道具（其自身已包含了社会习惯）组成的复杂的网络相协调”。科学主张在取得周知性之前，需要通过“边界划定工作”来划分“好”的工作和“坏”的工作，由此赋予权威性。[①] 这个过程既需要法体系外的科学共同体的参与，也需要法体系内部裁判者的努力。德国立法者于 2016 年就不共享同一套话语体系的法律人和鉴定人之间存在的相互理解的困难问题，要求通过沟通和对话，规定法院和鉴定人之间加强协作的义务，由此逐渐提高裁判法官的专业知识，效果显著。可见，加强科学共同体内外成员间的互动可以有效改善传统模式下的尴尬局面。

1. 前提：专家出庭

首先需要明确的是只有专家出庭，才能使构建的模式真正“活”起来。亚里士多德曾在《修辞学》中提到三种说服手段：诉诸情感、诉诸理性、诉诸说者的气度，并认为诉诸说者的气度是最有效的手段。法官可以通过专家在庭上的气度、举止，辅助其审查鉴定意见的可靠性。对没有正当理由拒不出庭作证的专家，人民法院应当通报司法行政机关或有关部门。2020 年司法部《关于进一步规范和完善司法鉴定人

① シーラ.ジャサノフ著/渡辺千原＝吉田貴之監訳．法廷に立つ科学—「法と科学」入門，勁草書房出版社 2015 年版，第 54 页。

出庭作证活动的指导意见》加大了对不出庭的处罚："在调查中发现鉴定人存在经人民法院依法通知，拒绝出庭作证情形的，要依法给予其停止从事司法鉴定业务三个月以上一年以下的处罚；情节严重的，撤销登记。"刑事诉讼法规定，"有专门知识的人"适用鉴定人出庭规则，如果专家辅助人只是提交书面意见而拒不出庭的，该书面意见不得采用。如果其本身具有鉴定人资质，可参照鉴定人予以停业处罚。

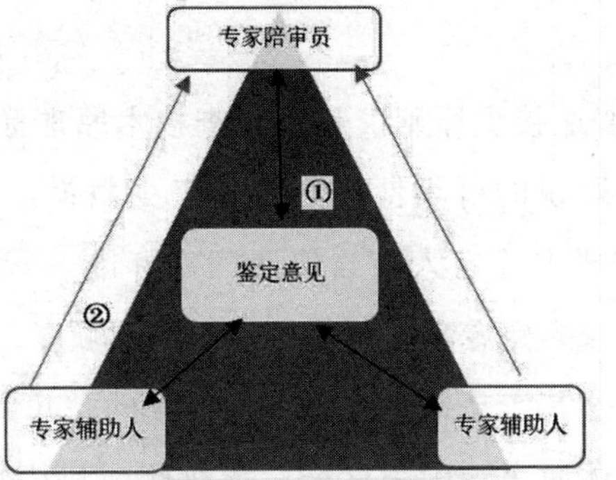

图 4 教育－共享模式

2. 具体构建：内循环和外循环

具体构建分为内循环和外循环。内循环是共享模式（图 4 中的①），鉴定人用专业知识和语言向控辩审三方解释科学性问题，由控辩双方聘请的专家辅助人运用自己掌握的相关知识进行质证，中立的专家陪审员有针对性地提问，及时发现技术漏洞并与审判员一起认定事实。而外循环（图 4 中的②）正是通过内循环的举证、质证、询问等互动，使复杂难懂的科学知识抽丝剥茧展现在法官面前，帮助其理解、处理鉴定意见，以实现教育法官的功能。需要注意的是，专家陪审员的参与并不意味着审判员让渡裁判权，法官仍是最终的事实认定者和证据采信者。适当地培养自身的科学认知与思维，尝试了解不同科学方法的基本原理、操作流程和准确率错误率，不仅有助于法官提高自身素质，也有助于其开展后续的审判工作。正如非格曼（Faigman）所言，"科学的海洋深而广，法官们不必要横渡整个科学的海洋，但至少要知道如何去游泳，比如，掌握阅读和理解科学方法基本必需的技巧，把科学知识与他们的法律裁决整合起来”。①

3. 审查：明确技术原理的评价标准

技术原理是法官评价鉴定意见的大前提，如果大前提表述不清或者没有大前提，那么理论或方法的可靠性势必大打折扣。法官应提醒专家详细陈述，避免词不达意，过度简化甚至错误使用其依据的原理或方法，使得声称的方法与载于鉴定意见书中的方法不一致，降低鉴定意见的可采性。

前已提及，“普遍接受原则”作为审查技术原理标准的通说，根据统计学和概率论，通说的可靠性势必要大于少数说。我国《司法鉴定程序通则》也明确要求鉴定人应当按照国家标准、行业标准和技术规范，以及该专业领域多数专家认可的技术方法的顺序，遵守和采用理论或方法进行鉴定。这其实是指引法官进行审查的“可靠性指征”，值得法官严格遵守。具体而言，国家标准、行业标准和技术规范较易查明，为了确定多数专家对该理论或方法的评价，可以采用如下方法：权威教科书或手册中是否有记载；该理论是否已经发表并接受同行评议；该理论与其所属领域的其他理论或原则是否矛盾等。

法官要综合常识和通过庭审对专业知识的理解和把握，围绕专业领域、教育背景、工作经历、熟练程度对专家展开询问，要求其解释专家所具备的知识、技能和经验和科学原理方法是否可靠，以及是否得到合理地运用，包括科学依据的错误率。询问的具体内容可参考《关于办理死刑案件审查判断证据若干问题的规定》第23条：（1）是否存在回避情形；（2）鉴定人的资质是否合法；（3）检材是否充足、可靠、完好；（4）鉴定程序、方法、分析过程是否符合相关行业规则和法律规定；（5）鉴定意见与待证事实的关联性；（6）鉴定意见与其他证据是否有矛盾；（7）形式上是否符合法律规定；（8）鉴定意见是否明确。

① D. L. Faigman, Mapping the Labyrinth of Scientific Evidence, HST L. J. Vol. 46, (1995), p. 579.

重点突出第（3）（4）（8）项。

4. 结果：减少法官私下咨询的现象

教育－共享模式拥有法庭专业工作群体的集群化认识论优势，可以最大程度地促进专门性问题的准确有效解决，有效确立和完善贯穿整个刑事司法的“鉴定人—专家陪审员—专家辅助人”三位一体的专家体系。在这种体系下，由专家陪审员辅助法官审查鉴定意见，专家辅助人辅助控辩双方。[①] 有助于增强诉讼双方对专门性问题审判的实质参与度，提高司法判决的可接受性，[②] 也可以大大减少法官私下咨询专家的现象。但由于个人偏好和其他因素，私下咨询的现象肯定仍难杜绝，对此问题宜疏不宜堵。为了避免先入为主形成预判，法官只能在参与质证后仍心存困惑的情况下庭外咨询，前已提及的专家库名单可供参考，法官可选取几位专家进行庭外咨询，结合庭审情况，依照多数原则作出自己的判断。英国学者提到的 Delphi 方法可供借鉴，即法官在认定科学证据时可求助于专家组，通过一系列的问卷探知专家就某一问题的观点，从而形成最可靠的专家组共识。[③] 但这种庭外咨询要全程留痕并予以公开，向当事人和其他专家解释说明，保障当事人的辩论权。违规咨询者要受到相应的警告和处罚。

（五）专家参与制定审判指南并适时监督

首先，可以吸纳专家参与制定审判指南。整理科学入门知识，形成标准化法律文件使得基础科学以简明形式帮助法官理解，吸纳鉴定意见常涉领域的专家参与制定过程。通过法学和其他专业的理论碰撞和交融，指引法官在错综复杂的鉴定意见中快速识别基本矛盾。同时，为了保证研究成果的实用性，理论联系实际，可以先选取试点法院，对研究成果进行全面试点。

---

① 陈如超、马兵：《中国法庭审判中的专家陪审员制度研究》，载《湖南社会科学》2011 年第 2 期。

② 郑飞：《论中国司法专门性问题解决的“四维模式”》，载《政法论坛》2019 年第 3 期。

③ Dev Kevat，Neha Tayshete. Turning to the Oracle to Improve the Quality and Utility of Expert Evidence. Civil Justice Quarterly（2012），p. 451 – 465.

其次，现行司法鉴定体系下鉴定所依据的科学原理、方法可能存在不足，将影响鉴定实践的推进和发展。因此，中立的不受职能部门影响的研究团体，如法庭科学业内人士、司法界人士及科学界人士对法庭科学领域进行充分‘体检’是必须的。[①] 2009 年美国国家科学院（简称 NAS）发布《美国法庭科学的加强之路》，揭露了常规司法鉴定方法中的严重问题。一些司法鉴定人员开始着手弥补自身鉴定门类所缺失的科学有效性数据。应 NAS 报告之建议，美国于 2013 年组建全新的独立机构——国家法庭科学委员会（简称 NCFS），以提供如何改进法庭科学有效性与可靠性的建议。组建至今，NCFS 已经着手推进多方面、跨领域的改革，提供包含更审慎科学意见的分析报告与专家证言。[②] 我国同样需要对法庭科学领域的原理及方法及其在司法实践中的应用开展综合性评估，通过案例探讨鉴定意见如何被法官采信、法官该如何审查鉴定意见的可靠性等问题，并提出可操作性的改革建议。邀请相关专家参与制定改革纲要，以提高司法鉴定体系的自洽性、法律适用的统一性，终将助力于法庭科学更合理地融入法律之中。

（责任编辑：武小琳）

---

① 邢学毅：《〈加强美国法庭科学之路〉的反响和启示》，载《证据科学》2011 年第 4 期。

② 《美国法庭科学加强之路回顾（2009—2017）——以“科学证据在诉讼中的采纳”为对象》，王星译，载《证据科学》2017 年第 6 期。

推荐人语：

随着《刑法修正案（十一）》正式通过，我国刑事立法正式迈向轻罪构建之路。目前，我国轻罪制度的构建还处于初始阶段，积极的刑事实体立法离不开相关的程序保障，应当在刑事诉讼领域中对轻罪案件诉讼流程进一步细化与完善。本文作者运用比例原则的方法论对刑事诉讼中轻罪程序构建的适当性、必要性、均衡性进行了深入分析，并对具体制度中的有关争议进行了探讨，对轻罪案件处理程序构建的研究具有一定理论意义。

田力男　中国人民公安大学副教授、硕士生导师

轻罪程序制度构建的比例原则分析

杨振媛*

引言

随着风险社会的到来，积极的刑法立法观在不断更新着人们的法律观念，刑法的规制具有了更加广泛的普遍性。《刑法修正案（十一）》已经出台并施行，轻罪立法的现实已然扩大了刑事犯罪圈的规制范畴。相比较重罪，轻罪案件具有案件数量多、发生频率高，对公众生活影响广泛的特殊性，对轻罪进行积极防御控制无可厚非。但应意识到积极的刑事实体法立法观无疑给刑事程序法带来了更高层次的要求和挑战，应在刑事诉讼领域中将轻罪治理在传统的犯罪治理基础上进行进一步的细化与完善。因此，在刑事诉讼法学界，针对轻罪的特殊性，探索一套轻

* 中国人民大学法学院2020级诉讼法学博士研究生。

重分离、快慢分道、繁简分流的案件办理模式的呼声也越来越高。轻罪程序制度的构建是对刑事实体轻罪立法趋势的回应与必要支撑，轻罪程序制度的构建具有其特殊的现实依据。

如今对轻罪程序制度构建的探讨和研究主要还是停留在较为零散的各个制度的视域之下，而对于轻罪程序制度构建的立法目的为何、其正当性基础何在等的决定轻罪程序是否应该构建，该如何构建，构建后又该如何执行的基础性理论问题还谈论较少。“比例原则”是宪法所遵循的基本原则，其在调试公私权利之间的平衡关系中具有重要的工具作用。刑事诉讼法素有“小宪法”之称，将“比例原则”的要求适用于刑事诉讼法领域内的理论分析具有适当性与便利性、必要性与可行性。因此，笔者尝试利用“比例原则”的方法论，对刑事诉讼中的轻罪程序制度构建的构建目的、正当性、现有制度等方面进行深入分析，以期抽象出一些构成轻罪程序制度构建的基本理念，或可对轻罪程序制度的构建提出有益建议。

一、比例原则与刑事诉讼

（一）比例原则的一般性描述

作为法治现代化的一项重要原则，比例原则最初来源于德国公法理论，在实践中通常用来作为审查立法和政府行为合理性的有效方法。在理论界和实务界的不断探索的过程中，比例原则经历了理论的反复推敲和实践的不断打磨，最终完成了从警察法学到行政法学再到最终上升为违宪审查具体标准的发展和蜕变。有学者将比例原则其视为一种极为精密的思考框架。①

比例原则涵盖了目的正当、手段符合目的、最小侵害要求以及政策成本衡平性的重要公法理性要求，是一种可视化的、可操作化的思考框架。

---

① 参见张翔：《刑法体系的合宪性调控——以“李斯特鸿沟”为视角》，载《法学研究》2016 年第 4 期。

1. 比例原则的基本内容

通常认为，比例原则的主要内容可以概括为四条准则，包括传统三阶比例原则所要求的适当性、必要性和狭义比例原则（均衡性），以及现代宪政法治国家逐步重视的目的正当性原则。首先，审查公权力行为目的的正当性可以说是比例原则的基础性工作，一方面是为了确保公权力行为是出于符合社会理念和法律要求的正当性作出的，另一方面也能使得不符合目的正当性的公权力行为得到司法的审查和追责。在公法领域内的目的导向绕不开的一个问题就是，所谓正当目的是要保护法益还是要维护社会的秩序。笔者赞同“公益”是目的的正当性来源，“基于任何公共利益之外的理由对个人合法权益的单方面克减乃至剥夺都是非法的”①。其次，适当性原则是建立在确立目的正当性基础上的进一步要求。适当性原则要求公权力所实施的手段与其想要达到的目的是适当的，这种手段在公法领域通常涉及限制人民的基本权利，这种限制手段不能是天马行空的，应当与所追求的目的间具有关联性，并且手段应该在有效促成目的实现与限制人民基本权利的程度之间达到适当的平衡点。又次，必要性原则，其中心要求是最小侵害原则。这一原则是从法律后果的角度出发限制，在有多种符合正当目的且手段适当的行为方案时，公权力机关应当选择对人民基本权利的限制最小的一种，即所谓“不能用大炮打麻雀”之原则。最后，狭义比例原则。狭义比例原则是从比较的视角出发，规定只有实施公权力行为后所实现利益大于公民基本权利所受侵害时，该行为才具有正当性。简而言之，政策收益大于成本即可。甚至有学者提出比例原则只是一种残缺的成本收益分析②，笔者不太赞同这种观点，相反，比例原则才是一种包含了经济与非经济因素的更加广泛的社会成本收益分析方式。

2. 比例原则的价值功能与实现手段

比例原则发轫于德国警察法。早在 1802 年，德国研究院冯·伯格

---

① 胡建淼、邢益精：《公共利益概念透析》，载《法学》2004 年第 10 期。

② 参见戴昕、张永健：《比例原则还是成本收益分析法学方法的批判性重构》，载《中外法学》2018 年第 6 期。

在所著《德国警察法手册》中首次谈及比例原则的内涵，冯·伯格认为警察权力的行使只有在必要时刻才能实现。可见，在最开始的阶段，比例原则的价值功能是限制警察权力的行使。此时的比例原则还只体现为一种范围和内容都十分狭窄的初步形态，即限制在警察权力范围内的一种行为必要性的约束。直到 1906 年，德国著名法学家弗莱纳在《德国警察法体系》中首次以“大炮打小鸟”的说法形象生动地描述比例原则的核心内涵。此时的比例原则是为了寻找目的和手段之间的平衡关系，将其价值功能定位在了寻找温和方式的处理方案，否认有其他更好选择时的严苛手段适用。可见，在比例原则的研究前期，主要的研究对象都是警察机关的行为，或许是因为警察机关的行为是行政权力行使的最典型代表。随着比例原则理论的不断完善，比例原则的适用不断深入到行政法的其他领域，直到成为宪法的基本原则。作为宪法要求的比例原则，一方面强调保障公民基本权利，另一方面引导国家公权力理性作为，其最终的价值功能落在了实现防止国家公权力对公民基本权利过度干涉的基本目标。为了实现这一目标，比例原则主要通过“目的导向、手段选择和价值取向”[①] 三个方面来规范国家权力的行使及其目的之间的关系。

（二）刑事诉讼中的比例原则

比例原则能与刑事法律的适用目的和价值基础具有一致性，同时又能从实体价值和方法上指导刑事法律的适用。因此，在刑事立法和司法中，不仅要将比例原则作为合宪性审查标准对刑事立法和司法进行事后审查，还应当在刑事诉讼的过程中尽可能发挥比例原则的制约指导功能。

1. 比例原则在刑事诉讼中适用的应然性与必要性

从世界范围来看，比例原则已经得到了现代各国刑事诉讼法的认同和尊重。刑法与刑事诉讼法作为宪法的下位法，比例原则在刑事立法司法执法中的应用具有理论应然性与实践必要性。从应然角度来看，刑事

---

① 陈晓明：《刑法上比例原则应用之探讨》，载《法治研究》2012 年第 9 期。

诉讼法素有“小宪法”的美誉，更是“国家基本法的测震器”，在法秩序统一性原理下，比例原则也应当在刑事诉讼法得到遵守与适用。刑事诉讼法是宪法的适用法，对宪法所赋予给每一个公民的基本权利作出了反方向的强制力限制，在现代宪政制度的要求下，刑事诉讼法应当在比例原则的指导下进行基本权利的限制。从实然角度来看，我国的刑事诉讼活动必须以比例原则予以限制。刑事诉讼活动强调效率和追求实质真实。在此过程中，国家机关始终是享有刑事诉讼活动主动权的一方，刑事诉讼活动的开启、推进和终结都由国家机关来实施，对于公民个人而言国家机关始终占据着压倒性的强势地位。当然，从追求案件真相和维持社会秩序的角度而言，国家运用专门的强制性措施实现刑罚权的活动是必不可少的。既然国家强制力的实施是无法避免的，那么在这种活动中就从始至终都需要运用比例原则权量和平衡国家权力与个人权益之间的关系。

2. 比例原则在刑事诉讼中的适用表现

确立比例原则在刑事诉讼活动中的适用，对完善我国刑事程序的构造，实现控制犯罪与保障人权相统一的刑事诉讼目的具有重要意义。比例原则在刑事诉讼中具体而言包括“适当”与“适度”两层要求，主要表现于强制性措施的限制适用与适度适用。强制性措施是刑事追诉过程中最有可能对犯罪嫌疑人、被告人权利产生侵权行为的环节。目前，虽然我国刑事诉讼法在对限制人身自由的强制性处分，规定了较为严格的适用条件、适用程序、审批程序，但仍然存在对强制性措施欠缺程序监控以及有效救济途径等不足，贯彻比例原则对强制性措施的限制使用与适度适用，是刑事诉讼活动的现实需要。

强调强制性措施的限制与适度适用主要出于以下三个理论基础：首先，是宪法尊重和保障人权的原则体现。强制措施是对人的自由的直接侵犯，剥夺自由是政府对个人的最严厉的剥夺之一，政府调查和拘押和犯罪嫌疑人的权利应该受到限制。其次，是无罪推定原则的要求。任何人在未经正式的法律程序依法确定有罪前应被推定为无罪。犯罪嫌疑人、被告人在被依法确定有罪之前在法律意义来讲依旧是无罪的人，应当使其人身自由和财产尽量处于不受限制的状态。因此，以犯罪嫌疑人、被告人为对象的强制性措施应当限制适用且适度适用。最后，强制措施的限制与适用是诉讼公正的对应要求。根据诉讼公正的要求，强制性措施的适用必须与犯罪的严重性、掌握案件的案情程度、案情的紧急程度、适用措施的必要性等相匹配。

二、轻罪程序的比例原则分析

比例原则通过适当性、必要性和均衡性三个子原则建构了自身规制体系，发挥着宪法原则的规制功能。比例原则在刑事法中的适用，不仅是审查刑事立法和司法合宪性的审查标准，也是指导刑事立法和司法的具体规则，起到了严格控制刑法适用合宪性边界的作用。

（一）轻罪程序构建的适当性

近年来，我国的轻罪立法趋势日益明显。《刑法修正案（十一）》增设了相当数量的轻罪罪行。正如学者所说，刑法立法开始迈向轻罪构建之路。[①] 轻罪入刑的积极立法观与长久以来刑法观念中的刑法谦抑性似乎背道而驰，这种活跃的刑法立法态势似乎也饱受争议。轻罪立法是否具有法治正当性，是轻罪程序立法构建是否适当的理论和实践前提，也是轻罪程序构建分析要弄清楚的首要问题。

近年来，我国的刑事案件数量基本处于飞速上升的态势。在全球化浪潮的裹挟之下我国的风险社会时代也随之到来，社会风险在科技进步日新月异的加持下如虎添翼，为我国刑事法律制度的构建提出了一系列的难题和挑战。在风险社会的背景下，人民对生活中的社会环境、自然环境、人文环境之安全性也必然提出更高要求。在司法实践中往往会遇到“法无明文规定”的严重或新型的危害行为，司法不得不跟进处理以回应人民对轻微社会危害行为规范化法治化处理的期待。同时，司法

---

① 何荣功：《我国轻罪立法的体系思考》，载《中外法学》2018 年第 5 期。

也需直面刑事实体法立法上一直存在轻罪设置少、规范支持不够的难题①，刑事立法的轻罪化有助于刑事法律在社会治理中积极地发挥其应有的作用。面对社会转型带来的种种问题，司法上处罚扩张已成为现实，若不出台法律予以规范，犯罪嫌疑人、被告人最终所被定处的罪行或将更重。因此，增设必要的轻罪条款是司法现实的必然要求。当然，合宪性是刑法的正当合理性基础。要想使轻罪立法的正当性得到承认，应当保证轻罪立法的入罪标准和刑罚配置都要遵守比例原则的基本要求。轻罪立法的法治目标应当建立在以更为法治的方式处理轻微危害社会行为。

（二）轻罪程序构建的必要性

轻罪制度构建是具有一体两面性的刑事一体化问题，刑事实体法的轻罪立法化必然产生对轻罪程序法的需要。“轻罪”是一个实体法与程序法上都具有重要意义的法律概念。除了在实体上应当对“轻罪”概念进行科学有效的划分以外，轻罪制度的构建更离不开刑事程序法的支撑，如此才能达到保障人权和维护社会秩序的双重目标。因此，轻罪制度的构建过程中应该做到实体与程序的双管齐下。

轻罪实体法的立法扩大了刑法调整的社会范围，这种立法模式带来了两方面的影响。一方面，国家权力必然对公民权利作出更多的干扰与限制；另一方面，使得我国本来就资源紧张的司法体系面临更大的压力。我国轻罪案件呈多发性与再发性的趋势必然使得原本就紧缺的司法资源更加匮乏。要想在处理轻罪案件与重罪案件之间的关系时实现社会效益与法律效果的双赢，必须考虑到相对轻罪而言，处理重罪案件的复杂程序及其高昂的社会成本。若实行轻重罪案件同一无差别的程序处理模式，势必形成轻罪案件在资源上对重罪案件的挤占。除了人力、物力、财力等有形资源不足以外，我国轻罪制度、文化、轻罪、观念等无形资源也十分匮乏，这是我国司法资源配置失衡的主要原因之一。因

① 周光权：《论通过增设轻罪实现妥当的处罚——积极刑法立法观的再阐释》，载《比较法研究》2020 年第 6 期。

此，在轻罪实体立法的基础上，加强轻罪程序规范的制度支撑是轻罪制度构建中必不可少的一环。

（三）轻罪程序构建的均衡性

我国现有的刑事诉讼程序中对轻罪案件的处理存在“程序过剩的弊端”。轻罪程序构建，探索相应配套的轻罪案件处理程序，能够实现轻罪快速审理的效率要求，符合比例原则中司法资源投入与回报之间的均衡性要件。宪法上比例原则的基本原理来源于“限制公权力滥用”和“正当限制基本权利”两种观念。无论从哪种观念出发，我们都可以论证，轻罪程序制度构建之目标价值，也就是其正当性来源是在公正基础上的提高效率而不是促进实体公正本身，当然，提高效率本身就是一种程序正义的实现。在轻罪制度的构建范畴中，包括实体的轻罪立法和程序的轻罪制度。在实体的轻罪立法中，轻罪和重罪的分割，多是以最终判决的刑罚为界点的，通常是指被判处 3 年以下有期徒刑的罪行。相对于重罪而言，由于轻罪的社会危害性较低，造成的伤害较小，出于罪责刑相适应原则的要求，对轻罪采取轻缓的刑罚处遇无可厚非。但程序的轻罪立法中，为什么要给予轻罪犯罪嫌疑人、被告人以较宽松的程序处遇呢？比如，减少强制性措施的适用、加快庭审流程以使犯罪嫌疑人、被告人尽快摆脱诉累（尽管庭审流程的加快是不是较为宽松的程序处遇还需斟酌，但大多数情况下尽快脱离审判是被追诉人的心愿）等。换句话说，无论面对的是重罪犯，还是轻罪犯，都应该至少同等地限制公权力的滥用，在程序上应当以相同的标准来正当限制犯罪嫌疑人、被告人的基本权利。甚至由于对可能被判处犯下重罪的犯罪嫌疑人而言，由于公权力对其可能造成的伤害更大，对于某些重罪犯还应对其更加严格地限制公权力的滥用、更加谨慎的限制其基本权利。

所以，虽说轻罪程序制度的构建是对实体轻罪立法的程序支撑与回应，但轻罪程序制度的构建目的并不是轻罪的实体轻缓所对应要给当事人程序轻缓。也就是说，轻罪程序制度并不是为了给予轻罪当事人提供更加严格的公权力滥用限制，最重要的是为了在保障公正的前提下提高司法效率这一最大目的。

三、轻罪立法中具体程序制度的比例原则分析

轻罪制度的顺畅运行离不开实体立法和程序制度的双重支撑。目前，轻罪实体立法已经达到一个短时间内较为完善的阶段，但我国的轻罪程序立法还处于较不成熟的阶段，呈现出较为零散的非体系化特征，但大致来看可以归纳为“轻罪速裁”制度、“程序分流”制度以及强制性措施轻缓适用三种形式。轻罪程序制度的构建涉及广泛，运用比例原则角度对现有具体制度进行分析，从理论和实践出发思考并总结轻罪程序制度的实际功效和一般性价值。

（一）“轻罪速裁”的比例原则分析

1. “轻罪速裁”的正当目的

此处的“轻罪速裁”制度包括速裁程序、简易程序以及其他简化审理程序。正如有学者提出，要解决轻微刑事案件的审判效率问题，就必须引入更为简化的诉讼程序。[①] “轻罪速裁”制度的目的是将有限的司法资源在轻罪与重罪的司法处理过程中进行合理配置，司法资源的优化配置是保障人权与公平公正的基本前提。相对来说，重罪案件由于其影响性、危险性、复杂性都要更大，自然需要投入较多的司法资源，轻罪案件影响小、危险性低、案情较为明晰，司法资源的投入也应随之减少。轻罪速裁有利于司法资源的合理配置，具有目的上的正当性。

2. “轻罪速裁”的适当性

按照刑事诉讼原则的要求，犯罪嫌疑人、被告人享有经历完整的庭审流程且得到快速审判的权利。如何平衡速裁程序与庭审实质化之间的关系，是轻罪速裁制度能否满足适当性的关键问题。在简化庭审流程中必须坚持以下准则：首先，必须坚持诉辩平等原则，充分保障犯罪嫌疑人、被告人辩护权利，实现值班律师准辩护人化、庭审辩护权实质化；其次，搭建有效沟通渠道，庭审环节的省略并不等于信息交流的减少，要探索多种方式尽可能使案件信息对称，例如深入探索证据开示制度在

---

① 陈卫东：《诉讼爆炸与法院应对》，载《暨南学报（哲学社会科学版）》2019 年第 3 期。

我国司法实践中的构建；遵循自愿合法原则，速裁程序是轻罪案件落实认罪认罚从宽的程序载体，认罪认罚应当以自愿为生命线是学界共识。速裁程序中的自愿性保障应将重点放在庭审过程中法官对被告人自愿性的确认，以及对认罪认罚从宽案件中的被告人上诉权作出适度而明确的规范予以保障。

3. "轻罪速裁"中的狭义比例原则，即轻罪速裁制度所投入的司法成本与所得到的社会效益之间要成比例

众所周知，程序是需要付出成本的。传统的对抗中司法的成本是十分庞大的。在我国目前司法资源严重不足的前提下，对于事实清楚、证据充分，被告人对指控的基本犯罪事实没有异议的轻罪案件进行简化审理，甚至可在条件适当的情况下探索轻罪法庭的构建。无论是案件的简化审理还是专门的轻罪法庭审理方式，都应注重诉讼双方的沟通效率，调动各方积极性为诉讼各方搭建规范、有效的沟通渠道，减少不必要的争议，在法律框架内达成"最大公约数"。轻罪速裁是探索"利益兼得"的多赢方案，符合社会利益的均衡性，符合狭义比例原则。

（二）"轻罪分流"的比例原则分析

1. "轻罪分流"的正当目的

"轻罪分流"是刑事诉讼活动中追求公正兼顾效率的必然要求。在我国宽严相济、繁简分流的刑事改革趋势下，根据刑事案件的具体情况进行程序分流具有合理配置司法资源、缓和社会关系、有利于被追诉人回归社会等正当目的。程序分流是建立在刑事案件多种多样的客观事实基础上的。多种多样的刑事案件就意味着对不同刑事案件投入的司法资源是可以不同的，特别是在司法资源有限的情况下。目前，我国的分流制度包括不起诉制度、刑事和解制度、认罪认罚从宽制度。不起诉制度有利于未成年人犯、轻微犯罪中的初犯、偶犯等被追诉人尽快摆脱诉累，回归社会与家庭。刑事和解制度在使得被追诉人尽快摆脱诉累的同时，案件的非对抗式完结可以在最短的时间内让行为人积极赔礼道歉、赔偿被害人损失、获得被害人谅解，化解社会矛盾，修复社会关系。

2. “轻罪分流”的适当性

轻罪案件大多数具有案件事实清楚、证据充分的特征，且轻罪的犯罪行为人大多数认罪悔罪，并愿意积极赔礼道歉、赔偿被害人损失。对于此类案件应当与案情复杂、情节恶劣的重罪案件区分对待。检察机关能够通过训诫、责令具结悔过、赔偿损失等方式进行处理而无须提起公诉的，尽量不提起公诉。对于确需提起公诉的，检察机关可以依法向法院提出从宽。这种处理方式并不是国家机关的大发慈悲，也不是可有可无的，而是轻罪案件应当得到的适当的程序处遇。

3. “轻罪分流”中的狭义比例原则

现代社会在物质财富激剧增加的同时，也伴随产生了诸多社会问题——犯罪行为剧增，风险社会到来。每个国家、社会不得不投入更多的司法资源加以应对，但能够投入的司法资源是有限的，远不足以与犯罪的剧增相匹配，刑事案件数以及被逮捕、被公诉的人数与检察机关检察人员的人数之间差距大，为了维持维护社会秩序与保障公民权利的刑事诉讼价值，立法和司法机关必然需要刑事程序分流工作。轻罪分流制度在域外已经有较为成功的经验。如德国大约有三分之一的轻罪案件在起诉阶段被分流，英美也有超过九成的刑事案件通过简易程序或辩诉交易来处理。轻罪分流制度在打击犯罪与司法资源匮乏的现实中找到了较为均衡的解决方式。

（三）认罪认罚从宽制度的程序从宽争议

认罪认罚从宽制度是构建轻罪程序体系的有力抓手。在认罪认罚从宽制度中，所谓的程序从宽大体可以分为“程序从简”以及强制性措施的轻缓适用，在诉讼程序中分阶段来看具体表现为：侦查阶段侦查机关为符合条件的犯罪嫌疑人变更、解除强制措施；起诉阶段，检察院因从宽相对不起诉、决定采取非羁押性强制措施；审判阶段程序从宽则表现为被追诉方拥有选择程序的自由。仔细分析这些所谓的“程序从宽”背后的理论原因和现实基础，不难发现这些程序的轻缓适用是必然的，并不是也不应该是公权力的大发慈悲。

首先，“程序从简”是否等同于“程序从宽”？确实，在符合法定条件下适用速裁程序或者简化庭审流程能够加快刑事案件的诉讼效率，能让犯罪嫌疑人、被告人尽早脱离诉累。从这一角度看，“程序从简”相当于某种程度上的“程序从宽”，但是两者并不能画上等号。“程序从简”是一种客观的描述，即简单的、简洁的、不拖延的程序；而“程序从宽”则是一种主观感受与客观情况相结合的产物。所谓“宽”，应当是符合被告人主客观需求的。所有的被告人都愿意省略庭审流程吗？难道没有被告人愿意忍受复杂但严谨的庭审程序以求为自己洗刷清白吗？其次，强制性措施的轻缓适用能否视为“程序从宽”？一直以来，我国司法实践中存在惩罚性适用逮捕羁押手段的顽疾，这也是容易将强制性措施的轻缓适用视为“程序从宽”的观念症结所在。例如，在逮捕措施的适用中，社会危险性是其核心要件。逮捕措施适用的根本目的在于控制这种社会危险性。在羁押率较高的情况下，在刑事诉讼过程中容易把不予逮捕或者适用非羁押性强制措施，视为一种“程序从宽”。但其实所谓的“程序从宽”的内容，其现实功效最终都是落到了提高司法效率的结果上。所有的程序省略都是为了提高司法效率，对于犯罪嫌疑人而言，对其不执行强制措施，只是因为犯罪嫌疑人确实没有达到需要强制的人身危险性。逮捕不是从严，取保候审也不是从宽。刑事诉讼程序无论对待轻罪还是重罪都无须从宽，也无须从严，只需严格依法。公权力机关应当谨慎使用程序从宽的概念，并把保障被追诉人基本权利之理念植入内心。

四、结语

轻罪制度的构建既要涵盖实体的立法规范，也要包括程序的制度支撑，这是一项内容繁杂、体系庞大的工作，不能心怀侥幸试图毕其功于一役。轻罪程序制度的构建是将轻罪立法落到实处的基本路径，是轻罪治理的骨骼框架。轻罪程序制度构建既要从微观角度关注具体制度的实施，也要从宏观角度着眼在原则观念的正确树立。在积极主义刑法观的日渐凸显的司法环境中，构建以保障被追诉人基本权利为主导价值观念的轻罪程序制度，有利于实现刑事法律维护社会秩序与保障基本人权之间的平衡。有效运用比例原则的方法论对轻罪程序制度的立法、司法、执法环节进行指导和审核，有利于轻罪程序制度构建的合宪法化，这也是现代法治的题中应有之义。

（责任编辑：武小琳）

推荐人语：

“应当”一词是刑事诉讼法中使用频率最高的立法用语，具有极高的研究价值。本文通过对“应当”一词由表及里的多维观察，充分展示了“应当”的丰富内涵，不仅有利于刑事诉讼立法的完善，而且能够推动“应当”条文的准确理解和适用。

肖沛权　中国政法大学副教授、硕士生导师

刑事诉讼法中“应当”一词面面观

唐露露*

语言作为法律之载体，是法律思维与内容的外化表现，其中具有判断性质的能愿动词①更是具有协调法律内部逻辑结构、突出法律价值选择的重要作用，因此应在法律文本框架内更趋精准化审视和理解能愿动词之内涵，此为法律规则准确适用之前提。从中国立法史来看，“应当”一词在立法中的使用是现代汉语发展的产物。自 1979 年第一部刑事诉讼法颁布开始，“应当”一词就在法律文本中扮演了重要的角色，其所在条文数量占到条文总数量的 51.9%。随着刑事诉讼法的修改和完善，“应当”一词的使用频率不断增加，与此同时，包含“应当”一词的条文数量占总条文数量的比例也在不断提高。截至 2018 年刑事

* 中国政法大学刑事司法学院 2019 级诉讼法学博士生。

① 关于“应当”“必须”等词的词性，学术界存在不同的观点。对此，有学者根据词语特征进行了界定，认为“应当”属于实词中的能愿动词，而“必须”具有能愿动词的特征。参见王波：《“应当”一词的法理学分析》，中国法制出版社 2019 年版，第 50 页。为行文之便，本文将此类词语统称为“能愿动词”。

诉讼法最近一次修改，“应当”一词在法律文本中已出现398次，涉及条文205个，占总条文数量的66.5%，其中部分章节（如期间、送达和立案）中“应当”一词所占的条文比例甚至高达100%。

作为刑事诉讼法中出现频率最高的能愿动词，“应当”一词在立法中的动态增长绝非偶然，本文通过分析“应当”在刑事诉讼法不同语境中的功能发挥、不同主语下的义务形态呈现、不同情景中表现出来的不同层次的强制力，以及“应当”与“必须”在立法与理解上的交叉与区别，实现对刑事诉讼法中“应当”条文由表及里的多维观察，尝试挖掘刑事诉讼立法技术的内在奥秘以及条文运作的秩序机理，进而开拓刑事诉讼规则认知的全新视角。

一、不同语境中“应当”功能的发挥

语义分析是规范实证分析视域中最基本的内容，通过语义分析能够实现对立法用语在法律文本中功能的梳理。有学者对法律文本中“应当”的语义进行了总结，包括：其一，“应当”+动词构成谓语，表示一种含有立法者价值期许的指令；其二，应当+名词/形容词构成定语，表示一种出于事理上的必要而作的限定；其三，看似是谓语但实际起限定作用。① 此三种语义实际上都反映了“应当”作为情态动词在法律文本中的强调功能，但语境不同，“应当”强调的内容也有所不同。在刑事诉讼法中，“应当”通常用来强调三个方面的内容：

第一，强调行为模式，即“应当”的内容为主体设定行为要求。如《刑事诉讼法》第34条第2款规定：“侦查机关在第一次讯问犯罪嫌疑人或者对犯罪嫌疑人采取强制措施的时候，应当告知犯罪嫌疑人有权委托辩护人。人民检察院自收到移送审查起诉的案件材料之日起三日以内，应当告知犯罪嫌疑人有权委托辩护人。人民法院自受理案件之日起三日以内，应当告知被告人有权委托辩护人。犯罪嫌疑人、被告人在

① 参见周健：《法律文本中的几个情态动词的对比研究》，暨南大学2018年硕士学位论文，第20页。

押期间要求委托辩护人的，人民法院、人民检察院和公安机关应当及时转达其要求。”该条文中的四个“应当”均为公权力机关提出了行为要求。

第二，强调法律后果。在刑事诉讼法中，“应当”所指向的行为后果多为消极后果，如“采用刑讯逼供等非法方法收集的犯罪嫌疑人、被告人供述和采用暴力、威胁等非法方法收集的证人证言、被害人陈述，应当予以排除”。此处的“应当”用来强调非法取证面临排除行为后果。

第三，强调前置条件。所谓“前置条件”①，指“应当”指向的内容属于一种前提条件，只有在条件满足时，条文内容方可得以实现。“应当”一词在发挥强调前置条件的作用时，有直接强调与间接强调两种形式。其中“直接强调”的条文，如《刑事诉讼法》第55条“证据确实、充分，应当符合以下条件……”直接指出了证据“应当”符合的条件，更趋近于一种资格标准或释明功能。而“间接强调”的条文，如《刑事诉讼法》第17条规定：“对于外国人犯罪应当追究刑事责任的，适用本法的规定。对于享有外交特权和豁免权的外国人犯罪应当追究刑事责任的，通过外交途径解决。”在该条文中，应当追究刑事责任与否是刑事实体法要判断的问题，而只有在“应当”追究刑事责任时，方得适用刑事诉讼程序或外交途径。

二、不同主语下“应当”义务的形态

在法学理论范畴中，“义务”的概念是不确定的，与“责任”“制裁”等概念的杂糅造成了“义务”概念的泛化使用，致使以“义务”为基底的认知在理解沟通上往往产生异化。对于“应当”与“义务”

① 有学者在研究物权法中的“应当”时，将“应当”的功能归纳为两类：其一，用以确立行为模式或法律效果；其二，用以修饰其他的法律用语。参见王轶：《论物权法文本中“应当”的多重语境》，载《政治与法律》2018年第10期。该文中“用以修饰其他的法律用语”的功能近似于笔者所提的“强调前置条件”的功能，但笔者认为，“修饰其他法律用语”这一表述存在模糊性，并不能直观表现“应当”在此种用法中的强调功能。

的关系，有学者描述为“法律语言使用‘应当’必然产生一项法律义务”[①]“义务即应当”[②]。诚然，“应当”与“义务”有着不言而喻的亲密关系，但在“义务”概念没有统一认知的前提下，很难清晰呈现“应当”与“义务”的直接关系。事实上，义务概念的分歧根源于主体——主体不同，宏观上（广义）的“义务”在微观层面表现出来的形态也有所差别，因此，要架构“应当”与“义务”的关系，应从主体入手分析。公权力机关与公民个人是刑事诉讼的两大主体，“应当”在与不同的主体相联系时，呈现的义务（广义上的）样态也有不同。

当“应当”条文的主语为公权力机关时，“应当”在语义上更倾向于为公权力机关授予具有义务性质的权力，而由于这些权力在强制力和支配方式上存在差别，导致“义务性”展现三种形态：

其一，职权，即“应当”在语义上倾向于权力授予。在刑事诉讼法中，单一授予职权的条文并不多见。由于职权源于职务身份和行政级别关系，因此单一职权通常是基于上下级行政关系产生，所支配的主体往往是公权力机关内部人员。如《刑事诉讼法》第 31 条规定：“审判人员、检察人员、侦查人员的回避，应当分别由院长、检察长、公安机关负责人决定。”单一的职权行使并不会给公权力主体带来不利后果，故此类的“应当”条文被违反的可能性相对较小，即使违反，由于并未直接侵犯公民主体的权益，因此通常由机关部门内部追责。

其二，职责，即“应当”条文在语义上强调责任。如《刑事诉讼法》第 9 条规定“人民法院、人民检察院和公安机关对于不通晓当地通用的语言文字的诉讼参与人，应当为他们翻译”，即为不通晓当地语言文字的诉讼参与人提供翻译，是人民法院、人民检察院和公安机关的职责所在。权力需要责任化，因此，大多数以公权力机关为主语的“应当”条文都在强调职责。由于职责的不履行或放弃履行将直接或间接地损害公民个人的诉讼利益，违背正当程序理念，因此在公权力机关

① 参见王波：《“应当”一词的法理学分析》，中国法制出版社 2019 年版，第 53 页。

② 参见王荣余：《义务观念的跨语境实践：1949—2019——以法律义务概念为中心的批判性考察》，载《太原理工大学学报（社会科学版）》2020 年第 2 期。

未履行“应当”的职责时，应当承担相应的法律责任。

其三，裁量权。“应当”的义务规范在某种情况下可能异化为裁量权的表达。区别于单一的职权和职责，裁量权是职责履行过程中的选择权，其既是一种特殊的职权，也是一种特殊的职责，但职责是核心要求。对于“应当”赋予的裁量权，公权力机关应当在裁量权范围内实施行为，一旦未履行或超出裁量权的范围不当履行，都将面临不利的后果。这种不利后果或是表现在诉讼之中，或是表现在诉讼之外。如《刑事诉讼法》第170条规定：“人民检察院对于监察机关移送起诉的案件，依照本法和监察法的有关规定进行审查。人民检察院经审查，认为需要补充核实的，应当退回监察机关补充调查，必要时可以自行补充侦查。”检察机关对于监察机关移送起诉的案件需要补充核实的，如果未退回监察机关补充调查，也未自行补充侦查，那么检察机关可能面临诉讼困难或诉讼失败的风险；在诉讼之外，则可能受到内部追责或社会的否定评价。如《刑事诉讼法》第64条规定对因在特殊案件中作证的证人、鉴定人、被害人及其近亲属需要保护措施予以保护的情况下，法院、检察院、公安机关应当采取一项或多项措施予以保护，如果法院、检察院、公安机关未采取措施予以保护或保护措施不到位，那么可能诉诸机关内部进行追责，也可能遭受社会的否定性评价，抑或兼而有之。

当“应当”条文的主语为公民个人时，由于其所承担的义务来源不同，公民面临的不利后果也有所区别：

第一，诉讼法层面的义务。此类义务直接来源于诉讼法的规定，是刑事诉讼法针对公民的诉讼行为所设定的义务，带有明显的诉讼特征。如《刑事诉讼法》第77条规定“被监视居住的犯罪嫌疑人、被告人应当遵守以下规定：（一）未经执行机关批准不得离开执行监视居住的处所……”监视居住作为一种强制措施，只存在于刑事诉讼之中，因此此种义务只能针对诉讼过程中被采取监视居住的犯罪嫌疑人、被告人施加。刑事诉讼法为公民设立诉讼义务，是为了保障诉讼的顺利进行，因此，对于此种义务，公民应当严格遵守，否则将承当程序法上的不利后果。

第二，基于个人选择行为产生的义务。区别于诉讼法层面的义务，此类义务源于公民个人的选择，其与权利同时产生。如《刑事诉讼法》第 34 条规定“辩护人接受犯罪嫌疑人、被告人委托后，应当及时告知办理案件的机关”，即公民一旦接受犯罪嫌疑人、被告人的委托成为辩护人，那么就同时负有了及时告知办案机关的义务。这与霍菲尔德基本法律概念理论中的“责任”概念异曲同工。霍菲尔德将“责任”（liability）与“权力”（power）看作一对相关概念，其中，权力指 A 与 B 之间存在一种法律关系，A 能够通过自己的行为创设 A 与 B 或 B 与其他人之间的法律关系，而责任就是指 B 应当承担 A 通过自己行为所创设的 A 与 B 之间或 B 与其他人之间的关系。基于该种义务产生的前提是公民权利的充分行使，因此，对于此种义务的违反同时也否定了个人权利行使的有效性。

三、不同情景下“应当”的强制性分析

尽管“应当”一词引导强制性规则，但“应当”内容的实现并非绝对。立法者在使用“应当”强调行为与后果时，考虑到不同情景下“应当”内容的实现可能存在困难，故而常在“应当”文本中嵌入立法技巧，以便强调“应当”之强制性的同时为“应当”文本的实现留下余地。具体而言，“应当”的强制性可分为三层：

（一）绝对的“应当”

绝对的“应当”所指引的是不允许有例外、必须履行到位的职责或义务。如《刑事诉讼法》第 76 条规定“指定居所监视居住的期限应当折抵刑期”，即对于指定居所监视居住的被监视居住人，其被监视居住的期限必须折抵为刑期，不存在“不被折抵”的例外。

（二）有例外的“应当”

所谓“有例外的应当”，指通常情况下，“应当”所引导的内容应当实现，但与此同时，条文考虑到“应当”的内容可能存在无法实现的阻碍，因此规定了在例外情况发生时，“应当”所指引的内容可以不

实现或延缓实现。如《刑事诉讼法》第75条第2款规定“指定居所监视居住的，除无法通知的以外，应当在执行监视居住后二十四小时内，通知被监视居住人的家属”，即原则上侦查机关负有通知被监视居住人家属的义务，但因“无法通知”这一客观阻碍的存在导致通知义务得不到履行。

（三）稀释的“应当”

区别于“有例外的应当”，被稀释的“应当”并非因客观阻碍的存在而无法实现，而是如前所述，“应当”的实现前提包含了自由裁量的空间，从而稀释了“应当”的强制力。具体而言，被稀释的“应当”分为两类：

其一，行为稀释结果的“应当”。《刑事诉讼法》第123条规定，“对于可能判处无期徒刑、死刑的案件或者其他重大犯罪案件，应当对讯问过程进行录音或者录像。录音或者录像应当全程进行，保持完整性”。根据该规定，“应当录音录像”的义务只有在侦查机关认为犯罪嫌疑人或被告人最终可能被判处死刑或无期徒刑时，才应无条件实现。但侦查机关非审判机关，对案件结果的判断与最终判决可能存在偏差，因此最终被判处死刑或者无期徒刑的案件很有可能未按照条文的规定履行完全的录音录像的义务。因此，该处的应当义务并非绝对义务，侦查机关对案件结果的“可能性”判断成为应当义务生成的前置条件，也即稀释了应当义务，使其具有了不必然实现的“借口”。

其二，结果稀释行为的“应当”。《刑事诉讼法》第77条第2款规定：“被监视居住的犯罪嫌疑人、被告人违反前款规定，情节严重的，可以予以逮捕；需要予以逮捕的，可以对犯罪嫌疑人、被告人先行拘留。”该条首先对被监视居住人提出了行为层面的应当义务，但在规定法律后果的条款中，却以“违反前款规定，情节严重”作为承担法律后果，即予以逮捕的标准，并以“可以”的表述赋予权力机关以自由裁量权，由此稀释了犯罪嫌疑人、被告人本该承担的义务内容。

四、“应当”与“必须”的比较分析

“应当”与“必须”是两个表示强制性规范的标志性词汇，2009年全国人民代表大会常务委员会法制工作委员会颁布的《立法技术规范（试行）（一）》中对这两个常用的法律词汇进行了解读：“应当”与“必须”的含义没有实质区别。法律在表述义务性规范时，一般用“应当”，不用“必须”。这种解读不免惹人生疑，既然二者没有实质区别，在使用上具有替代性，那么立法作为严谨的技术工作，为何在可以替换时却不予以统一？在此，笔者就刑事诉讼法中“应当”与“必须”的适用概况、具体功能等进行深入分析，以窥探立法者如此安排究竟是立法严谨性之不足，抑或立法技巧性之体现。

从使用频率上看，较之“应当”一词，刑事诉讼法中“必须”一词并不多见。2018年刑事诉讼法中共有28个“必须”，涉及25个条文。就“必须”一词在各章节中的出现频率看，其与“应当”一词具有一定的正相关性，即在“应当”使用频率高的章节中，往往“必须”一词的出现频率也较高，如“强制措施”与“侦查”两章中，二者均频繁出现。

从所覆盖的25个条文的内容看，“必须”一词在强调的内容上与“应当”具有相似性。“必须”同样具有强调基本原则（第6条）、行为模式（第85条）、法律后果（第54条）、前置条件（第69条）的作用。

从法律文本的主语上看，“必须”所连接的主语绝大多数为公权力机关，只有极少数与公民主体相关。据笔者统计，与公民主体相关的“必须”条文有4个，包括第54条、第62条、第69条、第265条。其中第54条（凡是伪造证据、隐匿证据或者毁灭证据的，无论属于何方，必须受法律追究）属于诉讼法层面的义务，其义务主体既包括公权力机关，也包括公民个人，而第61条（证人证言必须在法庭上经过公诉人、被害人和被告人、辩护人双方质证并且查实以后，才能作为定案的根据）、第69条（“保证人必须符合下列条件……”）以及第265

条（对罪犯有严重疾病，必须保外就医的，由省级人民政府指定的医院诊断并开具证明文件）均是强调前置条件的条文，并非严格意义上义务行为的设定。由此可见，刑事诉讼法中“必须”一词与公民个人的关系不大。

孟德斯鸠曾言：“法律的用语，对每一个人要能够唤起同样的观念。”[①] 因此，立法用语应当与日常用语的含义相趋近，方能引起共鸣。在日常用语中，“必须”与“应当”存在替换情况，但在语义和表达力度上的差别也十分明显。以“你应当遵守纪律”与“你必须遵守纪律”两句话为例，前者虽带有要求的意味，但旨在向主体传达的是“遵守纪律”这一行为的正面性、当为性，即“应当”暗含着“因为做某事是正确的而必须去做它”[②]，而后者明显表达了对主体行为的强制性。这种差别在刑事诉讼的立法中也有明显的体现。从“必须”一词所在的文本表述看，“必须”义务一般不存在例外或者被稀释的情况，除《刑事诉讼法》第138条“进行搜查，必须向被搜查人出示搜查证。在执行逮捕、拘留的时候，遇有紧急情况，不另用搜查证也可以进行搜查”外，其他“必须”条文都未给予“必须”义务可以不履行的“暗示”。

五、“应当”一词研究之启示

法律主要不是一种书面的或者纯思辨的东西，相反，它主要是一种实践理性的东西[③]，因此，对“应当”一词的研究最终应服务于实践中的法律适用，此亦为“应当”一词研究的价值所在。笔者认为，对“应当”一词的多视角剖析至少可以给予立法和司法三个方面的启示：

---

① ［法］孟德斯鸠：《论法的精神》，张雁深译，商务印书馆1995年版，第338页、第297页。

② ［英］A. J. M. 米尔恩：《人的权利与人的多样性——人权哲学》，夏勇、张志铭译，中国大百科全书出版社1995年版，第34页。

③ 周赟：《“应当”一词的法哲学研究》，山东人民出版社2008年版，第301页。

（一）重视“应当”一词的强调功能

阿尔夫·罗斯在《指令与规范》中指出：任何工具的功能应当通过其恰当效果，即这一工具适合产生的直接效果来确定。语言的功能必须用直接效果来说明，用信息传递所产生的其他预期的效果来说明一种话语的功能及其类别，是不合适的。[①]“应当”作为一个重要的能愿动词，是富于启发性、引导性的存在，表示一种标准情况下的内容指引，尽管有其他行为或效果的呈现（如前文所述稀释的应当、有例外的应当），但法律适用者仍应以“应当”内容为标杆作出判断。换言之，司法过程应当重视“应当”一词的“强调功能”，准确把握立法对司法实践的预期。

反之亦然。既然立法者能够通过“应当”为法律适用主体设定行为或结果标准，那么立法者更应注意“应当”条文的规范性。在“应当”条文中，总是存在这样一种语言逻辑构造，即“若A，则应当B”。其中，B对应“应当”在刑事诉讼法中三种不同的功能，而A则是B实现之前提。从A到B，不仅需要对A的内容进行权衡判断，而且要在A与B之间架构起相对紧密、明确的联系，由此才能发挥“应当”内含的强调作用，明确法律标准。是故，“应当”条文应具有相对确定性，尽可能摆脱语词上的模糊性，缩小条文在释义上的弹性空间。

（二）完善“应当”条文的立法技术

“法律一旦被制定出来，就立即引起其适用范围内的人们的注意”[②]，因此，立法语言应当区别于日常用语，保持严谨一致的特点，以促使法律适用者能够尽可能靠近立法原意，满足立法的预期。由前述分析可知，刑事诉讼法中“应当”一词在功能的发挥、用词习惯上有一定的规律可循，但也存在诸多不完善、不统一之处。事实证明，这些不完善、不统一之处在某种程度上也造成了司法实践的混乱，在此，笔者提出两点刑事诉讼法立法关于“应当”一词亟待完善之处，以促进

① ［丹麦］阿尔夫·罗斯：《指令与规范》，雷磊译，中国法制出版社2013年版，第28页。

② 莫湘益：《刑事诉讼立法技术研究》，法律出版社2017年版，第23页。

立法的规范性和严谨性。

其一，区分“应当”与“必须”。如前所述，在刑事诉讼立法中，“必须”一词的使用与“应当”具有相似性，但二者存在微妙的差别。当前，刑事诉讼法中对“应当”和“必须”一词的使用并无明显的规律可循，造成了立法用词上的混乱。笔者以“立即释放”为关键词检索刑事诉讼法文本，发现“立即释放”的要求前有时用“应当”，有时用“必须”，这种做法不仅混淆了二者的内在含义，打破了法律文本的内在统一，而且也未能发挥能愿动词在立法精神传达上的价值。故笔者认为，立法应当重视二者在语言结构中的作用，并利用其在强制力上的差别架构体系严谨的立法技术。具体而言，首先，使用“必须”一词时，应当强调其绝对的义务性，对于存有例外的情况，以“应当”代替，通过“应当”与“必须”在强制力上的不同建构两者区别使用的规律；其次，统一法律文本中“应当”和“必须”的使用方式，对于同一行为应形成固定的表述方式，如将“立即释放”的行为统一由“必须”引导等。

其二，统一“应当”一词的表述结构。从刑事诉讼法文本内容看，“应当”一词的表述通常为“名字/主语 + （不）应当”结构或“逗号 + （不）应当”结构，这种立法习惯使总结和理解“应当”一词的内涵成为可能，此亦为法律可预测性的体现。但值得注意的是，2018 年刑事诉讼法第 201 条第 1 款规定“对于认罪认罚案件，人民法院依法作出判决时，一般应当采纳人民检察院指控的罪名和量刑建议，但有下列情形的除外：（一）被告人的行为不构成犯罪或者不应当追究其刑事责任的……”其中“一般 + 应当”的表述在刑事诉讼法中第一次出现，何为“一般应当”引发解释争议。认罪认罚从宽作为刑事诉讼制度的重大改革内容，是贯彻宽严相济刑事政策、实现案件分流的重要制度设计。在认罪认罚案件中，控辩双方通过“协商”达成定罪量刑上的“诉讼合意”，人民法院在审判阶段，基于尊重和认可，应在“合法”的范围内对达成的“诉讼合意”加以实现，这是认罪认罚从宽制度得以有效运转的基本保障。[①] 但“一般应当”的表述，明显缺乏立法语言技术和内涵的考量，不仅改变了“应当”一词一贯的表述风格，同时消解了“应当”在刑事诉讼法中的义务强调，导致实践中法官推翻检察官定罪量刑建议的情况时有发生，影响了认罪认罚从宽精神内涵的实现。如近期引发热议的余金平交通肇事案，其“戏剧性”的情节与“一般应当”的立法表述不无关系。正如侣化强教授所言：“在余金平交通肇事案中，两级法院其实是代表着全国法院对刑事诉讼法第201条‘立法安排’的抗议。立法者的初衷是好的，但其立法安排没有避开最为敏感的制度陷阱，检察院和法院就量刑权归属所展开的激烈争夺实属必然。”[②] 笔者认为，抛却权力博弈这一复杂问题，正是“一般+应当”这一含混表述制造了“制度陷阱”，故应当统一“应当”一词的表述方式，通过形式上的统一实现内涵上的一致，进而避免规则解释上的模糊性。

（三）构建有效的程序行为评价和惩戒机制

一个完善的法律规则应当具备假定、处理和制裁三个逻辑要素，但我国刑事诉讼法规则往往只具备前两个要素，缺失作为法律后果的制裁[③]，因而“程序性制裁”概念被提出。诚然，要确保规则的正确适用，防止诉讼参与人以“钻空子”“打擦边球”方式在诉讼过程中进行违法操作或瑕疵操作，从而破坏司法程序的公正，侵犯程序权利，应当要构建起相应的行为评价和惩戒机制，但正如上文所述，义务（责任）在不同的语境下呈现出不同的形态，不加区分地加以制裁，可能会打消办案人员的积极性，阻碍诉讼程序的发展，制约程序价值的发挥。笔者认为，要构建有效的行为评价和惩戒机制，可如上文一般，通过规范分析方法结合条文内容对不同主体所要承担的义务（责任）形态进行评

---

① 卞建林：《认罪认罚从宽制度赋予量刑建议全新内容》，载《检察日报》2019年7月29日，第3版。

② 侣化强：《余金平案是中国刑事诉讼法上的“马伯里诉麦迪逊案”》，载微信公众号“法学学术前沿”2020年4月17日。

③ 陈虎：《刑事程序的深层结构》，中国政法大学出版社2018年版，第213页。

价分析，并根据义务不履行所可能产生的不利后果或侵犯的权利寻找可行的惩戒机制。

六、结语

刑事诉讼法学作为经世致用的实践性法学科，其立法理论的完善程度是管窥和衡量国家法治发展与否的有效检测器。长期以来，我国诉讼法学界缺乏分析实证法学的研究传承，对立法用语的内涵探究并未受到相应重视，导致诉讼法学研究走上“重学轻术”“褒学抑术”的狭路。[①] 本文从微观层面出发对“应当”一词进行解构和分析并非吹毛求疵、纸上谈兵，而是尝试引领刑事诉讼立法与司法着眼于立法语言的精确化运用和表达，开拓刑事诉讼规则研究的新风向。正如苏力教授所言：法律人特别是法律研究者可以且应当做的是使我们的法律理论思维更精密、语言表达更精确、逻辑表述更严谨。[②]

（责任编辑：武小琳）

① 参见万毅：《刑事诉讼法文本中“可以”一词的解释问题》，载《苏州大学学报（法学版）》2014年第2期。

② 参见苏力：《法治及其本土资源》（第三版），北京大学出版社2015年版，第90页。

推荐人语：

文章关注到认罪认罚从宽制度中的证据可采性问题，从量刑协商失败的三种情形分别展开，详细论述了被追诉人先前有罪供述在后续诉讼阶段中应如何处理。对此问题进行研究，具有重要的理论价值和实践意义。

刘计划　中国人民大学教授、博士生导师

量刑协商失败及协议约束力消灭后的先前供述可采性研究

陈希子*

引言

刑事诉讼法制定以来历次修改的内容主要都围绕着“权利”而展开。2018 年刑事诉讼法修改确立了刑事案件速裁程序和认罪认罚从宽制度，有学者认为控辩双方的调解、协商已成为诉讼的主体内容，认罪认罚从宽制度的确立标志着我国刑事诉讼类型由权利型诉讼转向协商型诉讼。① 从 2019 年 1 月至 2020 年 8 月，适用认罪认罚从宽制度办结案件 1416417 件 1855113 人，人数占同期办结刑事犯罪总数的 61.3%，量

* 中国人民大学法学院 2020 级硕士研究生。

① 参见樊崇义：《理性认识“认罪认罚从宽”》，载《人民检察》2019 年第 10 期。

刑建议采纳率为 87.7%。[①] 虽然与美国高达 97% 的辩诉交易适用率[②]相距甚远，但可以看出在认罪认罚从宽制度适用的两年以来，该制度已经在全国范围内大面积适用，检察院提出的量刑建议采纳率较高，认罪认罚从宽制度已对我国司法产生着深刻的影响。

许多学者已经就各个角度对被追诉人权利的完善提出了自己的见解，主要集中在对被追诉人认罪认罚自愿性[③]、上诉权[④]以及辩护权的保障[⑤]等方面，而关于量刑协议达成失败或约束力消灭的情形下如何处理被追诉人先前的有罪供述却很少有学者进行深入研究。目前，我国立法对此问题尚处于空白状态，各地对于被追诉人违反认罪认罚具结书的后果规定尚不统一，而实践中对于被追诉人在认罪认罚程序中作出的有罪供述及其衍生的证据不分情况皆在后续诉讼程序中作为证据使用。笔

① 张军：《最高人民检察院关于人民检察院适用认罪认罚从宽制度情况的报告——2020 年 10 月 15 日在第十三届全国人民代表大会常务委员会第二十二次会议上》，载《检察日报》2020 年 10 月 17 日，第 2 版。

② Stephanos Bibas, Incompetent Plea Bargaining and Extrajudicial Reforms, 126 HAR. L. REV. 150, 151 (2012).

③ 参见杜磊：《论认罪认罚自愿性判断标准》，载《政治与法律》2020 年第 6 期；孔冠颖：《认罪认罚自愿性判断标准及其保障》，载《国家检察官学院学报》2017 年第 1 期；闫召华、李艳飞：《论认罪认罚的自愿性及其保障》，载《净月学刊》2018 年第 2 期；闫召华、李艳飞：《认罪认罚的自愿性研究》，载《河南财经政法大学学报》2018 年第 2 期；孔令勇：《被告人认罪认罚自愿性的界定及保障——基于“被告人同意理论”的分析》，载《法商研究》2019 年第 3 期；潘金贵、唐昕驰：《被追诉人非自愿认罪认罚的认定与救济》，载《人民司法（应用）》2019 年第 25 期；韩晗：《认罪认罚自愿性的法院审查难题及其破解》，载《烟台大学学报（哲学社会科学版）》2019 年第 6 期。

④ 参见周新：《论认罪认罚案件救济程序的改造模式》，载《法学评论》2019 年第 6 期；朱孝清：《认罪认罚从宽制度相关制度机制的改善》，载《中国刑事法杂志》2020 年第 4 期；郭烁：《二审上诉问题重述：以认罪认罚案件为例》，载《中国法学》2020 年第 3 期；王洋：《认罪认罚从宽案件上诉问题研究》，载《中国政法大学学报》2019 年第 2 期；梁健、鲁日芳：《认罪认罚案件被告人上诉权问题研究》，载《法律适用》2020 年第 2 期；卫跃宁、刘鎏：《认罪认罚从宽制度的上诉程序研究》，载《安徽师范大学学报（人文社会科学版）》2020 年第 5 期。

⑤ 参见陈瑞华：《认罪认罚从宽制度的若干争议问题》，载《中国法学（文摘）》2017 年第 1 期；闵春雷：《认罪认罚案件中的有效辩护》，载《当代法学》2017 年第 4 期；周新：《值班律师参与认罪认罚案件的实践性反思》，载《法学论坛》2019 年第 4 期；钱春：《认罪认罚从宽制度中的有效辩护：从缘起到嵌入》，载《学术交流》2020 年第 3 期；赵恒：《认罪认罚从宽制度适用与律师辩护制度发展——以刑事速裁程序为例的思考》，载《云南社会科学》2016 年第 6 期。

者认为这种“一刀切”的做法极不利于保障被追诉人的权利，加剧了控辩双方的力量悬殊，应当以更加符合公平正义与诚信理念的方式规范此问题。虽然无论是国际公约还是各国法律规定，大都是出于保护被追诉人基本人权的目的对采用酷刑、威胁、限制人身自由等措施取得的供述加以排除，但我们应当认识到，对被追诉人基本人权的保障是对其生而为人的最低限度的保障，而其作为在刑事诉讼中被强大的检察机关追诉的对象，其在诉讼中所享有的保障控辩平等的正当权利也应当是现代法治国家着重保护的对象。因此，出于保障基本权利之目的违背被追诉人自愿性的供述应当然被排除，但认罪认罚程序中在量刑协议约束力消灭时排除被追诉人先前作出的供述不能仅仅限于违背被追诉人的自愿性的情况，对于那些虽然不违反自愿性但没有最终采用认罪认罚程序的情况，仍应出于保障被追诉人正当权利和平衡控辩双方力量悬殊的目的而排除其先前供述可采性。笔者将就此分析我国有关立法与司法现状，结合域外实践来探索符合我国本土情况的完善路径。

一、排除先前供述之证据可采性的意义

（一）平衡控辩双方诉讼力量

在近期的刑事诉讼立法运动中，中国法学者普遍倡导的任何人不得被强迫自证其罪原则、沉默权规则、非法证据排除规则、律师在警察讯问时在场制度、证据展示制度等，也几乎都是为维护控辩双方平等武装、为被告人提供有效司法救济而作出的制度改革努力。[①] 尽管我国也在立法层面上通过刑事诉讼法确立了犯罪嫌疑人、被告人的诉讼主体地位，但其在实践中并没有得到完全落实，犯罪嫌疑人、被告人在诉讼程序中作为诉讼主体的弱势地位及其诉讼权利的保障一直是刑事诉讼法学界研究的对象。犯罪嫌疑人的诉讼主体地位主要依靠沉默权、辩护权、

① 陈瑞华：《刑事诉讼的私力合作模式——刑事和解在中国的兴起》，载《中国法学》2006年第5期。

调查取证及证据保全请求权、人身自由权等基本权利得以支撑。[①] 我国目前尚未建立起犯罪嫌疑人、被告人的沉默权，辩护权在实际运行中也体现出“老三难”（会见难、阅卷难、调查取证难）与“新三难”（发问难、质证难、辩论难）等众多弊端[②]。

在这一大背景之下，刑事诉讼中的认罪认罚从宽制度的适用从某种程度上来看将加剧被追诉人的不利地位。尽管2018年修改的刑事诉讼法和最高人民法院、最高人民检察院、公安部、国家安全部等印发的《关于适用认罪认罚从宽制度的指导意见》（以下简称《指导意见》）完善了被追诉人的辩护权并建立了值班律师制度，但实践中一些值班律师并没有起到真正的法律咨询的帮助作用，仅仅充当着为符合程序要求的“见证者”的角色，在被追诉人聘请有辩护律师的情况下，也很难保障辩护律师不会在自身利益的驱使下侵害当事人的利益。

认罪认罚从宽制度旨在有效地进行控辩协商，虽然认罪认罚具结书从形式上看只是被追诉人单方的声明，但其实质是控辩双方沟通协商后就量刑及程序适用而达成的“合意”，有学者认为这种“合意”已经很明显地包含了量刑协商的因子。[③] 有学者指出，尽管犯罪嫌疑人、被告人可以选择认罪认罚，但最终是否适用认罪认罚从宽制度以及是否开展量刑协商则由检察机关单方决定，整个量刑协商的过程实则为检察机关听取意见的过程，至于意见能否发挥作用以及能发挥多大程度上的作用还是取决于检察机关单方面的态度，犯罪嫌疑人只能对检察机关提出的量刑建议选择拒绝或接受，量刑建议的内容几乎是由检察机关单方面决定的，因此无论是在程序启动上，还是在协商过程中，抑或是在具结结果方面，认罪认罚程序中的量刑协商都带有十分明显的检察主导色彩，

---

① 参见陈卫东、刘计划：《论犯罪嫌疑人的诉讼主体地位》，载《法商研究》2003年第3期。

② 参见刘计划、段君尚：《中国刑事诉讼法40年的回顾与展望》，载《贵州民族大学学报（哲学社会科学版）》2020年第1期。

③ 参见李奋飞：《以审查起诉为重心：认罪认罚从宽案件的程序格局》，载《环球法律评论》2020年第4期。

从而在很大程度上影响甚至压缩了控辩双方平等协商的空间。① 尽管检察机关基于其客观义务应当全面收集有利于和不利于被追诉人的证据，且《指导意见》还明确规定了检察机关的证据开示义务，即应当将自己掌握的全部证据（包括定罪证据和量刑证据）向辩方开示，允许其查阅、摘抄和复制，但实践中此项要求并没有得到很好的落实，加上在我国的辩护实践中辩护律师调查取证难问题至今没有得到很好的解决，导致被追诉人在控辩协商中唯一的筹码即为自己的认罪供述。因此，在量刑协商约束力消灭时排除被追诉人先前供述将在一定程度上平衡控辩双方较大的力量悬殊。

也许会有人认为认定先前供述可采性并根据“如实供述”对其加以从轻量刑也可以从一定程度上缓解被追诉人因为作出供述所导致的不利处境。的确，我国对于认罪认罚从宽制度的定位体现为政策从宽型，在被追诉人量刑协商失败的情形下对于其先前的有罪供述则根据“坦白”从轻量刑。但能否由此认为这就可以平衡掉证据采纳所带给被追诉人的不利影响，笔者认为是不可以的。

首先，认罪认罚从宽不等同于自首坦白。《指导意见》第 9 条表达了两层含义：第一层是如果被告人、犯罪嫌疑人既有自首或者坦白的法定从宽情节，又有认罪认罚的，那么应当给予其更大的从宽幅度；第二层是认罪认罚和自由坦白不能作重复评价。由此可以看出，认罪认罚从宽相对于自首和坦白来讲有其自身的独立性。

其次，单从量刑来看，被追诉人寄希望于通过认罪认罚从宽制度获得符合其预期的较轻量刑与法院依照先前有罪供述而根据坦白所作出的较轻量刑并不能等同，原因即在于后续量刑的可确定性不同。《指导意见》要求检察机关一般应当提出确定刑量刑建议，因此被追诉人与检察机关通过认罪认罚从宽制度所达成的量刑协议是符合其期望并有一个较为确定的预期的，而法院认定先前有罪供述后所作出的从轻处罚的具

---

① 参见李奋飞：《量刑协商的检察主导评析》，载《苏州大学学报（哲学社会科学版）》2020 年第 3 期。

体从轻幅度却是不确定的。

最后，量刑从轻幅度也不相同。相较于有些国家对量刑协议的从轻幅度加以不得超过 1/3 的硬性要求，我国认罪认罚从宽制度目前并未对量刑从轻的幅度有所限制，具体减轻多少取决于检察机关和被追诉人的合意，实践中出现的大量因量刑建议畸轻而被法院要求调整的现象就可以说明检察机关在与被追诉人达成量刑建议时很有可能会提出较之于法院更轻的量刑。如果允许排除被追诉人在先前的有罪供述从而消灭该供述对其的不利影响，那么被追诉人不仅可以通过后续的辩护争取更轻的量刑，还可以通过先前供述的排除进而保障其进行无罪辩护的可能性。

（二）保障被追诉人认罪认罚的自愿性

如何保障被追诉人认罪认罚的自愿性是制度运行中十分重要的一个问题，如果处理不好，将有违不得强迫自证其罪的原则，严重侵犯犯罪嫌疑人、被告人的合法权益。许多学者提出，要保障被追诉人认罪认罚的自愿性，应当从保障其明知性和明智性两方面着手，强调侦查机关、公诉机关的如实告知义务以及值班律师对被追诉人有效法律服务方面的保障。笔者将以上保障措施统称为“前置性保障措施”，它们都是在被追诉人与检察机关达成认罪协议之前及达成协议期间对其自愿性加以保障的措施，强调的都是被追诉人达成协议时的内心真实意愿。而除此之外，尚需“后置性保障措施”对被追诉人的认罪认罚自愿性加以保障，具体包括认罪认罚程序运行失败后的先前供述可采性排除规则、被告人的上诉权的保障等。其中，先前供述可采性排除规则对于保障被追诉人认罪认罚自愿性的重要意义常常被忽略。被追诉人认罪认罚的自愿性应当包括认罪的自由、达成量刑协议的自由、拒绝量刑协议的自由、撤回量刑协议的自由。而实践中在被追诉人撤回量刑协议时仍然将此前的认罪认罚具结书作为被追诉人作出有罪供述的证据，仍然将被追诉人此前作出的有罪供述作为后续诉讼程序中对其不利的证据加以使用，这将使得被追诉人处于进退两难的境地[①]，对

---

① 参见汪海燕：《被追诉人认罪认罚的撤回》，载《法学研究》2020 年第 5 期。

于先前作出的有罪供述被后续诉讼程序采纳的担忧极大地影响着被追诉人衡量撤回量刑协议与否的内心真意。对犯罪嫌疑人、被告人先前供述的排除将从根本上打消被追诉人最大的忧虑，使得被追诉人在与检察机关就认罪认罚及量刑的协商过程中可以根据自己内心的真实意愿而作出认罪与否的决定。

排除犯罪嫌疑人被告人的先前供述还可以从后往前抵消掉之前被追诉人违背自愿认罪认罚所产生的负面影响，即先前供述的排除可以反向保障被追诉人的自愿性。由于我国目前保障被追诉人自愿性的“前置性措施”尚未完善，实践中具体体现为被追诉人认罪认罚后在后续诉讼阶段中反悔、在庭审中翻供、判决后上诉等，认罪认罚从宽制度的司法资源节约效果大打折扣，这说明被追诉人违背自愿认罪认罚的情况并不罕见。而违背意愿认罪认罚之后法院虽然不会采纳量刑建议，但仍旧会把之前的供述及其衍生证据作为审判中定罪量刑的依据，当初的非自愿认罪对被追诉人的负面影响并没有因为法院对认罪认罚程序的否认而消失。可以说，违背自愿性的认罪认罚对于被追诉人真正的负面影响其实就在于先前作出的有罪供述。法院在审查被告人认罪认罚自愿性时如果得出了否定的结论进而不采纳该量刑建议，那么进行到这里法院的纠错工作只将负面影响消灭了一半，剩下的一半则需要通过排除被告人的先前供述来加以彻底消灭。

（三）坚持有罪判决的证明标准，严控案件质量

张军检察长在《最高人民检察院关于人民检察院适用认罪认罚从宽制度情况的报告》中指出，在认罪认罚从宽制度的实践中，有的检察官审查把关不严，存在因认罪认罚而降低证据要求和证明标准的问题，“以事实为根据”的原则在一定程度上因认罪认罚程序的适用而被忽视。在强调认罪认罚自愿性对于程序从简、实体从宽的合法性以及提高有罪供述真实性的重要意义的同时，我们也应当认识到认罪认罚的自愿性本身并不能保证其真实性，因此《指导意见》要求检察机关不仅应当审查认罪认罚的自愿性，还应当全面审查事实证据以达到犯罪事实清楚，证据确实、充分的标准，同时也要求法院应当根据审理查明的事

实进行裁判。可见，认罪认罚程序并不影响我国查明真相的司法态度，其并不免除对公诉机关和审判机关在审查认定证据方面的职责，反而通过具体的条文专门强调了全面收集证据的重要性。

同我国一样，德国法院并不因协商而免除查明案件事实真相的义务，法院依然有义务依职权调查事实真相，直到形成对被指控人定罪的内心确信。协商的目的不是为了获取认罪答辩，只是为了取得被告人的当庭供述，有了供述审判依然继续进行，但有了供述之后更有利于法官查明案件真相，认定案件事实，由此可以大幅度缩短审判的持续时间，这成为催生协商的强大动力。[①] 我国台湾地区强调，法院必须经严格证明后“形成该等证据已足证明被告犯罪之确信心证，始能判决被告有罪”，法院不能仅以自白为有罪裁判基础，而应调查“其他必要之证据”，且该等证据必须综合自白后达到“足以确信自白犯罪事实之真实性”者，始足当之。林钰雄教授也认为，协商案件证据的简化仅仅意味着限缩了一些严格证明法则之严格形式性要求，但并不意味着法院完全无须调查犯罪事实，法院仍应当审阅、调查检察官所移送之卷证资料以作为判决基础，才不会与刑事诉讼发现真实的目标背道而驰。[②] 一旦被追诉人先前的有罪供述在之后的诉讼程序中因丧失证据能力而不能被采纳，在缺乏其他证据加以证明的情况之下，公诉机关将处于一种十分尴尬的境地。因此，对被追诉人先前的有罪供述加以排除可以反向促使公诉机关在审前全面收集证据，以免出现因为认罪认罚而降低对证据充分性的要求，进而激化口供中心主义的返潮。

二、关于被追诉人所作有罪供述相关规定的规范考察

（一）对认罪认罚有罪供述的证据可采性未作规定

有关量刑建议约束力消灭情形的规定散见于刑事诉讼法以及《指导意见》。

---

① 参见魏晓娜：《冲突与融合：认罪认罚从宽制度的本土化》，载《中外法学》2020 年第 5 期。

② 参见林钰雄：《干预处分与刑事证据》，北京大学出版社 2010 年版，第 165 页。

2018年《刑事诉讼法》第201条第2款规定了人民法院否认量刑建议的情况。该条规定人民法院在不采纳人民检察院的量刑建议时应当依法作出判决，但并未明确规定对于之前犯罪嫌疑人、被告人所作的有罪供述在“依法作出判决”时应当如何处理。《指导意见》第53条和第54条分别就犯罪嫌疑人、被告人在起诉前与进入审判阶段前反悔的情形作出了规定。这两条规定的侧重点在于明确犯罪嫌疑人、被告人反悔时的处理方式为不再适用认罪认罚程序，但并未说明其中的“审理查明的事实”是否包括犯罪嫌疑人、被告人先前所作的有罪供述，也未规定该有罪供述在后续诉讼程序中的效力如何。

笔者通过检索全国共计15个地区的《认罪认罚从宽制度告知书》，总结出实践中的两类做法。第一类告知书未规定被追诉人反悔时具结书的证据能力为何，而仅规定“《认罪认罚具结书》签署后，犯罪嫌疑人、被告人提出异议或变更的，人民检察院将重新提出量刑建议”①。第二类告知书规定具结书在之后将可能作为不利于被追诉人的证据使用，具体体现为“犯罪嫌疑人、被告人撤回《认罪认罚具结书》，犯罪嫌疑人、被告人已签署过的《认罪认罚具结书》不能作为本人认罪认罚的依据，但仍可能作为其曾做有罪供述的证据，由人民法院结合其他证据对本案事实进行认定”②。可以看到，在省级检察院之间、市级检察院与省级检察院之间、区级检察院与市级检察院之间，各地区关于被追诉人反悔时认罪认罚具结书的证据能力均有不同的规定。但实践中对此的处理方式却是统一的，即对于被追诉人撤回认罪认罚的，认罪认罚

① 如《广东省广州市黄埔区人民检察院认罪认罚从宽制度告知书》《重庆市人民检察院认罪认罚从宽制度告知书》《抚州检察院认罪认罚从宽制度告知书》《江西省宜春市人民检察院认罪认罚从宽制度告知书》《广州市越秀区人民检察院认罪认罚从宽制度告知书》《重庆市秀山县人民检察院认罪认罚从宽制度告知书》《西双版纳傣族自治州人民检察院认罪认罚从宽制度告知书》《江西省万年县人民检察院认罪认罚从宽制度告知书》《江西省九江市人民检察院认罪认罚从宽制度告知书》。

② 如《江西省人民检察院认罪认罚从宽制度告知书》《广州市人民检察院认罪认罚从宽制度告知书》《江西省南昌市人民检察院认罪认罚从宽制度告知书》《南京市雨花台区人民检察院犯罪嫌疑人诉讼权利义务及认罪认罚从宽制度告知书》《广州市白云区人民检察院认罪认罚从宽制度告知书》《洛阳市瀍河回族区人民检察院犯罪嫌疑人诉讼权利义务及认罪认罚从宽制度告知书》。

具结书可作为其曾作有罪供述的证据。[①]

（二）仅规定了被追诉人单方反悔时的处理方式

《指导意见》在其第十一部分“认罪认罚的反悔和撤回”中规定了对于犯罪嫌疑人在不起诉后反悔的处理、起诉前反悔的处理，以及被告人在审判阶段反悔的处理，但并未就检察院单方“反悔”的情形应如何处理作出规定。实务中，在检察院发现新事实、新证据的情况下，由于被追诉人涉及的刑罚可能超出先前达成的指控罪名和量刑建议，检察院往往会单方面抛弃先前已与被追诉人达成的量刑建议，提出符合新情况的指控罪名和量刑建议，此种情况下对于被追诉人先前因为认罪认罚而作出的有罪供述应当如何处理？如果检察院在发现新事实、新证据后提出与被追诉人重新达成认罪认罚具结书和修改量刑建议的提议，但被追诉人不接受时，对于被追诉人先前的有罪供述又应当如何处理？以上问题相关法律及文件并未加以规定。

（三）难以适用既有的非法证据排除规则

“非法证据”的概念及内涵散见于《刑事诉讼法》第52条、第56条，最高人民法院《关于适用〈中华人民共和国刑事诉讼法〉的解释》第123条，《关于办理刑事案件严格排除非法证据若干问题的规定》第19条，以及《关于办理刑事案件严格排除非法证若干问题的规定》第1条、第2条和第4条。有学者由此认为我国现行立法所确立的非法证据排除规则所采取的标准为“痛苦标准”，并总结出非法口供的客观要件、主观要件、意志要件这三大要件。[②] 在此基础之上，有学者认为把实质认罪等同于通常的供述行为，并采最严格的自白任意性标准作为判断实质认罪是否具有自愿性，不符合设置认罪认罚从宽制度的宗旨，将

① 参见胡云腾主编：《认罪认罚从宽制度的理解与适用》，人民法院出版社2018年版，第126页。

② 参见龙宗智：《我国非法口供排除的“痛苦规则”及相关问题》，载《政法论坛（中国政法大学学报）》2013年第5期。该文提出的“三大要件”具体为：其一，非法口供客观要件，即采用肉刑或变相肉刑，或采用其他与其相当的非法方法；第二，非法口供的主观要件，即使被告人在肉体或精神上遭受剧烈疼痛和痛苦；其三，非法口供的意志要件，即迫使被告人违背意愿供述。

导致该制度几乎没有使用的余地，并认为认罪认罚从宽自愿性不同于供述自愿性，不能采用最为严格的自白任意性标准，宜参照适用非法言词证据排除规则所确立的“痛苦标准”。若参照现行立法确立的“痛苦标准”来审查被追诉人先前供述的可采性，那些没有使用肉刑而违背意愿的供述使用肉刑却没有达到痛苦标准的供述以及虽未使用肉刑也未违背意愿但对被追诉人极为不利的供述，在后续诉讼程序中都将得不到排除。

三、先前供述可采性排除规则的比较研究

（一）内容设计方面

从先前供述排除规则之内容设计上来看，对于量刑协议约束力消灭时被追诉人之前的供述是否可以在之后的审判中用作对其不利的证据，有三种做法。

第一种做法是规定排除其先前有罪供述，即该有罪供述在之后的审判中不具可采性。典型代表是美国。美国《联邦刑事诉讼规则》第 11 条规定了辩诉交易程序，将辩诉交易分为指控交易、量刑交易和量刑协议。对于量刑交易类型的辩诉协议，如果法院不遵循该建议或要求，被告人无权撤回该答辩。对于指控交易和量刑协议类型的辩诉协议，法院无须遵守辩诉协议，如果法院拒绝辩诉协议，将给被告人提供撤回答辩的机会。由此可以看出，与我国不同，在法院拒绝辩诉协议的情况下，美国刑事诉讼法专门提供给被告人以撤回答辩的机会，而非不经被告人决定而直接进入普通程序，撤回答辩在美国被视为一种诉讼权利并有其重要的诉讼意义。《联邦刑事诉讼规则》第 11 条第（f）款规定了辩诉、辩诉讨论以及任何相关陈述的可采性或不可采性都受到《联邦证

据规则》第410条的约束。《联邦证据规则》第410条[①]明确规定了被追诉人撤回有罪答辩之后该有罪答辩及其在辩诉交易程序中作出的陈述，在刑事诉讼中都不能作为不利于被告人的证据而被采纳。

德国亦明确规定如果法院基于公平正义的要求否决了检察官此前与被告人达成的认罪协议，将在之后的程序中排除此前被告人作出的认罪供述，具体规定在《刑事诉讼法》第257条c第4款："如果法律上或事实上具有意义的情况被忽视或新出现，且法院因此确信所承诺的刑罚范围不再与行为或罪责相当，法院不受协议拘束。如果被告人嗣后的诉讼行为与法院作预测所根据的行为不符，此同样适用。在这些情形中，被告人的供认不得使用，法院应当不迟延地告知将背离承诺。"[②]

日本虽然没有通过立法明确规定此种情况下的有罪供述可采性问题，但其最高法院曾在1976年的洛克希德案件中就刑事免责问题表示过排除有罪供述的倾向。该案中，检察官在侦查阶段为了收集证据而以免责保证书的形式宣告不再追究外籍的证人的刑事责任。此案的一审、二审法院均采纳了从刑事免责的外籍证人处获得的有罪证据从而认定被告人有罪，但日本最高法院在最终判决中却认为对该外籍证人不应适用刑事免责制度，并进一步指出由此取得的对被告人的不利供述不得作为认定犯罪事实的证据，从而本案中通过国际司法协助制度取得的委托讯问笔录的证据能力未能被法院采纳。[③]

我国台湾地区参考了美国的做法，对于法院没有依据协商协议进行

① 《联邦证据规则》第410条"答辩、答辩讨论和相关陈述"："（a）禁止使用。在民事或者刑事案件中，下列证据不得被采纳用以反对作出答辩或者参加答辩讨论的被告人：（1）随后撤回的有罪答辩；（2）不争辩的答辩；（3）在根据《联邦刑事诉讼规则》第11条或者与其相类似的州的程序所进行的程序中，作出的关于上述任意答辩的陈述；或者（4）如果与检察官进行答辩讨论并没有达成有罪答辩，也没有达成随后撤回的有罪答辩，那么在该答辩讨论期间所做出的陈述。（b）法院可以在下列情形下采纳本规则第410条（a）款（3）项或者（4）项所规定的陈述：（1）在同一答辩或者答辩讨论的任何程序中，另一陈述已经被提出，如果基于公平所有陈述应当被同时考虑；或者（2）在关于伪证或者虚假陈述的刑事程序中，如果被告人经宣誓、记录在案并且有律师在场作出的陈述。"

② 参见艾明：《认罪认罚从宽制度中的证据法问题》，载《山东警察学院学报》2018年第1期。

③ 参见张智辉主编：《辩诉交易制度比较研究》，中国方正出版社2009年版，第321—322页。

判决情形下的证据采用问题作了特殊规定。根据其“刑事诉讼法”第455-7条及“法院办理刑事诉讼协商程序案件应行注意事项”第11条之规定，当法院最终没有依照协议进行判决时，被告人或其代理人、辩护人在协商过程中所作出的陈述在本案及其他案件中均不得作为对被告人或其共犯的不利证据。可以看出，我国台湾地区对供述的可采性限制得更加全面。首先，从陈述来源上来看，不仅仅是被告人的供述，其代理人和辩护人在协商过程中的陈述也不得作为不利证据采纳；其次，从限制采纳的范围来看，此类陈述不仅仅在本案之后的审判中不得被采纳，在有关的其他案件中一样不具有可采性；最后，从保护的对象来看，其不仅限制了不利于被告的陈述的可采性，还考虑到了其共犯的利益。

第二种做法是对有罪供述产生的阶段加以区分，仅排除检察机关在认罪答辩程序中获得的有罪供述，而对于在侦查阶段获得的有罪供述则适用一般的非法口供排除规则。法国的庭前认罪答辩由四个部分依次构成，分别为“被告人认罪—检察官提出量刑建议—被告人接受或拒绝量刑建议—法院审核”，在检察官提出量刑建议之后，被告人将拥有10天的思考期限来决定是否接受此量刑建议。如果被告人最终选择拒绝此量刑建议，那么检察官就会重新按照一般的程序向轻罪法院提起公诉或申请启动正式的侦查程序，而先前被告人在庭前认罪答辩程序所作的各种陈述及案卷笔录均归于无效，不得作为证据在后续的诉讼阶段中使用。法国司法部原部长多米尼克·贝尔本对该项规则的适用范围作了具体解释，无证据效力的材料指的是在检察长办公室运作庭前认罪答辩程序所获得的材料，而不是在宪兵队或警察局运作相关程序所获得的材料。由此可以确定，法国的该项规则仅仅排除了检察机关处获得的材料的可采性，被告人之前在宪兵队或警察局所作的各种陈述尤其是认罪陈述则依然具有证据效力。同样的，如果在法庭审核阶段，法院拒绝核准此量刑建议，则被告人在庭前认罪答辩程序所作的各种陈述和案卷笔录等材料都将归于无效，在之后的诉讼阶段中不具有可采性。[①]

第三种做法即未就该问题在刑事诉讼法中加以明确。比如在俄罗斯，如果被害人、检察官或者自诉人在被告人作出“有罪答辩”后，反对适用法院特别判决程序，或者法院依据《俄罗斯联邦刑事诉讼法》第 216 条第 6 款自主决定不适用特别判决程序。关于被告人的有罪答辩是否可以在之后的审判中用作反对他的证据，俄罗斯法律对此没有予以明确。[②]

（二）体系结构设计方面

从排除规则的体系结构上来看，规定先前供述可以排除的有两种立法模式。第一种立法模式是将辩诉交易中的口供排除规则独立于刑事诉讼法而在证据法等部门法中单独加以规定，如美国的《联邦刑事诉讼规则》仅规定了辩诉交易的程序及其具体分类，并未提及供述的可采性问题，而将这一问题通过独立于《联邦刑事诉讼规则》的《联邦证据规则》加以规范。第二种立法模式是在刑事诉讼法中统一加以规定，如德国《刑事诉讼法》第 257 条 c 第 4 款。

四、排除先前供述可采性之路径设想

（一）先前供述排除规则之结构设计

对于被追诉人在认罪认罚程序中先前供述排除的规则设计，有学者结合我国现行有关法规范而提出将“刑讯逼供等非法方法”解释为包括司法机关的不正协商方式[③]。而我国目前的司法解释与司法实践所采纳的非法口供排除规则为“痛苦标准”，即需要满足采用肉刑或变相肉刑或与其相当的其他非法方法使被告人在肉体或精神上遭受剧烈疼痛和痛苦，从而迫使被告人违背意愿作出供述。如果对“刑讯逼供等非法方法”扩大解释到包含违背自愿性的非法方法，则相当于在我国直接

① 参见张智辉主编：《辩诉交易制度比较研究》，中国方正出版社 2009 年版，第 190—192 页。

② 参见张智辉主编：《辩诉交易制度比较研究》，中国方正出版社 2009 年版，第 289 页。

③ 参见艾明：《认罪认罚从宽制度中的证据法问题》，载《山东警察学院学报》2018 年第 1 期。

引入自白任意性规则。笔者认为这种扩大解释的方法对于我国当下的司法环境难度较大，可行性较低。有学者检索了2005年至2015年共1459例所有关于非法证据排除的司法案例，用实证数据指出我国目前在非法证据排除方面所取得的巨大进步：在其全部非法证据排除申请中，有1174个申请是针对讯问笔录的有罪供述，此类申请在全部申请中占80.47%；在全部136个确定排除非法证据的案例中，有117个案例排除的是讯问笔录，也就是被告人的有罪供述。在申请排除非法证据的理由中，以刑讯逼供作为理由提出的申请928件；以威胁、引诱、欺骗为由提出申请的361件；涉及冻、饿、晒、烤、疲劳审讯的75件。[①] 以上数据虽然能在一定程度上说明我国司法实践中对于刑讯逼供和其他非法方法获得的有罪供述排除的申请已经较为普遍了，但笔者仍然认为这些数据只能说明我国立法所确立的“痛苦标准”在实践中的运行效果较好，但并不能由此推断出在我国建立自白任意性规则的条件已然成熟。

就认罪认罚从宽制度中被追诉人权利保障的完善而言，单独针对认罪认罚程序建立被追诉人先前供述排除规则更为符合我国当下的司法实际，具体可以通过类似于《指导意见》等形式对认罪认罚程序中涉及的证据规则加以细化，通过划分供述的形成阶段，结合后文中谈到的四种情形，对认罪认罚程序中的被追诉人的供述可采性进行分别规定。

（二）四种情形下的先前供述排除规则之路径设想

从刑事诉讼的进行流程来看，涉及先前口供排除的情况主要包括：其一，协商失败（侦查阶段或审查起诉阶段）；其二，检察机关反悔（侦查阶段、审查起诉阶段）；其三，法院不采纳量刑建议（审判阶段）；其四，被追诉人反悔（侦查阶段、审查起诉阶段、审判阶段）。笔者认为，在讨论量刑协商失败和量刑协议失效情况下的先前供述可采性问题时，不应局限于认罪认罚违背被追诉人自愿性的情况，只要是被追诉人基于认罪认罚从宽作出供述之后出现了以下四种情况，被追诉人

① 参见易延友：《非法证据排除规则的中国范式》，载《中国社会科学》2016年第1期。

的供述在之后的诉讼程序中都不应当被采纳，不具有证据能力。

1. 量刑协议协商失败之情形

我国赋予认罪认罚从宽制度非常广泛的适用空间，其不仅对被追诉人所涉及的罪名轻重没有限制，而且对于包括侦查阶段、审查起诉阶段、审判阶段在内的整个刑事诉讼程序都允许适用认罪认罚程序，因此在被追诉人与检察机关协商之前，其在侦查阶段和审查起诉阶段都有可能作出有罪供述。从刑事诉讼法和《指导意见》的规定可以看出，被追诉人作出有罪供述是适用认罪认罚从宽制度的前提条件，只有被追诉人首先作出有罪供述才可能进入后续与检察机关就量刑进行协商的阶段。

在侦查阶段被追诉人有可能选择适用认罪认罚程序，签署认罪认罚具结书、同意简化诉讼程序并放弃部分诉讼权利，但进入审查起诉阶段后检察机关对于在侦查阶段达成的认罪认罚具结书持何态度却是不确定的。由于《指导意见》明确规定侦查机关不得就量刑向被追诉人提出意见，因此检察机关与被追诉人在审查起诉阶段就有可能与被追诉人就量刑未能达成量刑协议，即协商失败。同样，在审查起诉阶段被追诉人也有可能会为了获得检察机关较轻的量刑建议而选择作出有罪供述，但之后其与检察机关就量刑进行协商时可能认为检察机关提出的量刑与自己之前的预期相距甚远而拒绝签署具结书，从而协商失败。

实践中，检察机关在以上两种情况下提起公诉时对于被追诉人先前在侦查阶段和审查起诉阶段所作的有罪供述往往作为证据的一部分移送起诉到人民法院，但笔者认为此种情况下如若不加区别地一律不排除被追诉人先前供述将极不利于保障被追诉人的利益，有违公平正义的原则。被追诉人之所以作出有罪供述，其目的是签署认罪认罚具结书，进而通过认罪认罚程序获得检察机关较轻的起诉与量刑建议。那么在后续审查起诉阶段协商失败的情况下被追诉人有罪供述的目的落空，从保护被追诉人诉讼权利和平衡控辩力量悬殊的目的出发，其供述在后续的诉讼阶段当然不具有可采性。当然，此处的供述应当依照其形成的阶段分为侦查阶段的供述和审查起诉阶段的供述，这样区分的原因在于侦查阶段的侦查人员不得就量刑对犯罪嫌疑人进行承诺，而检察官对于量刑确有发言权。具体而言，若双方协商失败，被追诉人在审查起诉阶段作出的有罪供述在后续的诉讼阶段中应当被排除，而被追诉人在侦查阶段所作的有罪供述应当依照一般的非法口供排除规则加以审查。域外也有类似的规定，例如法国就区分了审查起诉阶段的供述和侦查阶段的供述，在检察长办公室运作庭前认罪答辩程序所获得的材料不具可采性，而在宪兵队或警察局运作相关程序所获得的材料仍然具有证据效力。

2. 检察机关单方面“反悔”之情形

我国在立法文件中均对“协商”等字眼加以回避，控辩双方达成的合意被定位为被追诉人单方的“具结书”而非“协议”，双方就量刑达成的合意也体现为“量刑建议”而非“量刑协议”。从量刑建议本身的形成过程来看，笔者认为认罪认罚从宽制度仍有较强的协商本质。刑事诉讼法和《指导意见》都明确要求检察机关在出具量刑建议之前必须听取犯罪嫌疑人及其辩护律师的意见，这就导致认罪认罚程序中的辩护律师的工作重心由法庭转移到了审查起诉阶段同检察机关的沟通和交流上，进而通过向检察机关申请不起诉或建议较轻的量刑建议来维护犯罪嫌疑人的利益。这种辩方与检察机关的交流互动即为“协商”在我国刑事诉讼阶段中的体现。公平、诚信是现代文明社会对司法证明活动的基本要求，其在诉讼中具体体现为司法证明活动的对抗性、公平性与诚信性。证明活动的参与者都应当按照既定的“游戏规则”公平诚信地进行“竞赛”，尤其是代表国家行使权力的司法人员和执法人员，历史与实践经验证明，冤假错案的发生往往存在办案人员弄虚作假和不讲诚信的问题。我国在引入协商因素的前期阶段更应当注重强调并维护协商双方之间的公平诚信。

当前我国在法规范层面上仅仅就被追诉人反悔并撤回认罪认罚具结书的情况作了规定，但对于检察机关单方面“违背”量刑协议的情况却留下了立法空白。实践中检察机关单方面“违背”量刑协议主要表现为以下两种情形：一种是检察机关主动变更量刑建议。这种情况大多是由于检察机关在审查起诉阶段又发现了之前没有发现的新证据，从而导致其之前与犯罪嫌疑人达成的量刑建议明显不当（往往是导致先前量刑建议偏低）；另一种是法院建议检察机关调整量刑建议。实践中，在开庭之后存在法官建议调整量刑建议的情况，此时检察官为了使量刑建议被采纳往往会选择进行调整（往往是从重调整），但由于此时已不可能再次开庭让控辩双方知悉，且法官在判决书中也仅仅是描述为“检察机关调整量刑建议”，因此从被告人不知情的角度来看，检察机关的这种做法就是出尔反尔、不讲诚信的表现，被告人极大可能会在之后提起上诉。实践中的这种情况对检察机关的公信力将造成极大的破坏，长期来看也将极不利于认罪认罚从宽制度的实施。

因此，不论是从维护检察机关的司法公信力来看，还是从保护被追诉人的诉讼权利来看，对于检察机关单方面违反的情形应当排除被追诉人先前作出的有罪供述。也有国家针对检察机关违反协议的情况作出了规定，如美国辩诉交易中的控辩协商文书第 22 条就规定：“被告人同意，一旦美国政府摆脱了本协议项下的义务，并且就相关犯罪对被告人提起刑事指控，这些犯罪的法定时效将在自本协议签署之日到美国政府通知被告人其在本协议项下义务无效之后的六个月内中止。”① 该条内容放在了控辩协商文书的“本协议的违反”部分，从这一规定可以看出美国的控辩协商文书中不仅规定了被追诉人违反协议的后果，也规定了检察机关违反协议的后果，即在检察机关违反的情形下，犯罪的法定时效将会受到限制。

3. 法院经审查拒绝适用认罪认罚程序之情形

《指导意见》规定了法院不予采纳量刑建议的五种情形，包括被告人的行为不构成犯罪或者不应当追究刑事责任的、被告人违背意愿认罪认罚的、被告人否认指控的犯罪事实的、起诉指控的罪名与审理认定的罪名不一致的，以及其他可能影响公正审判的情形。上述五种情形可以

① ［美］斯蒂芬诺斯·毕贝斯：《庭审之外的辩诉交易》，杨先德、廖钰译，中国法制出版社 2018 年版，第 178 页。

总结归纳为以下三大类别：其一，违背自愿性；其二，检察机关指控有误或量刑建议不适当；其三，被告人翻供。

对于法院经审查拒绝适用认罪认罚程序的情形，笔者认为应当分两步操作。首先应当判断被追诉人认罪认罚的自愿性。若法院经审查认定被追诉人认罪认罚有违自愿性，则应当排除被追诉人先前的供述，而不论量刑建议本身适当与否或协议达成的程序合法与否。其次，在认定被追诉人认罪认罚自愿性之后，再来判断量刑建议是否适当。如果法院不采纳检察机关给出的量刑建议，则进一步区分量刑建议是过高还是过低。实务中存在检察机关通过过低的量刑建议而诱导被追诉人达成认罪认罚协议的现象，而我国目前的口供排除规则仅限于刑讯逼供，尚未将“诱导、欺骗”的非正取证行为纳入排除的情形，因此笔者认为在量刑建议过低的情况下应当排除被追诉人先前的供述，而在量刑建议过高的情况下只需由法院依法裁判即可纠正检察机关的量刑偏差以保障被告人的权利。最后，在认定被追诉人认罪认罚自愿性且认可量刑建议之后，如果法院认为协议达成的程序不合法①，法律应赋予被告人撤回认罪认罚具结书的机会，且法院在此时应当及时提醒被告人可以行使该项权利。特别强调，被告人此处的撤回认罪认罚属于正当撤回，具体见后文就正当撤回与非正当撤回的区分，对于此时涉及的被告人先前口供就因撤回的正当性而应被当然排除。具体可以参考美国的做法，美国《联邦刑事诉讼规则》第 11 条 c 款第 5 项规定在法院拒绝辩诉协议的情况下，应当及时告知被告法院拒绝了此辩诉协议，提供给被告以撤回答辩的机会，并且需明确告知被告不撤回认罪的后果，由此较为全面地保护了被告人的诉讼权利。

---

① 根据李某 2 诈骗罪二审刑事裁定书［（2020）浙 10 刑终 102 号］，该案中公诉人与被告人在律师见证下在庭审前口头达成认罪认罚协议，并在法庭对本案宣判后由被告人补签了认罪认罚具结书，且在法庭调查阶段，公诉人既未提供认罪认罚协议书也未向法庭陈述与被告人达成认罪认罚的口头协议，只是在辩论发表出庭公诉意见时提到被告人认罪认罚及量刑建议，未申请法庭恢复调查，由法庭审查认罪认罚自愿性、合法性及量刑建议是否存在明显不当，显属违反法定程序。且刑事诉讼法明确规定“证据调查、定罪量刑等”必须在庭审中进行，而原审公诉人未将认罪认罚提供给法庭反而称原判遗漏认罪认罚这一量刑事实，与事实不符，因此该法院认为不应适用认罪认罚从宽制度。

4. 被追诉人反悔而撤回之情形

有学者认为应当将被追诉人撤回按照对象的不同区分为“认罪”的撤回和“认罚”的撤回，即区分被追诉人反悔的是认罪供述还是量刑建议。① 也有学者认为应当将撤回对象区分为撤回“认事”、撤回“认罪”、撤回“认罪名”、撤回“认罚”。② 笔者认为尽管区分撤回的对象有利于更加清晰地理解被追诉人撤回权的内涵，但对于处理被追诉人撤回之先前口供可采性问题而言，并无必要。只要被追诉人行使撤回权，不论他具体是针对哪一部分行使撤回权，总体来看这都表明了他对于适用认罪认罚程序的反悔态度，在此情况下在判断其先前有罪供述可采性时不应考虑其撤回的具体对象，而应当依据其撤回理由的正当性来进行判断。我们可以将撤回分为有因撤回与无因撤回。有因撤回包括被追诉人主动提出先前的认罪认罚存在瑕疵，比如其是因受检察机关欺骗或不当的引诱而违背自愿性作出的、签署具结书时没有律师在场等，还包括被追诉人发现了新的事实或证据而撤回，比如其在与检察机关达成量刑建议后通过新的供述构成了立功，或者其在与检察机关达成量刑建议后发现了新的证据足以推翻先前签署的认罪认罚具结书中的事实等。当被追诉人出于上述具有正当性的理由而行使撤回权时，应当规定不得把其先前的有罪供述在后续诉讼阶段作为对其不利的证据加以使用。实践中被追诉人也可能出于诉讼策略的考虑而行使撤回权，对于这类无因撤回，笔者认为，应当从上述提到的有因撤回的审查来判断。在被追诉人提出撤回时，法院必定会对其撤回的理由进行审查，如果被追诉人的撤回没有事实根据且法院经审查认定其认罪认罚具有自愿性、真实性和合法性，那么此时的撤回即可认定为无因撤回。对于无因撤回，应当按照法律规定由法院依法作出裁判，对其先前的有罪供述则应依照我国当前确立的“痛苦标准”的非法口供排除规则加以审查。

（责任编辑：武小琳）

---

① 参见熊秋红：《比较法视野下的认罪认罚从宽制度——兼论刑事诉讼第四范式》，载《比较法研究》2019 年第 5 期。

② 参见汪海燕：《被追诉人认罪认罚的撤回》，载《法学研究》2020 年第 5 期。

推荐人语：

该文选题具有较好的理论和实践价值。首先论证了侦查阶段认罪协商的正当基础，然后考察了侦查阶段认罪协商的两种模式及其风险，最后提出了完善侦查阶段认罪协商的具体建议。文章结构较为合理，论证较为充分。对“自我负罪型”和“侦查协助型”两种认罪协商模式的理论提炼，具有一定理论创新性。

谢登科　吉林大学教授、博士生导师

侦查阶段认罪协商研究：模式、风险与出路

赵　航*

一、问题的提出

侦查阶段认罪协商是在认罪认罚从宽理论视域下，由该制度对刑事诉讼程序的全覆盖和公检法三机关的共同参与所衍生的问题，是侦查阶段适用认罪认罚的子命题。刑事诉讼各阶段诉讼职能的差异性，决定了侦诉审不同阶段的认罪认罚呈现出不同的功能价值，并各具研究意义。目前，学界关注重点多集中于以控审辩三方诉讼结构为中心辐射生成的认罪认罚从宽相关理论和实践问题，对诉讼阶段论视角下侦查机关适用认罪认罚从宽制度问题特别是“认罪协商”问题缺少必要的关注。学

* 吉林大学法学院诉讼法学博士研究生。

者对此有限的讨论仍存分歧，反对者有之[①]，支持者有之[②]，有限度的支持者亦有之[③]。其分歧可简要概括为，刑事侦查权天然的单向性、扩张性、强制性立场，与认罪协商具有的双向性、合意性、对等性立场的融洽性及相关的风险控制问题。从我国认罪认罚从宽制度安排看，“两高三部”2019 年 10 月出台的《关于适用认罪认罚从宽制度的指导意见》（以下简称《指导意见》）为侦查阶段开展认罪协商提供了规范依据。《指导意见》第 9 条规定“办理认罪认罚案件，应当区别认罪认罚的不同诉讼阶段、对查明案件事实的价值和意义……综合考量确定从宽的限度和幅度”，从规范层面明确了在侦查阶段对查明案件事实具有价值意义的认罪行为能够获得从宽评价；第 23 条要求侦查机关在侦查阶段应当同步开展认罪教育工作，突破了以往作为认罪认罚“制度告知者”和认罪认罚“情况记录者”的角色限度，“认罪教育”是手段而非目的，其功能在于激励犯罪嫌疑人向司法机关作出认罪表示。侦查阶段是犯罪嫌疑人认罪的主要阶段，侦查机关是首要认罪对象。因而无论理论争议如何，认罪认罚从宽语境下的侦查权力扩张和协商地位强化已经是必须面对的客观事实。鉴于此，笔者在赞同侦查阶段认罪协商的基础上，对其理论依据、运行模式、潜在风险进行分析论证，并以此为基础提出侦查阶段认罪协商制度的未来建构路径。

二、侦查阶段认罪协商的理论基础

在侦查阶段开展认罪协商与我国侦诉审三阶段式的刑事诉讼程序相

---

① 参见陈卫东：《认罪认罚从宽制度研究》，载《中国法学》2016 年第 2 期；白宇：《认罪认罚从宽制度与刑事案件分流体系构建》，载《甘肃政法学院学报》2017 年第 1 期；胡铭：《认罪协商程序：模式、问题与底线》，载《法学》2017 年第 1 期。

② 参见朱孝清：《侦查阶段是否可以适用认罪认罚从宽制度》，载《中国刑事法杂志》2018 年第 1 期；魏晓娜：《完善认罪认罚从宽制度：中国语境下的关键词展开》，载《法学研究》2016 年第 4 期；向燕：《我国认罪认罚从宽制度的两难困境及其破解》，载《法制与社会发展》2018 年第 4 期。

③ 参见顾永忠、张子君：《侦查阶段适用认罪认罚从宽制度之正当性反思》，载《江苏行政学院学报》2019 年第 3 期；卞建林、谢澍：《职权主义诉讼模式中的认罪认罚从宽》，载《比较法研究》2018 年第 3 期。

契合，《指导意见》等法律规范性文件为其提供了制度支持，从权利保障价值和效率价值等角度看侦查阶段开展认罪协商也具有一定的理论合理性。

（一）侦查阶段开展认罪协商的制度依据

在认罪、认罚、从宽三要素之间，认罪认罚是“从宽处理”的逻辑起点[①]，认罪是前提，认罚是关键，从宽是结果[②]。因而“认罪”既具有启动认罪认罚从宽制度的程序法意义，也因其内含的悔罪意愿成为对犯罪嫌疑人从宽处理的实体依据。学界对认罪多限于内涵揭示，却鲜少论及认罪的对象。在我国刑事诉讼模式下，虽然检察机关在认罪认罚从宽制度中居主导地位，但从刑事诉讼程序推进视角看，犯罪嫌疑人的认罪对象首先是侦查机关，其次才是检察机关。因此审查起诉环节对“认罪”的主要评价标准是侦查阶段有罪供述的稳定性，即是否“翻供”。我国侦查阶段的犯罪嫌疑人认罪率长期处于高位，有学者通过实证统计发现，犯罪嫌疑人在侦查阶段的认罪情况呈现出两个极为显著的特点：第一，整体认罪率极高，达 98.91%；第二，初次讯问中的认罪率也非常高，达 87.93%；且这种高认罪率未因中国社会治安形势和刑事法制背景的变化而发生重大改变。[③]（见图 1）这决定了审查起诉和审判阶段的认罪以承继型认罪为主要多数，在侦查阶段拒不供认，向检察机关和审判机关作出有罪供述的为绝对少数。基于此，犯罪嫌疑人在侦查阶段的“认罪”对于认罪认罚从宽制度的启动、推进及终结具有

---

① 杨立新：《认罪认罚从宽制度理解与适用》，载《国家检察官学院学报》2019 年第 3 期。

② 谭世贵：《完善认罪认罚从宽制度的思考》，载《中国社会科学报》2016 年 7 月 6 日，第 5 版。

③ 参见刘方权：《认真对待侦查讯问——基于实证的考察》，载《中国刑事法杂志》2007 年第 5 期。转引自熊秋红：《两种刑事诉讼程序中的有效辩护》，载《法律适用》2018 年第 3 期。该项统计数据年份为 2003 年至 2004 年。该统计数据还表明 1984 年、1994 年、2004 年的认罪率分别 98.3%、100 %、95.08%，初次讯问认罪率分别为 88.13%、94.44%、88.52%。另有学者对 2007 年至 2010 年侦查阶段认罪率抽样统计后发现，侦查终结时犯罪嫌疑人的认罪率超过了 90 %，初次讯问认罪率超过 80%。参见闫召华：《口供中心主义评析》，载《法律适用》2013 年第 4 期。可见，近 30 年间侦查阶段犯罪嫌疑人的认罪率和初次讯问认罪率始终居高不下。

先导性、基础性作用，这是我国以诉讼阶段论为理论基点建构刑事诉讼程序的逻辑结果，也是认罪认罚从宽制度在刑事诉讼程序实现全覆盖的实践基础。

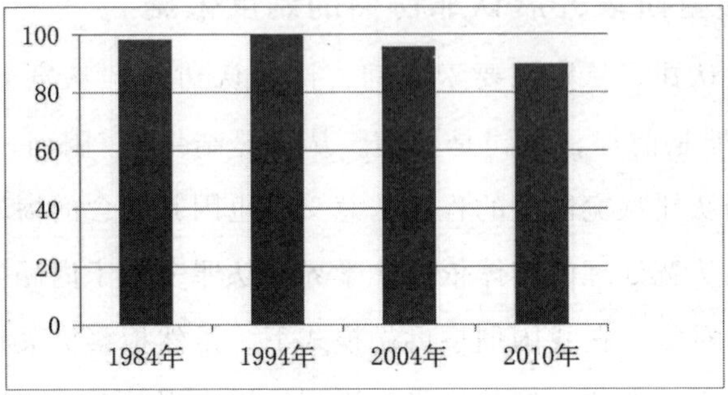

图 1　侦查阶段认罪率

反映在制度层面，是侦查机关在认罪认罚从宽制度中主体地位的不断强化。比较 2016 年“两高三部”《关于在部分地区开展刑事案件认罪认罚从宽制度试点工作的办法》（以下简称《试点工作办法》）、2018 年刑事诉讼法和 2019 年《指导意见》中关于侦查阶段落实认罪认罚从宽制度相关规定的变化，能够注意到以下趋势：

首先，侦查阶段开展认罪认罚从宽的独立地位更加凸显。在总结近几年全国认罪认罚从宽实践经验的基础上，《指导意见》明确规定了认罪认罚从宽制度在侦查阶段和全部刑事案件中的适用，体现认罪认罚从宽制度的“全面适用无禁区”。[①]《指导意见》将认罪认罚的“诉讼阶段”和“对查明案件事实的价值和意义”作为“从宽”的具体考量因素，符合不同诉讼阶段认罪的内涵与价值差异，是对试点地区“认罪越早，从宽幅度越大”量刑指导思想的肯定。[②] 对查明案件事实而言，

① 参见吴春妹、贾晓文：《认罪认罚从宽：全面适用无禁区》，载 https：//mp. weixin. qq. om/s? csrc = 11&timestamp = 1620483608&ver = 3056&signature = ettczCaEurl7mQV1mt8ysswXSiPECKaqyCntYyRa -0SI7gkIZv09V3Pc1C - B * TXfiiKmie0qkhrLXBMuRSsYoR * lxGjrbITJkSMzLQaB-GFuJdOutAo4uQPHovnnOBZYA&new = 1，2021 年 5 月 8 日最后访问。

② 参见陈瑞华：《刑事诉讼的公力合作模式——量刑协商制度在中国的兴起》，载《法学论坛》2019 年第 7 期。

显然在侦查阶段认罪的价值和意义最大，就获得从宽幅度而言，显然也是在侦查阶段认罪的从宽幅度最大。《指导意见》切合了我国刑事案件办理规律，也凸显了侦查阶段开展认罪认罚从宽的独立地位。

其次，认罪认罚从宽制度下侦查机关裁量权更加具体。《指导意见》延续了刑事诉讼法对公安机关特别撤案权的规定，同时明确了公安机关的非羁押强制措施决定权和速裁程序建议权。《试点工作办法》第6条规定应当将认罪认罚作为评价社会危险性的重要考虑因素，是对公检法三机关适用强制措施作出的一般性规定，而《指导意见》第20条明确要求公安机关对“犯罪嫌疑人认罪认罚”“罪行较轻、没有社会危险性的，应当不再提请人民检察院审查逮捕”。两个“应当”差异的背后是对侦查机关非强制措施裁量权的进一步明晰。

最后，侦查机关激励认罪的能动空间不断扩大。《指导意见》第23条“认罪教育”规定在《试点工作办法》和刑事诉讼法中均未出现过。该条文要求侦查机关在“两个不得”限度内（“不得强迫犯罪嫌疑人认罪”“不得作出具体的从宽承诺”）开展认罪教育，突破了侦查机关作为权利义务“告知者”和认罪认罚情况“记录者”的角色限制。这是对侦查阶段认罪认罚从宽蕴含的认罪激励功能的制度确认，也是对侦查阶段作为认罪主要阶段这一现实基础的制度回应。

（二）侦查阶段开展认罪协商的正当性基础

具有鲜明当事人主义色彩和民事契约精神的司法协商，如果仅具有单一的司法效率价值，则难以在刑事诉讼程序中落地生根，其价值追求还涵盖了诉讼主体平等性、权利保障性等要素。对侦查阶段认罪协商的正当性考察可同样以此为标准。

认罪对侦查效率价值的贡献毋庸置疑，无论刑事诉讼民主化程度如何，认罪对于查明犯罪事实的重要性未曾削减，口供始终是认定犯罪事实最重要的证据之一。达玛斯卡指出，“刑事被告人常常是掌握有准确处理该案件之关键信息的唯一个体”。[1] 即使是在宪法层面确立不得强

---

① ［美］达玛斯卡：《漂移的证据法》，李学军等译，中国政法大学出版社2003年版，第163页。

迫自证其罪原则的美国，联邦最高法院也承认，“口供或许是能被法庭采纳的最强有力的有罪证据了”。[①] 有学者曾对 1984 年至 2004 年跨度 20 年的刑事案卷证据材料进行实证分析，发现“言词证据和书证是定案的主要依据，而其中口供的地位和作用更无可替代”[②]，这一结论对当前口供在刑事证据分布中的地位仍然适用。在认罪协商实践中，犯罪嫌疑人从证据竞技转向证据合作，主动向侦查机关供给口供，满足了侦查工作需求，降低了侦查取证难度，因而认罪对于侦查效率的价值与犯罪事实的复杂程度呈正比关系。一个最好的例证是，美国辩诉交易、德国量刑协商程序发展到一定阶段便突破轻微刑事犯罪案件的限制，用于解决复杂犯罪中的事实认定问题，其根基便在于认罪所具有的侦查效率价值。

侦查阶段认罪协商同样具有权利保障的价值。（1）为“隐形辩诉交易”架设制度出口，实现从宽利益的公平分配。我国司法实践中“隐形辩诉交易”并不鲜见。由于缺乏实体法和程序法制度供给，侦查人员为激励犯罪嫌疑人认罪，获取案件侦破线索和查明犯罪事实，不乏与犯罪嫌疑人在“黑箱”内不公开地协商，随意性强、个案差异大，难以实现从宽利益的公平分配。有学者反对在我国刑事诉讼中引入辩诉交易时措辞犀利：“正义无价，如何上市？”[③] 却未指出司法实践中不公开、不公平、无序的“黑市”交易的解决路径。（2）实现犯罪嫌疑人从取证客体到诉讼主体地位的转化。我国侦查阶段的高认罪率绝非“坦白从宽”制度的应然效果，往往是以刑讯和变相刑讯作为保障的[④]，犯罪嫌疑人尚不具有实质上的诉讼主体地位。认罪协商能够削弱讯问单方“征服”的性质，使之成为互动交涉的共识形成过程[⑤]，使犯罪嫌疑

① Miranda v. Arizona，384 U. S. 436 (1966) . 69.

② 左卫民：《中国刑事案卷制度研究》，载《法学研究》2007 年第 6 期。

③ 参见孙长永：《“正义”无价，如何“上市”——关于我国刑事诉讼引入“辩护交易”的思考》，载陈中光主编：《辩诉交易在中国》，中国检察出版社 2003 年版，第 240 页。

④ 参见闫召华：《口供中心主义评析》，载《证据科学》2013 年第 4 期。

⑤ 参见刘方权：《认真对待侦查讯问——基于实证的考察》，载《中国刑事法杂志》2007 年第 5 期。

人能够对诉讼结果施加影响并有反“客”为“主”的可能。(3)保障犯罪嫌疑人的实体权利。侦查阶段的去羁押化、程序简化是权利保障的直接表现。侦查阶段认罪认罚公开、制度化的认罪协商，具有政策兑现的功能，确保犯罪嫌疑人在侦查阶段的认罪举动得到相应的“回报”或“对价”，保证犯罪嫌疑人的实体权利供给。

(三) 侦查阶段认罪协商的比较法考察

从世界范围内的协商性司法经验来看，侦查主体大多被排除在司法协商主体之外，似乎可简单得出侦查机关不能参与认罪协商的经验结论，并进而否定我国侦查阶段“认罪协商”的研究价值。但对司法经验的观察不能止步于表象，司法协商之于审判效率的贡献已是共识，而对于犯罪事实查明和证据收集的效率提升，同样是美国辩诉交易和德国量刑协商司法效率价值的重要组成，侦查人员不介入司法协商是各国行政与司法权力配置的差异使然。

侦查阶段的认罪协商不具有普遍性，但并非没有先例。2014 年法国批准通过“关于刑罚个别化以及强化刑事处罚效率的法律”，并创设性地引入由司法警官主导的刑事交易制度，将辩诉交易的权限直接赋予司法警官，该制度下警察刑事交易已具备替代公诉功能，可谓协商性司法的激进创新之举。① 更普遍的实践是侦查人员不参与司法协商。然而值得注意的是，侦查人员是否参与司法协商与侦查活动期间能否开展司法协商是两个截然不同的问题。在“检警一体”的德国，协商可以在侦查程序中进行，检察官还会在重大复杂案件中开展量刑协商，因为“如果继续进行调查活动的话，将会耗费检察官大量的时间”②。即使在奉行“检警分立”的美国也同样存在侦查活动期间的辩诉交易，被告人的合作是辩诉交易的重要参考因素。交易的常见条款包括“被告人承诺与控方合作”，合作包括两种类型：一种是提供信息协助本案调

---

① 参见施鹏鹏：《警察刑事交易制度研究——法国模式及其中国化改造》，载《法学杂志》2017 年第 2 期。

② 参见［德］约阿希姆·赫尔曼：《协商性司法——德国刑事程序中的辩诉交易?》，程雷译，载《中国刑事法杂志》2004 年第 2 期。

查，如提供“可能失去或者不能再取得的某种证据”；另一种是证明其他被告人有罪。[①] 各国侦查期间开展司法协商的共性，源于侦查活动的共同职能即查明案件事实、收集犯罪证据，协商双方从证据竞技主义到证据合作主义的转向对推动警方侦查效率的提高具有共性价值。

我国侦诉审阶段式刑事诉讼模式与域外侦查起诉共同构成审前程序诉讼模式的区别是司法协商主体呈现差异性的根本原因。与我国相似的是美国检察官在辩诉交易中居主导地位，然而美国检察官能够在刑事侦查开始后较早时间介入并启动辩诉交易，侦查活动同步进行。[②] 美国检察官是侦查活动期间辩诉交易的唯一主体，与辩护律师展开协商，接受被告人协助证明他人有罪的意思表示，虽然可能就案件处理征求警方意见[③]，但警察并不参与辩诉交易。在美国语境下没有单独研究侦查阶段辩诉交易的必要，其原因有二：一是美国虽然检警分立，但检察官是侦查活动的指导者；二是美国侦查与审查起诉活动没有明显分界，检察官在辩诉交易中的主导地位具有贯通性，无须格外关注是否在侦查活动期间开展。而我国侦诉审彼此独立、封闭的诉讼阶段式制度建构，决定了侦查人员作为调查主体的排他性，以侦查机关为主体的认罪协商是制度化的延伸和结果，与检察机关主导的认罪认罚从宽呈现不同的程序规则和功能价值．基于此，侦查阶段的认罪协商问题才在我国凸显其独立的研究意义。

三、侦查阶段的认罪协商：纯粹自向还是兼具他向？

《指导意见》第6条对“认罪”内涵界定为，犯罪嫌疑人、被告人自愿如实供述自己的罪行，对指控的犯罪事实没有异议。在侦查阶段，

---

① 参见祁建建：《美国辩诉交易研究》，北京大学出版社2007年版，第77、88、96页。

② 美国犯罪嫌疑人被逮捕后48小时内应接受法官聆讯，此后检辩双方的辩诉交易即可启动，侦查活动在此期间继续开展。参见［美］弗洛伊德·菲尼、［德］约阿希姆·赫尔曼、岳礼玲：《一个案例 两种制度——美德刑事司法比较》，郭志媛译，中国法制出版社2006年版，第36—40页。

③ See Jonathan Abel, *Cops and Pleas: Police Officers' Influence on Plea Bargaining*, Yale Law Journal, Vol. 126, Issue 6 (April 2017), p. 1730 - 1787.

司法机关尚未认定形成“指控的犯罪事实”，因此侦查阶段的“认罪”内涵，严格意义来讲应当指“如实供述自己的犯罪事实”。从文义解释的角度，犯罪嫌疑人只要向司法机关如实供述自己实施的犯罪行为，即符合“认罪”的认定标准。然而，由于犯罪完成形式的复杂样态，不仅涵盖由犯罪嫌疑人单独犯罪和二人以上完成的共同犯罪，还包括具有关联关系的犯罪如对合犯、连累犯等不同形态。因而在侦查阶段，犯罪嫌疑人除应当如实供述自己实施的犯罪事实，在共同犯罪以及关联犯罪的场合，还应当向侦查机关供述自己所知的他人实施的犯罪事实。以认罪是否具有纯粹的自我指向为标准，可以将侦查阶段的认罪协商分为“自我负罪型”和“侦查协助型”两种协商模式。通过模式化分析，有助于准确解析侦查阶段“认罪协商”的内在规律与属性，为进路研究奠定基础。

比较研究表明，司法协商的二元模式在美国、德国、日本同样存在。美国的辩诉交易分为以被告人认罪并作出有罪答辩的“非合作的被告的辩诉交易”和被告人与警方合作的“合作的被告的辩诉交易”两种不同程序。[①] 德国 2009 年法律修改时引入司法合意制度，协商的内容可以包括“被告人认罪伏法，取而代之的是检察官可以请求略式命令”，以及“对追诉重大案件提供协助，取而代之的是可以对部分行为终结程序”。[②] 日本在 2016 年刑事诉讼法修改时设立了“协议制度、合意制度”，规定如果被告人约定在他人的刑事案件方面对侦查和审判提供协助，检察官就约定给予被告人一定“恩典”。[③] 这又被称为“侦查、审判协力型刑事协商”，此制度的诞生直接关系到口供获取方式改革，其目的是改变对讯问方式获取口供的过度依赖，实现取得供述等证

① 参见张智辉主编：《辩诉交易制度比较研究》，中国方正出版社 2009 年版，第 111 页。

② 参见［日］田口守一：《刑事诉讼法》，张凌、于秀峰译，法律出版社 2019 年版，第 214 页。

③ 参见［日］田口守一：《刑事诉讼法》，张凌、于秀峰译，法律出版社 2019 年版，第 215 页。

据手段的正当化和多元化。[①] 值得注意的是，由于在实体法层面对犯罪嫌疑人的“自我负罪”已作为量刑情节予以考虑，以及“对于自己的犯罪行为向侦查机关坦承犯罪并告以犯罪事实之内容，本属当然，因此适用减轻刑罚制度难以接受”等原因，日本修法仅规定了“协力型协商”。[②]

（一）纯粹自向：“自我负罪”型协商模式

“自我负罪”型协商模式下的认罪具有纯粹的自我归罪指向，以犯罪嫌疑人向司法机关如实供述自己实施的犯罪事实为基点，“认罪”在这里发挥厘清本人所实施犯罪事实的证据功能。该种协商发生在犯罪嫌疑人单人犯罪而非共同犯罪或对合犯、连累犯等场合，因而犯罪嫌疑人的有罪供述不具有厘清他人犯罪事实的功能。在过去的司法实践中，被追诉人在认罪认罚后并未得到充分、有效的从宽处理[③]，“坦白从宽”政策落实效果不佳，而认罪认罚从宽作为宽严相济刑事政策的制度延伸，应当承担填补被追诉人实体权利供给不足的功能。在案例 1 张某诈骗案中，张某在侦查阶段能够如实供述自己实施的犯罪事实，其供述具有“自我负罪”性的同时，也表明其主观悔过态度和社会危险性不高，应当获得法律上的从宽处理。

[案例 1：张某诈骗案][④] 被告人张某利用某网络购物平台返利规则存在漏洞，通过虚假购物共骗取杭州市某网络技术有限公司返利金共计人民币 143815.03 元。张某在侦查阶段认罪认罚，具有如实供述、退赔赃款的处罚情节，一审公诉机关建议判处其有期徒刑三年，缓刑三年六个月，并处罚金人民币 2 万元。张某对指控事实、罪名及量刑建议没有异议并签署认罪认罚具结书。一审人民法院认为，被告人张某构成诈

① 参见黄士轩：《日本最近刑事程序立法动向概观——以刑事协商制度及刑事免责制度的引进为中心》，载《月旦刑事法评论》2018 年 12 月第 11 期。

② 参见黄士轩：《日本最近刑事程序立法动向概观——以刑事协商制度及刑事免责制度的引进为中心》，载《月旦刑事法评论》2018 年 12 月第 11 期。

③ 左卫民：《认罪认罚何以从宽：误区与正解》，载《法学研究》2017 年第 3 期。

④ 参见浙江省杭州市上城区人民法院（2018）浙 0102 刑初 91 号刑事判决书。

骗罪，因被告人自侦查阶段如实供述犯罪事实，自愿认罪认罚，且已退赔赃款，酌情予以从宽处罚，采纳公诉机关量刑建议。

该案中被告人在侦查阶段即认罪认罚，对其实施的隐蔽性较强的利用互联网实施诈骗行为的主动交代无疑降低了侦查取证难度。我国当前刑事案件罪名分布的现状是轻罪比例不断增大。据统计北京市海淀区人民法院每年审结的近4000件刑事案件中，80%以上属于被告人认罪并被判处3年以下有期徒刑的案件。[①] 最高人民法院发布的2019年上半年审判执行工作数据表明，案件数量最多的刑事案由分别为危险驾驶罪，盗窃罪。[②] 在这些犯罪事实证据相对简单的案件中，犯罪嫌疑人在侦查阶段及早认罪认罚，有利于司法机关办案程序的从快、从简和对犯罪嫌疑人、被告人实体处理的从宽。

这里要澄清的一个理论问题是“自我负罪”案件中的协商因素存在的合理性。解释这一问题需追溯对“协商”的本质讨论，如果将协商界定为以某种特定的实体上或程序上的利益来换取被告人的认罪，那么无疑侦查阶段激励犯罪嫌疑人认罪以换取从宽处理在本质上就是一个协商过程。从心理学角度看，人的心理活动和外在行为具有自我价值保护倾向，因而不认罪、不如实供述不利于己的犯罪事实，是人的本能反应。从本能心理的不认罪到基于从宽期待而作出外在认罪行为，恰恰是协商因素的激励作用所在。

（二）兼具他向：“侦查协助”型协商模式

“侦查协助”型协商模式是非纯粹自我归罪指向性的，犯罪嫌疑人对自己实施犯罪事实的供述兼具他向性，即以犯罪嫌疑人向侦查机关证实他人实施犯罪或者向侦查机关提供线索和帮助等为表现形式的认罪协商模式。该模式对于分化瓦解犯罪分子、突破侦查困境具有重要意义。近年来，我国刑事犯罪总体趋势呈现出严重暴力犯罪数量整体下降，但

---

① 郭京霞、李静：《保障人权促公正 全程简化出效率——北京海淀法院刑事案件速裁程序试点工作情况调查》，载《人民法院报》2016年1月14日，第5版。

② 参见《最高法发布2019年上半年审判执行工作数据》，载 https：//www. chinacourt. org/article/detail/2019/07/id/4234885. shtml，2021年5月8日最后访问。

非接触型涉互联网犯罪、涉众型经济犯罪、毒品犯罪形势日益严峻①，犯罪手段持续翻新、犯罪隐蔽性不断增强，侦查机关收集证据、查证犯罪的难度日益加大，犯罪嫌疑人的认罪行为无疑是破解侦查困境最有效的途径。认罪认罚从宽制度下的“侦查协助型”司法协商，弥补了刑事实体法立功制度的适用范围有限和激励功能不足的缺陷，使具有同质性的立功型和非立功型侦查协助行为能够基于“对查明案件事实的价值和意义”而得到对应的法律评价。案例2中被告人谭某即因实施侦查协助行为而获从轻处罚。

[案例2：谭某非法吸收公众存款案]② 2016年，被告人姚某注册成立某电子商务公司，以给付高额回报为诱饵，通过公开宣传，向社会不特定对象吸收资金。被告人谭某负责平台系统的后台管理工作，并负责管理用于发布信息的微信群，并为姚某吸收资金5万余元。案发后谭某主动投案，积极配合侦查机关收集证据，提供了公司账目、投资人员名单、投资团队结构图、后台数据等信息，并主动到侦查机关整理、核对相关账目，为案件侦办提供了很大帮助。该案一审人民法院以非法吸收公众存款罪判处其有期徒刑十个月，缓刑一年，并处罚金人民币2万元。谭某上诉后，二审法院考虑谭某涉案金额、自首、退出违法所得且在案件侦办中提供帮助等因素，对谭某定罪免予处罚。

该案虽未适用认罪认罚从宽，但被告人协助侦查使全案犯罪事实得以厘清的行为得到司法机关的积极评价。实践中，“侦查协助”可能表现为检举揭发、提供线索、协助抓捕等能够被《刑法》第68条涵盖的立功型侦查协助行为；也可能表现为未被现行立功规定涵盖，且并未超出“如实供述”范畴的非立功型侦查协助行为，包括交代同案犯共同实施的犯罪行为，以及交代具有对合犯罪关系的他人犯罪行为，如行贿

① 参见靳高风、朱双洋、林晞楠：《中国犯罪形势分析与预测（2017—2018）》，载《中国人民公安大学学报（社会科学版）》2018年第2期；靳高风、守佳丽、林晞楠：《中国犯罪形势分析与预测（2018—2019）》，载《中国人民公安大学学报（社会科学版）》2019年第3期。

② 参见河南省信阳市中级人民法院（2019）豫15刑终170号刑事判决书。

人交代受贿人的受贿事实。在非立功型侦查协助的场合，犯罪嫌疑人对犯罪事实的供述具有指证他人犯罪和降低侦查取证难度的客观功效，但依照刑事实体法规定仍属如实供述的法定义务范畴，只能适用一般性的坦白从宽政策。由于有罪供述意味着对他人和对自己的双重不利益，因此这种有限的从宽政策难以激励犯罪嫌疑人认罪。这种客观司法实践需求与法律供给不足的矛盾[①]，催生了半公开化的隐形辩诉交易，侦查机关为查明共犯或关联犯罪事实，往往采取“舍卒保车”的方式与犯罪嫌疑人进行交易。[②] 认罪协商既为非立功型侦查协助行为提供了制度出口，又能够通过法律规制来抑制“黑市交易”的乱象。实际上德、日、美等典型大陆法系和英美法系国家刑事实体法中并没有立功制度的规定，对被追诉人的侦查协助行为是在诉讼程序中通过辩诉交易等给予刑罚优惠。

四、二元认罪协商模式的法律风险

协商性司法从产生之日起，批判和质疑的声音就未曾中断。美国耶鲁大学朗本教授在《刑讯与辩诉交易》一文中对比欧洲中世纪的司法酷刑与美国辩诉交易后指出，“与刑讯一样，辩诉交易也具有强制性”[③]。德国慕尼黑大学许乃曼教授形象地比喻称，“认罪协商，就像是猫和老鼠对被吃掉的方式进行协商一样”。[④] 20 世纪七八十年代，美国曾有部分地区尝试废止辩诉交易，虽以失败告终[⑤]，但表明实务界对协商性司法同样态度谨慎。研究侦查阶段认罪协商尤其应做好充分的风险预测，

---

① 有学者经数据统计发现，司法实践中有超过四分之三的行贿行为未被司法机关追诉，实际追诉的行贿案件量刑呈偏轻特点。参见李少平：《行贿犯罪执法困局及其对策》，载《中国法学》2015 年第 1 期。而与受贿犯罪嫌疑人协商，以认罪为条件承诺免除其本人或家属的部分或全部责任的“一揽子交易”的做法也并不鲜见。

② 参见龙宗智、潘君贵：《我国实行辩诉交易的依据和限度》，载陈光中主编：《辩护交易在中国》，中国检察出版社 2003 年版，第 208、209 页。

③ See John H. Langbein, *Torture and Plea Bargaining* , 46 U. Chi. L. Rev. 3 (1978).

④ ［德］许乃曼：《论刑事诉讼的北美模式》，茹艳红译，载《国家检察官学院学报》2008 年第 5 期。

⑤ 参见祁建建：《美国辩诉交易研究》，北京大学出版社 2007 年版，第 72、73 页。

这里仅从两种模式出发，分析不同模式下的显著风险所在。

（一）“自我负罪”协商模式的法律风险

在“自我负罪”模式下，犯罪嫌疑人的认罪行为可能带来完全不利于己的消极罪责后果；而“侦查协助”模式下，犯罪嫌疑人认罪既会产生消极的罪责后果，也会因侦查协助产生积极的从宽处遇后果，二者具有抵消的可能。相较而言，前一模式下犯罪嫌疑人认罪自愿性风险更高，避免不利于己的供述是人的心理本能，“自我负罪”需要完成犯罪嫌疑人从不认罪的心理本能到认罪的外在行为转变的过程，这一过程中认罪自愿性存在较大隐患。随诉讼程序的推进，犯罪嫌疑人还有反悔可能，由此产生认罪稳定性风险。

1. 认罪自愿性风险

在我国当前侦查程序尚未实现诉讼化构造变革、犯罪嫌疑人诉讼主体地位尚不明确的情况下，认罪的自愿性保障风险是侦查阶段认罪的核心风险。侦查阶段具有秘密性、封闭性，是收集证据的最关键环节，对犯罪嫌疑人来说是“最危险和最可怕的阶段”[①]。被追诉人在侦查机关往往孤立无援，而侦查阶段的高羁押率和低辩护率进一步加剧了侦辩不平等性。[②] 侦查阶段的认罪协商是犯罪嫌疑人与侦查人员的单人博弈，加之我国犯罪嫌疑人整体文化水平较低[③]，协商的平等性难以实现，进而消减了认罪的自愿性。同时，理论界和实务界对“威胁、引诱、欺

① 熊秋红：《刑事辩护论》，法律出版社1998年版，第213页。

② 孙长永教授等对A省H市检察院的调查表明，侦查阶段聘请辩护律师的犯罪嫌疑人大约只有20%。参见孙长永、闫召华：《新刑诉法实施情况调研报告》（中国刑事诉讼法学研究会年会资料，2015年11月7日，重庆）。陈卫东教授等对S省P市公安局的调研表明，在近三年公安机关提请批准逮捕的447名犯罪嫌疑人中，只有47名犯罪嫌疑人聘请了律师，仅占犯罪嫌疑人总数的10.51%。参见中国人民大学诉讼制度与司法改革研究中心：《刑事诉讼法实施状况研究调研报告》（刑事诉讼法实施三周年回顾与愿望研讨会会议资料，2016年1月9日，北京）。转引自刘方权：《侦查阶段律师辩护问题实证研究》，载《四川大学学报（哲学社会科学版）》2016年第3期。

③ 有学者根据最高法公布的司法大数据统计后发现，信用卡诈骗犯罪、电信网络诈骗犯罪、涉拐犯罪、性侵犯罪等几类严重犯罪中，被告人的学历大多集中的初中学历，从职业看以无业人员和农民为主力。参见李玉华：《从司法大数据看精准普法》，载《人民法院报》2018年1月3日，第5版。

骗”等心理强制取证方法体现相当的容许性，“以各种心理策略所组成的心理强制讯问模式最终成为现代法治国家刑事司法中获得有罪供述的主要途径”①，“适度欺骗是刑事审讯的基本方法之一”②。类似案例3排除以心理强制方法取得口供的案例在实践中并不多见。

［案例3：宗某走私、贩卖、运输、制造毒品案］③ 2016年，被告人宗某在其家中、学校门口等地先后多次向刘某贩卖毒品甲基苯丙胺（冰毒）共计约14.45克。一审公诉机关当庭提交了证人证言、被告人供述与辩解、搜查笔录等证据。庭审中，宗某辩称其仅在家中向刘某贩卖毒品2次，之所以在侦查阶段供述过多次贩卖毒品，是因为侦查机关办案人员哄骗、承诺为其办理取保候审。讯问录音录像证实宗某在被监视居住期间接受讯问时，侦查人员承诺为其办理取保候审的事实。一审法院认定宗某当日有罪供述系非法取得并予排除，并最后认定被告人宗某向刘某贩卖甲基苯丙胺8.8克。

案例3中录音录像在非法证据排除中发挥了关键作用，实践中更多的情形是犯罪嫌疑人无法提供排非证据或线索，程序制裁性因素难以发挥自愿性保障的作用。侦查阶段认罪的先导性、基础性使其对于后续诉审阶段对有罪供述的审查判断具有极强的预设力，一个重要原因是诉审机关“形式口头化、实质书面化”的审查办案模式所致。检察机关办案人往往依靠阅卷和提审来认定犯罪事实和核实犯罪嫌疑人有罪供述，而法庭审理并未贯彻直接言词审理原则，被告人当庭翻供的，包括其庭前书面有罪供述在内的卷宗笔录证据依然是定罪的重要依据。这些障碍在认罪认罚从宽制度之下仍然存在，由于审查起诉程序和法庭审理程序的简化反而加剧了自愿性审查的难度。

2. 认罪稳定性风险

“自我负罪”模式下的认罪结果是刑事罪责的确定。犯罪嫌疑人在侦查机关认罪以后，还要在诉审程序中向检察机关和审判机关认罪。在

---

① 吴纪奎：《心理强制时代的侦查讯问规制》，载《环球法律评论》2009年第3期。

② 参见龙宗智：《威胁、引诱、欺骗的审讯是否违法》，载《法学》2000年第3期。

③ 参见江苏省徐州市泉山区人民法院（2017）苏0311刑初18号刑事判决书。

诉讼推进过程中，犯罪嫌疑人随时都有为避罪而反悔的可能，侦查人员在侦查取证过程中应当做好充足的证据准备。增加认罪稳定性风险的另一重因素是侦查人员激励认罪空间的模糊化。《指导意见》第23条规定，侦查人员应当同步开展认罪教育工作，同时要求不得强迫犯罪嫌疑人认罪，不得作出具体的从宽承诺。作为开展认罪教育的边界，前者衔接了刑事诉讼法规定的非法证据排除规则，后者则没有可供参照的条文依据。何为“具体的从宽承诺”？向犯罪嫌疑人解释非羁押性强制措施的适用条件，极易被指责为诱供行为并影响证据能力。因而有必要进一步论证和廓清“认罪教育”的内涵。

（二）“侦查协助”协商模式的法律风险

在合意型司法中，“各方主体参与机会、参与能力、参与效果的保障是正当法律程序的基本要求”。[①] 犯罪嫌疑人对“反对自我归罪”特权的处分和司法机关行使从宽裁量权是“侦查协助”协商的基础，由处分因素和裁量因素出发分别产生了虚假认罪和政策兑现的双重风险。

1. 虚假认罪风险

前已述及“侦查协助”模式下犯罪嫌疑人基于从宽期待而认罪的自愿性风险并不显著，但利益驱动下认罪的真实性则有较大隐患。主要表现为基于欺骗和基于授意的虚假认罪两种情形。前者是犯罪嫌疑人为获取从宽处理结果，在认罪供述中故意隐瞒本人犯罪行为真相或者编造他人犯罪的虚假事实，向侦查机关提供虚假的侦查信息和线索，既给侦查机关增添了事实甄别认定和取证难度，也背离了认罪认罚从宽制度提高司法效率的初衷。后者则是犯罪嫌疑人在侦查人员授意下指证对他人不利的犯罪事实，例如共同犯罪中的从犯，或对合犯罪中罪行相对轻微的犯罪嫌疑人，按照侦查人员授意交代虚假事实，达到认定主犯或罪行相对严重的犯罪嫌疑人犯罪行为的目的。如果说基于欺骗型的虚假认罪减损了司法效率价值，那么基于授意型的虚假认罪则直接冲击着司法公

① 黄维智：《合意在刑事诉讼中的应用及其限制》，载《四川大学学报（哲学社会科学版）》2007年第1期。

正价值。

2. 政策兑现风险

由于侦查机关作为协商主体与政策兑现主体的分离性，以及侦诉审三阶段的独立性、隔离性，使“侦查协助”型协商面临从宽政策兑现的风险。相比之下美国辩诉交易主体单一，警方不参与协商，围绕侦查协助和量刑优惠的协商全部由检察官与被追诉人完成，因此政策兑现风险较低。适度的从宽承诺，给予犯罪嫌疑人一定的从宽预期，是激励其认罪和侦查协助的必要条件。而侦查机关在非重大立功场合仅有阶段性裁量权，诉讼程序仍需向前推进，犯罪嫌疑人的从宽预期能否实现，取决于检察机关和审判机关的判断评价。案例 4 虽然不是典型的认罪协商，但从中可以看到侦查阶段开展协商的政策兑现风险。

［**案例 4：李某等组织传销案**］① 某总部设在美国的公司，以销售琥珀为名进行传销犯罪活动。被告人李某按照公司安排往返于中美两国，负责收取中国会员缴纳的会员费并转移出境、携带琥珀入境分发给各传销团队等活动，其间共收取会员费 2790 万元，案发后公安机关在李某处扣押约 280 万元。侦查期间，李某前妻与侦查机关协商，由其帮李某等人退赃人民币 2000 万元，侦查人员承诺为李某办理取保候审手续，并建议审判机关对李某等人减轻处罚。一审人民法院判处李某有期徒刑六年，李某上诉。二审人民法院认为，侦查机关无权对审判结果做出承诺，该 2000 万元应为李某亲友主动退还的赃款，酌情改判其有期徒刑五年。

实践中，侦查机关在查处经济犯罪案件时负有追赃挽损职责，案例 4 中侦查机关出于追赃目的，向犯罪嫌疑人承诺建议审判机关予以减轻和免除处罚以追回赃款。虽然侦查机关不享有刑罚裁量权，但向审判机关提出从宽处罚建议具有激励作用并最终达成协商。该案裁判的法律效果并无不当，但社会效果却不理想，一定程度上削弱了司法机关的整体诚信。可见，侦查阶段开展“侦查协助”型协商应当处理好政策激励

① 参见湖南省常德市中级人民法院（2016）湘 07 刑终 39 号刑事判决书。

与政策兑现之间的关系。

五、侦查阶段认罪协商的出路与展望

德国学者考夫曼在论证法的价值共识的形成过程时，引用了他人的阐述："合意是正当性的源泉；正当性是合意的界限。"① 其意涵可作为开展侦查阶段认罪协商的基本准则，即应当寻求侦查效率与程序正当性之间的有效平衡，违背程序正当性的认罪协商应当为法律所禁止，可从以下方面研究程序正当性的具体展开。

（一）区分二元模式下侦查机关的差异化立场

有必要从"自我负罪型"和"侦查协助型"协商模式的功能及风险出发，确定侦查机关的差异化立场。概言之，对"自我负罪型"协商应当保持必要的克制和审慎，对"侦查协助型"协商则应当给予适度的能动空间，通过对"认罪教育"进行"释明"和"承诺"的差别式解读有助于达到区分目的。

1. "自我负罪型"模式下认罪教育应以"释明"为主

在这种认罪协商模式下，犯罪嫌疑人的认罪仅具有自我归罪的指向和功能，相较于"侦查协助型"协商，犯罪嫌疑人能够获得的从宽减让幅度较小，而不认罪则有逃避处罚的可能，因此认罪的稳定性较差。此时侦查人员开展"认罪教育"宜持消极审慎立场并克制交易成分，严格依据法定条件"释明"政策并激励犯罪嫌疑人认罪。以非羁押性强制措施为例，按照《指导意见》第20条的规定，对于认罪认罚同时罪行较轻、没有社会危险性的犯罪嫌疑人，原则上应当适用非羁押性强制措施。在具体适用中，如果已有证据基本能够证实犯罪嫌疑人罪行较轻且没有社会危险性，则可以向其释明法律规定以鼓励认罪；如果已有证据尚无法证实罪行较轻或已经查明罪行严重，则应禁止以非羁押性强制措施为手段激励认罪。在司法实践中以"威胁、引诱、欺骗"为由

① 张骐：《价值共识与法律合意——从法的价值看宪政的意义与条件》，载《价值共识与法律合意》，法律出版社2002年版，第27页。

排除口供的一则典型案例中，侦查人员对不符合取保候审条件的犯罪嫌疑人，采取以抓捕其亲属为威胁和以取保候审相诱的方式获取的口供被审理法院排除。[①] 足见有必要将“自我负罪”模式下侦查人员的认罪激励严格限定在“释明”范畴之内，禁止“承诺”行为。

2. “侦查协助型”模式下认罪教育应当容许适度从宽“承诺”

从域外程序法对被追诉人的侦查协助行为给予的刑责豁免或宽宥来看，适度的从宽承诺是协助型协商得以成立的基本要素。我国污点证人制度的缺位是实践中隐形辩诉交易的催化剂，“侦查协助型”协商应当起到隐形辩诉交易的功能替代作用。值得注意的是，认罪认罚从宽试点期间部分地区授予侦查机关就认罪认罚情况向检察机关提出从宽处罚建议的权力，此举亦得到了审判界的支持[②]，但刑事诉讼法和《指导意见》并未采纳，说明当前立法和司法部门对侦查“承诺”可能诱发的侦查权力异化风险和对实体法罪刑法定原则的突破等消极后果存在顾虑。笔者认为，对一部分犯罪行为作出非刑罚化、出罪化处理是认罪认罚从宽制度的未来趋势，制度规控下的“侦查协助”协商并非不能有效规避风险。

（二）强化认罪协商的过程性监督

认罪协商过程中的辩护律师在场，是最有效的过程性监督。受当前辩护人在侦查阶段权利的有限性、值班律师功能的局限性以及低覆盖率等因素制约，录音录像制度是较为可行的替代性监督措施。由于同步录音录像在具有证据能力的前提下，更为真实、可靠，证明力相对较高[③]，适用于认罪协商过程能够弥补讯问笔录的缺陷。美国联邦最高法院将讯问录音录像视为强制性要求，强调录像资料是犯罪嫌疑人在受隔

---

① 参见黄建屏、林恒春：《郑祖文贪污、受贿、滥用职权案第［1140］号》，载《刑事审判参考》，法律出版社 2017 年版，第 29 页。

② 参见《郑州市刑事案件认罪认罚从宽制度试点工作实施细则》；刘振会：《“认罪认罚从宽”试点的规范与完善》，载 https：//www.chinacourt.org/article/detail/2018/04/id/3264624.shtml，2019 年 10 月 11 日最后访问。

③ 参见谢登科：《讯问中录音录像制度适用问题研究——以念斌案为视角》，载《北京理工大学学报（社会科学版）》2016 年第 4 期。

离状态下接受讯问时“唯一可以获得的在可信性领域内与警察拉平差距的有效手段”①。日本为解决过于依赖讯问和供述笔录的倾向，2016年刑事诉讼法要求对于被拘留、被逮捕的犯罪嫌疑人讯问时，原则上有义务全程录音录像②，足见录音录像对非法取证行为的抑制作用和认罪自愿性的保障作用。在我国认罪认罚从宽制度试点期间，有试点地区扩大了刑事诉讼法规定的录音录像适用案件范围，要求在侦查过程中全程录音录像，以确保认罪的自愿、真实、合法。③ 因此，在认罪协商实践中也应当发挥同步录音录像的监督功能。

（三）加强对“侦查协助型”协商的规控

日本关于“侦查、审判协力型协商”制度的立法经验对我国具有借鉴意义。日本刑事协商程序的对象犯罪，主要是以一般被认为是智能犯的刑法妨害执行之罪、伪造犯罪与一部分的财产犯罪、特别法上的财政经济犯罪、药物与枪炮相关的犯罪以及组织犯罪为其范围，至于杀人、伤害等较为传统的犯罪，以及裁判员裁判的对象犯罪均不在协商对象犯罪之范围内。④ 当前我国认罪认罚从宽制度实践尚不充分，各项程序机制仍需在实践中不断完善，“侦查协助”型协商更应当以紧迫性、必要性为原则，限定在特定案件类型中展开，如涉众型经济犯罪案件、毒品案件等。同时对虚假认罪也应当做好制度防范，对故意向侦查机关提供虚假陈述构陷他人的，应当给予实体法上的否定评价。诉审阶段应当发挥司法审查功能，加强对虚假认罪的甄别和判断 能力。

（四）确立“检察引导侦查”的协商机制

我国阶段式诉讼模式导致侦查机关作为认罪协商主体与检察机关作为量刑建议主体的权力离散，因此，相应的解决之策在于缩短认罪协商

---

① 莫然：《心理强制时代的有罪供述研究》，载《河北法学》2014年第6期。

② 参见［日］田口守一：《刑事诉讼法》，张凌、于秀峰译，法律出版社2019年版，第156、157页。

③ 参见《关于开展刑事案件认罪认罚从宽制度试点工作的实施细则》。

④ 参见黄士轩：《日本最近刑事程序立法动向概观——以刑事协商制度及刑事免责制度的引进为中心》，载《月旦刑事法评论》2018年第11期。

与量刑建议的间距，由检察机关适度提前介入侦查阶段的认罪协商，建立“检察引导侦查”的协商机制，以应对认罪协商的政策兑现风险。《指导意见》创新性地要求公安机关听取检察机关在审查逮捕期间或重大案件中对于认罪认罚工作的意见或建议，释放出检察机关参与认罪协商阶段性前移的信号，为“检察引导侦查”认罪协商机制提供了可能。在《指导意见》发布的同时，最高人民检察院公布了3起认罪认罚从宽制度典型案例，其中在丰某某盗伐林木案中，检察机关采取提前介入方式，在侦查阶段即与犯罪嫌疑人签署《认罪认罚从宽承诺书》①，为检察机关在认罪认罚从宽制度中的发挥主导作用作出了示范。检察机关的介入有助于规控协商内容，使司法机关的承诺具备兑现可能。同时检察机关参与下的“三角”协商结构，变封闭环境下的协商为公开协商，降低了侦查机关以协商之名行“威胁、引诱、欺骗”之实的概率，也降低了侦查人员自证清白的难度。

有效、完善的认罪协商机制还赖于被追诉人有效辩护权的保障、精准化量刑体系的建立、被追诉人反悔权的保障、自白真实性审查机制和程序制裁机制的构建等一系列配套制度予以支持。侦查阶段认罪协商是认罪认罚从宽制度的有机组成部分，有牵一发而动全身之效应，应将其置于认罪认罚从宽制度整体框架下研究推进。认罪认罚从宽制度未来还有相当大的探索与完善空间。对于侦查阶段认罪协商，应当秉持开放与审慎并重的发展思路，寻求司法公正与司法效率的有机统一。

（责任编辑：武小琳）

① 参见周斌：《最高检发布适用认罪认罚从宽制度3起典型案例》，载 http：//www.legaldaily.com.cn/index/content/2019－10/24/content_ 8026693.htm，2021年5月8日最后访问。

推荐人语：

在信息化时代，网络犯罪电子取证是一项重要的理论和实践课题。本文对电信网络犯罪案件中的电子数据取证问题作了细致分析，其中关于电子取证背景下传统侦查模式存在不足、电子取证应重视价值平衡等讨论较有新意。文中提出的电子数据调查取证完善路径也具有一定的启发性。

冯俊伟　山东大学教授、博士生导师

电信网络犯罪案件中的电子数据取证研究*

韩　晗**

一、问题的提出

电信网络犯罪是近些年兴起的一种新型犯罪，主要是指利用电话、互联网、短信等信息网络媒介实施犯罪活动的行为，其主要的表现形式有“电信诈骗、侵害公民个人信息以及非法生产、销售和使用‘伪基站’、窃听窃照专用器材、手机恶意程序、无线屏蔽器、‘黑广播’等”。① 仅在2018年，全国公安机关“共破获电信网络诈骗案件13.1

---

* 本文系国家社科基金项目“基于犯罪嫌疑人权利保障的监察委员会调查权研究”（编号：17BFX055）、司法部国家法治与法学理论研究项目“国家监察体制改革中的纪法衔接问题研究”（编号：19SFB2028）、山东大学法学院2020年度研究生科研创新项目“职务犯罪监察调查程序法治化研究”、山东大学人文社会科学重大项目立项“监察制度与刑事诉讼制度的衔接研究”的阶段性成果。

** 山东大学法学院博士研究生。

① 《公安部联合22个部门集中围剿电信诈骗违法犯罪》，载 http：//news. cntv. cn/2015/11/06/ARTI1446824824992188. shtml，2021年4月21日最后访问。

万起，查处违法犯罪人员7.3万名，缴获赃款赃物折合人民币21.6亿元，为群众避免经济损失100余亿元”；“诈骗模式由‘地毯式’诈骗向个性化的‘精准式’诈骗转型”。此外，“电信网络诈骗的国际化趋势愈发明显，来自中国境外的诈骗电话数量大幅增长，诈骗电话来源地已多达70多个国家和地区，来自国外的诈骗短信量已占到全部诈骗短信的5%左右”①。由此可见，此类犯罪不同于传统犯罪，高度技术化与跨区域、跨境的特点使得犯罪行为不再受到地域的局限，案件受害人往往遍布全国各地，受害人也已不再集中于某一群体，各类职业、各年龄段均有受害者，而其低成本、高收益的特点又助推了电信网络犯罪的扩展，与之相关的黑色产业链也日益膨胀，电信网络犯罪严重危害了人民群众的财产安全与社会稳定。

尽管公安机关不断加大对电信网络诈骗活动的打击力度，电信网络诈骗犯罪快速增长的势头得到一定遏制，但“互联网+犯罪”在自我进化以实现日新月异之时，也日益成为许多传统犯罪的新空间。这也对电信网络犯罪的侦查提出了更高的要求。当前对电信网络犯罪的法律定性、共犯特征、侦查取证、管辖缉捕等问题尚处于探索阶段，其中侦查取证是打击电信网络犯罪的关键。侦查取证包括两个方面：一是侦查机关对证据的收集保全，此项工作主要解决的是证据能力的问题；二是侦查机关对证据的筛选运用，这往往被视为检察机关或是审判机关的工作，但侦查机关在收集保全证据的过程中实际上还承担着对证据进行初步筛选的功能，即将所收集到的证据对待证事实的效力与作用进行判断，此项工作主要解决的是证明力的问题。在传统犯罪中，侦查机关尚能较为轻松地应对上述两方面的任务，但在电信网络犯罪中，围绕各种类型的电子数据所开展的收集、保全、筛选、运用活动则给侦查机关带来了较大的挑战。本文以电信网络犯罪案件中电子数据的侦查取证问题为切入点，着重研究电子数据的基本特征，电子数据侦查取证所面临的

① 靳高风、朱双洋、林晞楠：《中国犯罪形势分析与预测（2017—2018）》，载《中国人民公安大学学报（社会科学版）》2018年第2期。

困境以及电子数据侦查取证的完善路径，以期为侦查实践的发展提供有益支持。

二、电信网络犯罪案件中的电子数据的基本特征

电子数据是指在案件发生过程中形成的，以数字化形式存储、处理、传输的，能够证明案件事实的数据。其主要的特点是：

（一）证据呈现方式的复杂性与载体的特殊性

电子数据以二进制码为技术基础，其形成机制较为简单，以“0”和“1”的数字组合按照不同规则进行排列，这种简单的形成机制使得电子数据可以多种方式呈现，如文本文件、音频、视频、图像等，也可通过上述多种形式的组合方式呈现，电子数据的呈现方式的多样使得证据收集与保全的方式也需要因应不同情形进行调整，而这些都体现出电子数据所具备的高度复杂性特征。此外，电子数据需要依托一定的载体得以存储、呈现，即所谓的“原始存储介质”，能够作为原始存储介质的载体较多，包括网络终端服务器，也包括软盘、光盘、硬盘、闪存、U 盘、CF 卡、SD 卡、MMC 卡、SM 卡、记忆棒（Memory Stick）等存储介质，这与通常所理解的原始证据具有一定的差异，其他类型的证据往往因为证据与载体之间的联系紧密，无法做到完全分离[①]，但电子数据与其原始存储介质之间具区完全可分性，电子数据可以脱离原始存储介质而通过其他载体呈现，而这易使电子数据的可采性受到质疑，基于载体的特殊性，对电子数据的取证工作实质上是围绕原始存储介质的收集、提取以及探索无法扣押原始存储介质情况下的替代性证据收集而开展的。

（二）证据保全的易失性、可复性与留存过程的隐蔽性

电子数据作为一种新类型的证据，同时具备易失性与可复性。电子数据的形成机制较为简单，通过相应的技术手段在电子数据的形成、传

① 喻海松：《刑事电子数据的规制路径与重点问题》，载《环球法律评论》2019 年第 1 期。

输、保存过程中进行伪造、篡改是完全可能的，常见的方式便是黑客入侵、电脑病毒等，此外，原始存储介质也面临物理性的损失导致电子数据毁灭的风险。与此同时，只要在技术允许与原始存储介质留存的情况下，被删除或格式化的电子数据可以通过技术手段进行恢复。这就导致电子数据同时具备易失性与可复性，但两种特性在实践中并不能实现完全对等弥补，可复性的实现并非绝对，需要技术设备等基础性条件的满足，这给侦查取证工作对电子数据的保存提出了较高要求，取证行为本身不能对电子数据形成破坏，在取证之后也要特别注意进行电子数据的保全。

电信网络犯罪必然会在网络留痕，但作为证据运用的信息往往留存、混同在海量的信息之中，除此之外，电子信息的所有者或服务提供者可以通过相关技术手段对相关信息进行加密、封存、毁灭，甚至相当多的电子数据并不存储在境内，从取证角度来看，这种隐蔽性不仅会给侦查取证带来一定的实践困难，而且会给侦查取证带来正当性危机，尤其是侦查部门在向个人用户中断或法律服务提供者提取相关证据时，会涉及个人隐私、第三人的相关权益乃至公共利益，取证正当性问题则显得敏感而重要。[①]

（三）证据定性存在模糊性

电子数据作为一种独立的证据种类当无异议，但实践中，电子数据与其他种类证据容易产生混淆，尤其是以电子数据的形式呈现的音像资料与视听资料之间易产生混淆，尤其是随着技术的发展，以往存储在磁带、磁盘等介质上的音像资料也转为由电子数据的方式出现。此外，根据法律规定，电子数据的产生时间界限是案件发生过程之中，言外之意就是案件发生之后、办案过程之中形成的数据将不被视为电子数据，这项规定在司法实践中也存在争议，这些都体现了电子数据的模糊性。这种模糊性往往会给实践带来困扰，不同类型的证据在取证与审判过程中

① 刘广三、李艳霞：《美国对手机搜查的法律规制及其对我国的启示——基于莱利和伍瑞案件的分析》，载《法律科学（西北政法大学学报）》2017 年第 1 期。

的方式并不相同，由此对案件当事人也会产生不同的影响，比如，在案件调查过程中产生的录音录像资料归类为犯罪嫌疑人、被告人供述与归类为电子数据的法律效果是不同的，被归类为犯罪嫌疑人、被告人供述不仅要面对证据真实性的审查，还要对讯问过程中的合法性进行严格审查，而且往往也是法庭辩论的重点问题，相比较而言，对电子数据审查的严格程度会低，对当事人并不有利。因而，电子数据在实践过程中的模糊性会反过来影响侦查取证的规范性。

三、电子数据侦查取证的现状

对电子数据侦查取证的认识经历了由浅入深的过程，电子数据作为一种刑事证据种类出现在我国刑事诉讼中的时间较晚，2010 年最高人民法院、最高人民检察院、公安部、国家安全部、司法部联合发布《关于办理死刑案件审查判断证据若干问题的规定》首次将电子数据作为独立的证据种类；2012 年刑事诉讼法正式将电子数据作为独立证据种类加以规定；2014 年最高人民法院、最高人民检察院、公安部发布的《关于办理网络犯罪案件适用刑事诉讼程序若干问题的意见》对刑事诉讼法的规定进行了细化；2016 年最高人民法院、最高人民检察院、公安部联合发布《关于办理刑事案件收集提取和审查判断电子数据若干问题的规定》，这是我国第一部尝试对刑事案件中电子数据侦查取证进行系统规定的文件；2019 年公安部发布《公安机关办理刑事案件电子数据取证规则》，则是对电子数据侦查取证规定最为系统的文件。除此之外，还有林林总总大量关于电子数据取证的规定，总体而言，立法的不断丰富体现了对电子数据侦查取证认识水平与重视程度的不断提升，但电子数据侦查取证依然面临着许多困境。

（一）模式适用困境：传统侦查取证模式应对电子数据的结构性矛盾

尽管随着以审判作为中心诉讼改革对整个侦查取证活动的面貌产生了积极的影响，比如，开始正确看待口供的作用，减少非法取供行为，重视客观证据在证明体系的作用；开始重视证据规则并将其作为指导自身取证活动的准则；开始反思属地化的案件管辖普适性的问题。但案件办理的固有逻辑并未完全改变，传统的刑事侦查模式应用在电信网络犯罪案件中面临着许多难以解决的困难，具体表现为：

第一，对口供及其衍生证据的路径依赖难以维系。传统侦查取证模式特别重视犯罪嫌疑人的供述，先通过排查初步锁定犯罪嫌疑人，进而控制犯罪嫌疑人的人身自由以获取犯罪嫌疑人的供述，并以此获取其他相关证据，最终实现案件证据链条的完善是常见的办案思路，即通常所说的“以人找事”。在当下刑事办理过程中，口供始终是最全面、最直接、最系统的证据，且对犯罪主观方面的证明起到决定性作用①，在可预见的较长时期内侦查取证依然会重视并围绕口供及其衍生证据的收集展开。但在电信网络犯罪案件中，许多案件的主要证据留存在网络之中，尤其是跨境打击电信网络犯罪，犯罪嫌疑人甚至都不在境内，因而对口供的路径依赖将会给实践带来困难②，只有减少对口供的依赖，更加强调“零口供”办案的思路，才能实现案件侦查的顺利进行，否则相当一部分案件的侦查活动将难以推进。

第二，属地管辖局限明显，“运动式执法”已成主流。传统刑事案件的侦查工作以属地管辖为原则，在案件的办理上，讲求主从协作关系，以基层侦查机关为管辖主体，习惯于以其中最先立案或案情较重地区的侦查机关为主，其他地区侦查机关为辅③，传统侦查取证模式对案件管辖的划分是以基层行政区划为基本单位展开的，即使在面对跨区域流动性的犯罪活动时，往往也是根据管辖规则确立一县或市级的公安机关为主办机关，其他地区侦查机关予以配合，由此开展侦查活动。2014年最高人民法院、最高人民检察院、公安部发布的《关于办理网络犯罪案件适用刑事诉讼程序若干问题的意见》对网络犯罪案件的管辖问

---

① 参见李晓：《论口供在刑事司法裁判中之地位——兼评“口供中心主义”与“口供抛弃主义”》，载《行政与法》2017年第2期。

② 参见冯俊伟：《跨境电子取证制度的发展与反思》，载《法学杂志》2019年第6期。

③ 参见公安部、最高人民法院、最高人民检察院、国家安全部、工业和信息化部、中国人民银行、中国银行业监督管理委员会《关于办理流动性团伙性跨区域性犯罪案件有关问题的意见》第1条、第2条。

题进行了规定，尽管注意到了网络犯罪的特殊性，将犯罪地定义扩展为：实施犯罪行为的网站服务器所在地，网络接入地，网站建立者、管理者所在地，被侵害的计算机信息系统或其管理者所在地，犯罪嫌疑人、被害人使用的计算机信息系统所在地，被害人被侵害时所在地，以及被害人财产遭受损失地等”，但在有多个犯罪地情况下，原则上由最初受理的公安机关或者主要犯罪地公安机关立案侦查，特殊情况下由上级指定管辖。该规定依然是传统刑事案件侦查管辖的思路，问题在于，电信网络犯罪中，犯罪嫌疑人所在地、犯罪行为发生地、犯罪结果发生地的重合性很小，犯罪嫌疑人、被害人跨区域跨境的情况已不鲜见，除此之外，还存在数据存储地的概念，从取证的角度而言，许多重要电子数据需要到数据存储地提取①，而数据存储地与犯罪嫌疑人所在地、犯罪行为发生地、犯罪结果发生地之间的联系更为薄弱，在此情形下，“属地管辖原则确实不利于打击跨区域犯罪以及新型犯罪”② 的认识已得到了较大的认同，但目前尚无更够替代属地管辖原则的方式，因而实践中多采用“运动式打击”模式，如近些年来持续开展的全国公安机关继续开展电信网络诈骗专项治理以及“净网 2018”专项行动等，毕竟不是长久之策。在常态化的属地管辖状况下，传统侦查取证模式并不完全适应电子数据的取证特点。

第三，侦查证据的“非典型转化”与“笔录中心化”对电子数据形成解构。侦查阶段作为证据收集的主要阶段，侦查案卷材料是公诉机关与审判机关主要材料来源，各类证据“转化”也是公安机关取证过程中的重要特点，证据“转化”的对象包括行政执法证据、初查阶段获取证据以及私人证据等③，但还有一种转化则是将证据呈现形式进行转化，比较典型的体现有：侦查人员对办案现场目击状况的描述本应当作为侦查人员出庭说明情况的证言，但往往以现场情况的笔录形式得以

---

① 参见梁坤：《基于数据主权的国家刑事取证管辖模式》，载《法学研究》2019 年第 2 期。

② 刘冲、赵强、吴标：《从案件管辖看公安机关的侦查协作》，载《中国刑事警察》2018 年第 5 期。

③ 参见万毅：《证据“转化”规则批判》，载《政治与法律》2011 年第 1 期。

呈现；很多本应以辨认笔录的形式出现的证据，却依照相关辨认主体身份而转化为犯罪嫌疑人供述、证人证言、被害人陈述等；再如，大量本应出庭的证人并未实际到庭，而是通过询问笔录的方式呈现，最终由公诉人在庭审中宣读书面证言完成质证①，此类都属于证据的"非典型转化"。而侦查机关在取证过程中已形成了以笔录为中心的取证习惯，有学者将侦查取证以笔录为中心的特点总结为"笔录权"，并进一步指出"无论是主观性证据（口供、证言等）还是客观性证据（物证、书证、视听资料、电子数据等）基本都以笔录的形式加以固定，因此，'笔录权'也可以被理解为用笔录形式记载证据内容的权力，它几乎覆盖除了鉴定意见以外的所有侦查取证措施"②，以至于有学者将其称为"笔录类证据"③，在"办案全程留痕"的工作机制下，侦查取证的笔录中心化依然未有改变，尤其是当前法定证据种类的划分理由、标准并不科学、系统，使得证据分类之间出现交叉与重合，现有证据分类无法穷尽所有的证据类型，使得一些对案件事实具有证明作用的证据不具有证据形式上的合法性④，笔录类证据恰恰成为一种"兜底性"的证据种类。

上述证据的"非典型转化"问题与以笔录为中心的取证习惯在电子数据的取证过程中已经深度融合，并在一定程度上得到官方的认可与强化。根据相关的规定，在取证过程中允许存在的证据形式主要有：原始存储介质；书证（主要包括打印、复印、扣押清单、提取固定清单、相关工作笔录等）；各类笔录（主要包括电子数据现场提取笔录、远程勘验笔录、网络在线提取笔录、电子数据检查笔录、电子数据侦查实验笔录等）；视听资料（主要针对取证过程的录像资料）；鉴定意见。值得注意的是，理论上并不完全排斥电子数据的转化适用，但应满足相应

---

① 参见龙宗智：《取证主体合法性若干问题》，载《法学研究》2007 年第 3 期。

② 马静华：《庭审实质化：一种证据调查方式的逻辑转变——以成都地区改革试点为样本的经验总结》，载《中国刑事法杂志》2017 年第 5 期。

③ 参见马明亮：《笔尖上的真相——解读刑事诉讼法新增笔录类证据》，载《政法论坛》2014 年第 2 期。

④ 参见龙宗智：《进步及其局限——由证据制度调整的观察》，载《政法论坛》2012 年第 5 期。

条件，如无法扣押原始存储介质并且无法提取电子数据的；或存在电子数据自毁功能或装置，需要及时固定相关证据的；或需现场展示、查看相关电子数据的。[①] 然而，根据相关学者的实证研究表明，“在审判阶段，居然有超过60%的案件，电子数据最后完全是以转化为控方书面材料的形式存在的；还有部分案件中是以公安机关出具‘证明’‘情况说明’‘笔录’等来证明相关电子数据的存在”[②]，在刑事诉讼流程中，侦查取证获取的案卷材料是公诉与审判的主要依据[③]，电信网络犯罪中，原始存储介质的比例较低，大量的证据都以书证与笔录的形式出现的状况，大量不符合条件的电子数据被转化呈现，这种做法尽管具有一定的现实意义，可以提高侦查效率，弥补取证能力的不足，但从诉讼法理的角度来看，“非典型转化”与笔录类证据的过度运用冲击到刑事证据规则的基本要求与人权保障的底线，并不是侦查取证的应然发展方向，从司法实践的角度来看，电子数据大量的非典型转化直接挑战了取证合法性以及电子数据作为独立证据种类的意义。

综上，电信网络犯罪侦查取证与传统侦查取证之间具有结构性的矛盾，若以传统侦查取证模式不能完全适应电子数据的收集、提取工作，因而在电信网络犯罪的打击中，传统侦查模式面临转型的任务，只有调整现有侦查模式，才能更好地适应电子数据的取证工作。

（二）价值衡量困境：诉讼价值取向与人权保障的抉择难题

在电信网络犯罪中，电子数据侦查取证工作在诉讼价值取向与人权保障方面还面临着艰难的衡量难题。

第一，电子数据侦查取证与人权侵害泛化的风险控制。刑事诉讼活动会在打击犯罪与保障人权之间进行衡量，尤其是2012年修订后的刑

① 参见《公安机关办理刑事案件电子数据取证规则》第8条、第9条。

② 胡铭：《电子数据在刑事证据体系中的定位与审查判断规则——基于网络假货犯罪案件裁判文书的分析》，载《法学研究》2019年第2期。

③ 参见陈瑞华：《侦查案卷裁判主义——对中国刑事第二审程序的重新考察》，载《政法论坛》2007年第5期。

事诉讼法“将尊重和保证犯罪嫌疑人和被告人的人权作为其主题内容”①，相较于被害人，将刑事诉讼人权保障的主要着眼点放在犯罪嫌疑人、被告人②并无不当，这也是对我国刑事诉讼长期人权保障不足的合理矫正，符合国际刑事司法领域人权保障的基本理念。但随着电信网络犯罪的日益增多，电子数据侦查取证在人权保障领域的特殊性逐渐凸显，与传统刑事犯罪中生活隐私与涉案信息相对分离不同，电子数据侦查取证不当不仅是侵犯犯罪嫌疑人的权益，还会对个人生活领域造成严重侵犯，电信网络犯罪中，通话记录、聊天记录等类型的证据往往涉及犯罪嫌疑人与第三人与案情无关的生活隐私，但生活隐私与涉案信息交织在一起，一旦取证必然会涉及对相关人员隐私权的侵害，不取证则无法推进案件的侦查，类似的问题在其他国家也存在。例如，在莱利诉加利福尼亚州案与美国诉伍瑞案中，对手机内容的检查被予以严格程序限制，最主要的便是对隐私权的保护。③ 在此情况下，侦查机关在正当程序与打击效率之间的抉择难度更大，“迫不得已”牺牲人权保障以追求打击效率的情况则更可能发生。

第二，网络犯罪与传统犯罪之间的宏观打击比例控制。“据公安机关不完全统计，近三年公安机关侦办的犯罪案件当中有一半以上属于网络犯罪案件或者涉网犯罪案件，特别是在近年来，刑事犯罪以及暴力刑事犯罪持续大幅度下降的情况下，网络犯罪仍然在持续大幅度攀升。此外，网络犯罪报案率低，统计数字和实际数字有较大差距，所以网络犯罪的黑洞还很大。”④ 可以认为，侦查机关在犯罪控制上面临着线上与线下两个“战场”，侦查机关既要保持对传统犯罪，尤其是严重刑事暴力犯罪的高压态势，还要积极扭转网络犯罪高发的局面。这意味着侦查机关在办案力量的分配上面临着价值衡量，宏观打击比例的控制就成为

---

① 张文显：《人权保障与司法文明》，载《中国法律评论》2014 年第 2 期。

② 参见易延友：《刑事诉讼人权保障的基本立场》，载《政法论坛》2015 年第 4 期。

③ 参见刘广三、李艳霞：《美国对手机搜查的法律规制及其对我国的启示——基于莱利和伍瑞案件的分析》，载《法律科学（西北政法大学学报）2017 年第 1 期。

④ 杜晓、史欣伟：《有效打击网络犯罪须突破哪些瓶颈》，载《法制日报》2018 年 9 月 18 日，第 5 版。

价值衡量的重要因素，如若掌握不慎，导致犯罪控制效果不佳，将会产生倒逼侦查机关牺牲程序正义而追求取证效率的风险。

第三，打击犯罪与民营企业权益保护的张力控制。侦查机关的取证活动与民营企业权益保护之间存在一定的张力，这主要体现在“机构取证”方面，侦查机关向第三方机构调取证据是常见的取证方式，比如向百度公司调取云盘资料、向腾讯公司调取聊天记录、向淘宝公司调取商户信息等，配合公安机关的调查取证工作虽是企业应当遵守的义务，但此种取证方式运用不当会对第三方机构的发展产生不利影响，尤其是这种涉及大量用户个人信息的企业，过于频繁、随意的取证会降低用户对企业的信任度与支付意愿，进而对民营企业权益构成实质性的伤害。类似的问题在其他国家已有出现，如微软公司、苹果公司都曾因美国政府相关部门的取证行为而诉至公堂，其核心关切无非是担心很多用户因隐私得不到应有的保证时，可能会转而选择其他公司。[①] 鉴于此种情形，侦查机关应当主动掌控好打击犯罪与民营企业权益保护的张力，合理运用取证权力。

（三）技术跟进困境：侦查取证的手段滞后性尚未解决

电子数据的特性是以高科技为支撑的，因而电信网络犯罪不仅类型多样，且同一类型的犯罪的形式层出不穷，比如，主要的类型有：电信网络诈骗犯罪；窃取、买卖公民个人信息；网络黑客；“网络水军”有偿发帖删帖、敲诈勒索；网站、网络自媒体发布传播违法有害信息；高风险的应用平台服务；App 严重违法违规等。[②] 电信网络诈骗犯罪又衍生出“网络刷单诈骗、利用伪基站实施诈骗、保健品购物诈骗、贷款办理信用卡类诈骗、网购退款返利诈骗、网上制假贩假诈骗”[③] 等形

---

① 参见朱敏：《微软状告美国政府 指责其调阅隐私数据却不告知用户》，载 http：//china. cnr. cn/xwwgf/20160415/t20160415_ 521890549. shtml，2021 年 4 月 20 日最后访问。

② 参见靳高风、朱双洋、林晞楠：《中国犯罪形势分析与预测（2018—2019）》，载《中国人民公安大学学报（社会科学版）》2018 年第 3 期。

③ 靳高风、朱双洋、林晞楠：《中国犯罪形势分析与预测（2018—2019）》，载《中国人民公安大学学报（社会科学版）》2018 年第 3 期。

式，而具体到证据中更是千差万别。就实践的整体状况而言，侦查机关的取证总体上处于技术追赶的境地，这体现为四个方面：

其一，取证技术的标准化水平低。尽管已经出台了“GB/T29360—2012《电子物证数据恢复检验规程》、GB/T29361—2012《电子物证文件一致性检验规程》、GB/T29362—2012《电子物证数据搜索检验规程》等标准”，[①] 但与国际标准以及英美等发达国家相比，现有的标准并不能满足实践的需要。

其二，取证技术的即时性不足。电子数据复杂性与隐蔽性使得取证工作的即时性受到较大挑战，“非典型转化”在一定程度上就体现了该问题，很多通讯记录被犯罪嫌疑人删除之后，侦查机关在常规手段无法取证的情况下，选择通过犯罪嫌疑人供述、证人证言等方式实现证据的收集工作。

其三，取证技术的全面性、完整性有待提高。电子数据的取证并未要求全部举出，但在相关情节规定之内的证明应当进行全部取证，比如，实践中出现大量的电子数据释义笔录，但笔录制作水平则千差万别，相当一部分笔录的记录内容粗糙、笼统、达不到全面的要求。[②] 再如，根据2004年最高人民法院、最高人民检察院《关于办理利用互联网、移动通讯终端、声讯台制作、复制、出版、贩卖、传播淫秽电子信息刑事案件具体应用法律若干问题的解释》，对传播淫秽电子信息情节的认定当数量或者数额达到规定标准25倍以上的，视为“情节特别严重”。换言之，如果案件信息数量特别巨大，那至少应当对规定标准25倍以内的信息进行取证，但在实践中，受制于人力、办案期限，尤其是取证技术的限制，很多时候选择只对关键事实进行取证，取证不完整的问题始终存在。

（四）程序控制困境：侦查取证法治化转型的法理质疑

电子数据的侦查取证还面临着程序控制的困境，前已述及，侦查取

---

① 金波等：《电子数据取证与鉴定发展概述》，载《中国司法鉴定》2016年第1期。

② 参见尹鹤晓：《电子数据侦查取证程序研究》，中国人民公安大学2019年博士学位论文，第67—70页。

证过程中存在不规范、不合理的问题，此类问题都存在侵犯人权的潜在风险，核心原因在于缺乏对电子数据侦查取证的程序性控制，其关键之处则是当前刑事诉讼立法及司法实践并未将电子数据的收集、提取视为一种搜查措施，而是作为勘验、检查、鉴定的措施。我国没有无证搜查制度，因为进行搜查需要经过严格的审批，相比较而言，勘验、检查、鉴定等措施则无须经过严格审批即可实行，但以勘验、检查、鉴定的方式却可以实现搜查的效果①，比如，以治安检查的方式直接在犯罪嫌疑人所在现场提取电子数据；犯罪嫌疑人到案后的即时检查，通常在检查随身携带的手机、电脑等工具上提取电子数据；根据犯罪嫌疑人的供述，到电子数据的存储地点直接进行提取证据等方式。目前要实现对电子数据侦查取证的程序控制并非易事，一方面，电子数据作为一种新样态的证据种类被接受的时间较短，对程序性控制重要性的认识尚未提升到足够高度，当前取证程序控制的重心依然在犯罪嫌疑人、被告人的供述上，在观念层面的改善还需要一定的时间；另一方面，目前电子数据取证程序相关的规范制定工作主要由公安机关负责，因而不太可能具备较为严密的程序性控制机制。

四、电子数据侦查取证的完善路径之分析

（一）建立综合性的侦查模式

电子数据侦查取证制度的完善应首先从侦查模式的转变入手，改变过度依赖属地化管辖而致办案力量分散的现状，为此应从四个方面着手：

第一，建立统一的线索收集、分析、共享平台。电信网络犯罪线索收集是侦查取证工作的前提，各地也曾尝试过建设相应的信息处置平台，取得了积极的效果，而今建立全国统一的电信网络犯罪线索的收集、分析、共享平台显得刻不容缓，该平台的建立有助于通过大数据分

① 参见胡铭、王林：《刑事案件中的电子取证：规则、实践及其完善——基于裁判文书的实证分析》，载《政法学刊》2017年第1期。

析案件线索，对案件线索进行科学分析归纳，有效地处理信息，及时实现案件的合并，提高办案效率，同时，也有助于对电信网络犯罪最新趋势进行准确把握，为犯罪预防提供支撑。

第二，实现内外联动以增强办案实效。基于电子数据的复杂性、多样性、隐蔽性等特性，单纯依靠公安机关难以完全应对。一方面，公安机关内部，网络侦查、刑事侦查、经济侦查、技术侦查等力量应当加强相互沟通联络，建构统一的领导协调机制，发挥各部门在线索收集、证据固定、抓捕追逃等不同阶段的优势，形成办案合力，避免因部门的分立而导致效率的降低，与此同时，各级公安机关应注重案件办理上的相互配合，减少不必要的程序审批运作期限的耗费，形成相应的工作机制；另一方面，应当清醒地看到，打击电信网络犯罪单靠公安机关并不可行，还需要与电信网络主管单位、电信业务经营者、网络服务提供商、金融机构等保持密切合作，建立案情沟通机制，形成以公安机关为核心的合作格局，这样有助于防范个人信息泄露、斩断犯罪资金链条，实现犯罪全链条打击。

第三，加强网络侦查力量，提升取证主体的专业化水平。相较于刑事侦查队伍，网络警察队伍建设的重要性显然被低估，目前面临着人员、经费紧张，专业知识不足的困境，作为当然适格的取证主体，网络侦查需要进一步的发展与壮大，尤其是基层公安机关的网络警察队伍是加强的重点，要努力使基层网络侦查具备电子数据提取与保管的基本能力以及鉴定的初步能力。但实践中，因技术力量不足导致基层办案机关基本沦为电子数据证据的“搬运者”，在电子数据的收集、提取、鉴定等工作上严重依赖上级公安机关的指导与帮助，不仅造成了效率与即时性上的损失，更易产生证据可靠性上的风险。[①] 值得注意的是，加强网络侦查力量并非无限加强，并非所有的证据都由侦查机关取得，而是要从办案实效的人员、组织合作取证[②]角度出发，合理运用委托取证、合

① 参见谢登科：《电子数据的取证主体：合法性与合技术性之间》，载《环球法律评论》2018 年第 1 期。

② 参见裴兆斌：《论刑事诉讼中电子数据取证模式》，载《东方法学》2014 年第 5 期。

作取证等方式，必要情况下可以委托有资质的专业机构代为取证。

第四，建构电信网络犯罪的大案、要案的“办案基地”。基于电信网络犯罪的特殊性，只有进行全链条治理才能真正解决，但全链条治理往往跨越管辖区域进行“长臂管辖”，且成本较高，因而需要在政策与资金上予以大力支持，但只有进行全链条治理才能从根本解决电信网络犯罪问题，否则就会出现“割韭菜”的现象。比较可行的办法是视各地案件与侦查能力的情况，在各省建设若干大案、要案的“办案基地”，由省级公安机关负责对电信网络犯罪进行全链条打击，允许跨越属地管辖的限制，以点带面，实现电信网络犯罪整个治理生态的转型。

（二）加强对电子数据取证工作的程序控制

第一，在规则上应明确电子数据取证属于搜查制度的适用范围。考虑到侦查措施变革的难易程度，可以在电子数据搜查制度的确立上采取分步骤实现的计划，在短时期内，完全将电子数据纳入搜查制度当中还存在一定的难度，可以先将一部分涉及公民隐私权较严重的事项纳入搜查，比如对公民个人所有的手机、电脑等信息终端的检查应当适用搜查制度，必须取得相应的审批文件方可。随着电子数据搜查制度的发展，将电子数据完全纳入搜查制度的适用当中，形成完整电子数据搜查制度。

第二，适度调整当下搜查制度的适用条件。搜查制度难以得到较好适用的原因是多方面的，但归结起来主要是两个：一是搜查所需的前置审批程序难以适应部分案件快速办理的需求，申请搜查证需要花费一定的时间，尤其是在目标证据比较明确的情况下，会让办案人员感到烦琐，因而不愿运用搜查方式，此外，许多突发紧急状态下去申请搜查证并等待审批是不现实的；二是《刑事诉讼法》第138条第2款也规定了“无证搜查”的情形，但其附加条件是“在执行逮捕、拘留的时候”，此无证搜查的条件明显过高，为了搜查制度能够获得更好的运用，一方面应建构真正的无证搜查制度，将无证搜查不再以执行逮捕、拘留为前提，与有证搜查互为表里，满足在紧急情况下侦查机关的查证需要；另一方面建立对无证搜查的事后审查机制，如果没有事后审查机制，无证搜查将会演化成任意性搜查，那将是人权保障上的严重倒退[①]，一旦审查认为无证搜查是错误的，那相关的搜查结果将不能作为庭审证据运用。

第三，检察机关介入电子数据取证的程序性控制。无证搜查的事后审查与有证搜查的事前审批应当由检察机关负责。长期以来，检察机关负责审查批准逮捕工作，从工作机制上而言，由其承担搜查措施的审批并不存在业务上的隔阂，且检察机关的介入可以有效防范无证搜查措施的滥用，使得无证搜查制度的改革具备了可行性，检察机关介入对盘活电子数据取证的程序性控制具有决定性作用。

除此之外，对于实践中技术侦查以及针对第三方的证据调取等手段，亦应参照电子搜查制度确立相应的程序控制机制。

（三）贯彻非法证据排除规则以强化程序性制裁

电子数据侦查取证的完善必然涉及程序性制裁，但公安部发布的《公安机关办理刑事案件电子数据取证规则》尽管总结了以往实践的经验，对电子数据收集、提取、检查、侦查实验以及检验与鉴定等问题作了详细的规定，却在程序性制裁方面并未有太多涉及，故有必要进一步完善电子数据侦查取证行为的程序性制裁。程序性制裁的主要体现便是非法证据排除规则的运用，非法证据排除制度可以有效“倒逼”侦查机关纠正自身取证过程中的不当行为。根据《关于办理刑事案件收集提取和审查判断电子数据若干问题的规定》，电子数据侦查取证工作在非法证据排除上存在两个向度：

一是取证程序的合法性。侦查机关在取证过程中应当遵守相应的程序规范，比如进行取证人员的人数应满足规定要求，取证方法应符合相应的技术标准，证据收集、提取过程的见证人、录像以及相关笔录中的签名、盖章都应按要求开展。当然，对于轻微取证程序违法，当前实践中并非一概排除，而是确立了瑕疵电子数据的概念。瑕疵电子数据不同于非法电子数据，是指对于未以封存状态移送，笔录或者清单上没有相

① 参见左卫民等：《中国刑事诉讼运行机制实证研究》，法律出版社2007年版，第82—84页。

关人员签名或者盖章，对电子数据的名称、类别、格式等注明不清等情形，视为证据收集、提取过程中的瑕疵，经过补正或者作出合理解释，可以采用。值得注意的是，责令补正或作出合理解释也应视为程序性制裁的一种体现，“‘责令补正”本身带有程序性制裁的性质。……对于侦查人员违反法律程序的行为，法院宣告其存在‘程序瑕疵’，这属于对非法侦查行为的一种权威谴责”。①

二是证据本身的真实性。电子数据的真实性是非法证据排除规则的重要向度，如果电子数据系篡改、伪造、无法确定真伪，或有增加、删除、修改情形以致证据真实性难以确定的，应予排除。除此之外，电子数据的技术性使得适格的侦查人员收集的证据未必符合法庭判断的要求，比如电子数据审查判断中要求核实犯罪嫌疑人、被告人的网络身份与现实身份的同一性以及认定犯罪嫌疑人、被告人与存储介质的关联性，此处同一性的判断表面上看是关于证据关联性的判断，但实际上是对真实性的审查，在取证程序合法的情况下，对证据的真实性亦应当进行审判，对不具有真实性的证据应予排除。证据真实性与取证主体之间具有密切的关系，真实性在很大程度上取决于取证主体对于电子数据技术标准的理解与运用水平，程序合法与技术合规之间并不完全同步。②

（四）完善电子数据收集的技术标准

侦查取证的程序合法性与技术合规性并不完全统一，在电子数据的侦查取证过程中，常被忽视的问题就是电子数据收集的技术标准问题，因为在传统证据的收集过程中，对证据的技术标准问题较少涉及，比如，对于物证、书证等实物类证据以及犯罪嫌疑人、被告人供述、证人证言等言词类证据，在收集过程中的技术合规性要求不高，所谓技术合规性的体现不过是对证据后期的鉴定、勘验等方面，因而，传统证据的收集只要能够满足程序合法的要求，取证工作基本就完成了。电子数据的收集则与之不同，取证程序合法之外，更要求证据的收集符合技术性

① 陈瑞华：《论瑕疵证据补正规则》，载《法学家》2012 年第 2 期。

② 参见冯姣：《互联网电子证据的收集》，载《国家检察官学院学报》2018 年第 5 期。

要求，这在《关于办理刑事案件收集提取和审查判断电子数据若干问题的规定》第2条、第24条中都有体现，即要求取证方法应符合相关技术标准。而电子数据的技术性标准往往非常复杂，据目前而言，相关标准的制定情况为“4项国家标准、25项公共安全行业标准、13项司法鉴定技术规范以及一些部门内部规范”①，但上述规范不够系统，缺乏规划性，且部分标准之间存在重合、更新不及时、前沿性不足的等问题。因而，建立系统化、前沿性的电子数据取证标准刻不容缓。

在互联网经济急速发展的当下，电子数据取证问题已然成为刑事侦查发展的重要方向，其对于证据体系的变革，其本身所承载的个人隐私权、财产权的法益，都昭示着需要以新的理论视野、侦查模式、技术规范、程序保障来对待电子数据，不能停留在传统证据取证的思维与规范之中，唯有此才能适应新形势下证据发展的趋势。

（责任编辑：武小琳）

① 郭弘等：《电子数据取证鉴定标准化建设工作的实践与思考》，载《中国信息安全》2019年第5期。

推荐人语：

现代通信技术的发展与信息技术的成熟为电子监控手段的推广带来了新的机遇。本文以电子监控在非羁押性强制措施中的适用为研究对象，较为深入地探讨了电子监控在非羁押性强制措施中适用的必要性与可能性，契合当前的司法改革热点，具有较强的理论价值与实践意义。

肖沛权　中国政法大学副教授、硕士生导师

论电子监控在非羁押性强制措施中的适用

于文佳*

一、问题之提出

2018年12月1日，华为首席财务官孟晚舟在加拿大温哥华机场被捕入狱，华为方多次争取，在经过三场听证会并交纳5000万元人民币的保释金后，孟晚舟被保释。出狱的孟晚舟上交了护照，被要求只能在住地附近活动，并且戴上了电子脚镣，一举一动时刻受到监控，但这并没有影响孟晚舟继续引发关注。孟晚舟所佩戴的电子脚镣被媒体反复提及、多次报道，引发了国内民众的好奇心。实际上，以电子脚镣为代表的电子监控，在域外已经有比较广泛的应用。

所谓电子监控（electronic monitoring），是指以电子设备为监控工

* 中国政法大学法学院硕士研究生。

具，通过技术手段实现对于被追诉人活动范围、活动时间的监控，使被追诉人在被监控的条件下最大程度正常生活，常见的电子监控设备是电子脚镣。电子监控手段在域外的应用主要分为两种形式：一种是作为刑罚的替代方式，适用于一些特殊类型的犯罪、社会危险性较低或者虽然有一定的社会危险性但系初犯的被追诉人；另一种是作为未决判决的非羁押性强制措施来适用，常与保释制度相结合。

1983 年，美国地方法官杰克·拉乌与电脑经销商迈克尔·格斯共同改造发明了电子脚镣并推广开来，美国成为最先将电子脚镣作为刑罚工具的国家。2005 年 9 月 1 日生效的《杰西卡法案》规定，性侵儿童的前科犯必须终生佩戴 GPS 监控装置，每 6 个月回警局报告一次，并且禁止接近学校 600 米范围以内。韩国自 2008 年 9 月 1 日开始，对有强奸、诱拐未成年人、杀人等重大犯罪的前科者实行佩戴电子脚环。只要佩戴者靠近学校、离开脚环一米以上，就会自动报警。2010 年，韩国修改《电子脚环法》，规定有两次及以上性侵史或儿童性侵史的罪犯以及获得假释或者缓期执行需监视居住的犯罪人员，须强制佩戴电子脚环接受监控。法国设立了“电子镣铐刑”，刑期 6 个月以下的犯人可佩戴电子脚镣代替在监狱坐牢，限制夜间离家。西班牙则用电子脚镣监控家暴实施者。

德国设立了完整的电子脚镣制度，其监控的对象不仅仅是被保释人和被司法监督人，还包括被判缓刑和假释的罪犯等。如德国黑森州可适用电子脚镣的法律情形主要有六种：（1）根据《德国刑法典》第 56 条规定判处短期徒刑，监外执行的；（2）第 57 条规定假释的；（3）第 68 条规定的在监狱服刑结束后须再接受一定期限的监控的（主要针对暴力犯罪和性犯罪）；（4）《德国刑事诉讼法典》第 116 条规定取保候审的（暴力犯罪者不适用）；（5）《黑森州赦免条例》第 19 条规定赦免的；（6）《德国刑法典》第 56 条规定的因在缓刑期间违反规定，延长考验期但不再投入监狱的。英国将电子监控应用于附条件保释中，保释过程中的被告人佩戴一个“加有标签”的传导物以实现对其的位置追踪，限制其在一定的区域内活动。电子监控在美国的应用十分广泛，主要适用于限制交往与人身自由的附条件释放、保释、防控未成年人、防范有前科的性犯罪人等方面。

在我国，电子监控主要在社区矫正中得以应用。2020年7月1日开始实施的社区矫正法规定了社区矫正适用的对象是被判处管制、宣告缓刑、假释和暂予监外执行的罪犯。同时，该法第29条规定："社区矫正对象有下列情形之一的，经县级司法行政部门负责人批准，可以使用电子定位装置，加强监督管理：（一）违反人民法院禁止令的；（二）无正当理由，未经批准离开所居住的市、县的；（三）拒不按照规定报告自己的活动情况，被给予警告的；（四）违反监督管理规定，被给予治安管理处罚的；（五）拟提请撤销缓刑、假释或者暂予监外执行收监执行的。"电子监控在我国的应用刚刚起步，目前主要集中在社区矫正领域，作为一种刑罚方式而存在。我们可以尝试借鉴加拿大、德国、英国、美国等国的经验，扩大电子监控在刑事诉讼中的适用范围，在非羁押性强制措施领域使用电子监控。

二、电子监控在非羁押性强制措施中适用的基础

（一）合理性

1. 审前羁押不能成为常态

审前羁押是指在审判前对刑事被追诉人的羁押，区别于被判处刑罚的已决犯，审前羁押的对象是尚未接受刑事审判的未决犯。尽管审前羁押在法律功能上与监禁刑罚存在差异，但二者都对人的个人自由有所限制，在剥夺嫌疑人、被告人的人身自由的程度上，二者并无本质区别。[①] 羁押通过对公民人身自由的剥夺而实现，相较于已经接受司法审判的已决犯，对于未决犯的羁押应当受到更为严格的司法限制。

1966年联合国《公民权利和政治权利国际公约》第9条第3款规定："等待审判的人受羁押不应当是一般的原则，但是释放时可以附加担保在审判时或司法程序的其他阶段出庭或者在案件需要的情况下于执

① 陈瑞华：《审前羁押的法律控制——比较法角度的分析》，载《政法论坛》2001年第4期。

行刑罚时到场的条件。”随后，1988年通过的《保护所有遭受任何形式羁押或监禁的人的原则》第39条规定：“除了在法律规定的特殊案件中，经司法机关根据司法利益决定羁押的以外，被追诉者有权在等待审判的过程中被释放。”1990年《非拘禁措施最低限度标准规则》第6.1条也规定：“在适当考虑对指控犯罪的调查以及对社会和被害人的保护的同时，审前羁押应当作为刑事程序中的最后手段加以使用。”联合国关于审前羁押的规则被众多国家的立法所采纳，“等待审判的人受羁押不应当是一般的原则”已经成为一项重要的国际刑事司法准则，两大法系主要国家依据无罪推定原则，确立了“非羁押为原则、羁押为例外”的法治理念。

相较于域外“羁押为例外”的情形，我国的刑事司法实践却呈现出“羁押为多数，非羁押为例外”的表现，审前羁押率维持在很高的比例。[①] 有数据分析表明，我国审前羁押率自1997年至2016年呈现逐渐下降的趋势，近年来我国审前羁押率已降至60%左右，个别检察院降低至70%左右。[②] 但与国际刑事司法准则中“以羁押为例外”的法治原则相比，我国刑事审前羁押实践还处于较低的水平。根据我国的刑事羁押现状，必须对审前羁押的适用给予更加严格的限制，使其在制度设计上成为例外，尽量寻找程度较轻的非羁押性强制措施作为替代选项。

那么，何种程度的替代措施才是适当的？要回答这一问题，还要回答审前羁押存在的原因。陈瑞华指出，审前羁押的主要目的与提前实现刑罚无关，不能够作为惩罚犯罪的措施。之所以展开审前羁押，一是为刑事诉讼提供程序保障，包括确保被告人及时到场、保证侦查机构顺利收集犯罪证据，为刑罚执行提供必要保证；二是预防社会危险行为，通常是指预防被追诉人再犯新罪、危害证人及被害人的危险性。[③] 也就是

---

① 郭烁：《徘徊中前行：新刑诉法背景下的高羁押率分析》，载《法学家》2014年第4期。

② 林喜芬：《解读中国刑事审前羁押实践——一个比较法实证的分析》，载《武汉大学学报（哲学社会科学版）》2017年第6期。

③ 陈瑞华：《审前羁押的法律控制——比较法角度的分析》，载《政法论坛》2001年第4期。

说，只要寻找到能够满足为刑事诉讼提供程序保障、预防被追诉人的社会危险性的措施以取代审前羁押，就能有效改善我国刑事司法实践中“羁押为多数”这一情形。电子监控措施利用全球定位技术、现代通信技术，实现对于被追诉人的实时监控，很大程度上保证了其及时出庭、接受刑事审判。与此同时，电子监控能够准确控制被追诉人的活动范围，可以有效避免其对于收集证据、刑事调查活动的影响，电子监控通过监控手段较大程度降低了被追诉人的社会危险性，是审前羁押的良好替代手段。

2. 刑事强制措施及时变更与司法救济的要求

正如那句著名的法谚所言：没有救济就没有权利。为了防止审前羁押被滥用，为公民人身自由的保护充分提供救济，两大法系国家分别进行了不同的探索：英美法系国家可以申请保释或者申请人身保护令，大陆法国家则采取捕后羁押必要性审查的方式。

我国的羁押必要性审查制度起步较晚，在2012年刑事诉讼法修改时第95条规定：犯罪嫌疑人、被告人被逮捕后，人民检察院仍应当对羁押的必要性进行审查。对不需要继续羁押的，应当建议予以释放或者变更强制措施。有关机关应当在十日以内将处理情况通知人民检察院。这一规定蕴含了以下几层意思：第一，人民检察院是羁押必要性审查的主体，在犯罪嫌疑人、被告人被逮捕后对羁押必要性进行司法复审；第二，羁押必要性审查是一个动态的过程，其随着时间的推移、案情及证据的改变而发生变化；第三，人民检察院在司法复审后认为不存在继续羁押的必要，应当建议对嫌疑人予以释放或者变更强制措施；第四，对人民检察院的建议，有关机关应在10日内反馈处理结果。[①] 从立法目的来看，这一规定使得人民检察院拥有了对羁押性强制措施监督的权利，有利于减少不必要羁押及超期羁押的状况。但是，由于这一制度在我国起步较晚，司法解释及相关制度措施尚未跟上，司法人员仍然没能摆脱对于审前羁押措施的过度依赖。

① 易延友：《刑事诉讼法：规则　原理　应用》，法律出版社2019年版，第343页。

无独有偶，审判过程中的强制措施变更在实践中的实施也遭遇瓶颈。根据最高人民法院《关于适用〈中华人民共和国刑事诉讼法〉的解释》（以下简称《最高法解释》）第169条规定："被逮捕的被告人具有下列情形之一的，人民法院可以变更强制措施：（一）患有严重疾病、生活不能自理的；（二）怀孕或者正在哺乳自己婴儿的；（三）系生活不能自理的人的唯一扶养人。"第170条规定："被逮捕的被告人具有下列情形之一的，人民法院应当立即释放；必要时，可以依法变更强制措施：（一）第一审人民法院判决被告人无罪、不负刑事责任或者免予刑事处罚的；（二）第一审人民法院判处管制、宣告缓刑、单独适用附加刑，判决尚未发生法律效力的；（三）被告人被羁押的时间已到第一审人民法院对其判处的刑期期限的；（四）案件不能在法律规定的期限内审结的。"由上述规定可知，在审判过程中发生的刑事强制措施变更共分为以下几种情形：被告人个人情况发生变化，如疾病、怀孕等；判决无罪或判处较轻刑罚，如第一审法院判决被告人无罪、不负刑事责任或免予刑事处罚；审判期限届满，如被告人羁押时间已经到达第一审人民法院对其判处的刑期期限；其他情况，如系生活不能自理的人的唯一扶养人。这些规定的初衷是充分保障人权、适应刑事诉讼过程中的新变化，但是，刑事强制措施的变更在实践中却频频受阻。对实体正义的热衷、"宁抓错不放过"的观念、现有的司法人员绩效考核制度都刺激着实际案件中对于羁押性强制措施的适用，此外，"案多人少"是我国的司法现实，大量堆积的案件使得司法人员实在并无更多的精力应付刑事强制措施变更。

无论是刑事强制措施的变更还是刑事羁押必要性复审并不理想的实践状况都启示着我们必须采取及时有效的手段改善这一情形。作为一种非羁押性强制措施，电子监控的适用为刑事强制措施的变更提供了一种过渡，在犯罪嫌疑人的个人自由限制在司法人员及犯罪嫌疑人都相对可以接受的程度内，打消司法人员对犯罪嫌疑人脱离控制的顾虑，保证侦查活动和司法审判活动的顺利进行，缓解司法人员的办案压力，又给予了犯罪嫌疑人一定程度上自由生活不受干扰的权利，有利于刑事强制措施变更的顺利开展。

3. 轻罪案件非羁押化的要求

根据现行刑事诉讼法的规定，逮捕的其中一个要件是采取取保候审的方法不足以防止发生社会危险性，这里所指的社会危险性是指：可能实施新的犯罪；有危害国家安全、公共安全或者社会秩序的现实危险；可能毁灭、伪造证据，干扰证人作证或者串供；可能对被害人、举报人、控告人实施打击报复；企图自杀或者逃跑。由于我国逮捕与羁押尚无明确区分的实务现状，对于逮捕所适用的标准同样可以适用于羁押，也即对于逮捕的社会危险性要求同样适用于羁押。根据无罪推定原则，任何未经司法审判的人都不得确定有罪，对于这些犯罪嫌疑人、被告人仍然采取剥夺人身自由的羁押措施，并不是为了对他们实施惩罚犯罪，而主要是出于防范其社会危险性，包括积极干扰诉讼活动的社会危险性和消极对抗诉讼的社会危险性。也就是说，羁押的核心目标是防范犯罪嫌疑人的社会危险性。

在这一理解的基础上，由于社会危险性较低，根据比例原则，对于一些轻罪案件仍然适用羁押性强制措施则超过了必要的限度。对此，有学者主张通过提高逮捕刑罚条件至 3 年有期徒刑以上的刑罚方式实现轻罪案件非羁押化①。对此，域外已有较为成熟的实践，例如意大利，司法机关只对可能判处 3 年有期徒刑以上刑罚的被告人适用包括审前羁押在内的强制措施。与之配套的是其他非羁押化强制措施，包括禁止出国、定期向司法机关报到等。在轻罪案件非羁押化这一议题上，电子监控较其他非羁押性强制措施显然更加具有优势，对于这一议题的实现提供了更大的可能性。

（二）必要性

1. 降低审前羁押率的现实需要

有数据显示，1990 年至 2009 年全国检察机关批捕率为 93.6%，其中普通刑事犯罪案件的批捕率为 94.84%，职务犯罪案件的决定批捕率

---

① 陶杨：《轻罪案件非羁押化问题研究》，载《中国刑事法杂志》2017 年第 6 期。

为68.16%。普通刑事犯罪逮捕率在之后的5年略有下降，为89.09%，但仍然保持了相当高的比率。[①] 由于我国尚未在制度上对逮捕与羁押进行区别，批捕率过高从侧面反映了审前羁押率高的现实。

过高的审前羁押率带来一系列的问题，首先是司法资源的紧张，大量的犯罪嫌疑人、被告人进入羁押场所，给羁押场所的人员、资源、管理带来极大的挑战；同时，实务中司法人员人少案多，大量案件积压，稍不注意就会出现超期羁押的情形，也给司法人员办案带来了很大的压力。尽管刑事诉讼法明文规定了被羁押人可以申请取保候审和申请解除超期羁押，但被追诉人应当向谁申请、申请的效力如何、被申请人应如何对待和处理申请都没有较为明确的说明，这就使得立法中对被追诉者免予羁押的设置实际上被架空，主动权完全掌握在司法人员的手中，就可能出现司法人员对于犯罪嫌疑人、被告人的申请置若罔闻的情形。被追诉人求诉无门，不得不寻求其他手段解决问题，例如被羁押人的亲友通过"上访"或向新闻媒体举报等手段实现解除不合理羁押问题，使得本应作为法律问题、可以通过司法途径解决的问题，由于司法救济的路径不畅，演变成社会问题甚至政治问题。[②] 在此情形下，电子监控代替审前羁押可以有效降低审前羁押率，改善司法资源的紧张的现状，减轻办案人员的压力；缓解被羁押者与司法机关之间的紧张关系，为被羁押人员重获自由提供保障。

2. 保障人权，降低对抗，更有利于辩护工作的展开

意大利法理学家切萨雷·贝卡利亚在其著作《论犯罪与刑罚》中提出："在法官判决之前，一个人是不能被称为罪犯的。只要还不能断定他已经侵犯了给予他公共保护的契约，社会就不能取消对他的公共保护。"[③] 后来，这一观点形成了著名的无罪推定原则，即任何公民未经能够为其辩护所需之一切权利提供保障的公开审判程序证明其有罪之

① 蓝向东：《审前羁押程序控制探究》，载《河南社会科学》2015年第8期。

② 卞建林：《论我国审前羁押制度的完善》，载《法学家》2012年第3期。

③ ［意］切萨雷·贝卡利亚：《论犯罪与刑罚》，黄风译，中国大百科全书出版社1993年版，第31页。

前，均应被假定为无罪。这一推定是法律拟制推定，若想推翻这一推定，公诉方负有举证责任。公诉方必须将被诉人有罪的事实证明到排除合理怀疑的程度。在这一原则的基础上，对任何公民自由的剥夺都要建立在一定的法律和事实的基础上，公民不能被任意逮捕与拘禁，也就是我们常说的人权保障原则，实施电子监控这一非羁押性强制措施体现了对人权保障原则的尊重。

电子监控的使用满足比例原则的要求。“任何刑事诉讼法典允许的强制措施的合法性，不仅决定于任何特定的法律规定，也决定于宪法性的比例原则。在考虑某措施的比例性的时候，必须平衡犯罪的严重性、嫌疑的程度、保护证据或信息的措施可能带来的价值和对所涉及的人带来的破坏或危害等因素。”① 学界通说认为，比例原则包含适当性原则、必要性原则和狭义比例原则三个子原则。适当性原则也被称为合目的性原则，在这里是指采用的强制措施能够促使既定目的的实现并且是正确的手段，也就是说，在目的—手段的关系上，必须是适当的，这就要求司法机关对公民进行羁押必须有正当目的，一旦羁押的正当性基础消失，便不得对公民继续羁押。必要性原则又被称为最小侵害原则，是在前述必要性原则的基础上，在众多可以选择的手段中，必须选择对公民来说损害最小的途径。因此，在有非羁押性强制措施可以替代羁押手段时，司法机关应毫不犹豫地适用非羁押性措施。狭义的比例原则也被称为法益相称原则，即当适用强制措施损害公民的权利时的损失要小于所获得的利益，这要求司法机关做好利益平衡，就方法与目的的关系权衡更有利者而为之。

对于公民个人来说，电子监控手段替代审前羁押性强制措施是在保障诉讼活动正常进行条件下对个人自由最大程度的尊重。这一举措是贯彻无罪推定原则、保障人权的体现，有利于犯罪嫌疑人、被告人与辩护律师有充分的机会接触、交流，获得更多的机会搜集对自己有利的证

① 宋冰：《美国与德国的司法制度及司法程序》，中国政法大学出版社 1998 年版，第 384 页。

据，从而为辩护工作提供帮助。同时，这一举措有利于减轻被追诉人的对抗情绪，使审判工作推进更加顺利。

3. 羁押替代措施薄弱

当前，我国刑事诉讼法所规定的强制措施包括优先适用的取保候审和监视居住、作为例外适用的逮捕和羁押、紧急情况下适用的拘留。通过观察不难发现我国的强制措施多为羁押性强制措施，非羁押性强制措施较少，羁押的替代性措施十分薄弱，公安机关、司法机关在羁押与释放被追诉人之外并不存在更多的选择空间。作为“唯二”存在的非羁押性强制措施，取保候审的适用相对较多，但在实践中，取保候审没有在制度层面成为被追诉人的的诉讼权利，而只是司法机关的一项侦查、起诉期间拥有的强制措施权力，被追诉人处于弱势地位，实际上取保候审的适用完全取决于司法机关，绝大多数案件由于侦查需要没有使用取保候审措施；监视居住需要花费大量的人力和财力，其大多在指定地点执行，容易演变为变相羁押，在实务中操作难度大，是使用率最低的一种强制措施。①

电子监控作为一种非羁押性强制措施可以有效改善司法机关在选择强制措施时面临的问题，既可以保障刑事诉讼活动顺利进行，实现对被追诉人的充分控制，非羁押性强制措施的使用又不至于对被羁押人过于严厉，将其与取保候审措施相结合，将大幅度增加取保候审非强制性羁押在我国的适用比例。

（三）可行性

1. 现行法律规范为电子监控的推行预留了空间

《最高法解释》第350条规定：“人民法院应当将被告人认罪认罚作为其是否具有社会危险性的重要考虑因素。被告人罪行较轻，采用非羁押性强制措施足以防止发生社会危险性的，应当依法适用非羁押性强制措施。”最高人民法院、最高人民检察院、公安部、国家安全部、司法部《关于适用认罪认罚从宽制度的指导意见》要求，将犯罪嫌疑人、

① 蓝向东：《审前羁押程序控制探究》，载《河南社会科学》2015年第8期。

被告人认罪认罚作为其是否具有社会危险性的重要考虑因素。对于罪行较轻、采用非羁押性强制措施足以防止发生《刑事诉讼法》第 81 条第 1 款规定的社会危险性的犯罪嫌疑人、被告人，根据犯罪性质及可能判处的刑罚，依法可不适用羁押性强制措施。与此同时，《最高法解释》第 169 条、第 170 条和《人民检察院刑事诉讼规则》第 579 条、第 580 条分别规定了刑事强制措施及时变更的相关要求。

除了现行法律规范为电子监控的推行奠定了基础外，电子监控的适用也被社会公众的寄予厚望。有人大代表提出全面推广非羁押人员数字监控系统的建议。其指出：当前全面推广非羁押人员数字监控系统的条件已经基本具备。一是中国特色社会主义法律体系为全面推广非羁押人员数字监控系统提供了充分的法律依据。二是我国经济社会发展变化的客观实际为全面推广非羁押人员数字监控系统带来新的机遇。三是以“非羁码”为代表的地方实践表明全面推广非羁押人员数字监控系统现实可行。相信在人大代表的大力倡导下，电子监控的在非羁押性强制措施中推广应用指日可待。

2. 电子监控的优点

除了电子监控适用的理论基础和现实需要外，电子监控本身必然具备众多的优点，我们可以从了解其产品特点出发，分析电子监控的优势。以孟晚舟所佩戴的电子脚镣为例。据《香港经济日报》报道，孟晚舟所戴的电子脚镣是由加拿大唯一一家 SafeTracks GPS 电子脚镣公司提供。鉴于法院没有公开孟晚舟所佩戴的电子脚镣的信息，我们在这里分析 SafeTracks GPS 官网上一款名为 ReliAlert XC3 电子脚镣作为替代。

第一，监控电子脚镣内置全球定位功能，每两秒就会更新位置信息，其位置的准确度介于 1.8 米至 15 米，这有利于司法机关工作人员随时确认被追诉人的位置；第二，电子脚镣设有收音及麦克，可以实现双方或三方实时语音通讯，监控单位可以随时通过系统，与佩戴者对话，更加方便对被追诉人的监控；第三，电子脚镣设有警报器，可以发出警笛声、一般声响、震动等，若佩戴者尝试拆除电子脚镣，脚镣会发出警笛声，提醒公众有逃犯；第四，电子脚镣可以预先设定被监控者的活动范围，被监控者必须在规定范围内活动，全球定位系统一旦监测到其离开指定范围，会立刻上报监控单位；第五，电子脚镣有防水功能，以 XC3 电子脚镣为例，它拥有 6 米防水功能，可在气温 -20℃ 至 60℃ 的条件下活动，即使极端恶劣天气也不会影响它的使用，佩戴者的洗澡、游泳等正常生活不会受到影响。由此可见，以电子脚镣为代表的电子监控已经能够达到及时、精确监控的程度，其警报设置在防止佩戴者逃跑的同时还能起到提醒社会公众注意的功能，第六，电子监控方便佩戴，适用于多种生活场景，便于佩戴者的日常生活。

三、电子监控在非羁押性强制措施中适用的担忧

（一）存在侵犯公民隐私权的可能

凡事有利皆有弊，任何事物都不可能是完美的，电子监控也不例外。我国《宪法》第 40 条规定："中华人民共和国公民的通信自由和通信秘密受法律保护。除因国家安全或者追究刑事犯罪的需要，由公安机关或者检察机关依照法律规定的程序对通信进行检查外，任何组织或者个人不得以任何理由侵犯公民的通信自由和通信秘密。"设有收音和喇叭的电子监控设备在可以实现即时通信的同时也可以实现对被监控者的监听，如果不加注意和预防，很难保证对于嫌疑人、被告人的监听不会超过必要的限度，过度侵犯个人隐私，侵犯通信自由和通信秘密，影响个人生活安宁。根据《民法典》第 1034 条的规定，自然人的个人信息受法律保护，其中个人的行踪信息属于个人信息的内容，使用电子监控对犯罪嫌疑人、被告人的位置进行即时监控、限制其活动范围，这无疑是对公民个人信息权的巨大挑战。

我国《社区矫正法》第 29 条第 2—3 款规定："……前款规定的使用电子定位装置的期限不得超过三个月。对于不需要继续使用的，应当及时解除；对于期限届满后，经评估仍有必要继续使用的，经过批准，期限可以延长，每次不得超过三个月。社区矫正机构对通过电子定位装置获得的信息应当严格保密，有关信息只能用于社区矫正工作，不得用于其他用途。"电子监控在适用中对隐私权、个人信息权的侵害是不可

避免的，应适用比例原则，对其运用的设置一定的限制，如设置监控期限、制定法律对监控人员的保密责任等。

（二）存在引发歧视的风险

电子监控设备是有形的、明显的存在，佩戴电子监控设备意味着犯罪嫌疑人、被告人不得不将其可能犯罪、已犯罪的情形公之于众，可以想象当他们佩戴电子监控设备走在人群中，必定会引人的关注，甚至引发歧视，电子监控设备成为“有罪”的标签，会影响犯罪嫌疑人、被告人的正常生活。试想一下，被追诉人的活动范围受到限制、位置信息被实时监控，还要忍受公众投来的异样的目光，尽管避免了羁押的强制措施，但被追诉人的实际生活受到了极大的影响，电子监控对其融入正常的社会生活有很大的阻碍，长此以往，容易滋生犯罪嫌疑人、被告的负面情绪，不利于其配合刑事诉讼程序，甚至引发犯罪。

（三）成本较高，前期投入大

尽管与羁押等强制措施相比，电子监控这种非羁押性强制措施可以省去羁押场所、工作人员的费用，但是电子监控设备本身的造价也是非常高昂的，根据不同的技术与功能要求，每台设备的造价甚至可以达到几十万元，若将电子监控设备推广至非羁押性强制措施中适用，需要国家在前期投入大笔费用研发、购买这些设备。就当前适用电子监控的国家来看，电子监控设备的购置费用一般会转移为犯罪嫌疑人、被告人的使用费用，由被监控者个人支付，基于电子监控设备非常昂贵，其使用费用也居高不下。以孟晚舟的电子脚镣为例，其安装费为250美元，每月的使用费用为540美元，每次上庭费用超过500美元，这对那些经济实力较为薄弱的犯罪嫌疑人、被告人实在是很难负担。

四、电子监控在非羁押性强制措施中适用的建议

尽管电子监控在非羁押性强制措施中的适用存在这种或者那种的弊端，但总的来说是利大于弊的。目前来看，电子监控在我国的应用主要集中在社区矫正领域，作为一种刑罚的替代执行方式而存在。在刑事诉

讼法规定的现有的五种刑事强制措施的基础上，将电子监控与取保候审相结合，使其成为继保证人和保证金之外的第三种保证方式，作为取保候审应用的辅助手段，提高取保候审在实务中的应用比例，为现行的非羁押性强制措施提供更多可能性，将有效改善“取保难”的现状。

在具体适用上，我们可以参照取保候审的规则来设计电子监控的适用规则。电子监控作为落地取保候审的配套措施，在其制度设计之初，必须与取保候审的规定相一致，主要包括电子监控的适用对象、被监控者的义务、监控者的义务、电子监控的启动程序、电子监控的执行、电子监控的没收程序、对违反监控要求的处罚等。

（一）电子监控的适用对象

作为取保候审的落地辅助手段，电子监控对于被追诉人的24小时不间断定位，可以随时与被追诉人通过电子设备通话，以及其设置的报警功能使得电子监控对于被追诉人的控制强度高于传统的取保候审，但被追诉人又可以在较大范围内自由生活，这使得电子监控的控制强度低于监视居住。与传统取保候审不同的是，电子监控并不存在保证人，现代科学技术的发达使得全球定位系统可以时刻确认被监控者的位置信息，有效防止被追诉人逃避侦查、起诉和审判，保证其在一定期限内随传随到，配合诉讼程序顺利进行。如前文所论述，适用电子监控的正当性基础同取保候审一致，即被追诉人的社会危险性低，因此，在适用对象上，对取保候审的被追诉人可以适用电子监控：（1）可能判处管制、拘役或者适用附加刑的，这类被追诉人可能判处的刑罚较轻，逃避侦查和审判的可能性较小，因此没有必要使用羁押性的强制手段对其实行控制；（2）可能判处徒刑以上刑罚，采取电子监控辅助的取保候审不致发生社会危险性的，一般多适用于有可能判处缓刑的犯罪嫌疑人、被告人，以及初犯、过失犯、未成年人犯罪等案件的犯罪嫌疑人、被告人，不适用于累犯、犯罪集团的主犯，以自伤、自残办法逃避侦查的被追诉人，危害国家安全的犯罪、暴力犯罪以及其他严重犯罪的被追诉人；（3）患有严重疾病、生活不能自理，怀孕或者正在哺乳自己婴儿的妇女，采取电子监控辅助的取保候审不致发生社会危险性的，此种条件下的被追诉人逃避侦查和审判的可能性较小；（4）羁押期限届满，案件尚未办结，需要采取电子监控措施以取保候审的，严格执行羁押期间制度，有效避免超期羁押。

相较于传统的保证人和保证金的取保候审方式，电子监控确保了被追诉人较大范围内自由生活，同时通过位置监控、语音通话等手段实现对被诉人较大程度上的控制，给对于取保候审充满忧虑的司法人员吃下一颗“定心丸”，有助于取保候审这一非羁押性强制措施在实践中得到更多的应用。

（二）电子监控的实施程序

电子监控的在非羁押性强制措施中的实施程序可以包括电子监控的启动、电子监控的执行、电子监控的期间及解除、电子监控的罚没程序。

根据我国刑事诉讼法及相关司法解释的规定，公检法机关既可以依职权主动采取取保候审，也可以根据犯罪嫌疑人及其委托人的申请采取取保候审。这就意味着电子监控手段在取保候审中的应用既可以依公检法机关的职权而进行，也可以由被追诉人及其委托人申请而进行。与此同时，同取保候审的法律规定，有权提出电子监控申请的人员应包括：犯罪嫌疑人及其法定代理人、近亲属及其所委托的律师。电子监控的申请方式当以书面方式提出，制作取保候审报告书，并在报告书中说明以电子监控方式取保候审的理由。公安机关在接到申请后应在 7 日内作出同意或不同意的书面答复，若同意以电子监控方式取保，则依法办理取保手续；若不同意以电子监控方式取保，应书面形式予以答复并说明理由，由于电子监控的监督强度高于传统的保证人、保证金模式的取保，对被追诉人的监控程度较高，因此有必要确立“电子监控取保为原则，羁押为例外”的规定，非特殊理由不得拒绝被追诉人以电子监控方式取保的申请。

同取保候审的执行一样，电子监控由公安机关执行。人民法院、人民检察院、公安机关作出以电子监控形式取保候审的决定后，将取保候审决定书等相关材料移交当地同级公安机关执行，由当地同级公安机关负责对电子监控佩戴者的监控，包括实时监控位置信息，定期听取佩戴者的基本生活汇报，及时汇报并处理佩戴者的异常行为，制作电子监控报告等。若被告人不在本地居住，则将其送交其居住地的公安机关执行。与此同时，尽管电子监控的使用免去了保证人或保证金，但电子监控的佩戴者应当为电子设备的使用承担一定的费用。这笔费用应当与保证金的收取相同，由县级以上的执行机关统一收取和管理，在制定的银行设立电子监控方式取保候审缴费账号，委托银行代为收取和保管这笔费用。

在电子监控的适用期间上，电子监控作为一种非羁押性强制措施的适用期间不宜超过取保候审的最长期间 12 个月，期满解除。若取保监控期间案件事实查明，被取保人不是应当追究刑事责任的人，电子监控应当立即解除，由当地公安机关书面通知被取保人。在电子监控的罚没程序上，主要存在两种情形：一是被追诉人违反监控要求，未经批准离开规定的活动区域，进入禁止进入的特定场所，甚至重新犯罪；二是干扰侦查和审判活动，毁灭、捏造证据或者串供，干扰证人作证。当出现以上两种情形时，电子监控应当视情况罚款或即刻停止，变更为羁押性强制措施。

（三）电子监控适用期间的义务

电子监控适用的义务主要包括监控者的义务和被监控者的义务。佩戴电子监控设备的被追诉人应按照要求在规定的范围内活动，不得随意摘除监控设备，配合司法机关的命令和要求，积极配合侦查、起诉和审判，做到随传随到。对于违反监控要求的被监控人，应处以一定数额的罚款，视其对规定的违反程度及社会危险性是否变大可以作出收回电子监控的改换更为严厉的羁押性强制措施的决定。

作为被监控者的公检法机关，同前文所讨论的内容，应积极依职权主动对被追诉人适用电子监控，或根据被追诉人及其委托人的申请采取电子监控手段。公检法机关在接到申请后须在 7 日内作出同意或不同意的答复，若不同意，须说明不同意的理由，并出具对被追诉人社会危险性的评估说明，以书面形式通知申请人。除此以外，电子监控手段的适用应特别关注对隐私权的保护。

公安机关的监控工作应符合比例原则的要求。公安机关在时时监控被追诉人行动轨迹的同时必须遵守一定的限制性规范，注意保护被监视者的案外隐私，主要包括两方面的内容：一是在监控过程中获取的与本案无关的被监视者个人隐私；二是监控过程中收集的被监控者亲友的个人信息与隐私情形。① 负责对被追诉人进行监视的公安机关工作人员，通过电子监控装置获得的信息应当严格保密，有关信息只能用于刑事侦查、起诉、审判工作，不得用于其他用途。由于电子监控设备可以实现与被追诉人的即时通信，有必要规定工作人员非工作必要不得主动与被追诉人通话，尤其是不允许在休息时间、夜间进行，不得影响被追诉人的正常生活安宁。此外，电子监控设备的通话功能若不加规范，很有可能演变成为变相监听，侵犯被追诉人的隐私权，这一点也应当注意的。

（四）加大电子监控技术研发投入

除了上述对于电子监控在司法实务中适用的具体建议外，还有必要对电子监控设备本身予以关注。实际上，随着科学技术的发展，电子监控设备也经历了一个不断进化的历程。最早的电子监控设备是一种固定设备，该设备具有摄像功能，通过将其固定在被监控者的身体某一部位后对其进行视频影响的拍摄存储而实现监控。随后，具有定位功能的电子监控设备出现，利用全球定位系统对被监控者的位置进行追踪，限制其在一定的时间、地域范围内活动，但是有时会存在接收不到卫星信号的情形，存在一定的漏洞。随着时间的推移，全球定位系统和移动通信技术的成熟使得电子监控设备得以进化，不仅有效改善了信号不稳定的情形，而且可以实现与被监控者的即时通信，使得电子监控更加有效且人性化。

此外，电子监控的成本尚且偏高，为其制作并大规模应用产生了阻碍，电子监控技术的发展成熟对于电子监控的进一步推广应用有着重要

---

① 高一飞、刘博楠：《限制自由强制措施中的电子监控》，载《南通大学学报（社会科学版）》2014 年第 1 期。

的意义。国家有必要进一步加大其研发投入，以完善技术、降低成本，从而减轻被监控者缴纳电子监控费用的负担，更先进的电子监控设备使被监控者获得监控前提下的最大程度的相对自由。

综上所述，电子监控手段作为一种新兴的非羁押性强制措施，在域外已经有较为广泛的应用，本文就电子监控引入我国的非羁押性强制措施的合理性、必要性、可能性展开论述，试为电子监控在我国的应用提供理论支持，对电子监控与取保候审相结合提供思路，为改善我国审前羁押率居高不下的现状寻找解决办法。长远来看，将电子监控引入非羁押性强制性强制措施是大有可为、值得期待的。

（责任编辑：武小琳）

推荐人语：

该调研报告以人民法庭优化布局改革为切入口，在最高人民法院“五五改革纲要”提出“加强人民法庭建设”的背景下，通过调研展示了甘孜州法院改革的具体司法操作，具有一定的现实意义。总体而言，该调研报告布局较合理，层次较清晰，语言规范。

林喜芬　上海交通大学凯原法学院教授、博士生导师

甘孜州人民法庭优化布局改革调研报告

刘思宏　李　萌*

党的十八届四中全会明确指出，全面推进依法治国，基础在基层，工作重点在基层。党的十九届四中全会则进一步提出，健全党组织领导的自治、法治、德治相结合的城乡基层治理体系。法治化，是基层社会多元化治理手段中的重要一环，也是基层治理有效服务于国家治理体系和治理能力现代化大局的必经之路。未来，随着司法程序不断规范化、现代法治理念逐渐向基层传送，司法服务将不断嵌入基层社会，人民法庭在基层治理中的地位也将越来越突出。

最高人民法院《关于深化人民法院司法体制综合配套改革的意见——人民法院第五个五年改革纲要（2019—2023)》明确提出“加强人民法庭建设”的任务，要求“进一步优化城乡人民法庭布局，充分发挥人民法庭面向基层、面向群众和便利群众诉讼、便利法院审判的优势，依法促进基层社会治理”。具体措施包括两步：一是规范人民法庭领导职

* 刘思宏，上海交通大学凯原法学院2020级博士研究生；李萌，上海交通大学凯原法学院2019级硕士研究生。

数设置，加强人民法庭人员配备，合理保障人民法庭正常履职所需经费；二是坚持和完善人民法庭巡回审判制度，不断提高巡回审判的效果和水平。四川省《关于优化人民法庭布局进一步加强人民法庭建设的指导意见》（以下简称省高院《指导意见》）指出，“充分考虑案件类型和数量、区域面积、人口数量、交通条件、经济社会发展状况，结合乡镇行政区划调整……因地制宜优化人民法庭的区域布局”。甘孜州中级人民法院在其2019年工作报告中也对2020年工作打算作了说明，指出2020年要努力构建符合甘孜地区实际的诉讼服务体系，强化在矛盾纠纷多元化解机制中的作用，努力把纠纷解决在萌芽状态，为乡村振兴提供有力司法保障。优化人民法庭布局正是这一目标的重要组成部分。在过去近一年中，甘孜两级法院结合全州域治理和行政区划调整的实际，对人民法庭的布局进行了系统优化。本文予以系统梳理。

一、甘孜州人民法庭优化布局的背景

对于一项具体工作而言，“如何解决问题”是关键，但思考“为何产生问题”却是出发点。从外因和内因对甘孜州优化人民法庭优化布局的背景加以关注，有助于深入理解“为何甘孜州当前大力推进优化人民法庭布局”这一基础性问题。

（一）近年来该州城镇化的发展情况

从根本上看，经济基础决定上层建筑。任何机构设置、制度建设上的改革与创新，均是一定历史阶段的经济土壤孕育出的果实。甘孜州优化人民法庭布局的工作自然也需遵循这一规律。其中，伴随经济发展而产生的城镇化进程，与之有重要联系。

近年来，随着甘孜州经济社会发展，尤其是广大农牧区在脱贫攻坚工作中，当地政府大力推动易地搬迁、产业发展、就业扶贫等具有甘孜特色的公共服务化措施，城镇化水平有所提高。根据甘孜州2019年国民经济和社会发展统计公报，至2019年末，甘孜州常住人口119.9万，其中城镇常住人口39.48万，乡村农牧区常住人口80.42万，常住人口城镇化率为32.94%，相较2018年末提高1.28%[①]。人口向城市的集聚、小城镇格局的变化和不同城镇的人口数量的再分配，使人民法庭辖区内的各种社会要素（如人员构成、社会关系、经济与社会发展水平）在事实上已经发生了变化，纠纷性质、案件数量、社会生态都不同以往[②]。另一方面甘孜州常住人口城镇化率虽有所提高，但仍远低于我国平均水平[③]，且就四川省而言，以成都平原为核心的成都市及其周边部分城市所形成的经济区域，在新型城镇化发展阶段中处于明显领先地位，而川西高原、山区等地相比则呈现较大落差[④]。结合以上情况，城镇化可能为人民法庭带来的影响是，人民法庭要处理伴随经济发展和城镇化而生的更多、更新的纠纷，在这一过程中，还要直面与“更先进”地区人民法庭间的差距，存在“弥补差距”甚至是“追赶”的压力。这些均会使提升甘孜州人民法庭工作水平成为具有一定现实紧迫性的任务。

（二）行政区划调整的影响

因经济发展带来的城镇化进程，是甘孜州优化人民法庭布局的大背景。在更具体的层面上，甘孜州这一工作的开展又与近年行政区划调整有非常直接的联系。

前段提及，城镇化可带来城镇格局变化和城镇人口数量再分配。位于“国、省、市、县、乡”五级行政区划模式中最基层的乡镇一级，作为感知城镇化最直接的环节，很有必要及时调整，否则会在行政管

---

① 数据来源：甘孜州统计局《甘孜藏族自治州2019年国民经济和社会发展统计公报》，载http://www.gzz.gov.cn/gzzrmzf/c100046/202004/a67f1758486a49678509e64217cf0d97.shtml，2021年5月8日最后访问。

② 姜树政：《中国城镇化之路与人民法庭布局——以三省三市（地区）110处人民法庭为样本的分析》，载《山东审判》2015年第4期。

③ 国家统计局《中华人民共和国2019年国民经济和社会发展统计公报》显示，至2019年末，全国大陆地区总人口140005万人，其中城镇常住人口84843万人，占总人口比重（常住人口城镇化率）为60.60%。载http://www.stats.gov.cn/tjsj/zxfb/202002/t20200228_1728913.html，2021年5月8日最后访问。

④ 参见伍艺、杨锦：《新型城镇化进程中土地、产业和农村劳动力转移耦合机制研究——以四川省为例》，载《农村经济与科技》2016年第23期。

理、公共服务等方面产生诸多不便。可以看到的是，从2019年至今，甘孜州已配合城镇化进行了两轮较大规模的乡镇行政区划调整：甘孜州下辖18个县（市），2019年12月第一批乡镇行政区划调整改革后，康定、泸定、丹巴、九龙、乡城、稻城6县（市）由原92个乡镇调整到77个乡镇，减幅为16.3%；2020年3月，第二批乡镇行政区划调整涉及第一批剩下的雅江等12个县的48个乡镇，调整后乡镇总数从325个减少到289个，减幅为11%①。从整体上看，甘孜州在短短一年多内就初步实现了覆盖全州的乡镇行政区域裁撤合并工作。对于人民法庭而言，这带来的直接效应就是：首先，"迫使"司法管辖区域尽快调整，避免因原有管辖区域与新区划设置交叉而导致在基本的"管辖"问题上产生混乱。其次，伴随着行政区划的调整、行政单位内人口分布情况的变化，案件数量、质量上可能产生新的不均，而"案源"直接关乎人民法庭的存续基础。最后，行政区划调整一方面是受到州域经济影响的结果，另一方面这一举措又会重塑州域的经济地理版图，从而可能再度产生调整区划的需要，这就给人民法庭的设置增加了不确定性，让人民法庭和城镇化进程更深度地"捆绑"，未来也许面临更多调整。

（三）该州法院设置的特点

"人不多、点位多、案不多、线路长"是甘孜州法院的基本现状，加之部分人民法庭布局不合理、案件量少、人员配备困难、地处偏远且房屋年久失修，无法达到管辖范围合理、基本设施完备、案件来源充足（受理案件数一般不低于本院法官的年人均办案量）和人员配备达标（至少配备1名员额法官、1名书记员、1名司法警察或安保人员）的设置要求，存在法庭闲置、未规范运行等情况，无法满足广大农牧区群众新的司法需求。因此，进一步加强中心人民法庭和巡回审判点建设，采取柔性司法服务理念，也对甘孜州人民法庭优化布局提出了新要求。

---

① 以上数据来自《甘孜州6县（市）部分乡镇行政区划调整方案获批》，载 http://www.ganzipeace.gov.cn/qwfb/20200102/2144476.html；《我州第二轮乡镇行政区划调整改革工作全面启动》，载 http://www.gzz.gov.cn/gzzrmzf/c100048/202003/f491d1fc67574bcae70bc93280908e0.shtml；2021年5月8日最后访问。

二、甘孜州优化人民法庭布局改革的实践探索

（一）优化标准："辖区+案源+设施+人员+冠名"综合性条件

省高院《指导意见》提出了分"三步走"实现加强人民法庭建设的目标，其中第一步就是：到2020年底前，完成全省人民法庭优化布局工作，形成条件设置科学、点位配置均衡、人员编配合理、案件来源充足、办公条件齐备的人民法庭布局模式。甘孜两级法院积极响应此项目标安排，在"三个面向"和"两便"原则①的指引下，充分结合实际，经过近一年的探索和总结，大致形成了"辖区+案源+设施+人员+冠名"的五要素综合考量模式。这可以视为甘孜州优化人民法庭布局工作的"顶层设计"，是对前述"三个面向"和"两便"这两个较为抽象原则的具体化②。其内容为：

1. 管辖范围合理

管辖是司法程序的重点问题之一，管辖的确定通常被视为程序的正式开始。合理规划人民法庭管辖范围，是贯彻"两便"原则的体现：既能便于人民群众更快定位正确的管辖法庭，避免因程序烦琐、迟延造成时间与精力耗费；也有助于法庭缩短纠纷处理的时间，提高工作效能。按照省高院《指导意见》，人民法庭的管辖范围一般为3个乡镇街道以上，但对个别撤乡并镇改革后乡镇街道辖区规模扩大及人口高度集中的乡镇（街道），案件量充足的，管辖范围可为2个乡镇（街道）。

---

① 最高人民法院在2005年发布的《关于全面加强人民法庭工作的决定》中，对"三个面向"和"两便"原则的内涵进行了解释："三个面向"即"坚持面向农村、面向基层、面向群众"；"两便"即既坚持便于群众诉讼，又要便于人民法院依法独立、公正和高效行使审判权。时至今日，"三个面向"和"两便"原则依然是全国各地加强人民法庭工作的重要指引。

② 有必要说明和澄清的是，"优化人民法庭布局"的说法容易被望文生义地理解成这是一个非常直观的、地理空间意义上的问题。但"优化人民法庭布局"实际上包含着丰富的工作内容：除了要考虑人民法庭在地理空间上的布置问题，还要考虑包括人、物等多个环节间的相互配合，因而它是一个系统性的概念范畴。从实践的角度来看，甘孜州优化人民法庭布局的工作也确实展现出了系统性、综合性的特征。

甘孜两级法院按照这一规划方案，讲求“按需设置”，在以行政区划调整作为出发点的同时，还充分考量当地实际，避免生硬地仅按区划来设置人民法庭。例如，康定市新都桥人民法庭2019年管辖范围为新都桥镇、塔公镇、甲根坝镇、呷巴乡。康定市此前撤销了瓦泽乡，将其所属行政区域划归新都桥镇，又撤销了朋布西乡和甲根坝乡，设立了甲根坝镇，事实上使新都桥镇、甲根坝镇两者相较于区划调整前的管辖面积明显扩大。在综合考虑上述情况后，新都桥人民法庭管辖范围改为新都桥镇、塔公镇、沙德镇、甲根坝镇、贡嘎山镇、呷巴乡、普沙绒乡、吉居乡，共计8个单位。这不仅是基于行政区划调整的要求，也是综合考量地区人口、案件数量等多重因素后提出的优化方案。

2. 案源充足

人民法庭围绕“案件”运作，没有案源，法庭存在的意义大打折扣。按照省高院《指导意见》，边远、民族地区的人民法庭不受辖区范围内年受理案件数不少于130件的限制，但年受理案件数一般不低于本院法官的年人均办案量，加挂专业法庭牌子的，专业类案件量一般应达到法庭年受理案件数的1/3以上。甘孜州地广人稀，交通不便，人民群众的法治意识相较于省内其他地区尚处于上升期，这些特殊情况要客观对待，实事求是，合理规划。例如，康定市姑咱人民法庭2019年结案数是全州最多的，达135件，且预估2020年的案件数达180件，增长约33%，当然要予以保留甚至强化；而同样是康定市人民法院下辖的炉城人民法庭，2019年结案数为0，遂被撤销并改为了巡回审判点①。

3. 人员配备达标

人员是法庭运行的关键要素，主导着法庭的正常工作进程，其重要性不言而喻。省高院《指导意见》在人员配备方面的规划是，法庭人员配备一般3人以上，至少配备1名员额法官、1名书记员、1名司法警察（或安保人员），有条件的人民法庭可配备法官助理。甘孜两级法

① 数据来源于甘孜州中级人民法院统计数据。下文与当前人民法庭优化的相关数据均来源于此。

院在人员配备上的工作基本按这一目标推进。在保留的27个人民法庭中，均配备了员额法官。其中，案件数量较多的康定市姑咱人民法庭配备3名员额法官；其余26个人民法庭至少配备1名员额法官。每个人民法庭基本上均配备了1名书记员或聘用制书记员，有少数法庭（如得荣县人民法院瓦卡人民法庭）虽然没有配备书记员，但以法官助理代行书记员相关职责。所有人民法庭还均配备了至少1名法警或者聘用制安保人员，以维护基本法庭秩序。

4. 基本设施完备

2005年最高人民法院《关于全面加强人民法庭工作的决定》第5条规定，人民法庭“要有自有的审判、办公用房，以及使用审判工作需要的办公设施、通信设备和交通工具”。基础设施是人民法庭日常运行的外在条件和物质基础，是人民法庭规范化运行的有力保障。在经济不发达或欠发达地区，由于物质基础条件较为有限，只需量力而行，保证能满足审判工作的基本需要即可。甘孜两级法院充分意识到人民法庭基础设施的重要性，在利用现有条件的前提下努力完善。当前保留的27个人民法庭均具有独立的办公场所和基本的办公条件。而无独立办公场所的人民法庭，如白玉县人民法院巡回人民法庭，则被撤销，更改为巡回审判点。

5. 法庭冠名规范

法庭的名称应当与优化调整后的布局情况相匹配，从而充分发挥识别作用和体现司法机构的正式性。甘孜两级法院在优化布局的工作中，以省高院《指导意见》中“以人民法庭所在地地名命名，并冠以其所属基层人民法院的名称”的方式对保留的人民法庭进行命名，例如，原甘孜县人民法院绒坝岔人民法庭位于来马镇，更名为甘孜县人民法院来马人民法庭；原德格县人民法院玉隆人民法庭位于马尼干戈镇，更名为德格县人民法院马尼干戈人民法庭。

（二）优化方式：从单线到多层次辐射模式

1. 总体情况介绍

根据省高院《指导意见》要求，在“严格控制新增人民法庭”，

“法庭设置实行总量控制，原则上不再新增”的前提下，重点在于对既有的人民法庭进行“优化整合”和“撤销”，具体措施为：第一，“对管辖区域相邻、案件相对较少的法庭，可以进行合并”；第二，“对已批未建、已建未运行并在2022年前能够达到法庭基本设置条件的法庭，可以予以保留”；第三，“对确无保留必要的法庭，应予以撤销”。实践中，甘孜州法院优人民法庭的方式主要包括三大类：保留、新增和撤销。其中，“保留”被细化为“更名”“迁址”和“挂牌专业化审判法庭”三种方式；“撤销”则体现为“撤销既有人民法庭，改为巡回审判点”。优化后，11个人民法庭被“更名”；10个传统人民法庭挂牌专业化审判法庭，其中，挂牌“旅游环保法庭”8个，挂牌“道路交通法庭”1个，挂牌“家事法庭”1个；31个人民法庭被撤销后，改为巡回审判点。因此，甘孜州人民法庭的格局从优化前的“基层法院→传统法庭→巡回审判点”的单线辐射模式转化为优化后的“基层法院→传统法庭/传统+专业法庭→流动+相对固定巡回审判点”多层次辐射模式。可以看出，在甘孜州的人民法庭改革中，挂牌专业化审判法庭与机动巡回审判点成为亮点。

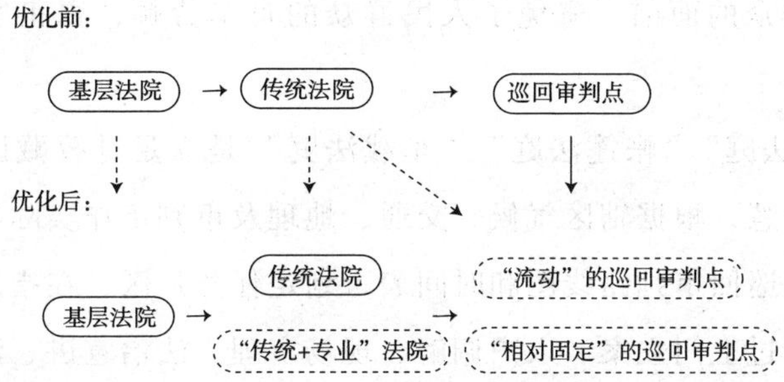

图1　甘孜州人民法院优化前后对比照

2. 大力推进专业化审判法庭建设

当前甘孜州优化人民法庭布局工作，之所以能被称为“优化”，是因为甘孜州不仅仅关注人民法庭的“数量”，更关注“质量”。本次工作的目标之一是探索人民法庭转型升级，将一些条件相对成熟、案件类型相对集中的人民法庭，发展为专业化审判法庭，从而在整体上形成职能上兼具人民法庭传统功能与类案专业化审判功能的人民法庭新布局。

甘孜州在保留的27个人民法庭中，对2个进行了专业化审判挂牌。泸定县冷碛镇人民法庭加挂道路交通法庭牌子。这与冷碛镇的交通位置直接相关：冷碛镇是甘孜州的东大门，国道318线、省道211线贯穿全境，是州内交通重镇。相应的，冷碛镇交通事故数量也非常突出。泸定县泸桥镇人民法庭加挂家事法庭牌子。这与辖区内人口密度较大有关：泸桥镇人民法庭辖区面积为652.89平方公里，在保留的27个人民法庭辖区面积中居于倒数，但是人口数量达到了6.2万，是27个人民法庭中最多的，这意味着该范围内家事纠纷数量也可能居于全州前列。

3. “流动”与“相对固定”并存的巡回审判点设置

甘孜州面积广袤且多为高原山地，偏远山区和农牧区人口分布分散且交通不便，这使得人民法庭的建设工作“天然”面临挑战。但甘孜州在长期的实践中发展出了一套民族地区“流动法庭”的优秀经验：把法庭搬进农家院落、林区牧场，就近就地审理宣判案件；在下辖的村（社区）建立司法服务联系点和便民收案点，设立“马背法庭”“帐篷法庭”“车载法庭”等流动巡回审判法庭，法官们亲自将人民法庭“带到”人民群众的面前，避免了人民群众的舟车劳顿，真正实现司法服务便利化。①

“马背法庭”“帐篷法庭”“车载法庭”是立足甘孜藏区实际而产生的乡土智慧，根据辖区气候、交通、地理及审判工作实际等因素，科学合理制定巡回审判路线图和时间表，划定任务片区，在指定地点、指定时间，通过上门立案、入户调解、现场审理、法治宣讲、法律指导和司法服务信息技术应用培训等方式开展巡回审判，依托当地党委政府，与乡镇调解委员会、司法所、派出所、驻村干部形成联络机制，主动对接基层综治矛盾，形成以人民法庭和巡回审判点为点、车载流动法庭为线、基层人民法院为面，“点线面”相结合、全覆盖的司法服务网络。

① 甘孜州流动审判点相关报道详情可参见《甘孜法院经验获肯定》，载 http://www.ganzipeace.gov.cn/sptd/20181226/645843.html，2021年5月8日最后访问。

在此之外，还着力推动实现巡回审判点的“相对固定”，即在强调巡回审判点要以发挥便民作用为重要目的的同时，也要逐步推进巡回审判规范化、正式化，尽量利用现有固定场所，为定期开展巡回审判工作提供场地支持，也能提高巡回法庭在群众心中的庄严形象。在当前甘孜州优化人民法庭布局的工作中，也突出体现了对建设巡回审判点的重视，将继续保持并且发扬。在优化后共设立的105个巡回审判点中，有37个使用了既有的巡回审判点，有25个是由被撤销的人民法庭改设，有21个是由党政机关原有办公场所改设而成，有22个是无固定办公场所的“真正流动”审判点。

三、甘孜州优化人民法庭布局工作的成果

（一）初步形成了中心人民法庭、巡回审判点互补的司法服务格局

从直观效果上看，甘孜州此次优化人民法庭布局的工作，基本上完成了省高院《指导意见》中关于加强中心人民法庭和巡回审判点建设的工作安排：推广“车载法庭”等巡回审判方式，形成以中心人民法庭为点、车载流动法庭为线、基层人民法院为面，“点线面”相结合、全覆盖的司法服务网络。

在本次甘孜州优化人民法庭布局工作中，全州18个县（市）内，有12个只保留了1个人民法庭；全州原有的47个人民法庭优化后只保留了27个。从数量上看，可谓显著减少。但保留的27个人民法庭，均是原来案源较丰富或案件类型较集中、群众诉讼需求较大、人员编制较为成熟、办公条件较为完善的法庭。例如，作为甘孜州目前唯一撤县设市的康定市，虽只保留了姑咱人民法庭和新都桥人民法庭两个法庭，但姑咱人民法庭是康定市乃至整个甘孜州2019年结案数最多的法庭；新都桥人民法庭则是有多年以旅游环保审判作为工作重点的法庭。通过整合，这些人民法庭被发展为中心人民法庭，使得原来较分散的司法资源更好地聚集，对周边区域的辐射能力也得以增强。

人民法庭的减少，也可能造成部分民众住所与法庭间的距离增加的

问题，进而为民众参与诉讼、调解等活动带来阻力。对此，甘孜州采取了大力建设巡回审判点的应对方案，弥补因人民法庭减少可能给民众带来的不便。具体表现在：第一，总体数量大幅增加。优化前，全州巡回审判点仅46个，而优化后已经达105个。第二，部分地区实现了巡回审判点设置“从无到有”的发展，如丹巴县、九龙县、道孚县等。在中心人民法庭的司法服务难以覆盖的偏远区域，这些巡回审判点可以对人民法庭形成支持和互补，不留下司法服务的“真空”地带。

（二）切实推动全州人民法庭建设从“普及”转向“提质”阶段

长期以来，“边远地区、交通不便、信息闭塞、力量薄弱、设施简陋、方式随意”是人民法庭的基本样态和主要标识，这些客观的局限也在很大程度上造成了在法院内部格局中，人民法庭被直接或间接地固化于拾缺补遗的边缘性地位①。近年来随着人民法庭在基层治理中的潜力被发掘，人民法庭获得了越来越多的关注。但若不改变人民法庭小且分散的问题，即使不断强调让基层法院审判资源配置“重心下移”，人民法庭也难以真正“消化”，甚至可能造成“内卷化”难题，即使增加投入也得不到相应的产出。

甘孜州在优化前，全州域18个县（市）内都广泛设置了人民法庭，其中人民法庭设置数量大于等于3的县（市）就有14个。这相较于东部省市的人民法庭数量而言，看似较少，但考虑甘孜州地广人稀、案源不充分的实际情况，还是有不合理之处。例如，康定市优化前有4个人民法庭，其中炉城人民法庭2019年结案数为0；道孚县优化前共3个人民法庭，其中瓦日人民法庭2019年结案数为0；石渠县在优化前共4个人民法庭，其中扎麦人民法庭2019年结案数为0……这也能从侧面说明，甘孜州人民法庭在以往尚处于“普及”的层次上，法庭虽然总体数量较多，但相当一部分未得到充分的利用和发挥。而本次甘孜州人民法庭布局优化的主要成效之一，就是要改变过去人民法庭小且分

① 参见顾培东：《人民法庭地位与功能的重构》，载《法学研究》2014年第1期。

散的局面，建设具备一定规模要求、功能较为完备的中心人民法庭。虽然甘孜州人民法庭数量在下降，但整合化的工作思路却能使被保留下的人民法庭朝更加集约的方向发展，让有限的资源集中，促进高效运作。从最直观的结案数来看，保留的27个人民法庭优化后的预估结案数均有所提高，例如康定市姑咱人民法庭2019年结案数为135，优化后预计达180；泸定县的海螺沟人民法庭2019年结案数为80，优化后预计达100等。尤其值得关注的是同时实现专业化审判挂牌的10个人民法庭，可以合理预见的是，这10个法庭将会在专业化审判的方向上不断打磨、深造，促进专门案件集中化、标准化审理水平的提高。

与此同时，甘孜州中级人民法院党组对标中央省州委新要求、反分维稳新变化、社会治理新任务、法院队伍新构成等形势，作出了“用三年时间全方位加强能力建设”的决定。2020年作为甘孜法院系统“能力建设年”元年，亦适逢优化人民法庭布局工作的初步完成，通过以“眼界提升工程、教育提质工程、练兵提能工程、综合质效工程”为具体抓手，全面提升全州两级法院全体干警的政治能力、执行能力、服务大局能力、社会治理能力、服务群众能力、审执能力、文化润育能力。

如果说，人民法庭的“普及”阶段以增加人民法庭数量为主，意在扩张国家司法阵地，而“提质”阶段更注重司法质量，满足社会对司法的需求①。从这个角度来看，全州被保留的27个人民法庭实际上已经不再是“原来的”27个人民法庭，而是“旧瓶中装了新酒”，是升级过后的新人民法庭，这对于有效破解基层人民法庭内卷化问题具有积极意义。

四、甘孜州人民法庭建设未来阶段的完善空间

甘孜州现阶段已初步完成优化人民法庭布局的工作。但如前述，人民法庭的建设是一个系统的工程，需要持续推进、不断深化。结合甘孜

① 高其才、黄宇宁、赵彩凤：《基层司法：社会转型时期的三十二个先进人民法庭实证研究》，法律出版社2009年版，第26—27页。

州当前优化人民法庭布局工作的进程，仍有一些或旧或新的问题存在，这也为甘孜州下阶段继续建设人民法庭提供了空间。

首先，要推动人民法庭辖区范围设置和法官数量配置朝着更均衡的方向前进。客观而言，虽然甘孜州抓住行政区划大调整的契机，对人民法庭的管辖区域进行了整合或新划分，但当前甘孜州人民法庭的辖区设置仍不尽均衡。这突出体现在每个人民法庭对应的司法服务范围（辖区面积、人口数量）相差较大。在当前大力推进人民法庭参与基层社会治理的背景下，法官的工作不仅是参与审判，还有指导人民调解、参与社会治安综合管理等，在一些较偏远地区、司法服务半径过大的法庭，法官往往要付出更多精力，司法工作的质量也可能削弱。例如，同样是属于德格县人民法院的人民法庭，马尼干戈法庭面对的是 3421.46 平方公里、约 18446 人口之间的纠纷，而龚垭人民法庭面对的是 1262.7 平方公里、约 10000 人口之间的纠纷，两个法庭都只配备了 1 名法官，前者的辖区面积、人口数量显著高于后者，这很可能造成前者的工作压力也会高于后者。出于平衡法庭管理压力的现实考量，有必要在未来继续思考人民法庭与所负责的辖区面积、人口间的均衡化问题。

其次，必须要继续完善法庭的基本设施。只有物质装备条件得到改善，才能切实保障审判工作的平稳运行。尤其是随着审判方式改革的逐步推进，使审判活动重心由庭前转移到庭上，当庭裁判的案件越来越多，调解和审判都要求在审判庭上公开进行，审判法庭必须与其他办公场所分开。因而一个法庭必须确保足够的审判场所，并配足、配好与人员、场所相适应的交通、通讯、信息工具，保证审判工作的顺利进行①。

此外，巡回审判点的建设仍需进一步规范化。甘孜州目前积极增设巡回审判点，这固然是对以往藏区乡村“流动法庭”成功经验的继承，但从长远的视角来看，在基层司法实践中，巡回审判尤其是少数民族地区的“马背法庭”“车载法庭”等流动性最强的审判方式，往往会要求

① 江苏省高级人民法院民事审判庭：《中心人民法庭——人民法庭建设的新路子》，载《人民司法》1998 年第 12 期。

就地立案、及时审理甚至是当场结案，这实际上更强调的是案件审判的效率问题，难免有时会造成对相关程序进行缩减，有可能会造成部分事实未查清，导致案件的最终结果出现偏差[①]。未来，乡土社会要更加朝着法治化的方向迈进，“程序之治”“规则之治”在法治化进程中的重要性将会越来越突出，有必要警惕巡回审判方式可能的忽视程序正义的问题。这并非对乡村社会结构及其纠纷的特殊性视而不见，而是在强调对乡村社会及乡村司法予以充分理解的基础上，为了防止因程序过分柔化而造成的权力擅断和裁判的任意性，建立起最低限度的程序保障[②]。此前，甘孜州“马背法庭、帐篷法庭、车载法庭”等非常态的法庭形式，主要针对的是距离最近法庭超过150公里且当事人年老、残疾、疾病、农忙或因交通不便无法参加法院诉讼的诉讼对象，并且只有权利义务关系明确、事实清楚、双方争议不大的简易民商事案件，才会被纳入巡回审判范围[③]。未来，要继续探寻适合并且真正需要由巡回审判点来审理的案件情况，明晰“以人民法庭为主，巡回审判点为辅”的总体方向，避免出现本末倒置的问题。

五、结语

人民法庭不仅是颇具我国特色的司法阵地，同时更是顺应时代需要的司法创造，它不仅仅是制度形塑的产物，还是司法回应社会公众需求的积极创新，更是司法与基层社会治理实现良性互动的媒介[④]。2020年是甘孜藏族自治州成立70周年，也是决胜全面建成小康社会第一个百年奋斗目标的关键之年。在这样特殊的历史节点，作为推进甘孜法治建

① 参见高梨琴：《当代巡回审判实证分析及理论思考》，苏州大学2009年硕士学位论文，第23页。

② 张青：《转变中的乡村人民法庭——以鄂西南锦镇人民法庭为中心》，载《中国农业大学学报（社会科学版）》2012年第4期。

③ 参见《甘孜法院经验获肯定》，载 http：//www.ganzipeace.gov.cn/sptd/20181226/645843.html，2021年5月8日最后访问。

④ 李鑫、马静华：《中国司法改革的微观考察——以人民法庭为中心》，载《华侨大学学报（哲学社会科学版）》2016年第3期。

设工作、提高甘孜基层治理质量的重要环节之一，甘孜州优化人民法庭布局的价值格外突出。

总体而言，甘孜两级法院深刻领会党和国家的政策精神，立足于甘孜实际，顺应城镇化不断推进、行政区划变更等新形势，采取保留、新增、撤销等多种优化方式，规范人民法庭的办公场所、管辖范围、职能定位等方面，大力推动新时期民族地区人民法庭的布局工作。这体现出甘孜两级法院积极回应人民群众对司法公正的新期待、不断提升自身服务人民群众水平的可贵精神，也为后续的人民法庭建设工作提供了基础的保障与支撑。司法便民是人民法庭的独特优势，也是司法为民的有效形式，人民法庭要积极探索符合审判规律、简单易行、便民利民的方式，不断满足人民群众多元化司法需求[①]。未来，应继续坚持贯彻“三个面向”和“两便”原则，依据经济社会产生的新变化及时进行调整法庭布局，力求提升人民法庭运行的效能。

（责任编辑：武小琳）

① 胡夏冰：《人民法庭如何当好改革“试验田”》，载《人民法院报》2014 年 7 月 11 日，第 2 版。

刑法研究

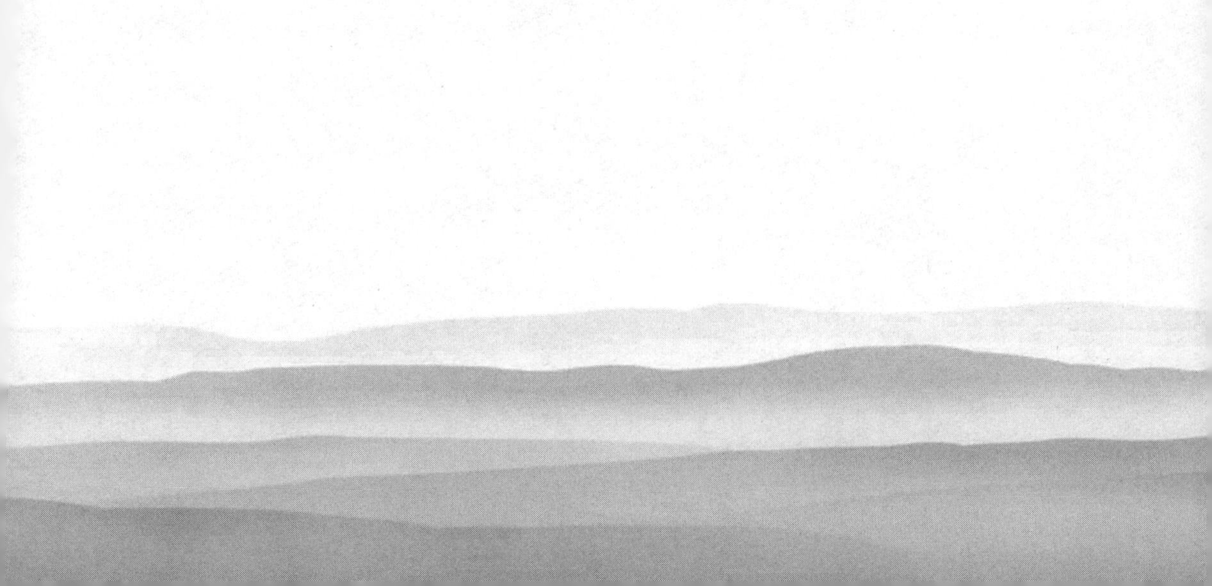

行政犯中“依照规定”的理解和适用

赵运锋　梁苏琴*

与自然犯不同，行政犯是与行政管理相关的犯罪类型，因此，行政犯一般与行政规范有关，也即行政法规往往构成行政犯罪的前置规范条款。对此，刑法理论发展出二次性违法、刑法最后性、刑法保障性等内容，基本都与行政犯有关。由此，刑法与行政法之间的衔接关系不但会体现在刑事立法中，也会体现在司法实践中，不但会影响到行为主体的主观认识、行为定性，也会影响到司法主体的行为解读与司法裁判。行政法与刑法之间的牵连关系，导致司法实践上出现诸多疑难问题，对此，需要进行刑法教义学分析，从刑法理论层面作出科学、合理解读，为行政犯的司法适用提供合理借鉴。

一、“依照规定”的刑法条文考察分析

在刑法分则中，有部分刑法条款的罪状中并未明确规定客观方面，如手段、方式、对象、实践、地点等，而是需要通过刑法规范的指引，寻找和发现相应的行政规范，借以补充刑法条款的不足，并为司法主体完成对危害行为分析定性提供法律依据。比如，对于大量的法定犯来说，刑法对构成要件的描述与价值判断的联系过于微弱，仅凭此尚不足以为推定行为的法律属性提供充分的基础，只有结合相关的禁止性或命

* 赵运锋，上海政法学院教授，科研处处长；梁苏琴，上海政法学院教师。

令性的行政法规范，才能使人们认识到行为的违法性。[①] 由此，该刑法规范的指引内容重要性不言而喻，需要对其作认真梳理和分析。

（一）“依照规定”的条文考察

梳理刑法分则可知，诸多条款中采取了类似“依照规定”的立法表述，不过，在具体立法形式上比较多元化，需要从理论层面对分则中的部分条文作较为详细的考察、列举和梳理，为下文内容展开提供充足的分析样本。

第一，依照法律规定。比如，《刑法》第 186 条第 4 款违法发放贷款罪和第 297 条非法携带武器、管制刀具、爆炸物参加集会、游行、示威罪。

第二，违反国家规定。比如，《刑法》第 185 条之二违法运用资金罪；第 186 条第 1 款违法发放贷款罪；第 222 条虚假广告罪；第 225 条非法经营罪；第 288 条扰乱无线电通讯管理秩序罪。

第三，违反规定。比如，《刑法》第 188 条违规出具金融票证罪；第 180 条之二利用未公开信息交易罪；第 334 条第 2 款采集、供应血液、制作、供应血液制品事故罪；《刑法》第 331 条传染病菌种、毒种扩散罪。

第四，违反管理法规。比如，《刑法》第 228 条非法转让、倒卖土地使用权罪；第 286 条之一拒不履行网络安全管理义务罪；第 330 条妨害传染病防治罪；第 332 条妨害国境卫生检疫罪；第 322 条偷越国边境罪。

第五，违反管理规定。比如，《刑法》第 135 条之一大型群众性活动重大安全事故罪；第 136 条危险物品肇事罪；第 128 条非法持有、私藏枪支、弹药罪。

第六，违反规章制度。比如，《刑法》第 131 条重大飞行事故罪；第 132 条铁路运营安全事故罪；第 134 条第 2 款强令违章冒险作业罪。

---

① Vgl. Klaus Tiedemann, Zum Stand der Irrtumslehre, insb. im Wirtschafts – und Nebenstrafrecht, FS – Geerds, 1995, S. 109.

通过梳理刑法分则中“依照规定”条款可知，其主要有以下几个特征：首先，含有“依照规定”的刑法条款主要与社会法益、国家法益保护有关，因此，分布范围相对集中，主要体现在第二章危害公共安全罪、第三章破坏社会主义市场经济秩序罪、第六章妨害社会管理秩序罪等章节中；其次，依照规定的类型具有多元化形式，包括法律规定、国家规定、管理法规、规定、管理规定、规章制度等不同类型；再次，行政规范的制定主体涵盖不同层次，具体有立法主体、行政法规制定主体、行政规章制定主体等不同种类；最后，不论“依照规定”的行政规范效力等级如何，在司法实践中，都可以作为司法主体进行刑事案件裁量的规范依据。

（二）“依照规定”的基本分类

根据“依照规定”的不同特征，基于不同的角度可以将其分为不同类型，基本包括以下三种：明示规定与默示规定、国家规定与非国家规定、构成要素规定与构成要件补充规定。

第一，明示规定与默示规定。明示规定，是指刑法分则中明确有“依照规定”的表述，根据该规范表述，理论学者、司法主体、社会大众可以发现需要参考的行政规范，以科学合理诠释刑法规范的内涵。类似条款在刑法分则当中的规定比较多。根据上文的梳理可知，虽然依照规定的具体类型不同，但在刑法条款中都可以找到行政规范依据，因此，可以归属到明示规定的范围。默示规定，是指刑法条款中未明确包含依照规定的表述，但分析个罪规范可以发现，规范内容暗含了需要引证的行政规范。我国刑法规定的行政犯罪中，存在大量有暗含性国家规定的空白罪状，即在罪状中没有规定所要参照的“国家规定”或其他规定，属于绝对的空白罪状。[①] 比如，《刑法》第 140 条规定的生产、销售伪劣产品罪，其在性质上属于行政犯罪，犯罪的成立应以违反相关“国家规定”为要件，但是，在该罪的罪状表述中却没有显示任何据以

---

① 参见刘德法、尤国富：《论空白罪状中的“违反国家规定”》，载《法学杂志》2011 年第 1 期。

参照的规定。再如，暴力干涉婚姻自由罪需要司法主体在婚姻法中查证何为婚姻，伪造身份证件罪需要司法主体通过身份证法诠释身份证件的内涵，串通投标罪则需要司法主体在招标投标法中了解投标、招标、串通投标、报价的含义。易言之，犯罪的成立应以违反相关“国家规定”为要件，但是，在罪状表述中却没有显示任何据以参照的规定。通过比较可知，与明示规定不同，默示规定中的行政规范色彩并不明显，刑法规范并没有为司法主体寻找行政规范提供明确指引，因此，需要司法主体在适用刑法规范时进行具体判断，是否需要参照某种行政规范，以及需要参照何种行政规范。

第二，国家规定与非国家规定。在刑法总则中，对国家规定的内涵作了明确阐述。《刑法》第96条规定，本法所称违反国家规定，是指违反全国人民代表大会及其常委会制定的法律和决定，国务院制定的行政法规、规定的行政措施、发布的决定和命令。从这个定义看，国家规定是从狭义的角度进行界定的。在刑法分则中，涉及国家规定的刑法条款比较多，理论上对国家规定的认定范围也比较清晰，司法实践中的适用分歧不大。在刑法中，涉及行政规范的，除了国家规定之外，都属于非国家规定。非国家规定的立法模式相对典型，在刑法分则中分布较为广泛，主要是由地方人民代表大会制定的法规与地方政府部门制定的规范等，比如，管理法规、规章制度、规定、管理规定等，这些规定与国家规定有一定区别，因此，统称为非国家规定。关于国家规定，在理论与实务上没有明显分歧，但是，关于非国家规定的范围和对象，在理论与实务上有一定争议。

第三，构成要素规定与构成要件补充规定。构成要素规定，是指在刑法罪状描述中，行政法规范中的要素被规定进刑法条文当中，并成为刑法规范要素而存在。比如，非法持有枪支中的枪支，生产、销售假药中的假药，醉酒驾驶罪中的醉酒，非法捕捞渔产品罪中的禁渔期等。质言之，上述行政法规中的概念已经被纳入刑法规范，并成为判断犯罪能否构成的重要因素。构成要件补充规定，是指刑法规范并未涉及某种行政要素的规定，需要通过引入行政规范补充刑法规定，才可以完成对个罪罪名的认识，这种情况常常出现在引证罪状中。例如，妨害国境卫生检疫罪。《刑法》第332条仅规定“违反国境卫生检疫规定，引起检疫传染病传播或者有传播严重危险的，处三年以下有期徒刑或者拘役，并处或者单处罚金”，并没有规定构成要件的行为类型。对此，需要依据国境卫生检疫法予以补充。根据该法第20条规定，下列两种行为属于妨害国境卫生检疫的行为：一是逃避检疫，向国境卫生检疫机关隐瞒真实情况的；二是入境的人员未经国境卫生检疫机关许可，擅自上下交通工具，或者装卸行李、货物、邮包等物品，不听劝阻的。

二、“依照规定”的法律认识问题评析

对于法律认识错误问题，国内学者存在不同看法，有学者认为法律认识错误是指刑法规范认识错误①，有的学者则认为法律认识错误是指针对所有的法律认识错误②。本文是以行政犯为对象展开研究的，法律认识错误主要是针对行政犯的“依照规定”内容进行言说与叙事。

（一）违法性认识的理论分歧

关于违法性认识是否需要，主要有违法性认识不要说与违法性认识必要说；关于违法性认识如何判断，主要有危害性说与反价值性说；关于违法性认识在犯罪构成中的位置，主要有故意说与责任说。

第一，从违法性认识的位置来看，有故意说与责任说之分。陈兴良教授提出违法性认识必要说的主张，并强调违法性认识是故意的内容，是故意的规范要素。③ 故意说④认为，违法性认识属于故意的内容，也即如果行为人主观上没有违法性认识，或者行为人发生违法性认识错误，则不符合主观故意，不能构成故意犯罪，只能对危害行为做过失犯

① 参见姜伟：《犯罪故意与犯罪过失》，群众出版社1992年版，第143页。

② 参见赵秉志：《全国刑法硕士论文荟萃》，中国人民公安大学出版社1989年版，第223页。

③ 参见陈兴良：《违法性认识研究》，载《中国法学》2005年第4期。

④ 在德国刑法理论上，无论是倡导违法性认识的严格故意说，还是为追求刑事政策上的目标而提倡违法性认识可能性为故意要素的限制故意说，都将违法性认识（可能性）作为故意要素。在此，对两者不作区分，统称为故意说。

罪判断或者做无罪处理。故意说对于解决实践中违法性认识问题具有重要价值，对责任主义的发展及在犯罪理论中的作用重大。不过，故意说面临的问题也很明显，比如，违法性认识是规范性判断，犯罪故意则是事实性判断，如何平衡两者的冲突，一直是理论上争论不止的话题。在我国传统的四要件犯罪构成中，解决违法性认识问题显得不够从容。根据犯罪故意理论，有直接故意与间接故意两种类型，认识要素与意志要素都不包括违法性认识。再则，如果将违法性认识纳入故意范畴，当行为人实施危害行为却出现违法性认识错误时，会面临不能给予刑事处罚的状况。由此，通过故意说解决违法性认识问题并不妥当。

为了解决故意说存在的问题，责任说应运而生。德国刑法理论将违法性认识视为独立的责任要素。[①] 周光权教授也赞成责任说，并主张违法性认识可能性理论。故意犯的成立，要求有违法性认识，至少要有违法性认识的可能性，违法性认识是故意、过失之外独立的责任要素。[②] 责任说认为，为了妥善处理违法性认识问题，需要改造我国传统的犯罪构成，代之以三阶层犯罪构成体系。根据三阶层犯罪构成理论，将违法性认识可能性置于有责性当中，并根据违法性认识可能性的有无，作为行为人责任有无及责任大小的认定依据。也即，如果没有违法性认识可能性，则阻却刑事责任，如果违法性认识可能性小，则减少刑事责任。总的来看，违法性认识可能性是在违法性认识基础上的发展，对于违法性认识判断及责任认定具有积极意义。不过，责任说理论没有明确区分违法性认识与违法认识可能性的刑事责任，致使有明显违法认识与可能违法认识在责任承担上没有区别，这显然是不妥当的。对此，有学者指出：现实的违法性认识与潜在的违法性认识所体现的可遣责性具有本质性的差异。[③] 因此，将两者不加区分，都以故意犯论处的做法，不符合

① 参见［德］克劳斯·罗克辛：《德国刑法学总论》（第1卷），王世洲译，法律出版社2005年版，第612页。

② 周光权：《违法性认识不是故意的要素》，载《中国法学》2006年第1期。

③ Vgl. Heinz Koriath（Fn. 46），S. 124f；Benno Zabel，Aktuelle Begründungs – und Anwendungsprobleme in der Dogmatikzu § 17StGB，GA2008，S. 49.

责任原则中罪责刑相适应的精神。解决问题的办法是，应该根据行为主体违法性认识程度，在故意或过失的罪过上进行区分，以做到更好的贯彻责任主义原则。

第二，从违法性认识的判断标准看，有反条理性说与反价值性说之分。一旦行为人认识到了行为的“反条理性”“反道义规范性”“反化规范性”，则将行为人的这种认识解读为不具有违反法律、刑法、可罚的刑法违反的可能性是很困难的。普通公民对制定法的认识来源于教育、宣传等多种方式。通过这些方式，公民内心形成了“法”这种观念，然而，具体指导行为人行为的规则来自日常生活的观察与实践，即实践中的规则被大众归类于“法”的形象。一旦行为人事实上认识到自己的行为是日常生活的条理所不容许的，则很难将这种情形排除出具有违法性认识可能性的范围。[①] 根据行为的反价值性理论，学者希望通过价值衡量解决违法性认识问题。行为的这种反价值性既是法律规范形成的源头和基础，又贴近外行人的生活和意识，故它可以成为求取法律语言与外行民众认知之最大公约数的工具，从而也就可以成为联通二者的桥梁。[②] 违法性认识本身是规范性问题，也是价值判断问题，因此，学者构建反价值性标准判断违法性认识问题，正是看准了违法性认识的价值属性，应该是一个较为科学、合理的路径。对比上述两种观点，认识到行为的危害性是事实判断，认识到行为的反价值性是规范分析，前者与违法性认识无关，后者与违法性认识一致。因此，学者通过行为的反价值性推出行为人的危害性认识，具有相当的合理性。

（二）危害性判断的标准问题

理论上认可违法性认识作为主观要素不难，在司法实践中，如何构建违法性认识的判断标准则成为新的问题，如果标准构建不当，则不能对主观认识与危害行为作出合理的司法定性，进而影响到危害行为的法

① 参见张健一：《知识论上的违法性认识研究——兼论社会危害性认识的归宿》，载《刑法论丛》2017年第2期。

② 参见陈璇：《责任原则、预防政策与违法性认识》，载《清华法学》2018年第5期。

律属性判断。

行为人是否有危害性认识是主观问题，需通过客观层面或者间接证据进行推定。对于违法性认识的认定，离不开依靠间接证据进行推论的方法。[①] 实质上，在大部分刑事案件中，只要根据客观要素就可以推定行为人有违法性认识，只有在少数案件中，才需要特殊考虑行为人是否认识到行为违法性。在此，需对那些影响主观认识的客观要素进行具体梳理和分析：第一，行为人的熟人群体对法律规范是否认知。如果行为人周边的群体对法律规范都较为熟悉，鉴于行为人属于群体成员，则可推定行为人也认识熟悉法律规范。第二，行为人是否具备特定的专业知识。行为人因具备特定的专业知识，决定其应该负有高于一般社会主体的注意义务。也即，如果行为人具有特定的专业知识，如果实施相关的行为，则可推定行为人认识法律。第三，相应的法律规范是否实行一段时间。如果法律规范已经实施一段时间，且一般社会主体都知晓该法律内容，则可推定行为人认识法律。第四，行为人是否征求过法律专家、执法主体等的意见，在得到行为合法的答案之后而实施的，如果行为是违法的，则认定行为人不熟悉法律。

在实践中，行政犯的违法性认识往往根据推定作出，是基于客观知识获知主观内容的。至于法定犯，尤其是发生在各个经济领域的经济犯罪，主体均为从事各特定行业之业内人士，其违法性认识也可直接推定，除非在极个别情形中存在反证。[②] 不过，这种推定的不足也很明显，会出现推定结果与客观现实不符的状况，对此，需要给予相应关注，以最大程度避免因推定导致主观认识错误。因此，在涉及“违反国家规定”的具体犯罪构成上，如果行为人提出不具备违法性认识的合理辩解，司法机关有义务进行查证落实，不能仅以其行为的社会危害性而客观归罪。[③] 解决的办法则是，在程序上赋予行为人对推定的辩驳

---

① 参见周光权：《明知与刑事推定》，载《现代法学》2009 年第 2 期。

② 参见陈兴良：《违法性认识研究》，载《中国法学》2005 年第 4 期。

③ 参见刘德法、尤国富：《论空白罪状中的“违反国家规定”》，载《法学杂志》2011 年第 1 期。

的权利。也即，如果行为人能提出合理的反驳理由，就可以推翻司法主体的推定结果，以此保障行为人的合法权利，最大程度避免无效推定结果的发生。

三、“依照规定”的司法适用标准构建

在司法实践中，司法主体在对危害行为进行法律属性判断之前，首先需要对刑法规范中的“依照规定”有明确认识，对因行刑衔接中出现的行政行为有明确判断，对刑法中的规范要素有合理认知。鉴于刑法与行政法存在本质不同，司法主体在对依照规定的认定过程中，需坚持司法独立性、合理性判断，具体可从法益侵害的统一性、法益侵害的严重性及刑法原则的重要性等几个维度考察。

（一）法益侵害一致性判断

从刑法与行政法的保护法益看，行政法的法益保护往往与行政管理有关，刑法的法益保护指向往往与国家法益、社会法益、个人法益有关，国家法益、社会法益一般都可以具体化为个人法益。鉴于此，在有关行政犯的行为属性判断上，司法主体需要认真考察危害行为侵害的法益属性，才能为界定行为属性提供合理分析。行政犯所侵犯的主要法益，即立法者创立行政刑法的真正意图，应当透过法规、透过法秩序去寻找。①

法益并非仅由刑法保护，其他法律都在不同程度上保护各种法益。刑法上的法益是指值得刑法保护的利益，而非泛指一切利益。② 例如非法采伐火烧枯木违反森林法和《森林法实施条例》，违反行政部门对森林的管理秩序，被定性为行政违法。但是，从刑法的盗伐林木罪的法益来看，除了对森林资源的管理活动，还有林业的正常发展及森林资源的生态价值。从法益的内涵分析，砍伐火烧枯木主要是林业的正常发展及森林资源生态价值的更好体现，而非损害和破坏森林资源。从实践中看，司法主体会过分关注森林资源的行政管理，从而弱化森林资源生态

---

① 参见邱帅萍：《论行政犯侵害的法益》，载《云南大学学报（法学版）》2011 年第 4 期。

② 参见［日］前田雅英：《刑法总论讲义》，东京大学出版社 2015 年版，第 30 页。

价值的考量，致使在具体的行为法律属性上作出不当的判断和认知。典型的案例如：2011 年 3 月，郜某、陈某、张某、张某某等 4 人以 1 万元的价格购买了舞钢市某村集体所有的过火林木。在没有办理林木采伐许可证的情况下，郜某等 4 人雇人对过火林木实施了采伐。案发后，舞钢市森林公安局及时立案侦查，并对犯罪嫌疑人采取了刑事强制措施。经林业工程师技术鉴定，郜某、陈某等 4 人滥伐林木合 19.307 立方米。后舞钢市森林公安局将案件移交舞钢市检察院，由舞钢市检察院依法向舞钢市法院提起诉讼。舞钢市法院遂对郜某、陈某作出有期徒刑 1 年、缓刑 1 年的判决，对张某、张某某作出有期徒刑 10 个月、缓刑 1 年的判决。从前述案件的判决情况看，司法主体并没有充分认清采伐行为的法益侵害类型，对于采伐过火林木行为是否侵害森林的生态资源并未做认真考量，就将采伐行为认定为犯罪，显然缺乏充分的法益侵害论证。质言之，鉴于行政法与刑法的法益不同，在行政法上被界定为违法的砍伐枯木的行为，在刑法上不一定能构成犯罪。

又如，销售假药的行为之所以构成行政违法，是因为销售假药违反药品市场管理秩序。从刑法规定看，销售假药罪的刑罚配置属于重刑，原因在于销售假药的法益是社会民众的身心健康和安全。于是，在实践中，当行为人销售未经行政批准的国外药品时，其因未经行政部门的批准而违反行政法规，药物本身却因具有救死扶伤的功效，而被社会主体广泛接受。例如陆勇未经批准代购印度抗癌药物的行为，虽然侵害了药物管理的行政秩序，但并未因销售假药而损害公民身体健康的法益。由此，销售假药在行政法与刑法的法益损害层面未获得统一，所以其销售行为虽然属于行政违法，却不构成刑事犯罪，归根结底，就在于行政法与刑法的法益保护内容存在区别。

前置法所设定的体系、责任承担方式以及思维模式与刑法存在一系列本质性的差别，注定了二次违法并不必然依赖于一次违法，一次违法性在刑事认定中并不具有决定性，而民事规则的解释不能构成一种前置法的要素。尤其是当前置法的解释出现错误时，刑法更不能一错再错。[①]

（二）法益侵害严重性考量

在司法实践中，司法主体对危害行为客观方面的认定，往往与行政规范的界定有关。尤其是在行政犯中，有关行政行为的规定与诠释都是由行政主体进行的，对于行政主体的规定或诠释，在刑事司法实践中，一般都可以被顺利接受，并成为司法裁判的依据，也即，司法主体对行政规定或行政解释一般不做实质考量，只做形式审查。

例如，对刑法中的非法持有枪支罪的认定。公安部对枪支的标准曾作出过明确界定，火药发射动力或空气动力达到1.8g/ml标准的，就是法律意义上的枪支。公安部2007年发布的《枪支致伤力的法庭科学鉴定判据》规定，当所发射弹丸的枪口比动能大于等于1.8焦耳/平方厘米时，一律认定为枪支。2008年发布的《仿真枪认定标准》，主要依据威力标准来区分枪支与仿真枪，仿真枪要求所发射金属弹丸或其他物质的枪口比动能小于1.8焦耳/平方厘米（不含本数）、大于0.16焦耳/平方厘米（不含本数）。不过，根据行政机关制定的标准，枪支对人身安全的威胁极为有限。据专家测算，枪口比动能为1.8焦耳/平方厘米的气枪不会破损皮肤，只会伤害裸露的眼睛。[②] 对此标准，司法主体并未从危害程度上进行考察，而是根据行政规范标准界定枪支的范围。在行政法上，可以将火药发射动力或空气动力达到1.8g/ml标准枪支视为法律意义上的枪支，但从刑法角度看，这种标准与犯罪所需要的严重社会危害性相距甚远，对此，司法主体应该给予实质审查，并进行实质解释，而不应该仅仅给予形式考量，就作出行为人构成犯罪的裁断。正如有的学者指出的："完全没有法益侵害性的行为不能成为犯罪。表面上看，可以看作形式犯的犯罪类型，也应该理解为只有在发生了危险性的场合才受到处罚。"[③]

---

① 参见孙万怀：《生产、销售假药行为刑事违法性之评估》，载《法学家》2017年第2期。

② 参见卢义杰、杜珂：《"调高枪支认定标准"是否可行》，载《中国青年报》2016年2月23日，第6版。

③ ［日］前田雅英：《刑法总论讲义》（第4版），东京大学出版社2006年版，第96页。

典型的案例如：从2016年8月到10月12日期间，赵某某一直在天津某某区某某大街亲水平台附近，摆设射击摊位谋生。10月12日，赵某某被巡警抓获归案。巡警当场查获赵某某的摊位上摆有涉案枪形物9支及相关枪支配件、塑料弹。天津市公安局物证鉴定中心鉴定，涉案9支枪形物中的6支玩具枪的动能大于1.8焦耳/平方厘米，符合2010年12月7日公安部《公安机关涉案枪支弹药性能鉴定工作规定》（以下简称《枪支鉴定规定》）对枪支的要求，属于能正常发射、以压缩气体为动力的枪支。在该案中，被查获的符合法律意义的枪支，发射动力都是在法定幅度上下，按照刑法意义的枪支进行罪名认定和处罚，显然在危害性的严重上相对不足。并且，根据主客观相统一原则的要求，对于此类案件的处理，要根据在案证据对行为人主观明知作出准确认定，对于不能认定行为人主观上明知涉案物品系枪支的，也不应认定为犯罪。但在另一起案件中，司法主体作出了完全不同于前述案例的解释和判决。

又如在司法实践中，行为人伪造一张身份证也会被依照伪造身份证罪惩处，行政部门对伪造一张身份证的行为也会给予行政处罚。显然，司法主体在伪造身份证的危害性上没有作出合适、恰当的分析。当行为人仅伪造一张身份证时，适用行政处罚是合适的，仅当伪造一定数量的身份证时，才会具有刑法意义上的严重社会危害性，才有纳入刑法规制的必要。比如，被告人张某某于2016年11月的一天，以200元的价格让他人根据其提供的本人照片及张某驾驶证信息，伪造姓名为张某的假机动车驾驶证1本。后持上述机动车驾驶证于2017年3月4日，驾驶重型半挂牵引车行驶至某路口被查获。经公安部交通管理科学研究所道路交通事故鉴定中心鉴定，被告人张某某持有的上述机动车驾驶证系伪造。法院认为，被告人张某某伪造依法可以用于证明身份的驾驶证，其行为确已构成伪造身份证件罪。判处拘役3个月，并处罚金人民币2000元。[①] 根据上述案件，行为人仅伪造一张驾驶证就被认定构成伪造身份证件罪，就会出现法律适用悖论，即对类似的行政违法案件，已经

① 参见（2017）苏0281刑初1013号刑事判决书。

没有行政处罚的空间。易言之，不同部门法的法益侵害程度，显然是存在区别的，犯罪的法益侵害显然高于行政违法的法益侵害程度，当行为人仅伪造一张身份证件时，其具有的法益侵害性显然达不到刑法意义上的严重危害程度，否则，就难以区分刑法与行政法之间的治理界限。

（三）刑法基本原则符合性分析

司法主体在对危害行为进行司法裁量的过程中，往往会对行政主体的认定结论奉行拿来主义，并未对该行政认定是否符合刑法基本原则和刑法精神进行考量，结果则是，刑事认定结论往往遭受指责和批判。对此，司法主体还需作出认真对待和反思，对行政主体的认定结论需进行独立的分析，并作出是否合法、合理、合情的判断，并基于此，酌定判断是否应将其作为刑事裁断的证据支撑或理论依据。

例如在交通肇事案件中，交通肇事发生后，如果肇事一方逃逸的，根据行政法规，可以推定肇事方承担全部责任。并且，根据最高人民法院于 2000 年发布的《关于审理交通肇事刑事案件具体应用法律若干问题的解释》的规定，肇事者的事故责任是认定交通肇事罪的主要依据。实践中，司法主体也往往直接根据交通事故认定书确定事故责任，在司法实践中普遍存在以道路交通管理法责任认定取代交通肇事罪的刑事责任认定现象。对此，在刑事司法实践中，司法主体就需要慎重考量，不能肆意将行政认定结论作为判断交通肇事罪符合性的重要依据。例如，2012 年 11 月 26 日 17 时，被告人卓某无证驾驶灯光不符合标准的苏 C ××号正三轮摩托车，沿睢岚路由西向东行驶至 4KM + 150M 处时，因观察注意不够，撞上前方同向行人朱某戊，致朱某戊倒地受伤。事故发生后，被告人卓某驾车逃离事故现场，后朱某戊向东自行离开现场。2012 年 12 月 1 日，朱某戊的尸体在睢岚线 3KM 处南侧路沟中被发现。经鉴定，被害人朱某戊头皮挫裂伤、颅脑骨折、全脑广泛性蛛网膜下腔出血、硬脑膜下血肿，双侧肋骨多发骨折，双侧胸腔积血等，结合现场勘查及案情调查情况，系因事故致颅脑损伤死亡。经公安局交巡警大队认定，被告人卓某负事故的全部责任。法院认为，被告人卓某违反道路交通安全法规驾驶机动车辆，因而发生交通事故，致一人死亡，且在肇事后逃逸，承担事故的全部责任，其行为构成交通肇事罪。[①] 在该案中，行政部门的执法推定被司法主体采纳，作为认定交通肇事罪的规范依据。

与行政法的价值理念、法律原则不同，刑法上的罪刑法定原则、责任主义原则都决定了唯有责任主体才能承担刑事责任。从现代法治精神看，疑罪从无已经成为原则，刑事类推已经被抛弃。在认定交通肇事罪时，行为人与被害人各负什么责任，是一个非常重要的事实问题。[②] 在交通事故中，如果不能查明承担责任的一方，就不能赋予任何人刑事责任，否则，就会有类推定罪的嫌疑，进而触犯现代法治的精神和原则。由此，将行政行为中的责任推定作为司法裁量的依据，明显违背刑法上的基本原则，会侵犯公民的基本权利。但是，这里的全部责任只是行政责任，司法机关不能据此认定行为人构成交通肇事罪。即使因为行为人逃逸导致事实不清，在刑法上也必须适用存疑时有利于被告人的原则，不能将行政责任的法律根据直接当作刑事责任的法律根据。[③] 此种对行为违法性的实质性推定，显然直接跟无罪推定的传统与政治自由主义的基本设定背道而驰。[④] 交通肇事罪本身的立法规定没有问题，但是，后来的司法解释将结果与责任并重，这可能主要是考虑到交通事故的发生往往与多方存在过错有关，并重考察有助于解决刑法中的因果关系问题，或者说有助于归责的解决。但问题在于，司法实践中简单地将事故责任取代了因果关系，乃至否定了客观行为要件的确定性，导致缺乏基础行为事实的情形都可以定罪。[⑤]

（四）刑法精神一致性考量

刑法的最后性和保障性，是刑法谦抑性在部门法关系上的反映，对

① 参见（2015）徐刑终字第155号刑事裁定书。

② 参见2000年最高人民法院《关于审理交通肇事刑事案件具体应用法律若干问题的解释》第2条。

③ 参见张明楷：《避免将行政违法认定为刑事犯罪：理念、方法与路径》，载《中国法学》2017年第4期。

④ SeeJohnJeffries，Legality，Vagueness，andtheConstructionofPenalStatutes，in71 VirginiaLawReview（1985），p. 209.

⑤ 参见孙万怀：《生产、销售假药行为刑事违法性之评估》，载《法学家》2017年第2期。

规范和约束刑法的规制范围具有重要作用。行政规范一般是指向秩序保护，刑法规范一般则是倡导权利保障，鉴于二者在价值取向上的不同，在规范精神上也往往存在区别。也即，司法主体应该对规范精神进行分析、比较、衡量，借以判断行政规范上的概念与刑法规范中的概念在内涵所指上是否一致。

例如，在行政规范当中，卖淫的含义相当广泛，既包括了以营利目的的性交行为，也包括了口交、乳交、打飞机、肛交等其他类性交的行为。《国务院法制办公室对浙江省人民政府法制办公室的复函》（国法函〔2003〕155号）指出：卖淫嫖娼是指通过金钱交易一方向另一方提供性服务，以满足对方性欲的行为，至于具体性行为采用什么方式，不影响对卖淫嫖娼行为的认定。并且，从行政执法上看，也基本是按照这个标准执行的。比如，《公安部对同性之间以钱财为媒介的性行为定性处理问题的批复》（公复字〔2001〕4号）指出：不特定异性之间或者同性之间以金钱、财物为媒介发生不正当性关系的行为，包括口淫、手淫、鸡奸等行为，都属于卖淫嫖娼行为，对行为人应当依法处理。2010年11月17日，广东省江门市公安局颁布《江门市公安局治安管理处罚情节认定实施细则（试行）》，对卖淫嫖娼行为作了具体细化，列出了“以口淫、手淫等方式初次卖淫嫖娼”等7种情形。

卖淫的内涵对刑法中组织卖淫罪的界定有重要影响，采取广义的卖淫还是狭义的卖淫，对于司法主体而言，在组织卖淫罪的认定上有很大不同。从司法实践看，确实存在不同司法主体进行不同认定的情况，也即，司法主体之间对卖淫的内涵有不同认识，并继而影响到组织卖淫罪的认定。比如，最高人民法院在答复浙江省高级人民法院关于口淫、手淫等行为能否作为组织他人卖淫罪中的卖淫行为时，明确指出：口交、手淫尚不属于组织他人卖淫罪中的“卖淫”。2000年浙江省高级人民法院刑一庭、刑二庭出台《关于执行刑法若干问题的具体意见（三）》，明确指出，刑法分则第八章第八节组织、强迫、引诱、容留、介绍卖淫罪规定的“卖淫”，不包括性交以外的手淫、口淫等其他行为。

不过，有地方司法机关将容留他人手淫的行为认定为“容留卖淫罪”。《关于本市办理部分刑事犯罪案件标准的意见（试行）》（沪检发〔2000〕122号）第71条就卖淫、嫖娼行为的本质特征作出规定，所列举的“性交、口交、肛交”等行为的具体形态，是对性行为特征的说明，而不是对性行为外延的限制。当事人以非法获利为目的，容留异性之间以金钱收付为媒介而进行手淫的不正当性行为，符合《刑法》第359条规定的容留卖淫罪的行为特征。2011年5月，广东省江门市中级人民法院二审维持了鹤山市人民法院判决的容留手淫构成容留卖淫的认定。

刑法是最后法、保障法，谦抑性是刑法的本质属性。质言之，刑法在必要的时候才对危害行为进行规制，更多的时候，应将危害行为的治理交给刑法的前置规范。组织卖淫罪是具有严重社会危害性的行为，对卖淫的界定应该局限在法益侵害最严重的层面，由此，卖淫应该是指为了营利而性交的行为，对其他的类似性交行为给予行政处罚就可以了，否则，就会背离刑法的谦抑性精神，并有类推司法的嫌疑。

四、余论

“依照规定”是行政犯条文中的重要内容，从理论上对其进行分析和定位，不但有利于深化对该内容的合理认识，而且对正确认识行政犯的构成和类型具有重要意义。本文对刑法条文中与“依照规定”有关的条文进行了详细考察和分析，并对违法认识性错误和行政犯的适用标准在行政法司法适用中的价值进行了讨论，对司法主体合理认识行政犯的内涵、作用和适用范围具有积极作用。毋庸置疑，关于行政犯“依照规定”还需要从刑法教义学层面展开更深层次的探讨，以推动行政犯司法适用的科学性与合理性。

（责任编辑：陈真楠）

理性回归：刑法对民营企业产权平等保护路径指引

——以“职务犯罪”为视角

李琴琴　张天明*

截至2017年底，我国民营企业数量超过2700万家，个体工商户超过6500万户，注册资本超过165万亿元，在世界500强企业中，我国民营企业由2010年的1家逐渐增加到2018年的28家。① 由此可知，民营企业作为非公经济的重要组成部分，在企业数量、企业规模、资产总额等方面，已占据我国市场经济总量的较大份额，成为了推动我国经济发展不可或缺的力量。2016年中共中央、国务院颁布了《关于完善产权保护制度依法保护产权的意见》，首次特别要求“加大对非公有财产的刑法保护力度”②，习总书记亦多次强调应给予民营企业产权平等的保护。事实上我国宪法早已确立了对民营企业产权平等保护的原则③，

* 李琴琴，福建省永安市人民法院民二庭副庭长；张天明，福建省三明市中级人民法院法官。

① 参见习近平于2018年11月1日《在民营企业座谈会上的讲话》，载 http：//cpc. people. com. cn/n1/2018/1102/c64094 - 30377329. html，2019年5月10日最后访问。

② 《关于完善产权保护制度依法保护产权的意见》第三点明确：加快推进民法典编纂工作，完善物权、合同、知识产权相关法律制度，清理有违公平的法律法规条款，将平等保护作为规范财产关系的基本原则。健全以企业组织形式和出资人承担责任方式为主的市场主体法律制度，统筹研究清理、废止按照所有制不同类型制定的市场主体法律和行政法规，开展部门规章和规范性文件专项清理，平等保护各类市场主体。加大对非公有财产的刑法保护力度。

③ 《宪法》第11条规定：在法律规定范围内的个体经济、私营经济等非公有制经济，是社会主义市场经济的重要组成部分。国家保护个体经济、私营经济等非公有制经济的合法的权利和利益。

刑法总则也将民营企业产权列为保护对象①，然而，刑法在贯彻宪法平等保护精神方面并不彻底，若企业的财产属性存在公与私的区别，刑法惩治侵犯企业产权的相同危害行为就会出现“厚公薄私”的现象，在罪与非罪、此罪与彼罪、刑罚设置方面出现差异。笔者在本文中选取了涉及企业工作人员职务犯罪方面的罪刑，揭示刑法在民营企业产权平等保护中的掣肘因素，提出应对民营企业产权予以平等保护的理性思维，架构刑法对民营企业人员职务犯罪平等追究的路径。

一、反思：刑法对民营企业产权保护之瑕疵

我国传统社会是一个典型的身份社会，根据身份属性“看碟下菜”的情况深入社会文化中。在社会主义市场经济的逐渐确立下，民营企业在国民经济中逐渐占据了无可替代的地位，成为主要的市场主体。民营企业能否良性蓬勃发展直接关系到国计民生，从刑法角度保护企业产权，已成为依法治国背景下维系市场经济高效运转的应有之义，然而刑法对民营企业的保护依然受到身份属性的影响，使其在司法实践中遭遇了区别对待。

（一）民营企业产权受刑法保护的现状

在国民经济中，民营企业的数量已远远超过了公有制企业的数量。为了公有经济与非公经济能受到平等的保护，“在刑事司法方面，应平等对待侵犯不同所有制公司、企业权益的刑事案件，不能因为是非公有制公司、企业而采取差别待遇”②。然而，立法与司法互为表里，立法上的不平等规范，反映到司法层面即为不平等保护。现行刑法在企业工作人员职务犯罪层面的立法规范上，对公有经济的保护力度大于非公经济，致使民营企业作为非公经济的主要力量，在刑法保护层面遭遇了冷思考。笔者选取了福建省为样本，对福建省内企业工作人员利用职务便

① 《刑法》第2条规定：中华人民共和国刑法的任务，是用刑罚同一切犯罪行为作斗争，以保卫国家安全，保卫人民民主专政的政权和社会主义制度，保护国有财产和劳动群众集体所有的财产，保护公民私人所有的财产，保护公民的人身权利、民主权利和其他权利，维护社会秩序、经济秩序，保障社会主义建设事业的顺利进行。

② 时延安：《非公经济刑法保护应遵循三项原则》，载《检察日报》2017年3月11日，第3版。

利实施侵害企业产权的犯罪数据具体分析。

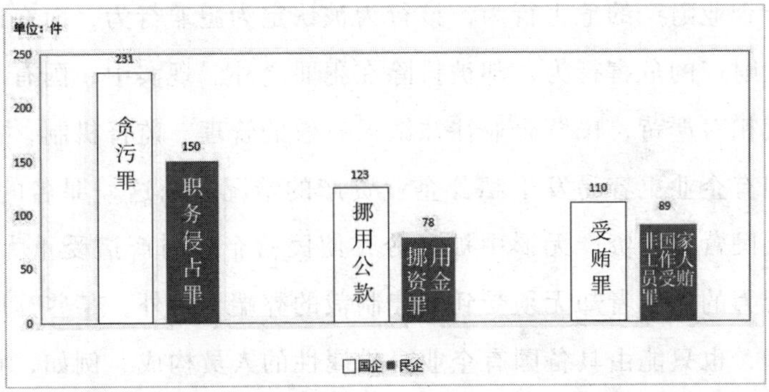

图 1 2018 年福建省国企与民企涉贪污贿赂罪案件数量对比①

截至 2018 年末福建省内民营企业有 114.15 万家，民营企业的数量占全省企业数的比例为 92.36%，② 可知民营企业的数量远远多于国有企业，民营企业的董事、经理、直接主管人员、工作人员等的数量也必然大大超过国有企业工作人员的数量。但 2018 年度福建省内国有企业中被查处的贪污罪、受贿罪、挪用公款罪数量却比民营企业中被查处的职务侵占罪、非国家工作人员受贿罪、挪用资金罪多出许多。窥一斑而见全豹，可见，刑法着重打击侵犯国有企业产权的犯罪行为，而对民营企业的上述人员利用职务侵害企业产权的行为未予平等规制。

（二）刑法保护民营企业产权的症结

受到“厚公薄私”理念的影响，刑事立法规制民营企业与国有企业工作人员在现行职务进行犯罪层面易造成制罪、入罪、制刑不平等的症结。

1. 制罪的不平等

对于性质相同的危害行为，刑法对民营企业出现了制罪留白的症结，将侵害国有公司、企业财产的行为定性为犯罪，而未将侵害民营企业财产的行为定性为犯罪。首先，刑法第八章“贪污贿赂罪”第 396

① 数据为笔者以贪污罪、受贿罪、挪用公款罪、职务侵占罪、非国家工作人员受贿罪、挪用资金罪为关键词，在“中国裁判文书网”对福建省 2018 年度所审结的相关刑事一审案件样态进行检索所得。

② 《福建银保局：民营企业占全省企业总数 92.36，着力提升民营企业金融服务质效》，载 http：//www.ceweekly.cn/2019/0228/250495.shtml，2019 年 6 月 1 日最后访问。

条规定的私分国有资产罪，该罪的犯罪对象为国有资产。若在国企中出现了私分企业财产的危害行为，该行为被认定为犯罪行为，而在民企中私分企业财产的危害行为，却被排除在犯罪之外。现实中，国有企业的管理制度相对严苛，民营企业往往缺乏有效的管理、监督机制，在民营企业比国有企业更容易发生私分企业资产的情况，而这一罪名的缺失，容易造成民营企业资产无形中被私分，使民营企业财产遭受重大流失，而危害行为的实施者却无须受到法律制裁的弊端。另外，某些渎职类犯罪的主体，也只能由具备国有企业身份属性的人员构成。例如，在刑法第三章“妨害对公司、企业的管理秩序罪”第166条的为亲友非法牟利罪，第167条的签订、履行合同失职被骗罪，第168条的国有公司、企业、事业单位人员失职罪、滥用职权罪，第169条的徇私舞弊低价折股、出售国有资产罪等五个罪名，这些罪名规制的是主体为“国有公司、企业的工作人员”“国有公司、企业直接负责的主管人员”“国有公司、企业的董事、经理”等人员，利用职务便利或在履行职务中严重不负责任、滥用职权、徇私舞弊，致使国有公司、企业利益受到损害的行为。而对于民营企业的工作人员、董事、经理、主管等人员有上述同样损害民营企业利益的行为，不管行为有多恶劣，造成的后果有多严重，都不被定性为犯罪（如图2所示）。

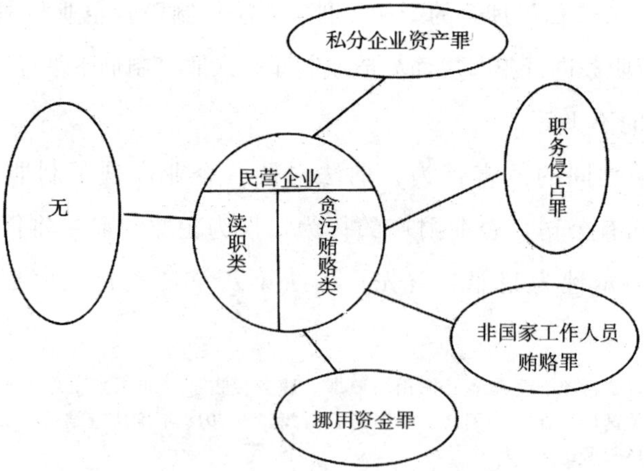

图2　刑法对民营企业在职务犯罪方面的规制

国有企业与民营企业工作人员身份的不同，导致了实施相同行为的后果便是罪与非罪的悬殊，刑法对侵犯国有资产的行为予以全方位打击，却将民营企业的上述人员利用职务侵害企业产权的行为“冷落”在国家强制力平等保护之外。现实中，民营企业的内部管理制度较之国有企业的管理制度松散，若民营企业工作人员利用职务实施了上述危害行为而没有受到刑法相应的制裁，必然使得民营企业的工作人员有恃无恐，利用法律漏洞实施危害民营企业产权的行为，给民营企业的持续、蓬勃发展制造了障碍。

2. 入罪的不平等

身份属性的不同除了带来罪与非罪的悬殊，也使相同的犯罪行为存在着此罪与彼罪、入罪标准高与低的差异。因企业工作人员身份属性“公”与“私”的不同，使得利用职务之便实施的某些危害行为在罪名设置上出现了此罪与彼罪的差异。如贪污罪与职务侵占罪、受贿罪与非国家工作人员受贿罪、挪用公款罪与挪用资金罪。

此外，在入罪标准上，民营企业工作人员利用职务犯罪实施危害行为的入罪相比国有企业更为严苛。首先，在最高人民法院、最高人民检察院《关于办理贪污贿赂刑事案件适用法律若干问题的解释》中，大幅度提高了国家工作人员贪污贿赂犯罪定罪量刑数额标准，即国有企业工作人员犯受贿罪、贪污罪的定罪起点数额应达到 3 万元，存在“其他较重情节时”定罪起点数额应达到为 1 万元以上不满 3 万元，挪用公款罪的定罪起点数额应达到 3 万元。同时也将非国家工作人员受贿罪、职务侵占罪、挪用资金罪的定罪起点数额标准提高至国家工作人员贪贿犯罪数额的两倍，即民营企业工作人员若利用职务之便实施了受贿、职务侵占、挪用资金的危害行为，该行为给企业产权造成的损害都应达到 6 万元的数额才可入罪。笔者以为，相较而言，国有企业的资金一般较为雄厚，微小民营企业资金一般较为短缺，民企的 6 万元财产受到侵占、挪用都很有可能导致企业现金流断裂，给企业的生存与发展带来压力。而刑法对资金相对雄厚的国有企业却仅将入罪门槛定为 3 万元，对资金相对短缺的民营企业则将入罪门槛抬高到 6 万元。其次，受贿罪与非国家工作人员受贿罪的犯罪构成要求不一。这两种罪都有分为“索取型”受贿和“收受型”受贿，而在非国家工作人员受贿罪中无论是“索取型”还是“收受型”，都需要在客观上存在受贿数额较大且有“为他人谋取利益”才可入罪。然而，对于戴着“公帽”的国有公司、企业工作人员的受贿行为，仅在“收受型”受贿中要求具备“为他人谋取利益”的要件，而对于“索取型”受贿，则无此要件要求。笔者以为，受贿型犯罪是以本单位的利益为代价进行的权钱交易型犯罪，侵犯的客体为职务的廉洁性，对行为人犯罪认定上的区别对待，正是刑法对不同身份属性的企业利益保护程度差异的显现。① 因此“厚此薄彼”的犯罪数额认定、罪状设置的差异等入罪门槛的不平等，正是刑事立法对国有资产及民营资产保护观念上不平等的体现。

3. 制刑的不平等

如果一项罪行与对之规定的刑罚之间存在实质性的不一致，那么也会违背一般的正义感。② “公”与“私”的身份属性除了造成罪与非罪、此罪与彼罪的差异，亦带来了刑罚的悬殊。例如，挪用公款罪与挪用资金罪，受贿罪与非国家工作人员受贿罪，贪污罪与职务侵占罪。虽然这些罪行的犯罪方法、犯罪手段、社会危害程度一样，但却因发生在不同所有制的企业而给予相差悬殊、不平等的刑罚。首先，主刑设置的不平等，对于民营企业实施上述罪行的主刑设置偏轻。国有企业工作人员犯挪用公款罪的法定最高刑为无期徒刑，而民营企业工作人员若实施了挪用资金的危害行为，其将受到的最高刑罚仅为10年有期徒刑；国有企业工作人员犯贪污、受贿罪的法定最高刑为死刑，而民营企业工作人员触及职务侵占罪、非国家工作人员受贿罪而受到的法定最高刑仅为15年。其次，附加刑缺失。国有企业工作人员若犯了贪污、受贿罪，将会受到没收财产、罚金的附加刑惩罚，而民营企业工作人员实施了职务侵占、受贿的危害行为，立法仅规定了没收财产的附加刑，并未规定

① 李凤梅：《非公有制经济平等刑法保护之解读与思考》，载《河北法学》2018年第12期。

② ［美］E. 博登海默：《法理学：法律哲学与法律方法》，邓正来译，中国政法大学出版社1999年版，第287页。

罚金刑。笔者以为，法律是正义的化身，而平等又是正义得以实现的基本要求。通过以上罪名的法定刑与附加刑对比，可以看出刑法对不同身份属性的经济主体的保护态度烙上了浓重的“身份立法”印记，对侵犯国有经济的犯罪重锤出击，而对在市场经济中作出巨大贡献的非公经济相对漠视，因此刑罚设置的不平等也让民营企业的产权刑法保护受到制约。

二、理性回归：刑法对民营企业产权应予平等保护的原因

财产权属于中性的自然权利，不存在绝对的性质差异，市场经济蓬勃发展的第一要求是平等主义，我国宪法早已确立了财产平等的原则，刑法中亦规定了“对任何人犯罪，在适用法律上一律平等”，而对于国有企业工作人员与民营企业工作人员利用职务进行的犯罪行为，却因身份属性的不同设置了不同的罪名及法定刑，致使民营企业在司法实务中遭受到了差别待遇，逐渐在市场经济发展中显露疲态。笔者以为，应从刑法基本原则出发，结合民营企业在市场经济的主导地位，反观职业经理人制度的发展，分析民营企业应予平等保护的原因。

（一）刑法基本原则的要求

1. 刑法平等原则

现行刑法对法律面前人人平等作了明确的规定，这同时也是宪法的平等精神在刑法中的体现。平等，则意味着禁止差别对待。笔者以为，刑法层面上的人人平等，应包含打击罪犯及保护被害人都要平等。一方面，对罪犯的定罪、量刑不能因人而差别对待；另一方面，对于被害人不可因人而区别保护。在经济蓬勃发展的今天，民营企业已在市场经济中占据了主体地位，经济基础决定上层建筑，公平竞争是市场经济的内在要求，同时也是市场主体对法律保障提出的需求。如果民营企业等非公经济在刑法层面无法获得平等的法律保护，不仅有违了刑法面前人人平等的原则，也背离了宪法的平等精神。

2. 罪责刑相适应原则

罪责刑相适应，不仅包括一种罪行应与其责刑相适应，也包括同种危害性质的行为间因罪量的相当而保持刑量相当的含义。[①] 当前，我国民营经济等非公经济已占据国民经济的“半壁江山”，跃居为社会主义市场经济的重要组成部分，民营企业的工作人员利用职务侵犯民营企业产权的行为其社会危害性也逐渐增强，甚至这些行为的社会危害性不比侵害国有企业的危害性来得小。而当前刑法第165—169条、第396条的非法经营同类营业罪、为亲友非法牟利罪、签订或履行合同失职被骗罪、国有公司、企业、事业单位人员失职罪或滥用职权罪、徇私舞弊低价折股、出售国有资产罪、私分国有资产罪六个罪名，仅约束了国有企业工作人员，而民营企业的工作人员如有相同的危害行为，却不产生相应的罪责刑。此外，民营企业工作人员实施的职务侵占、受贿、挪用资金的行为与国有企业工作人员的贪污、受贿、挪用公款行为的社会危害性与罪量都是相当的，却忽略了刑量上的一致性，国有企业中犯罪重罚，民营企业中犯罪则轻罚。社会危害性程度的大小是衡量刑罚轻重的标准，罪是刑之因，刑是罪之果，等量之罪应该处以等量之刑，等量之刑必源于等量之罪。[②] 因此为了契合罪责刑相适应原则，刑法应改变对民营企业工作人员实施了危害行为却置之不理及忽视的态度，应平等对待国有经济及民营经济。

（二）社会主义市场经济的要求

我国经济发展能够创造中国奇迹，民营经济功不可没。民营经济贡献了50%以上的税收，60%以上的国内生产总值，70%以上的技术创新成果，80%以上的城镇劳动就业，90%以上的企业数量。[③] 截至2018年末，笔者所在的福建省，民营企业114.15万家，占全省企业数的

---

① 卢建平、陈宝友：《应加强刑法对非公有制经济的保护》，载《法学家》2005年第3期。

② 白建军：《罪刑均衡实证研究》，法律出版社2004年版，第94页。

③ 参见习近平同志2018年11月1日在民营企业座谈会上的讲话，载 http：//cpc.people.com.cn/n1/2018/1102/c64094－30377329.html，2019年5月10日最后访问。

92.36%，民营经济增加值占全省 GDP 的 67.2%。[①] 可见，民营经济已跃居为我国经济高速发展的主力推手。正因如此，党中央的多份文件一再重申对民营经济产权的保护，并提出了“废除对非公有制经济各种形式的不合理规定，消除各种隐性壁垒”的规定。[②] 党中央对国家各项工作的领导是通过各项政策方针的领导，而立法就是从法律上保障党的路线方针政策得以顺利贯彻实施。因此，于刑法而言，上述规定就是对刑法在保护民营企业产权方面不平等现象的直接批评与纠正，若刑法仍然墨守成规地遵守着“身份立法”的观念，就会与我党的大政方针相抵。不难预测，在当前社会主义市场经济高速发展的背景下，民营经济对我国经济傲立世界潮头的推力将越来越大。刑法作为我国的基本法，是国家强制力保障得以实施的法律基础，协调好公有与非公有经济的法律保障天平，帮助我国从内部建立起平衡的社会主义市场秩序尤为重要，同时也是刑法寻求自身完善与回归宪法本位的必然选择。

（三）职业经理人制度的影响

我国当下的民营企业大多数都是家族企业，企业主的年纪大多偏大，管理企业已力不从心，都在考虑接班问题，而他们的第二代有很多不愿意或者没能力担任企业经理管理企业。[③] 为了企业能够传承与可持续发展，民营企业家吸纳与使用职业经理人管理企业的越来越多。职业经理人制度也逐渐与公司法人制度、出资人制度一起构成了现代企业制度的三个基础性制度。[④] 职业经理人大多具有良好的素养，他们加入企

① 《福建银保局：民营企业占全省企业总数 92.36，着力提升民营企业金融服务质效》，载 http：//www.ceweekly.cn/2019/0228/250495.shtml，2019 年 6 月 1 日最后访问。

② 2013 年 11 月 12 日通过的《中共中央关于全面深化改革若干重大问题的决定》：支持非公有制经济健康发展。非公有制经济在支撑增长、促进创新、扩大就业、增加税收等方面具有重要作用。坚持权利平等、机会平等、规则平等，废除对非公有制经济各种形式的不合理规定，消除各种隐性壁垒，制定非公有制企业进入特许经营领域具体办法。

③ 中国民（私）营经济研究会家族企业研究课题组：《中国家族企业发展报告》，中信出版社 2011 年版，第 29 页。

④ 洪虎：《学习贯彻十八届三中全会〈决定〉精神加快推进职业经理人队伍建设事业——在全国职业经理人协会工作交流会议上的讲话》，载 http：//www.hnedu.org/ns_detail.asp？id=501050&nowmenuid=500989&previd=0，2019 年 6 月 1 日最后访问。

业，借助丰富的知识储备与科学的管理方法，给企业带来了长足的发展及较好的经济效益。然而，职业经理人往往不持有公司股份或仅持有少量的股份，企业效益与其个人利益涉及不多，若私心重，就容易利用职便实施影响企业产权的行为，而且由于职业经理人往往是企业的高管，管理着企业运行中最重要的事务，其要想侵害民营企业的产权是极其便利的，实施的行为将直接影响到民营企业的生存与发展。而前述六个罪名的犯罪主体并未包含民营企业的管理人员，若职业经理人实施了上述行为侵害了企业产权，也将利用法律漏洞逃避刑法的制裁。长此以往，职业经理人将肆无忌惮地利用职务便利侵害企业产权，同时也将使得民营企业家陷入冒险选择职业经理人管理公司与企业无合适人员接班而随意放任企业发展的二维困境中。因此，刑法应平等对待国有企业与民营企业的管理人员，使得职业经理人在管理领域的行为得到约束，促进民营企业更好的传承与发展。

三、完善方向：刑法对民营企业产权平等保护之路径

刑法作为惩治犯罪的最后一道防线，应当废除不合理规定，消除隐形壁垒，以此保障民营企业受到法律的平等保护，促使社会主义市场经济的活跃发展。

（一）利益衡平：平等理念的重塑

休谟曾言："人身安全、财产保障以及契约责任被视为文明社会的基石。"① 民营企业是社会主义市场经济的主要组成部分，其财产被保障的程度，反映了我国法治文明的情况。现行刑法是1997年制定的，被刻上了浓浓的计划经济色彩，重点打击的是侵害国有资产的行为，而对民营企业产权的保护相对较弱。世异时移，变法亦矣。经济不断发展，时代不停更迭，刑法对企业法益保护的观念也应当与时俱进。刑法若还停留在计划经济时代"厚公薄私"的理念下，对民营企业产权不

① ［英］休谟：《人性论》，关文运译，商务印书馆1997年版，第526页。

平等的保护，不仅会违背我国宪法平等保护公民合法财产的精神，亦将反作用于市场经济，阻碍民营企业的发展，挫败民营企业家投资的积极性，使得资本流入国外，社会投资进入寒冬，进而影响我国经济的稳健发展。因此在民营企业产权保护方面，刑法应回归理性，结合民营企业为社会主义市场经济带来巨大利益之国情，遵从宪政平等的精神，落实平等保护理念，一视同仁对待国有企业与民营企业，以平衡好国有企业与民营企业的刑法利益。

（二）改革方向：罪刑规范平等化之构建

衡量犯罪的标准，在于行为对社会的危害性。社会危害性程度，是立法者规定某一行为罪与非罪、重罪与轻罪、罚与不罚、重罚与轻罚的根本标准。民营企业工作人员、高管利用职务便利实施的侵害民营企业产权的行为，具备一定的社会危害性，应当予以规制。

1. 消除罪与非罪的差别待遇

某项行为如果具有一定程度的社会危害性，那么该项行为就应当被规定为犯罪。实践中，民营企业的工作人员、董事、经理、主管等人员利用职务便利，实施非法经营同类营业、为亲友非法牟利、签订或履行合同失职被骗、失职或滥用职权造成企业破产或亏损、徇私舞弊低价折股或出售民营企业资产、私分民营企业资产等行为，已经影响到了民营企业的生存与发展，进而破坏了市场经济的有序运行，具备一定的社会危害性，刑法应当将上述行为与侵害国有企业产权行为同样的规定为犯罪，科以刑罚。因此，建议修改、增设罪名，以契合当前经济形势之下国有经济与民营经济平等保护的理念。在职务犯罪层面，首先，修改刑法第165条非法经营同类营业罪，第166条为亲友非法牟利罪，第167条签订、履行合同失职被骗罪，第168条国有公司、企业、事业单位人员失职罪和滥用职权罪，第169条徇私舞弊低价折股、出售国有资产罪等罪名中有关犯罪主体的限定，将条文中“国有公司、企业、事业单位”修改为“公司、企业、事业单位”，并修改条文中对侵害的犯罪客体的限定，将条文中“国家利益”变更为“公司、企业、事业单位利益”。其次，比照刑法第396条私分国有资产罪，将私分民营企业资产的行为规定为犯罪，对民营企业直接负责的主管人员或其他直接责任人员给予刑罚。当然，设定罪与非罪应当考虑到侵害的法益，笔者以为，若“一人公司”或民营资本的“独资企业”的股东利用职务便利，造成民营“一人公司”“独资企业”的财产损失，此种情况下实际并未造成他人的财产损失，该行为实则不具有社会危害性，不应当被认定为犯罪。

2. 消除入罪标准的差别待遇

经济罪犯大多都有着理性的思维，能够客观计算与分析犯罪得到的收益与实施犯罪行为的后果之间的差额，并巧妙地利用法律漏洞实施危害行为。当实施危害行为的预期收益大于付出的预期成本时，行为人才会着手实施危害行为。

当前立法规定，民营企业工作人员利用职务之便，实施侵占企业财物、受贿、挪用企业资金的危害行为要达到 6 万元的数额才入罪——在国有企业中的同样行为达到 3 万元就已入罪——并且不论行为人是实施“索取型”还是“收受型”贿赂的危害行为，入罪的前提都需存在为他人牟取利益这一情节。而国家工作人员只有“收受型”贿赂需存在为他人牟取利益的情节可入罪，“索取型”贿赂无这一要求。如此则容易导致民营企业的工作人员，特别是手中握有实权的职业经理人等管理人员，频频打法律擦边球，通过卡犯罪数额及犯罪情节的方式明目张胆地侵害民营企业的产权，被发现后也只需将侵占、受贿、挪用的资金归还即可，而不用踏入犯罪的红线内。也容易出现，国有企业委派到民营企业从事公务的工作人员若与民营企业的工作人员共同实施了侵犯民营企业产权的危害行为，国有企业工作人员构成犯罪，而民营企业工作人员却逍遥法外的窘境。有鉴于此，应当消除入罪标准的差别待遇，降低非公经济的工作人员实施上述行为的入罪数额，建议入罪数额应与国有企业一致，不论国有企业或是民营企业，只要实施了侵害企业产权 3 万元的上述行为，就可以构成犯罪。同时，笔者建议，放宽受贿罪的犯罪构成要件，受贿犯罪侵害的法益本质上为职务行为的公正性与不可收买性,[①] 不论是国家工作人员或是非国家工作人员，只要利用职务便利，索取或收受了他人的贿赂，就构成刑事犯罪，无须再附加“为他人牟取利益”的要件。

3. 消除刑罚标准的差别待遇

设置刑罚的目的，是为了以威慑力遏制违法犯罪活动，使有潜在违法犯罪倾向的人因顾及犯罪成本而却步。如果行为人实施了某种行为应承担的惩罚，与其实施犯罪所获得的收益不相匹配，那么行为人将在权衡利弊之下选择实施犯罪。当前，受到“厚公薄私”及身份属性的影响，民营企业工作人员利用职务之便所犯的非国家工作人员受贿罪、职务侵占罪、挪用资金罪受到的处罚，在主刑与附加刑方面，均比国有企业工作人员利用职务之便所犯的贪污罪、受贿罪、挪用公款罪所受到的处罚更轻微。实际上，在民营企业中实施的上述犯罪活动所造成的危害性并不比在国有企业来的轻，同质行为不同罚，必然使得利用职务之便侵犯民营企业产权的行为更加猖狂。在当前社会主义市场活跃、企业优胜劣汰的经济大形势下，无论国有企业还是民营企业，都是社会主义市场经济主体，企业发展的好坏，都同样作用于我国的市场经济，不可因为姓“公”或姓“私”而戴着有色眼镜去判定罪责刑。

因此，笔者建议消除上述犯罪刑罚轻重的差别待遇，国有企业或民营企业工作人员利用职务便利，实施上述侵占企业财产、受贿、挪用企业资金的行为，侵害的法益最主要应为企业生存、发展、竞争的利益，建议应设定为同一罪名，不再区分贪污罪与职务侵占罪、受贿罪与非国家工作人员受贿罪、挪用公款罪与挪用资金罪，所适用的刑罚也应当一致，才可体现刑法对国有企业与民营企业的客观公平。而对于国家机关、事业单位、人民团体的工作人员利用职务之便，实施的上述侵占国有资产、受贿、挪用国有资金的行为，本质是使国家工作人员职务的廉洁性受到了侵害，建议与企业工作人员实施上述行为的定罪、量刑进行区分。

---

① 张兆松、周淑婉：《非公有制财产刑事法律保护的缺陷及其完善》，载《浙江工业大学学报（社会科学版）》2017 年第 2 期。

（三）制度优化：民营企业监督机制之完善

除了立法上对民营企业产权进行平等保护，司法上也应对民营企业进行平等的干预。我国司法机关掌握犯罪线索，主要是通过检举、揭发、举报得以实现，进而实现对犯罪分子的打击。受到“厚公薄私”观念的影响，国有企业内部的监督机制相对完善，社会对国有企业的关注度也较高。国有的光环之下，国有企业工作人员若利用职务便利实施危害国有企业产权的行为，无论在企业内部或是社会外部，都较容易被检举、揭发、举报。如此，司法机关才有了掌握犯罪线索的可能，进而打击犯罪行为。而民营企业所受到的社会关注度较低，企业内部的监督机制较为松散，甚至很多企业根本没有设立监督、检查部门。司法机关发现民营企业工作人员实施危害企业产权的犯罪行为相对困难，加之民营企业很多都是家族企业，工作人员、管理人员许多沾亲带故，若他们实施了危害企业产权的行为，往往也都被“隐藏”及“保护”起来，使得司法机关对犯罪分子进行全面、充分打击的难度加大。有鉴于此，笔者以为，民营企业已逐渐成为市场经济的重要力量，只有自省自查才能更好地发展，故而建议企业可设立专门的监督、检查、审计部门，完善内审制，对工作人员利用职务便利侵害企业产权的行为进行核查，鼓励员工相互监督，同时可建立规范的委托审计机制，委托第三方进行全面审计与专项审计，提升审计的真实性；司法部门应重视侵犯企业产权的犯罪线索，在打击侵犯企业产权犯罪力度上，将国企与民企同等对待，从而促进民营企业的持续、健康发展。

总之，刑法作为运用国家强制力打击侵害企业产权的法律基础，对企业工作人员现行职务犯罪的规制，只有在观念上进行更新，摒弃计划经济时代注重身份属性的“厚公薄私”理念，遵循宪法本位，回归平等的价值观，在刑法规范方面消除制罪标准、入罪标准、刑罚标准的差别待遇，完善民营企业的监督机制，做到刑法的平等保护，才可为民营企业的发展解决后顾之忧，为企业家创新创业营造良好的法治环境。

（责任编辑：李冉毅）

刑诉散论

证据裁判原则视域下被追诉人取证能力强化机制研究

陈在上*

证据裁判原则，又称证据裁判主义，是欧陆资产阶级启蒙思想家在战胜封建专制制度的革命斗争胜利后，确立的一项与自由心证原则相伴而生的证据原则，被盛誉作“证据规定的帝王条款之一”①，其核心内涵为“认定案件事实必须依据证据，其他任何东西都不是认定案件事实的根据”②。我国台湾地区学者李学灯亦主张“惟在法治社会之定分止争，首以证据为正义之基础，既需寻求事实，又需顾及法律上其他政策。认定事实，每为适用法律之前提。因而产生各种证据法则，逐为认事用法之所本”③。

控辩双方证据信息充盈是证据裁判原则适用的逻辑前提，运用证据信息说服法官是证据裁判原则适用的核心环节。鉴于此，从证据裁判原则实践理性的视角，亟待对被追诉人取证能力强化机制加以研究。

一、证据裁判原则的确立与发展

一般认为，证据裁判原则思想肇始于欧洲大陆，伴随着资产阶级启蒙思想家倡导的自由、民主、理性和博爱以及对封建社会法律专横严重

* 河南财经政法大学刑事司法学院副教授，法学博士。

① 林钰雄：《刑事诉讼法学》（上册），中国人民大学出版社2005年版，第344页。

② ［日］田口守一：《刑事诉讼法》，张凌、于秀峰译，中国政法大学出版社2010年版，第267页。

③ 李学灯：《证据法比较研究》，五南图书出版社1992年版，序言页。

批评的基础而生长，是“反对口供主义的产物”。[①] 1790 年，法国时任议员杜波尔向法国宪法会议提出革新草案，建议废除书面程序及其形式证据，只把法官的内心确信作为诉讼的基础，用自由心证制度取代法定证据制度，他指出：“法定证据制度——它的本身就是一种荒诞的方法，是对被告人，对社会，都有危险的方法。”[②] 自由心证原则的立法范例首推 1808 年法国《刑事诉讼法典》第 342 条之规定：“法律对于陪审员通过何种方法而认定事实，并不计较；法律也不为陪审员规定任何规则，使他们判断已否齐备及是否充分；法律仅要求陪审员深思细察，并本诸良心，诚实推求已经提出的对于被告不利和有利的证据在他们的理智上产生了何种印象。法律未曾对陪审员说，‘经若干名证人证明的事实即为真实的事实’；法律也未曾说‘未经某种记录、某种证件、若干证人、若干凭证证明的事实，即不得视为已有充分证明’；法律仅对陪审员提出这样的问题：‘你们已经形成内心的确信否？’此即陪审员职责之所在。”此后，自由心证原则在大陆法系各国得到立法确立。《德国刑事诉讼法》第 261 条规定：“对证据调查的结果，由法庭根据它在审理的全过程中建立起来的内心确信而决定。”《俄罗斯刑事诉讼法典》第 17 条规定：“法官、陪审员以及检察长、侦查员、调查人员根据自己基于刑事案件中已有全部证据的总和而形成的内心确信，同时遵循法律和良知对证据进行评价。任何证据均不具有事先确定的效力。”

证据裁判原则的思想源于欧洲大陆国家，但其明晰的法律规定却最初确立于日本。日本 1876 年《断罪依证律》将《改定律例》规定的“凡断罪，依口供结案”修改为“凡断罪，依证据”。[③] 如今，大陆法系许多国家和地区均在立法中采纳了证据裁判原则的内涵。如《法国

① 陈光中主编：《证据法学》，法律出版社 2019 年版，第 113 页。

② ［苏］安·扬·维辛斯基：《苏维埃法律上的诉讼证据理论》，王之相译，法律出版社 1957 年版，第 90 页。

③ 参见［日］松尾浩也：《日本刑事诉讼法》（下卷），中国人民大学出版社 2005 年版，第 4 页。

刑事诉讼法典》第427条规定:“除法律另有规定外,犯罪得以任何证据形式认定,并且法官得依其内心确信做出判决。法官只能以在审理过程中向其提出的、并在其当面经对席辩论的证据为其做出裁判决定的依据。”《德国刑事诉讼法》第244条第2款规定:“为了调查事实真相,法院应当依职权将证据调查延伸到所有的对于裁判具有意义的事实、证据上。”《日本刑事诉讼法》第317条规定:“认定事实,应当根据证据。”《韩国刑事诉讼法》第307条规定:“认定事实,应当以证据为依据。”我国台湾地区的“刑事诉讼法”第154条规定:“犯罪事实应依证据认定之,无证据不得认定犯罪事实。”相较之下,英美法系国家更加主张证据的可采性与关联性,对证据裁判原则并未加以明确规定。正如陈光中教授等所言:“英美法系国家没有明确规定证据裁判原则并非对该原则的否认,而是认为证据裁判原则是不言自明的。英美法系国家的证据制度中有大量关于证据关联性和可采性的规则,这些规则与证据裁判原则的基本精神完全一致,事实上这些国家非常强调案件事实的认定必须依靠证据。”①

二、证据裁判原则内容的逻辑自洽与经验审思

我国理论界与实务界对证据裁判原则内容的理解存在较大差异,关键点在于是否将司法证明的内容纳入证据裁判原则的范畴。理论界对此多持否定态度,主要从三方面论证证据裁判原则的含义:一是对事实问题的裁判必须依靠证据;二是裁判所依据的证据必须有证据资格;三是裁判依据的证据须经法庭调查。② 陈瑞华教授即认为,证据裁判原则主要解决认定案件事实的证据基础及其法律资格问题,而无涉司法证明的标准问题,后者属于无罪推定原则的内在要求,而非证据裁判原则的构

① 陈光中、陈曦:《论刑事诉讼中的证据裁判原则——兼谈〈刑事诉讼法〉修改中的若干问题》,载《法学》2011年第9期。

② 参见陈卫东主编:《刑事诉讼法学关键问题》,中国人民大学出版社2013年版,第151—152页。

成要素。[①] 类似的观点还有，证据裁判原则有三方面内容：一是认定案件事实必须依据证据，是理性认识的要求；二是证据必须具有证据能力，是证据资格的法律要求；三是证据必须在中立的法庭上举证、质证、认证后方可作为裁判的依据。[②] 实务界对证据裁判原则内容的界定则相对更加宽泛，根据最高人民法院司法集成观点显示，死刑案件贯彻证据裁判原则的司法政策精神涵盖四部分内容：一是死刑案件的证据裁判标准是绝对标准，必须达到确实、充分的证明程度，在任何时候、任何情况下都不能打折；[③] 二是重点审查证据的客观性；三是严格审查证据的合法性；四是高度重视司法鉴定问题。[④] 上述分歧的原因在于，理论界主张证据裁判原则的“三要素”是从程序正当视角加以论证，形成逻辑自洽，而实务裁判却兼顾案件事实结果加以论证，生成经验总结。诚如霍姆斯而言：“法律的生命不在于逻辑，而在于经验。”[⑤] 离开司法证明的裁判原则显然只能停留在理论研究的务虚层面，而无法探求至个案中的真实。作为被追诉人取证能力强化机制理论基础支撑的证据裁判原则，更应当从以下四方面把握其内容：

首先，案件事实的认定须以证据为基础。案件事实的认定必须依赖于证据信息，离开证据信息的裁判必然陷入神秘主义的泥淖。边沁曾言：“证据是正义的基石。”[⑥] 艾伦指出：“事实先于权利和义务而存在，

---

① 参见陈瑞华：《刑事证据法学》，北京大学出版社 2012 年版，第 30 页。

② 参见李静：《证据裁判原则初论》，中国人民公安大学出版社 2008 年版，第 26 页。

③ 当然，此种对死刑案件证明标准的绝对化虽然体现了司法应对死刑案件谨慎的态度，但也有学者对此种过度客观化的证明裁判要求提出了质疑，指出“重罪案件证据裁判开始走向高度客观主义，不可否认这一趋势的积极意义，但过于理想化、绝对化的色彩既与诉讼制度和纠纷解决的实践逻辑存在诸多悖离，也可能导致证据收集、运用与评价的一些问题”，并主张“在重罪案件裁判中重构一种既注重客观证明，又兼容合理推断的平衡型事实认定模式”。详情参见左卫民：《反思过度客观化的重罪案件证据裁判》，载《法律科学》2019 年第 1 期。

④ 参见刘德权主编：《最高人民法院司法观点集成（刑事卷）》，人民法院出版社 2010 年版，第 1147—1148 页。

⑤ ［美］小奥利弗·温德尔·霍姆斯：《普通法》，冉昊、姚中秋译，中国政法大学出版社 2006 年版，第 1 页。

⑥ ［英］威廉·特文宁：《证据理论：边沁与威格莫尔》，吴洪淇、杜国栋译，中国人民大学出版社 2015 年版，扉页。

并且是权利和义务的决定性因素，没有准确的事实认定，权利和义务就会失去意义。"[①] 特文宁也指出："事实侦查、事实管理以及法律语境（不仅仅在法庭）中对争议性事实问题的论证值得关注，同时也是和法律问题的解释和推理有着相同的智识需求。"[②] 尽管刑事诉讼过程系一系列追溯证明过程，但人类刑事司法在经历了诸多磨难并凝结了众多智识之后，早已摆脱火审、水审乃至决斗等蒙昧或野蛮的方式推定案件事实，排除案外因素的不利影响，并基于理性主义认识论的指引，用控辩双方出示的证据信息推理出案件事实。

其次，证据信息本身应当具有证据能力。证据能力又称作证据的合法性，是证据的制度属性，即从法律制度上允许证据出现在法庭上的资格和条件。[③]"无论是以德国为代表的大陆法系国家证据使用禁止的规定还是英美法系国家以证据规则为核心的证据可采性规定，都反映出立法对证据能力的要求。"[④] 我国刑事诉讼法也明确禁止刑讯逼供，第 56 条第 1 款规定："采用刑讯逼供等非法方法收集的犯罪嫌疑人、被告人供述和采用暴力、威胁等非法方法收集的证人证言、被害人陈述，应当予以排除。收集物证、书证不符合法定程序，可能严重影响司法公正的，应当予以补正或者作出合理解释；不能补正或者作出合理解释的，对该证据应当予以排除。"而且，我国《刑事诉讼法》第 56 条第 2 款进一步对非法证据在各诉讼阶段的排除适用加以明确："在侦查、审查起诉、审判时发现有应当排除的证据的，应当依法予以排除，不得作为起诉意见、起诉决定和判决的依据。"

再次，案件证据须经法定程序查证属实。案件证据须经法定程序查证属实是法庭甄别证据真伪的重要途径，也是保障裁判者正确采信证据的程序正义的必然要求。一方面，裁判者通过查证程序对案件事实的认

---

① ［美］罗纳德·J. 艾伦：《艾伦教授论证据法》（上），张保生等译，中国人民大学出版社 2014 年版，第 3 页。

② ［英］威廉·特文宁：《反思证据：开拓性论著》，吴洪淇等译，中国人民大学出版社 2015 年版，第 421 页。

③ 参见陈瑞华：《刑事诉讼法的前沿问题》，中国人民大学出版社 2005 年版，第 377 页。

④ 闵春雷：《证据裁判原则的新展开》，载《法学论坛》2010 年第 4 期。

识逐步深化，有利于其判决不同证据证明力的大小，最大限度地生成与案件事实真相符合的裁判；另一方面，证据经法定程序审查属实也是保障诉讼参与人合法权益的重要手段。我国《刑事诉讼法》第 61 条明确规定："证人证言必须在法庭上经过公诉人、被害人和被告人、辩护人双方质证并且查实以后，才能作为定案的根据。法庭查明证人有意作伪证或者隐匿罪证的时候，应当依法处理。"林钰雄将依法进行的证据调查程序视为证据获得证据能力的积极条件与终局条件。① 证据材料纷繁复杂，法定程序如何设置足以保障采证的实践理性无疑是一个棘手的课题，证据开示与交叉询问被认为是减少证据"突袭"以及发现真实的重要环节，尤其交叉询问规则更是被证据法学的集大成者威格莫尔称为"有史以来所发明的发现事实真相的最强大法律引擎"②。

最后，全案证据须达到确实、充分程度。现代裁判制度与传统事实认定制度的一个根本性差异便在于前者是基于证据信息的事实推理予以展开，而非通过野蛮或机械认定而成。③ 联合国《公民权利和政治权利国际公约》第 14 条第 2 款明确规定："凡受刑事控告者，在未依法证实有罪之前，应有权被视为无罪。"根据该国际公约的精神，必须符合立法要求的证据标准才能生成理性的有罪判决，若证据信息未能达到法定的证明标准，法官应当遵循疑罪从无原则，依法形成无罪判决。有罪与否的判决结果固然受制于无罪推定原则，但这一结果产生的基础在于证据材料的翔实程度。忽视证明标准的证据裁判原则使裁判失去了目标与方向，而将其界定为证据裁判原则的内容更能兼顾实体公正的要求。从比较法的视角看，无论是大陆法系的"内心确信"还是英美法系的"排除合理怀疑"均强调裁判者认可的主观证明标准。我国的《刑事诉讼法》第 200 条规定的"案件事实清楚，证据确实、充分"与第 55 条

① 参见林钰雄：《刑事诉讼法》，中国人民大学出版社 2005 年版，第 345 页。

② Wigmore John Henry. Evidence in Trials at Common Law (Vol 5, Revised by James H. Chadbourn), Little Brown and Company, 1974, p. 32.

③ See William Twining, Rethinking Evidence: Exploratory Essays, Cambridge: Cambridge University Press, 2005, p. 35.

规定的“证据确实、充分”是一个主客观相结合的证明标准，既强调“定罪量刑的事实都有证据证明”与“据以定案的证据均经法定程序查证属实”的证据认定的客观性与关联性，又强调“综合全案证据，对所认定事实已排除合理怀疑”的裁判者主观认同。

三、我国亟待确立证据裁判原则的原因

“无论错误定罪的根源在刑事诉讼的哪一个环节，其最直接的表现都是案件事实认定的错误，而案件事实认定则是以证据作为基础的。”①尽管，冤假错案的“证成并非基于一种制度逻辑自觉演绎的必然结果，而是在诸如‘真凶再现、死人复活’等‘铁证’频现之下，办案机关被逼到死角而不得不为之的偶然现象”②。我国政法实务部门开始反思传统事实认定存在的严重缺陷，试图从案件事实认定环节对冤假错案加以防范。首先便是完善证据领域的法律规定。例如，2010 年赵作海冤案发生之后不久，最高人民法院、最高人民检察院、公安部、国家安全部、司法部颁行《关于办理刑事案件排除非法证据若干问题的规定》与《关于办理死刑案件审查判断证据若干问题的规定》。2012 年刑事诉讼法修改时对上述两规定的内容加以吸收。

客观而言，我国有关证据法的规定近二十年间取得了长足进步。例如 1996 年刑事诉讼法虽然竭力吸收当事人主义控辩双方对抗式的庭审改造，甚至一度在移送起诉环节规定“复印件移送”模式③，但彼时“证据”一章仅存 8 个条文，最高人民法院相应的司法解释也不过 11 个条款。对证人出庭作证以及非法证据排除规则的规定无疑更是原则性

① 吴洪淇：《审判中心主义背景下的证据裁判原则反思》，载《理论视野》2015 年第 4 期。

② 陈在上：《比较法视域下的律师在场权悖论释义与制度建构》，载《河北法学》2017 年第 3 期。

③ 我国 1979 年刑事诉讼法确立了职权主义或曰超职权主义的审判方式，1996 年刑事诉讼法的审判方式修改成为亮点之一，试图从审问式转向控辩对抗式，被视为是对英美法系当事人主义审判方式的合理借鉴，但此改革并未解决庭审虚化问题。2012 年刑事诉讼法在案卷移送方式的选择上摒弃了 1996 年修法确立的“复印件移送主义”，回归到 1979 年刑事诉讼法规定的“全案卷宗移送主义”。参见熊秋红：《刑事庭审实质化与审判方式改革》，载《法学家》2016 年第 5 期。

要求，几无可操作性可言，司法实践中，证人出庭作证成为例外，非法证据排除规则的适用更是罕见。2012 年刑事诉讼法的修改对证据制度作出重大回应，不仅改革了证明标准、完善了非法证据排除规则、丰富了法定证据种类等内容，就连证据的法定概念也从“事实说”改变为“材料说”。2021 年施行的最高人民法院《关于适用〈中华人民共和国刑事诉讼法〉的解释》也相应地将原来有关证据立法的条款剧增至 78 个条款。2017 年 2 月 17 日，最高人民法院颁布《关于全面推进以审判为中心的刑事诉讼制度改革的实施意见》，其中第 1 条中强调“坚持证据裁判原则，认定案件事实，必须以证据为根据。重证据，重调查研究，不轻信口供，没有证据不得认定案件事实”。尽管其中部分规定内容与《刑事诉讼法》第 55 条重复，但“证据裁判”尚属首次明确提出。[①] 证据裁判在事实认定方面的错误，常与刑讯逼供等非法取证行为获得的证据难以有效排除息息相关。因此，针对“司法实践中仍然存在的非法证据启动难、证明难、认定难、排除难等问题”，为了“紧扣司法实际，注重规定内容的针对性、有效性、可操作性，既便于司法实践操作，又将相关要求上升到工作机制层面，确保政法各部门在司法实践中一体遵循，严格执行”[②]。2017 年 4 月 18 日，中央全面深化改革领导小组第三十四次会议审议通过《关于办理刑事案件严格排除非法证据若干问题的规定》。2017 年 6 月 27 日，最高人民法院、最高人民检察院、公安部、国家安全部、司法部共同会签并联合颁布《关于办理刑事案件严格排除非法证据若干问题的规定》，第 1 条进一步重申立法内容：“严禁刑讯逼供和以威胁、引诱、欺骗以及其他非法方法收集证据，不得强迫任何人证实自己有罪。对一切案件的判处都要重证据，重调查研究，不轻信口供。”

① 客观而言，我国法律与司法解释也蕴含了证据裁判原则的影子。参见《刑事诉讼法》第 55 条和最高人民法院《关于适用〈中华人民共和国刑事诉讼法〉的解释》第 69 条、《关于办理死刑案件审查判断证据若干问题的规定》第 2 条。

② 戴长林、刘静坤、朱晶晶：《〈关于办理刑事案件严格排除非法证据若干问题的规定〉的理解与适用》，载《人民司法》2017 年第 22 期。

我国的证据立法虽然已取得重大进步，但仍旧无以堪当扭转传统事实认定存在法律风险的重任。究其原因，冤假错案的事实认定的错误并非仅仅源于证据立法不完备、缺乏实践可操作性，尤其是非法证据排除规则失灵等直接原因，根本原因更在于被追诉人取证能力强化机制的缺失导致辩方举证不能。

首先，私权取证乏力，主要包含三方面内容：

第一，被追诉人被未决羁押成为常态，自行取证不能或乏力。刑事司法实践再次证明，我国未决羁押率较高，重罪案件被追诉人更是难以获得取保候审，其在人身自由被剥夺的情形下，难以自行有效地获取辩护证据信息。实证数据显示，自2018年以来的刑事判决书有1349172份，其中被告人被取保候审的案件判决书仅为197289份，仅占14.6%。其中，数罪并罚的取保候审率仅为约5.7%（11217件），取保候审后不诉率约为16.4%（190689件），取保候审后免予刑事处罚率约为1.8%（3618件），取保候审后判处缓刑率约为72.3%（142601件）。总之，“取保后的不诉率16.4%+免刑率1.8%+缓刑率72.3%，再加上取保后不了了之的，90%以上的犯罪嫌疑人、被告人都将一劳永逸地摆脱牢狱之灾。”①

第二，法律援助的滞后性与片面性，致使被追诉人难以及时获取专业的取证帮助。早在1963年，美国联邦最高法院布莱克大法官就在判例中指出，辩护律师在刑事诉讼程序中应当是“必需品”而非“奢侈品”。② 日本学者田口守一更深刻地指出：“刑事诉讼的历史就是辩护权

① 此比率剔除了危险驾驶罪，由于其刑期仅为1至6个月的拘役刑，且占所有刑事案件总数近五分之一，取保候审率高达74.3%，该罪为统计取保候审率的干扰项。参见张文明：《取保候审裁判数据分析及实务技术指引》，载 https://baijiahao.baidu.com/s?id=1660607185787902843&wfr=spider&for=pc，2020年3月16日最后访问。

② See Gideon v. Wainwright, 372 U.S. 335, (1963).

扩充的历史。”[①] 客观而言，我国近些年有关被追诉人的法律援助制度立法与司法均取得了长足的进步。2012 年刑事诉讼法不仅明确了犯罪嫌疑人侦查阶段律师辩护权，扩大了法律援助案件范围，2018 年刑事诉讼法更是在试点经验的基础上，增设了值班律师制度，丰富了法律援助的方式。尤为可喜的是，“为推进以审判为中心的刑事诉讼制度改革，加强人权司法保障，促进司法公正，充分发挥律师在刑事案件审判中的辩护作用，开展刑事案件审判阶段辩护全覆盖试点工作”[②]，2017 年 10 月 11 日，最高人民法院与司法部联合出台《关于开展刑事案件律师辩护全覆盖试点工作的办法》，在北京、上海、浙江等 8 个省（直辖市）积极探索开展为期一年的刑事案件律师辩护全覆盖试点工作。2018 年 12 月 27 日，最高人民法院与司法部联合发布《关于扩大刑事案件律师辩护全覆盖试点范围的通知》，不仅将试点扩大至 31 个省（自治区、直辖市）和新疆生产建设兵团，而且将刑事案件律师辩护全覆盖试点工作的意义提升到“落实全面依法治国的一项重要举措”的高度。但是，即便如此，针对被追诉人取证权而言，我国现有法律援助制度依旧具有滞后性与片面性。其主要体现在两个方面：一是侦查阶段辩护律师在缺乏诉讼化构造的审前程序难以展开及时有效的辩护活动，“坐堂问诊”式的值班律师制度也仅能部分解答被追诉人的法律知识困惑（在值班律师未充分了解案件信息的情况下，其提供的法律咨询意见也难保客观准确）；二是刑事辩护全覆盖仅仅在于解决被告人的庭审辩护权问题，对侦查与审查起诉阶段的犯罪嫌疑人而言，辩护律师显得姗姗来迟。

第三，辩护律师调查取证行为在“公权”与“私权”的双重夹缝中生存，难以及时获取有效的辩护证据。我国现行刑事诉讼法并不鼓励

---

① 日本早在 1880 年《治罪法》中即创立了辩护制度，但只有审判中的被告人可以委托辩护人。1922 年《刑事诉讼法》规定，在起诉后的预审阶段被告人就可以委托辩护人；1948 年《刑事诉讼法》规定，犯罪嫌疑人也可以委托辩护人；2016 年部分修改后的《刑事诉讼法》大幅扩大了国选辩护人制度的适用范围。这个过程就是辩护权扩充的过程。参见［日］田口守一：《刑事诉讼法》，张凌、于秀峰译，法律出版社 2019 年版，第 172 页。

② 参见最高人民法院、司法部《关于开展刑事案件律师辩护全覆盖试点工作的办法》。

辩护律师行使调查取证权，第38条不仅列举式“遗漏”辩护律师调查权的内容，与第36条增设的值班律师提供的法律帮助内容几近相同①，第43条更是明确“限制”，不仅以被调查对象的同意为前提，向被害方取证尚需人民检察院或人民法院许可②，以至于侦查阶段辩护律师是否依法享有调查取证权成为争议的话题，就连审查起诉与审判阶段的辩护律师调查取证权的依法行使也举步维艰。陈瑞华教授指出：“与侦查机关、公诉机关和审判机关所进行的调查证据活动不同，辩护律师的自行调查不具有国家强制力，带有民间调查的性质。这首先意味着，辩护律师对于那些拒绝配合调查的单位和个人，无权采取任何强制性措施。其次，辩护律师的调查要以被调查单位和个人的同意为前提，在一定程度上意味着，被调查单位和个人有权拒绝律师的调查要求。从法律意义上讲，被调查单位和个人拒绝辩护律师调查请求的，并不会因此承担任何消极的法律后果。”③ 立法层面的原则性甚至排斥性规定，结合被调查单位和个人不予配合亦不承担法定责任，以及司法救济不能的情形下，辩护律师调查取证权几近异化为请求权甚至祈求权，期望其实践理性的实质有效无异于天方夜谭。

其次，立法与司法忽视。我国2012年刑事诉讼法的修改确立了非法证据排除规则，但是其实效性问题并未解决，被追诉人取证能力弱化问题更是未能受到立法与司法关注。司法实践中的大量案例显示，我国非法证据排除规则的适用与否，惯常基于案件事实正误本身，而非遏制非法取证行为或保障被追诉人合法权益的需要。吴宏耀教授经过实证分

① 《刑事诉讼法》第38条规定，辩护律师在侦查期间可以为犯罪嫌疑人提供法律帮助；代理申诉、控告；申请变更强制措施；向侦查机关了解犯罪嫌疑人涉嫌的罪名和案件有关情况，提出意见。第36条规定，法律援助机构可以在人民法院、看守所等场所派驻值班律师。犯罪嫌疑人、被告人没有委托辩护人，法律援助机构没有指派律师为其提供辩护的，由值班律师为犯罪嫌疑人、被告人提供法律咨询、程序选择建议、申请变更强制措施、对案件处理提出意见等法律帮助。

② 《刑事诉讼法》第43条规定，辩护律师经证人或者其他有关单位和个人同意，可以向他们收集与本案有关的材料，也可以申请人民检察院、人民法院收集、调取证据，或者申请人民法院通知证人出庭作证。辩护律师经人民检察院或者人民法院许可，并且经被害人或者其近亲属、被害人提供的证人同意，可以向他们收集与本案有关的材料。

③ 陈瑞华：《辩护律师调查取证的三种模式》，载《法商研究》2014年第1期。

析后指出："在司法实践中，法院往往将非法证据排除与供述的真实性问题捆绑在一起，不愿意仅仅因为取证手段违法而排除证据。"并给出了两点理由："在司法体制方面，法院因缺乏独立性而无力承担督导侦查违法性的重任；在立法方面，立法用语的弹性以及回溯性证明的难度，致使排除规则过分依赖法院的自由裁量权。"① 左卫民教授也同样认为："与热闹话语形成强烈反差的是实践的冷清：不仅法院很少依职权启动非法证据排除程序，而且被告方提出启动程序申请的比例也较低，即使依被告方申请启动程序，法官展开合法性调查的兴趣也不高。从结果看，很少有证据被认定为非法并排除，即便被排除也难以对案件处理产生实质影响。"② 易延友教授分析了1459个有关申请非法证据排除适用的案例，得出的结果看似出乎意料，即"绝大多数非法证据排除申请都能启动对证据合法性的审查，其中约一成的申请得到支持，从而将非法证据排除"③。但其经过深入分析后也同样认为："有罪者在罪责存疑时能够得到更多的关照，而在罪责无疑的情况下，很难享受到非法证据排除规则提供的保护"，"以保障无辜者不受错误追究为终极关怀的非法证据排除规则，只有在无辜者处于被错误追究的危险境地时才能发挥作用"。④ 由此可见，我国现阶段的非法证据排除规则实践中异化为审查案件事实真伪的规则，适用该规则的逻辑起点也聚焦于无辜者不受错误追究，而非有罪者遭受非法取证。在这样的规则下，真正实施犯罪的被追诉人的合法诉讼权利都难以获得法庭支持，更遑论立法本来就规定模糊的被追诉人取证能力弱化问题了。

最后，诉讼制度的缺陷。影响被追诉人取证能力实现的诉讼制度主

---

① 吴宏耀：《非法证据排除的规则与实效——兼论我国非法证据排除规则的完善进路》，载《现代法学》2014年第4期。

② 左卫民：《"冷"与"热"：非法证据排除规则适用的实证研究》，载《法商研究》2015年第3期。

③ 易延友：《非法证据排除规则的中国范式——基于1459个刑事案例的分析》，载《中国社会科学》2016年第1期。

④ 易延友：《非法证据排除规则的中国范式——基于1459个刑事案例的分析》，载《中国社会科学》2016年第1期。

要存在两方面问题：

第一，现行侦查模式下，犯罪嫌疑人最迫切需要取证的愿望未受到关注。除了逮捕的决定权之外，侦查机关依法享有对犯罪嫌疑人采取所有强制性措施的权力，而犯罪嫌疑人依法承担“如实回答”的义务，合法诉讼权利即便被侵犯，也几乎没有顺畅的救济途径，完全沦为诉讼的客体。孙长永教授即指出：“我国侦查程序实际上是流水作业的‘罪犯加工生产线’上的最重要环节。在只有侦查机关与犯罪嫌疑人双方组合的侦查程序中，一个无罪的自由民只要被侦查机关认定为犯罪嫌疑人、便完全成为侦查权力的客体，除了基本本能的挣扎呼救和微弱的律师帮助以外，很难获得侦查机关以外的有效救济。”① 我国现阶段的侦查程序中，除了人民检察院批准逮捕程序存在一定的制度性监督制约之外，立法与司法均更加注重打击犯罪的需求，充斥着典型的纠问式色彩，而对被追诉人的取证权缺乏应有的关注。

第二，三机关之间的关系，难以对被追诉人取证失灵提供救济。《刑事诉讼法》第7条、《宪法》第140条均规定人民法院、人民检察院和公安机关应当“分工负责，互相配合，互相制约”，该原则最早于1954年被正式提出②，“意在改变此前的公安中心格局”③，使“错捕、错押、错判的现象自然会减少到极小的限度”④。1979年我国第一部刑事诉讼法规定了该原则，并被1982年宪法所确认，其对改变新中国成立初期不严格区分诉讼职能的政法一元化体制，提高办案质量具有重大的历史意义。然而，时至今日，此项原则与法治国家对司法的功能和使命的要求有不协调之处，其主要问题便是将国家权力平行互动的单面关系，取代了刑事诉讼“三方组合”的理性构造，必然影响裁判者的中立性与独立性。根据法治国家的一般经验，检察机关常被确认为当事人

---

① 孙长永主编：《侦查程序与人权保障——中国侦查程序的改革与完善》，中国法制出版社2009年版，第9页。

② 参见彭真：《论新中国的政法工作》，中央文献出版社1992年版，第99页。

③ 刘忠：《从公安中心到分工、配合、制约》，载《法学家》2017年第4期。

④ 《彭真传》编写组：《彭真传》（第2卷），中央文献出版社2012年版，第886页。

一方。例如英美法系国家以及法国、俄罗斯等，明确确定检察机关属于当事人一方，即便是强调检察官客观义务而区别于普通当事人的德国，也在法理上认同其属于控方当事人。[1] 仅仅强调国家专门机关的分工、配合和制约，必然忽视辩护功能作用的发挥，导致国家权力与公民权利关系的失衡甚至对立，被追诉人取证权的诉求也就难以获得支持。

四、证据裁判原则的实践理性与期待被追诉人取证能力强化机制相契合

“在证据裁判原则下，证据与事实认定是相对的。没有任何证据当然不能认定案件事实，然而，虽有证据，但证据却不足以认定案件事实，也即证据在数量和质量上不能满足在相应的诉讼阶段诉讼证明的需要，同样不能认定案件事实。”[2] 被追诉人取证能力强化机制是增加证据数量和保障证据质量，并正向影响裁判者自由心证的重要保障。

（一）被追诉人取证能力强化机制生成证据裁判原则适用的逻辑前提

证据生成机制是证据裁判的逻辑前提。被追诉人取证能力强化机制影响辩方证据收集的多寡，而证据信息的数量与质量构成证据裁判原则适用的逻辑前提。尽管证据裁判主要指在法庭审判场域展开的举证、质证与认证过程中对据以定案的证据信息进行综合评价的过程，但毋庸置疑的是，审判阶段更多只是控辩双方对先行收集证据的展示，即法庭上出示的证据材料的绝大部分早已在审前程序加以提取与揭示。因此，应当认真对待证据生成机制，尤其是审前程序证据的生成过程，其中最为关键的是强化被追诉人取证能力。具体而言，应当主要从三个方面加以规范：一是建构双轨制的证据生成机制。例如，立法应当明确赋予被追诉人取证权的具体内容，并有针对性地设计取证规则。侦查机关获取的

---

① 参见陈光中、龙宗智：《关于深化司法改革若干问题的思考》，载《中国法学》2013 年第 4 期。

② 陈光中主编：《证据法学》，法律出版社 2019 年版，第 114 页。

证据信息应当及时告知被追诉人（需要保护的证人信息与涉及国家机密的信息等除外），而且辩护律师有权与侦查机关分享证据信息。此外，辩方除了依法不具有限制或剥夺人身自由以及财产权的强制性处分权外，证据材料的收集应当遵循控辩双方平等机会原则。二是强化对控方取证程序的监督。例如，从制度设计上规范使用同步录音录像制度，增设讯问时律师在场权制度等。三是建构证据生成机制的保障程序。例如，在辩护方收集证据不能时，应当依法保障其申请国家专门机关及时收集有关证据的权利。

（二）被追诉人取证能力强化机制生成证据裁判原则适用的核心环节

说服机制是证据裁判原则适用的核心环节。被追诉人取证能力强化影响说服法官效果，构成证据裁判原则适用的核心环节。控辩双方运用证据说服法官生成理性裁判的过程，具体包含两方面内容：一是控辩双方在彼此对抗的事实主张或证据体系中，有针对性地展开叙事和论证，竭力说服法官采纳己方主张作出裁判。二是法官在控辩双方充分论证的基础上，在两套相互对立甚至完全冲突的证据话语体系中去伪存真，仔细甄别双方的证据体系和待证事实之间的联系程度，抉择何者的论证更为符合事实逻辑和法律规定。恰如左卫民教授所言，说服机制的构建实际上同时适用证明责任与证明标准的规范要求，即“一方面，由于规范明确要求控方负担说服法官的证明责任，因此控方构建有罪证明体系和事实主张的动机自不待言。就辩方而言，其虽无规范意义上的证据责任，由于控方举证和说服行为形成的败诉压力，因此辩方在外部条件（举证权利和举证能力）允许的情况下，也会尽其所能构建与控方相反的事实主张或证据体系。另一方面，法官在针对两套不同的叙事或解释体系进行选择时，其标准并非自由和任意的，而必须以证明标准的规范要求为依据。质言之，法官最终采信的‘最佳解释’必然较另一种解释体系更符合或至少接近证明标准”①。

---

① 左卫民：《反思过度客观化的重罪案件证据裁判》，载《法律科学》2019 年第 1 期。

五、证据裁判原则视域下的被追诉人取证能力强化机制建构的路径选择

证据裁判原则视域下被追诉人取证能力强化机制建构应从增强被追诉人自身调查取证的能力、增设适用全程的法律援助制度、强化辩护律师调查取证权、将被追诉人取证权受损作为发回重审的法定情形、建构理性的“侦审关系”以及强化被追诉人取证权的救济机制等方面展开。

（一）变更取保候审为被追诉人的法定权利，增强被追诉人自身调查取证的能力

作为刑事司法制度中被追诉人基本权利存在的无罪推定原则强烈支持被指控者在自由状态下等待审判，因此，取保候审应当成为被追诉人的一项法定权利被适用，让羁押成为例外情形。在一些国家，保释被视为被追诉人的一项法定权利，影响保释适用的法定理由也在逐步发生变化，立法和司法从传统上更多关注被追诉人能否在指定的日期到庭接受指控，发展到当下更加看重被追诉人是否对社区有危险、犯罪或者妨碍证人作证以及毁灭证据的风险等情形，通常只有累犯、枪支弹药类犯罪以及严重的财产性犯罪存在被限制适用保释的情况，保释适用率长期保持80%左右的较高水准。[①] 在我国未决羁押率居高不下的当下，唯有进行根本性的改革才能提高取保候审的适用率，并借此提升被追诉人自行调查取证的能力。具体的改革措施可从三个方面进行：一是将取保候审定性为被追诉人的法定权利。二是改变强制措施的决定程序。侦查机关与检察机关均有同意被追诉人取保候审的权力，以提高取保候审的适用效率；而拒绝被追诉人适用取保候审的权力须由中立第三方依法行使。三是设置科学合理的考评机制。我国取保候审适用率长期低迷的原因主要是侦查机关办案方便、规避被追诉人逃跑以及减少关系案嫌疑等。这

① See Francine Feld, Andrew Hemming, Thalia Anthony, Criminal Procedure in Australia, LexisNexis Butterworths, 2015, p. 114 – 116.

些问题，均可以通过设置科学的考评机制解决，例如允许一定的脱保率[①]、将取保候审的适用率作为单位文明办案的积极指标，当取保候审被普遍适用之时，办人情案的嫌疑也就不攻自破。

（二）增设适用全程的法律援助制度，为被追诉人固定辩护证据提供及时的专业帮助

根据法治国家的一般经验，并结合我国实际，可以设计律师全程参与刑事诉讼，并根据值班律师与辩护律师的区别，设计略有差别的参与内容。具体而言：一是赋予值班律师讯问在场权。实际上根据我国现行刑事诉讼法的规定以及司法实践，值班律师驻看守所提供法律服务已成常态，因此，侦查人员在看守所的讯问由值班律师在场稍加设计便能达到惠而不费的效果。讯问在场权设计的难点主要是侦查人员在看守所之外第一次讯问时的律师在场权问题。[②] 二是赋予辩护律师在侦查阶段依法查询讯问笔录、鉴定意见以及技术性鉴定材料等实物证据的权利。辩护律师越早接触侦查机关掌握的证据材料，越能较早固定辩护证据，维护被追诉人合法权益。三是赋予辩护律师逮捕程序参与权。批准或决定逮捕的机关（在我国现阶段批准逮捕的机关是人民检察院，决定逮捕的机关是人民法院与人民检察院）在作出批准或决定逮捕之前，应当听取辩护律师的意见，并为辩护律师阅读相关材料提供必要便利。此设计不仅可以保证辩护律师的辩护意见被及时听取，防止逮捕决定的错误或不当，而且便于辩护律师尽早发现并固定相关证据信息。四是赋予辩护律师依法享有贯穿刑事诉讼全过程的申请调查取证权与证据保全权。

（三）强化辩护律师调查取证权，增加被取证对象的配合义务

改变辩护律师调查取证行为在“公权”与“私权”双层夹缝中生

---

① 实际上，即便是保释制度较为完善的美国，根据其司法统计署的研究，也存在约四分之一的被保释者不能准时到庭接受指控的情形。参见［美］艾伦·豪切斯泰勒·斯黛丽等：《美国刑事法院诉讼程序》，陈卫东、徐美君译，中国人民大学出版社 2002 年版，第 359 页。

② 具体内容请参见陈在上：《比较法视域下的律师在场权悖论释义与制度建构》，载《河北法学》2017 年第 3 期。

存的现实窘况，必须从制度设计上处理好两方面问题：一方面，立法应当明确辩护律师的调查取证权。刑事诉讼法应在第38条中明确增加“调查取证”的权利，取消第43条“限制”辩护律师调查取证权的内容，即删除向被害方调查取证依法需要人民检察院和人民法院许可的规定。修改的条款可借鉴《律师法》第35条第2款的规定，即“律师自行调查取证的，凭律师执业证书和律师事务所证明，可以向有关单位或者个人调查与承办法律事务有关的情况”。辩护律师当然也是依法获取律师执业许可从事辩护服务的律师，其违法或违规活动均受律师法以及相关行政法规、律师协会的管制与约束，刑事诉讼法没有必要也不应当对辩护律师依法执业活动进行过度的限制，否则难以摆脱对辩护律师执业不信任间或偏重打击犯罪之嫌。另一方面，立法应当强化被调查对象的配合义务。应当彻底改变现行《刑事诉讼法》第43条辩护律师的调查取证权以被调查对象的“同意”为前提的规定。尤其是，国家专门机关，更应当承担配合辩护律师调查取证的义务，杜绝轻视甚至刁难辩护律师的行为。司法实践中经常见到被调查对象不配合人民法院调查取证被罚款的案例，却很少见到被调查对象不配合辩护律师被罚款或追责的情形，即便是派出所不配合律师调取当事人身份信息被法院判令违法竟也成了律师们争相转发报道的“重大进步”信息。[①] 只有在“公权”保障与“私权”配合的双层制度设计与运行基础上，辩护律师调查取证权才能走出“欲也不能”的尴尬。

（四）完善并强化适用非法证据排除规则，增设被追诉人取证权受损发回重审的法定情形

完善并强化适用非法证据排除规则，才能规范权力的运行，为重视被追诉人的合法权益提供制度环境，而将被追诉人取证权受损作为发回

① 律师争相传递的案例主要案情为：2018年10月16日，吴律师持律师调查专用介绍信、律师证、授权委托书，向沈水湾派出所查询其接受委托的被起诉人的个人信息遭拒，引发纠纷。一审法院判决“被告沈阳市公安局和平分局沈水湾派出所于本判决生效之日起十日内，对原告吴云涛申请调查高××、高××、张×的个人信息履行法定职责”，后被告上诉，二审法院维持原判。详情请参见（2019）辽01行终743号行政裁定书。

重审的法定情形，就能极大促进该权利的实现。完善非法证据排除规则需要改变现有针对言词证据与实物证据完全不同的双层立法模式，否则非法证据排除规则终究难以发挥遏制刑讯逼供的功效。我国司法实践中可以通过最高人民法院的案例指导，平衡打击犯罪与保障人权的刑事诉讼双层目的，但基本立法有关非法证据排除规则的设置必须明晰而果断。将被追诉人取证权受损作为发回重审的法定情形，无疑会极大促生一审法院重视被追诉人取证申请的谨慎态度。但是，二审法院对被追诉人取证权内容的审查应遵循相关性、有利性原则，即被追诉人申请一审法院强制取证的证据须与证明案情存有内在的、必然的联系，且能支持辩方主张。同时，为了避免司法资源的不当浪费，应当对“武断和不合比例”的证据进行限制性规定，对繁冗重复的证据信息调查取证申请应持否定态度。①

（五）建构理性的“侦审关系”，保障被追诉人取证权的早期实现

建构理性的“侦审关系”旨在解决两方面问题：一是强制侦查措施的司法审查制度，以规范侦查机关的权力行使；二是保障被追诉人取证权实现的及时有效性。龙宗智教授指出：“强制侦查的司法审查，是刑事程序法治的一项基本原则，也已经在现代各国普遍推行并成为国际刑事司法的一项基本准则。对强制侦查的司法审查，是我国刑事诉讼制度最薄弱的一个环节，而这个环节又是人权保障的关键。”② 孙长永教授在论述我国建立强制侦查司法审查制度的必要性时指出，“这不仅仅是出于解决我国强制侦查措施在运用过程中所存在的实际问题的对策考虑，更是基于调整侦查权与审判权的相互关系、建立健全宪法权利的程序保障机制的战略需要”。③ 德国学者对刑事强制措施及其适用的观点也同样认为：“允许以强制性侵犯公民的权利时，关键的是一方面必须

① See Rock v. Arkansas, 483 U. S. 44 (1987).

② 龙宗智：《强制侦查司法审查制度的完善》，载《中国法学》2011年第6期。

③ 孙长永：《强制侦查的法律控制与司法审查》，载《现代法学》2005年第5期。

对国家权力的强制权明确地予以划分与限制，另一方面必须由法院对强制性措施进行审查，使公民由此享受到有效的法律保障。”① 在我国现阶段构建理性的“侦审关系”应当从以下三方面着力：第一，明确建立强制侦查司法审查制度，由中立的第三方作为签发司法令状的主体；第二，立法明确细化强制侦查措施的具体类型、适用条件、批准权限与执行程序等；第三，赋予犯罪嫌疑人沉默权与更充分的律师帮助权。被追诉人在侦查阶段的合法诉求涉及人身自由不受非法限制或剥夺、合法财产不受非法扣押以及不被强迫自证其罪等诸多方面，在理性的“侦审关系”形成之后，上述合法诉求得以实现就具有制度性保障。就侦查阶段犯罪嫌疑人的取证权实现而言，应当明确授权其可以依法申请国家专门机关协助调查取证，并设计具体可行的救济措施予以保障。

（六）突出裁判者的中立性与独立性，强化被追诉人取证权的救济机制

构建新型的国家专门机关之间关系，重点在于深化以审判为中心的诉讼制度改革，强调审判职能的中立性与独立性。法官的中立性建设不仅强调法官居中裁判，保障控辩双方法律地位均等，而且确保法官在审判前对案件细节并不熟悉，以免先入为主。法官的中立性主要是法官判案不受行政机关、社会团队与个人的非法干涉，并在其职业保障上获得制度性支持。强化被追诉人取证权的救济机制主要有两方面内容，除了如上所述建立强制侦查措施司法审查制度外，还要杜绝国家专门机关之间共同配合，侵犯被追诉人取证权的行为。例如，一审或者二审法院若认为接受被追诉人取证申请，必然导致无罪判决时，可能会出现程序倒转的实践怪象。例如，在浙江张氏叔侄强奸杀人冤案中，被追诉人多次申请查清被害人多处指甲缝中存在的案外人 DNA 检测证据以及彼时有关卡口的录像资料，均未成功。浙江省高级人民法院在被追诉人上诉后也仅仅发回重审，而未依被追诉人申请调查取证或者改判。在我国刑事

---

① ［德］约阿希姆·赫尔曼：《德国刑事诉讼法典》，李昌珂译，中国政法大学出版社 1995 年版，第 6 页。

诉讼实践中，人民法院遇到依法应当判决无罪的案件时，频现“配合”人民检察院“下台阶”乱象，即事先通知人民检察院撤诉处理，再由后者作出不起诉决定或者退回公安机关撤销案件。很显然，此种程序非理性流转是刑事诉讼中国家专门机关关系异化的反映，应当成为今后司法改革的重点内容，否则被追诉人取证权的保障机制也难以理性生成。

（责任编辑：陈真楠）

刑事证据推理性质的反思与回归

吴国章　谢甜甜*

一、似真性的起源与问题

证据推理的似真性理论来源于量子理论中的“不确定性原理”。早在 1924 年，玻尔等科学家“向真正理解量子论迈出了第一步和很有意义的一步”，他们实验认为电磁波不是“真实”的波，而是一种概率波。“概率波”的概念是牛顿以来理论物理学中全新的东西——“它意味着某些事情的倾向”①，而不是确定性。1927 年，物理学家海森堡在其发表的论文“量子理论的运动学和力学的直观内容”中，从量子力学的形式体系推导出著名的位置与动量不确定性关系②，也即海森堡“不确定性原理”。“不确定性原理”是指“人们不能以任意高的准确度同时测定（电子的位置和速度）这两个量”。③ 受不确定性原理的影响，在 20 世纪，人们认为量子力学和相对论取代了牛顿定律，牛顿定律被宣告破产了。④ 与不确定性原理相对应的概念是“似真性”，即不论是经典物理学还是量子力学、相对论，“描述的所有系统都被认为是相似

---

* 吴国章，福建壶兰律师事务所主任；谢甜甜，华东政法大学诉讼法学硕士研究生。

① 参见［德］W. 海森伯：《物理学和哲学》，范岱年译，商务印书馆 1981 年版，第 10—11 页。

② 参见郝刘祥：《不确定性原理的诠释问题》，载《自然辩证法研究》2019 年第 12 期。

③ ［德］W. 海森伯：《物理学和哲学》，范岱年译，商务印书馆 1981 年版，第 12 页。

④ 参见［比］伊利亚·普里戈金：《确定性的终结——时间、混沌和新自然法则》，湛敏译，上海科技教育出版社 2018 年版，第 4—8 页。

的”。[①] 而论证理论上的“似真性”，是指给予我们某个理由去相信某个命题似然为真，且从其他任何角度看它是目前使得我们没有更好的理由去相信该命题为假的一种判断状态。[②] 沃尔顿总结了似真性的 11 条主要特征[③]，认为“似真的似乎意思是指它似乎于真”[④]。理论物理学的大震动也引起了司法证明领域的变革。证据法学者认为司法证明的结果也不可能是确定性的，而只能是不断接近“真相”的“似真性”，似真性由此逐步进入证据法领域。“几百年来，审判中的证明都被假定为是概率性的”，但自从“乔纳森·科恩对特定证明悖论的论证开始”[⑤]，概率性的传统理论就受到了挑战。以罗纳德·艾伦和帕尔多为代表的学者们提出，应当将近 30 年里发展出的相对似真性理论作为认识司法证明性质、结构和目标的新指导理论。[⑥] 罗纳德·艾伦教授及其追随者一直推崇并捍卫着司法证明的似真性理论。[⑦] 正如艾伦自己所言，“证据的证明力，都要按照似真性和最佳解释推论而非概率才能得到最佳解释”。[⑧] 之后，似真性理论也逐渐被我国证据法学者引入司法证明领域，不少学者认为证据推理的性质就是似真性。比如，有学者将证据推理的性质概括为经验性、似真性和可错性[⑨]；有学者认为，似真推理是概

---

① 参见［比］伊利亚·普里戈金：《确定性的终结——时间、混沌和新自然法则》，湛敏译，上海科技教育出版社 2018 年版，第 22 页。

② 参见魏斌：《似真性、概然性与似真推理》，载《自然辩证法研究》2018 年第 11 期。

③ 参见杜文静：《论似真推理的价值证成》，载《学术交流》2016 年第 4 期。

④ ［美］道格拉斯·沃尔顿：《法律论证与证据》，梁庆寅、熊明辉等译，中国政法大学出版社 2010 年版，第 220 页。

⑤ 参见［美］罗纳德·J. 艾伦、迈克尔·S. 帕尔多：《相对似真性及其批评》，熊晓彪、郑凯心译，载《证据科学》2020 年第 4 期。

⑥ 参见李吟：《相对似真性理论及其对我国的借鉴意义》，载《证据科学》2021 年第 1 期。

⑦ 参见［美］罗纳德·J. 艾伦：《论司法证明的性质》，王进喜、杜国栋译，载《证据科学》2011 年第 6 期。［美］罗纳德·J. 艾伦：《司法证明的性质：作为似真性推理工具的概率》，王诸豪、戴月等译，载《证据科学》2016 年第 3 期。［美］罗纳德·J. 艾伦、迈克尔·S. 帕尔多：《相对似真性及其批评》，熊晓彪、郑凯心译，载《证据科学》2020 年第 4 期。

⑧ 参见［美］罗纳德·J. 艾伦：《艾伦教授论证据法》，张保生、王进喜译，中国人民大学出版社 2014 年版，第 396—397 页。

⑨ 参见郑飞、柴鹏：《论证据推理的性质与方法》，载《证据科学》2019 年第 3 期。

率、论证和叙事推理的基础性推理[①]；也有学者认为相对似真理论对我国刑事司法证明具有理论创新价值，应予借鉴[②]。

然而，作为自然科学的物理研究与作为人文科学的司法证明，两者的证据基础、证明目标、证明方式、证明性质是完全不同的，量子理论产物的“似真性”理论是否可以完全被移植于证据法领域？比如，司法证明的性质是实践性的，而科学研究是理论性的，似真性是否具有兼容性？司法证明是有限期限内的终局性，而理论研究可以是无限期的终极性，司法认定的终局性是否允许似真性？似真性即使能够满足司法裁判的终局性需求，但政治和道德上是否允许司法裁判是“似真的”，而不是“确定的”？似真性是相对于确定性的概念，似真性到底是证据推理的性质还是目标？证据推理是一种理性思维，理性思维的基本基因不应当是形式逻辑与经验吗？证据推理的性质是否应当回归到最基本的逻辑性与经验性呢？

二、对证据推理似真性的反思

笔者认为，刑事证据推理的性质并非似真性，因为似真性理论据以确立的基础理论——物理学中的不确定性原理，并不适用于司法证明领域。司法证明的终局性决定了司法证明的确定性，而不应当是似真性；似真性理论无法涵摄证据推理的本质特征，也无法解释司法实务中绝大多数被视为“确定无疑”的裁决；似真性是一种逻辑学的哲学价值评价，而司法裁判的价值目标在于追求真相——确定性，显然似真性不是司法证明的价值目标。

（一）似真性是对不确定性原理的误解

量子力学和相对论的提出并没有宣告牛顿定律的破产，牛顿定律的基本特性——确定性和时间对称性仍幸存下来。[③] 在可观察的物理世界

① 参见杜文静：《司法实践中刑事证据推理的方法》，载《求是学刊》2020 年第 6 期。

② 参见李昑：《相对似真性理论及其对我国的借鉴意义》，载《证据科学》2021 年第 1 期。

③ 参见［比］伊利亚·普里戈金：《确定性的终结——时间、混沌和新自然法则》，湛敏译，上海科技教育出版社 2018 年版，第 8 页。

中，科学理论仍然是确定性的。比如，牛顿的万有引力定律，先是从地球对其表面物引力的确定性开始，继而延伸至地月系、太阳系、银河系乃至星系团，这种不断深入推理的推广被称为“人类头脑所能达到的最伟大的推广”[①]；牛顿定律适合于描述一切力学系统、流体运动和物体的弹性震动；它包含了声学、静力学和空气动力学。“凡是能用牛顿力学概念来描述自然事件的地方，牛顿所建立的定律都是严格正确的。”[②] 如果牛顿定律不具有确定性而是似真性的，则根本无法进行扩展性推理，我们也根本无法运用引力定律进行的科研并取得巨大的科技进步。如果这样，我们从现阶段回溯科学理论的发展历程，“就是一堆已被证伪的理论，一个真理都没有。一部科学发展史只是一系列假理论的交替，这个说法肯定与史实不符”。[③] 所以，在一定范围内，经典物理学理论是确定性的，只是这种确定性是相对的，即其适用范围受到了相应的限制，也即经典物理学中的经典概念的适用受到了范围的限制。[④] 但相对真理仍是真理[⑤]，我们无法否认经典物理理论的真理性。即使在微观的量子世界，“不确定性”也是相对的，因为不确定性原理最初的意思是“测不准关系”或“测不准原理”，这种“测不准关系”是因为“我们对电子的知识的缺陷”所造成的。[⑥] 所以，不能以量子力学的“测不准关系”就否认了经典物理学中的确定性及其真理性。同样，在证据法领域，司法证明的结果到底是确定的还是不确定的？这是一个辩证的问题，我们需要以辩证的思维来分析，不能因为量子论的相对不确定性，并将该理论引入司法证明领域而一刀切地下结论认为司法证明的性质也是不确定性，似真性。只要我们看到物理理论相对确定性

---

① 参见［美］理查德·费曼：《物理定律的本性》，关洪译，湖南科学技术出版社2019年版，第3—27页。

② 参见［德］W. 海森伯：《物理学和哲学》，范岱年译，商务印书馆1981年版，第54—56页。

③ 郭继海：《真理与似真性》，载《自然辩证法研究》2002年第4期。

④ 参见［德］W. 海森伯：《物理学和哲学》，范岱年译，商务印书馆1981年版，第14页。

⑤ 参见郭继海：《真理与似真性》，载《自然辩证法研究》2002年第4期。

⑥ 参见［德］W. 海森伯：《物理学和哲学》，范岱年译，商务印书馆1981年版，第12—15页。

的一面，那么我们就不能专断司法证明的不确定性的，即似真性。

（二）似真性是对司法证明中确定性的误解

在司法实务中，证据推理或更宏观概念的司法证明的结果，多数是确定的，仅有极个别的裁决存在不确定的情形。比如，在某些具备了完整的书证、视听资料以及电子证据等客观性证据的案件中，因为这些证据完整地记录了被告人的犯罪经过，再则若被告人对指控的犯罪事实无异议，那么此类案件的证明结果就是确定的，且实践中，此类案件占有绝大部分的比例。在此情景下，对证据的推理以及对事实的认定，在法律上完全可以被认为达到“确定无疑”的标准——类似于相对真理，我们有何理由认为此时的证据推理及其司法证明结论仍属于“似真性”呢？从类型化角度看，实践中的交通肇事案件、当场截获的“两抢一盗”案件、有监控视频的故意伤害、杀人案件等，多数都是“事实清楚，证据确实、充分”的案件，其裁判结果是“确定”的，并非“似真”的。只有在个别案件中，因为关键证据缺失或证据不充分，法官对证据的推理无法形成完整的推理链条，必须借助于经验法则参与推理。此时，经验法则的非稳定性和个体差异性则可能导致结论的不确定性，所以只有此种情形下的推理才可能是似真推理。显然，似真性在证据法领域不具有普适性，不能涵摄所有刑事案件中证据推理的性质。

当然，法律上的确定性不同于物理学中的确定性。物理学的确定性在时间上需要精准到分、秒、毫秒甚至阿秒，在空间上需要精准到厘米、毫米、微米甚至纳米。但前述精准程度的确定性在法律上毫无意义，不是法律上确定性的应有含义。因为法律上的证据推理属于实践推理，它需要以节省诉讼资源为前提并在法定的期限内完成，它只需要达到被认为已经足以作出判决的程度即可——因为它在法律上已经被视为是确定性的；法律上认可的“确定性”已经为事实裁判者预设了一个自己的标准——似真性的真实，也即法律上的似真性已被“拟制”为确定性。似真性于证据法领域而言，是一个多余的概念。司法裁决是一个终局性的概念，终局性意味着似真性的终结——不存在似真性，只有确定性。所以，不能因为刑事案件中存在一些与定罪量刑毫无关联的细枝末节无法作出准确认定，而认为刑事证据推理是似真的，这种观点本身就违背了实践推理的本质。

（三）似真性是对可错性的误解

似真性是以概率理论为基础的，正如艾伦教授所言，概率是作为似真推理的工具。[①] 而按照概率理论描述，刑事案件证明标准所达到的“超盖然性”标准或排除合理怀疑标准的概率阈值为0.95—1，[②] 但这不意味着我们认定刑事案件的准确率在95%—100%之间，而有至少5%是不确定的。根据刑事证明理论研究成果，刑事证明标准、证明责任等“所有传统原则的创设目的，都不是为了减少审判中的错误发生的概率。它们的目标，是以某种方式来分配错误——也就是说，确保错误在不可避免时，将是以错误的无罪认定为主，而不是错误的有罪认定”[③]，因此刑事“证明标准最好被理解为一个分配错误的机制”[④]。这就是所谓的“刑事审判错误分配”理论，该理论是出于政策、经济以及道德等特殊价值的考虑而设定的，“使对错误风险的承担正当化并且决定一个人应在何种程度上承担这种风险的理由，（这种理由）是道德和政治性质的”。[⑤] 艾伦教授自己也认可，在现代诉讼中，证明标准基于两个相关的主要考虑因素，表达了如何解决不确定性问题的政策选择：准确性和在当事人之间的错误风险分配，其中“更高的证明标准主要是为了减少一种错误类型（以牺牲另一种错误类型为代价），而不是试图使总体准确性最大化”。[⑥] 所以，以概率描述的刑事证明标准阈值的余值，

---

① 参见［美］罗纳德·J. 艾伦：《司法证明性质：作为似真推理工具的概率》，载《证据科学》2016年第3期。

② 参见［美］罗纳德·J. 艾伦：《艾伦教授论证据法》（上），张保生、王进喜译，中国人民大学出版社2014年版，第87页。

③ ［美］拉里·劳丹：《错案的哲学——刑事诉讼认识论》，李昌盛译，北京大学出版社2015年版，第32页。

④ ［美］拉里·劳丹：《错案的哲学——刑事诉讼认识论》，李昌盛译，北京大学出版社2015年版，第74页。

⑤ ［美］亚历克斯·斯坦：《证据法的根基》，樊传明、郑飞译，中国人民大学出版社2018年版，第15页。

⑥ 参见［美］罗纳德·J. 艾伦、迈克尔·S. 帕尔多：《相对似真性及其批评》，熊晓彪、郑凯心译，载《证据科学》2020年第4期。

比如0.5，只是表明国家允许司法证明中出现错案概率的一种可能及其最大的幅度——不超过5%，该比例也是刑事政策所允许的可错性范围。在刑事案件中似真概率为0.95，仅说明在政策及司法道德范围内，允许法官造成的积极错案的概率在5%范围内，而不是说明所有刑事案件的证明标准或裁决结果的确定性仅为95%。

（四）证据推理似真性是一种悖论

似真性于科学中理论推理而言是毫无争议的，因为理论推理是根据现象观察后提炼出某种规律或定理，是从现实事实到抽象的过程，而这个抽象过程以及推论时刻要经受后续观察的检验，所以每一个当下的推论是似真性的，以至于科学家坦言，"科学不再等同于确定性，概率不再等同于无知"。① 但似真性理论运用于证据法领域，则存在悖论。似真性是一个比较法上的概念，是相对于真理性（确定性）而言。"似真推理通过权衡各种可获得选择并将命题与其认知基础的持续性和稳定性相比较来评估命题。"② 如果我们认为证据推理是似真性的，则必须以证据的真理性（客观真实性）为参照物，而我们又是如何知道最终待证事实的客观真实性呢？所以陷入悖论：一方面强调从既有证据出发可以掌握客观真实性，以此作为评价证据推理结论可靠性的比较参照物并作出似真性的评估，另一方面又否认证据推理的确定性。另外，主张司法证明或证据推理的似真性也与司法裁判的确定性相互矛盾。裁判的有效性、权威性决定了裁判事实的确定性，而裁判的事实是根据案件证据材料推论而来的，如果司法证明为似真性，则裁判事实也必定是似真性的，而不是确定性的。显然似真性为裁判的有效性、正当性所不能容忍。

---

① ［比］伊利亚·普里戈金：《确定性的终结——时间、混沌与新自然法则》，湛敏译，上海科技教育出版社2018年版，第5页。

② ［美］道格拉斯·沃尔顿：《法律论证与证据》，梁庆寅、熊明辉译，中国政法大学出版社2010年版，第113页。

三、证据推理的逻辑性

如果证据推理的性质不是似真性，那么应当是什么？只要承认法律是一门科学，那么逻辑性就是证据推理的自有含义；或者说，“只要承认法律是一种实践理性，而法律判断需要被加以证立，逻辑就是必不可少的工具”。[①] 证据推理或司法证明作为一种理性的思维活动，其基本属性首先当数逻辑性，因为逻辑是一门规范思维的形式科学。在司法证明领域先后掀起的各种论证理论热潮，不论是概率主义、似真主义、论证理论还是叙事模式，其思维的基础工具仍是形式逻辑。所以在探讨证据推理性质时，我们需要的是简单的形式逻辑的回归，而不是鼓动各种淹没基础逻辑的论证理论潮流。

（一）形式逻辑是证据推理的基本工具

1. 形式逻辑是科学研究的基本工具

形式逻辑作为科学研究的基本工具，并非指逻辑作为一种显性工具直接对科研行为发生作用，而是通过思维这一中介来间接实现的。因为理性的科研行为可以被理解为依赖于外部信息并根据该信息进行导控的意图性行为。而思维是一种对外部信息进行感知、接受、收集、加工和整理的过程，它不仅可以在纯粹的认知性信息领域发挥认知与识别作用，还可以在确定行动的信息传导过程中发挥作用。此种思维被称为“实践思维”。“在逻辑意义上，实践思维是确定行动之思想运算，在信息转化时，它要对表达信息的语句进行运算，而运算则是通过规则来确定。这些规则包括逻辑规则。逻辑是思维的法则，实践思维也需要遵守这一法则。”[②] 同样，法律作为一门科学，逻辑学在司法证明的研究中也起着重要的工具性作用。早期有经典逻辑、规范逻辑、模糊逻辑和非单调逻辑等哲学逻辑在司法证明中都得到较好的应用。德国法哲学家克

① 雷磊：《什么是法律逻辑——乌尔里希·克卢格〈法律逻辑〉介评》，载《政法论坛》2016 年第 1 期。

② 雷磊：《什么是法律逻辑——乌尔里希·克卢格〈法律逻辑〉介评》，载《政法论坛》2016 年第 1 期。

卢格就曾经梳理了类比推理、谓词演算和关系演算作为法律逻辑的特殊论证形式。[①]

当然，有时候实践思维并不需要我们严格遵循三段论模式的运算法则来运转，我们也不会刻意地执行威格摩尔图表法、图尔敏的模型法来绘制逻辑运行轨迹；更多时候我们的逻辑思维是无意识的，以至于我们在进行逻辑运算时忽略了逻辑的自觉性，甚至忽略了推理的逻辑性。但我们无法否定逻辑思维确实起到的演算、验算作用。其实，逻辑方法所指引的只是，只要有人主张或意图进行正确的推演，他所实际运用的表达就应当具备可被转译为形式逻辑的结构，并可对其逻辑上可靠性进行检验。形式逻辑并不要求证据推理实际运行的过程应当去遵从逻辑推断的过程。法律判断有时是“灵光一闪”的产物，甚至法律结论可能是裁判者条件反射、直觉的结果。但只要其主张被坚定地认为正确地来自特定前提，他们就必须要满足逻辑论证的标准。[②] 所以，尽管有时候我们没有意识到形式逻辑的自觉性，甚至误以为已完全抛开形式逻辑，但不等于说论证方法论中没有形式逻辑的痕迹，只能说形式逻辑作为基础性的判断工具因为普遍化甚至被内化而被忽略了。

2. 形式逻辑是各种论证理论的基础工具

在威格摩尔时代，“现代逻辑的官方教条是：代表理性论证结构的推论类型只有两种推理值得考虑——演绎推论和归纳推论”。[③] 尽管证据法学界在此基础上发展了诸如概率推理、法律论证、叙事、似真推理等各种司法证明方法或理论，但这些方法都不是空中楼阁，都离不开形式逻辑的基础支撑。同样，关于似真推理，“许多人仍然坚持认为，似

① 参见［德］乌尔里希·克卢格：《法律逻辑》，雷磊译，法律出版社2016年版，第65—194页。

② 参见［德］乌尔里希·克卢格：《法律逻辑》，雷磊译，法律出版社2016年版，译者序第15页。

③ ［美］道格拉斯·沃尔顿：《法律论证与证据》，梁庆寅、熊明辉译，中国政法大学出版社2010年版，第119页。

真推理的逻辑结构能还原为某种基础概率的归纳推理形式”。[①] 至于威格摩尔的图示法推理，其基础方法就是形式逻辑中的归纳推理。因为威格摩尔本人就认为法律论证必然是归纳的而非演绎的，他还强调所有法律证据都必须建立在“日常逻辑的理性根基之上”。[②] 而论证也仅是对传统形式逻辑三段论的超越，而不是另起炉灶。英国哲学家图尔敏在其《论证的用途》一书中提出了由三个基本要素和三个辅助要素组成的论证模型[③]，是经对经典的形式逻辑三段论改造而成的，其基础工具仍是形式逻辑。

可见，在司法证明领域层出不穷的各种论证、推理理论，都是以形式逻辑为基础工具而形成的具有个性化的法律论证方法，比如威格摩尔的图表法、图尔敏的模型法，都是一种表达个人逻辑推理过程的个性化方法，并不具有普适性。每个事实裁判者在进行证据推理时，都会形成以形式逻辑为基础的个性化推理结构，这些结构有可能是威格摩尔的图表法，也有可能是其自己的“树形结构法”“链条结构法”或“塔形结构法”等。所以，关于司法证明或证据推理基本属性的探讨，必然应当回归到逻辑性上来，而不是各种流行于证据法领域的论证理论。

（二）证据推理中的逻辑形式

传统观点认为，证据推理的逻辑方法有演绎推理和归纳推理。[④] 但其实证据推理除了前述两种形式逻辑外，还有一种“溯因推理”。[⑤] 在司法证明中，此三种推理方法相互补充、协调，协同从宏观、微观结构以及正反两个方向实现对案件事实命题的推理判断。在司法证明中只有正确、充分运用前述三种逻辑推理方法，才能保证司法证明的准确性与

① ［美］道格拉斯·沃尔顿：《法律论证与证据》，梁庆寅、熊明辉译，中国政法大学出版社2010年版，第113页。

② 参见［英］威廉·特文宁：《证据理论：边沁与威格摩尔》，吴洪淇、杜国栋译，中国人民大学出版社2015年版，第189—204页。

③ 参见封利强：《我国刑事证据推理模式的转型：从日常思维到精密论证》，载《中国法学》2016年第6期。

④ ［美］道格拉斯·沃尔顿：《法律论证与证据》，梁庆寅、熊明辉译，中国政法大学出版社2010年版，第119页。

⑤ 参见杨宁芳：《图尔敏论证逻辑思想研究》，人民法院出版社2012年版，第104页。

正当性。

1. 演绎推理

演绎推理是被视为一种精密论证模式的基本逻辑形式,[①] 因为只要大前提为真，该逻辑形式的“保真”功能必定保证将其“真实性”经过小前提而传导到结论，从而确保结论为真。从宏观的法律论证角度看，司法裁判的过程就是一个演绎推理的过程：法律规范为大前提，案件事实为小前提，裁决结果为结论。因此，演绎推理是司法证明中常见的逻辑推论形式。对于微观的证据推理而言，虽然多数情况下属于归纳推理，但多数的证据法学者“都承认这种归纳推理可以被转化为演绎推理形式”，新威格摩尔主义者还“特别强调了这种转化的必要性”。[②] 在司法实务中，演绎推理往往出现于一个归纳推理之前，成为归纳推理得以有效进行的一个前提条件。比如在对一份证人证言进行归纳推理时，我们首先需要判断证人证言的可靠性，而其可靠性又依赖于证人的诚实性和利害性。我们从证人的诚实性和利害性推断出证人证言的可靠性，就是一个演绎推理过程。演绎推理的基本模式是：[③]

（1）对于所有 x 来说，如果 x 是 F，则 x 是 G；

（2）a 是 F；

（3）所以，a 是 G。

2. 归纳推理

案件事实的认定过程，就是一个从证据到待证事实的归纳推论过程,[④] 所以归纳推理是证据推理中最主要的逻辑推理方法。特文宁说：“将归纳原则适用于提交证据，使得对某一过去事件的当前主张赋予一

① 参见封利强：《我国刑事证据推理模式的转型：从日常思维到精密论证》，载《中国法学》2016 年第 6 期。

② 参见封利强：《我国刑事证据推理模式的转型：从日常思维到精密论证》，载《中国法学》2016 年第 6 期。

③ 参见［美］道格拉斯·沃尔顿：《法律论证与证据》，梁庆寅、熊明辉等译，中国政法大学出版社 2000 年版，第 110 页。

④ 参见张保生、阳平：《证据客观性批判》，载《清华法学》2019 年第 6 期。

种盖然性真相价值成为可能”。[①] 归纳推理的基本模式：[②]

（1）在通常情况下，如果 x 是 F，则 x 是 G；

（2）a 是 F；

（3）所以，a 是 G。

根据不同的证据类型在归纳推理过程中对推论链条或结构的不同需求，可以将证据的归纳推理分为四种结构：耦合结构、聚合结构、协调结构和分散结构。[③]

耦合结构是双节链条或多节链条的推论之推论模式，即证据事实 E 支持了证据 E，E 又支持了待证事实 P，E 和 E 之间形成了链条式的直线推论关系。

聚合结构是两个或两个以上的证据彼此独立地支持了同一结论，类似于补强或印证的证明功能，即证据事实 E 和 E 同时独立地支持了待证事实 P，E、E 与 P 之间形成了并列式的双重或多重的推论关系。

协调结构是指证据 E 和 E 协调地支持了待证事实 P，少了任何一个证据都不能单独地得出结论，即 E + E→P。

分散结构是指一个证据 E 同时支持着两个或两个以上的待证事实 P、P，当该证据被证伪时，将有多个待证事实受到影响，即 E→P 且 E→P。

其实在司法证明中，最为常见的归纳推理结构是“等值结构”，即从证据性事实 E 可以直接归结出待证事实 P。“等值结构”的归纳推理经常适用于对直接证据与待证事实之间的推理判断。比如，对于直接证据的被告人供述、被害人陈述或证人证言，我们在将证据性事实归纳成待证事实时，几乎是对证据信息的简单提炼，证据事实与待证事实几乎是等值的，此时归纳推理的链条短、结果确定。

---

① ［英］威廉·特文宁：《证据理论：边沁与威格摩尔》，吴洪淇、杜国栋译，中国人民大学出版社 2015 年版，第 21 页。

② 参见［美］道格拉斯·沃尔顿：《法律论证与证据》，梁庆寅、熊明辉等译，中国政法大学出版社 2000 年版，第 111 页。

③ 参见陈波：《逻辑学导论》，中国人民大学出版社 2015 年版，第 234 页。

3. 溯因推理

溯因推理也称最佳解释推理。溯因推理出现在证据综合推理的最后一个阶段，即推论者综合全案证据形成了一个关于案件事实的假设或故事版本，为了检验该假设是否为最佳假设，推论者通过溯因推理对现有证据进行解释。如果该假设对现有证据能够作出覆盖性的最佳解释，则所得的证据推理就是最佳的结论。溯因推理是检验性的反方向的演绎性推理。在形式上，溯因推理被这样表达：①

（1）C 为资料之和（如事实、观察到的现象、给定的情形），

（2）A 为 C 之说明（如选择 A 就可以解释 C），

（3）其他假设均不能像 A 那么好地解释 C，

（4）所以，A 为真。

溯因推理在我国刑事诉讼法有相应的规范依据，可以被理解为一种法定的证据推理模式。刑事诉讼法所规定司法证明要达到“排除合理怀疑”的标准，从证据推理角度看，其实就是一种溯因推理：事实认定者从反向角度检验所推定的事实命题是否可以排除合理怀疑。如果溯因推理得以顺利完成，则证明标准达到了“排除合理怀疑”的标准；相反，如果溯因推理无法顺利进行，则说明现有的事实命题不是最佳假设，需要予以调整。

四、证据推理的经验性

逻辑是一种形式科学，可以保证理性思维和正确推理。但形式逻辑无关思维内容与时间，无法用于检验大前提的概率性或确定性，也无法用于验证案件事实。正如学者所言，“逻辑只构成了法律思维之正确性的必要但不充分条件，它无意、也无力取代法学领域的实质价值判断和经验性证据”。② 司法实务中，事实认定的本质，是“事实认定者运用

---

① 王航赞：《寻求最佳说明的推理——访彼得·利普顿教授》，载《哲学动态》2006 年第 11 期。

② 雷磊：《法律逻辑研究什么》，载《清华法学》2017 年第 4 期。

证据进行经验推论，在头脑中再现、重现或者重建过去事实的认识过程”。[①] 法律推理的大前提是由经验法则映射并检验的，经验法则才是检验、确认案件命题事实的牵引器。正如此，美国大法官霍姆斯说，“法律的生命不在于逻辑，而是经验”。[②] 甚至有学者认为，对抗制模式和非对抗制模式大体上发现真相的手段，“都是通过观察和经验得到的”。[③] 所以，逻辑和经验是理性思维的两个维度，缺一不可。正是因为经验法则与逻辑存在互补性和相依性，笔者认为证据推理的另一特性便是经验性，即只要证据推理的性质是逻辑性的，则必然同时是经验性的。

但经验法则在证据推理中到底如何起到以及起到哪些作用，却为理论界所忽视，因此被沦为“模糊”论证的一种说辞，甚至成为思维“黑箱”的一种工具。强调证据推理的经验性，并以此强化对经验法则定性定量适用的研究，有助于拨开经验法则的模糊性外衣，有助于裁判思维的去“黑箱”化，实现裁判的透明度和权威性、正当性。

经验法则在司法证明中的作用，涉及两个理论问题：一是本体论问题，即经验法则以什么性质的规范实体在司法证明中发挥作用。关于本体论的问题，笔者称之为经验法则的定性运用。二是方法论问题，即经验法则是如何以及在多大程度上对证据推理、司法证明发挥作用的。关于方法论的问题，笔者称之为经验法则的定量运用。

（一）经验法则的定性运用

在刑事司法中，经验法则的定性运用主要体现为四个方面：一是指引性规则；二是法律推定；三是演绎推理中的大前提；四是二阶证据。

---

① 张保生主编：《证据法学》（第二版），中国政法大学出版社 2014 年版，第 40 页。

② ［美］霍姆斯：《普通法》，冉昊、姚中秋译，中国政法大学出版社 2006 年版，第 1 页。

③ ［英］J. D. 杰克逊：《刑事诉讼程序中的两种证明方法》，李明译，载《师大法学》2017 年第 2 期。

1. 指引性规则①

经验法则作为指引性规则是指在证据推理中起到牵引器的作用，会自觉地指引推论者向有意义的思维前方推进。在我国的相关刑事规范中，立法者将经验法则作为一种审查、评价证据或检验案件结论唯一性的依据，经验法则获得了规范地位与价值。比如，最高人民法院在《关于适用〈中华人民共和国刑事诉讼法〉的解释》（表1中简称司法解释）和《关于办理死刑案件审查判断证据若干问题的规定》（表1中简称规定）中就对经验法则的指引性作用作了规定，见表1所示。

表1　经验法则在规范中的分布情况

规范名称	所在条款	内容
司法解释	第88条第2款	证人的猜测性、评论性、推断性的证言，不得作为证据使用，但根据一般生活经验判断符合事实的除外
司法解释	第140条第5项	运用证据进行的推理符合逻辑和经验
规定	第5条第5项	根据证据认定案件事实的过程符合逻辑和经验法则，由证据得出的结论为唯一结论
规定	第33条第5项	运用间接证据进行的推理符合逻辑和经验法则

2. 法律推定

“法律推定实际上是对具有高度盖然性的经验性推论的法律确认，它是以立法的形式将这些经验性推论固化下来。”② 在刑事法律推定中，最为突出的是刑事实体法上对主观“明知”的推定。这些推定都是对具有普遍性经验法则进行概括和提炼，而后通过演绎性推理具体化为法律推定条款，免除了举证方的举证责任。比如，最高人民法院在《关于审理洗钱等刑事案件具体应用法律若干问题的解释》第1条就规定了推定“明知”的一些情形，见表2所示。

---

① 吴洪淇教授将经验法则的指引性作用称为柔性法律规定，参见吴洪淇：《从经验到法则：经验在事实认定过程中的引入和规制》，载《证据科学》2011年第2期。

② 吴洪淇：《从经验到法则：经验在事实认定过程中的引入和规制》，载《证据科学》2011年第2期。

表 2 经验法则作为法律推定基础的部分规定

所在项	内容
第 2 项	没有正当理由，通过非法途径协助转换或转移财物的
第 3 项	没有正当理由，以明显低于市场的价格收购财物的
第 4 项	没有正当理由，协助转换或转移财物，收取明显高于市场的“手续费”的
第 5 项	协助近亲属或者其他关系密切的人转换或转移与其职业或财产状况明显不符的财物的

3. 演绎推理的大前提

如前所述，多数情况下证据推理属于归纳推理，但在归纳推理过程中，时常需要转换为演绎推理并以其作为归纳推理的前提或中介。比如，当对言词证据与待证事实进行归纳推理时，首先需要判断言词证据的可靠性或证明力，就必须借助于演绎推理方法；当对实物证据与待证事实进行归纳推理时，首先需要判断实物证据的关联性，就必须运用演绎推理。之所以需要借助演绎推理，是因为关于对证据的证明力和关联性的判断标准，在我们的经验信念中形成了相应的“经验库”，我们会自觉地将“经验库”里的感知内容与现实中证据的证明力和关联性进行比对，然后作出相应的判断。这个比对并作出判断的过程就是演绎推理过程。其中“经验库”中的经验事实，便是演绎推理中的大前提。演绎推理中的大前提就是那些被称为“法则”的东西，诸如经验法则、归纳概括①、知识概括②、经验命题③，等等。这些被称为“法则”的东西通常都是隐藏在证据推理环节的背后，并不显露出来，法官要考虑自证据提出者提出的推理链条中每一个推论背后所潜藏的归纳概括，不

① 参见［美］罗纳德·J. 艾伦：《证据法：文本、问题和案例》（第三版），张保生、王进喜译，高等教育出版社 2006 年版，第 152 页。

② 参见［美］戴尔·A. 南希：《裁判认识论中的真相、正当理由和知识》，阳平、张硕译，载张志铭主编：《师大法学》（2017 年第 2 辑），法律出版社 2018 年版，第 173 页。

③ 参见［美］迈克文·艾隆·艾森伯格：《普通法的本质》，张曙光等译，法律出版社 2004 年版，第 45 页。

过概括确实发挥了三段论推理的大前提作用。[1]

4. 二阶证据

英美法系的证据法学者将证据分为基础性证据和推论性证据。[2] 其中基础性证据是指具体案件中所能实际收集到的实在证据，也称“一阶证据”，我国刑事诉讼法中所规定的八大类型的证据即属于此类证据。基础性证据所承载的是关于单个事件的信息，而不是关于事件之常规过程中的信息，其确定了当前案件的具体特征，具有个案化性质。推论性证据是指那些在证据推理中发挥大前提作用或中介作用的经验法则（概括），也称“二阶证据”，在性质上总是一般化的，不能揭示与任何单个案件之特征相关的东西，指出了反复出现的规律性。基础性证据只有与二阶证据相结合，并通过二阶证据将其基础性信息转换为证据来推动推论过程向前发展，从而推论出待证事实。基础性证据犹如证据事实的碎片，而二阶证据犹如黏合剂，如果没有二阶证据的黏合剂作用，则碎片的证据性事实是无法拼凑成完整的案件事实。因为基础性证据只能证明其自身的存在，它不能仅凭自身证明其他任何事实。基础性证据不具有自动延伸性，无法自动溢出自身信息而产生额外信息。一项信息要成为证据，必须有某些法则引导事实认定者从证据信息中发现某些新的信息，而这个法则便是概括——二阶证据。

将经验法则作为二阶证据，会在证据推理中起到补强或拓展证据性事实的作用。比如被害人尸体检验报告载明“尸块断端未见骨折、砍痕及明显切割痕，创缘整齐”证据信息，该证据信息本身无法表达尸块是被何种作案工具所致，但通过“锐器可致创缘整齐”的经验法则的补充与指引，我们可以作出被害人尸块乃锋利刀具所致而排除钝器所致的推论。由于二阶证据是依附于一阶证据而发生补强或中介作用，所

① 参见［美］罗纳德·J. 艾伦：《证据法：文本、问题和案例》，张保生等译，高等教育出版社2006年版，第152页。

② ［美］亚历克斯·斯坦：《证据法的根基》，樊传明、郑飞译，中国人民大学出版社2018年版，第111页。

以也被称为附属证据①，其推论模式如下，完全不同于演绎推理模式：

尸块创缘整齐（一阶证据） → 锐器所致 → 排除钝器所致

↑

锐器可致创缘整齐（二阶证据）

（二）经验法则的定量运用

经验法则在证据推理中起到了举足轻重的作用，但我们却很难表达其是如何起到推论作用的，更不用说试图去刻画其在证据推理中的量度。但我们在证据推理中确实将经验法则进行定量适用，比如在贝叶斯定律中，对先验概率进行赋值，就是经验法则定量适用最鲜明的例子。其实，经验法则的定量运用表现在证据推理的诸多方面。

1. 法律推定中的定量运用

在法律推定中，经验法则的定量适用有两种情形最为明显：一是将经验法则推定为100%确定性的定量适用；二是对经验法则的盖然性划定一个界限，以该界限来判断法律推定是否成立。关于第一种情形，比如最高人民法院在《关于审理洗钱等刑事案件具体应用法律若干问题的解释》中对"明知"的四种推定，是基于"没有正当理由"或"明显不符"的经验法则的概括及反向利用。本来这些经验法则可能确实是高度盖然性的，但不排除有例外的可能性，所以在法律不作推定规定的情况下，其概率阈值在0.9—1之间，但通过法律推定的强制赋值，这些经验法则的概率阈值就是确定的。关于第二种情形，以2009年最高人民法院《关于适用〈中华人民共和国合同法〉若干问题的解释》为例，其第19条第2款规定，"转让价格不到交易时交易地的指导价或者市场交易价百分之七十的，一般可以视为明显不合理的低价；对转让价格高于当地指导价或者市场交易价百分之三十的，一般可以视为明显不合理高价"。该规定将不符合经验法则的异常交易通过刻画一定量度进行量化，使得经验法则定量适用精准化。

① 参见［美］特伦斯·安德森、戴维·舒姆、［英］威廉·特文宁：《证据分析》，张保生等译，中国人民大学出版社2012年版，第83页。

2. 对证据证明力的定量运用

“证明力”是指“这样一种支持或否定的强度，这主要以‘经验’为基础”。① 我们在判断某一证据证明力时，一般会根据经验法则赋予该证据具有一定基础性阈值的证明力，正如对抛掷一枚硬币后关于正反面概率的判断一样，然后根据该证据所具有增加概率或减少概率的各种特殊情形进行相应的概率增减，最后确定该证据的证明力。比如，在对某一证人证言的证明力进行判断时，首先赋予该证言0.5的可信度，而后根据可以给证言可信度增值的因素逐项进行增值，比如该证人与案件双方当事人无利害关系（增值0.2）、证人为人诚信（增值0.15、受教育程度高（增值0.1）等，经过逐项增值后，确定该证言的证明力为0.95。

以经验法则判断证据的证明力，可以通过“证明函数”进行计算。“证明函数”是指通过经验法则的运用，前提以及推论本身的结构具有增加或减少结论证明力的数值。② 假设y为结论，x为证据性事实，f为经验法则，则“证明函数”公式为：$y=f(x)$。当经验法则f为正向增值时，$f=1+n$（n为f的增值概率，且$0<n<1$），比如当x概率为0.6时，f的增值概率n为0.3，则证明函数f为1.3（1+0.3），结论y的概率$=1.3\times0.6=0.78$；当经验法则f为负向增值时，$f=1-n$（$0<n<1$），比如当x概率为0.6时，f的减值概率n为0.3，则证明函数f为0.7（1-0.3），结论y的概率$=0.7\times0.6=0.42$。其实威格摩尔的图表法就是“证明函数”的可视化描述。

3. 法定证据主义中的定量适用

所谓法定证据主义是指每一种证据的证明价值都是由法律明文规定，法官没有评判的自由，也不能根据内心确信和良知作出认定。③ 陈

---

① ［英］威廉·特文宁：《证据理论：边沁与威格摩尔》，吴洪淇、杜国栋译，中国人民大学出版社2015年版，第234页。

② 参见［美］道格拉斯·沃尔顿：《法律论证与证据》，梁庆寅、熊明辉译，中国政法大学出版社2010年版，第118页。

③ 参见［法］贝尔纳·布洛克：《法国刑事诉讼法》，罗结珍译，中国政法大学出版社2008年版，第79页。

瑞华教授认为，“无论是对于单个证据证明力的限制，还是对案件事实证明标准所确立的法律规则，中国证据法都从两个角度体现了法定证据主义的理念”，“新法定证据主义理念的本质，在于将一些本来适用于个案的经验法则，上升为证据法律规范，使之具有普遍的法律效力”。[①]所以，法定证据主义也是经验法则的规范化，其中关于对证据证明力大小的规制，则是经验法则定量适用的规范体现。民事证据以最高人民法院于2001年颁布的《关于民事诉讼证据的若干规定》（以下简称《民事证据规则》）为标志，刑事证据以2010年“两高三部”联合发布的“两个证据规定”为标志，分别进入新法定证据主义时代。

《民事证据规定》第70条直接明确规定了各种证据证明力的大小的五种情形。“两个证据规定”及2012年最高人民法院刑事诉讼法司法解释虽然没有以比较的方式明确规定各种证据证明力的大小，但其对各种证据证明力优先顺序的规定，也是经验法则定量适用的体现。比如“两个证据规定”和最高人民法院刑事诉讼法司法解释都对原始证据与传来证据、直接证据和间接证据的证明力问题，建立了一般性的采信规则，“这显示出，在对单个证据的证明力大小强弱做出评价的问题上”[②]，我国法律规范设定了明确的限制性规则。在实践中，多数地方的高级法院也通过制定地方性刑事证据规则来规范各种证明证明力的大小强弱。[③] 比如四川省高级法院、检察院和公安厅联合发布的《关于规范刑事证据工作的若干意见（试行）》第33条规定，数个证据对同一事实的证明力，一般应遵循的各种证据证明力大小的规则进行认定，并规定了各种证据证明力大小的八种情形。

（责任编辑：李冉毅）

① 陈瑞华：《以限制证据证明力为核心的新法定证据主义》，载《法学研究》2012年第6期。

② 陈瑞华：《以限制证据证明力为核心的新法定证据主义》，载《法学研究》2012年第6期。

③ 参见房保国：《现实已发生——论我国地方性刑事证据规则》，载《政法论坛》2007年第3期。

我国台湾地区检察制度改革及其启示*

王天民　胡方圆**

随着法治社会的深入发展，司法改革纷纷成为诸多国家或地区关注的焦点。我国台湾地区曾于2017年2月至8月召开“司法改革会议”，以“全民的司法”理念为核心，广泛征集社会意见，邀请专业人士、民间团体以及司法案件的当事人共聚一堂，分组讨论各项议题，着力打造“应纳民意的改革程序”和“与时俱进的司法制度”。就改革思路而言，我国台湾地区法务主管部门正在推动建立的检察审查会制度、检察官评鉴与淘汰制度和立案审查中心制度对祖国大陆地区的检察改革具有一定的参照意义。

一、立法展开：对三项检察改革的评介

（一）检察审查会

1. 引入背景

我国台湾地区兼采起诉法定主义和起诉便宜主义，检察官作出的不起诉处分分为三种——绝对不起诉、职权不起诉和缓起诉，对检察官的不起诉处分采用再议制度和交付审判制度予以监督。根据我国台湾地区“刑事诉讼法”第256条和第258条的规定，检察官侦查终结作出不起诉处分后，在有告诉人的案件中，告诉人可以向原检察官的直接上级检

* 本文系中央高校基本科研业务费项目“刑事庭审实质化背景下的积极辩护制度研究”(2072021070)的阶段性成果。

** 王天民，厦门大学法学院副教授，法学博士；胡方圆，厦门大学硕士研究生。

察署检察长或检察总长声请再议，如果不服驳回处分的决定，告诉人可以向法院声请交付审判。[①] 但是，死刑、无期徒刑或最轻本刑 3 年以上有期徒刑的案件，检察官作出不起诉的处分，如果没有声请再议的人时，原检察官应当依职权直接送往上级检察署检察长或检察总长处再议，这种情况下案件始终停留在检察机关内部，尤其是贪污腐败、渎职等重大案件，往往没有声请再议的人，检察官不起诉处分就会常常引发外界产生“官官相护”的疑虑。

为了提升司法透明度与民众信赖度，完善检察官不起诉处分的外部监督机制，我国台湾地区 2017 年司法改革研议借鉴日本的检察审查会制度，并通过决议建立检察审查会，以加强对检察官不起诉决定的外部监督，实现“全民的司法”之愿景：“就无告诉人之重大案件经不起诉处分或签结者，研议由外部人员[②]组成检察审查会审查，对不起诉处分认为侦查不完备者，得建议检察官再行侦查，若再为不起诉处分，而审查会认为应起诉者，得聘请律师径向法院起诉；他字签结者，得建议检察官改分侦字案件续行侦查。”

2. 学术争议

检察审查会制度的引入在我国台湾学界及司法实务界引发了热议。如陈运财教授认为，“基于市民追诉权的理念，检察权力的来源乃植根于人民追诉犯罪的决定权的付托，检察官是代理人民行使追诉权的机关，并不是政府统治的工具，检察官行使检察权应受人民监督，故有必要赋予人民参与检察官追诉权决定的机会”。[③] 台湾地区法务主管部门综合规划司相关负责人则表示，“需要考虑人民参与检察权监督所可能遇到的碰撞和挑战：第一是专业和素民观点的衔接沟通，像是检察官认为还未达到证据门槛，不该起诉的案件，在未经法律专业养成的人民心

---

① 交付审判以再议为前提，告诉人只有在检察机关驳回再议声请之后才能要求交付审判。

② 检察审查会由普通群众、学者、已经退休的法官、检察官组成，采取交替任期的方式，兼顾成员的交替以及避免在案件审查过程中全体成员的更换。

③ 陈运财：《论追诉权之制衡——人民监督观点的再省思》，载《月旦裁判时报》2018 年第 11 期。

中可能早已定罪；第二是侦查不公开的挑战，像是侦查卷宗内的个人资料、机密资料的保护等等；第三是侦查效能的降低，引进国民检察审查会后，在追诉的过程中势必会有更多的声音，使得侦查的效能下降”。①

此外，关于检察审查会在组织上究竟应设立于法院、检察署还是作为一个独立的机构仍有一些争论。台湾地区法务主管部门希望像日本一样，将审查会设在各地法院。因为审查会属于外部监督力量，设在法院内部其审查决定才有公信力，而且在前期司法行政主管部门推行的法官制度之下，各地法院已经建立了较为完备的法官名册，审查员名册可以通用，不必另行建置，节省了司法资源。但是也有律师质疑，如果由法官来审查检方的不起诉决定，将来案件进入法院审理，是否会有“球员兼裁判”的嫌疑？

目前此项制度推行不易，但台湾地区法务主管部门已拟定民众参与不起诉审查的相关文件草案并函询司法行政主管部门的意见，期望能扩大公诉权行使的裁量视角，并保证审查会行使职权的独立性和公信力。

（二）检察官评鉴与淘汰

1. 制度实效

台湾地区法务主管部门为了树立良好的检察官形象，早在1996年即出台了“检察官评鉴办法”（以下简称“办法”），明确规定：“检察官有滥用权力，侵害人权，或者品德操守不良、敬业精神不佳、办案态度不佳，有损司法信誉，严重违反办案程序规定，长期执行职务不力，违反职务规定情节重大者，得付评鉴。”自2000年“办法”修正以来，经“公务员惩戒委员会”决议处理的检察官共计29人，其中有5人撤职、4人休职、10人降级、6人记过、2人申诫、2人不受惩戒或免议。② 但是“办法”仅是行政命令，不具有法律位阶，在现实中的运行效果并不理想，外界也始终对这项司法自律的内部监督机制充满不

① 蔡碧玉、陈重言、陈运财等：《检察权之监督》，载《月旦裁判时报》2017年第1期。

② 参见台湾地区检察官协会：《检察官伦理规范释论》，元照出版有限公司2013年版，第329页。

信任。

2011年我国台湾地区出台“法官法”[①]，并且于2012年1月施行检察官评鉴新制，重新调整了检察官评鉴委员会的人员构成，多增加了更加多元化的外部委员进行评鉴。依据“法官法”所建立的检察官监督淘汰机制，检察官如果有执行职务重大过失、废弛职务、行为不检、违反政党中立性、违反侦查不公开及违反检察官伦理规范等行为，情节重大者，即得由有权移送机关向检察官评鉴委员会声请个案评鉴，如经检察官评鉴委员会决议认为有移送惩戒之必要时，法务主管部门即应依决议送监察部门弹劾后，交由司法行政主管部门的职务法庭审理。[②] 新制实施8年多来，检察官评鉴委员会收案量未公开，受理审结59件中，评鉴成立的仅有20件，成立比率为34%，仅1位检察官被免除职务，并丧失公务人员任用资格。[③] 更令人不解的是，“法官法”实施以后，检察官惩戒人数跟过去相比反而减少、惩戒处分也大幅减轻，这难免会让民众怀疑检察官评鉴委员会乃“一场骗局”。

2. 内容革新

为了建立外部参与多元、程序保障周全、惩戒流程加速的司法官监督淘汰机制，从2019年6月至2020年7月底，台湾地区不断对“法官法”中的评鉴制度和职务法庭等内容进行修正。

就评鉴制度而言，其在个案评鉴的申请主体及其参与权与具体的评鉴程序方面都有明显进步。一方面，新制增设了诉讼当事人或刑事被害人可以请求个案评鉴的法律资格。依照原来的规定，普通民众（包括当事人个人）不能直接向评鉴委员会请求启动检察官评鉴程序，只能

---

① 台湾地区“法官法”中的“法官评鉴”和“职务法庭”的规定，检察官准用之。

② 参见蔡碧玉、周怀廉、施庆堂等：《检察官伦理规范释论》，中国检察出版社2016年版，第227页。

③ 参见《不适任法官、检察官为什么淘汰不掉》，载http：www. jrf. org. tw/articles/1655，2021年2月1日最后访问。

通过法院、检察署、律师公会或者民间团体提起。[①] 实际上，诉讼当事人或刑事被害人作为案件的利害关系人，最了解承办检察官是否有应受评鉴的情形，开放其直接申请评鉴的程序通道值得肯定。但较为费解的是，此次修改又以“防止滥用评鉴制度干扰诉讼程序”之名删除了民间团体请求评鉴的法律资格，这不禁让人担心弱势群体与不愿曝光的被害人因种种原因不愿出面请求评鉴而未来又没有民间团体的协助时，该如何参与到专业的评鉴程序中去。另一方面，新制强化了受评鉴检察官和请求人的程序参与权，也进一步优化了评鉴程序。例如“法官法”新增内容规定，检察官评鉴委员会得依受评鉴检察官及请求人之声请或依职权为必要的调查，并得通知关系人到会说明；受评鉴检察官及请求人声请到会陈述意见，除显无必要外，不得拒绝；请求人可以申请交付受评鉴检察官提出的意见书，如无正当理由，检察官评鉴委员会不得限制或拒绝；如果同意交付，应给予表示意见的合理期间；受评鉴检察官及请求人得声请阅览、抄录、复印或摄录调查所得资料。换言之，受评鉴检察官和请求人可以请求调查证据和到会陈述意见，以便评鉴委员会充分了解各方信息。另外，检察官评鉴委员会审议个案评鉴事件，为确定违失行为模式的必要，或已知受评鉴检察官有其他应受评鉴的情事时，可以就未经请求的违失情事，一起调查及审议。但应告知受评鉴检察官，并给予陈述意见的机会。当检察官评鉴委员会决议认为有移送惩戒的必要时，可以直接报由法务主管部门移送职务法庭审理，不需要再经监察部门弹劾，简化了冗长的惩戒流程，进一步提高了惩戒案件的办理效率。

就职务法庭而言，其在关系隶属、审级制度与审判程序等方面也有较大革新。2011 年公布的“法官法”创设了职务法庭，专司检察官、

① 依据修正之前的“法官法”的规定，请求检察评鉴委员会评鉴之人员、机关或团体如下：受评鉴检察官所属检察署检察官 3 人以上；受评鉴检察官所属检察署、上级机关或所属检察署配置之法院；受评鉴检察官所属检察署管辖区域之律师公会或全国性律师公会；财团法人或以公益为目的之社团法人，经许可设立 3 年以上，财团法人登记财产总额新台币 1000 万元以上或社团法人社员人数 200 人以上，且对健全司法具有成效，经目的事业主管机关许可请求个案评鉴者。

法官惩戒案件的审理，此次修法则是将职务法庭由司法行政主管部门移置于“公务员惩戒委员会”，并从原来的一级一审制变更为一级二审制，为职务法庭的裁判提供了审级救济途径。“法官法”第59条增订“当事人对于职务法庭第一审之终局判决不服者，得自判决送达后二十日之不变期间内，上诉于职务法庭第二审。但判决宣示或公告送达前之上诉，亦有效力”。职务法庭的二审为法律审，且必须在6个月内作出裁判。在职务法庭审理检察官惩戒案件的第一审程序中，加入参审员2人与职业法官3人共同组成合议庭审理，以期在检察官惩戒案件的判决结果中融入更加多元化的观点。参审员得全程参与职务法庭惩戒案件第一审程序的审理与评议，其审判职权的行使比照法官，并保障其依据法律独立进行，不受任何干涉。同时，为了避免检察官借退休或资遣逃避惩戒，在惩戒的处分上，新制增加了对已经离职、退休的检察官可以剥夺其退休给予的处分，并且规定经司法行政主管部门或监察部门移送惩戒，或经司法行政主管部门送请监察部门审查者，在判决确定生效或审查结束前，不得申请退休或资遣。

（三）立案审查中心

1. 实践压力

依照我国台湾地区“刑事诉讼法”第228条的规定，“检察官因告诉、告发、自首或其他情事知有犯罪嫌疑者，应即开始侦查”。由此可见，只要有民众报案、检举或者揭发犯罪，检察官就必须启动侦查程序。因为民众提起自诉困难重重，而向检察署告诉、告发却相对容易，这在较大程度上导致民众告诉、告发的案件越来越多，以致各地检察署不堪重负。根据台湾地区法务主管部门的统计，“2014~2016年间，台湾各地检察署的被告起诉率均在42%左右，但由民众主动告诉或告发的案件，起诉率却仅有13%~15%，是总体起诉率的三分之一；此外这三年各地检察署的总体不起诉率均在32%~34%，但民众告诉、告发的案件，不起诉率却高达66%~69%，足足多出一倍，显示滥诉严重，已排挤到有限的司法资源。”①

为了规制滥诉行为，台湾地区法务主管部门效仿法院审查庭制度，自 2018 年 8 月 29 日起在新北、桃园、台中及桥头地检署试办立案审查中心，由一名检察官带领数名检察官、检察事务官，专责处理、过滤滥诉案件。试办一年后（即 2019 年 9 月），台湾地区以“明案速办，疑案慎断”为宗旨，在第一类地检署之中正式实施立案审查中心制度，实施案件分级管理，并将滥诉、简易以及自白案件交由立案审查中心侦查、结案。对于部分性质较单纯或假性财产犯罪等类型案件，通过一次性开庭及晓谕和解、转介调解等方式，快速结案，将多数微罪案件导向民事或其他纠纷解决方式。②

立案审查中心制度的推行目的在于减轻民众讼累，与此同时也可以使检察官集中精力专门处理繁杂的重大案件，避免司法资源的浪费，达到诉讼经济的效果。此外，我国台湾地区法务主管部门参照德国、日本等国的立法例，初步规划了“有条件的刑事诉讼有偿制”，未来对于故意或重大过失的不实刑事告发与假性财产犯罪案件，经不起诉处分确定后，检察署将可对告诉人、告发人酌情收取费用。

2. 理论质疑

值得思考的是，在关于滥诉问题的学术研究中，我国台湾学者似乎存在两种偏向：一是重视现象、忽视本质；二是重视客观结果、忽视主观动机。比如，有学者认为，滥诉的表现形式大致可以分为三类：第一类是高频率申告案件，经常、反复提出告诉，或就已分案或结案之同一事实再重复提告；第二类是明显事证不清案件，提告内容空泛、显无犯罪事证、所诉与犯罪无关，或依经验、论理法则显不可能等；第三类是假性财产犯罪案件，这种案件数量最多，即以诈欺、侵占、背信或重利等罪名提出告诉，多属于私权争执之民事案件，且告诉人提告之目的在于利用检察官之侦查行为，迫使被告解决私权纠纷（俗称

① 参见 news. itn. com. tw/news/society/paper/1213318，2021 年 2 月 1 日最后访问。

② 参见《台湾桥头地方检察署立案审查中心正式揭牌成立》，载 qtc. moj. gov. tw/10181/10255/10257/700706/post，2021 年 2 月 1 日最后访问。

“以刑逼民”)。[①]

至于如何界定“滥诉”，尤其是因民众告诉、告发引起的“民众滥诉”，我国台湾学界并没有明确的定义，实务中则主要以真实案例或者统计数据作为规制滥诉的背景信息，多是将不起诉处分结果归结于民众滥诉情状。[②] 让人有所疑虑的是，这种仅用不起诉处分率的高低来衡量民众滥诉严重程度的标准是否过于片面？按照如此逻辑，台湾地区“刑事诉讼法”第252条[③]所规定的不起诉情形是否皆可推定为民众滥诉？也因此有学者担忧地指出：“这种做法不仅可能会形成无论理依据的推断，也因为不起诉处分乃检察官侦查后依职权所为之结果。倘若仅凭事后不起诉之案件数增减回推民众滥诉因素，则案件滥诉与否，便仅以检察机关就案件侦查结果来决定，而不顾告诉人或告发人的行为与动机，导致依此脉络形成的防制民众滥诉目的与相应制度变更结果存有不当限制人民诉讼权的可能。”[④]

二、逻辑证成：检察改革背景的共性分析

(一) 权利意识的大势兴起

自20世纪80年代以来，我国台湾地区社会生活中的一个典型特质就是民众的权利意识大势兴起，并逐渐成为自下而上地影响、推动台湾地区各项治理改革的重要力量，而权利意识的不断增长可以从台湾地区“波澜壮阔”的社会运动及“雨后春笋”般发展起来的社会运动组织窥

① 参见刘颖芳：《台湾地区刑事诉讼中的检察权配置改革评述——以台湾地区2017年“司法改革”相关讨论为中心》，载《现代法治研究》2018年第2期。

② 例如2017年司法改革会议中，司法行政主管部门报告时以告诉、告发案件中偏高比率的不起诉处分数据为由，认为是因民众滥行告诉或告发，造成司法资源浪费的结果；同时法务主管部门报告则以各地检察署新收案件逐年增加、不起诉处分案件数占据不少侦查资源为由，认为应当设法减少侦查资源负荷与当事人不当利用司法程序的情形。

③ 该条规定：“案件有下列情形之一者，应为不起诉处分：一、曾经判决确定者；二、时效完成者；三、曾经大赦者；四、犯罪后之法律已废止其刑罚者；五、告诉或请求乃论之罪，其告诉或请求已经撤回或已逾告诉期间者；六、被告死亡者；七、法院对于被告无权审判者；八、行为不罚者；九、法律应免除其刑者；十、犯罪嫌疑不足者。”

④ 蔡宜家：《防制民众滥诉新政策?》，载Nephron Clinical Practice 2018年第17期。

见一斑。

就理论而言，依据行为诉求本质的不同，可以将社会运动划分为三个层面，即位于第一层面（底层）的推动意识觉醒的社会运动，位于第二层面（中层）的维护民众权利的社会运动，以及位于第三层面（顶层）的追求理想主义的社会运动。处于底层的社会运动最基本，中层的社会运动最常见，顶层的社会运动最高级也最抽象。

从现实来看，台湾地区的社会运动名目各样、形式繁多，相互之间的划分标准也各不相同。如有学者认为台湾地区的社会运动大致具有四种目标，即争取公共待遇、推动公益、追求利益和参与政治，从目标性差异出发，可以将社会运动对应地划分为四种。[①] 也有学者以台湾地区的民间社会与当局管理之间的互动关系为视角，将台湾地区的社会运动归为四大类型：[②] 第一类源于民间社会对台湾当局就新兴社会问题所展现出来的漠视态度的不满，如生态保育运动、消费者运动以及反污染自力救济等；第二类表现为民间社会对台湾当局某些既定的政策或行动的抗议，如客家权益运动、少数民族运动和反核运动等；第三类是民间社会有意识地向相关管理部门进行的挑战，力图争取更多的自主，如农民运动、劳工运动、妇女运动以及司法改革运动等；第四类则是民间社会对某种既定的敏感政治约束所进行的有意识的突破，如政治受刑人权益运动以及外省人返乡运动等。

无论社会运动最初是因个人发起还是由群体策动，在其成功展开之后，一般都会有固定化的社会运动组织来推动。作为社会运动组织的生存逻辑，除了对当局管理活动的不满情绪在社会大众的内心深处日积月累之外，还需要具备两项重要内容：

一是具有社会责任感和正义感的有识之士的大力倡导。在工业化进程不断深入的背景之下，我国台湾社会的阶级结构发生变化，中产阶级随之产生。中产阶级不仅拥有一定的社会财富，而且有良好的教育背

---

① 参见彭怀恩：《台湾发展的政治经济分析》，中国台北风云论坛出版社 1990 年版，第 117 页。

② 参见萧新煌：《垄断与剥削：威权主义的政治经济分析》，台湾研究基金会 1989 年版，第 38 页。

景，随着政治意识的逐渐提高，他们从过去的权利被侵害发展到主动要求政治权力的参与及分配，希望在社会上、政治上有更大的参与渠道及发展空间。在台湾地区最早参与社会运动的便是以知识分子为代表的中产阶级群，他们在对消费权、人权、平等权、环境权、居住权、社会管理权以及司法参与权等一系列社会权利意识的启蒙方面厥功至伟。[①] 从过去的几十年来看，台湾地区社会运动的兴起与壮大为中产阶级提供了参与公共事务、争取发言权的有效平台和途径，也促使中产阶级逐渐成为社会运动的有力倡导者和推动者。在中产阶级的带动下，尤其是在知识分子以及律师等专业人士的共同策划和谨慎运作下，社会运动组织的公信力得到迅速提升，学生、妇女、公益人士、教会势力、反对力量和占社会人口比例很大的农民阶级和劳工阶级纷纷参与到社会运动中来。不同社会群体的广泛参与在极大程度上扩大了社会运动的主体范围，也进一步壮大了社会运动的影响力。[②]

二是设定组织目标与诉求。抗战胜利后，我国台湾地区一度实施的戒严体制使得在日本殖民统治时期不断涌现出来的各项社会运动没有延续之前的发展轨迹。为了应对日趋严峻的政治形势，社会运动组织一般采取低度政治、相对温和以至于适当妥协的生存之道。“解严”以后，集会游行获得合法依据，这为社会运动组织开启了全新的政治机会，正如台湾学者所言，“政治自由化恢复了冻结的公民权，积累许久的民怨找到了政治抒发的管道”。[③] 近40年以来，台湾地区的社会运动无论是在运动范围、规模，还是在运动的社会参与度或是影响力等方面，都显得日新月异。包括司法改革在内的十数种议题的社会运动轮番上演，在实现社会运动组织自身合法权益、组织目标及运动诉求的同时，客观效果上也极大地兴起了台湾社会大众的权利意识，推动了台湾地区的社会

① 参见王海亭：《中国台湾地区社会运动所起作用分析》，载《西南林业大学学报（社会科学）》2017年第5期。

② 参见王海亭：《中国台湾地区社会运动所起作用分析》，载《西南林业大学学报（社会科学）》2017年第5期。

③ 何明修：《绿色民主：台湾环境运动的研究》，群学出版社2006年版，第189页。

公正与司法正义。

（二）公益性本质的制度诠释

如林钰雄教授所言，我国台湾地区的检察官制度萌芽于清末民初，深受日本法制的影响，而日本法制又受德国影响，所以台湾地区的检察官制度实际上是辗转受德国法制的影响。① 作为“启蒙遗产”和“革命之子”，德国的检察官制度产生于刑事诉讼程序特别是追诉活动对公众权益的保障需求，同时也反映了政治上自由主义思潮在德国司法领域内的蔓延。随着柏林1846年7月17日法律的通过，第一个现代意义上的检察院经过三个多世纪的争论终于在德国正式出现，它的出现意味着刑事诉讼程序从此由一个官方主体办案的过程有机地分裂为两个主体“流水”办案的活动，并且各自负责一个时间段。法官不再纠问侦查、起诉，而是后退至审判程序之中；检察官独立负责审前阶段的活动，对于未经他起诉的案件不得自行审判，警察成为检察机关的辅助人员在检察官的授权下开展侦查活动。② 检察官被安放在警察和法官中间，并在二者之间作为“法律守护人”发挥职能及建立纽带关系。检察官向“左”看是警察，他必须时刻监督、审查警察侦查活动的合法性；向“右”看是法官，他有责任分担法官守护并统一执行法律的义务，这就是德国及大陆法系检察官被法律所赋予的公益性本质。按照德国“检察官之父”萨维尼的经典表述：“检察官不仅应当保护国家利益，还应当在同等程度上保护公众利益，如果检察官只是为国家利益服务，他将遭到公众的反对。在刑事诉讼中，作为‘法律守护人’的检察官从程序一开始就应当以法律的名义来对抗被告人，与此同时又应当以公众的名义来保护被告人免受迫害。”③

与德国法制一脉相承的是，我国台湾地区的检察官虽然在内部组织

---

① 参见林钰雄：《检察官论》，法律出版社2008年版，第130页。

② 参见王天民：《实质真实论》，法律出版社2013年版，第120—121页。

③ Claus Roxin, Rechtsstellung und Zukunftsaufgaben der Staatsantwaltschaft (Vortrag anläßlich einer Feier zum 100 jährigen Bestehen der Hamburger Staatsanwaltschaft), DRiZ (März) 385 (1969), S. 385.

上具有行政权的有机一体性，但是从机构的外部独立性而言，仍然具有司法官的本质属性。这决定了不论是在刑事诉讼程序之中，还是在民事案件甚至行政案件的处理过程中，法律都赋予了检察官公益代表人的身份或角色。

依据台湾地区“法院组织法”第60条之规定，“检察官之职权如左：一、实施侦查、提起公诉、实行公诉、协助自诉、担当自诉及指挥刑事裁判之执行。二、其他法令所定职务之执行”。在实施侦查阶段，检察官所扮演之公益代表人角色，于警察而言是监督警察执法的合法性，避免警察国家的梦魇；于法院而言，一方面扮演“过滤器”之功能，避免滥诉，另一方面则是强化侦查阶段的证据搜集，避免错案。[①]在提起公诉、实行公诉（以及上诉）阶段，为使公众免受“司法迫害”，检察官基于“控诉原则”“起诉法定主义”以及全程参与审判的法律要求，在程序和实体上均需与法官互相制衡，以实现审判过程的公正性和审判结果的正确性。在协助自诉、担当自诉的活动中，为避免因自诉有损公益的情形，台湾地区“刑事诉讼法”中有“检察官得在自诉案件中到庭陈述意见”“对自诉案件的判决独立上诉”以及“未经检察官同意自诉人不得撤回上诉”之规定，同时为了避免自诉案件中无人承受、继续诉讼的情况出现，还设计了“检察官担当诉讼”的相关制度。[②]

在“其他法令所定职务之执行”方面，检察官的活动范围也十分广泛。据统计，规定检察官非刑事职权的规定大致有24部，从“民法”到“劳动法”“教育法”“航空法”，从“灾害防救法”到“政府采购”“预算法”，从“儿童及少年性剥削防制条例”“家庭暴力防治法”到“犯罪被害人保护法”等，其职权大概包括死亡宣告之声请、精神病人/未成年人监护宣告/变更之声请、人身保护令之声请、法人或工会解散之声请、董事会临时管理人之声请、投票/选举/罢免方面之诉

① 参见林钰雄：《检察官论》，法律出版社2008年版，第132页。

② 详见台湾地区“刑事诉讼法”第330、332、347、356条。

讼、政府采购事项之诉讼、犯罪被害人补偿之审议及复议等。林林总总、难以穷尽的检察官职权，均昭示着检察官公益代表人的地位。①

（三）检察官履职的相对独立性

不可否认的是，“检察一体制”的层级设置和监管使得以德国为代表的大陆法系检察官在职务独立性的保障方面远不如法官，因为他们的行为往往要受到上级检察官乃至司法部长的领导和制约。② 正是为了避免因遵守上级指令所招致的不诉或滥诉行为，要求检察官依照法定性义务来履职就显得尤为重要。对于检察官而言，法定性义务既是一种义务，也是一种权利。所谓义务，是指检察官的起诉与不起诉决定都要依法作出；所谓权利，则是指检察官的决定免受法律之外任何因素的不当影响，尤其是其他国家机关以及检察机关上级官员的干扰。

为了保障这一权利得以实现，大陆法系国家一般都会赋予检察官以相对的独立性，这种独立性主要体现在三个层次：首先，为了避免其他国家机关的干涉，检察机关在成立之初就没有被直接归入行政部门（如内政部），而是被归入司法部。虽然就本质来看，司法部也是行政部门，然而历史传统使得它不仅代表着一种国家权力，更代表着国家权力对司法管理的正义意愿，因此较之于其他行政部门，来自司法部的指令毕竟可能更具有合法性的特质。③ 其次，基于对司法部长的不信任，于是又产生了对司法部长所发出指令的限制，这表现为：一方面，司法部长对检察官的指令只限于一般性指令而非个案性指令，以此保障检察官在个案上的决定权；另一方面，司法部长所发出的指令必须接受议会监督，以此保证指令不是依司法部长个人喜好，而是依司法正义而作出。最后，为了对抗来自检察机关内部上级官员的违法指令，检察官可

---

① 参见黄晓亮、张清芳：《两岸刑事法解释与检察制度之关系比较》，载《现代法治研究》2017 年第 2 期。

② See Ernst Carsten, Die Geschichte der Staatsanwaltschaft in Deutschland bis zur Gegenwart: Ein Beitrag zur Reform des Strafprozessses; Breslau: Schletter' sche Buchhandlung 1971, S. 45.

③ See Eberhard Schmidt, Einführung in die Geschichte der deutschen Strafrechtspflege; 3. Auflage; Göttingen: Vandenhöck & Ruprecht 1965, SS. 330 – 331.

以向上级官员表明自己的观点并获得他的支持，一旦上级官员仍然坚持该项指令，检察官还可以向更高一级的上级官员提出疑问，如果检察官最后必须违背自己的良心来执行该项指令，他甚至还可以通过放弃案件的权力来捍卫内心对法律的信仰。[①]

近乎相同的是，依据台湾地区“法院组织法”第63条、第64条之规定，“检察总长”对于各级检察机关的检察官有指挥监督权，各检察机关的检察长对所属检察官也有指挥监督权，检察官有义务服从上述检察首长的命令。“检察总长”及各级检察机关的检察长得亲自处理检察官事务，并得将该事务移转于其所指挥监督的检察官处理。在“检察一体制”与“检察长负责制”的框架之中，我国台湾地区主要通过以下三项运行机制来实现检察官的相对独立性：

一是检察系统与行政系统的分离。我国台湾地区的检察机关内部由检察系统和行政系统两个部分组成，检察系统设置“检察总长”、主任检察官、检察官、书记官；行政系统设置人事室、会计室、政风室、统计室、资讯室和书记厅，其中书记厅下设资料科、总务科、记录科、文书科及研究考核科等。[②] 无论是在职务待遇、级别升迁还是岗位选拔上，两个系统都相互区别、各成体系，此般分离能够在较大程度上保证检察官仅仅存在于检察系统之中，免受行政系统的不当介入或干涉。

二是决定权与承办权的合一。从检察权的外部彰显来看，案件的决定权一般归属于检察机关的检察长；从检察权的内部实现来看，检察长往往又会将案件交由检察官来承办。在层级严格的领导体制之中，我国台湾地区的办案组织主要有两种形式，其中最为普遍的是独任制，即检察官个人独立承办案件，每一名检察官都是一个独立的官署，同时也是

① 当然，基于“检察一体制”和“检察长负责制”的要求，这种冲突在实践中很少发生，因为上级官员完全可以在冲突发生之前收回检察官在具体案件上的代理权或者移交其他检察官继续行使。参见 Werner Beulke，Strafprozessrecht；8 Auflage；Heidelberg：C. F. Müller Verlag 2005；S. 55。

② 参见徐志彬：《海峡两岸检察官办案责任制比较研究》，胡卫列、韩大元、郭立新等编：《主任检察官办案责任制——第十届国家高级检察官论坛论文集》，中国检察出版社 2000 年版，第 801 页。

一个独立的办案主体。[①] 另一种就是“协同办案制”或“集体办案制”，实践中的常见做法是为每一名检察官配备一名书记官，书记官以辅助人员的身份协助检察官整理卷证和讯问笔录。[②] 无论是在独任办案制还是在协同办案制或集体办案制之中，具体案件的决定权与承办权在较大程度上的合一是近些年来的共同趋势。

三是亲自办案与指导监督的交融。处于检察机关中间环节的检察官（如主任检察官）是整个体系中最为特殊的一部分，就行政管理层级而言，他具有指导、监督其属下检察官的职责；就检察业务办理而言，作为一名检察官，他同样需要亲自办理个案，并且以此为主要职责。实践中，下属检察官的办案活动无须经过主任检察官的行政审批，其独立办案权也不受行政管理层级的影响。

三、制度比较：我国大陆地区检察改革的参照与借镜

作为近年来我国台湾地区检察改革的共同背景，上述三项内容有机结合、共为一体，却也各有侧重：从横向关系上看，权利意识的大势兴起是诱发检察改革的外部条件，而检察权公益性本质的制度诠释（及延展）是推动检察改革的内部动力，二者的结合对三项检察制度的改革缘由作了全面解释。从纵向关系上看，权利意识的大势兴起是以“自下而上”的方式来促动检察改革，而检察官履职的相对独立性则是以“自上而下”的方式来推动检察改革，二者的互动对三项检察制度的改革方式作了准确厘定。从演绎推理来看，检察权公益性本质的维系是检察改革的逻辑基础，而检察官履职的相对独立性及其所演绎的问题是检察改革的思维起点，也即三项检察改革的展开以遵循检察权的公益性本质为理论前提，以预防、惩治检察官在履职中突破相对独立性的“越界”行为为实践关怀。

反观我国大陆地区，公众的权利意识也正处于蓬勃发展的态势之

① 参见谢鹏程：《检察官办案责任制改革的三个问题》，载《国家检察官学院学报》2014年第6期。

② 参见万毅：《台湾地区检察官：谁定案谁负责》，载《检察日报》2015年9月6日，第3版。

中，尤其是2014年党的十八届四中全会通过的《中共中央关于全面推进依法治国若干重大问题的决定》首次明确地提出“增强全社会尊重和保障人权意识”的新要求，成为公众权利意识发展进程中的一个重要里程碑。同时，关于检察机关公益性本质的维系在近年中也得到明显加强，特别是在开展公益诉讼、保护国家利益和社会公共利益方面有着长足的进步。此外，经过司法责任制改革，检察官履职的相对独立性、司法亲历性都在不断提升。极为相似的法制背景，使我们对相关的法律问题及制度改革的探讨具有较大的理论可比性与实践可行性。立足于本文主题，笔者将从三个方面展开对比分析。

（一）人民监督员制度

我国大陆地区对检察机关不起诉决定的监督机制同样是复议、复核以及申诉、自诉等程序。根据《刑事诉讼法》第179条和第180条的规定，公安机关认为不起诉的决定有错误的时候，可以要求复议，如果意见不被接受，可以向上一级人民检察院提请复核；被害人如果不服，可以向上一级检察院申诉，也可以不经申诉而直接向人民法院起诉。《监察法》第47条也规定，对监察机关移送的案件，人民检察院对于有刑事诉讼法规定的不起诉的情形的，经上一级人民检察院批准，依法作出不起诉的决定；监察机关认为不起诉的决定有错误的，可以向上一级人民检察院提请复议。由此可见，这些监督程序都是为检察机关所主导，并没有解决检察机关的不起诉决定缺乏外部监督的问题。

虽然我国大陆地区早在2003年就开始试点推行人民监督员制度，并在2010年将人民监督员制度正式纳入检察体系，但是该项制度在实际运行中存在诸多问题，乃至形同虚设。首先，从监督形式来看，人民监督员的监督力度明显“过柔”。根据最高人民检察院2015年发布的《人民监督员监督工作的规定》和2019年发布的《人民检察院办案活动接受人民监督员监督的规定》，人民监督员的监督形式主要是提出意见和建议，不具有刚性约束力，检察机关在听取意见和建议之后仍掌握最终的决定权。这种柔性的监督建议不仅无法对检察权起到监督作用，甚至有可能沦为检察机关执法合法化的符号。① 其次，从监督员的选任方式来看，人民监督员的组成缺乏民主性、公众性。虽然《最高人民检察院关于实行人民监督员制度的规定》第9条明确了推荐和自荐两种方式，但实际上人民监督员主要是通过机关、团体、企事业与基层组织等推荐产生，很少有自荐的人选，几乎所有的人民监督员都是与国家公权力有关的人，这样的组成难以充分代表广大人民群众。② 最后，人民监督员制度因"情势变更"已无立足之本。人民监督员制度的设计初衷是为了解决检察机关办理自侦案件权力过于强大缺乏外部监督的难题，但是在国家监察体制改革背景下，原来由检察机关反贪、反渎等部门行使的职务犯罪侦查权转隶于监察委员会，因此，人民监督员制度亟待改革。

与我国大陆地区司法制度改革面临的问题较为相似，我国台湾地区检察官的权力也比较庞大，集侦查、追诉、执行等权力于一体，为了防止权力过度膨胀，近些年来不断完善的公诉权制约机制对大陆地区检察制度的改革思路提供了"他山之石"。

第一，台湾地区赋予了检察审查会强制起诉的权力，使得审查会的决议具有直接约束力。但是如果直接赋予人民监督员的评议结果以强制力，检察机关的相关事项决定权就面临着被分割甚至取代的风险，这与我国大陆地区现有的权力分配模式不相符，而且在相关制度保障缺失的前提下也容易造成办案专业性下降与权力的分散。可见，改革不能一蹴而就，正如卞建林教授所言，"人民监督员制度应被定性为一种权利性、规范化，并具有相对约束力的柔性监督机制"③。为了避免监督流于形式，人民监督员对决议有异议的可以向上级检察机关提出复议，上级检察机关应当另行指定检察官重新审查案件。

---

① 参见卞建林、褚宁：《人民监督员制度的运行与完善》，载《国家检察官学院学报》2014年第1期。

② 参见刘青松：《新刑诉法背景下人民监督员制度的发展》，载《昆明学院学报》2020年第2期。

③ 陈卫东、胡晴晴、崔永存：《新时代人民监督员制度的发展与完善》，载《法学》2019年第3期。

第二，党的十八届四中全会通过的《中共中央关于全面推进依法治国若干重大问题的决定》中强调要“努力让人民群众在每一个司法案件中都感受到公平正义”，人民监督员制度是公民参与司法的具体表现形式，所以人民监督员的选任应该“大众化”而非“精英化”。笔者认为人民监督员可以从辖区内有选举权的公民中随机抽取，询问其是否有成为人民监督员的意愿，然后再进行面对面的审核，以此来保证人民监督员的广泛代表性。此外，也可以借鉴我国台湾地区采取的交替任期制，避免人民监督员连任多年产生“熟人化”的弊端。

第三，人民监督员的监督范围要进行调整。虽然监察体制的改革使得人民监督员制度几近失去存在的必要性，但是近年来大力推行的“捕诉一体”模式和认罪认罚从宽制度又为其提供了新的发展契机——在“捕诉一体”模式下，检察机关内部的监督和制约机制消失，而认罪认罚从宽制度也赋予了检察机关更大的自由裁量权，我们可以将人民监督员制度作为外部力量以弥补内部监督的漏洞。滥用裁量权的危险不仅仅存在于职务犯罪中，普通刑事案件更有这样的危险，出于对公共利益的平等保护，人民监督员的监督范围理应扩展至普通刑事案件。① 此外，需要特别指出的是，不同于台湾地区检察审查会的价值取向，大陆地区人民监督员的监督内容不应局限于检察官的不起诉决定，还应重点聚焦于检察官的批捕和起诉决定，既要防止不当不起诉，更要防止不当追诉。事先防止当事人遭受国家不当追诉比事后纠正不起诉处分更符合保障人权的改革面向。

（二）检察官惩戒制度

虽然我国大陆地区的检察官评鉴与淘汰制度也在不断改革，但与我国台湾地区相比仍有一些不足。2016 年最高人民检察院和最高人民法院联合颁布了《关于建立法官、检察官惩戒制度的意见（试行）》（以下简称《惩戒意见》），明确提出建立检察官惩戒委员会。2019 年修订的检察官法将检察官惩戒制度的内容上升为法律规定。根据《检察官

① 参见陈卫东：《人民监督员制度应退出司法舞台吗》，载《人民论坛》2019 年第 3 期。

法》第49条的规定，检察官惩戒委员会负责从专业角度审查认定检察官是否存在故意违反法律法规办理案件和因重大过失导致案件错误并造成严重后果的违反检察职责的行为，提出构成故意违反职责、存在重大过失、一般过失或者没有违反职责等审查意见。检察官惩戒委员会提出审查意见后，人民检察院依照有关规定作出是否予以惩戒的决定，并给予相应处理。

从职能划分来看，检察官惩戒委员会是负责对检察官在司法办案工作中故意违反法律法规责任或重大过失的司法责任进行审议，提出惩戒意见的专门机构。[①] 其主要负责事实认定问题，不直接作出惩戒决定，这一点与台湾地区的检察官评鉴委员会性质相同。但是我国大陆地区的检察官惩戒委员会是为了落实司法责任制，不同于台湾地区兼顾惩戒淘汰不适任检察官和强化检察官职业保障的双重目的。根据台湾地区"法官法"第89条的规定，检察官受评鉴的事由既包括检察官自身的职务行为——例如不履行职务、侵权越权、因故意或重大过失损害人民权益等，又包括其政治主张、兼职行为，同时还有违反检察官的职业伦理规范的行为。评鉴事由的事无巨细从侧面体现了我国台湾地区对检察官司法行为、言行操守的严格要求，这对于提升检察官队伍的整体素质，树立检察权威具有重要意义。[②]

值得关注的是，大陆地区的检察官惩戒委员会负责对检察官应否承担司法过错责任进行审查和划定，然而，在国家监察体制改革的背景之下，监察机关对所有公职人员的违纪违法行为进行监督，其中检察官的违纪违法行为也在监督范围之内。那么，当被调查的行为既属于监察体制的调整对象，又属于惩戒案件的受理范围时，如何厘清两者的关系或者如何建立惩戒制度与监察制度的衔接机制有待进一步研究。

从程序设置来看，我国大陆地区并未对检察官惩戒委员会的启动程序、审查程序等内容予以明确，目前用于指导实践的只是一些效力层级

---

① 参见王洪祥：《检察官惩戒委员会制度研究》，载《人民检察》2017年第1期。

② 参见董坤：《台湾检察官评鉴制度着力规范司法行为》，载《检察日报》2015年6月2日，第2版。

较低的章程和工作办法。而台湾地区针对检察官的评鉴与淘汰则有一套独立运行、明确具体的规定，尤其是“法官法”在立法过程中，参考了德国、奥地利的立法实践，在检察官评鉴与淘汰制度的设计上力求凸显司法性，为检察官身份和权益提供了更为合理、公正、客观、有力的保障。①

笔者认为：首先，违反职业道德的行为应当纳入我国大陆地区检察官惩戒委员会的范围。虽然有学者认为在尚未形成明确的检察官伦理规范体系之前，不宜将其作为一种责任形式与违反纪律责任并纳入惩戒委员会的审议范围②，但是检察官作为司法人员，其道德品质、言行举止必然会在一定程度上对司法公信力产生影响。检察官惩戒制度改革是检察官职业化建设的应有之义，下一步应当整合相关的法律法规，加快构建检察官的职业规范体系。其次，为了避免检察官惩戒委员会与监察机关的职权范围产生冲突，可以通过设立“惩戒前置”程序以实现有序位的追责处理，即“将所有涉及检察官的行为先经检察官惩戒制度的筛选，具体由检察机关的检务督察部门进行调查，再根据认定结果移送相关的机构，其中涉及违反检察职责行为的判断都必须移交检察官惩戒委员会予以事实认定，从而高效地实现惩戒程序与纪检监察程序的衔接”③。最后，在检察官惩戒委员会的案件启动、审查及相关程序设计上，可以借鉴台湾地区类似诉讼化构造的模式，赋予当事检察官和利益相关人充分的程序参与权。《惩戒意见》中只规定人民检察院和当事检察官对惩戒委员会的审查意见有异议的，可以向检察官惩戒委员会提出；当事检察官对人民检察院的惩戒决定不服的还可以向作出决定的人民检察院申请复议，并有权向上一级人民检察院申诉；但是被检察官的不当行为侵害的当事人及其他利益相关人却没有相应的救济。对这部分

① 参见温辉：《台湾地区检察官惩戒制度及其借鉴》，载《行政法学研究》2016 年第 2 期。

② 参见葛琳：《检察官惩戒委员会的职能定位及其实现——兼论国家监察体制改革背景下司法责任追究的独立性》，载《法学评论》2018 年第 2 期。

③ 李蓉、瞿目：《论监察体制改革背景下的检察官惩戒制度》，载《中南大学学报（社会科学版）》2020 年第 3 期。

人权利的保障也应纳入检察官惩戒制度的改革范围内，他们也应当有权向检察官惩戒委员会的审查意见提出异议，对人民检察院的惩戒决定不服的，可以向人民检察院申请复议，并有权向上一级人民检察院申诉。

（三）对刑事滥诉的规制

在我国大陆地区，滥诉议题多属于民事诉讼领域，在刑事诉讼理论研究之中几无论及。但这并不意味着滥诉在实践中没有出现或者不是问题。笔者认为，2020 年 4 月发生的“鲍毓明性侵十四岁养女案”就是刑事诉讼中极为典型的滥诉行为。该案中的“被害人”韩某某在网上公开一段 6 分钟的视频，自述被某上市公司副总裁鲍毓明性侵 4 年。随后，掀起一场巨大的舆论风暴。全国多个涉案地公安机关成立专案组，商请检察机关提前介入，对韩某某指控鲍毓明性侵以及网络媒体反映的情况进行全面调查。历经 5 个多月（至 2020 年 9 月），最高人民检察院、公安部联合督导组通报鲍毓明涉嫌性侵韩某某案调查情况：经全面深入调查，现有证据不能证实鲍毓明的行为构成性侵犯罪。调查显示，韩某某篡改真实年龄，案发时并非未成年人，其多次报案、撤案、对外寻求帮助，均与其和鲍毓明产生矛盾或两人关系出现问题相关，一旦两人关系恢复或和好，韩某某即否认报警或者要求公安机关撤案。① 韩某某多次在报案时编造谎言、引导舆论方向，她的任意胡为极大地浪费了司法资源。性侵未成年人案件是社会高度敏感的话题，该案更恶劣的影响是过度透支了社会大众的信任，甚至可能会堵住那些真正的性侵案件受害者的求助之路。

针对类似案件中的滥诉行为，我国台湾地区立案审查中心制度的推行或许能给我们一些启发。比如，检察机关可以考虑设立立案审查中心，由一名员额检察官带领数名助理检察官专责处理反复申告的案件，将滥诉案件快速过滤。此外，检察机关的立案审查中心还可以在解决刑民交叉案件中发挥重要作用。在诉讼程序上，刑民交叉案件第一个要解

① 参见《官方通报鲍毓明案调查结果》，载 https：//www. thepaper. cn/newsDetail_ forward_ 9218501，2021 年 2 月 1 日最后访问。

决的冲突就是管辖（及主管）问题，即当一个法律事实既涉及刑事问题又涉及民事问题以致产生竞合关系时，刑事诉讼与民事诉讼应该如何启动。对此，有学者曾主张："关于法律定性存在分歧的刑民交叉案件，公安机关在函告法院之后，对于法院没有中止审理的，公安机关不宜在此种情形下强行立案，应该根据现有的法律解释，在法律的框架内函告检察机关，检察机关通过行使立案监督权，在规定的期限内完成对案件材料的审查，并作出是否通知公安机关立案的决定。"① 可见，立案审查中心制度的最大功能就是对案件进行分流、提高诉讼效率，当公安机关与人民法院对刑民交叉案件的处理有争议时，由检察机关作为相对超脱的法律监督主体对案件的管辖作出处理，既可以避免公权力内部的矛盾冲突，又可以防止不同机关之间的互相推诿。

（责任编辑：陈真楠）

① 宋英辉、曹文智：《论刑民交叉案件程序冲突的协调》，载《河南社会科学》2015 年第 5 期。

“法官法定”的缘起、内涵及功能

——兼论刑事指定管辖的限缩适用

贺江华[*]

法官法定原则是从根本上确定审判者的合法性问题，排除人为确定裁判者的负面影响。由事先制定的法律确定的规则分配案件的审判法院，并采用随机分案的方式选定审判法官一直是我国刑事诉讼中确定具体案件裁判者的基本方式，只有在无法确定管辖法院或者具有管辖权的法院不适宜行使管辖权的情况下，才可以采用指定管辖的方式确定管辖法院。也就是法定管辖为原则，指定管辖为例外。但在实践中，指定管辖由过去为了解决具有特殊情形案件的管辖而设置的特殊管辖权确定方式，变为一种十分常见的审判权分配方式，这一现象有违背法官法定、管辖权法定原则之嫌。

一、“法官法定”原则的缘起

“法官法定”原则虽然在现代国家也适用于民事、行政诉讼中，但主要是一项刑事诉讼基本原则，其产生是人们对特别法庭、选定法官反思的结果，是司法权在抵抗外界干扰、保持自身独立过程中建立起的防御体系，其确立路径，也并不是通过刑事诉讼法，而是通过宪法。

对于法官法定原则的起源，理论界有争议。英国 1689 年颁布的《权利法案》第 3 条规定“设立审理宗教事务之钦差法庭之指令，以及一切其他同类指令与法庭，皆为非法而有害”，被认为是“法官法定”原则的雏形。在宪法中第一次对该原则作出明确表述的是 1791 年的

---

* 三峡大学法学与公共管理学院副教授，重庆大学法学院博士研究生。

《法国宪法》。可以明确的一点是，无论英国或法国，确立“法官法定”原则都是在饱受特别刑事审判组织“折磨”后作出的选择。

重点看看法国。黎塞留主政期间的1626年，围绕着国王路易十三的兄弟Monsieur的婚姻问题，贵族争斗演变成一场法国历史上著名的未成功的宫廷反叛。卷入其中的Marquis de Chalais密谋刺杀黎塞留的计划，因Chalais的鲁莽和自信被黎塞留得知，参与其中的大量皇室贵族几乎被一网打尽。[①] 为了审判Chalais，在黎塞留的建议下，路易十三创制了一个位于法国南特（Nantes）的特别刑事法庭，这是法国动乱时期所创制的“第一个特别临时adhoc法庭”。[②]

另一个案件是1632年的Marshal de Marillac案，在该案的审判中，黎塞留对判决结果起到决定性作用。首先是“挑选法官”，设立一个由经过精心挑选的“24名法学家和政务大臣”组成的“特别委员会”，履行审判之职；其次，变更审判地点。该案审判最初于Verdun开庭，但是，法官不愿宣判Marshal有罪，迟迟得不出有罪判决。当Hay du Chastelet将此情况汇报给黎塞留之后，审判地被黎塞留转移到他自己的位于Rueil的房子内。结果，这一特别法庭被迫作出了13：10的死刑判决，审判记录遵照王室命令而被销毁。[③]

在路易十八世后期，发生了Cing - Mars和de Thou案。Cing - Mars是一位年轻有为的贵族后裔，深受路易士的欣赏，也得到黎塞留的提携，其19岁时就晋升为Grand Master of the Horse，对国王的决策有重要影响，威胁并有取代黎塞留位置之势。他反对黎塞留的外交政策，为了摆脱黎塞留对其的控制，1642年，他与几位贵族密谋不惜暗杀黎塞留，但机密泄露，被黎塞留一网打尽。该案的审判完全处于黎塞留的掌控之中：指定法官组成一个特别法庭，该法庭的领导者和参与者经过特

---

① Edgar Sanderson, The World's History and Its Makers, p. 291 - 292, 1902.

② Church F. William, Richelieu and Reason of State, New Jersey: Princeton University Press, 1972, p. 181.

③ Church F. William, Richelieu and Reason of State, New Jersey: Princeton University Press, 1972, p. 226 - 228.

别遴选；在审判期间，黎塞留特地在审判地 Lyon 暂住，全程与法官保持亲密接触。[①] 最后，法官全票通过 Cing - Mars 的死刑裁判。

黎塞留通过设置特别法庭、挑选法官等方式掌控司法裁判结果，将司法审判变成政治斗争的工具，极大损害了司法权威和判决的公正性。为避免重蹈覆辙，1790 年 8 月 16 日，法国选民会议制定了司法改革方案，第 17 条规定："管辖权的宪法秩序不得受到破坏，除了由法律所确立的法官审判之外，接受法庭裁判的人不得转移至任何委员会或者其他审判庭、任何被召集的组织予以审判。"[②] 该条被 1791 年《法国宪法》接受，其第五章（司法权）第 4 条规定："任何人不得被剥夺由法律所确定的法官审判的权利，任何人不得被除前述的法官之外的任何审判委员会、任何审判庭予以审判。"[③]

英国也有类似悲剧。1347 年英国建立了特别法院——星座法院。最初其管辖权有限，但是，在 16 世纪至 17 世纪初，除谋杀罪、抢劫罪等死刑案件外，星座法院的管辖权扩展到大部分刑事案件，尤其是涉及出版审查、诽谤国王或官员等政治性案件。星座法院的权力几乎不受任何限制[④]，可以突破普通法的要求和限制，例如，在"无正当事由"的前提下逮捕嫌疑人[⑤]；在叛国罪案中剥夺被告人的"对质权"[⑥]；法官由政府官员充任，"在周日、周一、周二、周四、周六，他们是处理行政事务的政府官员；在周三和周五，他们是法官，通过司法程序将其行

① Church F. William, Richelieu and Reason of State, New Jersey: Princeton University Press, 1972, p. 331.

② Frank Maloy Anderson, The Constitutions and Other Documents IIlustrative of the History of France 1789 - 1901, Wilson Company, 1904, p. 36.

③ Constituion of 1791, in Frank Maloy Anderson, The Constitutions and Other Documents Iilustrative of the History of France, vo. . 1, 1904, p. 86.

④ James Fitzjames Stephen, History of the Criminal Law of England, vol. 3, p. 244, 1883.

⑤ Developments in the Law: Federal Habeas Corpus, Harvard Law Review, vol. 83, p. 1044, 1970.

⑥ David Lusty, Anonymous Accusers: An Historical and Comparative Analysis of Secret Witnesses in Criminal Trials, Sydney Law Review, vo. 24, p. 370 - 373, 2002.

政观念付诸实践”[①]。星座法院最终沦为国王打击清教异议者和政治对手的工具，其审判的两个著名的案件就是平民派的领袖李尔本和清教徒律师 William Prynne，后者被指控出版攻击国王和国家的诽谤作品，并被星座法院判决割去双耳、剥夺律师资格以及终身监禁。[②] 早在 1610 年，科克法官对星座法院的刑事管辖权扩展就提出过反对：“如果星座法院无权惩罚某个犯罪，国王不得让其惩罚。”[③] 最终，基于上述刑事程序的滥用，1641 年长期议会取消了星座法院，禁止设立刑事特别法院。

再看美国。在北美殖民地时期，纽约也发生了长达 10 年的特别刑事司法的悲剧。1688 年“光荣革命”后威廉和玛丽登基。在纽约，围绕是否效忠新王以及谁是正统的纽约长官，Jacob Leisler 与 Nicholas Bayard 之间展开了角逐和争论。起初占据上风的 Leisler 拘捕了 Bayard。但是，因公开反对 1689 年被任命为纽约执政官的 Sloughter，1691 年 Leisler 及其追随者被逮捕。Sloughter 下令成立特别法庭（special court of oyer and terminer）审判 Leisler，后者断然否认“执政官下令成立审判组织的权力”，并且，包括首席法官 Joseph Dudley 在内的特别法庭的法官，都是 Leisler 的政敌。最终，Leisler 毫无悬念地被判决叛国罪成立并被处以死刑。[④] 10 年后的 1702 年，Leisler 的儿子和其追随者，终于迎来了复仇的机会。曾在 Leisler 的死刑判决中起到重要作用的 Nicholas Bayard，向国王和议会控告纽约现任执政官 Nanfan、纽约首席法官和议会犯有受贿、侵吞公共钱款等违法行为。Nanfan 得知后，同样下令成立了由首席法官 Atwood 组成的特别法庭，审判 Bayard 的所谓叛国罪、

---

① Edward P. Cheyney, The Court of Star Chamber, The American Historical Review, vol. 18, p. 746, 1913.

② Edward P. Cheyney, The Court of Star Chamber, The American Historical Review, vol. 18, p. 747 – 748, 1913.

③ Steve Sheppard, The Selected Writings and Speeches of Sir Edward Coke, Vol. 1, Liberty Fund, p. 486 – 490, 2003.

④ Trial of Jacob Leisler before a special court of Oyer and Terminer for High Treason, in Peleg W. Chandler American Criminal Trials, p. 257 – 266, 1841.

诽谤罪，通过突破法律所要求的大陪审团和小陪审团成员必须源自案件发生地的限制，法官终于得出了急需的有罪判决。[①] 在这场长达10年的报复司法中，特别法庭犹如一把悬在双方头上的利剑，“任何一方的自由和生命都不安全”[②]。有鉴于此，《美国宪法第六修正案》通过规定：“管辖法定”的形式确立了“法官法定”原则。该修正案规定：“在一切刑事诉讼中，被告有权由犯罪行为发生地的州和地区的公正陪审团予以迅速和公开的审判，该地区应事先已由法律确定。”[③]

19世纪以后，“法院法定、管辖权法定、法官法定”相继被现代各国宪法所确立，并成为司法权独立行使的国际标准之一。1983年6月，在加拿大召开的司法独立第一次世界会议全体大会，一致通过《司法独立世界宣言》，宣言确立司法权独立的三项国际标准：（1）司法权不受行政权和立法权的干预；（2）司法机关的管辖权不受剥夺，“司法机关应对包括它自己的管辖权和权限在内的所有具有司法性质的问题，直接地或通过复查的方式具有管辖权”“行政部门不得控制法院在执行司法中的管辖职能”“不应建立任何特别法庭来取代正当授权法院的管辖权”；（3）为保证司法权的独立，“法官应有权采取集体行动以保护其司法独立性”。[④] 之后的一系列国际条约或文件，包括1985年联合国大会决议核准的《关于司法机关独立的基本原则》、1987年8月联合国经济与社会理事会通过的《世界司法独立宣言》、1995年34个亚太国家最高法院院长（或首席法官）在北京签署的《关于司法独立的宣言》（又称北京宣言）均不同程度对该原则进行了宣告。[⑤]

---

① State Trials, 14, p. 472 – 516; Trial of Nicholas Bayard before a Special Court of Oyer and Terminer, in Peleg W. Chandler American Criminal Trials, p. 269 – 294, 1841.

② Peleg W. Chandler American Criminal Trials, p. 269, 184.

③ 《世界各国宪法》编辑委员会编译：《世界各国宪法（美洲大洋洲卷）》，中国检察出版社2012年版，第619页。

④ 参见樊崇义主编：《诉讼原理》，法律出版社2003年，第434页。

⑤ 如联合国《关于司法机关独立的基本原则》规定，“人人有权接受普通法院或法庭按照业已确立的法律程序的审讯。不应设立不采用业已确立的正当法律程序的法庭来取代应属于普通法院或法庭的管辖权”。

二、“法官法定”原则的含义

“法官法定”原则既然是一项宪法性原则，我们就应该从各国宪法的规定中去推导该原则的一般含义。据笔者对198个国家的宪法文本统计，目前已经有192个国家在宪法中规定了“法院法定”原则，但内容不尽相同，大体上有三种类型：

第一种，宪法仅仅规定法院依法设立，法官依法选任。通常是在司法机关章节或者法院章节规定法院根据法律规定设立，比如《韩国宪法》第五章第101条规定，“①司法权属于由法官组成的法院。②法院由作为最高法院的大法院和各级法院组成。③法官资格由法律规定”；第102条规定“③大法院及各级法院的组织由法律规定”。[①]

第二种，宪法不仅规定法院依法设立、法官依法选任，还明确规定禁止设立特别法院（法庭）。这是一种比较常见的立法体例，通常是宪法首先规定法院依法设立，然后以禁止性规定的方式排除特别法庭。比如《日本宪法》第六章“司法”第76条规定，“一切司法权属于最高法院及按照法律规定设置的下级法院。不得设置特别法院”。[②]《俄罗斯联邦宪法》第七章司法权第118条规定“俄罗斯联邦的司法体系，由俄罗斯联邦宪法和联邦宪法性法律予以规定。禁止设立特别法庭”。[③]《瑞典政府组织法》第二章第21条规定“不得为审判一个已经实施的犯罪，一个特定的争议或一个特定的案件而专门设立一个法庭”。[④] 此外还有《乌克兰宪法》第125条、《西班牙宪法》第117条第6款、《意大利宪法》第102条、《比利时宪法》第146条等。

---

① 《世界各国宪法》编辑委员会编译：《世界各国宪法（亚洲卷）》，中国检察出版社2012年版，第243页。

② 《世界各国宪法》编辑委员会编译：《世界各国宪法（亚洲卷）》，中国检察出版社2012年版，第498页。

③ 《世界各国宪法》编辑委员会编译：《世界各国宪法（欧洲卷）》，中国检察出版社2012年版，第216页。

④ 《世界各国宪法》编辑委员会编译：《世界各国宪法（欧洲卷）》，中国检察出版社2012年版，第528页。

第三种，宪法在规定法院依法设立并禁止特别法庭之外，还将刑事案件的管辖权法定原则明确规定在宪法中，或者规定公民享有不被剥夺接受法定法官审判的权利。比如前面已经提到的《美国宪法第六修正案》就将刑事案件的管辖权确定方式直接规定在宪法当中。再比如《德国基本法》第101条规定“不得设立特别法院。不得剥夺任何人接受法定法官审判的权利。只有依照法律才得设立审理专门案件的法院”。①《意大利共和国宪法》第25条规定“任何人不得被剥夺由法律规定有管辖权的审判官进行审理的权利”。②《卢森堡大公国宪法》第13条规定“任何人不得被排除于法律所指定法官的审判之外”。③《爱沙尼亚共和国宪法》第二章基本权利、自由和义务第24条规定“未经本人同意，任何人的案件均不得被从法律规定的有管辖权的法院交给其他法院管辖”。④《奥地利宪法》第83条规定“法院的组织和权限，由联邦法律予以规定”，第87条规定“所有案件均应在法院组织法规定的期限内，事前分配给法院法官审理，仅在其不能履行职责，或因职责范围之故不能按时履行职责的情形下，并经以法院组织法负责此事的评议会指示，方得撤回”。⑤

在宪法确立一般性规定之后，各国通常会在刑事诉讼法中详细规定案件管辖权的分配规则，对案件在不同级别、不同区域甚至不同功能（专门法院）的法院之间如何分配作出指向十分明确的普适性规定，确立案件与法院之间的一般连接点（一般是犯罪地），然后通过随机分案等技术性手段完成案件在法官之间的“双盲”⑥ 分配。在宪法之下通过

① 《世界各国宪法》编辑委员会编译：《世界各国宪法（欧洲卷）》，中国检察出版社2012年版，第191页。

② 《世界各国宪法》编辑委员会编译：《世界各国宪法（欧洲卷）》，中国检察出版社2012年版，第748页。

③ 《世界各国宪法》编辑委员会编译：《世界各国宪法（欧洲卷）》，中国检察出版社2012年版，第382页。

④ 《世界各国宪法》编辑委员会编译：《世界各国宪法（欧洲卷）》，中国检察出版社2012年版，第31页。

⑤ 《世界各国宪法》编辑委员会编译：《世界各国宪法（欧洲卷）》，中国检察出版社2012年版，第75页。

⑥ 此处所谓“双盲”是指法官不能挑选被告人，被告人也不能挑选法官。

部门法细化规定，使绝大多数的刑事案件能够通过法律的预先规定找到自己的“法定法院”和“法定法官”，通过此路径，“法官法定”这项具有抽象性宣告意义的宪法原则得以在司法实践中普遍适用。

我国也遵循这一做法。我国《宪法》第129条规定“人民法院的组织由法律规定”，立法法进一步明确“下列事项只能制定法律：……（二）各级人民代表大会、人民政府、人民法院和人民检察院的产生、组织和职权……”态度鲜明地禁止了例外法院（法庭）、特别法院（法庭）。然后在刑事诉讼法总则部分以专章（第二章，仅次于任务和基本原则）规定刑事案件的管辖权分配规则，并通过司法改革不断探索尽可能符合司法规律的分案规则，使法院法定、管辖权法定、法官法定成为我国刑事诉讼应当遵守的一般规定。

尽管各国在对“法官法定”原则进行表述时呈现出差异性，但我们仍然可以从法律文本中推导出“法官法定”原则的完整含义，其应该具有“法院法定—管辖权法定—法官法定”层层递进的样态。首先，作为“法官集合”的法院设置以及法官选任由法律明文规定，从而避免“法外法官”；其次，由法律事先规定在法院系统内部分配案件管辖权的规则，以此排除“案外法官”；最后，通过“双盲”分案规则禁止当事人挑选法官。在法外法官、案外法官、挑选法官均被禁止的情况下，其他主体包括行政机关、上级法院、上级法官、当事人等均无法通过操控裁判者的选任来操控案件的裁判结果，从而对司法权独立行使发挥保障作用。因此，本文认为“法官法定”原则应当包含以下内容：第一，审判权应当由司法机关即法院专属行使，且应当是由依照法律选任的法官行使，除法院、法官以外的其他任何主体均不能行使审判权。第二，法院应当依法设立，法官应当依法选任，禁止设立针对特定案件的临时性法院或法庭。第三，审判法院的确定以及审判法官的确定，必须在法定的事实构成要件成就之前通过法律一般性地予以规范。[①] 第

① 参见谢小剑：《法定法官原则：我国管辖制度改革的新视角》，载《法律科学》2006年第1期。

四，应当在纠纷发生之前，由法律预先设定裁判者的产生方式及规则，不能针对特定的案件设计特别的裁判者选任方式，个案的裁判者应当由法律确定的规则产生。确定案件裁判者的规则应当明确并事先公布，指定法院和法官在一般情况下是被禁止的。第五，接受法定法院管辖、法定法官审判是公民的一项基本权利，不能被任意剥夺。由法律预先设定的法院和法官亦不得被随意替换，不得随意变更案件的管辖权。简单地讲，“法官法定”就是要求审判案件的法官应当是根据法律一般规定选定，选定的法官不能被随意更换。

三、“法官法定”原则的功能

法定法院禁止特别法庭、管辖权法定排除指定管辖、法官法定避免挑选法官，这三个维度发挥着法官法定原则在保障司法权独立行使方面的功能。终极目标是以事前法律的规定性来对抗事后人为选择裁判者带来的司法可能被操控的危险。法定法院一方面避免了司法自我扩张，另一方面有效禁止了通过设置法外法院来褫夺某些案件的司法裁判权。管辖权法定和法官法定则是从最基本的案件分配开始，确立遵循法定的程序步骤，减少案件自受理之初就可能存在的人为暗箱操作，从而影响案件的公正裁判。具体而言，该原则有如下功能：

第一，实现立法权对司法权的制约，防止司法扩张。公权力天然具有扩张性，无论是西方的三权分立还是我国人民代表大会制度下行政权、司法权分署行使，都蕴含着维护权力之间的平衡格局、以权力制约权力的诉求。由法律规定法院的组织和设置，能够有效防止司法系统通过“自我繁殖”而扩张。更重要的是，刑事司法权能够剥夺公民的基本权利和社会组织的主体资格，如不受到约束将带来巨大灾难，即其既能够将公民随意入罪，随意剥夺公民最基本的生命、财产和自由权，从而树立起自己的“霸权”地位，又能够通过随意宣告行政官员甚至立法者有罪来达到征服行政权、立法权的目的。通过人民代表制定的法律规定法院和法官，又以法律预先设计的规则来产生具体案件的审判法院和法官，禁止增设例外法庭、以额外标准划分法官、肆意分配不同的案件以及人为调换法律预先规定的法庭，无疑能够防止法院随心所欲确定案件的裁判者，防止司法权肆意自我扩张，同时也是裁判权受法约束的直接体现，是法治理念的重要体现。①

第二，防止外部力量干预司法，保障独立裁判。如果能挑选案件的审判者，外部干预者都会选择乖乖听话的法官或者对自己有利的偏见者审判案件，从而操纵裁判结果。在现代法治社会，为避免司法行政以操纵裁判者的方式来操纵裁判结果，具体案件的裁判者应当预先由法律加以明确。从这个意义上讲，法官法定原则具有保障审判权独立行使、保障裁判者中立无偏进行裁判的价值和功能，“法官法定原则避免了政府和行政机关对法院的人员选定和配置进行干涉，从而保护了每个公民免受不正当的法官职务变动所造成的伤害。由此，法官的独立性通过禁止对法官实行免职和禁止例外法庭而得到重要补充”②。面对干预者试图操纵案件裁判结果的意图，“法官法定”原则建立了这样一种防御体系：对于某个特定的案件，干预者既不能自己成立法院来裁判，也不能在现有的法院体系中选择自己“中意”的法院，甚至不能选择“听自己话”的法官，他只能让案件接受法律规定的法官的裁判，接受“不确定”法官作出的“不确定”裁判结果。正因为如此，“法官法定”天然排斥指定管辖。

第三，法官法定原则是程序法定原则的应有内容及实现形式。程序法定的基本含义是国家执法和司法机关的职权及其追诉犯罪的程序，只能由立法机关所制定的法律预先明确规定，任何执法和司法机关及其工作人员都不得超出法律设定的职权进行刑事诉讼活动，也不得违背法律规定的程序任意决定诉讼的进程。③ 主体法定是程序法定的应有之义，审判作为最严格意义上的司法行为，审判的主体当然应该由法律明文规

---

① 参见谢小剑：《法定法官原则：我国管辖制度改革的新视角》，载《法律科学》2006 年第 1 期。

② 任学强：《论职务犯罪案件指定管辖决策机制的行政化及其矫正》，载《河北法学》2018 年第 1 期。

③ 参见［德］沃尔夫冈·赛勒特：《“法官独立”和“法官法定”原则在德国的历史发展》，马红湘译，载《南京大学法律评论》1997 年春季号。

定，而且，按照程序法定的要求，法律规定的主体不能被任意更改。

第四，实现公民对自己行为后果的可预测性，保障当事人的基本权利。从理论上讲，裁判的作出是基于案件的事实、证据和法律，同一个案件由任何一个法院和任何一个法官来裁判都应该得出同样的结果，但事实并非如此。不同法院所处的地区经济、社会、文化、政治背景的不同都会导致案件裁判结果的不同，法官的性别、年龄、性格、个人喜好也会影响案件的结果。允许人为选定法院、选定法官，轻则影响被告人的量刑，重则涉及被告人罪与非罪，佘祥林案就是一个通过改变管辖权影响案件裁判结果的例证。① 另外，随意确定管辖权，也导致公民对自己行为的后果无法预测。按照法治的理念，行为的可预测性既包括公民可以预测行为后果，也应该包括可以预测实施行为后将被哪一机关如何处置，其中应该包括裁判法院及法官，“法官法定”为当事人实现这种预测提供了可能性。

“法官法定”原则正因为具有十分重要的价值，才被赋予高于诉讼法的宪法地位，这项原则也因此不能被轻易突破。法定法官只有在十分

---

① 佘祥林案一审由荆州中院审判，被告人上诉后，湖北省高院以事实不清、证据不足为由发回重审。此后，案件又经过补充侦查、起诉、退回补充侦查等一系列曲折环节。直到1996年12月，由于行政区划变更（京山县由荆州市划归荆门市管辖），京山县委政法委员会将此案报请荆门市委政法委员会协调。1997年10月，荆门市委政法委员会召开了由荆门市法院和检察院、京山县委政法委和有关单位负责人参加的协调会议。会议决定：此案改由京山县检察院向京山县法院提起公诉。1998年6月，京山县法院以故意杀人罪判处佘有期徒刑15年，同年9月，荆门中院裁定驳回上诉，维持原判。在该案被证实是冤假错案后，相关人员公开的教训总结中这样写道：“据一位知情法官介绍，按政法委员会协调会议的意见，就是要将案件从荆门中院移到京山基层法院处理，要求京山县法院‘一审拉满’，也就是判15年，中院二审维持原判。”很显然，佘祥林案件之所以“降格起诉”，是为了达到规避案件裁判结果被湖北省高院撤销的目的，将案件控制在荆门市这一“可控制”范围内解决。参见唐卫彬、黎昌政：《湖北佘祥林杀妻案：一起冤案，三点反思》，载《人民日报》2005年4月8日，第5版；于一夫：《佘祥林冤案检讨》，载《南方周末》2005年4月14日。周叶中教授也曾指出：“如果将佘祥林案交由县法院审理，佘如上诉，荆门市中级人民法院即可有终审判决权，不会再出现湖北省高级人民法院二审发回的局面，这个诉讼过程便都可以在当地司法部门掌握之中，其意图就能够保证被贯彻；如果由中级人民法院初审，湖北省高级人民法院就享有终审权，那么诉讼过程就会超出‘意愿同盟’的势力范围，其意愿能否被遵循就存在诸多变量。”参见周叶中、江国华：《法律理性中的司法和法官主导下的法治——佘祥林案的检讨与启示》，载《法学》2005年第8期。

必要甚至迫不得已的情况下，一般是有十分明显的不公正裁判之虞时，才允许被取代，这就意味着，以改变法定法官为目的的指定管辖应该被严格限制适用。

四、指定管辖适用泛化的负面影响

在我国，指定管辖适用呈现泛化趋势。自2001年“慕马案”开启指定管辖在职务犯罪中的适用先例之后，指定管辖逐步成为“中国司法史上独特的风景线”。[①] 党的十八大以后，我国展开大规模的反腐败斗争，一大批省部级以上高级官员相继落马，这些重大职务犯罪案件80%以上实行异地管辖[②]，指定管辖成为一种“常态”。2018年1月，党中央部署在全国开展“扫黑除恶”专项行动，涉黑涉恶案件尤其是黑社会性质组织案件也大量实行异地审判，进一步扩大了指定管辖的适用比例。

指定管辖本是我国法律规定的特殊管辖权确定方式。《刑事诉讼法》第27条规定两种情形可以由上级人民法院指定管辖：一是管辖权不明的案件，大多是因为案件的犯罪地不确定，找不到与特定法院的连接点，从而引发指定管辖。这种指定管辖属于“补漏”措施，其存在是必要的，但这种指定管辖在实践中并不多见，也不是本文讨论的对象；二是上级法院认为有必要时可以指定下级法院将案件移送其他法院审判。与第一种情形不同的是，这类案件本身是有“法定法院”的，上级法院因为某种原因认为“法定法院”不适宜审理案件而将案件指定到其他法院审判，这是本文讨论的对象（在没有特别说明的情况下，下文中的指定管辖均是指这种情形）。

刑事诉讼法在法定管辖之外预留指定管辖这一制度空间，是符合客观的实际情况的。在我国的权力体系中，司法权相对较弱，难以抵御地方行政权的干预，中国又是一个人情社会，法官亦容易被熟人“裹

---

① 汪建成：《〈刑事诉讼法〉的核心观念及认同》，载《中国社会科学》2014年第2期。

② 参见谢小剑、崔晓立：《重大职务犯罪案件异地管辖实证分析》，载《昆明理工大学学报（社会科学版）》2018年第1期。

挟”。刑事诉讼法规定的犯罪地审判规则确定的管辖法院一般都是被告人的常住地，被告人的权势范围、人脉关系都在该区域范围内，被告人利用这些力量干扰案件的审判是客观存在的。因而，指定管辖确实有存在的必要性，其在排除权力干扰、防止人情障碍、避免不良舆论影响等方面发挥着重要的作用。①

但我们也必须看到，以指定方式改变案件的法定管辖权，剥夺公民接受“法定法院”审判的权利，显然是对“法官法定”原则的突破。在一个法治国家，一项法律原则，尤其是宪法原则被合法的突破，必须具有必要和合法两个基本要求，否则就会因为例外规则的随意适用导致法律原则被架空。同理，作为对法官法定原则例外而存在的指定管辖，适用时也应该具有两个方面的要求：必要、合法。我国刑事诉讼法对指定管辖规定得较为抽象，第27条仅仅规定上级人民法院“也可以指定下级人民法院将案件移送其他人民法院审判”。至于在什么情况下可以指定，依照何种程序指定，没有作出规定。以至于司法实践中，指定管辖的适用一方面泛化，另一方面失之规范。

指定管辖的泛化使法定法官原则为独立行使审判权构建起的防御体系面临崩溃的风险。

首先，“法定法院”被“人定法院”取代，为司法外力量干预司法提供了路径。我国指定管辖主要适用在职务犯罪和黑社会性质组织犯罪两类案件中。对这两类案件的指定管辖并不是发生在审判阶段，而是从侦查（监察体制改革后职务犯罪从监察调查）开始，在这个阶段俗称“交办”。职务犯罪通常是纪委前置调查后交给其“信任”的监察委员会调查，而涉黑案件则是一定级别的“扫黑除恶办公室”（以下简称扫黑办）获得犯罪线索之后交给某地公安机关进行侦查。接受“交办”的监察或公安机关完成调查或侦查后，顺理成章地移送所在地检察院，由其向对应的法院提起公诉。至于指定管辖的手续，只需要相关部门通

① 参见谢小剑：《法定法官原则：我国管辖制度改革的新视角》，载《法律科学》2006年第1期。

过内部协调报送共同上级法院，由其下达指定管辖的函件即可。基于此类案件办理中侦查、起诉、审判的目标一致性，上级法院通常也会配合指定管辖。这种侦查管辖锁定审判管辖的模式，导致指定管辖的案件实际上是由司法外主体（纪委或者扫黑办）“挑选”法院。

指定管辖不仅架空了法定法院，还架空了法定法官。在我国，与指定管辖相伴而生的是“专案组”。[①] 由于指定管辖的都是大案要案，社会关注度高，上级领导即“交办者”尤其重视。下级接受指定之后自然不敢怠慢，为了表示慎重，往往由纪委或政法委抽调公安、检察、法院的精英力量组成“专案组”，由公安局长、检察长、法院院长组成“大三长”，以联席会议的形式指挥“专案组”工作。而刑警大队长、公诉科长、刑庭庭长组成的“小三长”则成为“大三长”联席会议的精神落实者和命令执行者，公检法分工合作形成“侦捕诉审”相互配合的“一条龙”格局。法院的职能不再是对侦查、起诉进行司法审查，而是配合公安检察机关完成上级交办的打击犯罪的任务。

这种在案件发生之后挑选特定法官办理的模式使裁判者偏离中立地位，成为控诉方的“助攻手”，与司法权的性质严重不符。司法权的本质是判断权，“一方面是给那些受到损害的个人权利提供一种最终的、权威的救济，另一方面也对那些颇具侵犯性和扩张性的国家权力实施一种中立的审查和控制”[②]。而判断是一种“认识”，司法判断则是“针对真与假、是与非、曲与直等问题，根据特定的证据（事实）与既定的规则（法律），通过一定的程序进行认识”[③]。“认识”正确的前提是主体的独立自主，“只有法官在思想上内心上是自由的，其判断行为才

---

① “专案组”原本是一个侦查中的概念，是专案侦查组织模式的简称，是指以临时组建的多层级、跨辖区或跨机构的“专案组”为基础，以专门项目为依托，最大限度整合相关辖区和机构的侦查资源，从而有效地从事特定案件侦查工作或者解决特定区域犯罪问题的组织形式，但在指定管辖的大案要案中，这种组织的成员被扩大到检察院和法院。

② 陈瑞华：《司法权的性质——以刑事司法为范例的分析》，载《法学研究》2000年第5期。

③ 孙笑侠：《司法权的本质是判断权——司法权与行政权的十大区别》，载《法学》1998年第8期。

有可能做到独立自主，不受他人干涉和影响”[①]。然而“交办”的存在，让办案单位和办案人员成为一味“眼睛向上”的上级精神落实者，审判程序丧失其司法审查的实质性功能，成为实现上级交办单位意图的工具。[②]

“专案组”让法院不再是审判权的独立行使者，而成为一体化办案体系中的一员。在“大三长”领导和指挥下，公检法三机关统一布局、联合行动，侦查、羁押、起诉、审判无缝对接，推动案件无障碍向“有罪判决”方向流动，审判是这条“流水线”上的最后环节，任务就是出具有罪的裁判文书，谈不上独立，更谈不上对审前程序的审查和控制。[③] 而具体裁判案件的法官更是没有独立办案的能力。专案模式的特点是“目标明确，行动一致，整体联动”。对“专案”组员的核心要求是目标一致基础上的配合，绝对服从，不允许“唱反调”。尽管审判需要每个裁判参与者根据案件的事实和证据，根据自己的理性和良心对案件作出判断，陈述意见，以保证案件裁判结果“兼听则明”，但在“专案”办理过程中，法官个人的独立意见被集体目标一致的要求淹没，也就不能多维度剖析案件，不能客观中立地对待辩护意见，无法保障司法公正，严重者会导致冤假错案。不仅仅一审法官由“专案组”挑选，二审法官同样如此。“专案组”对案件的重视往往会传递到法院系统内部，中院甚至高院院长作为总指挥、分管刑事审判的副院长任副总指挥，从各地各级法院抽调长期从事刑事审判的业务精英，形成一个团队。更有甚者，这个团队在同一个工作场所办公，吃、住、行都在一

① 谭世贵：《论司法独立》，载《政法论坛》1997 年第 1 期。

② 参见龙宗智：《刑事诉讼指定管辖之完善》，载《法学研究》2012 年第 4 期。

③ 关于“三长会议”和“政法委协调”对案件的影响，陈永生副教授曾对佘祥林、杜培武、滕兴善、吴鹤声等 20 起典型的冤假错案导致误判的主要因素进行过统计，在“其他原因”一栏的统计结果中，有 9 个案件记载有“三长会议”或“政法委协调”或“市委、市政府、市人大协调”，陈教授指出“这种做法实际上取消了检察机关和法院各自对案件的独立决定权，导致最终决定案件处理结果的往往是地方党委、政府部门，甚至是地方党委、政府部门个别领导人的意见，而不是案件本身的是非曲直”。参见陈永生：《我国刑事误判问题透视——以 20 起震惊全国的刑事冤案为样本的分析》，载《中国法学》2007 年第 3 期。

起，不区分地域、不区分级别。合议庭的组成也全部统一布局，案件的办理以各种会议形式推进，一审裁判结果也按照“基层法院—中级法院—高级法院—最高法院”逐级上报、层层审批。

另一个方面，指定管辖的泛化有损当事人的权利。

第一，导致刑事被追诉人无法得到及时、有效的法律帮助。获得及时、有效的法律帮助是辩护权的重要内容，异地管辖使这种权利的实现变得十分困难。通常来讲，刑事被追诉人被采取强制措施后，聘请辩护人为其维护权利是由其近亲属替代行使的，当被追诉人的居住地与犯罪地一致时（这是一种常态），近亲属能够及时、低成本的聘请律师。但在异地审判中，尤其是当两地距离过于遥远（如李达球案，案发前李达球在广西任职，案件却在吉林审判，几乎跨越整个中国）时，被追诉人的近亲属聘请律师成本过高，即使委托了辩护人也很难保持及时的沟通。在我国刑辩律师供应整体不足、律师执业道德和素养相对偏低的情况下，空间上的距离会造成现实的辩护效果低下。

第二，导致犯罪嫌疑人、被告人申请取保候审的权利无法实现。一方面，依照我国法律，取保候审由被追诉人住所地公安机关执行，异地管辖使被追诉人的住所地与案件管辖地相分离，取保候审决定作出后还要同异地公安机关协调执行问题。很多办案机关因为害怕“麻烦”而不愿意办理取保候审；另一方面，尽管刑事诉讼法规定取保候审的保证方式有保证人和保证金两种，但实践中，大多数办案机关都采取保证人方式，而被追诉人的社会关系基本都在住所地，办案机关往往觉得保证人“难以控制”而导致取保不成。

此外，指定管辖泛化带来的异地审判常态化还有如下弊端：（1）不利于司法机关收集和核实犯罪证据；（2）不利于诉讼参与人参加诉讼；（3）不利于对犯罪行为当地的群众进行法治宣传教育和防范与综合治理犯罪，不利于保障当地群众旁听审判的权利；（4）容易使犯罪地群众对当地的司法部门产生信任危机，影响当地司法部门的公信力；（5）大幅度增加诉讼成本。

五、权宜之计：限缩指定管辖适用，构建刑事司法巡回区

在我国司法系统自身抵御能力有限的情况下，指定管辖的存在有合理性和必要性，但通过指定改变案件管辖权、实行异地审判来置换“司法公正”，总归只是“两害相权取其轻”的无奈之举，不宜过分依赖。如果一直依靠指定管辖来解决司法权独立行使和司法公正的保障问题，法定管辖将被虚置，管辖权分配原则将形同虚设，反过来司法系统的抗干扰能力始终无法提高甚至越来越低，最终的结果是刑事诉讼法律制度虚无化，刑事司法系统工具化，国家现代化、法治化进程必然受阻。因此应当逐步降低并最终摈弃对指定管辖的依赖，让管辖权的分配回归法官法定原则，让指定管辖退回“补漏”地位，使刑事诉讼以法律本原样貌出现在大众视野，司法机关以更加中立和自信的姿态担当裁判。同时通过不断深化改革，从内部和外部不断建立和完善保障司法权独立行使的制度，提高司法单位和司法官抵御外部影响的能力，从而保障司法公正，[①] 让人民群众在每一个刑事案件中感受到公平和正义。

在笔者看来，我国摆脱对指定管辖依赖的条件已经成熟。从 2013 年开始，我国启动新一轮司法体制改革，目标是去司法地方化和行政化，维护司法的独立性和公正性。围绕这一目标，我国进行了一系列的改革：在理论基础上将司法权定位为“中央事权”，实行法院、检察院省级以下人、财、物统管，设立与行政区划适度分离的法院、检察院，司法机关内部实行员额制改革，推行司法责任制，这些都有力地提升了法院、检察院自身抵御干涉的能力，无异于强化了司法的抵御之盾。[②] 另一个方面，通过监察体制改革，建立领导干部干预司法追责制，有效制止了外部伸向“司法公正”的干涉之“矛”。强“盾”钝“矛”，双管齐下，司法的抗地方干扰能力日益强大，在此背景下，异地审判实无

① 参见龙宗智：《刑事诉讼指定管辖之完善》，载《法学研究》2012 年第 4 期。

② 参见陈瑞华：《司法体制改革导论》，法律出版社 2018 年版，第 52—68 页。

必要。还有一个很重要的因素，随着认罪认罚从宽制度的全面落实，刑事诉讼对抗性降低，合作性加强，被告方自愿认罪服法的比例越来越高，对司法机关办理案件的配合度加强，自然也就不再具有利用各种人脉关系和法外力量影响司法公正的动力。

当然，基于惯性缓冲的原理，我们还不能一步到位的完全摒弃指定管辖，应当逐步取消指定管辖的限缩适用。作为权宜之计，一方面应严格限定指定管辖的适用条件，建立起排除法定法官的必要性判断标准，另一方面对指定管辖进行规范，尽可能降低对当事人的负面影响。

（一）明确指定管辖的适用范围，确立必要性判断标准

针对指定管辖缺乏明确标准、过于随意的现状，当务之急是确立起改变管辖的必要性原则。对管辖权明确的案件，只有在确实出现司法公正遭受威胁之虞时，才认为有改变管辖权的必要。笔者认为，以下五类案件可以保留指定管辖的适用：（1）涉及公检法三机关主要负责人需要回避的案件；（2）被告人在当地党委、人大、政府、政协担任重要领导职务的，或其特定利害关系人犯罪、案件不宜由当地公安司法机关办理的；（3）涉及危害国家安全、恐怖主义或黑社会性质组织类案件，案件在当地办理可能受到阻碍的；（4）因案件的特殊情况，改变管辖明显有利于办案的公正和效率的；（5）因存在地方保护主义、社会舆论偏向，可能影响公正司法的。① 其余的案件不再适用指定管辖，而是通过进一步提升司法程序法定性、透明性，强化对司法行为和过程的监督来保障司法公正。

（二）建立刑事司法巡回区，指定管辖实行“近似”原则

为避免指定管辖给公民权利保障带来减损，降低指定管辖的不确定性，保障公民对法律的可预测性，笔者认为可以依托最高人民法院巡回法庭的管辖范围，构建与之一致的刑事司法巡回区，同时给巡回法庭增加一个功能，即跨省指定管辖。刑事司法巡回区的范围与最高人民法院

---

① 参见龙宗智、白宗钊、谭勇：《刑事诉讼指定管辖若干问题研究》，载《法律适用》2013年第12期。

巡回法庭的设置大体一致，将北京、天津、河北、山东、内蒙古五省（自治区、直辖市）设置为第一巡回区，之后依次为广东、广西、海南、湖南为第二巡回区，辽宁、吉林、黑龙江为第三巡回区；江苏、上海、浙江、福建、江西为第四巡回区；河南、山西、湖北、安徽为第五巡回区；重庆、四川、贵州、云南、西藏为第六巡回区；陕西、甘肃、青海、宁夏、新疆为第七巡回区。

巡回区设置之后，案件需要跨省移送管辖的，限定在巡回区范围内指定管辖法院，同时还要遵循“近似”原则。所谓“近似”，首先是地域上相邻，尽可能缩短案件办理地与被告人居住地的距离，以此保障被告人的辩护权和取保候审权能够得到实现，同时也可以减少办案成本，方便调查取证。其次是社会经济发展水平相似，法治水平相似。尽可能指定在社会经济发展水平、法治水平方面与法定法院相近的地方法院来审理案件，以此保障法律适用的平等，避免因地区差异过大导致量刑不平等。

综上所述，“法官法定”的宪法原则在保障司法权独立行使和司法公正上具有独特的价值和功能，指定管辖适用泛化磨损了这些功能，在当前我国司法系统具备相对较强抗干扰能力情况下，应当限缩适用，并逐步回归法官法定原则，让司法裁判以更加自信的姿态出现在大众期待公正的视野之中。

（责任编辑：陈真楠）

检察官在认罪认罚从宽制度中的主导责任研究

赵 靖 王 盛*

最高人民检察院张军检察长曾指出，“切实履行检察官在刑事诉讼中的主导责任，是最高检工作报告中首次提出的要求，修改后刑事诉讼法确立的认罪认罚从宽制度，是以检察官为主导责任为基础的诉讼制度设计”。① 在我国刑事诉讼活动中，检察机关全程参与，能够第一时间与侦查机关、人民法院、辩护人、犯罪嫌疑人进行沟通，对案件事实、证据充分把握，可以说检察机关职能发挥的优劣直接影响了刑事诉讼功能的效果。

从实践来看，检察官在办理认罪认罚案件中充分发挥作用，可以极大程度化解社会矛盾、提高办案质效、节约司法资源。以重庆市北碚区人民检察院为例，2019 年北碚区人民检察院共适用认罪认罚从宽制度办理案件 712 件 814 人，认罪认罚案件适用率为 88.4%；提出确定刑量刑建议 717 人，占比达 97%；量刑建议获人民法院采纳 715 人，采纳率达 97.3%，被告人服判率达 98.3%。② 但在司法实践中，如何厘清检察官的主导责任，如何完善诉审关系、诉辩关系和诉侦关系，如何更加有效发挥检察官的主导责任，这些问题均值得思考研究。

* 赵靖，重庆市北碚区人民检察院法律政策研究室主任，全国检察理论研究人才；王盛，重庆市北碚区人民检察院检察官助理。

① 张军：《关于检察工作的若干问题》，载《国家检察官学院学报》2019 年第 5 期。

② 参见《重庆市北碚区人民检察院 2019 年刑事检察工作总结》。

一、检察官的主导责任与诉审关系研究

（一）认罪认罚从宽制度中的诉审关系

党的十八届四中全会通过的《关于全面推进依法治国若干重大问题的决定》中明确要求“推进以审判为中心的诉讼制度改革，确保侦查、审查起诉的案件事实证据经得起法律的检验”，以审判为中心的刑事司法理念是在习近平新时代中国特色社会主义思想指导下我国司法体制改革的一项重大举措。“以审判为中心”的刑事诉讼制度，关键点便是人民法院依照法定程序对案件进行判决、裁定，即由作为中立裁判者的法官通过法定程序认定案件事实、性质，适用法律来裁决被告人是否有罪、是否罪轻或罪重。

认罪认罚案件与普通案件一样，从本质上并没有违背以审判为中心的司法理念，只不过在审理该类案件时，与审理普通案件相比具有一定的特殊性，亦可以理解为法律赋予了法院新的权力。主要体现为以下几个方面：

首先，法院有权决定审判程序。刑事案件进入审判阶段后，法院有权决定该案是否适用认罪认罚简易程序审理，以及决定适用速裁、简易、普通程序审理。以认罪认罚简易程序为例，人民检察院在起诉时可以建议适用该程序，但案件最终是否适用认罪认罚简易程序，仍由人民法院进行审查和决定；或者即使检察官没有提出适用何种程序审理的建议，人民法院经审查认为可以适用简易程序的，在征得被告人同意后也可以直接决定适用。

其次，法院有权转换审理程序。即法官在适用速裁程序或简易程序审理认罪认罚从宽制度案件的过程中，认为被告人行为不构成犯罪或有不应当追究刑事责任等情形的，应当按照普通程序进行审理；又或者，如果法官由于案件堆积导致审理期限不够，也可以以案件事实复杂自行转变审理程序，无须征得检察官同意。

最后，法院更注重审查认罪认罚的自愿性、真实性、合法性。在以往庭审过程中，普通案件庭审的审查重点主要是对法律适用准确性、事实认定客观性、证据收集合法性等要素，但在审理认罪认罚案件时，庭审的审查重点将随之发生偏移，法院首先要着重对被告人是否自愿认罪认罚、是否知晓认罪认罚真实含义、是否签署认罪认罚具结书、是否有值班律师或者辩护人在场见证等要素进行审查，在审理上述要素后，才着重对案件的证据、事实、法定或者酌定情节、适用法律等要素进行审查。

由此可见，我国法律规定的认罪认罚从宽制度与英美法系国家庭审中存在的辩诉交易存在明显的差异——我国人民法院在审判阶段仍然体现出较为浓厚的职权主义色彩，即运用职权审查是否构成犯罪、罪名认定是否准确、检察官提出的量刑建议是否适当等问题①；而在英美法系国家中法院仅仅是一个消极审判机构，主要对辩诉交易的结果进行形式确认。

（二）检察官在诉审关系中履行主导责任的体现

对于适用认罪认罚从宽制度的刑事案件，最重要的仍然是遵循“以审判为中心”的司法理念，那是否检察官在诉审关系中就完全处于消极被动地位呢？答案显然是否定的，虽然刑事诉讼活动是以审判为中心，但检察机关作为法律监督机关，也必然要在诉审关系中扮演重要角色。

以重庆市北碚区为例，2018 年北碚区人民法院在审理认罪认罚案件时，法院变更庭审程序 28 件，建议检察机关变更量刑建议 31 件；2019 年法院变更庭审审理程序 32 件，同比上升 14.29%，建议检察机关变更量刑建议 39 件，同比上升 25.81%。上述案件中，不乏存在由于案件本身重大、疑难、复杂，需要从速裁程序、简易程序转换为普通程序审理的，或者由于出现新的情节需要调整检察官量刑建议的，但也有小部分是由于法院的法官积案压力大，导致案件无法及时审理而通过变更审判程序拖延审理时间的，甚至有由于被告人在庭审中求情，法官

① 江海燕:《认罪认罚从宽制度中的检察机关主导责任》，载《中国刑事法杂志》2019 年第 6 期。

动了恻隐之心建议检察机关调整量刑建议的。如果检察官无法在诉审关系中履行主导责任，任由法院恣意变更审理程序或者建议调整量刑建议，长此以往，检察机关将可能沦为法院庭审的附庸，切实尽到法律监督主体的责任也就无法谈及。因此笔者认为检察官可以从以下三个方面履行主导责任：

第一，建议法院审理案件适用的具体程序。如果检察官认为案件符合认罪认罚从宽程序的适用条件，可以建议人民法院适用何种程序审理，除法律明确规定外法院并不能拒绝适用。站在被告人的角度来看，认罪认罚从宽制度是法律赋予其的法定权利，案件应当以其与检察官沟通好的程序审理；站在检察官的角度来看，建议人民法院适用何种程序审理案件从而达到对犯罪嫌疑人或者被告人的惩戒是检察机关积极履行检察权的组成部分。如果法院贸然改变审理程序，则应当向检察官及被告人说明理由，如果该理由不充分，应当视为对被告人认罪认罚权利的侵犯，则此时检察官有权行使监督权，通过向法院制发检察建议书、纠正违法通知书，要求法院对此类现象进行回应及整改。

第二，以适当罪名、适当量刑建议起诉至法院。认罪认罚案件相对于普通审理案件，检察官在审理对象和审理范围方面的主导作用表现得更为明显。根据《刑事诉讼法》第 201 条，对于认罪认罚案件，人民法院“一般应当”采纳人民检察院指控的罪名和量刑建议。“一般应当”是指除非起诉书指控的罪名与审理查明的罪名不一致、量刑建议明显畸轻或者畸重等，法院不能随意改变检察官指控的罪名和调整量刑建议。现实中也存在对被告人适用了认罪认罚从宽制度后，被告人又在法庭上苦苦哀求法官再减轻处罚，法官动了恻隐之心便会与公诉人商量是否可以调整量刑建议的情况。针对该类现象，笔者认为法律毕竟是严肃的，不能因为被告人适用认罪认罚从宽制度而无限放宽，法庭更不能沦为“买卖双方讨价还价的菜市场”，量刑建议是在法律框架下签订的、是犯罪嫌疑人或被告人自愿达成的合意，检察官应当及时予以禁止，掐断某些被告人企图通过“哀求”减轻处罚的歪念。

第三，选择适格被告人进行追诉。法院秉持不告不理的诉讼原则，而不告不理的当然含义便是只审理检察官指控的犯罪事实和情节。但在刑事案件审理过程中，人民法院发现新的事实，可能影响定罪的，可以建议人民检察院补充或者变更起诉，但不能直接代替检察机关决定补充或变更起诉。如果检察机关不同意该建议的，人民法院也只能在检察官起诉书指控的被告人、涉及的犯罪事实范畴内审理。由此可见，检察官在是否补充犯罪事实或者是否变更起诉方面，仍然享有最终的决定权。①

第四，对法院随意改变审理程序或者随意改变量刑建议等进行抗诉。例如北碚区人民检察院办理的张某某等人盗窃案，张某某曾因犯盗窃罪，于2000年11月被判处有期徒刑1年6个月，因犯容留他人吸毒罪，于2019年5月被判处拘役3个月，宣告缓刑5个月，2019年10月16日缓刑考验期满，2020年3月15日再次扒窃他人财物达700元，案发后退赔并取得谅解。检察官建议以盗窃罪判处张某某拘役4个月，并处罚金人民币1000元，而法院在审理时以“张某某盗窃前科距今已经20年之久，且本案盗窃数额不大，也已经赔偿并获得谅解，悔罪意愿明显”为由，随意改变量刑建议，以盗窃罪判处张某某拘役3个月，并处罚金人民币1000元。② 收到判决书后，检察官认为虽然张某某上次犯盗窃罪事实久远，但其后又因犯容留他人吸毒罪被判处缓刑，2019年10月16日缓刑考验期方满，而本案案发时间在2020年3月15日，距离缓刑考验期满不足半年，足见其仍然具有较大的社会危害性，悔罪意愿不明显。检察官量刑建议适当，法院不应当随意调整刑期，目前该案已经进入抗诉阶段。

综上所述，相比适用其他程序的普通刑事案件，检察官在适用认罪认罚从宽制度的案件中，在指控的被告人、指控的犯罪事实、指控的涉嫌罪名、提出的量刑建议、建议适用的审理程序等诸多方面，对人民法院的约束作用更明显。

---

① 汪海燕：《认罪认罚从宽制度中的检察机关主导责任》，载《中国刑事法杂志》2019年第6期。

② （2020）渝0109刑初186、312号刑事判决书。

（三）检察官在诉审关系中履行好主导责任的建议

我国认罪认罚从宽制度的设计初衷，是让犯罪嫌疑人或被告人能够获得从宽处理的结果，而从宽处理的要旨在于其是否获得刑罚的从轻或者减轻的可能性。[①] 如果没有检察官提出的量刑建议，人民法院就不会适用认罪认罚从宽处罚程序审理案件，更无从谈起在庭审过程中对被告人的从轻处罚。我国刑事诉讼法明确规定，适用了认罪认罚从宽制度的案件，法院判决时“一般应当”采纳检察官提出的量刑建议。这是立法针对认罪认罚从宽制度作出的特殊安排，旨在强化认罪认罚的法律效果，而量刑建议便是认罪认罚法律效果的重要承载。因此，要想真正使检察官在诉审关系中履行主导责任，就应当在量刑建议上多下功夫，提出合适的量刑建议是检察官履行主导责任最重要的方式。

但是无论是在理论层面，还是司法实践层面，对于检察官提出的量刑建议是否对法院具备约束力都存在较大争议。有学者提出这样的一种观点：量刑建议权本质上仍属于检察机关求刑权的组成部分，但决定是否采纳检察官提出的量刑建议仍是审判机关的职权。量刑建议是否妥当、是否应当被采纳，仍应当由人民法院决定。[②] 在此思维模式引导下，就存在部分法官因不适应新的司法体制改革，为了凸显自己处于法庭的核心主导地位，也为了凸显法院在诉讼活动中的主导地位，故意以检察官提出的量刑建议“明显不当”为由，在认罪认罚案件中故意超出检察官提出的量刑建议范围作出判决，[③] 最终导致刑事案件出现了诉判不一的情况。

因此，适用认罪认罚从宽制度的案件中对于检察机关求刑权与法院量刑决定权的关系甄别，应以刑事法律明文规定划分界限。即人民法院作出判决时，“一般应当”采纳检察官的量刑建议；只有对于量刑建议明显不当，或者被告人、辩护人提出异议的，人民法院有权更改量刑结

---

① 陈国庆：《量刑建议的若干问题》，载《中国刑事法杂志》2019 年第 5 期。

② 胡云腾：《认罪认罚从宽制度的理解与适用》，人民法院出版社 2018 年版，第 8 页。

③ 范跃红、徐静：《认罪认罚了，量刑建议为何未采纳》，载《检察日报》2019 年 9 月 21 日，第 1 版。

果；如果法院在不属于明显不当情况下，擅自改变刑期，则检察官有权依法提起抗诉。因此，“一般应当”采纳量刑建议蕴含了以下几层含义：第一，正确行使裁判量刑权是法院裁判权的重要组成部分，任何组织和个人无权进行干涉，否则就是插手司法程序；第二，在认罪认罚案件中，检察官提出的适当量刑建议，法院应当予以尊重并采纳；第三，法院如果认为检察官量刑建议“明显不当”，应当听取控辩双方对量刑建议的意见，并建议检察官进行调整，如果检察官不进行调整的，判决时应当进行充分说理；第四，如果法院超出检察官量刑建议对被告人从重量刑，应当充分保障被告人及其辩护人的辩护权利，否则就有“裁判突袭”之嫌。①

关于量刑建议工作，笔者建议适时引入量刑辅助系统，实现量刑建议的精准化和可操作化。目前检察机关正深入推进量刑建议工作向“智能化、准确化、程序化”的目标努力。如重庆市人民检察院与讯飞公司研发的量刑辅助系统，要求重庆市辖区内三级检察机关在办理刑事检察案件时，将审查报告里认定的事实、情节输入量刑辅助系统，对比检察官自己的量刑建议与系统量刑建议的差异，提高了检察官量刑精准率水平，提升了认罪认罚从宽制度适用的质效性。提出确定型量刑建议可以看作司法机关维护社会和谐稳定的重要方式，在此基础上更能发挥认罪认罚从宽制度的功效。② 更有学者进一步指出，认罪认罚案件中量刑精准化能够最大程度的发挥从宽功能，激励犯罪嫌疑人及时认罪、悔罪，减少司法资源浪费，提高办案效率。③

二、检察官的主导责任与诉辩关系研究

（一）认罪认罚从宽制度中的诉辩关系

我国认罪认罚从宽制度中，控辩双方就案件事实、性质、情节、适

① 江海燕：《认罪认罚从宽制度中的检察机关主导责任》，载《中国刑事法杂志》2019 年第 6 期。

② 陈国庆：《量刑建议的若干问题》，载《中国刑事法杂志》2019 年第 5 期。

③ 卞建林：《认罪认罚从宽制度下量刑建议精准化之方向》，载《检察日报》2019 年 7 月 29 日，第 3 版。

用法律具有浓厚的“协商交流”特性，只有双方达成简单合意，犯罪嫌疑人才有可能积极认罪、悔罪，同意检察官提出的量刑建议。甚至有观点认为，认罪认罚从宽制度的核心即是认罪协商程序，该程序颇具中国特色，契合我国国情。①

在司法实践中，我国量刑协商程序主要发生在检察官与犯罪嫌疑人之间，基本操作流程为：检察官代表检察机关，在告知犯罪嫌疑人相关诉讼权利义务时，一并告知认罪认罚从宽制度的有关规定，如果犯罪嫌疑人同意适用该制度，则触发了认罪认罚从宽制度的适用；检察官在讯问犯罪嫌疑人时，值班律师或者辩护人在场提供认罪认罚法律帮助，并在讯问笔录中予以体现，诉控双方就涉案犯罪事实、具备情节、适用法律、量刑建议进行沟通磋商，并将值班律师或者辩护人的意见记录在案；最后在检察官、犯罪嫌疑人、值班律师或者辩护人三方共同在场的情况下，由犯罪嫌疑人签署认罪认罚具结书，从而完成了认罪认罚从宽制度适用的相关要求。

毋庸讳言，检察官作为控方，拥有指控犯罪事实、提出量刑建议、决定是否启动认罪认罚从宽程序的权力；而犯罪嫌疑人、值班律师或辩护人作为辩方，在审查起诉环节处于对上述程序回应的相对方。② 因此，就检察官和犯罪嫌疑人而言，前者在认罪认罚协商活动中发挥了主导作用，后者在该活动中相对处于被动地位，如何有效施行认罪认罚从宽制度，检察机关应把控好检察官主导责任。

（二）检察官在诉辩关系中履行主导责任的体现

首先，检察官应尊重犯罪嫌疑人或被告人的主体地位。自 2018 年认罪认罚从宽制度在重庆市试点以来，北碚区人民检察院办理公诉案件近 1700 件，均告知犯罪嫌疑人享有适用认罪认罚从宽制度的权利，权利告知已实现全覆盖。司法制度自古至今随着时代的发展与进步，犯罪嫌疑人或被告人已经获得了更多的诉讼实质性权利，并可以与检察官展

① 叶青、吴思远：《认罪认罚从宽制度的逻辑展开》，载《国家检察官学院学报》2017 年第 1 期。

② 于超：《刑事案件认罪认罚程序中值班律师工作调研报告》，载《中国司法》2019 年第 7 期。

开激烈的庭审实质性对抗。认罪认罚从宽制度是我国刑事法律关于惩罚犯罪和保障人权的宽严相济刑事政策在刑事领域的外化，即通过对认罪认罚的犯罪嫌疑人、被告人给予一定的量刑优惠，对其适用该程序便可在原未适用该程序的基础上从轻处罚，以及在实体和程序方面宽严相济的把握，真正让犯罪嫌疑人或被告人既受到刑事处罚又得到法治教育，从深层次达到刑事法律刑罚教育与矫治的目的。

其次，充分与犯罪嫌疑人或者被告人进行协商。随着认罪认罚从宽制度的推进，北碚区人民检察院 2018 年适用认罪认罚从宽制度 670 件 784 人，2019 年适用认罪认罚从宽制度 712 件 814 人，件数占比上升 6.27%，人数占比上升 3.83%。认罪认罚从宽制度目的的实现，离不开犯罪嫌疑人或者被告人对认罪认罚明知性、真实性、自愿性的充分认识。换而言之，即使案件最终适用认罪认罚从宽程序，但是如果犯罪嫌疑人或者被告人根本不理解适用认罪认罚从宽制度可以对其从宽处理，也就不可能自愿、真实的想去适用该制度，这就不具备对该制度认识的明知性、真实性、自愿性。在上述明知性、真实性、自愿性无法充分在诉讼程序中体现时，该制度的优越性也就无从谈起，也达不到我国推行宽严相济刑事政策的目的，保障人权的基本功能没了，反而可能出现适得其反的结果，导致司法资源白白浪费。

最后，检察官应履行“诉讼关照职责”。在刑事案件诉讼中，犯罪嫌疑人或被告人由于自己行为让自身处于天然的弱势地位，为保证其适用认罪认罚从宽制度的自愿性和签署具结书的真实性、合法性，检察官的主导责任不仅仅体现为履行控诉职能，而且还应履行相应的“诉讼关照职能”。如果犯罪嫌疑人没有辩护律师，则检察官应当为其安排值班律师，接受犯罪嫌疑人的咨询，从而保护犯罪嫌疑人的合法权益。从 2018 年试点认罪认罚从宽制度以来，北碚区人民检察院办理的近 1700 件公诉案件，有近 1600 件适用了认罪认罚从宽制度，占办理案件的 94.12%；其中又有 1500 件以上未委托辩护人，占比达 93.75%，检察机关依法通知为上述未委托辩护人的犯罪嫌疑人全部指派了值班律师，充分保障了犯罪嫌疑人的诉讼权利。

（三）检察官在诉辩关系中履行好主导责任的建议

第一，对犯罪嫌疑人或被告人的诉讼主体地位承认与尊重。正如有一种观点认为，认罪认罚从宽制度充分体现了诉讼模式和司法理念重大转变，在此大背景下检察官应当以此为契机适应角色转换，在量刑建议沟通协商的基础上，检察官应当对犯罪嫌疑人或被告人的诉讼主体地位承认与尊重。[①] 从立法设计的角度来看，将认罪认罚从宽制度写入刑事诉讼法，是全面贯彻落实党的十八届四中全会关于完善刑事诉讼中认罪认罚从宽制度改革部署的重大举措，是依法推动宽严相济刑事政策具体化、制度化的重要探索。

因此，无论犯罪嫌疑人或被告人的个体情况如何，无论案件性质严重程度如何，无论案件是否为涉黑涉恶、涉众型案件，或是其他疑难复杂案件，犯罪嫌疑人或被告人都有权要求适用认罪认罚从宽制度和相应的程序审理；相反，犯罪嫌疑人或者被告人如果不认为自己涉嫌犯罪，或者无法就量刑建议与检察官达成一致，检察官不能因考核认罪认罚适用率而变相通过威胁、引诱、胁迫等方式要求犯罪嫌疑人或者被告人适用该制度。综上而言，法律赋予了任何案件的犯罪嫌疑人或被告人均可选择适用或者不适用认罪认罚从宽制度的自由权利，任何单位或者个人无权剥夺或者强加。

第二，建议加大对认罪认罚从宽制度中“技术性上诉”的审查力度。在保障犯罪嫌疑人或被告人认罪认罚交流的充分性和自愿性前提下，也要警惕司法实践中的“技术性上诉”，毫无疑问，我国立法在如何防范被告人庭审后使用“技术性上诉”逃避到看守所服刑方面仍有所欠缺。以 2019 年至今北碚区人民法院判处适用认罪认罚制度的案件为例，被告人提出“技术性上诉”以求留在看守所服刑、拖延去监狱服刑的案件有 13 件。被告人通过提出“技术性上诉”的方式，达到推迟到监狱服刑或不到监狱服刑并接受强制劳动的目的，意味着前期对其适用认罪认罚从宽制度不具备真实性，其所获得的从轻处罚实质上是一种“投机利益”。因此对于该类情况，可以通过抗诉来取消被告人因虚

---

① 胡云腾：《认罪认罚从宽制度的理解与适用》，人民法院出版社 2018 年版，第 30 页。

假认罪认罚而获得的“投机利益”，这既符合认罪认罚从宽制度的设计初衷，也顺应了大众的主流法治观念。①

然而，在司法实践中有的被告人，在知晓了人民法院刑事判决书生效日期仅仅有10日的情况下，往往会在第10日的最后时间提交上诉状，而人民法院已经没有时间将该上诉状转交给检察官，或者检察官收到上诉状时，也由于没有时间制作检察委员会议案报告或者召开检察委员会等情况，导致检察官无法通过抗诉来剥夺该类被告人获得“投机利益”。针对此类现象，虽然法律明确了上诉权是当事人不服一审判决而向上级法院提起上诉的一项诉讼权利，② 但检察机关可以建议二审法院实行书面审理，对于该类案件，上一级检察机关可以与上一级法院充分沟通协调，争取使二审法院将该类案件在10日内审结完成，对于该类“技术性上诉”案件可以直接裁定驳回，从源头上剥夺该类情况下被告人获得的“投机利益”，防止由于上诉权的滥用导致司法资源浪费。

第三，建议检察官积极与值班律师沟通，并适当引入惩戒制度，提升值班律师的办案积极性。我国2018年刑事诉讼法修改虽然正式确立了值班律师制度，但是该制度与保证认罪认罚自愿性和具结书内容的真实性、合法性还有一定的差距。虽然法律明文规定，值班律师的职责为“为犯罪嫌疑人、被告人提供法律咨询、程序选择建议、申请变更强制措施、对案件处理提出意见”等法律帮助，但实践中由于值班律师待遇不高，从而导致其参与协商的程度不足，常常只是被动地接受检察官提出的量刑建议。③ 尽管现在法律已经赋予其阅卷权，但很少有值班律师认真阅卷，往往都是通过检察官叙述才了解案情，如此值班律师一般无法给犯罪嫌疑人提供有效的法律帮助。

以重庆市北碚区为例，办理一件认罪认罚刑事案件，值班律师可以从区司法局领取150元/件的补贴；办理一件法律援助案件，援助律师可以从司法局领取2000余元/件的补贴；办理一件委托辩护案件，辩护

① 贺恒扬：《检察机关适用认罪认罚从宽制度研究》，中国检察出版社2020年版，第314页。
② 潘庸鲁、孙晔：《上诉权的理想与现实》，载《中国刑事法杂志》2011年第8期。
③ 贺恒扬：《检察机关适用认罪认罚从宽制度研究》，中国检察出版社2020年版，第207页。

人可以从当事人处获得5000元以上/件的费用。因此在司法实践中，法律虽然赋予了值班律师有阅卷的权利、有会见当事人的权利、有发表对案件意见的权利，但由于补贴不高，值班律师参与认罪认罚案件时往往流于形式，很大程度上并未提出自己对于案件的看法，仅仅充当了签署认罪认罚具结书的见证人，未能积极主动为犯罪嫌疑人或被告人提供有效法律帮助，甚至某些时候仅仅只是在认罪认罚具结书上签字了事，并没有真正意义上保障犯罪嫌疑人的合法权益。

律师是认罪认罚从宽制度协商程序的必要参与主体。[①] 笔者认为，一方面法律应当提升值班律师的待遇，完善值班律师制度，尤其是加强对值班律师的监管，可以引进惩戒制度，如果值班律师签字的案件出现问题，值班律师将一样受到追责，以此来倒逼值班律师积极为犯罪嫌疑人或被告人提供法律援助；另一方面，应当充分发挥检察官的主导责任，要求值班律师在提供法律帮助时必须要有明确的辩护立场[②]，并切实为值班律师和辩护人了解案情、充分交流提供便利和保障。

三、检察官的主导责任与诉侦关系研究

（一）认罪认罚从宽制度中的诉侦关系

在一个发展程度较高的社会，如果国家能够对社会进行有效治理，就会降低其对刑罚的依赖。[③] 刑事诉讼活动主要分为侦查环节、审查起诉环节、审判环节。在审前程序，审查起诉环节即为侦查环节之进阶；从反向关系看，侦查环节又是审查起诉环节之准备。检察机关在诉前阶段中，通过行使审查逮捕权、审查起诉权和诉讼监督权，既可以打击犯罪，又有利于保障人权；既可以纠正侦查机关违法行为，又可以保障司法机关在合法程序下运行；既可以提供侦查思路，又可以触发审判程序。[④] 可以说，检察机关的批捕、公诉部门检察官是新型诉侦关系的主

① 陈瑞华：《认罪认罚从宽制度的若干争议问题》，载《中国法学》2017年第1期。
② 贺卫：《认罪认罚从宽量刑建议机制的检视与完善》，载《中国检察官》2018年第23期。
③ 陈兴良、周光权：《刑法学的现代展开》，中国人民大学出版社2006年版，第440页。
④ 朱孝清：《检察机关在认罪认罚从宽制度中的地位和作用》，载《检察日报》2019年5月13日，第3版。

导者，相较于在对抗激烈的庭审阶段，检察官主导责任在诉前阶段中体现得更为明显。

（二）检察官在诉侦关系中履行主导责任的体现

第一，对侦查阶段认罪认罚进行更加严格的审查。我国的认罪认罚从宽制度适用于诉讼的每个阶段，但是，侦查阶段犯罪嫌疑人认罪的内容与审查起诉阶段的认罪认罚却有所不同：在侦查阶段，犯罪嫌疑人的认罪态度取决于是否对涉案犯罪事实如实供述、承认涉嫌犯罪，以及是否愿意积极赔偿被害人因犯罪事实遭受到的损失；而在审查起诉阶段，认罪认罚不仅要求犯罪嫌疑人承认涉案犯罪事实，而且还要就所涉嫌的罪名、可能被判处的量刑刑期等诸多方面与检察机关达成合意。因此，侦查阶段犯罪嫌疑人的认罪内容只能看为是审查起诉阶段签署认罪认罚具结书的基础，但是其是否能够真正适用认罪认罚从宽制度，还需要检察机关结合其他量刑情节以及可能出现的新的证据等方面进行严格审查和认定。

第二，依法对侦查机关剥夺犯罪嫌疑人诉讼权利的行为进行纠正。检察官应当依据职责审查侦查机关是否在侦查阶段及时告知犯罪嫌疑人认罪认罚从宽制度，如果侦查机关未及时告知，就已经侵犯了犯罪嫌疑人的诉讼权利，检察官应当及时向侦查机关制发纠正违法通知书和检察建议，这都是检察官在审前阶段主导责任的体现。从 2018 年适用认罪认罚从宽制度以来，北碚区人民检察院针对北碚区公安分局在侦查环节未告知犯罪嫌疑人认罪认罚的权利义务等违法行为，制发纠正违法通知书和检察建议共计 35 份、就违法事项的处理召开联席会 8 次，有效保障了犯罪嫌疑人的诉讼权利。

第三，对侦查机关收集的证据进行更加严格的审查。在司法实践中，有的侦查机关存在一种误区——由于基层案件比较多、办案压力大、办案时间紧，只要犯罪嫌疑人适用了认罪认罚从宽制度后，就可以降低对案件证据证明的标准了，对难以证明的事实就不用证明，直接将案卷移送检察官审查逮捕或者审查起诉，以致发生同一个侦查人员在同一时间、不同地点讯问犯罪嫌疑人或者询问被害人，侦查卷宗中仅仅有案发现场监控视频截图而未及时提取现场监控视频原始证据等情况。以北碚区人民检察院2019年办理的一批危险驾驶案为例，公安机关虽然对犯罪嫌疑人适用了认罪认罚从宽制度，但在采集犯罪嫌疑人的血液时，出现了侦查人员只有一人、未甄别抽血前消毒液是否含有乙醇、没有抽血同步录音录像、抽血后样本未及时送检等情况，针对该批危险驾驶案件，北碚区人民检察院加大对非法证据的鉴别、排除力度，最终排除非法证据9条，排除非法证据后作存疑不起诉处理的案件有4件。正是由于有此类情况发生，检察官更应当对侦查机关收集的证据进行更加严格的审查，特别是对简单案件的证据要入微审查，防止由于自身审查不仔细导致关键定罪、量刑证据被人民法院在审判环节以非法证据予以排除，最终影响案件定性、量刑，甚至出现撤回起诉、宣告无罪等结果。

第四，逮捕案件引入认罪认罚从宽制度。一方面，检察官应当引导诉前侦查，明确关键证据的收集，规范强制措施中适用认罪认罚从宽制度的标准；另一方面，侦查机关在提请批准逮捕犯罪嫌疑人时，应当在提请批准逮捕意见书上明确标注犯罪嫌疑人是否愿意适用认罪认罚从宽制度，为后续诉讼节约办案时间。

（三）检察官在诉侦关系中履行好主导责任的建议

第一，建议要切实完善检察官的自由裁量权。如前所述，在诉前检察官处于主导地位，其主导责任更为明显，审查侦查机关移送的刑事案件，检察官有权作出起诉或者不起诉的决定。根据2019年最高人民检察院工作报告，2019年全国检察机关决定不批准逮捕191290人、不起诉41490人，较5年前分别上升62.8%和74.6%；对侦查、审判中不需要继续羁押的，建议取保候审75457人，较5年前上升279%。[①] 笔者认为，在完善认罪认罚从宽制度适用的大背景下，应当继续完善检察机关的自由裁量权，以“宽严相济”的刑事司法观念为原则，切实履行好检察官在诉前的主导责任。

---

① 张军：《二〇一九年最高人民检察院工作报告》，载《人民日报》2019年3月20日，第2版。

第二，明晰适用认罪认罚与其他法定情节的界限。我国实行起诉法定主义与起诉便宜主义相结合的原则，对于犯罪嫌疑人犯罪情节轻微，检察官依照法律规定认为不用判处刑罚的，可以作不起诉处理。认罪认罚从宽制度写入刑事诉讼法前，检察官审视案件犯罪嫌疑人是否可以微罪不起诉，应当充分审查其具备的法定或者酌定减轻、从轻情节；在写入刑事诉讼法之后，在理论和实务中，都不能回避的问题是认罪认罚与自首、坦白的关系及认罪认罚是否为单独的量刑情节。有学者便认为认罪认罚从宽制度是宽严相济和坦白从宽刑事政策的继承和发展，是宽缓一面的发展，是自首、坦白制度在诉讼程序层面的沿袭、确认和拓展，是兑现“实体处理从宽”的程序机制。[①] 笔者认为，认罪认罚与自首、坦白既不能完全不等同，也不能完全等同，二者具备交叉重叠之处，但并不能画上等号。例如自首、坦白仅仅要求犯罪嫌疑人如实交代主要犯罪事实即可，并不需要对检察官指控的罪名和量刑建议认同，而认罪认罚不仅需要犯罪嫌疑人对涉案事实、性质、情节认可，还需要对指控的罪名、提出的量刑建议、适用的审理程序同意才可以。因此，适用认罪认罚从宽制度可以看作对犯罪嫌疑人或者被告人积极主动认罪、悔罪行为的“反馈”，以更好保证诉讼的进行，从一定程度上来讲也体现了诉辩关系、诉侦关系的平衡。

第三，严格把控简单案件中细微证据的审查。在司法实践中，由于认罪认罚案件基数大、犯罪嫌疑人适用认罪认罚从宽制度多，部分检察官往往对诸如简单的盗窃案件、危险驾驶案件、交通肇事案件审查力度明显不如复杂的涉黑涉恶案件、涉邪教案件、保障民营经济案件，凭借办案经验粗暴认定简单案件证据单一，一般不会出现侦查活动违法或者证据瑕疵、非法等。而这样的办案心理缺陷，也容易被极少部分不怀好意的侦查人员抓住——既然检察官审查该类简单案件松散，那也没有必要为了收集某类证据劳神费力。但从存疑不起诉案件、排除非法证据的案件数据来看，越是简单的案件，越容易出现办理案件质量瑕疵或者存

---

① 孙长永：《认罪认罚从宽制度的基本内涵》，载《中国法学》2019 年第 3 期。

在非法证据。因此，越是认为简单的刑事案件，检察官越要警惕简单案件背后是否存在瑕疵或者非法证据，只有通过仔细审查，才能拨云见日，办理的案件也才能经得起历史的检验。

四、结语

党的十九届四中全会提出“坚持和完善中国特色社会主义制度、推进国家治理体系和治理能力现代化”①，实行认罪认罚从宽制度，是修改刑事诉讼法的重大成果，是我国经济社会发展、社会主义法治完善的重要举措，更是新时代人民群众对公平正义的实在期盼。

认罪认罚从宽制度强化了检察官在诉审、诉辩、诉侦关系的主导地位，但并没有改变控、辩、审、侦四方在诉讼活动中的法律关系和构造格局。② 该制度作为促进社会治理体系和社会治理能力现代化的一种诉讼模式，做到繁简分流，节约司法资源，提升诉讼效率只是第一层面，如何利用好这项制度，更好地去惩治犯罪、化解社会矛盾、减少社会对抗、促进社会和谐，实现办案的法律效果、政治效果、社会效果有机统一才是我们下一步要重点开展的工作。这对于检察官、法官、公安民警、律师组成的法律职业共同体要求高于以往，但无疑有利于犯罪嫌疑人的改造回归，有利于社会的和谐稳定。推行这一制度能达到“公正为本，效率优先”的核心价值，更好地发挥刑罚执行的作用，推动刑罚目的的实现，又能充分显示中国特色社会主义司法制度的优越性。③

（责任编辑：李冉毅）

① 贺恒扬：《检察机关适用认罪认罚从宽制度研究》，中国检察出版社 2020 年版，第 4 页。

② 曹东：《论检察机关在认罪认罚从宽制度中的主导作用》，载《中国刑事法杂志》2019 年第 3 期。

③ 王盛：《我国暂予监外执行制度之检视》，载《人民检察·重庆版》2019 年第 3 期。

域外法制

美国联邦最高法院的运行及发展趋势

宋远升*

自从美国1790年《司法法》制定后，其与《美国联邦宪法》一起构成了美国联邦最高法院建构的法律双柱。可以说，联邦最高法院的建立或者发展是多种因素促成的结果，除了有高级法的背景外，还有诸多理念根基作为支撑，其中包括历史潮流、民意或者宪政文化传统等多方面。美国联邦最高法院具有现代国家最高法院的共有特征，譬如具有最高的司法权威性，属于司法系统的帝王。此外，美国联邦最高法院在立法或者行政领域还拓展了自己的权力领域。美国联邦最高法院作为一种综合性的高位阶法院，具有复杂的功能体系，其中包括纠纷解决、法制统一、权利保障或者权力制约等内容，从而使其成为美国社会的综合性或者全能性的控制者，对塑造美国政治及社会关系具有不可替代之价值。

一、美国联邦最高法院的理念根基

（一）历史趋势

不同任期的联邦最高法院作出了或是自由或是保守的司法裁判。在历史上，即使联邦最高法院曾经在维护奴隶制或者种族歧视等方面有着不良记录，然而从总的趋势观之，联邦最高法院的司法行为仍然是与历史发展大势相一致的。易言之，联邦最高法院的司法决定总的来看是符合历史潮流的，而不是逆向而驶。可以说，无论是在南北战争中，还是

---

* 华东政法大学教授，法学博士。

罗斯福新政中，联邦最高法院都是历史趋势的最佳司法响应者之一。在联邦最高法院的发展史中，表面上看其调整重心存在差异，其实这并不是其自己的专门选择，而是对历史趋势或者潮流的一种回应而已。

（二）民意

虽然美国联邦最高法院不是选举产生的机关，也没有选民基础，然而，其却能够审时度势去吸纳民意，并将民意贯彻到司法决定中，从而使得其司法裁判具有普遍的民意支持。应当说，在表面上，最高法院企图决定政策问题，却不具有常规政治资源的优势。法官没有有组织的政党机器给予其指导和勇气；他们既没有获得直接选举支持的好处，也不受其惩罚。这当然不意味着最高法院没有“选民”，如果从比通常所理解的更为宽泛和非正式的意义上使用这个词的话。除非一个机构能够指望舆论的坚定支持，并在紧要关头和自己结成同盟，否则，它在民主社会中就会变得无能为力。① 如果考虑到联邦最高法院的民意支持因素，围绕其权力行使的“反多数难题”则可以得到合理解释。可以说，联邦最高法院虽然并没有获得选民的直接支持，但是，民意支持则是一种更为宽泛意义上的选民支持。这是一种即时的、非程序化、间接的选民支持，与通过选票的方式获得选民的支持有异曲同工之妙。

（三）宪政文化

可以说，美国的宪政文化最初来源于其殖民地的母国。更确切地说，美国从英国那场柯克与詹姆斯一世的著名论争中获得了宪政文化的初乳。柯克的著作养育了美国独立战争的人们。现代作家也许会把柯克描述为被英国宪法之发展所放弃的过期作家，但 18 世纪的美国人可无法从这种事后诸葛般的批评中获益。在他们看来，柯克是那个时代的法律巨人。柯克对宪政的贡献是具有根本性的。他用实在法的措辞阐明了法律至上的理念。而且法律至上正是以这种方式输入了美利坚合众国的建国者当中。当他们谈论法治而不是人治政府的时候，他们并非仅仅沉

① ［美］麦克罗斯基：《美国最高法院》（第 3 版），任东来等译，中国政法大学出版社 2005 年版，第 55 页。

溺于华丽的说辞而已。[①] 可以说，美国社会的宪法至上的精神是具有历史渊源的，且在现代社会中获得了新生。对于美国人民而言，依宪行政是深入其血液或者脊髓的东西，这种内在的精神理念已经超越了宪法或者法律作为单纯的社会治理工具的范畴。正是由于这种深厚的宪政文化理念，使得美国人民对作为宪法保镖的联邦最高法院的支持也是不遗余力。

二、作为司法统治者的美国联邦最高法院

在现代国家中，最高法院都是作为金字塔的尖顶而存在的。特别在法院系统，最高法院具有君临天下之势，从而成为司法系统的霸主。对于美国联邦最高法院而言，其不仅在司法系统内部，在立法或者行政系统中，同样具有不可忽视之影响。可以说，美国联邦最高法院实际上塑造了立法与行政机关的权力行使范围，以及控制着它们的权力行使方式。因此，在美国，联邦最高法院被称为司法统治者毫不为过。当然，联邦最高法院的这种司法帝王的地位并不是一开始就是如此，其最初也是以一种谨小慎微的形象出现的，这是与其在三权结构中的最初权力设计直接有关。正如汉密尔顿等指出的，“司法部门既无军权、又无财权，不能支配社会的力量与财富，不能采取任何主动的行动。故可正确断言：司法部门既无强制、又无意志，而只有判断”[②]。联邦最高法院崇高地位形成的关键点就是“马伯里诉麦迪逊案”。从此案开始，联邦最高法院不仅掌握了司法领域的话语权，而且在立法领域也具有了举足轻重的影响。在1810年的“弗莱彻诉佩克案”中，通过宣告州法律违宪，联邦最高法院又成为州法合宪性权力的审查者。这也使得联邦最高法院在立法领域最终控制者的地位逐渐夯实。实际上，以“马伯里诉麦迪逊案”为分界点，联邦最高法院通过一系列的判例创造性地改变了美国社会，也改变了自己的地位。联邦最高法院在成立之初，大法官的职位并不被候选人或者社会所重视，甚至有联邦最高法院大法官拒绝

① ［美］伯纳德·施瓦茨：《美国最高法院史》，毕洪海等译，中国政法大学出版社2005年版，第3页。

② ［美］汉密尔顿等：《联邦党人文集》，程逢如等译，商务印书馆1980年版，第391页。

就任或者宁愿转为州大法官的做法[1]，而现在却成为美国炙手可热的职位。实际上，联邦最高法院正在演变成美国国家权力运作的中轴。这主要体现在，联邦最高法院具有至高无上的地位，其独立于立法或者行政等任何机关；联邦最高法院有通过司法审查检视各级政府部门规章或者法律的权力，而其他部门则没有反向制约的权力；联邦最高法院具有宪法最终解释者的地位，这使得其成为宪法制定后的实质意义上的控制者。可以说，即使在现代的所有的民主国家中，美国联邦最高法院的权力也是首屈一指的，超越了其最初的权力设计范围，从而跃居立法和行政权力之上。这使得最高法院的大法官实际在很大程度上成为国会、总统、州长及立法者的司法上司，虽然这种上司的权力并不经常发动。

当然，对于美国联邦最高法院而言，随着其权势的逐渐提升，对其权力过于膨胀的忧虑也开始蔓延。20 世纪 70 年代以后，通常是最高法院支持者的美国知识精英开始分化，对最高法院作用的社会共识不复存在。在经历了 20 世纪 60 年代的“权利革命”和 80 年代的“里根革命”之后，美国的法律界和知识界从来没有像今天这样，对最高法院司法作用的认识有如此尖锐的对立和分歧。针对一些自由派大法官继续沃伦法院的事业，右翼批评家大声疾呼“帝王司法”的到来。哈佛大学著名教授格拉泽指出，“法院现在真正改变了自己在美国生活中的作用。……（它们）比以往更为强大……（它们）违背人民的意志，进入到人民生活中，其深入程度超过了美国历史上的其他时候”。[2] 可以说，对于一部分现代人士而言，联邦最高法院不再是上帝送来的司法福利，而是成为新的司法寡头，从而有形成司法专制之虞。在罗斯福新政时期，由于联邦最高法院连续撤销了两个重要的反萧条的行政法令，富兰克林·罗斯福说：“我们已经到了必须采取行动从法院手中拯救宪法的时候了。”[3] 然而，无论如何，作为一种历史形成的强有力的政治事

① 前者指的是约翰·杰伊，其辞职担任纽约州州长之职。后者指的是约翰·拉特里奇，其辞去最高法院大法官职务，而去南卡罗来纳州担任民事诉讼法院的法官。

② 任东来：《试论美国最高法院与司法审查》，载《美国研究》2007 年第 2 期。

③ ［美］伯纳德·施瓦茨：《美国法律史》，王军等译，法律出版社 2011 年版，第 139 页。

实，联邦最高法院的地位还是难以撼动的。在“戈尔案”中就清晰地传达了这种意旨。虽然戈尔在总统选举中最终以极小差距败选，然而，由于通过最高法院的司法方式进行解决，即使戈尔不服最高法院的最终判决，也仍然不得不尊重其司法决定，从而体现出最高法院在司法领域乃至政治领域的霸主地位。

三、美国最高法院的两面性

（一）政治性与司法性共存

对于一般法院而言，其最基本的角色是作为纠纷解决者出现的，这决定了其承担的职责主要是司法性的。然而，最高法院属于法院系统中的一个异类，其一般会兼具两种甚至多种角色，既是纠纷解决者，又可能是政策形成者。对于美国联邦最高法院更是如此。首先，美国联邦最高法院具有政治性。这是因为，在美国总统提名大法官的人选时，其需要考虑的关键标准之一就是候选人的政治立场或价值取向。基于联邦最高法院大法官的任命机制，除非基于利益平衡或者其他特殊因素的考量，总统都是选择与自己党派、价值观念或者意识形态相近的人作为大法官的候选人。立法机关在批准大法官的提名时，政治性也是其中一项重要的衡量标准。因此，仅就此方面，联邦最高法院就成为政治性因素浓厚的法院类型。政治对最高法院的宪法性审判有强大的影响，有关证据随处可见。例如，在受任大法官确认听证中强调人选的意识形态，乃至不管他有无法律能力。在确认约翰·罗伯茨为最高法院首席大法官的听证中，给他的问题中居然没有一个考察他在法律上是否敏锐。① 因此，联邦最高法院在很大程度上就是一个政治性法院。当然，这并不是说这种任免机制就绝对决定了联邦最高法院的政治性。在联邦最高法院大法官被任命以后，其也会出现与任命的总统意见不一致的情形。譬如，在 1952 年的“接管钢铁公司案”中，杜鲁门任命的大法官就与其

---

① ［美］理查德·波斯纳：《法官如何思考》，苏力译，北京大学出版社 2009 年版，第 253 页。

意见或者价值理念不符。尼克松总统任命的大法官伯格更是出现了严重的“反水现象”，其在水门事件中对尼克松反戈一击，从而直接导致了尼克松的下台。此外，联邦最高法院大法官的成长、教育、工作背景等环境性因素也会对其政治性产生影响。大法官并不是法律圣人，也是特定环境因素的受控者。在特定政治环境下的大法官就可能会生成特定的政治性趋向，并且这种趋向也有转化为司法裁判中政治性因素的可能。因此，波斯纳认为：在联邦法官的任命上，政治、私人友谊、意识形态以及偶然的运气所起的作用都太大了，因此不能把法院系统视为一帮子圣洁的天才加英雄，他们并不神奇，不会不受自我利益的牵制。[①] 德沃金也曾言：“不同的法官属于各种不同的相互对立的政治传统，不同法官的阐释在其关键部分露出不同的意识形态，这也无须为之震惊。”[②]其次，联邦最高法院具有司法性。承认联邦最高法院的政治性，这并不是说其就是政治形态的翻版，或者是利益集团的法律工具。这是因为，司法行为毕竟固定在制度的机器中，在这种运转有序的制度中，联邦最高法院法官的裁决也应当符合当时通行的具有客观性的准则，因此，法官仅凭政治好恶进行判决的空间就相对逼仄。即使法官将自己的政治观念或者信仰强加给一个客观的社会环境，也是行不通的。法官的政治性需要受到制度、逻辑、历史、习惯以及人们可以接受的行为标准的约束，即使可以为政治留下空间，但是，经验和理性的作用，以及法官本性保守的性格，都会使其政治动力不会推动他走的太远，因为制度设计本就是如此。[③] 当然，由于联邦最高法院的法官一般是德高望重者，其也会对联邦最高法院或者大法官职位具有一定的敬仰，这是很多大法官一致的看法或者感受。正是由于大法官对自己职业的神圣信仰，这会在司法伦理方面限制其司法决定中的政治性因素。联邦最高法院的法官在作出司法决定时，往往需要考虑是否能够经受历史的检验，以及符合司

---

① ［美］理查德·A. 波斯纳：《超越法律》，苏力译，中国政法大学出版社 2001 年版，第 127—128 页。

② ［美］德沃金：《法律帝国》，李常青译，中国大百科全书出版社 1996 年版，第 81 页。

③ 宋远升：《法官论》，法律出版社 2012 年版，第 96 页。

法正义的要求。因此，他们也会爱惜羽毛，一般不会作出与客观性或者司法规律不符的司法判决。此外，在薪酬、终身制及任免等制度保障方面，联邦最高法院的法官也具有保持司法性的基础要件。由于联邦最高法院的法官实行终身制，不是由选民选出。因此，不会直接暴露于政治权力的压力之下，一般也不会去迎合利益集团或者选民的要求。同时应当看到，联邦最高法院大法官已经基本上是其个人职业荣誉的顶点，甚至有塔夫脱退任美国总统后担任联邦最高法院法官的例子，因此，这使得其并不会因为升迁等因素而附庸于政治权力的羽翼之下，这都是联邦最高法院法官基本上能够根据客观、中立的原则进行相应的司法活动，从而保持其司法性的重要砝码。

因此，可以看出，联邦最高法院既具有政治性也具有司法性，是二者的混合物或者合体。在现代法治国家，最高法院是最高的司法主体，也是独立的政治主体。同样，最高法院的功能也体现为两个方面：司法性功能与政治性功能。最高法院的司法性功能包括纠纷解决和法制统一功能，而其政治性功能则表现为权力制约和公共政策形成功能。[①] 可以说，美国联邦最高法院一半是司法的仲裁所，一半是政治教长。[②] 当然，对于最高法院的角色定位，也一直存在理想与现实的冲突。在理想主义者看来，最高法院是宪法意志的客观传达者，其不带有任何政治因素或者私人情感、利益。然而，在法律现实主义者看来，联邦最高法院同样是一种政治权力场，联邦最高法院的法官们同样也不能免俗，会受到政治性、私人情感等因素的控制。在美国，法官及其忠实的支持者相信，或者声称相信，宪法是技术上的神秘之物，以一种绝对准确的方式向掌握着秘诀的人表明自己：宪法是一种唱片，法官只是一台播放它的留声机，没有什么政治偏见：他们是这样的一群人，一旦穿上法官袍，便设法不再是一般的人，不会梦想让自己的主观价值判断影响其对宪法

---

① 参见张榕：《我国最高法院能动司法的路径选择》，载《厦门大学学报（哲学社会科学版）》2011 年第 1 期。

② ［美］麦克罗斯基：《美国最高法院》（第 3 版），任东来等译，中国政法大学出版社 2005 年版，第 16 页。

的理解。从来没有一个法院能够像这样，也从来没有一个法律体系如此肯定地拥有一位法律解释的引导者……20 世纪的一些作者彻底地消解了这一神话。这些作者指出了一些敏锐的观察家一直知晓的东西，那就是法官也是凡人。就像参议员和总统，法官也会有偏见，其偏见也会影响他对宪法的理解。事实上，这些批评家进一步说，单单从冷静地反思宪法永恒的真理性而言，美国最高法院就是一个有主见的、制定政策的法院。①

（二）保守性与自由性交织

一般而言，美国联邦最高法院是保守性的。实际上，在联邦最高法院成立后的大多数时期内，其一直是以保守而著称。除了沃伦法院属于自由派的天下外，联邦最高法院一直是保守势力的大本营。之所以如此，首先，这与美国的司法传统有关。传统的司法理论认为，法院是为了解决争议而设立的机构，法院的角色主要是定分止争，即作为社会安全和公共秩序的维护者，公共决策的权力一般与法院无涉，而主要由国家、地方立法和行政部门享有，正如华生伯爵在“诺顿费尔特诉马克西姆案”中所指出的那样：“基于公共政策的一系列司法决定——无论发布这些决定的法官们如何杰出——都不可能拥有与那些处理与阐述纯粹普通法原则的决定相同的约束性权威，由于时代前进了和一国商业繁荣了，任何国家追求的、与其商业相关的并为促进其商业利益的政策进程都必定会经历各种变革和发展，而变革和发展的诸多原因完全与法院的活动无关。”② 其次，最高法院的权力来源及其断案的基本根据——美国 1787 年宪法，就其本质而言，是一个非常保守的宪法。这部宪法看重的是共和而非民主、秩序而非变革、财产而非权利。③ 这是联邦最高法院持保守性态度的最为重要的法律要素。最后，处于联邦最高法院

① ［美］麦克罗斯基：《美国最高法院》（第 3 版），任东来等译，中国政法大学出版社 2005 年版，第 13 页。

② 参见鲁篱：《论最高法院在宏观调控中的角色定位》，载《现代法学》2006 年第 6 期。

③ 参见胡晓进、任东来：《保守理念与美国联邦最高法院——以 1889—1937 年的联邦最高法院为中心》，载《美国研究》2003 年第 2 期。

的位置，可以说其地位非常微妙，既不是由选民选出，却实际上获得了最终立法者的地位。因此，这必定会使得联邦最高法院审慎地对待自己的权力，以防止过于激进而给国家或者社会带来巨大动荡。对于联邦最高法院而言，其最佳角色是一种社会变革或者民权运动果熟蒂落的确认者，而不是超前的立法者，这是联邦最高法院对具有重大社会影响的案件采取观望、拖延、保守态度的重要原因。同时，这也是保证其司法权威性及公信力的根本。

当然，这并不是说联邦最高法院总是故步自封或者保守的，当其所处的现实环境发生改变时，或者最高法院大法官的价值理念发生改变后，就会使得这种保守性向着自由性转变。这也是沃伦法院采取自由或者开明态度的重要原因。在联邦最高法院的发展过程中，沃伦法院以自由主义特色而著称。在沃伦法院 16 年的时间内，其作出了 23 个具有自由主义精神的司法判决，其中包括“亚特兰大汽车旅馆中心诉合众国案”“布朗诉托皮卡教育委员会案”“格里芬诉伊利诺伊州案”等，这些案件基本上强调对黑人、被告人等贫弱之人权利的保护。相对于以前联邦最高法院的保守性，沃伦法院积极地投入通过司法决定影响社会公共决策形成的活动中。在沃伦法院时期，司法保护的重心从经济权利向着民事权利转向。对于沃伦法院而言，其重视公正等道德价值，积极引导公法适应社会变化的需求。在具体的司法活动中，沃伦法院不再拘泥于先例或者成文法律，而是担负起通过司法解释实现司法公正的任务。沃伦法院自由主义特色最为典型的案件当数“布朗诉托皮卡教育委员会案”。在此案中，联邦最高法院的判决明确了种族隔离制度的非法性，从而以司法的方式和平实现了革命的使命。在沃伦法院以后的伯格法院时期，以“罗伊诉韦德案”为分水岭，重新划分了联邦最高法院从自由到保守的界限。到了伦奎斯特法院时期，则更是与沃伦法院自由主义风格形成鲜明对比。伦奎斯特法院通过严格限制司法审查的范围，从而使得州的权力获得了非常大的空间。因此可以看出，美国联邦最高法院以保守为基本色调，保守与自由交织成为其发展史上的主旋律。

在这里需要明确的是，所谓的自由主义或者保守主义适用的标准并不是一成不变的。在罗斯福新政后，衡量美国联邦最高法院保守或者自由的标准发生了改变。新政以前，最高法院对立法机构规制经济权力的种种限制，被看作宪法上的放任自流，被认为是一种抵制时代潮流的保守，因此，那一时代的最高法院被认为是保守的法院；而那些认可立法规则、主张司法尊重原则（judicial deference）的少数派大法官，诸如奥立佛·温德尔·小霍姆斯、路易斯·布兰代斯、斯通等人，则被认为是自由派的代表。1937 年宪法革命后，最高法院立场大变，不再去审查规制经济的政府立法，开始把审查目标对准了有可能损害个人权利的立法。这样一来，原有自由派和保守派的分类便反过来了。在个人自由和民权问题上主张司法尊重立法决定的大法官，诸如费利克斯·法兰克福特（他可谓是小霍姆斯和布兰代斯的传人）、罗伯特·杰克逊等大法官成了保守派，而那些主张司法干预、否决某些损害个人自由（civil liberty）与民权（civil right）立法的大法官如威廉·道格拉斯、雨果·布莱克等人则成了自由派代表。[①] 此外，20 世纪以来，自由派和保守派另一个重要的分野是对联邦制的态度，自由派颇有马歇尔时代加强联邦权力的遗风，而保守派则表现出坦尼时代那种对州权的认同。[②]

四、美国最高法院的功能

对于美国联邦最高法院而言，在宪政实践中，其虽然偏重司法审查功能，然而，实际上其属于综合性及全面性的法院类型。这意味着联邦最高法院还具有诸多其他功能。具体而言，美国最高法院的功能主要包括如下：

（一）纠纷解决功能

纠纷解决和司法裁判是司法的最基本的功能，最高法院的司法性功能首先是纠纷解决功能。所谓的司法解决功能，即一套定分止争机制的功效及价值，其意旨在于对个案进行公正的司法处理，实现司法对社会

① 任东来：《试论美国最高法院与司法审查》，载《美国研究》2007 年第 2 期。
② 任东来：《试论美国最高法院与司法审查》，载《美国研究》2007 年第 2 期。

冲突和民间纠纷的最终解决的理想。当社会冲突积累到务必通过一种特定的方式来化解或者排除的时候，相应的纠纷解决机制便随着社会自身进化而形成，最高法院纠纷解决功能同样形成。① 在美国建国之初，制宪者仅赋予了最高法院“司法权”——根据《美国联邦宪法》第 3 条的明确规定，这一权力仅适用于解决“案件”和争议。罗伯特·H. 杰克逊大法官曾经指出，“这是对最高法院行事方式最直接也是最简洁的限定”。最高法院在 1911 年也指出：“司法权是拥有适当管辖权的法院解决对立当事人之争议的权力。”宪法上这一限定的结果就是，最高法院仅有的权力就是裁决具有真正利害关系的对立当事人之间的诉讼，而仅有的方法就是传统的诉讼程序。② 美国联邦最高法院属于综合型或者全能型最高法院，虽然其具有通过司法审查的宪法性功能，但也具有解决具体个案纠纷的功能。具体而言，联邦最高法院可以通过审理一定数量的案件来实现自己普通司法的功能。美国联邦最高法院一年大约收到 8000 件要求审理的案子，但联邦最高法院除下列四类案件：国会通过的法律遭到联邦法院宣告违宪的案件；州法律遭到联邦上诉法院宣告违宪或无效的案件；联邦法律遭到州终审法院宣告无效的案件；州法律遭到州终审法院宣告违宪的案件，不得拒绝受理外，其他案件均可不附任何理由地加以拒绝，以至于联邦最高法院每年只受理 80—100 件的案件。美国联邦最高法院在判断案件是否值得受理时通常只考虑两三个因素：是否与其他法院的处理矛盾；重要性；以及是否与联邦最高法院的先例相抵触。③

（二）权力制约

对于美国联邦最高法院而言，权力制约亦是其最初的机构设置目的。易言之，联邦最高法院最初是作为一种权力制约机构而设立的。根

---

① 左卫民等：《最高法院研究》，法律出版社 2004 年版，第 6 页。

② 参见伯纳德·施瓦茨：《美国最高法院史》，毕洪海等译，中国政法大学出版社 2015 年版。

③ 罗文禄：《最高法院功能之比较研究——以中国为视角》，四川大学 2003 年硕士学位论文，第 3—4 页。

据《司法法》第25条，联邦最高法院获得了州法院涉及联邦问题案件的上诉管辖权，这是司法审查的最基本的法律依据。正是由于《司法法》第25条，威廉才在他关于《司法法》议案讨论的札记中写道："最高法院的权力是巨大的——它们可以钳制立法的暴行。"[①] 联邦最高法院实现权力制约目的的最主要利器就是司法审查。司法审查的对象不仅包括立法机关，也包括行政机关。这对于防止立法机关或者行政机关的权力滥用，具有不菲之价值。首先，对立法权的制衡。司法制衡立法虽然存在反多数的难题，然而，这却是三权分立机制形成及维持的根本保证，也是三权分立框架最为根本的制度保障之一。这是因为，无论是在立法、行政与司法的分权中，还是中央与地方的权力分割中，都需要一种中立机制来保证分权标准的实现，以及在某一主体越轨时予以控制。显然，在制度设计者眼中，法院属于最为适宜从事这项工作的主体。司法制衡立法的正当性与司法部门的中立性及司法机构的相对弱势地位有关——它既没有金钱也没有利剑。[②] 然而，这种表面上弱势的机关，却实际是立法权的最高或者最终决定者。其次，对行政权的制约。这种制约不仅体现在政府部门的日常行政活动中，也体现于刑事司法领域。除了对日常行政管理权力的制约外，联邦最高法院通过司法审查确立了一系列规则，奠定了对警察侦查权的控制地位。这些规则包括1914年联邦最高法院确立的非法证据排除规则，以及闻名遐迩的米兰达规则等。当然，联邦最高法院在行政管理领域也具有最高的监督行政权力的功能。譬如，在1952年"接管钢铁公司案"中，联邦最高法院就以司法决定的方式，明确了杜鲁门总统因为全国性罢工而采取的接管钢铁公司行为超逾了总统法定的权限。

（三）权利保障

权利保障属于联邦最高法院的中心任务之一。在"马伯里案"中，

---

① 参见［美］伯纳德·施瓦茨：《美国最高法院史》，毕洪海等译，中国政法大学出版社2005年版，第13—14页。

② ［美］西尔维娅·斯诺维斯：《司法审查与宪法》，谌洪果译，北京大学出版社2005年版，第17页。

马歇尔声称，在司法控制和无限政府这两种观念之间“没有中间道路”；在“米利根案”中，戴维斯声明，宪法的“保护之盾在所有的时间里，在所有的情形下，覆盖着所有的人”；菲尔德则再三宣布，最高法院既有权威也有责任保护“不可剥夺的权利”免受外来侵害，因为“这些权利是造物主的礼物”。[①] 在很多情形下，联邦最高法院的权力制约行为就能实现权利保障的目的。当然，联邦最高法院本身也有权利保障的直接功能。譬如，在刑事司法领域，在1932年的“鲍威尔诉阿拉巴马案”中，联邦最高法院确立了免费为贫穷人提供辩护律师的规则，就属于此种情形。

（四）政策形成功能

法治发达国家最高法院司法实践表明，最高法院不仅仅是一个纠纷解决的司法机构，还应是一个有主见的、制定政策的政治机构。[②] 对于联邦最高法院受理的案件，其本身就在法制统一或者政策形成方面具有一定的价值。通过对这些案件的审理，从而实现联邦最高法院解释法律、塑造政策之功能。这种政策形成功能不仅通过具体个案实现，而且通过宪法解释得以极大提高。由于它在美国各机构中所组成的结构中的位置决定了，它是理性的声音，它承担着了不断辨识、系统阐释和发展不受特定个人影响的、持久的宪法性法律原则的创造性职能。[③]

五、美国联邦最高法院的发展趋势

美国联邦最高法院是一种不断变化发展的法院类型，这种变化或者发展是各种因素的综合结果。可以把美国宪政的发展确定为三个伟大的时期：1789年到内战结束；1865年到1937年的“最高法院革命”；

---

① ［美］麦克罗斯基：《美国最高法院》（第3版），任东来等译，中国政法大学出版社2005年版，第109页。

② 张榕：《我国最高法院能动司法的路径选择》，载《厦门大学学报（哲学社会科学版）》2011年第1期。

③ 参见［美］亚历山大：《最小危险部门——政治法庭上的最高法院》，姚中秋译，北京大学出版社2007年版，第28页。

1937 年到现在。与此相适应，结合历史因素、政经因素等内容，并根据情势变化作出适当的调整与改进，最高法院挣扎着界定自己的角色。[①] 在所有的影响联邦最高法院发展或者变化的因素中，现实因素的作用首屈一指。可以看出，在一些具有代表意义的联邦最高法院中，无论是马歇尔法院，还是后来的沃伦法院及伦奎斯特法院，其作出的司法决定都是与现实的需要紧密联系的。譬如，在马歇尔法院的“弗莱彻诉佩莱案”中，基于维护联邦制的需要，产生了马歇尔那份伟人的判决：佐治亚不能被视为单独的、没有关联的主权实体，除了它自己的宪法以外没有其他东西可以限制其整个立法。她是一个大一统的一部分；她是美利坚联盟的一个成员；这个联盟拥有一个宪法，其至高无上性被所有人所承认，它对各州加以一些限制，没有哪个州有权超越这些限制。[②] 在沃伦法院时期，即使其作出了一些当时引起社会争议的案件，譬如“布朗诉教育会案”等案件，这也是与当时的民权运动或者权利保障浪潮相呼应的，是社会变化的司法反映而已。作为反例的是，在罗斯福新政期间，因为联邦最高法院持有保守主义的风格，因此就通过司法决定对新政进行掣肘，从而引发了行政权与司法权的激烈对垒，也导致了罗斯福欲通过“最高法院填塞计划”来对最高法院进行反制。此时，如果最高法院不能根据现实进行调整，那么，就有不通形势而与现实需要脱节之虞。这也是联邦最高法院最终妥协的重要原因。在沃伦法院时期，其表面上激进的变革也是与当时人权保障需要相一致的。因此，可以看出，无论是保守主义还是自由主义，联邦最高法院基本上与现实需要相一致，从而保持了自己与时俱进之特征。联邦最高法院如果要保持其在美国权力运行中的中轴地位，其政治主题总体上不会发生太大变化。人们很容易发现，最高法院和美国社会发展之间的紧密联系，最高法院根据“被感觉到的时代的需要”作出的历次重大判决推动了

---

① ［美］麦克罗斯基：《美国最高法院》（第 3 版），任东来等译，中国政法大学出版社 2005 年版，第 17 页。

② 参见任东来等：《在宪政的舞台上——美国最高法院的历史轨迹》，中国法制出版社 2007 年版，第 73 页。

社会的进步，成为社会发展的镜像。在施瓦茨看来，不论是富勒法院以来的司法能动哲学和自由竞争理念，还是宪法革命后最高法院的司法克制与国家干预主义思想，都在相应的时代发挥过推动社会经济发展的积极作用。200 多年来，最高法院每个时代的司法审查主题各有不同，但发展路径却惊人地相似，即最高法院总是以其长远的战略眼光主动地承担时代主题的设计，并在实践中充当着社会进步的助推器。① 在另外一面，在美国历任最高法院之间，尽管有保守主义和自由主义之分，然而，其中还是存在相当紧密的历史承继关系。这在司法审查方面体现得尤为明显。美国不同时期的最高法院在司法哲学、具体判例上存有冲突，但司法审查的继承性与一致性却始终不动摇。即使以极端保守著称的伦奎斯特法院在 2005 年结束时，也没有真正推翻沃伦时代的政治遗产。②

（责任编辑：王彪）

① 参见颜廷：《美国最高法院的成长——评伯纳德 ·施瓦茨的〈美国最高法院史〉》，载《美国研究》2007 年第 3 期。

② 参见颜廷：《美国最高法院的成长——评伯纳德 ·施瓦茨的〈美国最高法院史〉》，载《美国研究》2007 年第 3 期。

德国共犯口供的使用规则及其启示*

李长城**

共同犯罪是现代司法实践中极为常见的犯罪形式①，主要有三种情况：一是有共同犯罪关系的同案被告人；二是有牵连关系的同案被告人；三是无牵连关系的同案被告人。② 本文主要针对第一种情况的“共犯”加以探讨。

德国作为典型的大陆法系国家，在司法实践中同样存在类似我国的共犯的分离或合并审理、刑事卷宗里共犯口供的宣读等，那么，德国立法和司法实践中对于共犯口供的使用规则是如何规定的？本文梳理了德国《刑事诉讼法》有关共犯口供的规定以及德国最高法院近40年来有关共犯口供的判例的发展，结合相关研究的重要文献以及笔者在德国访学期间观摩庭审所见，对德国刑事司法中共犯在什么条件下才能成为证人、共犯分离以及合并审理的原则、共犯口供宣读合法性的标准以及共犯口供的证据价值判断进行了研讨，在进行比较的基础上，提出德国共犯口供的使用规则对我国的启示。

一、德国共犯口供使用规则的四大内容

根据德国《刑事诉讼法》以及德国最高法院的有关判例，共犯口

---

* 本文系证据科学教育部重点实验室（中国政法大学）开放基金资助课题（20210018）的阶段性成果。

** 四川师范大学法学院教授，法学博士。

① 我国法律和司法实务中通常称作“同案”“同案被告人”。

② 孙洁冰：《同案被告人口供再探》，载《现代法学》1996年第1期。

供作为证据使用涉及被告人的证据种类、审理程序的合并与分离以及共犯口供的证据价值评价等方面，具体包括以下四个方面的内容。

（一）共犯的证据种类：被告人还是证人？

在德国，《刑事诉讼法》规定的证据一共有四种，即被告人、证人、鉴定人以及实物证据。被告人根据在刑事诉讼程序中所处的不同阶段分别称作嫌疑人（侦查阶段）、被起诉人（中间程序阶段）以及被告人（法庭审判阶段）;① 相应的，德国法中的共犯根据在刑事诉讼程序中所处的不同阶段分别称作共同嫌疑人、共同被起诉人以及共同被告人。

共同被告人到底是属于被告人的证据种类，还是应当归入证人之列？这要从被告人的概念来寻找答案。作为德国刑事程序的基础，嫌疑人作为证据的角色不能强迫他反对自己。《刑事诉讼法》第 55 条要求法官、检察官和警察在讯问之前须告知嫌疑人和被告人沉默权。② 根据德国《刑事诉讼法》第 60 条第 2 款，出自嫌疑人的宣誓作证是禁止的。德国《刑事诉讼法》禁止嫌疑人宣誓作证的原因在于，如果一共同被告人被视为证人，则当其作了伪证时，需负《刑法》第 153 条之刑罚的风险。如此一来，不但使其辩护的立场更加困难，并且也增加了枉法裁判的危险——因为法院基于有《刑法》第 153 条的支撑，会对这种“证言”更觉可信——虽然这种证言常是错误的。③ 因此，一名共同嫌疑人不能作为证人提供证言而对另外的共同嫌疑人有利或者成为负担。④

根据德国《刑事诉讼法》第 2 条第 2 款以及第 237 条的程序分离，最引人注目的问题是共同被告人的证据种类从被告人到证人的转变。

---

① Werner Beulke，Strafprozessrecht，12. Auflage，C. F. Müller，S. 72.

② §55 StPO，［Auskunfsverweigerungsrecht］（证人的回答可能使自己或亲属将来陷于被追究刑事责任的危险时，证人有权在类似的问题上保持沉默）.

③ 参见［德］克劳思·罗科信：《刑事诉讼法》，吴丽琪译，法律出版社 2003 年版，第 240 页。

④ Ulrich Eisenberg，Beweisrecht der StPO，9. Auflage，C. H. BECK，S. 362.

《刑事诉讼法》第2条规定了程序分离，法院对有关联的刑事案件的分离有裁量的义务，在法官裁定共同被告人分离审理的情况下，先前的案件关联被分解，被分开审理的共同被告人可能在另一共同被告人的案件中作为证人。

关于共同被告人能否作为证人，在德国有两种具有代表性的观点。第一种观点把共同被告人视为“实质的被告人”，否定共同被告人能够作为证人。这种观点认为，将实体上的共同被告人在分隔的诉讼程序中当作证人加以讯问，这样的角色转换完全是非法的，因为通过程序分离导致了并非由于嫌疑人自身特质能够影响的程序设置的改变；而且，共同被告人在共同的诉讼程序中所作的证言也不能用于不利于被告人的情形，因为该共同被告人在此实际上已被当作了证人。①

第二种观点把共同被告人视为“形式的被告人”，认为共同被告人能够作为证人。这种观点认为，德国《刑事诉讼法》第60条第2款禁止涉嫌共犯的证人宣誓，可以表明，如果一个共同参与犯罪的人未在同一诉讼程序中被起诉，此时共同被告人的证人角色障碍不再适用，就可以作为证人。②

“形式被告人”的观点在实务中得到了德国法院判例的支持。德国最高法院在1984年3月作出的判决中首次明确了在程序分离中共同被告的证人地位，即：只要指控程序是分离的，先前的共同被告人能够在庭审中可以仅仅作为证人被调查。③

在其后多年的判例发展中，法院对共同被告人作为证人的角色进行了限制性的适用，即主要遵循形式和实质的解决思路。具体而言，与被告人特质的辩护权的配置相联系，即辩护权的范围以及真相的调查，并不视程序角色而被缩减，或者完全被阻碍。随着嫌疑的确定和履行辩护权的需要，更多的方面会被考虑到。一旦一个人因为一个可能的刑事行为而被起诉，他的程序功能就与对被告人特定的、合法的利益保护一起

① Ulrich Eisenberg, Beweisrecht der StPO, 9. Auflage, C. H. BECK, S. 362.

② Ulrich Eisenberg, Beweisrecht der StPO, 9. Auflage, C. H. BECK, S. 362.

③ BGH: Zeugenstellung des Mitangeklagten nach Verfahrensabtrenung, NJW 1985, S. 76.

被确定。没有争议的是，是否程序的分离以及程序的再次关联是不是为了这个目的，即：一个案件中的共同被告人在另一个案件中作为证人被调查，以及阻碍了对他的调查（所谓的“角色转换”），是不是合法的。总之，在形式上程序分离中的共同被告可以作为证人作证，但是必须保障共同被告人的实质性辩护权利，① 这就是共同被告作为证人使用的必备条件。

需要注意的是，基于禁止的证据调查方法（德国《刑事诉讼法》第136a条第3款）获得的证词禁止使用，同样适用于共同被告人，尽管可能指控并不依赖于这些共同被告人。与此同时，有争议的是：在合法地禁止使用了该项证据使用的情况下，在程序中使用该共同被告人是否适当 。②

（二）共犯分开审理：合法还是非法？

关于将共同被告人以程序分离的方式进行处理是否合法的问题，德国的法院通过对具体案件的判决作出了明确的回应。早在1985年10月，法兰克福州法院作出上诉终审判决，认为以暂时的程序分离来对抗一名共同被告人，构成不合法的程序操纵。判决指出，如果法院的目的仅仅是在于，通过一名共同被告人暂时处于证人的位置，来获取得对他自己的案件的调查（这也适用于一名共同被告人在自己没有被牵涉到的案件指控中作为证人接受调查），如果共同被告人能够以不确定的一种方式证明，他受到了作出的不利于他的决定的影响，那么就构成了不合法的程序操纵。③ 之后，德国最高法院在终审判决中对此进行了确认：被告人在程序中已处于一种特殊的参加者位置，从他的视角担心法庭对自己存在偏见而采纳共犯证言，法官以此突破被告人的方式违反法

① Ulrich Eisenberg, Beweisrecht der StPO, 9. Auflage, C. H. BECK, S. 363.

② Ulrich Eisenberg, Beweisrecht der StPO, 9. Auflage, C. H. BECK, S. 364.

③ Keine Zeugenvernehmung von Mitangeklagten durch vorübergehende Abtrennung des Verfahrens, StV 1986, S. 470.

律规定。[①] 因此，在德国，将共同被告人以程序分离的方式进行处理是否合法的唯一标准是：是否通过暂时的程序分离对共同被告人进行证人调查构成了不合法的程序操纵。

具体而言，以下的程序分离被认为具有合法性：第一，共同被告人的证人分开调查是依据德国《刑事诉讼法》第 205 条以及第 154 条第 2 款的暂时中止；第二，共同被告人的证人调查是依据德国《刑事诉讼法》第 153 条[②]以下以及第 206a 条[③]、第 206b 条[④]以及根据具有法律效力的有罪判决以及无罪判决的永久中止。在共同嫌疑人的判决生效后，无罪判决或者针对他的程序依据第 206b 条被中止之后，与辩护权相冲突的危险（根据《刑事诉讼法》第 362 条第 4 款的重新调查程序）看起来是如此之少，证人的调查作为例外看来是允许的。[⑤]

相反，如果通过程序分离故意引起从被告人到证人的角色转换，实际是不尊重人的程序操纵，则是不合法的。因为把共同被告人作为证人进行调查，暂时地与他实施的犯罪行为分离，最后又作为共犯对待，通过这种方法，使得被告人不能作为对自身不利的证人这一原则被绕开[⑥]；这种方式利用了共同被告人不在场的特性，使他不能够在部分程序中被审理，所以是非法的。[⑦]

需要指出的是，对于法院就共同被告人进行程序分离的裁定提出抗告可能缺乏足够的实效，特别在以下方面是有争议的：抗告法院在进行复核审核时，应当在何种范围内行使裁量决定权。[⑧]

（三）共犯口供宣读的条件

刑事卷宗唯一地存在于大陆法系国家，而英美法系并没有类似

---

① Befangenheit wegen Bevorzugung eines Mitangeklagten, Vorschriftswidrige Besetzung durch Unterbrechungsfrist, Aufklärungspflicht und Beweiswürdigung bei Untreue , StV 1986, S. 369.

② § 153 StPO, [Nichtverfolgung von Bagatellsachen]（不追究刑事责任的轻罪案件）.

③ § 206a StPO, [Einstellung bei Verfahrenshindernis]（因程序障碍而中止）.

④ § 206b StPO, [Einstellung bei Gesetzesänderung]（因法律修改而中止）.

⑤ Ulrich Eisenberg, Beweisrecht der StPO, 9. Auflage, C. H. BECK, S. 364.

⑥ BGH 32, 102.

⑦ BGH 24, 259.

⑧ Ulrich Eisenberg, Beweisrecht der StPO, 9. Auflage, C. H. BECK, S. 364.

"卷宗"的对应物。[①] 在德国，开庭前就会有法警推着装满卷宗的推车，把卷宗分别提前送到各个审判庭。需要强调的是，德国的刑事卷宗只是作为向庭审法官提供初步的证据材料，庭审时直接言词审理原则得到严格贯彻，证人和警察出庭相当普遍。审前阶段录取的证人证词如果没有经过被告人的质证绝不会被庭审法官考虑，使得没有任何定罪只是唯一地或决定性地建立在此类证据之上。在普通法系国家作为口头或书面的传闻而被排除的一些证据，在大陆法系国家也会因为违反"直接审理原则"而被排除。[②] 主审法官公正无偏地讯问被告人和证人，很少使用引导性的问题，他随时准备探究在卷宗记录之外对被告人有利的事实。被告人享有的证据调查权和申请调查证据权极大地消除了法庭审判对卷宗可能的依赖。[③]

能否在法庭审理时宣读/使用一名共同被告人在审前的供述笔录来指控另一名共同被告人？对于这个问题，1969 年 5 月联邦德国最高法院在判决中作出了明确的答复：出于对供述证据调查的目的，可以宣读一名被告人的供词，也可以被用来指控另一名共同被告人。

根据德国《刑事诉讼法》第 251 条第 1 款、第 2 款，如果指控共同嫌疑人的程序是被分离的，在以下三种情形中，对于一名证人或共同嫌疑人的调查可以通过宣读他在法官面前的调查来代替：第一，如果有辩护人的被告人、检察官及辩护人同意；第二，证人、共同嫌疑人已经死亡或者基于其他的原因，法院在可预见的时间里不可能进行调查，则调查证人、共同嫌疑人可以通过朗读调查笔录或书面记录来代替；第三，证人或共同嫌疑人出庭存在因为长时间的疾病、身体虚弱或其他不能消除的障碍，或者因为距离遥远，考虑到其证言的价值，不应当苛求其出现在法庭上。当然，以宣读代替共同嫌疑人在法庭审判中的听审，必须

---

① Bron Mckillop, Inquisitory Systems of Criminal Justice and the ICAC: A Comparison, November, 1994. p. 28.

② 参见［美］达马斯卡：《比较法视野中的证据制度》，吴宏耀等译，中国人民公安大学出版社 2006 年版，第 100—101 页。

③ 参见李长城：《大陆法系的刑事卷宗制度及其启示》，载《中国刑事法杂志》2010 年第 10 期。

满足相应的条件，即：这种进行宣读的决定是根据法庭审判时的程序状况作出的。因此，共同嫌疑人在《刑事诉讼法》第251条的意义上，按照主流的观点即形式的犯罪嫌疑人的概念，适用证人的程序地位，具备合法性 。[①]

根据德国《刑事诉讼法》第251条，宣读被告人供述合法性的前提之一是：已经告知了嫌疑人依照《刑事诉讼法》第136条第1款、第163a条第3款以及第243条第5款规定的供述自由。此项告知义务不是只适用于侦查程序，而是对共同被告人同样适用。

根据德国《刑事诉讼法》第254条，在共同被告人未被程序分离的情况下，关于被告人的供述或者反驳，在以下情形可以宣读在法官面前作出的调查笔录：其一，在法官的调查笔录中包含的被告人的解释，能够基于对被告人供述调查的目的被宣读；其二，在调查被告人先前的供述时，发生突出的异议，如果不使用其他不中断庭审的方法，该异议不能被消除。

不过，根据《刑事诉讼法》第252条的规定，在审前调查中作出的证人证言，在庭审之中证人行使沉默权时，该证言不能进行宣读。这体现了德国刑事诉讼对“庭审中心主义”的忠实贯彻。

已被告知证人沉默权的共同被告人的供词（供述笔录）能够被宣读，但是如果躲开了法庭审理并且保持隐藏的状况，指控程序分离进行，根据德国《刑事诉讼法》第205条第1款，程序会被暂时中止。法院的理由是，共同被告人无权隐藏他的家庭地址等信息，因为为了避免使用非法的程序方法，不允许有完全的证据遗失。[②]

学者们指出，只要共同被告人可能在庭审中依据《刑事诉讼法》第55条行使沉默权，而法官并未在此时告知该项权利，那么宣读被告人的供述笔录也是不合法的。[③] 然而与此观点相反，法院方面所代表的观点则是，《刑事诉讼法》第55条与共犯供词的宣读并不抵触，因为

---

① Ulrich Eisenberg，Beweisrecht der StPO，9. Auflage，C. H. BECK，S. 366.

② BGH 10 186.

③ Ulrich Eisenberg，Beweisrecht der StPO，9. Auflage，C. H. BECK，S. 367.

共同嫌疑人在他当时的辩护涉及的责任调查时，已经知晓。[①]

需要特别注意的是，在德国刑事诉讼奉行的实体真实原则（Prinzip der materiellen Wahrheit）之下，法官的调查义务要求充分保障被告人申请调查证据的权利，其中包括申请共同被告人出庭接受调查。法律赋予法院澄清起诉犯罪事实真相的“权限”与“义务”，在德国刑事诉讼法中称为调查原则（Untersuchungsgrundsatz）。案件真实的调查始终居于刑事程序的中心位置。[②] 关于法官澄清义务的调查范围，德国《刑事诉讼法》第244条作出了明确的规定：所有对法院裁判有重要影响的事实均需证明；只有在证据的查明是不合法的、明显多余的（指事实的证明对判决缺乏意义或是已经被证实）、证据是非常不适当的或是无法获得的以及证据调查的请求只是为了拖延诉讼程序的情况下，证据调查的请求才可能被拒绝。

法官的调查义务是否被遵守，主要从法官如何回应当事人提出的证据调查请求进行判断，即从判断的意义上，法庭按照案情的解释以何种方式对待诉讼程序参加人表达出的意愿。[③] 程序参加人提出的某项举证（Beweiserhebung）的要求——例如调查一个证人——也总是向法庭提出了一个问题：是否一个类似的要求必须被回应。[④] 审前阶段录取的证人证词如果没有经过被告人的质证绝不会被庭审法官考虑，使得没有任何定罪只是唯一地或决定性地建立在此类证据之上。[⑤] 显然，被告方享有的证据调查权和申请调查证据权，极大地消除了法庭审判对卷宗可能的依赖。

---

① BGH 27 143.

② Henler/Conzen, Das Strafverfahren——Eine systematische Darstellung mit Originalakte und Fallbeispielen, 5 Auflage, S. 196.

③ Henler/Conzen, Das Strafverfahren——Eine systematische Darstellung mit Originalakte und Fallbeispielen, 5 Auflage, S. 196.

④ 参见［德］克劳思·罗科信：《刑事诉讼法》，吴丽琪译，法律出版社2003年版，第118页。

⑤ Stewart Field: Fair Trials and Procedural Tradition in Europe, Oxford Journal of Legal Studies, summer, 2009, p. 375.

（四）共犯口供的证据价值判断

关于共犯口供证据价值的判断，德国通过多年的判例形成了以下四条规则：

首先，共同被告人供述内容的可信性通常值得怀疑，以下三个判例在实务中具有重要地位。1992年10月，德国最高法院在终审判决中指出：根据《刑事诉讼法》第244条第2款和第261条①，法官的澄清义务要求，听取一名被告人在庭审时证实他对法庭任命的证人（即其他的共同被告人）的驳斥。② 2001年2月，最高法院刑庭在终审判决中指出：关于一份共同被告人供述的内容，在其辩护人就其供述作出解释后，没有进一步的问题需要回答，使得通过提问和质证进一步审查他提供的信息变得不可能，尽管包含可设想的不同原因，但是庭审法官应当分析，在共同被告人的供述的处理上是否存在使他以前供述内容的可信性值得怀疑的理由。③ 2003年3月，杜斯尔多夫州上诉法院在终审判决中作出裁决：在评价侦查程序中共同嫌疑人的供述，其在庭审程序中未能被听审，就必须在庭审法官的判决中评判被告人和他的辩护人错误的可能性，并有意识地提出问题。此外，判决必须允许调查，作为嫌疑人的答辩的解释，而不是作为证人证言被评价。④

其次，共同被告人提供唯一罪证适用最严格的准入标准。1996年10月最高法院刑庭在终审判决中指出：对提供罪证的共同被告人的可信性的判断适用严格的标准；如果指控证据仅有一个共同犯罪嫌疑人提供的证言，被告人有权拒绝应诉。庭审法官应当斟酌，是否可能存在一种显而易见的错误指控的动机，即指控共同犯罪嫌疑人的被告人有一个较为轻微的刑罚判决或者可能已经被承诺了一个特别有利的判决，或者他的目的是掩护其他的幕后人。⑤ 2005年3月德国最高法院刑庭在判决

---

① §261 StPO，Grundsatz der richterlichen Beweiswürdigung，法官自由心证原则。

② Beweiswürdigung bei belastenden Angaben möglicher Mitbeschuldigter，StV 1993，S. 114.

③ Würdigung der Teileinlassung des Mitangeklagten，StV 2001，S. 387.

④ Verwertung von Aussagen Mitbeschuldigter im Ermittlungsverfahren，NStZ－RR 2003，S. 238.

⑤ Glaubwürdigkeit bei Mitbeschuldigten，StV 1997，S. 172.

中进一步明确：唯一提供罪证的证人的特定的证言的内容在另一审判程序中也是一项特定的事实陈述，如果另一管辖法院基于这些提供罪证的证人再次说出的证言得出结论，那么这些证人部分地不具有可信性。①

再次，程序的分离并不能导致证人的证词比共同被告人发表的意见具有更高的证据价值。如果共同嫌疑人依据程序分离作为证人被听审，存在如下问题：这些证言具有怎样的证据价值？在德国，现在普遍认为在这种情况下是错误的：程序的分离因此导致证人的证词比一名共同被告人发表的意见提高追寻真相的更佳保证（但是以前德国最高法院曾经确实如此认为）。② 与此相反的观点是得到承认的：一份证言的证明力是独立于裁决的，程序法的观点受人欢迎，对于每一证据的判断在此也能通过《刑事诉讼法》第 261 条（法官自由心证原则）得到校正。值得考虑的是 Peters 表达的怀疑，在这些案件中，是否能够指出，法官凭借共同嫌疑人的证词不合法地提升确信，以建立可靠性。③

法官需尽己之力来调查事实，特别是当所陈述者互相冲突时；尤其要对可能陷人于罪的动机详加调查。法官不可仅用事物的其中一项可能的说明来支持其确信，而对其他的可能性不予评论地简略陈述。联邦德国最高法院的判例强调指出，在形成确信时应尽可能地着重在客观的事实上，使对法官的确信具有考核、监视的功能，法官不应自始就太主观地形成确信，而自陷于主观的窠臼。④

最后，“控方证人规则”作为法律原则被重申，要求追诉机关履行客观义务，在程序上平等对待作出供述的被告人与保持沉默的被告人，以及公权力行为应当具备可听审性。⑤ 特别需要明确的是，控方证人尤其不能指望：因为他的作证，法庭就有义务在判决裁量时给予他量刑上的优待；侦查机构也会对他解释，这种指望是不能实现的。对一个

---

① Abgrenzung Beweisantrag – Beweisermittlungsantrag，StV 2005，S. 254.

② BGH NJW 64 1035.

③ Ulrich Eisenberg，Beweisrecht der StPO，9. Auflage，C. H. BECK，S. 364 – 365.

④ 参见［德］克劳思·罗科信：《刑事诉讼法》，吴丽琪译，法律出版社 2003 年版，第 118 页。

⑤ Ulrich Eisenberg，Beweisrecht der StPO，9. Auflage，C. H. BECK，S. 367.

（可能的）刑事犯的审理，国家禁止不惜代价。如果通过控方证人的制度化，国家同意令人讨厌的背叛，然而同时国家也讨厌法院定罪的不安全性，不当地寻求控方证人的帮助，必然带来损害。控方证人的可信性及其证言的价值与这一规则滥用的危险相联系。所以，当不可免除时，需要审查控方证人证言内容是否已经通过了外部已有客观证据的证实。①

当然，即便如此，也有德国的知名学者认为，共同被告人的证明评价存在"分裂的案件事实发现，交叉的评价和冲突的困境"。②

二、我国共犯口供使用的特点

自20世纪80年代起，国内实务界和理论界即对共犯口供进行了探讨，其中较有代表性的观点认为在一定条件下同案被告人的供述可以作为证人证言使用，但采纳同案犯供述要谨慎。③ 进入新世纪以来，有学者质疑共犯口供的证明力，认为会导致仅根据二者的供述予以定案，助长偏重口供、违法取供的势头。④ 而有法官则认为，同案被告人的供述可以作为证人证言使用，只不过其证明力受到同案被告人与案件利害关系的强弱影响，因此一般情况下需要补强。⑤ 有检察官进一步提出，在共同犯罪中，同案被告人的口供不能作为证人证言使用，即使同案被告人口供一致，仍需其他证据予以补强；⑥ 在运用同案犯供述证明案件事实的过程中，应当注重保障程序公正⑦。近年来，死刑案件中的共犯口供受到关注，有人提出，根据共犯互为印证的供述定案时应当慎重适用

---

① Ulrich Eisenberg，Beweisrecht der StPO，9. Auflage，C. H. BECK，S. 368.

② Weßlau，Gespaltene Tatsachenfestellungen，Überkreuzverwertungen und advokatorische Dilemmata – Beweisverwertung zum Nachteil von Mitbeschuldigten，StV 2010，S. 41.

③ 参见陈光中、徐静村主编：《刑事诉讼法学》，中国政法大学出版社1999年版，第206—207页。

④ 参见吴丹红：《论共犯口供的证明力》，载《中国刑事法杂志》2001年第5期。

⑤ 参见聂昭伟：《同案被告人口供的证据价值研究》，载《现代法学》2005年第6期。

⑥ 参见石森林：《口供的证明效力与补强》，载《国家检察官学院学报》2007年第3期。

⑦ 参见王琍：《论同案犯供述的刑事证据价值》，载《中国刑事法杂志》2005年第6期。

死刑[①]，有人则从刑法学的角度质疑仅有同案犯有罪供述的案件适用死刑[②]。在我国正在推进庭审实质化改革的背景下，探讨共犯口供的使用规则具有重要的理论价值和现实意义。笔者认为，国内学者的上述探索虽然具有重要的意义，但是尚未在深层次上触及共犯口供理论和实务的若干核心问题。

共犯口供在我国刑事立法和司法实务中处于什么样的地位？它是如何得到运用的？笔者在中国裁判文书网筛选了不同地区、不同审级近200份共同犯罪的裁判文书，以及在中国庭审直播网选择了近100个典型的共同犯罪案件，进行了较为细致的分析。结合相关的法律规定和司法实务，笔者认为，我国对共犯口供的使用具有以下三个突出的特点：

（一）我国的共犯可以成为证人，被告人是否分案审理由法院决定

在我国《刑事诉讼法》第50条中，犯罪嫌疑人、被告人的供述和辩解是法定的八种证据之一，共同犯罪嫌疑人、共同被告人的供述和辩解也是如此。我国刑事诉讼法并未赋予犯罪嫌疑人、被告人沉默权，而是规定犯罪嫌疑人有如实供述的义务，与此同时又规定了“不被强迫自证己罪”原则，严禁办案人员以刑讯逼供等非法手段获取犯罪嫌疑人的口供。我国《刑事诉讼法》第62条规定，凡是知道案件情况的人，都有作证的义务；据此，同案共犯具备了法定的证人资格。

在我国的司法实务中，有些案件同案犯在同一法庭接受审理，有的案件却作分案审理。至于什么情形下同案犯应当合并审理，什么情形下同案犯适宜分开审理，以及分案审理的被告是否应当在同案犯的庭审中出庭，我国刑事诉讼法和有关司法解释并未作出明确规定，而是由审判法庭根据案件的具体情况裁量决定。

（二）共犯供述常以笔录宣读的方式呈现于法庭

共犯供述如果要作为证言使用是否须满足特定的条件，比如究竟以

---

① 参见聂昭伟、阳桂凤：《根据共犯互为印证的供述定案时应慎重适用死刑》，载《人民司法》2013年第10期。

② 参见苏鸿靖：《仅有同案犯有罪供述案件中的死刑适用》，载《法学》2013年第6期。

检控方提交的共犯口供笔录即庭外供述为准，还是以共同被告人在法庭上所作的陈述为准，在我国的刑事诉讼法和有关司法解释中，只是作了概括性的规定。我国并未奉行严格的传闻证据排除规则，审判外陈述与审判中陈述未作严格区分，也不要求作出供述的共同被告必须出庭并接受质证。换言之，共同被告人的书面供述可作为证人证言使用，也可能作为定案的依据之一。

共犯是特殊的证人。关于证人是否出庭作证，我国有关司法解释赋予了法官较大的自由裁量权，例如，根据最高人民法院《关于适用〈中华人民共和国刑事诉讼法〉的解释》（以下简称《最高法解释》）的规定，在公诉人、当事人或者辩护人、诉讼代理人对证人证言有异议，且该证人证言对定罪量刑有重大影响，申请法庭通知证人出庭作证时，（只有）当人民法院认为有必要的，才通知证人出庭。

在是否准许与共同被告对质的请求上，我国有关法律和司法解释也赋予了法官较大的自由裁量权。例如，《最高法解释》允许当庭宣读未到庭的证人的证言笔录；讯问同案审理的被告人，应当分别进行；必要时可以传唤同案被告人等到庭对质。2017 年颁行的《人民法院办理刑事案件第一审普通程序法庭调查规程（试行）》第 8 条规定：被告人供述之间存在实质性差异的，法庭可以传唤有关被告人到庭对质。审判长可以分别讯问被告人，就供述的实质性差异进行调查核实。经审判长准许，控辩双方可以向被告人讯问、发问。审判长认为有必要的，可以准许被告人之间相互发问。

但是，从中国裁判文书网和中国庭审直播网的实证研究显示，被告人申请与同案共犯对质的要求被法庭拒绝的情形较为常见。例如，在朱某某等贩卖、制造毒品一案的一审中，被告人要求对质，法官回答说："不是对质，对质不是证据。是否对质根据案情需要，需要时才对质。""不用对质，你直接说就可以了；对我的问题直接回答，不要辩护。"①

① 朱某某等贩卖、制造毒品罪的庭审录像，(2018) 云 01 刑初 482 号，载中国庭审公开网，2019 年 6 月 8 日最后访问。

在张某某等受贿一案的二审中，被告人付某某及其辩护人申请同案人呼某、行贿人王某、北京市公安局信息通信维护服务中心员工葛某出庭对质，用以证明付某某是与呼某共同受贿犯罪的从犯和其在案发前主动退还部分受贿款的事实。对此，北京市高级人民法院认为：辩护人申请调取的证据不能否定在案已经查明的事实和证据；而付某某及其辩护人所提证人出庭对质的申请，经查，侦查机关依法调取的证明本案事实的各项证据，已经一审法庭质证属实并确认，能够证明本案事实，应当作为定案依据，对被告及其辩护人所提各项申请，均不予准许。[①]

（三）在印证的证明方式下，共犯口供往往具有较高的证明价值

在我国刑事诉讼中，通常要求在一个证据之外还要有其他的证据进行补充和支撑，即获得印证性直接支持证据被视为证明的关键。[②] 侦查阶段取得的共犯口供笔录作为侦查卷宗里的重要证据，随着诉讼程序的发展流经公诉机关后到达审判法庭。如果刑事卷宗里同时包含有被告人的有罪供述、被告人供述的同步录音录像以及共犯口供笔录，法官经过审查之后，就可能认为证据之间能够相互印证，形成证据锁链，因此共犯口供成为法官形成心证的重要依据之一。

仅有共犯口供能否定罪？最高人民法院在2000年4月发布的《全国法院审理毒品犯罪案件工作座谈会纪要》中规定：有些毒品犯罪案件，往往由于毒品、毒资等证据已不存在，导致审查证据和认定事实困难。在处理这类案件时，只有被告人的口供与同案被告人的供述作为定案证据的，对被告人判处死刑立即执行要特别慎重。据此可以判断，最高人民法院认为在审理毒品案件时是可以共犯口供定案的，但是必须满足的条件是：当被告人的口供与同案其他被告人供述吻合，并且完全排

① 张某某等受贿罪二审刑事判决书，（2016）京刑终64号。

② 参见龙宗智：《印证与自由心证——我国刑事诉讼证明模式》，载《法学研究》2004年第2期。

除诱供、逼供、串供等情形。[①]

实务中，一些案件中的共犯口供成为孤证，控方意见未得到法庭支持。[②] 但是，在更为常见的情形下，共犯口供与其他指控证据相互印证，成为法官裁判的重要依据。例如，在龚某某、贺某某、赵某贩卖、运输毒品、非法运输枪支一案的二审中，法院认为：本案有被告人邓某某（已另案处理）供述、扣押物品清单、手机通话记录、短信记录、中国农业银行交易凭证、缴获的毒品等证据相互印证，证实上诉人赵某实施贩卖毒品的犯罪事实，故其上诉理由及其辩护人的辩护意见均不能成立，不予采纳。[③]

三、德国共犯口供使用规则对我国的启示

（一）我国共犯口供的使用上存在的问题

1. 另案处理的同案犯不出庭，被告人的质证权缺乏保障

在刑事诉讼法的法理上，控方证人一般应当出庭作证，接受被告方的质证，以指出其证言中可能存在的矛盾和虚假之处；然而当人民法院认为有必要时才通知共犯出庭，在共犯供述存在争议的情况下，被告方就无法当庭以直接、言词的方式质疑其证言，如果这种证言被法庭作为定案的依据，有违程序公正。

从法院的角度来看，一旦被告人请求与同案犯或者其他证人对质，在维护正义或对被告人有利的范围内，法院即“应当”命令对质，这是法官不可推卸的“澄清义务”，而非任其“自由裁量”的权限。除非

① 无独有偶，我国有些地方性司法文件也对共犯口供能否定案的问题作出了规定。例如，江苏省2003年制定的《关于刑事审判证据和定案的若干意见（试行）》第44条第2款规定：“共同犯罪中被告人的供述不能互为证言并据以定案。同案审理的非共同犯罪的被告人的供述可以互为证言。”但在试行过程中，不少基层检察机关和法院反映，如此规定于打击犯罪不力，建议修正。后来，江苏省2006年修改后的意见采取了折中的态度，对该条进行了修改，规定“非死刑案件的共犯供述可以相互补强，据以定案”，同时对适用条件作出了严格的限定。

② 参见王某某、高某某、赵某某贩卖毒品一案刑事判决书，（2014）京刑初字第23号。

③ 参见龚某某、贺某某、赵某贩卖、运输毒品、非法运输枪支二审刑事裁定书，宁夏回族自治区高级人民法院刑事裁定书，（2016）宁刑终65号。

待证事实极为明显，不经对质即可相当确定的例外情形。①

2. 法官对共犯口供的审查方式存在缺陷，不利于发现真实

根据《最高法解释》的规定，应当着重审查被告人的供述和辩解与同案被告人的供述和辩解以及其他证据能否相互印证、有无矛盾等。但是，我国法官对共犯口供的审查方式存在缺陷，即单方性、书面性以及表面性。首先，法官对共犯口供的审查主要不是在庭审阶段、控辩双方同时在场的情况下进行的，而是由法官在审前或者审后阶段单独进行审查；其次，由于共犯不出庭的情况极为常见，因此法官审查共犯口供主要就是审查共犯的陈述笔录；最后，法官对共犯口供的审查的表面性体现在两个方面：其一，对证人证言有无使用暴力、威胁等非法方法收集的情形，难以从控方卷宗里的共犯口供笔录获知；其二，同案犯显然与作为案件当事人的被告人及案件处理结果有着利害关系，法官如何以及是否从共犯的利害关系上审查共犯口供的真实性，均不得而知。

3. 法官以共犯口供为基础进行印证，存在误判的风险

我国法官以共犯口供为基础的印证，从证据直接跨越到“事实”，存在误判的风险。理由在于：

首先，共犯口供具有一定的虚假性。因为同案被告人之间存在利害关系，不可避免地会出现各被告人趋利避害、避重就轻，将责任推卸给其他同案人的情况，也有为包庇同案人作虚假供述的，甚至为反侦查而在案发前订立攻守同盟的。② 共犯口供本身属于有待证明的对象，而并非免证事实。用本身都不确定的证据相互印证来认定事实，无法从根本上消除其中的不确定性。

其次，相互印证，是证实还是证虚，其本身存在两种可能性，不能没有充分根据、片面地得出一种结论。③ 在裁判文书中，常见的是多名共同被告人的供述彼此之间存在矛盾，与证人证词也不一致，但是有的法官却对被告方提出的辩护性质疑不作回应，而只选择性使用有利于控

---

① 参见林钰雄：《刑事诉讼法》（上），中国人民大学出版社2005年版，第54页。

② 参见王琍：《论同案犯供述的刑事证据价值》，载《中国刑事法杂志》2005年第6期。

③ 参见孙洁冰：《同案被告人口供再探》，载《现代法学》1996年第1期。

方的部分证据材料来形成所谓的“印证”。例如，上诉人许某某指出3名共同被告人之间的供述相互矛盾，也不能与证人林某1的证言相互印证；而一审和二审法庭却一致认为，三被告人投案后均多次供述在案，“且与证人证言能够相互印证”，至于是具体是如何印证的，一审判决书和二审裁定书中却未进行相应描述。①

最后，有的司法人员为了避开仅凭口供不能定案的规则，故意将共同犯罪的被告人分别进行审理，各个击破，从而达到共犯供述互补的效果②，如果再加上选择性的印证，则必然“无往而不胜”。然而，正所谓“成也印证，败也印证”，导致错案的风险也大大增加。实际上，我国近年来发生的一系列冤假错案，其证据在表面上、形式上无一不是高度吻合、相互印证。③“证据互相印证”的效果既不能充足证据的真实性，也不必然意味着高的证明力，更不等同于证明标准已达成、证明负担被卸除。④

（二）我国建立共犯口供使用规范的路径

刑事诉讼法治化的进程就是刑事诉讼规则建立健全的过程，如何处理共同犯罪这种常见的犯罪形态，在某种程度上确实是一个国家刑事司法文明程度的重要表征。笔者认为，在建立共犯口供的使用规范上，我国应当注重共犯口供使用的基本法理，适当借鉴域外法治国家、尤其是德国等大陆法系国家的成熟经验，力求针对性地解决我国实务中存在的问题，避免印证成为共犯有罪认定的“终结杀手锏”。具体而言，建立我国共犯口供的使用规范，应当从以下三个方面进行：

1. 建立严格的共犯口供的可采性规则

首先，明确规定，构成程序操纵的分案审理的共犯口供不可采纳。

---

① 参见陈某甲、许某某、陈某乙共同贪污一案的刑事二审裁定书，福建省泉州市中院刑事裁定书，(2016) 闽05刑终1428号。

② 参见石森林：《口供的证明效力与补强》，载《国家检察官学院学报》2007年第3期。

③ 参见展中华：《审判中心视阈下的印证证明模式之批判、反思与重塑》，载《行政与法》2018年第4期。

④ 参见王星译：《“印证理论”的表象与实质——以事实认定为视角》，载《环球法律评论》2018年第5期。

我国主要应当防范分开审判的危险，即应当防止司法人员为了避开仅凭口供不能定案的规则，故意将共同犯罪的被告人分案进行处理，各个击破，达到共犯供述互补的效果。应当把法官单方面决定是否分案审理改为法官在听取控辩双方意见的基础上决定是否分案审理。

其次，严格限定共犯供述笔录的宣读条件。只有在两种情况下，才可以宣读共犯供述笔录。其一，其他被告人未对共犯供述提出异议，同意共犯不出庭；其二，共犯因病重、死亡、身在国外等原因客观上不可能出庭。需要注意的是，促使共犯出庭是检控方的义务，不能因为证人未到庭就直接使用其书面证言。在李庄案件中，龚某某就关押在重庆市，在具备出庭的条件下却未出庭，自然使人们产生动摇控诉根据的怀疑。①

最后，明确规定"控方证人规则"，即控方证人尤其不能指望因为他的作证，法庭就有义务在判决裁量时给予他量刑上的优待，侦查机构也应当对他解释。这种指望是不能实现的。对一个可能的刑事犯的审理，国家不可不惜代价。② 因为如果国家不当地寻求控方证人的帮助，必然在法院定罪的安全性方面带来损害。

2. 对法官的证据调查裁量权作出必要的限制，强化法官的澄清义务

传统上受到充分信任的与职权调查密切联系的司法裁量权如今也必须受到"最低限度的程序保障的制约"，并通过当事人对于证据调查的广泛参与权加以制约。③ 从各国的改革经验来看，职权主义诉讼构造转向当事人主义诉讼构造主要是解决程序不公的问题，因此，必须对被告人的举证、质证和强制证人到庭的权利给予保障，以贯彻控辩平等的原则。法院在证据调查过程中的自由裁量权必须通过加强当事人的参与权加以必要的限制。④ 刑事诉讼法赋予了作为诉讼主体的当事人请求、督

---

① 参见龙宗智：《李庄案法理研判——主要从证据学的角度》，载《法学》2010年第2期。

② Ulrich Eisenberg, Beweisrecht der StPO, 9. Auflage, C. H. BECK, S. 368.

③ 参见孙长永：《探索正当程序——比较刑事诉讼法专论》，中国法制出版社2005年版，第452—453页。

④ 参见孙长永：《探索正当程序——比较刑事诉讼法专论》，中国法制出版社2005年版，第469页。

促法院践行事实澄清义务的“权利”，只有不在法院澄清义务范围内的证据调查申请，法院才能以裁定驳回。[①] 如果不进行调查就明显违反正义时，该事项就是法官职权调查的对象。[②]

因此，应当在《最高法解释》中明确：“在公诉人、当事人或者辩护人、诉讼代理人对证人证言有异议，且该证人证言对定罪量刑有重大影响，申请法庭通知证人出庭作证时，人民法院应当通知证人出庭。”如果满足了形式要件，法庭就不能行使自由裁量权拒绝证明某些事项的举证申请，而必须努力去寻找和收集被申请的证据，除非存在拒绝申请的特别理由。[③]

3. 切实保障共犯的对质权，通过庭审实质化实现科学的心证

我国司法实践中的“印证”证明模式实际上也是自由心证，只是属于一种尚不完善的自由心证。这种不完善体现在以下方面：被告方辩护权保障不足，难以对法官的心证产生足够的影响；庭审时证人不出庭难以保证法官心证的合理性；心证主体法官的整体素质有待提高；判决书不能充分展现法官心证的形成过程。[④] 法官合理心证形成的前提应当是充分给予当事人争辩证明力的机会，尤其要充分保障被告方提出证据和申请查证的权利。在这个意义上，证据评价和法官心证的形成是法官与当事人共同努力的结果。[⑤]

中共中央《关于全面推进依法治国若干重大问题的决定》中提出“以审判为中心”为诉讼制度改革的重要内容，而以审判为中心的诉讼制度的应然要求是庭审实质化。[⑥] 在推进我国刑事庭审实质化改革的道路上，直接言词原则的贯彻和被告方证据调查权的保障正是技术层面的

---

① 参见林钰雄：《刑事诉讼法》（上），中国人民大学出版社 2005 年版，第 54 页。

② 参见［日］松尾浩也：《日本刑事诉讼法》（下），丁相顺译，中国人民大学出版社 2005 年版，第 271 页。

③ 参见［德］托马斯·魏根特：《德国刑事诉讼程序》，岳礼玲、温小洁译，中国政法大学出版社 2004 年版，第 154—158 页。

④ 参见李长城：《论我国自由心证的完善》，四川大学 2003 年硕士学位论文，第 21—26 页。

⑤ 参见［日］田口守一：《刑事诉讼法》，张凌等译，法律出版社 2000 年版，第 226 页。

⑥ 参见顾永忠：《以审判为中心背景下的刑事辩护突出问题研究》，载《中国法学》2016 年第 2 期。

两个关键。[①] 我国证人出庭率低的问题本质上是对质权没有获得制度上的保障。[②] 应当转变我国法官对共犯口供的审查方式，通过切实保障被告的对质权，以庭审实质化来实现科学的心证。

首先，应当修改2017年颁行的《人民法院办理刑事案件第一审普通程序法庭调查规程（试行）》第8条，明确规定："被告人供述之间存在实质性差异的，法庭应当传唤有关被告人到庭对质。审判长可以分别讯问被告人，就供述的实质性差异进行调查核实。经审判长准许，控辩双方可以向被告人讯问、发问。审判长应当准许被告人之间相互发问。"

其次，应当对共犯口供的证明力作出限制。具体而言，法官心证时不应当不适当地提升甚至依赖共犯口供的证明力，相反，必须充分警惕共犯口供虚假的可能，在共同犯罪案件中更加重视客观性证据。共犯口供的采信并非无条件的，共犯口供自身亦须得到证明。共犯口供并非客观事实，而是证明对象，即共犯审前供述包含的证据信息还有待进一步验证。显然，质证是一种较佳的信息查验方式。因此，原则上，共犯必须出庭接受质证。法官还须在判决书中对被告方的辩护意见作出回应，并详细阐释证据取舍和心证形成的理由。

（责任编辑：王彪）

① 参见李长城：《中国刑事卷宗制度研究》，法律出版社2016年版，第304页。

② 参见易延友：《证人出庭与刑事被告人对质权的保障》，载《中国社会科学》2010年第2期。

最差证据原则：证据法逻辑框架的最优假设

爱德华·J. 伊姆温克尔里德[*] 著　张　犀[**] 译

一、引言

证据法是否具有一个组织原则？一直以来，证据法研究中都面临这一问题。① 若该原则②存在，则其效用甚大。首先，我们可以将这一原则作为解释框架③，更好地理解④单个证据规则。一旦理解了建筑物的整体结构，建筑者即可以更好地理解每一个建造单元。其次，证据法总体框架原则系证据规则的合理性原则⑤，我们可以借此对某一特定证据规则展开批评。若某一证据规则偏离了总体原则的理论基础，这意味着该规则可能需要调整或者修订。最后，在普通法大传统⑥下，若可以通过经验研究或者其他方法推翻这一框架原则的理论基础，那么我们即有了充分理由对证据法进行一揽子总体改革。

一直以来，学界对证据法框架原则的主流看法是：法官惧怕非专业

---

* Edward J. Imwinkelried，加州大学戴维斯分校法学院教授，前美国法学院协会证据法学部主席。本文原载《迈阿密大学法学评论》1992 年 5 月第 46 卷第 5 期。

** 山东大学刑事司法与刑事政策研究中心兼职研究员。感谢作者的慷慨授权。

① 参见 Ronald J. Allen, The Explanatory Value of Analyzing Codifications by Reference to Organizing Principles Other Than Those Employed in the Codification, 79 Nw. U. L. REV. 1080 (1985)。

② 关于原则和规则的区分，相关讨论参见 Ronald Dworkin, Taking Rights Seriously 22 – 28 (1977)。

③ 参见 Dale A. Nance, The Best Evidence Principle, 73 IOWA L. REV. 227, 294 – 295 (1988)。

④ 同上，第 270 页。

⑤ 同上，第 248 页。

⑥ 参见 PAUL J. MISHKIN & CLARENCE MORRIS, ON LAW IN COURTS: AN INTRODUCTION TO JUDICIAL DEVELOPMENT OF CASE AND STATUTE LAW 88 – 89 (1965)。

陪审团会误用特定类型的证据。证据法学界两位巨擘——塞耶[①]和威格莫尔[②]对“控制陪审团”[③] 原则推崇备至。他们认为，普通法法官惧怕非专业陪审团赋予某些证据——如未经交叉询问的证词等——以不适当的证明力，比如传闻证据规则反映的就是这一问题。然而，即使是大师，也有犯错的时候。近期一些证据法史研究表明，塞耶与威格莫尔过分强调了这种惧怕在证据规则演进过程中的影响力。[④] 此外，戴乐·南希教授在其 1988 年撰写的一篇广为引用的论文中有力地指出，控制陪审团假设的解释力过于狭隘，亦无法为许多现行证据规则提供合理性基础。[⑤]

除对控制陪审团原则展开攻击之外，南希教授提出另一假设：最佳证据原则。南希认为，普通法法院极其关心证据质量。[⑥] 他提出的这一假设的理论基础系理性主义传统[⑦]。根据他的假设，在可合理获得[⑧]证据的范围内，普通法法官均偏好符合最佳认知条件[⑨]的证据，而这种偏好塑造了最佳证据原则。南希教授正确地指出，最佳证据原则可以作为一种统一理念[⑩]，从而将内在一致性[⑪]赋予最佳证据规则、意见证据规则以及传闻证据规则。[⑫] 每一种证据规则都体现了对某种证据的偏好：选择提出文书，而非对文书内容进行改述；选择事实陈述，而非个人意

---

① 见前注 Nance，第 278—279 页。

② 同上，第 277 页。

③ 同上，第 229 页。

④ 同上。

⑤ 同上，第 281—284 页。

⑥ 同上，第 276 页。

⑦ 一般参见 William Twining，The Rationalist Tradition of Evidence Scholarship，in WELL AND TRULY TRIED 211（Enid Campbell & Lewis Waller eds.，1982）。

⑧ 见前注 Nance，第 241 页。

⑨ 同上，第 240 页。

⑩ 同上，第 248、276、286 页。

⑪ 同上，第 230 页。

⑫ 同上，第 286 页，注 282。作为该理论的权威专家，南希教授恰当引用了 RONALD L. CARLSON ET AL.，MATERIALS FOR THE STUDY OF EVIDENCE（2d ed. 1986）[以下简称 MATERIALS]，此文后来修订为 RONALD L. CARLSON ET AL.，EVIDENCE IN THE NINETIES：CASES，MATERIALS AND PROBLEMS FOR AN AGE OF SCIENCE AND STATUTES（3d ed. 1991）[以下简称 AGE OF SCIENCE]。

见；选择证人现场证词，而非引用某人的庭外陈述。[①] 上述情况中，法院作出如此选择是因为前者证据更优，更值得信任。[②] 此外，若前者不可得，且可论证后者可靠性的情况下[③]，法官偏好则将倾向后者。南希教授认为，最佳证据原则明显优于控制陪审团原则，而且作为一种现行证据规则的解释工具，最佳证据原则具有较强的解释力。[④]

本文认为，无论是控制陪审团原则还是最佳证据原则，都有其内在优点。但二者皆非证据法总体框架原则的最佳选择。一方面，塞耶、威格莫尔认为，普通法证据规则有着浓重的怀疑主义色彩，这是正确的。但他们搞错了普通法法官的主要怀疑对象：事实上法官最关心证人是否作伪证，而不是惧怕陪审团对证据作出错误评价。另一方面，南希教授认为，很大程度上诸多证据规则的创设基础系对证据质量的关切，这也没错。但是，确保采用最优证据这一理性主义目标也并非普通法法院的追求。恰恰相反，普通法证据规则主要是以一种更加悲观、更为负面的目标作为驱动力——预防、震慑和揭露伪证。

最差证据原则重点关心证人伪证，这亦是对证据法逻辑框架最优的解释性假设。本文第二部分审视了控制陪审团原则和最佳证据原则，并论述了上述两种原则的历史性缺陷及其解释力的局限性。本文第三部分对最差证据原则展开论述。该部分首先梳理了证据规则的形成历史进程，并指出普通法法院所关注的重点是预防和揭露伪证。之后本文采用最差证据原则来解释单个证据规则。就许多证据规则及其自身的复杂特征而言，无论是控制陪审团原则还是最佳证据原则，其解释范围都无法与最差证据原则相提并论。本文在第四部分结语中指出，将最差证据原则作为证据法框架原则，对于未来证据规则的改革有着重要意义。

---

① CARLSON ET AL.，AGE OF SCIENCE，第 507—508 页。

② 同上。

③ 同上。

④ 见前注 Nance，第 293 页。

二、控制陪审团原则与最佳证据原则的缺陷

（一）关于控制陪审团假设

普通法证据规则结构的传统假设是：因法官不信任非专业陪审团的能力，故证据规则应运而生。[①] 在此假设下，法官制定证据规则，旨在约束意志薄弱的陪审员的非理性行为。[②] 如前文所述，塞耶是这一假设的倡导者。他认为，普通法证据法是“陪审团制度之子”[③]。塞耶对陪审团制度[④]颇具微词，可能他将这种不满情绪带入了对普通法证据法的溯源分析工作。塞耶的观点对威格莫尔院长[⑤]的影响甚大。彼得·蒂勒斯教授是威格莫尔所著文献优秀的编纂者、修订者之一，他强调，威格莫尔对陪审团能力的怀疑实质上“影响了”他对证据规则方方面面的分析。[⑥]

然而，控制陪审团这一假设自身存在若干缺陷。首先，该假设与当代历史研究成果[⑦]，尤其是与约翰·朗本教授的研究成果相左。1978年，朗本教授发表了关于刑事诉讼中对抗制程序演进的经典论文。[⑧] 他的研究重点是18世纪英格兰对抗式刑事审判程序的发展过程。他的研究很大程度上依赖英格兰中央刑事法院的会议文书。[⑨] 虽然朗本也找到了相关证据证明普通法法官对非专业陪审员持不信任态度，但他的研究并未证明，法官塑造证据规则的目的是对陪审团进行控制。[⑩] 他的研究指出，法官可采用其他手段达到控制陪审团的目的，比如对陪审团下达

---

① CARLSON ET AL.，AGE OF SCIENCE，第230、260、283页。

② 同上，第229页。

③ James Bradley Thayer，A Preliminary Treatise on Evidence at the Common Law 266（1898）.

④ 参见上引，第534—535页（建议减少使用陪审团审判）。

⑤ 见前注 Nance，第278页。

⑥ John H. Wigmore，Evidence in Trials at Common Law xii（1983）；另参见前注 Nance，第277—278页。

⑦ 见前注 Nance，第229页。

⑧ 参见 John H. Langbein，The Criminal Trial Before the Lawyers，45 U. CHI. L. REV. 263（1978）。

⑨ 同上，第267—272页。

⑩ 同上，第306页。

法律指示[1]，或作出迳为判决[2]。用朗本的话来讲，普通法“法官无须诉诸那些如可采性规则等冗繁的规定来控制陪审团”。[3]

一方面，朗本教授从历史角度对控制陪审团原则予以反对；另一方面，南希教授则有力地驳斥了这一原则，认为该原则作为证据法的组织理论效用甚微，至少与最佳证据原则相比，其解释力欠佳。[4] 他分别从宣誓、交叉询问两项由来已久的证据规则出发，对控制陪审团原则展开攻击。他认为，控制陪审团假设无法合理化解释宣誓和交叉询问两项证据要求。举例而言，南希认为“恰恰相反，经过宣誓的（伪证）证词可能会更加严重地误导陪审团”。[5] 他进而指出，当证人无法或者拒绝在交叉询问中作答，根据判例，法官可以将一系列因素纳入考虑范围，以决定是否撤销该直接证词，而南希认为，以上因素“与任何关于误导陪审团的关切无关”。[6] 比如根据判例法，如果证人因病无法参与交叉询问（在证人已出庭并向法庭作出直接证言的情况下。——译者），且证人证言所支持一方无过错，那么法官可能会允许该直接证言不被撤销。[7] 在南希看来，宣誓和交叉询问两个例子说明，我们“难以通过一种不信任陪审团的理论来调和”[8] 诸多证据规则。

（二）关于最佳证据假设

乍一看，南希教授不仅成功驳斥了控制陪审团假设，而且他对最佳证据原则的论证颇具说服力。毫无疑问，在英国证据法先驱[9]之一杰弗雷·吉尔伯特爵士的著作中，最佳证据原则占据了显著地位。18 世纪，

---

① 参见 John H. Langbein, The Criminal Trial Before the Lawyers, 45 U. CHI. L. REV. 263 (1978)，第 285 页。

② 参见上引，第 291—296 页。

③ 同上，第 306 页。一般参见 Stephan Landsman, From Gilbert to Bentham: The Reconceptualization of Evidence Theory, 36 WAYNE L. REV. 1149, 1149 - 51 (1990)。

④ 见前注 Nance，第 281—283 页。

⑤ 同上，第 281 页。

⑥ 同上，第 282 页。

⑦ 同上。

⑧ 同上。

⑨ 见前注 Landsman，第 1151—1152 页。

吉尔伯特曾写道："因此，……与证据相关联的第一个也是最重要的一个规则便是，人们必须要有适合于事实性质的最佳证据……"① 一言蔽之，吉尔伯特"试图将所有法律规则纳入某单一原则的统摄之下，即'最佳证据规则'"②。19世纪，格林利夫秉承其思路，并将最佳证据原则确立为其证据法概念结构的内核。③

此外，南希教授阐释了最佳证据原则的解释价值。他用大量的篇幅来证明，这一原则"矗立在森然林立的证据规则之后方"④，其中既包括诸多证据要求（如宣誓⑤、交叉询问⑥、亲身知识⑦、鉴真⑧）"，也包括著名的选择性排除规则（意见、传闻以及最佳证据）。⑨ 南希教授总结称，所有这些证据规则都具有"'最佳证据'基础"。⑩

总而言之，南希强调，对普通法证据法来说，最佳证据原则是一个比传统控制陪审团假设更好的组织原则。比较而言，最佳证据原则这一假设似乎更具说服力。不过，该原则本身也有其不可忽视的缺陷。

首先是历史性缺陷。朗斯曼教授在其90年代所撰写的两篇文章中指出，虽然吉尔伯特赋予最佳证据原则无出其右的重要性⑪，但是其他英国证据法学者却逐渐地抛弃了这一原则⑫。吉尔伯特在1754年⑬发表专著之后，托马斯·匹克、威廉·埃文斯、S. M. 菲利普斯、杰里米·

① 见前注 Landsman，第1152页［引用 GEOFFREY GILBERT，THE LAW OF EVIDENCE 3-4 (1754)］。

② 见前注 Twining，第213页。

③ 见前注 Nance，第248页。

④ 同上，第291页。

⑤ 同上，第281页。

⑥ 同上，第282—283页。

⑦ 同上，第285页注279（引用 CARLSON ET AL.，MATERIALS，第161—173页）。

⑧ 同上。

⑨ 同上，第286页注282（引用 CARLSON ET AL.，MATERIALS，第419—420页）。

⑩ 同上，第289页。

⑪ 见前注 Landsman，第1152—1153页。

⑫ Stephan Landsman，The Rise of the Contentious Spirit：Adversary Procedure in Eighteenth Century England，75 CORNELL L. REV. 497，596（1990）.

⑬ Stephan Landsman，From Gilbert to Bentham：The Reconceptualization of Evidence Theory，36 WAYNE L. REV. 1149，1149-1151（1990），1152.

边沁皆着手对普通法证据法进行著述。[①] 虽然匹克承认吉尔伯特提出的最佳证据原则，但不同的是，这一原则在匹克的著述中并未占据主导地位。[②] 在匹克发表著作若干年后，埃文斯试图将最佳证据原则限定在文书证明的范围之内。[③] 10 年后，菲利普斯进一步削弱了最佳证据原则的重要性。[④] 在他的著作中，最佳证据规则到了第七章——第 176 页时才出现。[⑤] 最后，边沁对“最佳证据原则系排除证言规则的理论依据”这一论调予以驳斥。[⑥]

此外，虽然最佳证据原则比控制陪审团假设的解释力更强，但是其解释力依旧受限。南希教授也承认，最佳证据原则无法对特免权规则进行合理化解释。[⑦] 特免权设立旨在提升外部社会政策的效用，比如保护律师与当事人之间的通信秘密，增强病人与医生之间的互信沟通。[⑧] 证据质量的相关考量对特免权设立并无支持作用，恰恰相反，特免权的调用往往会压制关联性高、可信性高的证据。[⑨]

同理，对于普通法证据法一些非常麻烦的方面，最佳证据原则亦无法解释。比如，证据法中最令人尴尬特征之一：基于可信性理论，品格证据可采性较为宽松；基于既往事实（原文为 historical merits，有“案情实质”之意。但作者认为此处重点强调的是作证之人先前曾有违法事实，与本案“案情实质”其实无关，故此处将其译为“既往事实”。——译者），品格证据在实践中却被排除。二者形成鲜明对比。

我们可以通过一个假设性案例来解释这种矛盾。假设某人以伪证罪被诉，在审判的过程中出庭作证。被告人一旦作证，其证言的可信性将

① Stephan Landsman, From Gilbert to Bentham: The Reconceptualization of Evidence Theory, 36 WAYNE L. REV. 1149, 1149 - 1151 (1990), 1160 - 1185.

② 同上，第 1161 页。

③ 同上，第 1162 页。

④ 同上，第 1163 页。

⑤ 同上。

⑥ 同上，第 1176—1177 页。

⑦ 见前注 Nance，第 229、294—295 页。

⑧ CARLSON ET AL., AGE OF SCIENCE，第 731—734 页。

⑨ 同上，第 731 页。

成为本案中的争议问题。为了弹劾被告人的证言，检方可传唤另一名证人作证，旨在证明被告人有不诚实的声望。[①] 根据可信性理论，审判法官将允许这名证人作证，并及时对陪审团进行限制指示[②]，要求陪审团听取证言时，这些证言仅能用来评价被告人是否诚实作证，与待证事实无关。

然而，如果检方主张听取被告人证言时，应考虑被告人曾作伪证的既往事实，借此增加被告人以伪证罪被定罪的可能性。此时除非被告人已将自己的品格提交法庭，[③] 否则法官将立即驳回检方主张。

讽刺的是，在上述两个假设案例中，实质上检方所依赖的逻辑相关性理论前后并无差别：引入声望证言以证明被告人品格，继而将品格作为证明被告人行为的间接证据。[④] 第一个案例中，检方认为，被告人不诚实的品格特质可进一步强化“被告人目前证言系伪证”这一逻辑推导。第二个案例中，检方主张被告人的品格特质会增加其触犯被诉相关罪行的可能性。两个案例中，检方均试图借被告人的品格特征以预测被告人在某一特定情形下的具体行为。但是普通法对这两个案件的处理却“非常不同”[⑤]。这种截然相反的处理方式似乎站不住脚，因为没有经验证据可以证明，不诚实这一品格特质的前后一致性要比其他特质的要强。[⑥] 我们要强调的是，基于可信性理论的处理方式与基于既往事实的处理方式完全不同，但最佳证据原则无法对其进行合理化解释。为什么以可信性为由提出品格证据时，最佳证据原则可以成立，而以既往事实为由提出品格证据时，其结果却与最佳证据原则相冲突？前文中两个假

---

① FED. R. EVID. 404（a）（3），405，608（a）. 一般参见 Richard C. Wydick，Character Evidence：A Guided Tour of the Grotesque Structure，21 U. C. DAVIS L. REV. 123，173 – 181（1987）。

② FED. R. EVID. 105.

③ FED. R. EVID. 404（a）（1）. 一般参见前注 Wydick，第 139—150 页。

④ 参见 CARLSON ET AL.，AGE OF SCIENCE，第 384—386，451—452 页。

⑤ 同上，第 385 页。

⑥ 同上，第 385—386 页（关于心理学研究）。Susan M. Davies，Evidence of Character to Prove Conduct：A Reassessment of Relevancy，27 CRIM. L. BULL. 504，514，521（1991）；see also Richard Friedman，Character Impeachment Evidence：Psycho – Bayesian［!?］Analysis and a Proposed Overhaul，38 UCLA L. REV. 637，645 – 654（1991）.

设性案例告诉我们，当我们把目光转向一些更为复杂的证据规则时，最佳证据原则这一理论却无法对其合理解释。

三、最差证据原则的论证

最差证据原则是指早期的普通法法官希望预防、震慑和揭露伪证这一最差证据，这种希望塑造并很大程度上解释了普通法证据法。最差证据原则不仅具备坚强的历史支撑，同时与控制陪审团假设和最佳证据假设相比，它拥有更强的解释力。

（一）最差证据原则具备历史支撑

18世纪，英格兰见证了普通法证据规则这一详尽且复杂制度的诞生。① 的确，证据规则逐步形成的时间基本与启蒙或理性时代大致契合。② 理性主义者“对逻辑的力量抱有坚定不移的信心”③，借此来解决人类的问题。考虑到证据法具备理性主义基础，理性时代与证据法显现雏形的时间恰好重合，乍一看这似乎更偏向最佳证据原则。然而，我们必须看到，“在那个思想开放年代最有影响力的人物之一”④ 霍布斯，他的观点深深影响了塑造证据规则的普通法法官。霍布斯对于人类行为抱有一种非理想化观点。⑤ 他认为，如果没有一个强有力的政府使得人们保持“敬畏感”，那么人类处境将堕落成“每个人对每个人的战争”。⑥ 他对文艺复兴精神持怀疑态度⑦，认为人类的“驱动力来自彻

---

① Stephan Landsman, The Rise of the Contentious Spirit: Adversary Procedure in Eighteenth Century England, 75 CORNELL L. REV. 497, 596 (1990), 第537—543页；Stephan Landsman, From Gilbert to Bentham: The Reconceptualization of Evidence Theory, 36 WAYNE L. REV. 1149, 1149—1151 (1990), 第1149页；John H. Langbein, Shaping the Eighteenth-Century Criminal Trial: A View from the Ryder Sources, 50 U. CHI. L. REV. 1, 2 (1983)；见前注 Nance，第248页。

② WILL DURANT, THE STORY OF PHILOSOPHY 254 (1962).

③ 同上。

④ ALBUREY CASTELL, AN INTRODUCTION TO MODERN PHILOSOPHY 106 (2d ed. 1963).

⑤ 同上，第111页。

⑥ 同上，第360页。

⑦ 见前注 DURANT，第207页。

头彻尾的自私自利……”[①]

早期的普通法法官塑造了证据法则，而霍布斯对于人类动机的悲观态度可能亦植根于他们脑海之中。可以理解，任何一位支持霍布斯哲学的法官都会警惕证人作伪证。更重要的是，18世纪发生的一系列历史事件导致公众和法律界对伪证问题格外关注。

检方证人制度。18世纪在英格兰城市中心地区，帮派团伙抢劫和盗窃犯罪尤其猖獗，这是当时最急迫的犯罪问题。[②] 帮派团伙成员往往是冷酷无情的职业罪犯。[③] 政府打击犯罪强有力的武器则是检方证人制度。[④] 团伙成员被捕后，地方执法官可指定该成员为检方证人。[⑤] 如果被捕的成员愿意背叛并指证帮派[⑥]，地方治安官可承诺不起诉这名被捕成员[⑦]。地方治安官没有正式的豁免权[⑧]，但是很明显在实践中，他们往往遵守不起诉的承诺。[⑨]

根据霍布斯的理论，检方证人制度的实践无疑就是人类自私动机的例证。这一制度的实践引发一系列背叛行为。[⑩] 纵观犯罪分子漫长的犯罪生涯，一个人作了检方证人，背叛了他的同伙，之后也会被他的同伙背叛。[⑪] 如果警方抓捕了数名帮派成员，他们会抢着去当检方证人。[⑫] 如果所涉罪行是死罪，那这几个帮派成员之间就得上演“生死时速”，抢着赢得治安官的青睐，争取作检方证人的机会。[⑬]

用朗本教授的话说，很显然这种制度“实践的背后是触犯伪证罪

---

① 见前注 CASTELL，第106页。

② John H. Langbein, Shaping the Eighteenth - Century Criminal Trial: A View from the Ryder Sources, 50 U. CHI. L. REV. 1, 2 (1983), p. 85 - 105.

③ 同上，第84页。

④ 同上，第94页。

⑤ 同上，第85、95页。

⑥ 同上，第84页。

⑦ 同上，第92、94页。

⑧ 同上，第94—95页。

⑨ 同上，第95页。

⑩ 同上，第86页。

⑪ 同上，第84—85页。

⑫ 同上，第88页。

⑬ 同上。

的实质动机……”[①] 考虑到死罪种类繁多，检方证人制度极易导致伪证。[②] 法律界开始意识到，当依赖检方证人进行检控时，有理由怀疑其证人证言可能是伪证。[③] 从部分案例中可见，有的检方证人成功构陷了其他嫌疑人。[④] 有时候，基于检方证人的证词，无辜的被告人被判有罪。[⑤] 这些司法事件变成了公众丑闻。[⑥] 当时的媒体对这些事件大肆渲染[⑦]，一些大型帮派成员当了检方证人后，作伪证并被揭露，之后镣铐加身，被游街示众。[⑧] 一些臭名昭著的丑闻案件在公众眼中数年挥之不去。[⑨]

彼时恰逢普通法证据规则形成时期，这些丑闻对当时的法官影响深远。这些丑闻似乎在法官心中“无处不在”[⑩] “无法消散”[⑪]。在法庭上，检方证人“只要自保，口不择言”[⑫]，或者“为得豁免，嫁祸他人”[⑬]，法官已经习惯在聆听控告时有所戒备，在相关文书中也有提及[⑭]。简而言之，法官非常担忧检方证人制度会鼓励伪证。[⑮] 朗本总结道，“第一个证据规则”[⑯] 是强制证据补强规则，至少某种程度上这一规则是对以上担忧的一种司法回应[⑰]。

---

① John H. Langbein, Shaping the Eighteenth – Century Criminal Trial: A View from the Ryder Sources, 50 U. CHI. L. REV. 1, 2 (1983), 第 97 页。

② 同上，第 114 页。

③ John H. Langbein, Shaping the Eighteenth – Century Criminal Trial: A View from the Ryder Sources, 50 U. CHI. L. REV. 1, 2 (1983), p. 105.

④ 同上，第 97、108—110 页。

⑤ 同上，第 106、108—110 页。

⑥ 同上，第 105—106 页。

⑦ 同上，第 112 页。

⑧ 同上。

⑨ 同上。

⑩ 同上，第 105 页。

⑪ 同上，第 86 页。

⑫ 同上，第 97 页（quoting OBSP（Apr. /May 1756, #203）, at 169, 170）。

⑬ 同上［quoting Regina v. Farler, 8 C. & P. 106, 108, 173 Eng. Rep. 418, 419（Worcester assizes 1837）］，其中引用 4 J. H. WIGMORE, A TREATISE ON THE ANGLO – AMERICAN SYSTEM OF EVIDENCE IN TRIALS AT COMMON LAW § 2037, at 358, § 2059, at 362。

⑭ 同上，第 114 页。

⑮ 同上，第 2 页。

⑯ 同上，第 96 页。

⑰ 同上，第 96—103 页。

窃贼捕手制度。这一时期，另一历史事件是职业窃贼捕手制度的创设。① 为了控制与日俱增的盗窃案件，英国议会通过了一系列法令，奖励那些帮助检控窃贼案件的人。② 于是很多人投身抓捕窃贼的行当。③ 这一制度似乎进一步支持了霍布斯关于人性动机的观点。公众认为，窃贼捕手都是一些“完全自私的人（们）”。④ 他们不是出于公民责任感而去追捕窃贼，而是追求个人利益。⑤ 在窃贼审判过程中，这些窃贼捕手既是证人，也是检控人。⑥

与检方证人制度类似，窃贼捕手制度同样丑闻不断。⑦ 人们查明一些窃贼捕手捏造证词指控无辜的被告人。⑧ 一些窃贼捕手甚至因伪证被起诉并投入监狱。⑨

同检方证人制度一样，窃贼捕手制度的丑闻让整个法律界对伪证的问题更为关切。⑩ 一些评论家，如埃文斯认为，“对伪造证词的怀疑……往往与”职业窃贼捕手紧密相连。⑪ 对于那些主要依靠窃贼捕手证言的检控案件，不管是法官还是陪审团，都对其证言持怀疑态度。⑫ 被告人往往都会提出伪证的怀疑⑬，并对窃贼捕手证人进行攻击，称其为“撒谎的人”。⑭ 一般情况是，主审法官会赋予被告人较大的空间对证人进

---

① Stephan Landsman, The Rise of the Contentious Spirit: Adversary Procedure in Eighteenth Century England, 75 CORNELL L. REV. 497, 596 (1990), p. 573.

② Stephan Landsman, From Gilbert to Bentham: The Reconceptualization of Evidence Theory, 36 WAYNE L. REV. 1149, 1149 - 1151 (1990), p. 1179；见前注 Langbein，第 106 页。

③ 见前注 Landsman，第 573 页。

④ 见前注 Landsman，第 577 页。

⑤ 同上。

⑥ 同上，第 576 页。

⑦ 同上，第 580 页。

⑧ 同上，第 573，577 页。

⑨ 同上，第 579 页。

⑩ 同上，第 577 页。

⑪ 同上，第 577 页，注 406［引用了 William D. Evans, Appendix XVI - On the Law of Evidence, in 2 M. POTHIER, A TREATISE ON THE LAW OF OBLIGATIONS OR CONTRACTS 225 (William D. Evans trans., 1826)］。

⑫ 同上，第 567 页，注 354。

⑬ 同上，第 541 页。

⑭ 同上，第 553 页。

行交叉询问，以揭露证人撒谎的动机。[①] 这种案件中，被告人常常无罪释放。[②] 如前文所述，朗本教授将证据补强规则作为对检方证人制度导致丑闻的回应，同样，朗斯曼教授总结道，臭名昭著的窃贼捕手制度非常重要，它刺激了18世纪英国证据法改革。[③]

公众和法官都认为伪证不仅局限于刑事案件。1676年，英国议会通过了适用于民事合同争端的《反欺诈法》。[④] 该法序言中写道，“许多欺诈活动的背后，均系伪证或其相关的罪行”。[⑤] 在一些早期的法令序言中则强调“伪证罪行……仍屡禁不止，在我王国内日益猖獗”。[⑥]

南希教授自己也承认，部分早期文献显著强调了预防伪证及欺诈的重要性。[⑦] 法官和评论家均认为，如此之强调，不仅因为伪证罪本身泛滥，更重要的是伪证是导致错误审判最常见的原因。[⑧] 这种认识已渗透到普通法证据规则之中，其程度远胜于控制陪审员原则和最佳证据原则。这将在下文中予以详述。

（二）最差证据原则的卓越解释力

现在我们可以看到，绝大多数普通法证据规则反映了对证人伪证的忧虑。各证据规则整体协同，以预防、震慑、揭露伪证及伪造、欺诈等相关罪行为目的，大部分证据规则都可在这一视角下进行解释。[⑨]

---

① 同上，第555、579页。

② 同上，第576页。

③ 同上，第577、580页。

④ E. ALLAN FARNSWORTH, CONTRACTS § 6.1, at 370 (1982).

⑤ 同上。

⑥ 比如38Edw. 3, ch. 12 (1363); 34Edw. 3, ch. 8 (1360); 5 Edw. 3, ch. 10 (1331), cited in RONALD CARLSON, EDWARD IMWINKELRIED & EDWARD KIONKA, MATERIALS FOR THE STUDY OF EVIDENCE 551 (2d ed. 1986).

⑦ 见前注 Nance，第257—258页。

⑧ Edward J. Imwinkelried, The Importance of the Memory Factor in Analyzing the Reliability of Hearsay Testimony: A Lesson Slowly Learnt - and Quickly Forgotten, 41 FLA. L. REV. 215, 219-220 (1989).

⑨ Stephan Landsman, From Gilbert to Bentham: The Reconceptualization of Evidence Theory, 36 WAYNE L. REV. 1149, 1149-1151 (1990), p. 1179.

1. 证人能力

站在证人席上的人是否具备作证的证人能力，此系证据法中的先决问题。在转向其提出证言内容是否具备可采性这一问题之前，法官必须决定此人作为证人是否适格，是否可以就本案作证。[①] 无论是早期的普通法证人能力规则，还是这些规则在现代社会的遗迹，都反映了最差证据原则。

除禁止某些精神失常的人作证之外[②]，普通法划定了失格证人的排除范畴：利益相关者[③]，先前遭受过某种特定类型重罪侵犯的受害人[④]，以及异教信仰者[⑤]。普通法如此列举是因为这些人的诚信存疑。[⑥] 边沁则单刀直入地写道，早期的普通法推定失格证人范畴中的人系“撒谎者”[⑦]，故禁止其作证。

虽然现代证据法已抛弃了上述大部分排除规则，但部分古老的证人能力规则像古代遗迹一样残存至今。同之前的排除规则一样，现代社会中的这些遗迹也支持最差证据假设。

证据法早期历史遗迹之一：目前部分司法辖区中，如果某人先前因伪证或伪证相关罪名而定罪，则此人不具备证人资格。[⑧]

另一个历史遗迹是，全美约有一半州仍保留了生者证据能力规则或“死人法令”。[⑨] 这些法令规定，某些针对死者遗产的特定民事行为，交易中（如签订合同双方）的生者一方，不得针对死者遗产作出不利证言。这些法令旨在防止伪证。[⑩] 逝者已矣，无法开口，丧失了驳斥生者

---

① 参见 MCCORMICK ON EVIDENCE § § 61 – 69（4th ed. 1992）。

② 同上，§ 62。

③ 参见前注 Nance，第 255 页；另外参见 Stephan Landsman，From Gilbert to Bentham：The Reconceptualization of Evidence Theory，36 WAYNE L. REV. 1149，1149 – 1151（1990），第 1154、1165 页。

④ 见前注 Landsman，第 1154、1165 页。

⑤ 同上，第 1154 页。

⑥ 同上。

⑦ 同上，第 1177—1178 页。

⑧ 见前注 MCCORMICK，§ 64。

⑨ CARLSON ET AL.，MATERIALS，第 176 页。

⑩ 同上。

证词最有力的武器。所以人们普遍认为，诉诸伪证对生者诱惑甚大。[①]

早期的证人能力规则在当今社会还有一处残留，那就是证人作证之前必须宣誓。[②] 宣誓的主要目的是震慑证人，避免其作伪证。[③] 通过宣誓触动证人的良知[④]，同时让证人进一步意识到虚假证言的后果。从这一角度而言，宣誓的目的也是为了降低伪证的可能性。[⑤]

2. 证言的逻辑相关性

确认某人具备证人能力后，我们的目光应由其证人适格问题转向证言的内容实质。证据须具备逻辑相关性，否则不可采。[⑥] 普通法坚持要求提出证明材料的一方对证据的逻辑相关性予以证明，主要包括两个方面。

第一，普通法要求证言对案件要件事实具备实质意义。用塞耶的话来说，这种要求“其实算不得什么证据规则，这不过是理性证据制度概念的一个前提而已……”[⑦] 一方在审判中提交证据材料，法官即要求该方说明其举证的相关主张。[⑧] 法官将如此发问：若该材料如你主张，那么这一证据材料增加还是减少了本案争点事实存在的可能性?[⑨] 如果这一材料对争议事实存在与否的可能性造成影响，那么该材料即满足了证据相关性第一维度的要求。这一维度有时被称为证据的表层相关性。[⑩]

第二，普通法法官认为，仅展示表层相关性是不够的。在出示证据的过程中，法官还要求证明底层相关性，或者鉴真。[⑪] 比如，若举证方

---

① 见前注 MCCORMICK，§ 65。

② FED. R. EVID. 601，603.

③ FED. R. EVID. 603，咨询委员会注释；另见前注 Nance，第 281 页。

④ Stephan Landsman，From Gilbert to Bentham：The Reconceptualization of Evidence Theory，36 WAYNE L. REV. 1149，1149－1151（1990），p. 1165.

⑤ People v. Haeberlin，77 Cal. Rptr. 553，556（Cal. Ct. App. 1969）.

⑥ FED. R. EVID. 402.

⑦ 见前注 THAYER，第 264—265 页。

⑧ CARLSON ET AL.，AGE OF SCIENCE，第 189—198 页。

⑨ 同上，第 190、197 页。

⑩ 同上，第 203 页；United States v. Southland，700 F. 2d 1，23（1st Cir. 1983）.

⑪ 一般参见 CARLSON ET AL.，AGE OF SCIENCE，第 203—205、207—219 页。

提交一封信，并主张其系被告人授权的合同要约，则举证方需要对其主张进行证明。[①] 一般法庭会下达要求鉴真的指令。[②] 这种鉴真要求本身和它的目的主旨都与最差证据原则相一致。

塞耶认为，任何一个理性的证据制度都会坚持表层逻辑相关性原则，他的观点没错。如果审判的目的是定分止争，那么只有与案件底层事实争端相关的证据才能被法庭采信。事实上，底层逻辑相关性原则根本没有逻辑必要性。与审判形成鲜明对比的是，如果我们日常生活中收到一封信，往往会按其字面意义来理解信件内容。我们推定这封信是真实的，也不需要其他外部证据来证明其真实性。[③] 然而，普通法法官则非常关心伪证及其同类罪名如伪造等犯罪行为的可能性。因此法官会提出鉴真要求，“以检查是否存在欺诈行为”。[④] 当然，有可能出于意外或者开玩笑目的，第三方写了一封信并将其作为案件相关的合同要约寄了过来，不过这种可能性微乎其微。现实中更可能的情况是：这一信件是故意伪造的。这种情况下，一般鉴真规则的存在恰好与我们提出的最差证据原则相互契合。

针对某些特定证据类型的提出，一般鉴真规则的一些具体特征亦与最差证据原则相吻合。鉴真规则同样适用于录音材料[⑤]和动画材料[⑥]中。如果提出录音材料的一方主张，录音材料准确记录了某一次特定谈话，那么此方必须要对自己的主张加以证明。或者，如果一方主张某一动画材料忠实描述了某一特定行为，同样此必须对其主张加以证明。理论上来说，提出证据一方可以通过一系列的间接证据，推断出相关材料的真实性，从而证实自己的主张。[⑦] 然而，普通法对录音材料和动画材料有

---

① 参见 FED. R. EVID. 901。

② CARLSON ET AL.，AGE OF SCIENCE，第 204 页。

③ 见前注 MCCORMICK，§ 218。

④ 同上。

⑤ 一般参见 CARLSON ET AL.，AGE OF SCIENCE，第 266—268 页。

⑥ 同上，第 275—280 页。

⑦ 参见 FED. R. EVID. 104（b），901（a）。

着更多约束。[①] 当一方提供录音材料时，某些法院严格坚持该方提供录音材料的保管证明。[②] 部分法院对动画材料也有同样的要求，需要提出方提供胶片的保管证明。[③] 这些法院将鉴真作为一个基础性要求，就是害怕有人干预、操纵证据。[④] 从这一角度来看，法院作出这样的规定要求是出于对伪证的怀疑和关心——这正是最差证据原则的内核所在。[⑤]

3. 对逻辑相关证据的可采性进行依法不相关限制

假设拟出庭作证的证人具备证人能力，其证词也具备逻辑相关性。展示证明材料的逻辑相关性即表明这些材料在本案中具有某些证明价值。然而，在决定采信这些证明材料之前，普通法法官会考虑这些具备逻辑相关性的证明材料是否因为依法不相关而应当予以排除。"依法不相关"[⑥] 指的是，法官会在证明材料本身的证明价值和其带来的如偏见、偏离主题等证明风险之间进行权衡。即使证明材料本身具备逻辑上的相关性，法官可能认为该材料会导致偏见，在技术层面上诱使陪审团基于不恰当理由作出判决，并以此为由排除。[⑦] 对不良品格证据的可采性进行限制，很重要的一个理由即其存在导致偏见的风险。[⑧] 可能因当事人的品格恶劣，即使缺乏强有力的证据，陪审员也可能在潜意识层面倾向作出不利于当事人的决定。同理，若采信某一证据材料会导致陪审团的注意力偏离本案争点，法官可以因此行使自由裁量权，排除

---

① Edward J. Imwinkelried, Federal Rule of Evidence 402: The Second Revolution, 6 REV. LITIG. 129, 143 (1987).

② Edwin Conrad, Magnetic Recordings in the Courts, 40 VA. L. REV. 23, 34 - 35 (1954); Amelia K. Sherman, A Foundational Standard for the Admission of Sound Recordings into Evidence in Criminal Trials, 52 So. CAL. L. REV. 1273, 1279 - 1280 (1979); see also United States v. Biggins, 551 F. 2d 64 (5th Cir. 1977); United States v. Cianfrani, 448 F. Supp. 1102, 1103 n. 2 (E. D. Pa. 1978), rev'd on other grounds, 611 F. 2d 790 (10th Cir. 1980); United States v. McKeever, 169 F. Supp. 426 (S. D. N. Y. 1958), rev'd on other grounds, 271 F. 2d 669 (2d Cir. 1959).

③ Pierre R. Paradis, The Celluloid Witness, 37 U. COLO. L. REV. 235, 238 (1965).

④ 参见前注 Conrad，第 33—34 页；前注 Paradis，第 240、254 页；前注 Sherman，159，第 1277—1278 页。

⑤ CARLSON ET AL., AGE OF SCIENCE，第 277 页。

⑥ 同上，第 16 章。

⑦ FED. R. EvID. 403 咨询委员会注释。

⑧ CARLSON ET AL., AGE OF SCIENCE，第 449—450 页。

该证据材料。[①] 偏离主题风险是限制可信性证据的重要理由之一。[②] 法庭惧怕双方仅就证人可信性方面提出大量证据，分散陪审团成员的注意力，从而失去了对本案整体实质案情的关注。[③]

上文讨论倒是给我们提供了一个机会，让我们回顾一下普通法证据规则中最麻烦的一些问题：就可信性而言，品格证据可采性较为自由宽松，但若基于既往事实，品格证据却被排除，二者似乎存在矛盾。如前文所述[④]，这种矛盾关系似乎无法自圆其说，也没有实在证据表明，不诚实这一品格特质的前后一致性要比其他特质的要强。此外，本文第二部分指出，无论是最佳证据理论还是陪审团控制理论，都无法对该矛盾进行合理化解释。如果说其中的相关风险系陪审团有可能错误使用一方的不良品格证据并基于不恰当的理由进行决策，那么，不管是基于可信性理论还是既往事实，法官只要允许此证据可采，都会增加这种风险。同理，关于证人是否撒谎这一问题，如果说品格证据是一种更好的、更优的证明方法，那么我们很难理解，为什么要排除基于既往事实的品格证据。

然而在最差证据原则视角下，则不存在这种矛盾。早期的法官为何基于逻辑相关性的可信性原理赋予了品格证据如此宽松的可采性？最差证据原则给出我们答案，让我们理解其中缘由。无论是震慑伪证，还是揭露伪证，都是法官注意力的焦点所在。[⑤] 不诚实品格证据的可采性较为宽松，有利于实现震慑、揭露伪证的目的。首先，较为宽松的可采性规范可阻却伪证。如果某人计划作伪证，他必须考虑到对方律师可能会

---

① CARLSON ET AL.，AGE OF SCIENCE，第 317 页。

② 同上，第 317，337—338 页。

③ 同上，第 317 页。

④ 参见 CARLSON ET AL. ，AGE OF SCIENCE，第 385—386 页（关于心理学研究）；Susan M. Davies，Evidence of Character to Prove Conduct：A Re - assessment of Relevancy，27 CRIM. L. BU - LL 504，514，521（1991）；see also Richard Friedman，Character Impeachment Evidence：Psycho - Bayesian ［!?］ Analysis and a Proposed Overhaul，38 UCLA L. REV. 637，645 - 654（1991）。

⑤ Stephan Landsman，From Gilbert to Bentham：The Reconceptualization of Evidence Theory，36 WAYNE L. REV. 1149，1149 - 1151 （1990），p. 1179.

采用证据弹劾手段进行反制，他还要计算对方律师成功揭露伪证所带来的一系列风险。其次，如果某人决定作伪证[1]——法官对此已习以为常——对方律师则将利用取证工具对伪证进行反击。虽然少数弹劾手段针对证人的认知能力和记忆缺陷所设计[2]，但是最适合揭露伪证的，还是不良品格证据[3]。不管何种形式（声望[4]、意见[5]或特定行为[6]），从品格证据出发，推导终点仍是证人是否伪证。[7] 简而言之，法庭对伪证的特别关注，是法官基于可信性理论赋予品格证据宽松可采性的原因。陪审团控制原则和最佳证据原则都无法合理化解释的矛盾，我们可以通过最差证据理论清晰地予以化解。

4. 偏好性证据排除规则（最佳证据、意见、传闻）

南希教授的论证很有说服力，最佳证据原则有力地解释了最佳证据、意见证据与传闻证据规则。[8] 相较其他类型，每一个规则都偏好某一类型的证据，故明显具有“最佳证据”的基础。[9] 不过，这些证据规则也同样兼容于最差证据原则。各规则的一般结构进一步呈现了震慑、揭露伪证的政策意图。法庭上，若一个不择手段的证人可以陈述总结性意见或者对文字相关材料内容进行改述，那么他作伪证则容易得多；同理，若庭外陈述人可以在不经交叉询问的前提下影响诉讼，那么该人则可能会铤而走险，对法庭提交不实的传闻证据。

然而，正是这些偏好性证据规则，让证人或陈述人在法庭上的欺诈活动变得更加困难。从实践影响来看，法官和陪审员借助这些规则获取了涉案材料以审查伪证。证人不可仅就最终意见进行陈述，他必须要向

---

① Stephan Landsman, From Gilbert to Bentham: The Reconceptualization of Evidence Theory, 36 WAYNE L. REV. 1149, 1149－1151 (1990), 第1178页（“法庭中违反起誓约束的范例”）。

② 见前注 MCCORMICK, § 44。

③ CARLSON ET AL., AGE OF SCIENCE, 第384—386页。

④ FED. R. EVID. 405 (a), 608 (a).

⑤ 同上。

⑥ FED. R. EVID. 608 (b), 609.

⑦ CARLSON ET AL., AGE OF SCIENCE, 第385页。

⑧ 参见前注 Nance, 第286页。

⑨ 同上，第289页。

法官、陪审员提供一些与案情相关的、确凿的事实材料。[①] 至于这些材料是否可以推导出最终结论，是否与最终意见相一致，法官、陪审员自有判断。证人亦不可随意引用、转述未在法庭上出示的文字材料。证人必须提出文字材料原件，[②] 之后法官、陪审员才可对其语言展开独立评价。最后，根据传闻证据规则，庭外陈述人应当出庭并宣誓，在法官、陪审员在场情况下当面接受交叉询问。正是由于出庭与交叉询问的一系列要求，法官、陪审员可获得更多的信息材料以判定证词真伪。所以，排除规则的一般作用，即阻却行为人伪证行为的可能性，并协助法官、陪审员审查伪证。

此外，如基于可信性理论和基于既往事实的品格证据在案件中不同处理方式一样，证据规则中有一些很特别、很麻烦的特征难以用最佳证据原则来解释，但在最差证据原则下却可以迎刃而解。

最佳证据规则。一直以来，无论法院[③]还是评论家，都认为最佳证据规则在理性层面上具有双重含义："书面言辞的神圣性"与预防欺诈。[④] 更重要的是，我们可以通过最差证据原则来更好地解释该规则中一些具有争议的部分。比如，早期普通法将机械复制的文件副本认定为辅助证据。[⑤] 如果仅仅担心文字材料转印过程中会出现非故意错误[⑥]，那么应当将机械复制的副本作为首要证据、主要证据来看待。文件机械复制技术一般是可靠的，消除了转印过程中出现非故意错误的可能性。[⑦] 从普通法对文字材料副本所持这一充满争议的立场来看，唯一令人满意的合理解释是："次要目的是防止欺诈。"[⑧] 关于文件副本的证据

---

① FED. R. EVID. 701，703.

② FED. R. EViD. ART. X.

③ 参考范例 United States v. Manton，107 F. 2d 834，845 (2d Cir. 1939)。

④ David W. MeMorrow，Authentication and the Best Evidence Rule Under the Federal Rules of Evidence，16 WAYNE L. REV. 195，218 - 219 (1969)；see also Harlan B. Rogers，The Best Evidence Rule，1945 Wis. L. REV. 278；一般参见 CARLSON ET AL.，AGE OF SCIENCE，at 546 - 548。

⑤ 参见前注 MCCORMICK，§ 236。

⑥ 一般参见前注 Nance，第 259 页。

⑦ 参见前注 MCCORMICK，§ 236，第 417 页。

⑧ 同上。

规则一直以来饱受批评，通过分析这块“硬骨头”，我们可以看到，最差证据原则的解释力优于最佳证据原则。

意见禁止规则。对专家证人意见的传统限制包括一系列相当特殊的规则。比如，与前文所讲的窃贼捕手案件类似，普通法法院允许律师和检方对专家证人进行交叉询问，询问内容的范围非常自由且宽泛。[①] 为何普通法偏偏对专家证人如此区别对待？陪审团控制原则和最佳证据原则都无法解释这一问题。为合理解释这一问题，我们需再一次将目光投向最差证据原则。在普通法世界里，许多腐败的专家证人引起了社会注意。哪一方律师雇佣他、给他钱，他就愿意朝对那一方有利的方向来操纵事实。[②] 大陆法系国家中，通常是由法官来选择专家[③]，但在普通法国家中，则通常由涉案一方的律师来选择专家证人[④]，专家证词服务于某一方。19 世纪初，威廉·埃文斯曾撰文指责称，许多案子中专家比律师数量还多。[⑤] 19 世纪末 20 世纪初，汉德法官再次批评这一现象[⑥]，用他的话来讲，这种制度的本质把专家逼成了“律师雇来的帮手”[⑦]。当代一些杰出的法律评论家同样对专家证人制度提出了批评[⑧]，但是他

---

① State v. Goodrich, 564 A. 2d 1346, 1351 - 1352 (Vt. 1989) (“wide latitude”); Miceikis v. Field, 347 N. E. 2d 320 (Ill. App. Ct. 1976); Winsor C. Moore, Cross - Examining the Incompetent Document Examiner, in TRIAL LAW. GUIDE 315, 320 (John J. Kennedy et al. eds., 1963); 另见 EDWARD J. IMWINKELRIED, THE METHODS OF ATTACKING SCIENTIFIC EVIDENCE § 1 - 2 at 18 (2d ed. 1992).

② 参考范例 Logan Ford & James H. Holmes, III, Exposure of Doctors' Venal Testimony, TRIAL LAW. GUIDE 75 (1965)。

③ Edward J. Imwinkelried, A Comparative Law Analysis of the Standard for Admitting Scientific Evidence: The United States Stands Alone, 42 FORENSIC SCI. INT'L 15, 21 - 22 (1989).

④ 同上，第 22 页。

⑤ Stephan Landsman, From Gilbert to Bentham: The Reconceptualization of Evidence Theory, 36 WAYNE L. REV. 1149, 1149 - 1151 (1990), 第 1173 页，注释 132。

⑥ See Learned Hand, Historical and Practical Considerations Regarding Expert Testimony, 15 HARV. L. REV. 40 (1901).

⑦ 同上，第 53 页。

⑧ 参见 MARGARET A. BERGER, PROCEDURAL AND EVIDENTIARY MECHANISMS FOR DEALING WITH EXPERTS IN TOXIC TORT LITIGATION: A CRITIQUE AND PROPOSAL 8 (1991); PETER W. HUBER, GALILEO'S REVENGE: JUNK SCIENCE IN THE COURTROOM (1991); Peter W. Huber, Quoth the Maven, 23 REASON 41 (Nov. 1991)。

们的指责并不仅局限于金钱利益导致专家证人从潜意识层面偏袒某方[①]，而是更进一步，断言这种制度招致欺诈和伪证[②]。可能与其他方面因素相比，对伪证的怀疑解释了为何律师拥有如此大的自由度对专家证人进行交叉询问。[③]

传闻证据规则。虽然总体来看，传闻证据规则与最佳证据假设是一脉相承的，[④] 但是对于其中一些比较难啃的"硬骨头"，最差证据原则却可给出更好的解释。最差证据原则不仅可以对传闻证据定义范围中一些颇具争议的部分进行合理解释，而且可以对该规则中一些比较麻烦的问题进行解释。

传闻证据定义中一个值得注意的特点，就是其既包含书面陈述，也包括口头陈述。[⑤] 与最佳证据规则类似，传闻证据规则的传统合理化解释是：口头信息传递存在出现错误的可能性。[⑥] 如证人在转述文件内容时可能会犯错一样，证人在陈述庭外声明时也可能出错。当然，这种正当化解释无法适用于文字材料，因为文字材料的提交可以消除内容出现非故意错误的风险。但是，传闻证据规则仍将庭外文字材料纳入排除范围。[⑦] 即使庭外陈述是以书面文字形式存在，其仍在排除范围之中。[⑧] 传闻证据规则定义的排除范畴说明，普通法法官所在意的，可不仅仅是法庭上证人的无心之过。定义中排除范畴比较宽泛，这说明法官希望赋

---

① 参见 Michael H. Graham，Impeaching the Professional Expert Witness by a Showing of Financial Interest，53 IND. L. J. 35（1977）。

② Edward J. Imwinkelried，The Standard for Admitting Scientific Evidence：A Critique from the Perspective of Juror Psychology，28 VILL. L. REV. 554，555（1983）.

③ 这也帮助我们进一步理解了普通法中的基本事实禁止规则。早期法官倾向于禁止专家证人就案件基本事实作证。见前注 MCCORMICK，§ 12。不过现在大部分地区都废除了这一禁止规定。FED. R. EVID. 704. 根据咨询委员会的注释，这一禁止规定的内核是，专家证人不可以"仅告知陪审团结果是什么……"同上。如果专家证人是腐败的，那么他会朝着给他费用的一方歪曲事实和科学真理，这非常危险。

④ 见前注 Nance，第 286—289 页。

⑤ 见前注 MCCORMICK，§ 248。

⑥ EDWARD IMWINKELRIED ET AL.，COURTROOM CRIMINAL EVIDENCE § 1001 at 250（1987）.

⑦ 参见前注 MCCORMICK，§ 248。

⑧ United States v. McCall，740 F. 2d 1331，1343（4th Cir. 1984）.

予彼方律师以对庭外陈述人交叉询问的机会，特别是要检验该声明人是否诚实作证。①

传闻证据规则定义的另外一个特点说明了同样的问题。在现代社会中，关于传闻证据规则主要的争议是，其排除范畴是否包含了默示表达，这有时也被冠以“摩根传闻规则”② 之名。综观所有的证据法教科书，最经典的例子莫过于19世纪英国莱特案（Wright v. Doe. d. Tatham）。③ 此案中关键问题是，死去的某人在作出遗嘱时是否具有遗嘱能力。支持遗嘱一方提供证言称，当时死者的几位朋友给死者寄了正式信函。帕克男爵则判定，此证言反映的是死者朋友的默示表达，故应受传闻证据规则的约束。首先，此证言欲证明当时死者朋友相信死者是精神健全的，如果他们不这么认为，那就不会有之后寄出正式信函的行为。其次，支持遗嘱一方提供证言作为证据，来证明死者朋友当时相信死者精神健全的，事实上相当于是在主张：如果死者朋友认为死者当时具备遗嘱能力，那么他当时可能确实具备遗嘱能力。某种信念驱动行为，行为反过来证明信念真实性，莱特案是传闻证据规则延伸至非语言又非示意行为的权威案例。④ 之后摩根教授撰文对此表示支持⑤，他认为，对方应有机会对庭外陈述人进行交叉询问，以检测陈述人的认知、记忆、表达能力。

然而，联邦证据规则的起草者却摒弃了摩根教授的观点。他们倾向将默示表达由传闻证据定义的排除范畴中移除。⑥ 他们的论证具有重要意义。摩根指出，对这种存疑证据的判断中“未对行为人……认知、记忆、表达能力进行测试……”⑦ 联邦证据规则的起草者也承认这一

---

① 见前注 IMWINKELRIED ET AL.，§ 1001，第250—251页。

② Roger C. Park，“I Didn't Tell Them Anything About You”：Implied Assertions as Hearsay Under the Federal Rules of Evidence，74 MINN. L. REV. 783（1990）.

③ 7 Ad. & E. 313，112 Eng. Rep. 488（Ex. Ch. 1837）.

④ CARLSON，AGE OF SCIENCE，第569—574页。

⑤ 参见 Edmund M. Morgan，Hearsay Dangers and the Application of the Hearsay Concept，62 HARV. L. REV. 177，214，217（1948）。

⑥ FED. R. EVID. 801（a），咨询委员会注释。

⑦ 同上。

点。然而起草者强调，一个人愿意按个人意志行事，实际上其意愿已经“消灭了诚实问题”。[①] 老话说得好，“行动胜于雄辩”，正是这一点说服了起草者。起草者的思路是：行为者的行为意志即其诚实的标志，反过来讲，行为意志阻却了伪证的可能性。[②] 与将书面声明纳入排除范围的原理相同，将默示表达排除在传闻证据规则的定义范围之外，反映了起草者对预防欺诈和伪证的特别关注。

传闻证据的例外规定一直以来争议不断。同样，普通法对于这些争议的立场同样强调了确保诚实、排除伪证的目的。激愤话语之例外即其中之一。心理学家对法庭认可此例外规定一事颇为不满，数十年来，心理学家认为情绪压力往往会导致表达错误和失真。[③] 即使如此，法庭仍坚持这一例外规定，理由是：当陈述人在令人震惊事件的影响下发言时，我们可以得到的有力推论是——此人的发言是诚实的。[④] 此情况下，法官对陈述人伪证的担心有所减轻，并决定将激愤话语纳入传闻证据规则的例外清单中。

相反，在联邦证据规则[⑤]颁布之前，普通法法院犹豫是否应当认可即时感觉印象证据。[⑥] 法院承认，即时感觉印象陈述的时机可有效消除法庭对陈述人记忆能力的怀疑。那么陈述人记忆能力没有问题是否可以确保证据可采？法庭持否定态度。“大多数普通法法庭……的争论都没有直击要害。传闻证据的首要危险是不诚实，证据陈述的即时性无法确

---

① FED. R. EVID. 801 (a)，咨询委员会注释。

② Edward J. Imwinkelried, The Importance of the Memory Factor in Analyzing the Reliability of Hearsay Testimony: A Lesson Slowly Learnt – and Quickly Forgotten, 41 FLA. L. REV. 215, 219 – 220 (1989)，第 228 页，注 134。

③ Robert M. Hutchins & Donald Slesinger, Some Observations on the Law of Evidence, 28 COLUM. L. REV. 432, 437 (1928); I. Daniel Stewart, Jr., Perception, Memory, and Hearsay: A Criticism of Present Law and The Proposed Federal Rules of Evidence, 1970 UTAH L. REV. 1, 28.

④ Mason Ladd, The Hearsay We Admit, 5 OKLA. L. REV. 271, 280 (1952).

⑤ FED. R. EVID. 803 (1).

⑥ Jon R. Waltz, The Present Sense Impression Exception to the Rule Against Hearsay: Origins and Attributes, 66 IOWA L. REV. 869, 875 (1981); Kathryn E. Wohlsen, The Present Sense Impression Exception to the Hearsay Rule: Federal Rule of Evidence 803 (1), 81 DICK. L. REV. 347, 351 (1977).

保当事人的主观诚实。”[①] 所以，在联邦证据规则之前，将即时感觉印象证据作为传闻证据予以排除，这几乎是普通法领域中的共识。[②] 与承认激奋话语作为传闻证据规则的例外相同，反对现场感知印象作为传闻证据规则的例外，则反映了法院的首要关切：确保诚实，反对伪证。[③]

5. 特免权

在论证最佳证据原则假设的过程中，南希教授也承认，这一假设无法解释特免权规则。[④] 拟制特免权规则的目的，是为了实现一系列外部社会政策的效果，比如增强律师与当事人之间的互信关系。[⑤] 与最佳证据假设一样，最差证据原则也无法解释特免权规则。不过，与最佳证据假设不同的是，普通法各种特免权规则的细节中大量反映了最差证据原则。

虽然我们谈及特免权时常用其单数形式，但现实中特免权主要包括三种不同的证据规则。最典型的是纯粹、绝对特免权，如律师－当事人通信保密特免权保护。特免权产生之后，既不可放弃，也无适用的特殊例外情形，这种特免权的保护是绝对的，不论对方对证据的需求有多急迫，都不能击穿特免权的保护罩。[⑥]

还有一些特免权是附条件的，比如工作成果保护。与上文所述绝对特免权一样，其目的也是实现外部社会政策的效果。但该特免权的保护是附条件、需具备某种资格的。如果对方可证明“实质上”需要相关

① Edward J. Imwinkelried, The Importance of the Memory Factor in Analyzing the Reliability of Hearsay Testimony: A Lesson Slowly Learnt – and Quickly Forgotten, 41 FLA. L. REV. 215, 219 – 220 (1989), 第 221 页。

② Charles W. Quick, Hearsay, Excitement, Necessity and the Uniform Rules: A Reappraisal of Rule 63 (4), 6 WAYNE L. REV. 204, 206 (1960); 见前注 Waltz, 第 875 页。

③ 参见前注 Edward J. Imwinkelried, The Importance of the Memory Factor in Analyzing the Reliability of Hearsay Testimony: A Lesson Slowly Learnt – and Quickly Forgotten, 41 FLA. L. REV. 215, 219 – 220 (1989), 第 220—222 页。

④ 前注 Nance, 第 229、279、294 页。

⑤ CARLSON ET AL., AGE OF SCIENCE, 第 731 页。

⑥ CARLSON ET AL., AGE OF SCIENCE, 第 750—751 页 [citing Admiral Ins. Co. v. United States Dist. Ct. for the Dist. of Ariz., 881 F.2d 1486 (9th Cir. 1989)]。

信息，则可打破该特免权保护。[1] 法官在权衡诉讼对手方的需求程度时，一方在审判中对某项信息的期待是否急迫，仅仅是法官考虑的诸多因素之一。[2]

最后，还有一些规则，我们将其称为“类特免权”。[3] 比如事后补救措施[4]、民事和解过程中妥协陈述[5]。以及辩诉交易中撤回的有罪答辩[6]等排除规则。同理，这些“类特免权”也是为了实现外部社会政策的效果而设定，法院制定这些规则来影响案件参与者的庭外行为，为强化安全、促进沟通扫清障碍。此外，同附条件的特免权一样，法官会对当事人对信息的预期使用方法加以权衡，并决定是否推翻这些类特免权。不过，就类特免权而言，其不同之处在于相关证据在审判中一方的使用期待不仅仅只是法官的考虑因素，这种期待往往具有决定性。[7] 学界一般观点是，仅当彼方在证言中将事后补救行为作为证据用以证明此方先前的过错，此方才可采用事后补救证据排除规则。[8] 不过，如果彼方有足够的事实支撑，可以证明补救行为与过错之间存在逻辑相关性，那么补救行为作为证据亦是可采的。[9] 虽然这三种特免权各有不同，但是其内在的规律反映了它们的首要考量是防止伪证及伪证相关罪行。

最差证据原则在绝对特免权中的反映，就是著名的“欺诈例外”[10]规则。比如，即使律师 - 当事人通信保密特免权可以阻却对方获取信

---

① FED. R. Civ. P. 26（b）（3）. 部分地区也将一些并不符合国家、军队秘密特免权的政府机密信息纳入了附条件特免权保护范围。CAL. EVID. CODE § 1040（b）（2）; CARLSON ET AL., AGE OF SCIENCE, at 876 – 877（citing Coastal States Gas Corp. v. Department of Energy, 617 F. 2d 854（D. C. Cir. 1980））.

② CARLSON ET AL., AGE OF SCIENCE，第 889 页。

③ 22 CHARLES A. WRIGHT & KENNETH W. GRAHAM, JR., FEDERAL PRACTICE AND PROCEDURE § 5213（1978）.

④ FED. R. EVID. 407。

⑤ FED. R. EVID. 408 – 409.

⑥ FED. R. EvID. 410.

⑦ CARLSON ET AL., AGE OF SCIENCE，第 889 页。

⑧ 参见 FED. R. EvID. 407。

⑨ CARLSON ET AL., AGE OF SCIENCE，第 893—895 页。

⑩ 参见 James A. Gardner, The Crime or Fraud Exception to the Attorney – Client Privilege, 47 A. B. A. J. 708（1961）。

息，但若对方可证明，此方当事人寻求法律建议的目的是在未来实施欺诈行为[①]，那么其仍可以击破该特免权的保护罩。欺诈例外规则有着清晰的历史脉络[②]，虽然联邦证据规则并未采用法典化形式将其明示，但近期联邦最高法院再次确认了该规则在司法实践中的可行性[③]。当特免权背后的社会政策与预防欺诈的社会利益相冲突时，特免权必须让路。

很多法院将附条件的特免权，如工作成果保护规则等纳入欺诈例外规则的约束范围内。[④] 通过总结近期判例，有法院主张，“若判定或者推断存在欺诈行为”，所有联邦上诉法院均应平等地将欺诈例外规则适用于工作成果保护规则。[⑤]

最后，部分类特免权中也存在类似的例外规则。比如联邦证据规则设置了辩诉交易中有罪答辩排除规则之后，在410条中还有这样一段表述：“然而，在以下情形中，其陈述可作为证据采用……（ii）在关于伪证或欺诈的刑事过程中，如果该陈述是陈述人宣誓后作出的，且记录在案，并且律师在场。”[⑥] 起草者认为，通过特免权来保障辩诉交易这一刑事政策固然重要，但是即便如此，该政策也要让路于预防伪证这一根本目的。

通过对证据规则的简单梳理我们就可得到结论：在创设这些规则的过程中，普通法法院对预防伪证及相关罪行（如欺诈、伪造）[⑦] 非常关心——甚至是着迷。这种关心实质上影响了证据规则的方方面面。就是

---

① 见前注 MCCORMICK，§ 95。

② 同上，§ 95，注释2。

③ United States v. Zolin，491 U. S. 554，563（1989）.

④ 参见 CARLSON ET AL.，AGE OF SCIENCE，第809页（citing In re Sealed Case，676 F. 2d 793，811 n. 67［D. C. Cir. 1982）］。又见 BP Alaska Exploration v. Superior Ct.，245 Cal. Rptr. 682，695（Cal. Ct. App. 1988）；CARLSON，id.（citing In re Grand Jury Proceedings，867 F. 2d 539（9th Cir. 1989））；Whose Work Product Is It?，9 CAL. LAW. 114（Jan. 1990）。

⑤ In re Sealed Case，676 F. 2d at 811 n. 67.

⑥ FED. R. EvID. 410.

⑦ 参见 Edward J. Imwinkelried，The Importance of the Memory Factor in Analyzing the Reliability of Hearsay Testimony：A Lesson Slowly Learnt – and Quickly Forgotten，41 FLA. L. REV. 215，219 – 220（1989），第219—222页。

否允许某人作为证人作证这一门槛问题，早期普通法法院倾向将具有重大伪证动机的人完全拒之门外。决定某人具备站在证人席上资格之后，法官希望最大程度上震慑证人以避免伪证。为了达到这一目的，法官创设了一系列规则，赋予证人不良品格证据以较为宽松的可采性要求，如果证人打算作伪证，那他就得准备好自己的诚信遭到猛烈攻击。最佳证据规则、传闻证据规则等偏好性规则可以预防伪证与欺诈，其许多富有争议的特征只能通过最差证据原则来解释。当与预防欺诈这一主要社会利益冲突时，即使是特免权也得让路。一言蔽之，虽然最佳证据原则的解释力优于控制陪审团原则，但是与最差证据原则相比，二者相形见绌。

四、结语

过分夸大最差证据原则，那也是不对的。比如，是不是所有的证据规则都可以溯源至最差证据原则？这种说法未免太过夸张。在大陆法系国家，法庭根据一套综合的规则体系来推断出最终的判决，但我们并不是大陆法系国家。包括证据规则在内，普通法的形成与发展历经数百年之久。[①] 正如霍姆斯大法官所言，在普通法的研究中，历史的价值绝不仅仅是一本逻辑记录。[②] 证据法的起源和发展是一个漫长的过程，是诸多因素合力影响的结果[③]，不可能简单回溯至某个单一的组织原则。

另外必须承认，就证据法中一系列法律充分性规则而言，南希教授的最佳证据原则仍是最好的组织原则。[④] “消失的证人”规则是充分性规则中的重要规则之一。[⑤] 举个例子，假设从案件事实来看，很明显被告人手下某一员工掌握了第一手的关键案情信息，但是被告人却没有要求这名员工出庭作证。考虑到被告人与这名“消失的证人”之间的特

---

① 关于普通法中禁反言规则现代发展的相关讨论，参见 E. ALLAN FARNSWORTH & WILLIAM F. YOUNG，CONTRACTS：CASES AND MATERIALS 97 – 99（4th ed. 1988）。

② New York Trust Co. v. Eisner，256 U. S. 345，349（1921）.

③ 见前注 Nance，第 296 页。

④ 同上，第 290 页。

⑤ 参见 Dale A. Nance，Missing Evidence，13 CARDOZO L. REV. 831（1991）。

殊关系，法官、陪审团需要仔细审查被告人提出证据的充分性。在南希早期文章[①]和近期著作[②]中，他有力地论证了最佳证据原则，为“消失的证人”规则提供了强大的理论支撑。

此外，法律其他方面也反映了对伪证和欺诈的预防。比如，反欺诈法至今在合同法、物权法中扮演着重要角色。无论是合同法[③]还是物权法，[④] 直接言词证据规则都反映了排除不实证词的政策意图。[⑤]

然而，当我们把目光移向普通法证据可采性规则时，发现这些规则进一步强调了预防伪证和欺诈的重要性——显而易见，最差证据原则是最好的解释性原则。如我们所见，这一假设具备历史支撑。不仅如此，这一假设还有着优越的解释力。与控制陪审团假设和最佳证据原则相比，最差证据原则不仅可以针对证据法更多方面进行法理解释，而且能帮助解决证据法领域中一些特别麻烦的问题，比如法院为何赋予不良品格证据较为宽松的可采性。

最差证据原则是最优的组织原则，这一总结不仅具有学术意义，而且对于美国证据法未来发展意义深远。本文开篇指出，确定证据法组织原则是非常重要的。其原因之一是，如果我们明确了某一组织原则，但是之后该原则因为某些原因（比如经验研究成果）被推翻，这就意味该原则衍生出的一系列规则都需要再次加以考察。[⑥] 当然，我们也可能会发现新的、别的理论来支持现行法律制度。虽然普通法法院一般诉诸

---

① 见前注 Nance，第 290 页。

② 一般参见 Dale A. Nance, The Best Evidence Principle, 73 IOWA L. REV. 227, 294 - 295 (1988)。

③ 见前注 FARNSWORTH & YOUNG，第 3 章。

④ 参见 JOHN E. CRIBBET & CORWIN W. JOHNSON, PRINCIPLES OF THE LAW OF PROPERTY 160 - 161, 220, 237 - 238, 387 - 389 (3d ed. 1989)。

⑤ 见前注 FARNSWORTH & YOUNG，§ § 7.2 - 7.6。

⑥ 参见 PAUL J. MISHKIN & CLARENCE MORRIS, ON LAW IN COURTS: AN INTRODUCTION TO JUDICIAL DEVELOPMENT OF CASE AND STATUTE LAW 88 - 89 (1965)，及其相关文本。

事后论理[①]，然而如果没有一个新的、有说服力的合理化理论，则可能有必要进行一揽子改革。

我们可以从控制陪审团假设开始，来谈一谈证据法改革的必要性。不过以此作为起点，至于是否需要进行改革这一问题就很值得商榷了。控制陪审团假设背后的假定是，非专业的陪审员常常无法细致地评价证据。控制陪审团原则的影响一直存在，从未被完全推翻。20 世纪 70 年代，许多复杂案件中很多法院驳回了陪审团审判的请求，原因是这些案件的复杂程度已经远远超过了非专业陪审员的个人能力。[②] 20 世纪 80 年代，放宽专家证言可采性标准引发了一系列争议。[③] 反对的原因之一是，对于专家证人证言，非专业陪审员根本无法做到去粗取精、深刻理解。仍有学者致力于研究陪审员能力问题[④]，可能之后的研究成果最终会证明，对陪审员能力不足的恐惧深深植根于法庭中。

关于改革问题，现在我们从最佳证据原则谈起。从这一前提出发，我们改革的理由就更弱了。近期研究进一步证明，诸如最佳证据规则、意见证据规则等排除性规则的背后是一种理性主义偏好。过去 20 年我们经历了“文书案件”[⑤] 的浪潮——有些民事案件很复杂，其相关文件都可能有上千万页。[⑥] 这一类诉讼中，法庭常常依赖证人转述文件中决

---

① 就科学证据的可采性而言，福莱案所确立的标准系目前通行标准，此案也是一完美例证。该案 1923 年由哥伦比亚上诉法院审理。Frye v. United States, 293 F. 1013 (D. C. Cir. 1923). 该案中，法院称专家发表的证言必须基于相关科学领域中已得到广泛接受的理论。在判决中，法院的论理过于武断，“既没有引用权威，也未对采用一般可接受实验提供相关解释”。PAUL C. GIANNELLI & EDWARD J. IMWINKELRIED, SCIENTIFIC EVIDENCE § 1-5, at 10 (1986). 之后，法院也一直在致力于探索关于一般可接受标准的理论基础。同上，§ 1-5 (A)。

② Edward J. Imwinkelried, The Standard for Admitting Scientific Evidence: A Critique from the Perspective of Juror Psychology, 28 VILL. L. REV. 554, 555 (1983), p. 563.

③ Troyen A. Brennan, Helping Courts with Toxic Torts: Some Proposals Regarding Alternative Methods for Presenting and Assessing Scientific Evidence in Common Law Courts, 51 U. PITT. L. REV. 1 (1989).

④ 参见范例 Neil J. Vidmar, Foreword: Empirical Research and the Issue of Jury Competence, 52 LAW & CONTEMP. PROBS. 1 (1989)。

⑤ EDWARD J. IMWINKELRIED & THEODORE Y. BLUMOFF, PRETRIAL DISCOVERY: STRATEGY AND TACTICS § 2: 29 (1986).

⑥ 同上，§ 1: 01，第 2 页。

定性的书面文字，其相关风险进一步放大。南希教授关于最佳证据规则的论证具有前所未有的说服力。此外，近期在科学分析领域中，重大误差的曝光令人咋舌。[①] 这进一步佐证了意见禁止规则背后的偏好选择。从认知角度考虑，最佳证据原则显然未被推翻。

相比之下，很大程度上由恐惧激发而产生的最差证据原则却饱受批判。确实，有一些评论家仍将我们的制度冠以“伪证泛滥”[②] 的描述，然而无论是法律心理学家[③]还是富有经验的诉讼律师[④]，大家一致共识是：伪证是一种相对罕见的现象。相比伪证，记忆错误是造成证词错误更为重要的原因。[⑤] 经验研究对控制陪审团原则提出疑虑也好，对最佳证据原则从认知层面上提出问题也罢，但是经验研究对最差证据原则背后假设的反驳要比前面二者严重得多。很久之前埃文斯[⑥]和边沁[⑦]即指出，早期法院过分强调了证人伪证问题的严重程度，而当代的法学研究似乎又对他们这一观点进行了强化。我们的结论是：将最差证据原则作为证据法的组织原则，这样可以为证据法下一步改革增添特殊动力。

证据法几乎完全建立在最差证据原则之上，这种说法值得推敲。一直以来，生者证据能力规则是遭受批评的重点。[⑧] 批评家认为，通过权衡，这一法令所制造的不公正比其阻却的不公正还要多。根据这些批评

---

① 参见 Edward J. Imwinkelried, The Debate in the DNA Cases Over the Foundation for the Admission of Scientific Evidence: The Importance of Human Error as a Cause of Forensic Misanalysis, 69 WASH. U. L. Q. 19, 25 – 27 (1991) (collecting the studies)。

② 参见 Barry Tarlow, Admissibility of Polygraph Evidence in 1975: An Aid in Determining Credibility in a Perjury – Plagued System, 26 HASTINGS L. J. 917 (1975)。

③ Edward J. Imwinkelried, The Importance of the Memory Factor in Analyzing the Reliability of Hearsay Testimony: A Lesson Slowly Learnt – and Quickly Forgotten, 41 FLA. L. REV. 215, 219 – 220 (1989), p. 224.

④ 参见前注 Ladd，第 286 页。

⑤ Edward J. Imwinkelried, The Importance of the Memory Factor in Analyzing the Reliability of Hearsay Testimony: A Lesson Slowly Learnt – and Quickly Forgotten, 41 FLA. L. REV. 215, 219 – 220 (1989), p. 224.

⑥ 参见 Stephan Landsman, From Gilbert to Bentham: The Reconceptualization of Evidence Theory, 36 WAYNE L. REV. 1149, 1149 – 1151 (1990)，第 1166 页。

⑦ 同上，第 1179 页。

⑧ Roy R. Ray, Dead Man's Statutes, 24 OHIO ST. L. J. 89 (1963).

意见，法令的实践实际上压制了真实且有效的证言，而不是排除捏造的虚假证言。经验研究反驳了最差证据原则，强化了上述批评声音的说服力。

关于鉴真要求的修订同样值得我们严肃对待。如果伪造横行，那么鉴真要求则具备正当性理由；不过“伪造横行”这一命题很值得怀疑。有些辖区法院已朝这一方向作出改变，并将在法庭上一般出示的证据推定为真品，而非赝品。①

同理，不良品格证据在审判中的可采性通常较为宽松，这一点也需要我们仔细检视。不良品格证据与基于既往事实的品格证据在审判中的处理是明显矛盾的。若如早期法官设想的那样“伪证泛滥”，那这种矛盾还说得过去，不过这种设想的真实性很值得怀疑。或许我们现在应当严格约束基于可信性理论品格证据的可采性标准，借此消除上述矛盾。②

处心积虑的伪证是一种普遍现象——这一命题实在让人不敢苟同。想到很多证据规则是建立在这样一个命题之上，可能很多人都会心生反感。然而，这一命题的接受会导致一种奇妙的悖论。如上所述，现代研究既没有推翻控制陪审团假设，也没有否定最佳证据假设，但与以上二者相较，却驳斥了最差证据原则。将最差证据原则作为证据法的组织原则，这将进一步推动美国证据法的自由化发展。尽管联邦证据规则给证据法领域带来一些变化，但是美国的证据规则仍旧是这个世界上最复杂、最具限制功能的制度系统。③ 相反的是，接受最差证据原则——这种以霍布斯悲观心理学为基础的假设——使得我们有更重要理由乐观面对未来的证据法改革。

---

① 参见范例 McQueeney v. Wilmington Trust Co., 779 F. 2d 916, 928 n. 20 (3d Cir. 1985)（关于某一地区法院相关规则的讨论）。

② 参见前注 Friedman。

③ CARLSON ET AL., AGE OF SCIENCE，第1页。

五、后记

本文成文后，我转而动笔投身另一研究项目。在研究过程中，我偶然重读了美国法律协会1942年制定的《模范证据法典》。[①] 这一法典是美国证据法历史上最具改革性的法律文件之一，它移除了诸多普通法中关于逻辑相关性证据的可采性限制。[②] 其在前言中将证据法领域诸多“畸形”现象归因于“早期法官迷信……排除规则可以防止伪证”。[③] 紧接着，前言继续攻击这种迷信，并辩称“有些证据规则仅具有阻断或者预防伪证的功能，没有哪个理性程序会允许这样一条证据规则存在”。[④] 在同一页上，前言呼吁“对证据法进行彻底改革”。[⑤] 考虑到前言部分承认了最差证据原则，所以这部法典完全是改革性质的，我们也不觉得奇怪。

（责任编辑：叶宁）

---

① AMERICAN LAW INSTITUTE，MODEL CODE OF EVIDENCE（1942）.

② CARLSON ET AL.，AGE OF SCIENCE，第22页。

③ 同上。

④ 同上。

⑤ 同上。

稿　约

一、《刑事司法论丛》是由西南政法大学诉讼法与司法改革研究中心主办，西南政法大学刑事检察研究中心、量刑研究中心、有组织犯罪研究中心协办，公开发行的刑事司法专业连续出版物，由中国检察出版社出版，每年出版一卷到两卷。

二、《刑事司法论丛》的宗旨：不重作者身份，不限论文篇幅，惟重学术质量；立足刑事司法，服务青年师生，培育科研新秀，促进学术交流。

三、《刑事司法论丛》设置有专题研讨、名校荐稿、域外法制等栏目，分别采取自由投稿（专题研讨、域外法制）与特邀编辑推荐（名校荐稿）相结合的组稿方式。

四、《刑事司法论丛》主要发表刑事司法方面的原创性论文，举凡刑事程序法、刑事实体法、刑事证据法方面的研讨文章，皆可赐稿。本刊鼓励一稿一投，反对一稿多发。来稿一经采用，酌付稿酬。电子版来稿请发送 xssflc@126. com，并在邮件主题中注明“《刑事司法论丛》投稿”。来稿时务请在文内首页附作者简介，写明作者的真实姓名、工作单位、职务或职称、学历、邮寄地址、联系方式。翻译稿件涉及的版权事宜，请译者自行处理并负责，投稿时须提交原文。所有来稿均于一个月内回复审稿结果。

五、《刑事司法论丛》注释一律采用圆圈脚注，每页单独编号。具体注释体例如下。

1. 闫召华：《认罪认罚的自愿性及其保障》，载《人大法律评论》(2018 年第 1 辑)，法律出版社 2018 年版，第 169 页。

2. 胡云腾：《正确把握认罪认罚从宽保证严格公正高效司法》，载《人民法院报》2019 年 10 月 24 日，第 5 版。

3. 陈国庆：《量刑建议的若干问题》，载《中国刑事法杂志》2019年第5期。

4. 王兆鹏：《美国刑事诉讼法》，北京大学出版社2005年版，第538页。

5. 李艳飞：《速裁案件被追诉人认罪真实性保障机制研究》，西南政法大学2020届硕士毕业论文，第69页。

6. ［美］道格拉斯·埃文·贝洛夫：《刑事诉讼的第三种模式：被害人参与模式》，载［美］虞平、郭志媛编译：《争鸣与思辨刑事诉讼模式经典论文选译》，北京大学出版社2013年版，第192页。

7. ［美］吉安娜·J. 戴维斯：《专横的正义：美国检察官的权力》，李昌林、陈川陵译，中国法制出版社2012年版，第8页。

8. 郭其钰、苏礼昊：《杭州首例48小时刑事速裁案件快速办理》，载中国新闻网，https：//www. chinanews. com/sh/2020/07－16/9240080. shtml，2020年12月20日最后访问。

9. Cheryl G. Bader，"Forgive Me Victim for I Have Sinned：Why Repentance and the Criminal Justice System Do Not Mix – A Lesson from Jewish Law"，Fordham Urban Law Journal，Vol. 31，No. 1（2003），p. 69.

10. Tyrone Kirchengast，Victims and the Criminal Trial，London：Macmillan Publishers Ltd.，2016，p. 1.

11. Tollett v. Henderson，411 U. S. 258，（1973）.

六、编者保留对来稿进行技术性加工处理的权利。文章如发表，文责自负。

《刑事司法论丛》编辑部